人物でたどる日本の図書館の歴史

小川徹／奥泉和久／小黒浩司【著】

青弓社

人物でたどる日本の図書館の歴史　　目次

刊行にあたって　　　　　　　　　　　奥泉和久　19

第1篇　佐野友三郎伝
小川　徹

第1部　佐野友三郎の足跡　24

第1章　図書館の道を歩みだす迄──1864〜1899年　25

 1　群馬県で育つ　25
 2　上京して攻玉社に入る　29
 3　東京大学予備門に進む　30
 4　東京大学学生として　31
 5　大学を中退して中学の教師になる　35
 6　日清戦争に従軍する　36
 7　台湾総督府に勤める　37

第2章　秋田県立秋田図書館長として──1900〜1903年　44

 1　県立図書館を求める声　44
 2　秋田県知事武田千代三郎着任、
  県立図書館設立準備進む　46

3　秋田県立秋田図書館、開館する　49
4　佐野に声をかける　52
5　武田知事、佐野について語る　53
6　佐野、着任する　54
7　県立秋田図書館への声　58
8　1900年末の通常県会で：図書館移転についての議論　60
9　巡回文庫の実施　61
10　巡回文庫の運行　63
11　図書費の削減　64
12　佐野、体調をくずす　68
13　佐野、秋田を去る　69

第3章　山口県立山口図書館長となる──1903年　74

1　図書館を求める声が出てくる　74
2　山口県知事武田千代三郎着任　75
3　佐野を山口に呼ぶ　81
4　佐野、近藤清石を訪ねる　85
5　図書の購入・寄贈依頼　86
6　住所・暮らし向きなど　90
7　県立山口図書館、歩み出す　92
8　夜間開館はじまる　95
9　1903年末の通常県会での予算審議：図書費の減額　97
10　巡回書庫が動き出す　98

第4章　サービスの輪を広げていく——1904〜1912年　　105

　　1　「山口県立山口図書館報告」の刊行　105
　　2　書庫増設を求める　108
　　3　山口県内図書館関係者大会　111
　　4　図書貸出条件の緩和　112
　　5　開館時間延長を求める　115
　　6　図書費増を求める　116
　　7　佐野館長の日々の一端　118
　　8　明治末年頃の「児童室」・婦人閲覧室　121
　　9　明治天皇逝去、その時佐野は　126
　　10　県立山口図書館、曝書中のある日　127

第5章　受洗、渡米、病む——1913〜1918年　　131

　　1　子息文夫、大学を退学となる　131
　　2　台湾総督府図書館初代館長への誘い　132
　　3　洗礼を受ける　133
　　4　『通俗図書館の経営』刊行　134
　　5　アメリカへ行く　136
　　6　病んで、つきつめて考え込む　142
　　7　日本図書館協会山口支部できる　143
　　8　県会で石津太助議員が図書館に関わる問題を
　　　　とりあげる　145

第6章 **中川望山口県知事に期待を寄せる** 153
　──1918〜1919年

　　1　中川知事着任　153
　　2　府県立図書館長会議に出席する　155
　　3　煉瓦造書庫できる　156
　　4　選書について　157
　　5　ザビエルについて語る　160
　　6　第14回日本図書館協会全国図書館大会　163
　　7　県立図書館児童室専任の職員を求めて　165
　　8　中国古典籍収集にも目配り　168

第7章 **佐野、最期の年**──1920年　172

　　1　転職の話　172
　　2　府県立図書館部会に出席する　176
　　3　岩国図書館のこと　177
　　4　体調不良の日々　179
　　5　亡くなる　180
　　6　その後のこと　184

おわりに　189

あとがき　193

佐野友三郎年譜　196

第2部　補論　　　　　　　　　　　　　204

補論1　佐野友三郎訳『ディクソン英文典直訳』について

1. 著者ディクソン（James Main Dixon）について　205
2. ディクソンの著作　206
3. "English lessons for Japanese students"について　207
4. 佐野友三郎訳『ディクソン英文典直訳』攻玉社蔵板について　208
5. 漱石・子規が使った"English lessons for Japanese students"について　209
6. 補記　210

補論2　佐野が読んだ図書館関係洋書・洋雑誌について

1. 秋田県立秋田図書館時代　211
2. 山口県立山口図書館時代　212
3. 法政大学図書館所蔵「佐野文夫文庫」所収佐野友三郎旧蔵書について　222

補論3　法政大学図書館所蔵「佐野文夫文庫」について

1. 佐野文夫の蔵書に父親友三郎の図書館関係の図書が入っていることについて　231

    2　東京社会科学研究所のこと　232
    3　「佐野文夫文庫」受入をめぐって　233
    4　佐野家はどうしたのか　234
    5　法政大学の事情　235
    6　再考「佐野文夫文庫」受入をめぐって　236
    7　おわりに　238

第3部　資料　243

資料1　「防長新聞」に掲載された佐野の論稿　243

    1　巡回文庫の話　244
    2　本県の図書館事業　261
    3　通俗図書館に就て　264
    4　本県の図書館　271
    5　山口重要史蹟:山口に於けるザビエ　佐野館長談　275
    6　教育談片三〇　280

資料2　佐野追悼文　282

資料3　書簡　285

    1　佐野の田中稲城宛書簡　285
    2　佐野の本間俊平宛書簡　294
    3　佐野文夫の本間俊平宛書簡　297
    4　佐野きみの本間俊平とその妻宛書簡　301

第2篇 新宮市立図書館長浜畑栄造更迭始末

小黒浩司

はじめに　304

第1章　新宮の2つの図書館　306

1　丹鶴同窓会附属新宮図書館　306
2　大石誠之助らの「縦覧所」　307
3　「縦覧所」の所蔵資料と活動　309
4　「縦覧所」開設の背景　310

第2章　浜畑栄造と大逆事件　315

1　大逆事件後の新宮　315
2　浜畑栄造の『熊野郷土読本』　317
3　新宮への帰郷　318
4　新宮市立図書館と熊野文化会　321

第3章　「新宮の町は恐懼せり」　325

1　「熊野誌」の大石特集号　325
2　大石誠之助の遺稿集　327
3　館長更迭　330

    4　沈黙する町　333

おわりに　339

浜畑栄造略年譜　341

第3篇　忘れられた図書館員、田所糧助
── 図書館員として歩んだ道のりをたどって
奥泉和久

序章　344

    1　田所糧助の評価について　345
    2　田所を取り上げる理由　346
    3　田所再評価の視点　348

第1章　図書館創設請負人、田所糧助　351

    1　東京市立氷川図書館時代　1913—20年　351
    2　名古屋公衆図書館時代　1924—25年　358
    3　大阪市立城東図書館時代　1926—27年　364

第2章　東京市立図書館の復興計画と田所糧助　　372

　　1　関東大震災直後　372
　　2　開架式閲覧をめぐって　381

第3章　深川図書館時代——1927—35年　　400

　　1　田所の東京市立図書館復帰とその後　400
　　2　戦争の足音を聞きながら　411

おわりに——歴史から姿を消した図書館員　426

資料　一橋図書館「日誌」抄　431

田所糧助略年譜　436

第4篇　「図書館の自由に関する宣言」淵源考
　　——韮塚一三郎の生涯
　　小黒浩司

はじめに　　438

第1章　青年期の韮塚　　　442

1　埼玉師範に学ぶ　442
2　青年教師時代　444
3　埼玉県初等教育研究会委員長　445
4　埼玉師範附属小訓導　448
5　首席訓導　449
6　県視学　451

第2章　県立図書館長としての韮塚　　　456

1　附属小教育の「刷新」　456
2　転機　458
3　県立図書館改革　460
4　図書館運営補助金問題　462
5　「図書館の危機」　466

おわりに　　　472

韮塚一三郎略年譜　474

第5篇 森博、図書館実践とその思想
奥泉和久

第1部 論考:森博、図書館実践とその思想　478

序章　森博研究　その意義と目的　478

第1章　静岡県気賀町立図書館時代　485

　1　気賀町立図書館の活動　485
　2　気賀町立図書館時代の意義　490

第2章　大田区立図書館時代の活動を中心に　501

　1　大田区立図書館創設期から開館まで　501
　2　池上図書館時代　508
　3　大田区立洗足池図書館時代　516

第3章　公共図書館の基盤整備　529

1 レファレンスサービス普及のために 529
2 『日本の参考図書』の編集 534
3 『中小レポート』、日野市立図書館との関わり 538

第4章 東京都の図書館政策をめぐって　548

1 都立日比谷図書館協議会の答申、東公図の対応 548
2 『東京都公共図書館の現状と問題点 1963』の作成 551
3 東京都の図書館政策の実現へ向けて 557

おわりに 564

森博略年譜 570

第2部　森博と4人の図書館員──インタビュー記録　573

第1章　森先生ノート──福嶋礼子　573

1 気賀町立図書館に入るまで 574
2 気賀町立図書館発足まで 577
3 気賀町立図書館時代 578
4 大田区立図書館時代 582
5 ミシガン大学　アジア図書館時代 583
6 都立日比谷図書館時代 584

7　ご家族のこと　585

資料1　福嶋礼子　私の履歴書──1931—92　　　　　　　　　　589

資料2　森博　図書館日誌──1950.5.5—5.20　　　　　　　　　590

第2章　**菅原勲インタビュー記録**　　　　　　　　　　　　　593
　　　──大田区立図書館時代を中心に

　　　1　大田区立池上図書館時代を中心に　594
　　　2　『日本の参考図書』との関わりなど　596
　　　3　洗足池図書館へ移る　598
　　　4　質疑　601

第3章　**鈴木健市インタビュー記録**　　　　　　　　　　　　609
　　　──森博との関わりを中心に

　　　1　鈴木、磐田市立図書館に勤める　610
　　　2　森博との出会い　612
　　　3　鈴木、気賀町立図書館へ通う　614
　　　4　森、気賀町立図書館を辞める　616
　　　5　大田区立洗足池図書館時代の森との交流　618

資料　鈴木健市　森博先生の思い出　　　　　　　　　　　　623

第4章　**松田不秋インタビュー記録**　　　　　　　　　　　　626
　　　──静岡県気賀町立図書館時代を中心に

　　　1　森博との出会い　627

2　気賀町立図書館の発足まで　629
3　図書館に関わるきっかけ　632
4　気賀町立図書館の開館　633
5　サービスの開始　635
6　青年たちと図書館　637
7　森との関わり　640
8　森が図書館を辞めた理由　644
9　森の図書館への思い　645
10　松田、休職の経緯　646
11　森が去ったあとに　647

おわりに　　　　　　　　　　　　　　　　　　　　小黒浩司　651

人名索引　655

装丁――Malpu Design［清水良洋］

刊行にあたって　　　　　　　　　　　　　　　　　　　　奥泉和久

　ようやく出版にこぎつけることとなったが、思わぬ大部となった。この書を刊行するにあたり、二、三述べておく。
　この企画のスタートは、『公共図書館サービス・運動の歴史』(日本図書館協会) の執筆を、小川徹、小黒浩司、奥泉和久で終え、さて次は何をしようかということになったときに遡る。この本の執筆に際し、とくに制約はなかったが、原稿が進むにしたがって当初の思惑が少しずつずれ、結果的には総花的とでも言おうか、図書館の移り変わりを通覧するような内容になった。シリーズの1冊ということから、それなりに整ったものにせざるをえず、気がついたらあれもこれもと手を広げていた。
　もちろんこの本のせいではないが、書きたいようには書けなかった、との思いが残った。そこで、今度は書きたいことを思う存分に書こうということになった。とはいえ何らかの共通したテーマといったようなものが必要ではないか、だとしたらどうすべきかを話し合った。この本が出版されたのが2006年11月だから、その少し後ということになる。ちょうどこの頃、三人とも『図書館人物伝』(日外アソシエーツ、2007年) の編集・執筆にも関わっていて、理由はそれぞれ異なるものの結果的にはこちらのほうでも未消化に終わった感があった。
　もうひとつ、坂本龍三『岡田健蔵伝——北日本が生んだ稀有の図書館人』(講談社出版サービスセンター、1998年) のこともあった。岡田健蔵という函館の図書館人について、坂本龍三氏が長年研究に打ち込み、その成果を世に問うた著作は、すでに出版から10年を経ていたが、われわれにとってはひとつの道しるべともいうべき存在となっていた。

　　　　　＊

　そのような経緯もあり、人物研究を共通のテーマとして準備を進めることになった。それぞれに取り上げ、掘り下げてみたい人物がいた。最終的に誰を取り上げるかは後で決めることにして、とりあえずは調査・研究を

さらに深め、それを共著として出版しようということにした。そのように出版されるはずの本を「論集」と名づけ、作業を報告しあい、それがやがて定例化していった。

当初から研究課題が明確だったのは小川で、佐野友三郎の山口県立山口図書館時代に関する資料収集を開始し、作業を本格化させていった。何度も山口に足を運び、帰ってきては資料を広げ細々と報告することが繰り返されるようになった。小黒は、新たな人物を発掘する調査を開始し、奥泉はあきらめかけていた森博研究のための手がかりをさがす活動を再開した。そうこうするうちにそれぞれの検討する人物像が明確になっていった。

小黒は、浜畑栄造と韮塚一三郎、奥泉は田所糧助と森博について調査・執筆を進め、原稿を持ち寄っては進捗状況を確かめあった。小川の佐野論も、徐々に原稿の形になっていくかに見えたが、佐野に対する関心は広がり、深まる一方で、一向に収束への道筋は見えてこなかった。膨大な資料の整理の目途がつき、佐野の生涯を見通せるようになったのは数年前のことだった。

＊

さて、前置きが長くなったが、本書の内容についてまず述べておきたい。三者三様のというべき5人の図書館員を、活躍した時代順に並べてみた。もちろん、佐野は別格としても、ここに取り上げた人物がこの時代を代表するというのではないが、それでもそれぞれの時代のなかで奮闘した図書館員であることに変わりはない。彼らについて論じることによって、彼らが生きた時代を映し出していると感じられなくもない、と考えてみた。

次にそれぞれの人物について述べておく。

第1篇「佐野友三郎伝」(小川)は、生誕から図書館人として生きた佐野の生涯を論じている。この国の図書館の近代化を実現したひとりとして知られる佐野友三郎について再考する試みといえる。これまでにも佐野は、さまざまに紹介され、論じられてきた。しかし、それらの多くは県立秋田図書館時代と県立山口図書館時代の活動に集約されている。それは佐野の活動からすれば当然のことなのだが、光を当てる部分が一面的ということにもなる。小川は、そうではなく、佐野の生涯をとおして可能な限りの

調査を進め、それによって全体像を提示、そこから佐野の図書館観を描こうとした。

佐野友三郎が活躍した時代は、明治中期から大正の初期にかけてである。第2篇の浜畑栄造（小黒）は大逆事件がテーマとなっている。第3篇の田所糧助（奥泉）が活動した時代は大正から昭和の初期にあたる。第4篇の韮塚一三郎（小黒）、第5篇の森博（奥泉）は第二次世界大戦後、もう少し詳しくいうなら1950年代から60年代に相当する。それぞれの時代の図書館界を背景に、人物に光を当てた論考である。

　　　　　＊

本書をお読みいただくうえでお断りしておいたほうがいいと思われるのは、構成上のことで、そのことを次に述べておく。

第1篇は、第1部の佐野に関する論考と第2部の補論、第3部の資料から成る。当初は、第2部は、すべて本文に7つある章の注として書かれていた。ところがあまりにも膨大な注となったため、それらを補論として独立させた。第3部の資料は、「防長新聞」に掲載された佐野の論稿、追悼文、書簡などで、これらはいずれも通常は目にしにくい文献である。

第5篇の森博論には、第2部「森博と4人の図書館員——インタビュー記録」を付している。これは奥泉の著作として収められているが、日本図書館研究会・オーラルヒストリー研究グループの活動の一環として、小黒とともに進めてきたものである。この活動は、資料収集の限界を関係者の証言によって補おうとするものであるが、同時に資料の発掘も目的としている。インタビューの記録は一部分が引用される場合が多いが、インタビューに応じていただいた方々は、いずれも1950年代以降に活躍した図書館員でもあり、その多くを掲載することにした。

　　　　　＊

あらためてこれらの論考を眺めてみると、人物に統一感がなく、アプローチの仕方も各執筆者の思いのまま、さらに原稿の分量に至っては大きな差が生じる結果となった。当初の企画意図からすれば致し方ないともいえるが、読者にとっては迷惑な話である。そう考えてこの不均衡さを解消す

るような方法を考えてもみたのであるが、そもそも好き勝手に書きたいことを書くということからはじめた以上、まとまりがつかないのは必然と開き直るほかなく、結局は分厚い本としてお目にかけることにした。そこは大目に見ていただくしかないと思っている。

　佐野に続く4人の図書館員については、これまでほとんど研究の対象になったことはない。はじめて名前を聞く読者も少なくないと思う。ここでは、ある時代をある図書館員がどう生きたのかを考えたかった。有名無名という見方は意味がないし、そういう意味では、この国の図書館活動に先駆的な役割を果たした佐野についても同様である。歴史の表舞台に彼らを登場させることにより、その当時図書館が抱えていた役割や課題などを浮き彫りにすることが、われわれのやりたかったことである。

　　　　　　＊

　いろいろと言い訳のようなことも含め、長々と気がついたことを記してみたが、問題はその中身である。その判断は、これをお読みになる方々に委ねるしかない。忌憚のないご意見をお聞かせ願えればと思っている。

　なお、本文、文献の表記などについては、おおむね青弓社の執筆要領によったが、それぞれの論考の内容の関係もあり、表現に関しては筆者のわがままを通すことになった。できる限り調整したが、三者の個性の違いはいかんともしがたく、やや統一を欠いているかもしれない。また、敬称を略したこと、ご理解をお願いしたい。

　著者を代表して

第1篇 佐野友三郎伝

小川 徹

第1部　佐野友三郎の足跡

はじめに

　上州人、佐野友三郎は幕末、1864年（元治元年）に生を享けた。群馬県中学校卒業後上京、東京大学に進むも中退。その後中学校教師を経て、台湾総督府事務官となるが、1899年（明治32年）休職。その翌年、友人、秋田県知事武田千代三郎に誘われて図書館の道に入り、以後、秋田、山口という僻遠の地にあって、もっぱらアメリカの図書館に学びながら、試行錯誤を繰り返しつつ、図書館の在り方、あるべき姿を追求し、図書館界に少なからぬ貢献をもたらしたが、1920年（大正9年）、56歳で志半ばにして倒れた。
　そのすがたを追ってみた。

第1章　図書館の道を歩みだす迄——1864〜1899年

1　群馬県で育つ

川越で生まれる

　1864年（元治元年）3月10日、佐野友三郎は川越で生まれた。父は川越藩の二十四石取の下級武士佐野雪、母はれんである。雪の父は一楽。雪は1833年（天保4年）生まれ。雪には友三郎の他に後妻きさとの間に弟寅寿、長女（早世）、次女ふみと三女ますがいた。のちのことになるが、次女ふみの次女てるは、佐野の死後、佐野の長男文夫と結婚した。寅寿、ますのことはわからない。(1)

　川越藩主松平家は、1749年（寛延2年）姫路より前橋に移ってきたが、当時前橋城は横を流れる利根川のたび重なる氾濫で城の一部が崩壊し、その再建半ばであった。松平家はもともと財政が厳しい状況であったが、転封に伴う出費が重なり前橋城を修復する余裕がなく、その上前橋城下は1756年（宝暦6年）の大火、続いて1767年（明和4年）の火災があり、いかんともしがたく、この年幕府に願い出て川越に移った。
　しかし川越は狭く次第に不便さが際立つようになった。他方、前橋は火が消えたようになり、人口も減少してしまった。何とかかつてのにぎわいを取り戻したい、それには藩主に前橋に帰ってきてもらう以外にないと町人たちは藩主に嘆願した。1862年（文久2年）藩主となった松平直克はその翌年、幕府に前橋への帰城を願い出た。幕府は前橋城再築を条件に帰城を許した。前橋城修築にかかる莫大な資金と労力は前橋の町人が求めに応じて相当の負担をした。(2)

築城に取りかかる1863年（文久3年）5月頃から家臣が前橋に移住を始めた。佐野が川越で生まれたのはその慌しいなかであった。

川越から前橋へ

佐野家は1866年（慶応2年）前橋に移った。明治になって田中町となったところに屋敷が与えられた。⁽³⁾

幕末から明治にかけての激動期に佐野は幼少年期を過ごした。生活は貧しかったとのことである（「聞き取り」）。

1872年（明治5年）にできた学制に基づき群馬県では前橋の曲輪町に第一番小学校（厩橋学校）、翌年向町に敷島学校、連雀町に桃井学校というように小学校ができた。生徒は全て士族の子弟であった。⁽⁴⁾佐野がいずれの小学校に行ったかはわからない。

当初学校は校舎も様々であり、教科書も揃っているわけでなく、先生も教え方も様々であった。当時の教科書には『単語読本』、『修身約説』、『兵用日本地理』、『輿地誌略』、『十八史略』などがあり、それらを「意味も分からず趣味も無く唯夢中で素読するのみ」、「ただ無茶に読むことを奨励した」⁽⁵⁾。佐野もこのようにして学んだことであろう。

群馬県中学校に進む

1879年（明治12年）12月群馬県中学校設立、生徒を募集、翌1880年1月26日から授業がおこなわれた。⁽⁶⁾

佐野入学の記録はないが、最初の卒業生のうちにその名をみることができる。

寄宿舎は、80名ほどの腕白ざかりが生活をするので乱雑そのものであった。かれらを取り巻く時代の様相は、西南戦争が終わったばかりでその影響もあり、殺伐とした空気が残っていたが、同時に自由民権思想が人びとをとらえつつあった。キリスト教の布教活動もさかんであった。生徒たちは談論風発、大きな下駄をはいて大通りを闊歩した。入学した年の2月、数名の者が内容はわからないが「教則改正」を求めて生徒総会を開き、総会の名で楫取素彦群馬県令に面会を求めた。しかし県令は会わず、かえって首謀者を放校処分にした。これに怒った生徒たちは同盟休校、本邦初の

中学校でのストライキをおこなった。県令は学校を解散した。4月15日のことである。

その直後、同年5月3日県会は中学校の校舎建設費を計上した。その際校舎「建築ノ地ハ市街芸娼妓アル地ヲ除キ県庁ヲ距ル一里以外三里以内ノ地トスルコト」を条件とし、校舎は広々としたところになければ「英雄豪傑ヲ出スコト能ハサル」という意見があった。生徒たちを「芸娼妓アル地」から遠ざけるだけでなく、自由民権思想やキリスト教から遠ざける意味もあったことであろう。12月27日前橋から離れた南勢多郡小暮村に校舎を新築移転することに決め、翌1881年（明治14年）1月生徒募集、2月入学試験、3月授業再開、12月内藤耻叟が校長となる。翌1882年2月小暮村の新校舎で授業がはじまった。

生徒たちは毎夜寄宿舎で政談講演会を開き、「自由万歳」などと叫んでいた。しかし県庁から、集会条例（1880年〔明治13年〕5月発布）によって政治に関する演説会などはいっさいまかりならぬと言ってきた。生徒たちは日曜日になると山林中に（のちには前橋に行って）天下の大事を論じあった。

1882年5月、群馬県中学校は最初の7名の卒業生を出した。その7名の出身校と職業は、

（氏　　名）	（出身校）	（職　　業）
大竹直四郎	明大法	渋川郵便局長・呉服業
佐野友三郎	攻玉社	山口県立図書館長
沢　玄三		前橋中学教諭
寺沢　精一	同志社	前橋女学校長、宣教師
豊田　宣		三重県桑名郡立高等女学校長
降屋　虎雄		私立横浜高等女学校長
山崎金四郎		高崎市助役

である。「群馬県中学校の門を後にした寺沢、佐野ら"7人の武士"たちは、誠に第1回卒業生としての名に恥じない活躍をした」と語られている。

安中の便覧舎・基督教会のこと

　前橋からほど近い安中で手広く味噌醤油製造販売、蚕業、農業を営んでいた豪農商湯浅家は、幕末開港された横浜での交易にも事業を広げていた。その当主、湯浅治郎は1872年（明治5年）私費を投じて3,000冊ほどの書籍をそろえて便覧舎を開設、公開した。近世農村では豪農が余技に仲間と俳句・短歌などをたしなみ、なかには多くの図書を持ち、「蔵書家」と呼ばれた人がいて、その蔵書を仲間に公開した事例は多い。便覧舎はその伝統を汲むものであったが、湯浅は福沢諭吉に傾倒していて、蔵書は新たな時代の動向を反映するものであった。(10)

　安中藩士新島襄（江戸住まい）は幕末1864年（元治元年）、函館から密かに出国、ほぼ10年アメリカで過ごして、1874年（明治7年）帰国、ひとまず安中の両親のもとに戻ってきて、アメリカやキリスト教について語り、大きな影響を与えた。新島は翌年、京都に同志社英学校を設立する。その多忙な日程のあいまをぬって安中にきて、1878年3月便覧舎に安中基督教会を設立した。初代牧師は海老名弾正であった。(11)

　安中の便覧舎と教会は群馬県中学校に通う中学生たちを刺激したことであろう。かれらはここを訪れたのではあるまいか。佐野がここを訪れた記録はみられないが、間接的であれ、そのように推測できることがある。

　群馬県中学校で佐野と同級生だった寺沢精一は1862年（文久2年）川越で富樫家に生まれ、寺沢家の養子になった。群馬県中学校を出て東京大学予備門にいくが中退する。そして24歳の時海老名弾正より受洗し、同志社に行った。(12)

　安中教会の初代の牧師であった海老名弾正は1884年（明治17年）8月頃から前橋教会の立ち上げに関わり、翌1885年竣工すると、その初代の牧師になるが、1886年10月本郷伝道教会に移る。1887年6月、辞めて熊本英学校長となる。(13) この略歴からすると、寺沢精一が海老名弾正から受洗したのは24歳、少し幅をとって1885年か1886年のことであるから、前橋教会か本郷伝道教会で洗礼を受けたとみてよいようである。寺沢は安中の教会で海老名と出会い、それがきっかけで海老名から洗礼を受けたのであろ

う。
　これらのことが、直ちに佐野が安中に行ったことを物語るものではないが、そのことを推測させる。そこに佐野のキリスト教との出会いとともに、図書館との出会いの原点があったとみてよいのではあるまいか。

2　上京して攻玉社に入る

　佐野は上京して攻玉社に入った。攻玉社は現在、品川にある攻玉社中学校・高等学校である。かつて筆者はここに問合せたのであるが、佐野の在籍を記すものはないと言われた。暫くして「上毛新聞」が特集記事「山河遥か　上州・先人の軌跡」で佐野友三郎を取り上げた際、担当の記者が同校に佐野について問合せたのであるが、同様に不明とのことであった。[14]
　攻玉社は1863年（文久3年）設立された。海軍との関係が深く海軍兵学校の予備校としての役割をもつようになった。校舎ははじめ築地にあったが芝に移った。ところが1881年（明治14年）3月失火によって校舎はほぼ全焼した。6月校舎・寄宿舎を再築し授業が再開された。佐野が上京した時の攻玉社はそういう状況であった。[15]
　当時東京大学予備門受験の為の予備校として成立学舎、共立学舎、進文学舎がよく知られていた。なかでも坪内雄蔵（逍遥）らがはじめた進文学舎は人気があった。[16]佐野はその道を選ばず、海軍兵学校の予備校であった攻玉社を選んだ。佐野は海軍の道に進もうと考えていたとみて間違いないであろう。群馬県中学校で佐野の後輩に当たる鈴木貫太郎は1883年（明治16年）同校を中退して攻玉社に行った。鈴木は海軍の道に進み、のちに海軍大将、第二次世界大戦敗戦時首相となった。[17]群馬県中学校には当時海軍に進む雰囲気があったのであろうか。
　しかし、佐野は攻玉社に行ったものの海軍への道に進まなかった。

3　東京大学予備門に進む

東京大学予備門入学

　佐野の逝去を報ずる記事の中で簡単に佐野の経歴に触れている「防長新聞」(1920年5月15日付)は「明治十五年前橋中学校を卒業し同年九月大学予備門に入り」と書く。「教界時報」(第1504号、1920年6月25日)は「明治十五年十二月群馬県中学校卒業後県の選抜にて東京予備門に進み」とする。「大学予備門」、「東京予備門」はともに「東京大学予備門」(以下、予備門と略す)である。

　当時群馬県中学校には、秀才で将来有望な者に学資を貸与して大学に行かせる決まりがあった。「寺沢精一はそれによりまず大学予備門に入学した」とのことである。佐野も同様であったかと思われる。

　当時の予備門の規則に、

「第十条　入学ノ期ハ毎学期ノ始メ一回トス。但シ時宜ニ由リ第二第三学期ノ始メ或ハ第三学期ノ終リニ於テ入学ヲ許スコトアルヘシ」

とあり、第1学期は9月11日〜12月24日、第2学期は1月8日〜3月31日、第3学期は4月8日〜7月10日であった。

　1882年(明治15年)6月、9月、翌年1月に「入学試業」がおこなわれた。佐野はいずれを受けて合格したのだろう。6月のは、攻玉社に進んだばかり故受験しなかったであろう。『東京大学予備門一覧　明治十五―十六年』の生徒姓名欄には富樫精一(上記寺沢精一のこと)の名はあるが、佐野の名はない。この名簿は丸屋善七が1882年(明治15年)12月27日に出版しているので、6月か9月の試験に合格していればこの名簿に姓名が掲載されたであろうが、それがないので、佐野は1883年(明治16年)1月の「入学試業」を受けて合格し、2学期から授業に出たとみてよいであろう。

明治十六年事件

　1883年(明治16年)に「明治16年事件」と言われている騒動が東京大学で起こった。『東京大学百年史　通史一』は「明治十六年事件」という項目

を立てて記述している。東京大学ではその年10月27日の学位授与式を昼に実施することにした。前年迄は昼間は卒業生と在校生が一緒に運動をして、そのあと式があり、続けて立食会があった。それらを学生は楽しみにしていた。ところが式が昼に変わると、招かれてやってくる大勢の皇族や政府高官、各国公使ら来賓を前に運動もできないし、宴会もやりにくくなる。それらに反発して寄宿舎にいた学生たちは式に出ず、上野から日暮里原野迄遠足に出かけた。遠足から帰ってふとしたことから騒ぎが起こり、学生たちは寄宿舎内で暴れだし、器物を破損したりした。酒気を帯びた者もいていたずらが過ぎたものだったのであるが、大学当局はこれを重視し11月2日、この騒ぎに関係した寄宿生145名（のちに1名追加）を退学処分とした。そのことを告げる「官報」（第123号、1883年11月29日）に載せる「東京布達」に「東京大学退学生」として法学部以下の各学部、古典講習科、撰科の学生名に続いて「東京大学予備門本黌退学生」66名の名前があり、その最後に「群馬県士族佐野友三郎（十九年九月）」がある。この処分は厳し過ぎるとの意見があり、大学は順次復学を許した。翌年1月12日第1回60名が再入学を許される。そのなかに佐野の名がある（「官報」第171号、1884年1月26日）。

『東京大学予備門一覧　明治十六年—十七年』の生徒姓名欄にこの騒動に参加した者の名前はない。のちのち迄佐野が世話になった武田千代三郎、沢柳政太郎、予備門を中退してのちに東京図書館に入った富永為三郎（のち太田姓）、東京帝国大学図書館長となった和田万吉の名前はある。かれらは騒動に加わらなかったのである。

4　東京大学学生として

法科から文科へ

　佐野は1885年（明治18年）7月東京大学予備門卒業（当時予備門は3年で修了）、9月東京大学文学部政治理財学科に入学した。文学部政治理財学科は同年12月政治学科と改称し法学部に移った。法学部は法政学部となり、更に翌年3月2日帝国大学令が出て、東京大学は再編され、法政学部は法

科大学になった。佐野は政治学科に進んだ。
　ところが、その翌年の文科大学学生姓名のなかに佐野の名がある。

　　　哲学科　　3年　沢柳政太郎
　　　　　　　　2年　大西祝　（他2名）
　　　　　　　　1年　服部宇之吉　（他4名）
　　　和文学科　3年　上田万年
　　　　　　　　2年　三上三次　高津鍬三郎
　　　　　　　　1年　和田万吉　佐野友三郎

　佐野は政治学科を1年で止めて和文学科1年に入りなおしている。何故なのか。最初法科大学に進んだのは東京大学に入った息子に旧士族佐野家の期待が託されていたからであろう。しかし東京での生活のなかで政治学科で学ぶ気持ちを佐野は持ちえなくなったのではないか。哲学科にいた沢柳政太郎はのちに「佐野君は天才的の人で、学生時代には己れの好む所の文学を主として勉強し、他を顧みない風があった」と述べている。この頃「文学」という言葉は、『言海』（吉川弘文館、1904年）に「（一）書ヲ読ミテ講究スル学芸、即チ経史、詩文等ノ学、又（二）語学、修辞学、論理学、史学等ノ一類ノ学ノ総称」とあるように、今日の理解より広く解されていた。

　佐野は1887年（明治20年）9月『ディクソン英文典直訳』を出版している。「ディクソン」は、その前年に工科大学から文科大学に転じてきた英語・英文学担当の、James Main Dixonである。ディクソンは1879年（明治12年）に来日、在日中多くのテキストを出版しているが、1886年8月、つまり文科大学の9月からの授業に間に合わせるように"English lessons for Japanese students"を出版した。その再版を中学校教科書用として出すに当たって佐野にその翻訳を委ね、それが『ディクソン英文典直訳』として出版されたのである（補論1「佐野友三郎訳『ディクソン英文典直訳』について」を参照されたい）。

　佐野の群馬県中学校時代の校長であった内藤耻叟が、文科大学ができた年教授として迎えられ、経学、日本歴史、支那歴史などを担当した。内藤との再会が文科大学に転ずるきっかけのひとつになったのだろうか。

　佐野は文学に関心をもつようになって文科大学に転じた。その時哲学科、

和文学科、漢文学科、博言学科があったが（英文学科は翌年開設）、佐野は和文学科を選んだ。

学生生活の様子

　佐野はどのような学生生活を送っていたのだろうか。武田千代三郎は「文科大学に苦学中の如きも学資を稼ぐ内職の為に、常に少なからぬ時を奪はれながら、常に悠々として、好成績を挙げて居りました」とのちに語っている。[29]

　どのような人びとと交流があったのか、佐野がのちに県立山口図書館長としてその設立の準備をするなかで、多くの友人知人に図書などの寄贈依頼をした。多くの人びとがこれに応じたが、そのなかに東京大学の学生だった井上哲次郎（哲学）、井上友一（東京市長）、入沢達吉（医学）、上原六四郎（音楽理論家、物理学）、丘浅治郎（植物学）、小川正孝（化学）、神田乃武（英文学）、白井光太郎（植物病理学）、坪内雄蔵（逍遥）、長与称吉（長与胃腸病院設立）、三守守（東京物理学校創設）、三好学（植物学）、渡辺渡（冶金学・鉱山学）らがおり、他に小笠原長生（江戸幕府、老中小笠原長行の長男、攻玉社、海軍兵学校）、田山宗堯（写真家）、中村秋香（東京音楽学校、宮内庁歌所寄人）らもいる。こういう人びととの交流があったのであろう。

　また佐野はボート部に入っており、1887年から1889年（明治20〜22年）のレースに出ている。当時のボート部には上記の入沢達吉、井上友一、丘浅治郎の他武田千代三郎、沢柳政太郎、上田万年（佐野の長男文夫の学生の時の保証人）、秋山雅之介（佐野文夫の蔵書を法政大学が引き取った時の同学学長）、柴田家門（山口県萩の出、官僚、最後は貴族院議員）らがいた。[30]

　こういうこともあった。和文学科で佐野より一級上だった三上参次が後年、学生時代について語っている。[31] そのなかで当時の、久米幹文、内藤耻叟、栗田寛、田中稲城他の先生、その授業のこと、学生では哲学科の柳沢政太郎、大西祝ら、和文学科の上田万年、高津鍬三郎、和田万吉について語っているが、そこに佐野の名前はない。

　外国人教師のひとり、ディクソンについても、詩の朗読をさせられた、

ディケンスの小説を読まされたなどと語っているが、佐野の『ディクソン英文典直訳』について語ることはない。

佐野と三上とのあいだに何かわだかまりがあったのであろうか。

三田村鳶魚は「三上参次——御勿体をつけた様子」に「三上さんが世辞つかいであるといふことは、随分際立つた甚だしいものであった云々」と書いている。(32) 佐野とは全く反対の性格だったので、付き合いもなく、むしろ反発しあっていたのではあるまいか。

佐野は学資を稼ぐ為内職をしていたと武田は語っているが、どのような内職をしていたのか。『ディクソン英文典直訳』はそのひとつだったのだろうか。坪内逍遥の進文学舎などで教えていたかも知れないが、わからない。その『ディクソン英文典直訳』の奥付によれば、1877年（明治20年）当時の住所は「本郷区竜岡町23番地」であった。

和田万吉のこと

もし和田が予備門を出てすぐ和文学科に入ったとすると、佐野が移ってきた年には2年になっていなければならない。しかし佐野と同学年になっているのは、和田が予備門を出て佐野のようにどこかに1年いた為であろうか。しかし『帝国大学一覧　明治十九—二十年』を見た限りでは、和田が佐野のように別の学科に行って和文学科に入りなおしたのではない。恐らく予備門にもう1年いたのであろう。ふたりが和文学科で同級生になったのは偶然であろうが、のちのふたりの人生からみると関心をそそられるところである。奇遇というべきなのであろう。

和田は岐阜県の生まれで、少年期に東京に出ていた長兄のところに移住し、江戸文化を吸収した。それが和田の世界を広げるうえで大きな意味をもっていたであろうことは推測できる。(33) 和田には広い交友関係があり、坪内逍遥との交流もあった。それがシェークスピアの『おわりよければ全てよし』の翻訳につながったと思われる。(34) 佐野もそこにいて逍遥との付き合いがあったであろうことは、前述したように佐野が県立山口図書館に赴任してすぐ多くの友人らに図書などの寄贈を依頼したのに応えた人びとのなかに坪内雄蔵の名があることから推測できる。

佐野の和田との学生時代の交流がどのようなものであったかはわからない。和田は1890年（明治23年）7月卒業、10月『普通論理学』（原著 W. Stanley Jevons "Logic"）を訳出、雙々館より出版。その年の末東京大学図書館に就職した。田中稲城が「管理」つまり館長であった。⁽³⁵⁾

5　大学を中退して中学の教師になる

　佐野は卒業寸前にひとりの外国人教師に不信感をもち、その授業に出ず、友人たちが説得しても試験を受けず、1890年（明治23年）6月退学した（この教師を「秋田魁新報」〔1900年3月10日付〕は哲学担当のドイツ人教師と書いている）。その佐野に武田千代三郎ら友人が山形県の米沢中学校教員の職を世話し、佐野は同年10月着任した。就職するにあたり酒を止めることを条件にしたと後年武田は語っている。⁽³⁶⁾

　翌1891年9月30日米沢の藩医山口龍造の次女きみと結婚した。結婚の話が進んでいた頃、きみの家の前を佐野がステッキをくるくる回しながら歩いていたとのちにきみは孫に語っている。⁽³⁷⁾

　佐野の米沢中学での教員生活のことはわからないが、生活が苦しかった教え子岡田文次の面倒をみていた。それは米沢中学から大分・広島中学に転じてからも続いた。のちのことになるが、岡田は佐野の葬儀に駆けつけた時、「防長新聞」の記者にそのことを語っている（「防長新聞」1920年5月15日付）。岡田は貧困の為中学卒業後第一高等学校に進めず、法科大学撰科で学び、撰科出身ではじめて高等文官試験に合格し、内務省の官僚として樺太庁長官、知事、警視総監を歴任、退職後貴族院勅選議員となったが、⁽³⁸⁾のち迄佐野家の相談相手になっていた。佐野の晩年の主治医であった山口県の赤十字病院長西野忠次郎も、やはり米沢時代の教え子である。⁽³⁹⁾

　佐野は1892年5月大分中学に、翌1893年6月広島中学に移った。短い期間で学校を転々とした理由は不明である。生徒たちには慕われていたようであるが、学校の教師という職業は身につかなかったのかも知れない。

　佐野が広島中学で教えている時、日清戦争が勃発した。

6 日清戦争に従軍する

1894年（明治27年）4月朝鮮で東学党の蜂起、農民の反乱が起こる。5月末朝鮮政府は清国に派兵を要請し、清軍が到着する。日本軍の動静は6月2日より8日迄報道管制された。同月17日の「福岡日日新聞」は「我陸軍より朝鮮へ派遣せし混成旅団は去る六日出発…去る十二日払暁迄に悉皆仁川港へ到着上陸したり」、「我国より今回朝鮮へ派遣せし陸軍々隊は第五師団（広島）兵中を以て混成旅団を組織し派遣したるものなり」と伝えている。

派兵の報道が広く伝えられると、国内では各地で義勇兵運動が起こった。その最初は広島であった。6月19日付の「福岡日日新聞」は連載中の「朝鮮事件」欄で、
「広島の義勇兵　朝鮮に変起こるや広島の兵直に飛渡す、是より広島市人意気昂り、壮丁隊伍を組んで旗を押立て自ら義勇兵と称して渡韓の義を県庁へ出願し居ると言ふ」

更に同紙6月22日付の同じ欄に、
「広島にては両三日前より同市及び其付近の地方に於て〇〇〇〇人夫を募集中なり、右は朝鮮に派遣の上運搬諸般の用に充つる為めなり」
と伝えている。

8月1日清国に宣戦布告。広島県宇品港に兵が集結、次々仁川港にむけて出て行ったことに市民は亢奮した。

9月大本営が広島に設営され、天皇が広島入りする。その様子を伝える「時事新聞」（9月19日付）は、広島市民の熱狂ぶりを報じている。

当時の地方紙は連日のように当地の義勇兵結団の様子を伝えた。政府にとってはそういう国民の運動は好ましいものであったが、正規軍との間で混乱が起こるからと、8月7日に「義勇兵ノ団結ヲ止ム」という詔を出して、その運動を抑えた。これで義勇兵結団運動は姿を消すが、軍事献金運動や軍夫としての志願などに姿を変えて、そのエネルギーが続いた。(40)

佐野はそのただ中にあった。自身かつては海軍兵学校の予備校、攻玉社

に一時期ではあれ席を置いた佐野のこと、湧き上がるものを抑えることができなかったのではあるまいか。

のちのことになるが、「秋田魁新報」(1900年3月10日付)は県立秋田図書館長として着任予定の佐野を紹介するなかで、佐野は「日清戦争の時外征軍に従てそちこち歩るいたそうで軍人ならば余程の勲位をうく可き功労あつたとのこと」と書いている。

佐野がどのような資格でどれほど外征軍に従って、どこを歩いたのかは不明である。それは中学校在職のままであったのであり、夏休みの間であったのかも知れないが、戦争に身を投じるような一面を佐野が有していたことがうかがえる。

1896年(明治29年)、佐野に「明治二十七八年事件ノ功ニ依リ勲六等瑞宝章及金三百円ヲ授ケ」られた(「官報」第3861号、1896年5月15日)。この時「従二位勲一等子爵野村靖 内大臣在官中明治二十七八年事件ノ功ニ依リ金五千円ヲ賜フ」に始まり、二百数十名が金員、勲位を共に、あるいは金員だけを授けられている。そのなかに佐野の名がある。「明治二十七八年事件」は日清戦争に他ならない。軍人としてではなく、何らかのかたちで日清戦争に貢献した者に恩賞が与えられた場合の表現である(「明治二十七八年事件ノ労ニ依リ」ともみえる)。軍人への恩賞には例えば「二十七八年戦役ノ功ニ依リ金二十円ヲ賜フ」にみられるように「戦役ノ功」と書かれている。

1895年(明治28年)4月17日日清講和条約が結ばれた。条約は、朝鮮の独立、遼東半島・台湾・澎湖列島の割譲、賠償金2億両(テール)という清国に過酷なものであった。

7 台湾総督府に勤める

台湾総督府事務官となる

台湾に総督府が置かれた直後、佐野は台湾に渡っている。

日清戦争になんらかのかたちで加わった流れのなかで、台湾に行こうと決めたと思われるが、明治時代早くから南進論があり、次第にこの風潮が

強くなっていたことと関わりがあるのだろうか。

　台湾については江戸時代から、日本の領土である、あるいはその西半分は清国の領土であるが、東半分は無主地であり、日本が領有権をもっているという考えがあった。それは、明治になって、台湾の事情をわきまえないまま領土拡大への野望として膨らみ、1874年（明治7年）の台湾出兵となった。こういう状況のなかで内藤耻叟が「台湾はもと我が所属島なりし事」という台湾領有論を発表していることは関心をひく。佐野は内藤からこのことについて話を聞くことがあったであろうか。

　当時総督府には民生局、陸軍局、海軍局があった。民生局には内務部、外務部など7部あり、外務部長は島村久であった。島村は1895年（明治28年）5月21日着任した。

　佐野は同年5月広島中学を依願退職して、この島村に随行して台湾に渡り、そのもとで外務部事務嘱託となった。

　台湾総督は1896年（明治29年）6月桂太郎、同年10月乃木希典、1898年2月児玉源太郎とめまぐるしく代わる。児玉は後藤新平を民政長官に任命し、ゲリラ鎮圧を強圧的におこなうとともに、植民地支配の基礎を固めた。その時期を佐野は、いくつもの部署を経ながら過ごした。

　1899年（明治32年）6月30日「台北県弁務署長兼臨時台湾土地調査局事務官佐野友三郎」他6名が「文官分限令第十一条第一項第四号ニ依リ休職ヲ命」ぜられた（「官報」第4808号、1899年7月12日）。

　文官分限令によれば、

「第十一条　官吏左ノ各号ノ一ニ該当スルトキハ休職ヲ命スルコトヲ得
　　　（略）
　　　四　官庁事務ノ都合ニ依リ必要ナルトキ
第十三条　第十一条ニ依リ休職ヲ命セラレタル者ニハ其ノ休職中俸給ノ三分ノ一ヲ給ス」

である。佐野が休職となった理由はわからない。

　佐野は同年11月頃内地に戻る。石井敦は、佐野一家は夫人の実家米沢にいたとする。しかし次の仕事を探す為に東京に戻ったのではないだろうか。

石井敦の問いかけ

　台湾総督府時代について、石井敦は、
「何が契機か、どういう心境の変化か、一度放棄した役人の道へ再び戻ることになる。すなわち1895年（明治28年）、台湾総督府事務嘱託として台湾に赴任し、（略）大日本帝国の官僚として、初の植民地経営に参加した彼の感慨はどのようなものであったか、甚だ興味あることだけれど、今となってはこのことを知る史料はほとんどない」
と述べる（前掲『佐野友三郎』271ページ）。既述のように佐野はなんらかのかたちで日清戦争に従軍しており、それがきっかけで台湾に渡ったかと思われることは「何が契機か、どういう心境の変化か」という問いかけへの、少なくともひとつの答えにならないであろうか。

　のちのことになるが、佐野は1914年（大正3年）、山口県立山口図書館長だった時、台湾総督府図書館の初代館長にならないかと和田万吉に勧められて受けている。それは実現しなかったのであるが（第5章2参照）、佐野に二度と台湾に行きたくないという気持ちがあれば、この話を受けなかったであろう。そこに「植民地経営に参加した彼の感慨」を推測させる手掛かりの少なくともひとつがあるのではなかろうか。

注

（1）「教界時報」第1504号（1920年6月25日）の佐野逝去を伝える記事のなかに「元治元年三月十日埼玉県川越町に生る。父は川越藩士佐野雪、母はれん子、君は其長子なり。三才の時群馬県前橋市に一家転住す」とみえる。「教界時報」はキリスト教メソジスト派の機関紙「護教」の後継紙である。
　　佐野家の石高は1873年（明治6年）の友三郎が家督を相続した時の家禄調べによる（宮下明美「文書館創設前史に見る佐野友三郎の影響」「双文：群馬県立文書館紀要」第25号、2008年）。
　　石井敦の紹介で、佐野の次男武夫のふたりの子女、吉田千鶴、滝山満子、武夫の子息の夫人、佐野章子のお三方とお会いすることができた（2008年4月16日、09年2月26日）。法政大学多摩キャンパスの多摩図書館

で、ここにある「佐野文夫文庫」をみていただいてお話をうかがい、後日手紙のやりとりをした（以下「聞き取り」）。
（２）群馬県史編さん委員会編『群馬県史通史編4：近世1』群馬県、1990年、91―102、716―718ページ
（３）前橋への移住にともない、藩士の屋敷地をくじで決めた「屋敷くじ名前帳」があり、『前橋藩松平家記録』（前橋市立図書館編、全40巻、煥呼堂、1994―2004年）の第28巻（2003年）、文久8年7月28日条（234―241ページ）には、「西田中小路七番　佐野次郎右衛門」などとみえる。しかし雪一家が前橋に移住してきた頃のこの『記録』には藩士の移住についての記事がない。佐野家の戸籍によれば「田中町四拾七番地」である。
（４）前橋市教育史編さん委員会編『前橋市教育史』上、前橋市、1986年、206―218ページ
（５）群馬県教育史研究編さん委員会編『群馬県教育史』第1巻：明治編上巻（群馬県教育委員会、1972年、348―354ページ）に収める『角田伝七十余年の回顧録』、『鈴木貫太郎自伝』による。
（６）以下群馬県中学校のことは上毛新聞社編著『〈学園物語〉前橋高校』上毛新聞社、1982年、12―19ページ、前橋高等学校校史編纂委員会編『前橋高校八十七年史』上、前橋高等学校、1964年、1―83ページ、前掲『群馬県教育史』第1巻：明治編上巻、382―406ページ。
（７）前掲『前橋高校八十七年史』上、54―55ページ。内藤耻叟（1827～1903）については『国史大辞典　第10巻』（国史大辞典編集委員会編、吉川弘文館、1989年、516ページ）、秋元信英「幕末・明治初期の内藤耻叟」（「国学院女子短期大学紀要」第3号、国学院女子短期大学、1985年）。
（８）前掲『群馬県教育史』第1巻：明治編上巻、406ページ。7名の経歴は不十分である。
（９）前掲『〈学園物語〉前橋高校』17―19ページ
（10）片桐庸夫「反骨の上州人・湯浅治郎」、群馬県立女子大学地域文化研究会編『群馬・黎明期の近代――その文化・思想・社会の一側面』所収、群馬県立女子大学、1994年
（11）安中基督教会設立当時のことを記録した「安中基督教会録事」に「明治十一年三月廿八日新島氏此地ニ到ル（割注略）同月三十日夜便覧舎（割注略）ニ於テ建会ノ式ヲ行フ、依テ之ヲ安中基督教会ト称ス（略）同年四月（略）海老名氏ヲ以テ当会ノ仮牧師ト定ム」とみえる（群馬県史編さん委員会編『群馬県史』資料編22、近代現代6、同県、1983年、880ページ）。

(12) 東京大学予備門編『東京大学予備門一覧　明治十五～十六年』丸家善七、1882年の生徒姓名欄（53ページ）に「三年一組」に「富樫精一　群馬」とみえる（当時学年の呼称では3年が今日の第1学年に当たる）。翌年度の生徒姓名欄にその名はない。受洗のことは前掲『〈学園物語〉前橋高校』（17ページ）にみえる。1886年（明治19年）9月同志社に入学した（松井全・児玉佳與子翻刻『Doshisha Faculty Records, 1879～1895 復刻版』同志社大学人文科学研究所同志社社史資料室、2004年）。1890年神学校本科を出て群馬県中学校、東北学院他で教えたのち、宣教師として活動をしている（『群馬県人名大事典』上毛新聞社、1982年）。
(13) 渡瀬常吉『海老名弾正先生』竜吟社、1938年。ここでは大空社の伝記叢書所収同書、1992年、156―178ページ、解説1―3ページ。
(14) この特集記事「山河遥か　上州・先人の軌跡　第9部　佐野友三郎」（「上毛新聞」2009年3月16日～4月17日付）は「日本図書館文化史研究会ニューズレター」no.110（2009年10月）で紹介されている。
(15) 攻玉社編『攻玉社九十年史』攻玉社、1953年、1―19ページ、攻玉社学園編『攻玉社百二十年史』攻玉社学園、1983年、1―43ページ、神辺靖光「攻玉塾と攻玉社中学校」、石川松太郎編『日本黎明期の教育』所収、学校教育研究所、1994年
(16) 大村弘毅『坪内逍遥』（人物叢書新装版）、吉川弘文館、1987年、42―46ページ
(17) 前掲『〈学園物語〉前橋高校』19―21ページ、鈴木貫太郎『鈴木貫太郎自伝』（人間の記録）、日本図書センター、1997年。佐野との交流はわからない。
(18) 前掲『前橋高校八十七年史』上、58―59ページ
(19) 前掲『東京大学予備門一覧　明治十五―十六年』1―2、23―25ページ
(20) 『文部省第十年報　明治十五年　東京大学予備門第六申報』文部省、1884年、839ページ、『文部省第十一年報　明治十六年　東京大学予備門第七申報』文部省、1885年、842ページ、東京大学百年史編集委員会編『東京大学百年史　通史一』東京大学出版会、1984年、594―595ページ
(21) 「防長新聞」が「九月大学予備門に入り」とし、「教界時報」が12月に予備門に入ったとするのが何によっているのかわからない。
(22) 前掲『東京大学百年史　通史一』633―643ページ、「朝野新聞」1883年11月25日付、「東京日日新聞」1883年11月5日付、1884年1月21日付
(23) 武田千代三郎は、秋田県知事、山口県知事として佐野をそれぞれの県

立図書館長として迎え、「佐野氏が我図書館界の功労者とすれば、武田氏は正に我図書館界の一恩人とも名づくべき人と思ふ」(田村盛一『初代館長佐野友三郎氏の業績』山口県立山口図書館、1943年、2ページ)。沢柳政太郎は文部省にはいり、のち東北帝国大学総長、京都帝国大学総長を歴任。がむしゃらに進む佐野を遠くにいてもずっと見守り、必要があれば手を貸した。佐野の死去に接して「山口県図書館長佐野友三郎君を哭す」を「帝国教育」(帝国教育会、第456号、1920年)に寄せている(石井敦『佐野友三郎』〔個人別図書館論選集〕、日本図書館協会、1981年、296―299ページ)。

(24) 前掲『佐野友三郎』321ページ、『東京大学百年史　通史一』451―459、787、817ページ

(25) 帝国大学編『帝国大学一覧　明治十九―二十年』帝国大学、1886年、138ページ

(26) 帝国大学編『帝国大学一覧　明治二十―二十一年』帝国大学、1887年、220―221ページ

(27) 沢柳政太郎「山口県図書館長佐野友三郎を哭す」、前掲『佐野友三郎』所収、296―299ページ

(28) 前掲『帝国大学一覧　明治十九―二十年』80―81ページ

(29) 大阪で1926年(大正15年)11月4～6日におこなわれた第3回全国専門高等学校図書館協議会2日目夕刻からの懇親会の席上で武田が佐野について語った(「全国専門高等学校図書館協議会会報」同協議会、第3号、1927年、52ページ)。

(30) 東京帝国大学漕艇部編『東京帝国大学漕艇部五十年史』東京帝国大学漕艇部、1936年、35―77ページ

(31) 三上参次『明治時代の歴史学界――三上参次懐旧談』吉川弘文館、1991年、23―25、29―41ページ

(32) 菊池明編『明治大正人物月旦――三田村鳶魚遺稿』所収、逍遥協会、2009年。2013年12月21日におこなわれた日本図書館文化史研究会の例会での中西裕の報告「三田村鳶魚の図書館利用」による。

(33) 山田賢二「大垣が生んだ明治の兄弟博士松井直吉理学博士・和田万吉文学博士についての覚書」「月刊西美濃　わが街」第70号、1983年、26―32ページ、和田万吉「呉博士幼時の思出」『呉秀三小伝』所収、呉博士伝記編纂会、1933年、141―147ページ

(34) 前掲『坪内逍遥』。和田のこの翻訳は『みなれざを(しえきすぴや　わ

だのとろみ　和田万吉戯訳)』(和田万吉、1888年)である。
(35) 波多野賢一「和田万吉先生伝」上下「図書館雑誌」第36巻第3号 (1942年3月)、1942年、185—193ページ、第36巻第6号 (1942年6月) 393—400ページ
(36) 前掲「全国専門高等学校図書館協議会会報」52—53ページ
(37) 前掲『佐野友三郎』321ページ、「聞き取り」
(38) 泥牛酔俠、三木幾太郎編『疑問の人』東京毎夕新聞社、1913年、111—113ページ
(39) 「防長新聞」1920年5月15日付。また、西野忠次郎、慶應義塾大学医学部内科教室編『臨床四十年——新輯西野教授講義講演集』(近代書房、1948年) の略歴欄 (275ページ) には、1913年 (大正2年) 山口県病院長、次いで赤十字支部山口病院長、1920年慶應義塾大学教授とみえる。
(40) 日清戦争の時多くの軍属・軍夫が従軍したが、その実態はまだ十分には明らかになっていないようである。大谷正／原田敬一『日清戦争の社会史』フォーラム・A、1994年、大谷正『兵士と軍夫の日清戦争』有志舎、2006年、原田敬一『日清・日露戦争』(岩波新書「シリーズ日本近現代史」第3巻)、岩波書店、2007年
(41) 「佐野図書館長を悼む」(「山口県教育」山口県教育会、第246号、1920年5月) によれば佐野が広島中学校を退職したのは1895年5月である。
(42) 「皇典講究所講演」第168号、皇典講究所、1896年。関連して、松永正義「台湾領有論の系譜：1874 (明治7) 年の台湾出兵を中心に」「台湾近現代史研究」創刊号、龍溪書舎、1978年、大濱郁子「内藤耻叟における日本の台湾領有論」「沖縄文化研究」第29号、法政大学沖縄文化研究所、2003年。
(43) 岡田真希子『植民地官僚の政治史——朝鮮・台湾総督府と帝国日本』三元社、2008年、380—381ページ
(44) 前掲「佐野図書館長を悼む」
(45) 前掲「教界時報」(第1504号) の佐野の履歴に「同 (明治) 二十八年五月台湾総督府島村外務部長に随行渡台す」とある。
(46) 小熊英二『〈日本人〉の境界——沖縄・アイヌ・台湾・朝鮮支配から復帰運動まで』新曜社、1998年、70—146ページ、前掲原口敬一『日清・日露戦争』
(47) 前掲『佐野友三郎』271ページ、年譜の322ページ
(48) 前掲『佐野友三郎』271—272ページ

第2章　秋田県立秋田図書館長として——1900〜1903年

　関が原の戦いに勝利した徳川家康は、秋田地方の諸大名を常陸国に移すのと入れ替えて、そこに1602年（慶長7年）、常陸五十四万石の領主佐竹義宣を封じた。関が原の戦いで中立の姿勢を保った為だと言われている。義宣は、今は秋田市の千秋公園となっているところに久保田城を築いた。秋田藩とその周辺の、のちに秋田県となる諸藩は、天明の飢饉など苦難の日々は少なくなかったが、久保田城下に藩校明徳館をつくり、横手に育英書院、大館に成章書院、角館に弘道書院と各地に郷校が生まれた。学問がさかんとなり、多彩な人物が生まれた。志をいだいて江戸に出て、大きな学問・思想体系を組み立てた佐藤信淵、平田篤胤がそうであった。安藤昌益は大館に生まれ、諸国をめぐり、やがて郷里に戻った。その独特の思想をまとめた『自然真営道』は長らく埋もれていたが、大館生まれの狩野亨吉が第一高等学校長の時に発見した。[(1)]

　この風土のなかで佐野友三郎は、かれらが残した記録の収集保存をひとつの大きなテーマとして、図書館づくりに取り組む。

1　県立図書館を求める声

秋田公立書籍館設立

　秋田藩は、幕末の動乱期、時代の大きな流れに敏感に反応して藩の行き先を決めることが難しく、はじめは東北諸藩による列藩同盟に加わるも離脱して官軍に加わった。しかし明治新政府は秋田藩が中心となってできた秋田県を冷遇した。そのことへの反感が県民に残った。
　1875年（明治8年）着任した石田英吉秋田県知事は地租改正など県政の

基本となる課題に取り組むとともに、その年秋田博物館、植物園を設け、1878年秋田師範学校開校、1880年師範学校内に秋田公立書籍館開館と教育・文化の面でも仕事を進めた。

1878年秋田県会が開かれる。その翌年から翌々年にかけての自由民権運動の波の中、結社が次々できて、県会で主流となる。石田知事は1882年（明治15年）、県会と予算をめぐり対立、このことが原因で石田知事は秋田県から長崎県に転任となった。石田知事は近代秋田県の骨格をつくったと評されている。(2)

1880年（明治13年）開館した秋田公立書籍館は、全国に次々設立される県立クラスの図書館の先駆けであった。翌年9月秋田書籍館と改称する。しかしふるわず、1884年（明治17年）7月以降休館となり、2年後廃止となった。(3)

1896年末の通常県会で

それから十余年あと、1896年（明治29年）、知事は岩男三郎となる。その年12月の通常県会で、県議のひとりが、7月におこなわれた秋田県教育会の会合で何を審議したのかと質問した。答弁にたった県職員は、ここでは5件の諮問案を検討したが、そのなかの図書館の件については「大ニ県経済ニ関スルモノナレハ本年ハ先ツ見合トセリ」と答えている。(4)

秋田県には早くから教師を中心とする私立秋田県教育会があり、知事を会長として「秋田県教育雑誌」を刊行し、県内の教育界に大きな力を持っていた。県会ではそのあり方について問題視する声が強く、それとは別に県会に、知事に教育に関して建議する役割を持つ秋田県教育会を設立することをその前年暮れの県会で決めていた。その秋田県教育会の審議内容が問題にされたのである。

県立図書館設立を求める声

以前から図書館が必要だと考えていた複数の県議は、上記県職員の答弁にみられる秋田県教育会の審議内容に疑問をもって、県会に、県立図書館を設立すべきだとの建議を提出し、これが採択された。この建議は、図書

館は当分尋常中学校内に置くとし、館長、職員、経費について必要事項が書かれているが、中学校長、師範学校長などから構成される評議員を置くとしているところは注目される。事例としては1899年（明治32年）設立された私立大阪図書館がその翌年評議員を置いたのが早いが、そのアイデアは秋田のほうが早かった。

　建議は採択されたものの、なんらの動きもないまま次年度を迎えた。1897年9月の臨時県会で図書館のことはどうなっているのかとの質問が、図書館に強い関心をもっていた県議榊田清兵衛からあり、県からはいま取調べ中との答弁があった。取調べにそれほど長い期間が必要なのかとの反論が県議からあった。県にまかせては埒があかないと考えた県議有志は、11月の通常県会に県立図書館設立諮問案を提出した。これをめぐって議論がおこなわれ、1899年（明治32年）開館を目指して準備することとなった。
　この時「諮問案参考書」として出された「図書館設置要項」は「本館設置ノ主旨ハ博ク中外古今ノ図書ヲ蒐集シ衆庶ノ閲覧ニ供シ以テ学芸ノ参考ニ資セントスルニ在リ」にはじまり、規則を守る者はだれでも入って閲覧できる、特別室は有料である、館外貸出は館長の許可をえた者に限るなどとあり、のちにできる秋田図書館規則の原型である。

2　秋田県知事武田千代三郎着任、県立図書館設立準備進む

　1899年（明治32年）4月、岩男知事に代わって武田千代三郎が着任した。岩男は県会とうまくいかず、計画した横手・大館中学、秋田高等女学校、農業学校、育英会、秋田図書館、いずれも実現しなかった。その実現は武田にゆだねられた。武田は岩男時代の暗雲を切り開いたと評されている。
　同月、千秋公園内の2階建ての建物を図書館として使うことにして、開館にむけて準備が始まった。
　この建物は千秋公園、安楽院跡にあった元秋田鉱山監督所であったものが個人所有となり、洋風平屋建に2階をあげたものであった。

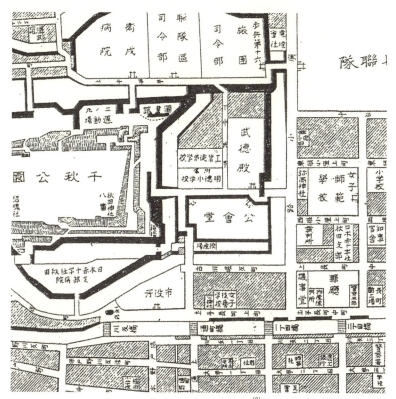

図　『明治大正日本都市地図集成』柏書房、1986年(8)

秋田図書館規則

　1899年（明治32年）4月14日「秋田図書館規則」(9)が公布された。以下おおよそをみてみる。[ ]内は略記もしくは省略部分。

　　　第一章　総則
第一条　本館ハ博ク中外古今ノ図書ヲ蒐集シ衆庶ノ閲覧ニ供シ学芸ノ参考ニ資スルヲ以テ目的トス
第二条　本館ノ規則ヲ遵守シ手続ヲ履行スルモノハ何人ヲ問ハス登館シテ適意ノ図書ヲ閲覧スルコトヲ得

第三条　本館ノ閉館日ハ左ノ如シ
　　　但臨時ノ閉館ハ其都度之ヲ告示ス
　　一、年始　一月一日ヨリ同五日マテ
　　一、年末　十二月二十八日ヨリ同三十一日マテ
　　一、大祭日
　　一、館内大掃除日　毎月第二第四金曜日
第四条　本館開閉ノ時限左ノ如シ
　　　四月ヨリ九月マテ……………午前七時開館　午後六時閉館
　　　一〇月ヨリ翌年三月マテ……午前九時開館　午後四時閉館
第五条　本館所蔵ノ図書ハ館外ヘ携出スルヲ許サス、但、館長ノ特許ヲ得タルモノハ此限ニアラス
第六条　［特別閲覧室で閲覧するには閲覧料1日5銭、ひと月1円］
　　　　第二章　図書借覧
第七条　図書ヲ借覧セントスルモノハ館内ニ備ヘアル借用簿ニ図書名及住所氏名ヲ記入シ館員ニ差出シ図書ヲ受取ルヘシ
［以下11条迄。特別閲覧室で閲覧する時は通券を受け取れ、図書返納のこと、館内では音読、雑話、その他喧噪を禁ずること、本をなくしたり、傷めた時の弁償のことが決められている］
　　　　第三章　図書寄贈　［12～14条、略］
　　　　第四章　図書ノ委託　［15～20条、略］
　　　　第五章　図書携出　［21～29条］
［図書の携出ができるのは秋田県在住の者で満20歳以上の者であり、秋田市に住み直接国税5円以上を納めている男戸主で成年者2名の保証人の連署を得て、出願して特許をうること、その他］
　　　　第六章　附則　［30～31条、略］

　規則を守ればだれでも無料で閲覧できる、特別閲覧室で閲覧する時は有料、料金を払えばだれでも利用できる。図書携出は、第5条では館長の特別の許可を得た者に限るとあるが、その内容は第5章で決めていることである。

この年11月、図書館令が公布された。その第7条に「公立図書館ニ於テハ図書閲覧料ヲ徴スルコトヲ得」とある。当時有料の図書館が普通であったが、秋田では無料とした。

水平三治らの採用

「秋田魁新報」によれば、1899年（明治32年）8月、水平三治が図書館書記に、図書館看守に2名が任命された。この年か翌年片岡律蔵が図書館書記となっている。この他小使と給仕が置かれた。

水平は1862年（文久2年）、久保田城下（秋田市内）で藩士渡辺家に生まれ、明治はじめに水平家の養子となる。1882年（明治15年）上京、根本通明（1822年今の大仙市生まれ、儒学者、維新後上京、大蔵省に勤め、のち帝国大学文科大学教授）、ボアソナード（フランスの法学者、1873年来日、東京法学校教頭）に学ぶ。1886年渡米、1891年帰国した。その後秋田美以教会(10)（メソジスト派）で洗礼を受けて東北で伝道活動をしていたが、体調を崩して辞め、1899年（明治32年）秋田商工会書記、そして同年8月図書館書記(11)となった。

図書館の平面図

『秋田県立秋田図書館沿革誌』掲載の平面図（次ページ上図）によれば、1階に事務室、館長室、宿直室、小使室などと閲覧室がある。2階に男子閲覧室、その3分の2強の広さの女子閲覧室がある。1階の閲覧室は特別閲覧室なのだろう。児童室がない。書庫は別棟。

3　秋田県立秋田図書館、開館する

1899年（明治32年）11月1日、秋田県立秋田図書館が開館した。館長は秋田中学校長武田安之助の兼務であった。(12)

1899年末の通常県会で

武田知事は、提出した予算案説明で、図書館と県史資料収集事業を私立

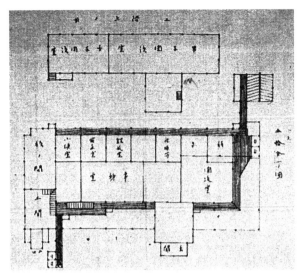

千秋公園当時の館舎平面図
秋田県立秋田図書館『秋田県立秋田図書館沿革誌——昭和36年版』

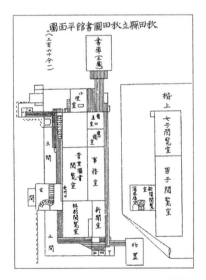

1909年（明治42年）10月書庫増設後の平面図。参考まで。
秋田県立秋田図書館編『百年のあゆみ　秋田県立図書館創立百周年記念誌』
2000年

秋田県教育会に委託する方針を示した。

　参事会は予算案に対する意見のなかで、図書館についての知事の見解に反対し、県の事業とするとした。

　1890年（明治23年）に公布された府県制では、府県に府県会とともに、知事・府県高等官・府県会議員で構成される参事会が議決機関として置かれた。年末に開かれる通常県会に知事は次年度の予算案を提出するが、予算案は県議と参事会が検討する。その為に何日か県会は休会となる。再開された県会に参事会の結論が出され、県議はその結論にも目を通しながら予算案を審議した。(13)

　県会では、県史編纂事業を私立秋田県教育会に委ねることの是非などについてかなり厳しい議論がかわされた。以前から私立秋田県教育会のありかたについて県会では批判的な意見が多く、図書館を私立秋田県教育会付属にすることには反対の意見が強く、県議の質問に答えて、県の視学官は「帝国教育会モ図書館アリ、又神奈川県教育会モ図書館アリ（略）図書館ハ教育ニ最モ関係アルヲ以テ教育会ニ委託スル」と述べ、知事は私立秋田県教育会の改革、発達を図っていくと発言しているが、採決の結果、満場一致で図書館は県の事業とすることと決した。(14)

　当初私立秋田県教育会補助のひとつとして組まれた図書館の予算、

　　図書館費　6,866円21銭5厘、うち書籍費5,000円

はそのまま県予算の教育費のうちに移された。

　参事会提案の図書館予算では館長の俸給を単価50円、年額600円としている。兼務であった中学校長に年に50円館長手当てとして支払っていたのを、専任にする為の年俸の金額である。榊田清兵衛議員は審議のなかで「館長俸給ハ前年度ハ中学校長ノ兼務トシテ年額五拾円ナリシガ今参事会意見ヲ採ルモノトセハ六百円トセザルベカラズナリ」とこれを支持している。

　翌日予算の審議を終えたあと、三浦盛徳議員が発言を求め「館長ニハ単純ニ五拾円丈ケノ人物ヲ雇フト云フ如キコトヲ為サスシテ館長トシテ適当ナル人物ヲ撰任セラレタシ」と知事に念を押している。

　武田知事はこうした経過があって、専任の館長を探すことになり、佐野

第2章　秋田県立秋田図書館長として　51

友三郎を呼んだのである。

4　佐野に声をかける

　武田はのちに全国専門高等学校図書館協議会の大阪でおこなわれた第13回大会（1926年〔大正15年〕）の懇親会でのスピーチで佐野について語るなかで「秋田市には、其の前より県立の図書館が公園内に設けてありました。（略）旧藩士中の読書好きの老人を事務員として閲覧者を待受けて居りましたが、一向「流行」らないので、是では行かぬ、何とかしやうぢやないかと云ふので寄々有志者とも相談しましたが、（略）然るべき人が見付からず（略）非常に人選に困りました。折から、其の当時、山形県立山形中学校に勤務して居た佐野友三郎（略）が都合で他に転じたいと云って居るとの事を聞き出しまして、早速交渉しました処、図書館の仕事は自分も予てからやって見たいと思って居た所だから、引受けてもよい、だが、其の経営上、他から要らぬ干渉制肘を加へられる様ではいやだ、と佐野の木地丸出しの返事がありました」と語っている。
　このスピーチは、いくつか武田の記憶違いがあるが、佐野を知るうえで重要な資料だと石井敦は述べている。
　武田は、図書館がいっこうに流行らないので何とかしようとしてしかるべき人を探したと言っているが、そうでないことは県会の議論から明らかである。また読書好きの老人がいて、と言うが、そういう老人がいたとしても、武田は水平三治らを採用しており、図書館の整備に取り掛かっていたのである。
　また、佐野は山形県立山形中学校の教師ではない。台湾総督府を休職になって東京に戻っていた。その休職中の佐野に武田は再び救いの手を差しのべたのである。恐らく家族を抱えていただけに職を求めていたと思われるし、かつての級友たちが佐野のことを心配していたことであろう。武田の誘いに佐野はかねてからやってみたいと思っていたと語ったとのことであるが、それほど図書館のことを知っていたのであろうか。群馬県中学時代に行ったであろう安中の便覧舎のことと同級生の和田万吉が帝国大学附

属図書館長となっていたことが結びついて、そのように佐野は言ったのかも知れない。

　武田から誘いを受けた佐野は、和田に会ったり、帝国図書館におもむいて、田中稲城や東京大学予備門で一緒だった太田為三郎と会ったり、あるいはかれらに薦められて図書館関係の文献に目を通すことがあっただろうか。

　それはともかく、和田を含めこれらの人たちとの先々での関わりを考えると、ここにひとつの流れが生まれようとしていることは、後世のわたしたちに刺激を与えるものがある。

5　武田知事、佐野について語る

　これも推測にとどまるのであるが、武田は最後のつめを、1900年（明治33年）2月14日朝上京した時にしたのではあるまいか。「秋田魁新報」2月15、23日付によれば、この上京の「主なる用向は」奥州鉄道、船川築港問題での折衝であるが、佐野との折衝も「用向」のひとつだったのではないだろうか。3月2日武田知事は東京を発ち、帰県の途についた。帰庁間もなく、3月10日の「秋田魁新報」の「取り交せ集」欄に新館長の人物評が出ている。佐野をよく知っている人物でなければ言えないことである。武田が新館長を佐野に決めてきて、記者に語ったものであろう。佐野の生きざまをよく語っているので、そのまま紹介する。

　　今度来る図書館長某氏は文科大学の三年までやって退校した人なそうだ、言ひ出したことは一歩も引かす信じたことは少しも枉げぬと云ふがこの男の立て前で、それが為めに卒業しかねたとのことじゃ。諸学科の成績が同級中で良い方であったそうな、けなが哲学丈けは断々乎として授業をうけなかったそうだ。哲学の受持は独乙の何んと云ふ御雇講師で年も若く学問もあまり無い方であつたと見え、こんな無学な外国人の教をうくるは吾々日本人の恥辱である。僕は断乎としてこんな奴の教はうけぬと云て教場にも出ず勿論筆記も為さなかったらふ。

外山先生非常にこの才を惜み君はなぜそんなことを云ふて居るか、そんなことを云はすに授業をうけたまへ、若しどこどこまでも聞かぬと仕方ないから退校するぞ、それでもよいかと云ふても例の通り仕方がありません、何とでもよろしうわす、あんな者の授業はうけられませんと云てとうとう一存を透してしまつたそうな。後ち米沢の中学大分の中学に外国語の教師をして居つたが、なかなか生徒共のうけがよかったそうで、大分の時分などはこの前に居た外国人よりか学問も出来授業も上手だと云はれたそうな。日清戦争の時外征軍に従てそちこち歩るいたそうで、軍人ならば余程の勲位をうく可き功労あったとのこと、教育雑誌の編纂などには無論適当たらふとある人は語られた。

　言葉・文字づかいに不審をいだかれる部分がないわけではないが、句読点を引用者が入れた他は手を加えていない。「外山先生」は当時文科大学学長外山正一のことである。

6　佐野、着任する

佐野着任

　佐野は1900年（明治33年）4月1日着任した。36歳。住所は下中城町5番地であった（「聞き取り」）。47ページの地図をみると、武徳殿の左側の道に「下中城町」と書かれている。久保田城の曲輪のなか、かつては上士の住むところであった。千秋公園の一郭であり、図書館にほど近い。

　武田は後日「佐野が来ました。図書館の面目が一変しました。蔵書の分類、目録の編纂、新規購入書籍の撰択等一切之を館長の独裁に任せて、吾々は約束通り一言も喙を容れずに居ました」[17]と述べている。いっさい任されたといっても佐野自身はそれ迄図書館の経営について経験も知識もないし、用意万端ととのえてことに当たるタイプの人間ではないので、苦労したのではないだろうか。

水平三治、佐野を支える

既に着任していた水平三治が「図書館未経験の佐野を補佐し、県立図書館としての運営に遺憾の無いよう最新の努力を払い、県民の期待にこたえるよう奮闘した⁽¹⁸⁾」とのことである。そのことを物語る記録があるのかどうか、わたしは知らない。水平とて図書館に来たのは少し前に過ぎない。ただ佐野は関係部局との交渉など（何より佐野に交渉相手の言葉がどれほど理解できたであろうか）、様々なことを進めていく上で水平の協力は欠かせなかったのではないだろうか。水平は1862年生まれ、佐野より2歳年上であった。

　着任から2ヵ月、佐野はどのように過ごしてきたのか、わからない。ただ6月15日付で秋田県図書館規則を改正し、定例の休館日を年末年始、大祭祝日、毎月曜日とした。

　現在、わたしたちは図書館・博物館・動物園などが月曜日休館・休園であることに違和感をいだいていないが、これは第2次世界大戦後決まったことである。戦前、図書館は大体年末年始、大祭祝日、大掃除の日が休みであった。なぜ秋田で月曜日休館としたのであろうか。佐野が提案したのであろうか。どうもそうではなさそうである。武田知事は1902年山口県知事に転任、山口で県立図書館をつくる。その際秋田の図書館規則をほとんどそのまま利用するのであるが、月曜日休館は採用しなかった。のちに秋田から山口に行った佐野もそれに従った。これはアメリカでの生活の経験がある水平の提案だったのだろう。週一で休みを取ろうという考えがあったのである。

　佐野は6月12日「御用有之上京を命ぜらる」と「秋田魁新報」は伝える。着任して2ヵ月、より深く図書館について調査・研究する必要に迫られてのことと思われる。

図書館規則の改定
　9月11日付で図書館規則が大幅に改定された。以下おおよそをみる⁽¹⁹⁾。［　］内は略記もしくは省略部分。

　　第一章　総則

第一条　本館ハ博ク内外古今ノ図書ヲ蒐集シ公衆ノ閲覧ニ供スルヲ以テ目的トス
第二条　［前の規則の第三条の「四、館内大掃除日、毎月第二第四金曜日」を「毎月曜日」とした］
第三条　［開館閉館時間、変わらず］
第四条　本館ニ功労アリト認ムル者ニハ優待券ヲ贈与シ開館中随時図書ノ閲覧ヲ得シム
第五条　優待券ヲ得タル者及ヒ館長ノ特許ヲ得タルモノハ特別室ニ於テ閲覧スルコトヲ得
第六条　年令十二年未満ノ者ハ登館シテ図書ヲ借覧スルコトヲ得ス
　　　第二章　閲覧心得　［第7〜9、11条は前規則と同じ内容］
第十条　閲覧人ハ看守ノ指示ニ従フヘシ、若シ規則ニ違背シ若クハ不都合ノ行為アリト認ムルモノハ退館ヲ命シ又ハ期間ヲ定メテ登館借覧ヲ禁スルコトアルヘシ
　　　第三章　図書寄贈　［第12〜14条　略］
　　　第四章　図書委託　［第15〜20条　略］
　　　第五章　図書携出　［第21〜24条］
第二十一条　［図書携出できるのは、秋田県下に住む成年者で、直接国税五円以上を納める者とする。直接国税五円以上を納める資格がない者は、その資格がある者を保証人とせよ、他］

　この規則の改定には、開館以来の経験が反映しているであろうが、月曜日を休館とすることが水平の意見に依っていると考えられることからすると、水平や前の規則作成に関わった県議らの意見を取り入れたところがあるのであろう。
　第1条の文言のうち「学芸ノ参考ニ資スル」が除かれている。公衆の為の図書館だということを前面に出したかったのであろう。他方で平田篤胤、佐藤信淵の遺著の収集にみられるように「学芸ノ参考」としての役割をなくしたわけではない。
　前の規則の「第二章　図書借覧」を「第二章　閲覧心得」とし、音読、雑話、その他喧噪を禁ずるとあるところに第10条を入れて閲覧者の態度

を厳しく注意するとしているのは、館内、閲覧室であたりかまわず話をしたり、音読する利用者がいたりすることがあった為であろう。図書館という場がどのような場であるかの理解がまだ定着していなかったのである。

　前の規則の第2条がなくなり、第4条、第5条に「本館に功労」ある者の図書館利用を優遇する条項がはいった。開館してみると、数は僅かでも県議の利用があり、その県議が図書館設立に大きく寄与した者であれば、そういう利用者は特別に遇すべきではないかとの声が出たのではないだろうか。また図書の館外貸出について、前記県立図書館準備段階に作られた「図書館設置要項」では館外貸出は館長の許可がえられればできる、とあったのが、前の秋田図書館規則では国税5円以上を納める者が貸出を受けられることとなり、それが改定規則に引き継がれている。国税5円以上を納める者は1890年制定の府県制のもとで府県会選挙権を持つ者であった。「本館に功労」がある者、つまり県立図書館設立に寄与した県議を優遇することと一連のものである。[20]

　第6条の子どもの利用をさせないことについてみれば、この図書館には児童室がない。子どもが来ることを前提にしていない。しかし親が連れてくることもあったであろう。子どもたちが公園に来たついでに、連れ立って図書館に来ることがあったかも知れない。

　少しのちのことになるが、県会（1902年12月4日）で議員が図書館で図書に「楽書」したり写生することはないかと聞いたのに対して視学官は「御承知ノ通リ、開館当時ニ於キマシテハ、子供ナドモ沢山這入リマシタ為メデモゴザイマセウガ、壁ニ鉛筆ヲ以テ楽書ヲシ、或ハ書物ニモ悪戯ヲスルト云フヤウナ者モ往々アリマシタ」が、近頃は図書館に対する考えがよほど進んできたこと、利用者を満12歳以上にしたので、「悪戯スル者ハ余程減ッタヤウデゴザイマス」と答えている。

　児童室がないので、それにともなって第6条をいれたのであろうが、佐野は児童室を置くことを求めたのではないだろうか。しかし当時それは無理であり、そこには子どもの利用への理解がなかった。

児童への理解を求めて

　児童室がないことについては、大人の子ども理解に問題があると佐野は考えていた。子どもが一個の自立した存在であるという認識がなければ、児童室は無理であり、児童室をつくるうえで子どもについて共通の認識を広くもってもらうことは不可欠であり大切なことである。

　佐野は「秋田県教育雑誌」(第115号、第116号、1902～1903年)に「チャールス・ディケンス」を投じている。これはJames Hughes "Dickens as an educator" (1901)を紹介し「教育者としてのディケンス」を論じたものである。ひと言つけ加えれば、佐野は学生時代教えを受けたディクソンからディケンスについて学んでいる(第1章4の「学生生活の様子」の項参照)。

　佐野は、ディケンスを教育者として観察した人が多くないなかで、米国のハーリス博士編集の教育叢書に収められているジェームス・ヒューズ著「教育者としてのディッケンス」は、「最も興味ある一種出色の文字で、近来の好著述のやうに思はれる」こと、児童を束縛し虐待する悪弊を打破して父兄に児童の正当な権利を認めさせたところにディケンスの功績があることを紹介している。

　ところで佐野はJames Hughesのこの著書をどこでいつ読んだのだろうか。のちに述べるが、佐野は1901年10月24日から東京に部下と出張している。巡回文庫についての海外の文献調査であった。その文献探索中、帝国図書館ないし東京大学図書館で出版されたばかりのこの図書に行き当たったのであろう。

　佐野は児童サービスの大切さを言い続けた。ここには当時ほとんどの子どもたちが小学校を出ると働くという現実があった。そのことに佐野はどのようなきっかけがあって目を向けるようになったのか。そこには貧困のなか過ごした幼少期(「聞き取り」)のことがあるのではないだろうか。

7　県立秋田図書館への声

蔵書の充実を求める

「秋田魁新報」はこうしてスタートした県立秋田図書館の利用統計をほぼ毎月載せるとともに、その動静を掲載した。1900年（明治33年）の同紙に掲載された声を拾ってみよう。
　同紙（10月2日付）は「図書館の昨今」で図書館の蔵書を論じて、仏書、基督教物がないこと、他方蔵書に史籍集覧、皇清経解、知不足斎叢書、漢魏百三名家集、洋書の百科全書があることを紹介する。その翌日「同館の書籍は各部の釣合は整頓して居らるれど部数の少なきは遺憾である」、京阪地方には得難い古書があるそうで、館員を出張させて求めてもらいたいとも書く。また県会議員が図書館の必要を痛切に感じるようになってほしい、しかし「県議員が一同相揃ひ巡覧」したことはあるが、図書館に調べにきた議員はいるのだろうか、村山茂眞議員を除けばだれもいないそうだと記す。
　また（10月27日付）に「図書館に就き、公署各学校に望む」とのタイトルの一文が載り、図書館は各分野の古今の図書を集めつつある。公署各学校は率先して図書館に図書を寄付嘱託してほしい、例えば県庁には旧藩庁から引き継いだ書籍記録が、かの有名な『真澄遊覧記』を始めとして沢山あるではないか、これらは倉庫に入れておくだけではしみ（紙魚）の餌になるだけだ、速やかに図書館に付与すべきだ、しかし県庁が応じないので図書館では止むを得ずその写本を作らざるを得ない、各学校でも利用の少ないものは県立図書館に貸与あるいは嘱託して一般の需要に応ずるようにすべきだ。各学校にそれなりの文庫を設ける必要がある。それができれば、各郡、町村、更には個人にこれを及ぼし、そうすれば西洋各国におとらないようになろうと述べる。

「秋田魁新報」にみられる利用者の苦情
　「我輩の同学三名は教科用参考として或る書籍必用に付図書館に行き借覧を申し込んだが受付先生一言の下に該書籍などは貴様に分るものじゃないと叱り飛ばし到頭借覧を許さなかった、受付は斯ンナ職権あるものでせうか、佐野館長に伺ひます（一中三年生）」「投書のいろいろ」欄（11月6日付）
　「秋田図書館内に奇怪なる白鼠が住し居る、館長さん少々気を付けて一ヶ

月位は大掃除をしたまえ（実見生）」同上（11月17日付）
「図書館受付の年寄は毎度書を間違って困ります。何とか若い人を置くやうにして貰いたいものだ」同上（12月22日付）

8　1900年末の通常県会で：図書館移転についての議論

「秋田魁新報」（1900年11月30日付）に「図書館は今の県会議事堂に移さるるそうですが我々商家の子弟に取っては此上もない幸福だ、実は夜間などには旧城に行くこと怖はくつて出来ぬ（儒弱生）」という一文が載っている。

　この年末の県会で県立秋田図書館移転に関わる議論がおこなわれた。
　県は県会議事堂を、建設を予定している公会堂に移し、図書館を県会議事堂に移すという提案を出した。これをめぐって激しい議論があった。図書館移転賛成の県議は、図書館は今のところでは不便だ、書庫が小さくて蔵書で一杯だと言う。それに対して議事堂移転反対の県議は、書庫が一杯になるというのなら1年くらい図書を買わなくてもいいではないかとも言う。他の観点からの議論もあって紛糾し、委員会をつくりそこで問題をつめることにする。委員会は移転しないという結論を出し、これをめぐって賛否両論が飛び交い、採決の結果、委員会の結論に賛成が多数で、図書館移転はなくなった。書庫を建てる予算を組んでいたが、移転を前提にしていたので、書庫建設はなくなり、狭い書庫問題はそのままになった。[21]

　この県会で、県議有志が、県内には図書館や文庫がほとんどない、郡町村に図書館、文庫を設置する者に対して県費による補助をしてほしい、その為に必要な規則を制定することを求める内容の知事宛ての意見書を提出、満場一致で決議された。意見書には「欧米文明諸国ニハ図書館ノ事業発達シテ配達図書館ナルモノアリ」というところがあり、巡回文庫への関心がみえている。「配達図書館」についての知識は佐野がもたらしたのであろう。

なおこの県会で、参事会が図書費を5,000円から3,000円に減額した。このことについて質問がひとつあったが、議論がなく、参事会の意見の通りとなった。このことについて佐野がどのように思ったかはわからない。

9　巡回文庫の実施

巡回文庫の準備

　1901年（明治34年）は旧佐竹藩主が秋田藩に遷封して300年に当たり、旧藩主佐竹家一行を秋田に迎えて、これを祝う行事（秋田藩遷封三百年祭）が9月26日〜28日にあり、県を挙げての準備、佐竹家一行を迎え、もてなし、様々な行事があり、一行が県を離れる迄たいへんであった。(22)

　その前後、佐野は巡回文庫の準備を始めた。「秋田魁新報」（6月4日、10月24日付）によれば、6月はじめ秋田図書館書記水平三治は2週間の予定で上京した。
　10月、佐野友三郎と図書館書記片岡律蔵が上京した。
　6月に水平、10月佐野と片岡が相次いで、つまり図書館のスタッフが全員出張しているのは、それだけ差し迫った重要なテーマの解決の為であろうと思われるが、それは郡立図書館、巡回文庫に関わることであっただろう。県会の依頼とみてよいであろう。水平が6月、それから4カ月後に佐野らが上京しているのは、間が空き過ぎているが、この年9月末佐竹家を迎えての行事が終わる迄は佐野は動けなかったのである。
　佐野らが上京して調べてまとめた報告書がどれほどのものなのかはわからないが、のちに「秋田県教育雑誌」（第115号、1902年2月）に掲載された「米国巡回文庫起源及発達」の前書きに「当事者の調査したる米国巡回文庫中の一節を抄録して、本誌に収めて読者の参考に供す」とあるので、それなりの分量のものであったと思われる。それが県会に提出され、県会での議論に役立ったのであろう。県議村山茂眞は、この報告書に基づいて次年「秋田魁新報」（1902年2月27日付）に長文の「郡立図書館の設置を各郡会に望む」を掲載したのではないかと思われる。

「秋田魁新報」は伝える。
　1901年11月3日付「文部省視学官隈本繁吉は一昨日来秋」
　同年同月10日付「隈本文部視学官が仔細に本県の学事を視察」

巡回文庫の準備・書函造り
　のち、1902年（明治35年）のことになるが、佐野は県に「巡回文庫実施ニ関スル意見書」[23]を提出している。ここには佐野がどのように巡回文庫を運営したいかが見えている。文庫に積む図書は難しいものではなく、「要ハ一般公衆ヲシテ成ルヘク図書ニ接近セシメ、先ツ其読書興味ヲ喚起スルニアリ」、文庫に収めるのは百冊ないし百五十冊である。その図書目録もいれる。巡回文庫を借り受けた郡立図書館は館内閲覧に供するとともに「成ルヘク簡易ノ手続ニ依リ短期日間ノ携出ヲ奨励スヘシ」、巡回文庫の実施について特に標準たるべきものがあるわけでないので、先ず実施して、郡立図書館の当事者の意見をとりいれて改善するなどと述べられている。佐野の思いがつまっている。
　このような思いをいだきながら準備を進めていくのであるが、図書を入れる函、つまりモノとしての文庫製作にも取りかからなければならない。しかしこれは難題だった。のちに武田千代三郎は、モノとしての文庫についてだれもどんなものか知らない、「発案者の佐野も、亜米利加の本か何かで読んだ丈であります」、「箱の設計が存外六ヶしい」、「さすがの佐野も少なからず脳漿を搾りました」[24]と述べている。その大きさは「高サ長サトモ約三尺深サ約八寸」とも「高さ二尺、長さ三尺、深さ約八寸」[25]とも書かれている。いずれかが佐野の思い違いだったのだろうか。文庫の大きさは今の単位に換算して、のちに県立山口図書館でつくったものと比較しながらみると、縦（秋田56cm あるいは90cm、山口60cm）、横（秋田90cm、山口66cm）、奥行き（秋田24cm、山口23cm）である。運搬のことを考慮して山口ではコンパクトにしたのだろう。

1901年末の通常県会で：郡立図書館への補助金
　県会は郡立図書館への補助金についての建議を採択した。その建議は、

1902年（明治35年）、1903年の2カ年各年800円を「図書館補助費」として計上し、1902年には平鹿、仙北、山本、北秋田の各郡、翌年には由利、南秋田、雄勝、鹿角の4郡合わせて8郡各200円を投じて郡立図書館を設立するもので、その結びで「欧米諸国に於いては巡廻図書館なるものを設けて其普及を計ると聞く、我が図書館も其の例を取り漸次各郡に図書館を設置せしめ適当の方法を設けて県図書館設備の書籍を交互盾環(ママ)展覧せしめんとするを以て前掲の金額を補助せらるるの発案あらんことを知事に建議せんとす」と述べている。

10　巡回文庫の運行

武田知事、山口県知事に転ずる

　1902年2月8日、武田知事が山口県知事に転じ、後任に静岡県知事志波三九郎が来た。武田は当初「壮年有為」との評があり、のちに「教育知事」といわれた。岩男前知事が手をつけたものの実現に至らなかった諸事業を武田がなしとげたので、武田は岩男時代の暗雲を切り開いたと評されたのである。しかしのちには、武田は「沢山の仕事を派手に引き受け、空手形を発行しただけで支払いをすまさずに逃げ去った感がある」と評され、志波知事は「武田知事が腹一杯に呑み込んだ数々の事業の終息に奔走しなければならなかった」(26)といわれた。

　1902年2月27日付の「秋田魁新報」は村山茂眞の「郡立図書館の設置を各郡会に望む」を掲載し、郡立図書館設立をうながした。そして県立図書館では巡回文庫の制を設け、郡立図書館を駐在所にして県立図書館の図書を各郡に巡回させたいと述べている。実例としてニューヨーク州について紹介している。

　同年2月刊行の「秋田県教育雑誌」（第115号、1902年2月）に「米国巡回文庫起源及発達」（執筆者：県図書館当事者）(27)が掲載される。

巡回文庫はじまる

　1902年（明治35年）10月10日付で秋田図書館規則に「第6章　巡回文庫」が追加された。ひとつだけ述べる。上記（本章9の「巡回文庫の準備」の項）のように佐野は巡回文庫の図書の貸出を考えていたが、規則では「第三十条　巡回文庫ニ属スル図書ハ携出スルコトヲ許サス」と定められている。佐野とどのようなやりとりがあったのだろうか。佐野は山口では巡回文庫図書を貸出している。

　10月25日巡回文庫がはじまった。仙北郡立図書館・北秋田郡立図書館・山本郡立図書館・南秋田郡立図書館の間を4函の文庫が循環する。「秋田魁新報」（1902年11月11日付）に4文庫の巡回経路が掲載される。それぞれの郡立図書館から同時に文庫がスタートして他の3館を巡回する。例えば文庫第1号は明治35年10月25日秋田図書館から仙北郡立図書館に到着、ここに明治36年1月15日迄止まり、同年5月20日北秋田郡立図書館に送られ、同年8月10日迄ここに止まり、翌日山本郡立図書館に送られ、11月10日迄ここに止まり、翌日南秋田郡立図書館に送られ（恐らく翌年春？）秋田図書館に戻る。他の文庫も同様の動きをする。[28]

「秋田魁新報」（1903年2月12日付）はその様子を「図書館に於ける第一回巡回文庫は図書館所在地なる仙北、南秋田、山本、北秋田の四郡にて各三ヶ月間駐在し開館日数は平均六十一日弱にて閲覧人は一日平均三人強である。応求図書は千百七冊。……各地図書館より今少し駐在日数を多くされたしとの申請あるも設備未だ完全せぬ為め希望を充たすことは出来ぬそうである」と伝える。

　こうしてわが国図書館界に、今日の移動図書館の原型が生まれ、サービスが開始された。

11　図書費の削減

図書費削減のうわさ

　1902年（明治35年）11月7日付の「秋田魁新報」に「図書館費削減の風

説」が載った。そのなかで、本県の図書館は他府県に誇るべき価値があるものであり、更に大いに完成させるべき義務があるにもかかわらず、「聞く処に依れば、三十六年度予算査定会に於て、本県庁は節減主義を執り（略）図書館費の費目中に於ても減殺する所あり、殊に書籍費五千円を一、二千円に減却せんとす。（略）既に昨年度に於て僅かに三千円を支出し、本年は猶少額を支出せんとす。（略）図書館の食物たる書籍費を減却するに於ては、果して図書館の健康を全うし得べきや否やを保証すること能はざるなり」と厳しく批判し、更に図書館では36年度の図書費として5,000円が計上されることを前提として、1,000円は新聞雑誌等予約出版の為、1,000円は巡回縦覧図書の為、1,000円は佐藤信淵の写本謄写の為、1,000円は佐藤信淵の自筆本購入の為、残り1,000円は通常図書購入の為と考えている。予算を減却すれば有用な図書だけでなく、新刊の小冊子さえ買えなくなるではないかと訴えている。

　佐野が着任した1900年は図書費は5,000円だったが、その翌年3,000円に抑えられた。

「秋田魁新報」の訴え
　同年11月8日付の同紙は「図書館費の内訳　詳細を聞く」として「書籍費支出方覚書」を掲載する。
　続いて同紙（11月16日付）に「秋田図書館の近況（上）」が載り、本年は前々年度、前年度に比べて特に不便を感じたのは秋田に関する図書旧記、一般旧刊和漢書購入に必要な予算不足であり、来年度は何とかしてほしいと切望している。
　同紙（11月18日付）は「秋田図書館の近況（中）」で巡回文庫について、当面は郡立図書館に配本するが、それは巡回文庫の本来の目的ではない。いずれは学校、講習会、研究会などにも及ぼしていきたい。図書館には幼年者の為の閲覧室がない、今の閲覧室は狭隘であり、許す限り早く本館・書庫の新改築または移転・設備の完成を切望する。また「秋田の図書」と題して秋田に関する図書、秋田の先輩の遺著蒐集状況を語り、今後一層の蒐集充実の必要を訴えている。
　翌19日付の同紙の「秋田図書館の現況（下）」（ママ）は、平田篤胤や佐藤信淵

の遺著の謄写あるいは購入がなお必要であることを述べながら、本年度3,000円の図書費の使い道を示して予算の不足、新刊書、遺著・旧記蒐集の必要を訴えている。

同月30日発行の「秋田県教育雑誌」(第124号)に「県立秋田図書館の近況」が掲載された。「秋田魁新報」掲載記事と同趣旨であり、「秋田に関する図書」、秋田の諸先輩の遺著のうち図書館が謄写蒐集したものについての記事がある。図書費削減への危機感を、この雑誌編集者も共有していたことがよくわかる文章だ。

佐野はこの予算減の流れに危機感をいだいて、親しくしている県議や「秋田魁新報」の記者などに訴えていたのではないだろうか。

1902年末の県会で図書費をめぐる議論

この年暮れの県会は、武田知事が山口に転出するにあたり秋田農業学校の大脇正淳校長、県立大館中学の西館武雄校長を引き抜いていったことをめぐって県・県知事をきびしく問い詰めるなど荒れ模様であった。(29)

県会に出された次年度予算案の図書館費は図書費を本年度より1,000円減額するというものであった。参事会は昨年通りとするとの意見を出している。様々な意見が交わされたが、県会は知事宛てに、県立図書館は創立したばかりで所期の半ばにも達していない、郡立図書館は初歩の段階にある、そういう状況のもとで、経費が増減するのは好ましくない、一定期間一定の経費を支出して実績をあげられるようにしたい旨の意見書を知事宛てに出すことを全会一致で可決し、知事は同意した。第一に「県立図書館図書購入費」は1903年(明治36年)度から1907年(明治40年)度にかけて「五ヶ年継続事業」として毎年5,000円を支出して「図書館ノ書籍ヲ購入シ其設備ヲ完全ニスル」ことを目指すものとするものである。次に「郡立図書館図書購入費補助」は1903年(明治36年)度より1908年(明治41年)度にかけて年度によって金額が違うが、総計6,800円支出して「郡立図書館ヲ設立シ其ノ設備ヲ完全ナラシメン」とするものである。

図書購入費、臨時部に

1903年度予算をみるとその臨時部の「第九款教育費本年度支出額　第

四項秋田図書館費本年度支出額金五千円」、「第二十款教育補助費本年度支出額　第一項郡立図書館補助費本年度支出額金千四百円」となっている。

　経常部第6款教育費のうちの「第八項　秋田図書館費　金四千五百五拾八円二十九銭八厘」の内訳をみるとその「第三目館費」に図書費の計上がない。

　5カ年継続事業として毎年5,000円支出するのは臨時の措置である。経常費としての図書費のうえに臨時に予算を組むのが普通であるが、その経常費をゼロにして臨時費のみの図書費計上は異常なのではないだろうか。

その後の図書費の行方

　果たして、先のことになるが、1904年（明治37年）度の当初予算はたしかに「金五千円」が臨時部に計上されている。しかし1905年3月の臨時県会で「対露時局ハ振古未曾有ノ事変国家安危ノ繫ル」時期故、1904年度既定予算の大幅削減を知事は告げ、臨時部の「金五千円」は「全部削除」となり、以後「5ヶ年継続事業」は打ち切りとなった。経常予算に図書費はない。郡立図書館補助費も削除された。

「秋田県教育雑誌」（第145号、1904年8月）に「図書館費を復活せよ」（論説）が載る

　「聞らく、昨歳に於ける臨時県会は、所謂時局問題の為に、図書館費に一大削減を加へ、為に本年度に於ては、新刊書を購入する事能はず、巡回文庫を廃し、夜間閉館の止むなきに至りしといふ」、そのことはわからないわけではないが、一言言っておきたいことがある、図書館は教化の事業にとって学校とともに重要であり、わが県図書館は規模・設備いずれも本邦にあって他に誇るものであるが、時局故全く新購入費を削除、年来継続してきた予約出版物など貴重な書冊を購入できず、永久に欠本となる。これは「一県図書館の恥辱たるなからんや」。思うに、時局に関する著述は、日頃読書しない者でも手にしたい、それができないのは県図書館の面目に関わるところである。巡回文庫をも廃止せざるをえないのは、郡部読書家の為、その不幸を悲しまないわけにいかないと述べ、本年は前年のようにしないことを願い、「敢て当局者並に県会議員諸彦の猛省を仰ぐ」と訴え

ている。
　こういう県内の批判に応えてであろう、1904年暮れの県会では、翌1905年度図書費1,000円を計上した。その後1906年度予算では図書費1,500円、1907年度予算では図書費1,600円となった。

　佐野は5年間毎年図書費5,000円が臨時費であり、経常費の図書費がゼロであることに異論をとなえたのではないか。しかし、それが異常なことであることが理解されず、憤懣やるかたなかったのではないだろうか。

　1902年（明治35年）通常県会が決めた5年間毎年図書費5,000円が臨時費であること、経常費に図書費が計上されていないことについて『秋田県立秋田図書館沿革誌』も『100年のあゆみ――秋田県立図書館100周年記念誌』もなにも言っていない。『秋田県教育史』（秋田県教育委員会編、1985年、第5巻、1199ページ）は、それは「全国から注目され優れた実績を背景に」できたと述べるのみである。

12　佐野、体調をくずす

　「秋田日日新聞」のこの年のある日の切り抜き「佐野図書館長の発狂」（［秋田日日新聞 M35.　―.　―］と記事の下に記載あり）がたまたま残されている。竹林熊彦が残したもので、石井敦が監修した『新聞集成図書館1：明治編（上）』（大空社、1992年）に収載されている。この頃のこの新聞は散逸しており、きわどいところで残った。先学の慧眼に謝するのみである。
　この記事の内容は、佐野の苦悩を思いやるところがないものであり、紹介するのがためらわれるが、ともあれ概要を述べるなら、佐野は大酒のみで時々脳に異常をきたすことがあり、4、5日前から「発狂の気味あり」「是れまでとは余程異なりたる容態」で西山医師の治療を受けているが、捗々しくない、「伝ふる所に依れば同氏の発狂は昨今駅（ママ）（騒ヵ）き居る或る大問題に起因したるにあらずや」というものである（当時、例えば、夏目漱石はロンドンで神経衰弱に陥るのであるが、そのことを関係者は文部省に

夏目発狂と急電で知らせてきた)。その「或る大問題」とは何をさしているのだろう。この時期秋田で世間を騒がせている問題といえば、教科書採択をめぐる収賄事件、土木事業をめぐる汚職問題があるが、佐野に関わる「大問題」はこの図書費をめぐる問題に他なるまい。そうであればこの記事は明治35年12月のものと思われる。そしてこの記事とつながる記事が「秋田魁新報」にみられる。翌年1月31日付に「佐野図書館長　病気にて引籠り療養中のところ頃日来大に快方に赴ける由」とある。続いて同紙2月12日付の「未開紅」欄に「佐野図書館長の病が全快し不日出勤する斗りになったは結構である」「氏は就任以来所謂る図書館学に通じ地方に於て此位の技術を養ふた人は得られまいとのことである。呉々も同館の為め其健康を祈るものである」と書き添えている。「秋田魁新報」の記事は佐野が秋田を去るようだという情報を得ていて、佐野を引き止めたかったのではないだろうか。

　しかし佐野は秋田を去った。

13　佐野、秋田を去る

　1903年（明治36年）2月21日、佐野友三郎館長は退任する。[30]
　武田千代三郎はのちに「私は明治三十五年の春、秋田から山口に転任を命ぜられ（略）、山口でも其の頃県立図書館熱が勃興しかかって居ました。（略）此処でも佐野の腕を仮りなければ殆ど見当がつかぬので、秋田県に交渉して同人を転任させるのに少なからず骨が折れました」[31]と語っている。骨が折れたのは、佐野を秋田県が出し渋ったということもあったかも知れないが、前述したが、武田が山口に行くに当たって秋田県立農業学校長大脇正淳、大館中学校長西舘武雄を引き抜いたことが、県会でも、「秋田魁新報」（1902年9月27日付）でも批判されているように、秋田には不快だったのである。長州への根深い遺恨が当時まだあり、県会で県議がその感情を「薩長土肥ノ藩閥ヲ恐レズ」、「薩摩芋長州ノ御萩ノ如キ何カランヤ」とあらわにしている（1900年暮れの県会）。そこに、武田に誘われていくことを佐野が了承したことに、複雑な思いが秋田人にあったのではない

だろうか。武田は山口で県立図書館をつくるうえで佐野を引き取りたいと、秋田県と早いうちから折衝していたと考えられるのであるが、佐野が倒れたことを知ってすぐにでも自分のところに引き取ることにしたと思われる。たまたま3月1日に予定されている総選挙を前に、政府が地方官を招集し1月16日首相官邸で会合がおこなわれた。武田山口県知事は1903年（明治36年）1月15日上京、1月26日帰任、志波秋田県知事は1月12日上京、1月26日帰任した。合間をぬって武田は志波と折衝し了解を得たのだろう。

　佐野が秋田を去ったあと「秋田魁新報」に佐野への批判などはみえない。同紙（1903年3月12日付）の「筆の雫」は「前館長は一定の方針を定め、且つ此方針を実行する為め水平氏を後任に内嘱をしておる」、しかし別の人物を後釜にすえようとする画策もあったとも伝える。同紙翌日（3月13日付）の記事に、図書館長心得の水平氏は交遊なきが為あまり人に知られていないが、「卓爾たる見識と活気ある材幹を有し」ていると評している。水平は館長となるも1年余で辞した。

注

（1）塩谷順耳ほか『秋田県の歴史』（県史シリーズ5）山川出版社、2010年、248―257ページ。狩野による安藤昌益発見については様々語られているが、鈴木正『〔増補〕狩野亨吉の思想』（〔平凡社ライブラリー〕、平凡社、2002年）。
（2）秋田県議会秋田県政史編纂委員会編『秋田県政史』上巻、秋田県議会、1955年、213―321ページ、前掲『秋田県の歴史』280―281ページ
（3）石井敦「黎明期の日本公共図書館運動――秋田書籍館を中心に」「図書館学会年報」vol.4、no.1、日本図書館学会、1957年。のち『日本近代公共図書館史の研究』（日本図書館協会、1972年）所収。『秋田県立秋田図書館沿革誌―昭和36年版』秋田県立秋田図書館、1961年、1―12ページ
（4）「秋田県通常会議日誌」。のち「秋田県会議事録」などと名称は変わるが、以下県会のことはこれらによる。秋田県公文書蔵。
（5）奥泉和久編著『近代日本公共図書館年表』日本図書館協会、2009年
（6）前掲『秋田県立秋田図書館沿革誌』16―18ページ

（7）前掲『秋田県政史』上巻、456―466ページ
（8）地図は『明治大正日本都市地図集成』（柏書房、1986年）による。
（9）前掲『秋田県立秋田図書館沿革誌』20―23ページ。秋田県令第29号（明治32年4月14日）によっていくつか訂正した。
（10）秋田県総務部広報課編『秋田の先覚 第5巻――近代秋田をつちかった人びと』（秋田県、1971年）の水平の項（167―179ページ）。
（11）「護教」第17号、1891年10月31日、『第15、16回日本美以教会年会記録』日本美以教会、1897―98年
（12）秋田県立秋田図書館編『創立九十周年記念秋田県立秋田図書館史年表』秋田県立秋田図書館、1990年
（13）秋田県の事情は『秋田県政史』下巻、1956年、157―170ページ。この時の参事会の意見は「明治32年秋田県通常県会議案県参事会意見書」にある。
（14）武田知事はしかし、翌1900年（明治33年）1月14日の私立秋田県教育会臨時総会での演説のなかで、県会では図書館を県の事業にすると決めたが、それは絶対的なものではなく、この教育会が将来発達すれば、ここに管理を委ねるつもりだと述べている（「秋田魁新報」1月16日付）。
（15）前掲「全国専門高等学校図書館協議会会報」第3号、1927年、50―54ページ。武田について、井上佑「図書館の父・武田千代三郎知事」（「山口県地方史研究」山口県地方史学会、第90号、2003年）。
（16）前掲『佐野友三郎』280ページ
（17）前掲「全国専門高等学校図書館協議会会報」53ページ
（18）前掲『秋田の先覚』175ページ
（19）前掲『秋田県立秋田図書館沿革誌』33―36ページ、秋田県令第75号（明治33年9月11日）によっていくつか訂正した。
（20）永末十四雄は県議を優遇することについて「県会に議席をしめる寄生地主・名望家層の優越意識を反映したものであろう」と述べている（同氏著『日本公共図書館の形成』日本図書館協会、1984年、77ページ）。それもあるだろうが、その前提にはかれらが県立図書館設立に直接関わっていたことがある。
（21）書庫増設予算は明治42年度予算に組まれ、20坪の書庫が10月にできた（秋田県立秋田図書館編『100年のあゆみ――秋田県立図書館創立100周年記念誌』秋田県立秋田図書館、2000年、7ページ、65ページ）。
（22）佐竹家の秋田藩遷封三百年祭の為、5月佐竹家の家令大縄久雄がやって

きて準備が始まる。「秋田魁新報」は逐一その動静を伝えている。その祭りははじめ9月16〜18日におこなう予定であったが、反対意見が出てもめにもめて、やっと10日遅らせて9月26〜28日と決まったのが9月半ばである。旧藩主佐竹家一行は日を重ねて22日秋田にやってきた。9月26〜28日にかけて「三百年祭」が秋田神社でおこなわれた。行事の日程の変更などぎりぎり迄関係者の間での調整が難航し、その為準備不足となるなど大騒ぎだった。全てが終わった後、多々不行き届きがあったこと、その責任が知事、幹事らにあるとの批判が出た。

(23) 1902年（明治35年）8月16日、内務部長の指令により佐野は県当局に「巡回文庫実施ニ関スル意見書」を提出した。前掲『佐野友三郎』に収録されている。石井はここに「短期日間ノ携出ヲ奨励スヘシ」とあるところに注目している。石井は前掲『日本近代公共図書館史の研究』に収める「我が国巡回文庫の頽廃化の歴史」で秋田の巡回文庫に触れている（96—101ページ）。

(24) 前掲「全国専門高等学校図書館協議会会報」48ページ

(25) 前者、書函の高さ長さともに約3尺とするのは佐野が県に提出した「巡回文庫実施ニ関スル意見書」（1902年8月）にあり、後者は「県立図書館の巡回文庫」（「秋田県教育雑誌」第123号、1902年10月）、「県立秋田図書館の近況」（「秋田県教育雑誌」第124号、1902年11月）による。

(26) 前掲『秋田県政史』上巻、495—500ページ

(27) この稿は前掲『佐野友三郎』（115—122ページ）に採録されている。

(28) 「秋田県教育雑誌」（第123巻、1902年10月、第124巻、1902年11月）。

(29) この県会では知事宛てに「本県会ニ図書室ヲ設ケ本県経済ヲ調査考慮スル上ニ必要ナル一切ノ書類ヲ収集シ以テ参考ニ資スルノ方法ヲ講セラレンコトヲ望ム」と24名の県議連名で意見書を出している。当時このような考えを県議が持つようになったのは佐野の示唆・助言があったからなのだろうか。県会図書室の必要性が当時このように論議された例が他にあったのかは今のところ確認できていないが、おそらく秋田での動きは、他府県よりも数歩先んじたものだったのではないだろうか。

(30) 前掲『創立九十周年記念 秋田県立秋田図書館史年表』。前掲『秋田県立秋田図書館沿革誌』には佐野館長は「惜しまれて本県を去ったようである」とある（59ページ）。

(31) 前掲「全国専門高等学校図書館協議会会報」54ページ

(32) 武田知事の上京は「官報」第5860号（1903年1月17日）、帰任は「官

報」第5867号(1903年1月26日)により、志波知事の上京は「官報」第5857号(1903年1月14日)、帰任は「官報」第5867号(1903年1月26日)によった。

(33) 水平の後について前掲『秋田の先覚 第5巻』所収「水平三治 大衆愛の人」は、暫くして上京、「明治三十九年、東京市立日比谷図書館設立の計画があり、その設立準備委員長として活躍し、やがては館長就任を約束されていたが、事情の急変があり彼の図書館界への復帰は実現しなかった」と書く(176―177ページ)。しかしそういうことはなく日比谷図書館設立準備の為の職員として任用されたが、ほどなく辞めたのである(吉田昭子「東京市立日比谷図書館構想と設立経過：論議から開館まで」(「[三田図書館・情報学会] Library and Information Science」no.64、2010年)。

第3章　山口県立山口図書館長となる——1903年

　戦国時代、周防長門二国（ほぼ現在の山口県の領域）を支配下に置いた大内氏はそのもとに戦乱を避けてやってきた京の公卿を保護した。来日したイエズス会宣教師フランシスコ・ザビエルに布教を許し、西洋文化に関心をもつなど開明的であった。ここに上方に相応ずる文化が花開いた。大内氏が家中の争いのなかで滅び、そのあとこの地の支配者になった毛利氏はその文化を引き継ぎ、中国地方全域を支配した。毛利氏は関が原の戦いでいくさに加わらなかったが西軍に組したことを咎められ、徳川家康にその封土を周防長門二国に押し込められ、居城を萩とされた。江戸時代、萩は防長二国の中心となり、学問の場、明倫館ができ、優れた人材を生み出した。やがて山口に山口文学所ができ、のち講習堂、山口明倫館と改称、ここからも多くの学者を輩出した。萩・山口の明倫館には文庫があり、文庫係、司典がいた。⁽¹⁾

1　図書館を求める声が出てくる

　こうした歴史を背景にして明治30年代初頭より図書館設立の気運がうまれ、1901年（明治34年）1月阿武郡立萩図書館が開館し、その翌々1903年（明治36年）には都濃郡（今の周南市）に児玉源太郎が旧宅に設立した私立児玉文庫が開庫した（「防長新聞」同年1月10、25日付）。
　前後するが、1900年（明治33年）、吉敷郡会は郡立図書館を郡内の中心である山口町に設立することを議決した。その時作成された「吉敷郡立図書館設立主意書」⁽³⁾がある。そのなかで、図書館は大切な文書を保存して後世に伝えてのちの世の人に役立てるとともに、ひろく古今内外の図書を収集して公衆の閲覧に供しその研鑽に役立てるものである。それ故その設立

は一国の文化に大きな影響をあたえる。欧米諸国ではさかんに図書館を設置している。アメリカでは都会、田舎を問わずどこでも図書館がつくられている。なかんずく「マサチュセッツ」州は「一小州」であるが、図書館は300館、その蔵書は600万冊とのことであると述べている。この主意書を書いた人がだれなのかはわからないが、欧米の図書館事情に通じ、図書館の何たるかについての理解があったのである。

やがて山口で図書館事業を推し進めることになる佐野が、地域資料を重視しながら古今内外の図書を収集、蔵書をつくり、アメリカの図書館についての文献を読むなかで、マサチューセッツ州は山口の図書館が目標として目指すのにふさわしい州であることに気づいたことを想起させる。山口には佐野を受け入れる素地があったのである。

さて、吉敷郡会の決議があったものの、郡が図書館を持つことは難しいという意見が出た。他方、当時県に図書館をつくる動きがあり、吉敷郡は同年県で図書館をつくってほしいと1万円を県に寄付した。(4) 当時の古沢滋知事はこれを受けて県立図書館設置を決め、1901年暮れの県会に山口図書館新設費をもりこんだ1902年度予算を提出、県会はこれを承認した。(5)

2　山口県知事武田千代三郎着任

武田知事、県会で県立図書館について所信表明

1902年（明治35年）2月8日付で、秋田県知事武田千代三郎が山口県知事に転じてきた。武田は、古沢前知事の仕事を引き継ぎ、図書館建設事業を推し進めた。同年12月の県会で武田知事は次年度予算説明のなかで、図書館について「図書館ナルモノハ意外ノ費用ヲ要スルモノニシテ広ク之ヲ利用シ充分其ノ目的ヲ達セントスレハ巨額ノ費用ヲ要スルモ種々節約ヲ加ヘ七千円余ヲ以テ一個年ヲ支持セントス」と述べ、次いで図書館は平素は、経費節減の為午後1時から10時迄開館し、祭日などには午前から開館する、夜間開館の為小使や点燈の費用などの雑費が必要である。また巡回書庫制度を設けるのでこれらの費用を見積もったと説明する。「図書購入費ハ三千円ニテハ稍不十分ナリ之ヲ五千円位トシタキ希望ナルモ経費多端ノ際

ナルヲ以テ忍ンデ三千円トシタルモノナリ」、この金額のうち1,500円は県立学校の図書印刷費を削って捻出したものである。字書、百科全書のようなものは各学校で購入するのでなく、図書館が購入して県立学校に貸し出せばよい、また各学校にあるものですぐに必要がないものは保管転換して図書館に移すと説明し、1903年度予算に山口図書館費7,231余円、図書購入費3,000円を計上、提案した。図書館費は7,227余円に修正されて通った。この図書館費のなかに佐野を呼ぶ為の経費が入っている。

準備進む　図書館用地

　図書館用地は、1902年度予算に計上して年度中に建てる予定だったがなかなか決まらず、「防長新聞」(10月16日付)は10月になっても「敷地すら買収に至らず…斯かる問題には兎角難癖の付く今日なれば恐らくは一議論免れざるべし」という状況を伝えているが、やっと年末になって決まる。「防長新聞」(1903年1月15日付)は敷地は「後河原町山口高等学校運動場の東北隅を割き敷地として千四十九坪を之に充てたり」と書く。
　『山口県会史』下(1913年)の「第七章　県有財産ノ沿革」に、図書館の用地となった「吉敷郡山口町後河原字松柄」の土地について、はじめは県庁建築予定地として取得したが、のちに山口中学校と山口図書館の敷地にした経緯が記されている。1903年(明治36年)、山口図書館の敷地面積は「六反九畝四歩七合八勺」(2100坪ほど)であった。しかし翌年の記事には「四反五畝十八歩」(1350坪ほど)とみえる(1249—1250ページ)。『山口県立山口図書館　100年のあゆみ』(同館、2004年。以下、『100年のあゆみ』と略記)は敷地坪総計939坪と書く(5ページ)。
　いずれにしても『100年のあゆみ』にみえる坪数からすると、様々な経緯があって削られたのであろう。

山口県立図書館規則

　1903年(明治36年)1月20日、山口県立山口図書館規則が県令第1号として公示された。この図書館規則は、秋田県立秋田図書館規則をベースとしたものであった。
　以下規則のおおよそをみてみる。[　]内は略記あるいは省略部分。

図　『明治大正日本都市地図集成』柏書房、1986年

山口県立山口図書館規則

第一章　総則

　第一条　本館ハ博ク内外古今ノ図書ヲ蒐集シ公衆ノ閲覧ニ供スルヲ以テ目的トス

　第二条　本館ノ閉館日ハ左ノ如シ

　　　　但シ臨時ノ閉館ハ其ノ都度之ヲ掲示スヘシ

　　一　歳首　　　一月一日ヨリ全五日マテ

　　二　館内掃除　毎月一日

三　紀元節
　　　四　曝書期　　十、十一月中凡十日間
　　　五　天長節　　十一月三日
　　　六　歳末　　　十二月二十八日ヨリ全三十一日マテ
　第三条　［開館、閉館の時間］

	日曜日・大祭日		其ノ他	
	開　館	閉　館	開　館	閉　館
1～3、10～12月	午前9時	午後10時	午後3時	午後10時
4～9月	午前8時	午後9時	午後2時	午後9時

　第四条　本館ハ功労アリト認ムル者ニハ優待券ヲ贈与シ開館中随時図書ノ閲覧ヲ得シム
　第五条　優待券ヲ所持セル者及館長ノ特許ヲ得タル者ハ特別室ニ於テ閲覧スルコトヲ得
　第六条　年令十二年未満ノ者及帯酔者其ノ他入館セシムヘカラスト認ムル者ハ登館スルコトヲ許サス
第二章　閲覧心得
　第七条　本館ノ図書ヲ借覧セントスル者ハ閲覧請求券ニ書名、部門、冊数、表装、函号、番号及住所氏名ヲ記入シ掛員ニ差出シテ図書ヲ借受ケ退館セントスルトキハ其ノ借受ケタル図書ヲ返納スヘシ
　第八条　館内ニ於テハ音読雑話其ノ他喧騒ニ渉ルコトヲ許サス
　第九条　［閲覧できる図書の冊数のこと］
新聞雑誌、地図図画等ハ一定ノ種類ヲ限リ喫煙室ニ備ヘ置キ随意観覧セシム
　　　　　［10～11条、規則に違反した者のこと、借覧中の本紛失など］
　　　　　第三章　図書寄贈　［12～14条　略］
　第四章　図書委託　［15～20条　略］
　　第五章　図書携出　［21～24条］
　［図書の携出は、山口県に住む成人で直接国税金5円以上を納める者、もしくはその資格をもつ保証人を設けられる者ができるなど］
　第六章　巡回書庫　［25～30条、略］

武田知事の談話

　同年2月「防長新聞」記者が県庁に武田知事を訪ねて来た。話が県立図書館に及ぶと、知事は、図書館は今工事中であるが3月中には終わり、開館は6月1日の予定であると述べ、図書館にかける抱負を語っている（同紙2月6日付）。

　（1）県立図書館だからといって高尚な図書ばかりを収集するのではなく、通俗の図書を多く収集する。図書購入予算3,000円のうち1,000円で高尚な書冊を購入し、2,000円で「多数の人士の読修に適する書冊、及実業に従事する者に適する参考書を購入する」。

　（2）規則は、他の図書館では「曰く禁煙曰く禁談、細密なる制限を有して甚だ窮屈なり、山口図書館は然らず、特に喫煙室の大なるものを設け、冬期は火鉢を構へ安楽に手足を温めつつ読書に耽り、或は談話も自由なり、されど別に読書室なるものありて、熱心にある科目の書冊を取調ぶる等の者は読書室に至り、静粛に読書の人になり得る仕組なり。是等は云はば少人数なれば、室の構造配置もその目的に準ぜり」。喫煙室には発行日より3日ないし7日の新聞雑誌を置く。

　（3）縦覧人は昼食の為帰宅するとまた来ることはない、そこで「酒保」をもうけて茶菓を置き、弁当などの便宜をはかる。小使を置いて、2、3銭で弁当の取寄せ、雨天なら「傘下駄を持来らす」ことも考えている。

　（4）巡回文庫によって県内全体にサービスをする。

　（5）神官・僧侶・教育者・弁護士・新聞記者・水産業者・農工商・軍人・医師らより選抜した評議員を置き、図書の買入、事務上のことについて評議会を年に1回か2回開いて意見を求めたい。

　（6）開館時間は、一般人は午後から夜に掛けて暇になるので午後3時から10時迄とするが、他日経費の点で可能となれば、午前からの開館をすることになろう。

　これらにどれほど佐野の考えが入っているのだろう。佐野の考えを聞きながらも自分の考えを語っているとみてよいと思われるが、特徴的なことがいくつかある。

図書館をなにより談話ができる場と考えていて、その為の「喫煙室」があり、それとは「別に閲覧室」があるとしていることは、当時の閲覧中心の図書館とは違う。一寸図書館で新聞でも読もうか、お茶を飲みながら知り合いとおしゃべりしようかとやってくる人びとを受け入れることを先ず考えていることがみてとれる。今日しばしば使われている言い方からすると、人と人が出会う場としての図書館の考えに他ならない。その原型がここにある。
　この談話より少し前、1月20日に山口図書館規則が定められている。この規則は秋田図書館規則をおおむね引き継いでいる。秋田の規則では「第十条　館内ニ於テハ音読雑話其他喧噪ニ渉ルコトヲ許サズ」とあり、山口の規則でも第8条が同文の条項である。武田はしかし、日頃思っていることを記者に語ったのだろうが、実際はどうだったのだろう。
　開館時間について、午後から開館と武田知事は言うが、日曜日と大祭日は午前から開けることになっている。
　選書にあたって「高尚な」もの、「通俗書」とともに「実業」の為の参考書、今流でいう「ビジネス支援」の観点を取り入れていることがわかる。
　巡回書庫はいう迄もなく全県サービスである。
　評議員制度を取り入れようとしている。評議員制度は、前章で触れたことであるが、秋田で1896年（明治29年）、県議会が県に県立図書館設立の建議をした時、そのなかに中学校長、師範学校長ら6人で構成される評議員会設置が入っている。これは武田千代三郎の前任知事岩男三郎の時のことであった。武田が県立図書館建設準備を進め、佐野を呼んだ時、佐野は「他から要らぬ干渉掣肘を加えられる」のはいやだ、自分に凡てを任せてほしいと言い、武田はそれを諒としたからだろうか、県議会の建議にもかかわらず、評議員会を置かなかった。しかし佐野を山口に呼ぶに当たり、武田には佐野に周囲の意見を聞いて物事を進めてほしいという気持ちがあったに違いない。1901年萩中学校の敷地内にできた阿武郡立萩図書館には「防長新聞」（1916年1月27日付）によれば、開館当初から県知事から嘱託された9名の評議員が置かれていることも考慮のうちにあったかも知れない。しかし武田は県立図書館開館目前にして山口を去り、佐野は評議会を置かなかった。佐野亡き後、「長年懸案事項であった評議員制度につい

て、大正15（1926）年12月24日『山口県立山口図書館評議員会規則』を告示した」[9]。

　もうひとつ、武田は児童室、児童へのサービスについて何も語っていない。これも佐野と見解を異にしていた。前章で述べたように、秋田図書館では児童の利用ができなかった。それを引き継いで公示された規則では、上記のように第6条で年齢12歳未満の児童は利用できないとしている。佐野はそこを変えた。詳細はこのあと述べる。

3　佐野を山口に呼ぶ

　武田は既述したように、4月以降に佐野を呼ぶことにしていたが、佐野がその前年暮れに体調を崩したことを知って1902年（明治35年）度内に佐野を引き取るべく、翌1903年1月、衆議院選挙を控えて全国の地方官が召集されて上京した時、志波秋田県知事も上京したので、折衝して了解を得たと思われる。佐野はその年2月21日、秋田県立秋田図書館長を退任した[10]。

　佐野がいつ山口に来たかは不明であるが、1903年3月3日付辞令が出された[11]。

　県庁内に県立山口図書館仮事務所が置かれ、3月末に岩根又重が書記として任命された。佐野と2名で開館準備を始めた。

館舎の検討

　佐野は建築中の館舎に行き検討したであろう。

　「防長新聞」が伝える図面は実際にできたものとは違っている。佐野は工事中の館舎の図面を見て、恐らく何より児童室がない、これはだめだと武田に言い、どのようないきさつがあったのかはわからないが、新聞雑誌閲覧席と児童閲覧席が一緒にはいっている部屋でどうかということになり、佐野はそれで妥協するという場面があり、設計変更をしたのではないだろうか。佐野はのちに「三十五年十二月建築工事に着手す。時の県知事武田千代三郎氏の自ら苦心計画せる所少なからず」[12]と述べるのみであるが、武

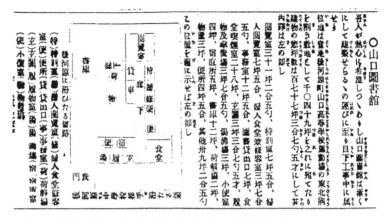

「防長新聞」(1903年1月15日付) 掲載の工事中の館舎の図面

←後河原に沿った道路

明治35年頃の図書館(『100年のあゆみ』)

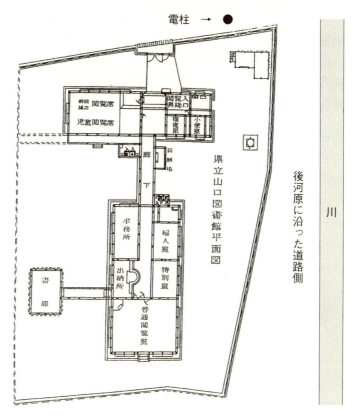

田村盛一『山口図書館五十年略史』(23ページ) より

　田はのちに県立山口図書館の建設にふれて「新築に着手すべき日は遠慮なしに迫って来る。図書館の設計は如何にすべきかと云ふ佐野の考案に基づき、私自身定規を使って引いて見た図面が今の山口図書館の建物になって居るのです」と語る。
　またこの建物は、玄関など騒音を発する部分と静謐さを求める閲覧室部分を別棟として廊下でつないでいる。両者を切り離して、図書館は来館者が語り合う場でもあるという考えを武田は具体化し、佐野はそれを引き継いでいる。

児童の為の施設

　佐野はつくりつつあった館舎にともかく新聞雑誌閲覧席と同居のかたちで児童の為のコーナーをつくらせた。それにともない規則のほうも変えなければならない。武田に言い、了承を得たのであろう。

　1903年（明治36年）1月、山口県令第1号として公布された山口県立山口図書館規則（上記）によれば、

第六条　年齢十二年未満ノ者及帯酔者其ノ他入館セシムヘカラスト認ムル者ハ登館スルコトヲ許サス

　これでは児童は入館できない。36年5月県令第55号で第6条但書が追加された。[14]

第六条　年齢十二年未満ノ者及帯酔者其ノ他入館セシムヘカラスト認ムル者ハ登館スルコトヲ許サス但シ年齢十二年未満ノモノト雖喫煙室ニオイテ一定ノ図書等ヲ縦覧スルハ此限ニ在ラス

　それでも児童が利用する部屋は「喫煙室」という名称であった。とりあえずこれで出発したのであるが、佐野は名称を変えたいと県と交渉したであろう。

　しかしその実現には時間がかかった。先回りして述べる。

　この部屋の名称をどうするかでもめたのではないだろうか。明治39年4月県令第24号で第6条と第9条の「喫煙室」が「児童室」に名称が変えられた（典拠；注（14）と同じ）。実態は変わらない。

第六条　年齢十二年未満ノ者及帯酔者其ノ他館内ノ風紀静粛ヲ害スルノ虞アリト認ムル者ハ登館スルコトヲ許サス但シ年齢十二年未満ノ者ノ為ニハ別ニ児童室ニ於テ一定ノ図書ヲ縦覧ニ供ス

　　第九条　［閲覧できる図書の冊数のこと］
新聞雑誌、地図図画等ハ一定ノ種類ヲ限リ児童室ニ置キ随意観覧セシム

「児童室」と書かれ、その言い方が引き継がれている。しかしそれは喫煙コーナーと新聞雑誌閲覧席と同居する児童閲覧席でしかなかった。佐野は独立した児童室がほしかったのであるが、なかなか実現できなかった。

5月中に書記、雇、監守、出納手、小使が決まり、6月始めに新築なった図書館に移った。家具・備品の調達、図書の収集整理、購入図書の選定注文、各方面への寄贈図書依頼、分類・目録作成と短時日でよくもこれらをやりとげたものだと1908年（明治41年）この図書館に就職、1921年（大正10年）迄勤務した田村盛一は言う。⁽¹⁵⁾

　開館間近い県立図書館は人びとの関心を呼んだ。山口県教育会の会報で同会から刊行されている「山口県教育会報」第2号（1903年4月）は「佐野館長、図書購入の為め上京中なりしが、本日帰館せり、山口中学校書記たりし岩根又重氏を本館書記に任命せられたり」とその一端を告げる。「防長新聞」（6月3日付）には「奇書珍籍の寄贈を勧む」が載る。

4　佐野、近藤清石を訪ねる

　佐野は着任早々の3月24日、郷土史家として著名な近藤清石翁を訪ねている。⁽¹⁶⁾佐野は後述するが、知事公舎近くに居をかまえた。その近辺に近藤の居があった。だれかの紹介で訪ねたと思うが、佐野は若い頃から内外の古典籍に関心をもっており、秋田で郷土資料収集の経験があり、山口に来れば防長の歴史・関連資料を学び、蒐集することが大切であり、その仕事を始めるにあたって相談にのってくれる人物を求めたのである。近藤は初対面ながらうちとけて、様々佐野と語ったようである（「防長新聞」1919年4月6日付）。
　1904年に刊行された『山口県立山口図書館和漢図書分類目録』に「防長叢書」の項目を設けた。
　「山口県立山口図書館報告」第5（1906年3月）の「図書館雑項」中の「防長叢書」という項目のなかで「一国の文献を蓄積保存するは国立図書館の任務なるが如く、一地方の文献を蒐集して広く公衆の参考に資し、永く之を後世に伝ふるは、地方図書館の任務ならざるべからず。山口図書館に於ては、苟も、防長二州の地と人とに関するものは、事績沿革の徴すべきものは勿論、旧記、雑著の類より断簡零墨に至る迄、洽く之を網羅せん目的

第3章　山口県立山口図書館長となる　85

を以て、本館目録中特に防長叢書の一欄を設け、得るに随ひて之を収録し」、「刊本、写本を問わず、事の二州に関する図書にして、購ふべきものは、之を購ひ、筆写すべきものは之を筆写し」広く県内外の蔵書家、篤志家の援助をえて充実したい、この事業に近藤らの協力を得ていると述べている。

5　図書の購入・寄贈依頼

図書の購入

　多忙な日々のなか、佐野は図書の購入の為に東京に出かけた。購入してきた図書の一部は、『100年のあゆみ』（4ページ）に掲載されている「図書原簿」の最初の頁にみることができる。原簿は、用紙の大きさが縦35cm強、横23cm強である。

　『100年のあゆみ』は「図書原簿によると明治36（1903）年4月21日から図書の登録が開始され、21日付で漢籍、洋書など34点1,300冊が受入されている」、「これらの図書には、東京府書籍館や博物館などの蔵書印が捺されており、東京図書館の蔵書であったことを示している。館長みずからが図書の選択購入にあたり、京都、東京に出向いて収集した」と述べる(17)（4ページ）。東京図書館の蔵書であった和漢洋書は全て同館の複本であり、同館はそれらを除籍して東京市麹町区飯田町2丁目にあり図書、文具などを扱っていた店・佐藤正三店に売り渡し（章末注(15)参照）、それを佐野が買ってきたのである。たまたまここで見かけて購入したのではなく、そこには当時の、岩国出身の帝国図書館長田中稲城の配慮があったとみてよいであろう。国有財産は県に譲渡や保管転換ができないので、帝国図書館所蔵の複本中のしかるべき和漢洋書を山口図書館に譲る為、除籍して業者に売却し、それを佐野が購入する方法をとったのではないかと思われる。

受け入れた東京図書館の複本のこと

　これらの図書のうち登録番号1番から21番迄が和漢書、22番から34番迄が洋書である。30番迄の図書の多くに教育博物館、東京書籍館、東京図

図書原簿 第1頁（『100年のあゆみ』）

書館の蔵書印が捺され、蔵書印がない図書にも東京図書館の請求記号を記入したラベルが貼付されている。かつてこれらの図書には［東京図書館消印］が入っている。いずれもこれらは帝国図書館の蔵書であった。

「帝国図書館明治三十五年度年報」[18]の「図書増加表」によれば和漢書、洋書ともに売却譲与廃棄されていない（210ページ）。翌年の年報の同表では

備考に「洋書五百九十四部八百八十六冊ハ重複不用ナルヲ以テ売却」とみえる(214ページ)。このうち少なくとも1903年(明治36年)度初めには、佐野に買ってもらう為に用意した洋書を売却したとみてよいであろう。和漢書については両年ともこの表には売却がない。年報の乙部、閲覧に供しないものについての表には売却譲与などについての記述がないが、そこから選んで売却したのだろう。

　受入番号1の『皇清経解』400冊は、別のものが現在国立国会図書館にあるが、408冊本である。同2の『本朝文粋』22冊本、これも同様で複数部ある。同3の『文章達徳録』6冊は国立国会図書館では書名が『文章達徳綱領』で、現在その10冊本がある。受入番号6の『鷲峰林学士詩文集』(103冊)は［山口藩文庫］印が捺してある。東京図書館のラベルが添付されているが、東京図書館などの蔵書印はなく、複本が国立国会図書館にあり、105冊本である。同7の『太平御覧』100冊は「明倫堂図書」印がある。国立国会図書館には120巻本、162巻本がある。また『参考太平記』、『羅山先生文集』、『玉海』、『芸文類従』、『大明一統志』、『高麗史』(虫避けの薬包みがいくつか挟んである)、『張氏医通』(虫除け薬包みあり)など、いずれも国立国会図書館に複本がある。いずれも何らかの基準によって選ばれたのである。

　洋書も同様複本であるが、ひとつだけみてみる。原簿の登録番号23の、
　　　Edwards　Free Town Libraries
には［東京図書館蔵］印が捺してあり、これに消印が入っている。
　国立国会図書館人文綜合情報室にある『帝国図書館洋書目録：哲学・心理・倫理・論理・教育　1899』(今は複写本)に、
　　　EDWARDS, E. Free town bibraries (ママ),
　　　　their formation,management,
　　　　and history; in Britain, France,
　　　　German, and America, N.Y.,
　　　　Etc. 1869,8　…………………………………………23-68
　　　　――The same. Lond. 1869, 8 ……………………… 10-17
とある(いう迄もなく 'bibraries' は 'libraries' の誤植)。この図書はこの目

録がつくられた当時2部あった。前者の出版事項以降「N. Y., Etc. 1869, 8 ………23-68」に抹消線が入れてある。除籍された為である。
　県立山口図書館のこの図書の出版事項は、
NEW YORK / JOHN WILEY AND SON, 2, CLINTON HALL LONDON / TRUBNER AND CO., PATERNOSTER ROW 1869
であり、山口本は上記帝国図書館目録の除籍されたものに対応している。

　県立山口図書館にある"Free town libraries"はくりかえし多くの人に読まれたのであろう。表紙ははずれかけ、背もこわれかけている。佐野が山口に行くに際してこの図書を譲渡本に入れたのは、そこから図書館を考えよという田中の思いがあってのことではないだろうか。あるいは佐野が秋田に行くにあたって、田中が読むよう勧めたものなのだろうか。

寄贈依頼
　佐野は同時に、県内外の人びとに図書雑誌などの寄贈依頼を積極的にしている。「山口県立山口図書館報告」第1（1905年3月）、同第2（1905年8月）にあわせて100名を越える図書などの寄贈者名がみえる。ここにみられるのは山口県内の人びととともに、県外の、学生時代やその後、佐野と付き合いのあったと思われる人びとである。そのうち学生時代に付き合いがあったかと思われる人びとについては、第1章の東京大学時代のところで紹介した、井上哲次郎、入沢達吉、小笠原長生、坪内逍遥、長与弥吉らである。
　山口県在住・関係者として（肩書は略記）、岩根又重（県立山口図書館）、大塚慊三郎（岩国旧藩主吉川家家令）、香川政一（萩の人、郷土史家）、桂太郎、神代増作（山口県議）、近藤清石（佐野が着任早々たずねた郷土史家）、近藤留蔵（萩の人、吉田松陰研究家）、島田昇平（『破帝国主義論』寄贈、第5章8参照のこと）、杉民治（吉田松陰の兄）、瀬川秀雄（岩国出身、毛利家三代卿編纂所長）、セットール（神父、山口今道天主教会）、原保太郎（元山口県知事）、本間俊平（秋吉台の聖者）、松浦寅三郎（山口高商教授）、宮川臣吉（郷土史家、佐野の協力者となる）、村田峰次郎（萩の人、郷土史家）、八重野範三郎（山口高等女学校校長）他。

群馬県時代からの付き合いかと思われる岡谷繁実（上州館林藩士）、中島力造（安中教会牧師、帝国大学教授）。秋田で知己をえたと思われる大脇正淳（秋田県農学校長、山口農学校長）、清水正健（歴史家、秋田中学教師）。台湾総督府時代に知己を得たのであろう伊澤修二（台湾民生局学務部長、東京音楽学校校長）、町田則文（台湾総督府国語学校長）他。

またどこで知り合ったのかわからないが、岸本能武太（宗教学者）、桑原護一（宮城師範などの校長）、酒井佐保（六高校長）、渋沢篤二（渋沢栄一の長子、廃嫡。写真家、早く病死。その長子敬三）、澄田福松（熊本師範学校などの校長）、田中治兵衛（書家）、永田健助（福沢門下の経済学者）、西川忠亮（築地活版製造所会長）、半田研吉（メソジスト）、三島愛之助（薬学者）、安田篤（植物学者）、光村利藻（神戸写真製版印刷業）、山上万次郎（地理学者）、山崎直方（地理学者）他がみられる。

6　住所・暮らし向きなど

住所

山口県立山口図書館長に着任した佐野はどこに住んだのだろう。本間俊平夫妻宛の1905年（明治38年）8月13日付の佐野の書簡[19]の封筒に、自宅を「山口町八幡馬場」と書いていることが手掛かりになろう。明治30年代の山口町の地図をみることができなかったので、77ページに掲載した大正期の「最近調査山口市街図」[20]によってみる。

八幡馬場は、現在の今八幡宮から南に伸びている道路がそれにあたり、かつて馬場があったところである。また「防長新聞」（1906年2月20日）の「福島宮城岩手三県飢饉救恤金受領広告」欄に「金五拾銭　吉敷郡山口町野田　佐野キミ」とみえる。「キミ」は「キヨ」とも読めそうであるが、「キミ」であれば、このひとは佐野友三郎の妻であろう。そうであれば、上記地図には今八幡社の西に野田という地名があり、また今八幡社から南に伸びる馬場の道が最初に交わる道路の右が野田町なので、佐野家ははっきりしないが、そのあたりにあったので、「野田」とも表記していたといえるかも知れない。

佐野たちがここに住まいを決めた理由はあきらかでないが、77ページに掲載した地図によればそこに知事官舎がある。武田は佐野を呼び、その近くに住まわせたのではないだろうか。

暮らし向きなど

　佐野たちの暮らし向きのことはわからない。年俸1,000円であったからそれなりの生活ができたであろう。佐野は太っていたので二人で引く人力車で通勤した。そして家から真っ直ぐ図書館に行くと遊郭から出てきたと思われるので遠回りして行ったとのことである（「聞き取り」）。図書館の横を流れる一の坂川の向こう側は遊郭の町であった。

　子息は4人、その名前に文武忠孝をつけた。長男文夫は東京帝国大学に行き、次男武夫は陸軍士官学校に、三男孝夫は海軍兵学校に進んだ。佐野家では多い時には7人の青年の生活の面倒をみていたので生活は楽でなかった。その為長男は大学にやったが、あとは官費ですむ学校にやったと祖母（佐野の妻）から孫たちは聞いていた。[21]

　第1章で述べたことであるが、米沢中学で英語を教えていた時、のちに警視総監になった岡田文次は受業生であったが、生活が苦しく、佐野はその面倒をみており、それは佐野が広島の中学の教師になって赴任した頃迄続いていた。山口でもそういうことがあったのであろうか。佐野の本間俊平宛ての書簡（1905年〔明治38年〕8月13日）にひとりの青年の就職について本間に相談をしているところがある。ここに「御取込中ヲモ顧ミス野田邸青年之件」について申上げますと書いている。具体的なことが不明なので推測に走り過ぎるのはよくないことを知りつつ言うならば、「野田邸」というのは上記のように野田にあった佐野の自宅のことであり、ここで預かっている青年、ということを意味しているのであろうか。もしそうであれば、これはその一端を語るものであろう。

　佐野の妻きみはのちに「忠夫が生まれた時は丁度図書館新築当時で図書整理、目録編纂などの為め宿り込んで居て、二十五日ぶりに漸く親子の対面をしたものです」と語っている。[22] 佐野は全てを図書館のことに捧げていた。

　きみは「私は主人と三十年位一緒に連れ添って居りましたが、始めの

十五年位は酒も盛んに飲みましたが後の十五年は一切飲みませんでした」とのことである。佐野の結婚は1891年（明治24年）である。それから15年後は1906年（明治39年）である。上記したことであるが、田村盛一は1908年より県立山口図書館に勤めているが、田村は「酒も煙草も口にせず、只仁丹をよく愛用して居た」佐野をみており、符合する。夫人は佐野のことを「おとっつあま」と呼んでいたとのことである。武田千代三郎は佐野を語る中で、佐野は極めて真面目で、極端に強情・短気で気が向くとわき目もふらずにやるが、気にくわぬとなれば、頑として動かない「余程変わった人」だったと述べている。長男文夫は、補論で述べるがのちに日本共産党の委員長となり、1928年（昭和3年）検挙（3.15事件）され、転向して保釈中に綴った日記『生きることにも心せき』のなかで、「頭の中がシビレ不快極まりなし。今日も些細なことで照子に怒った。怒りだしたら気狂ひのようになって自分で統制ができぬ。父がそうだった」（1929年12月7日）と書いている。照子は文夫の妻、てるである。

　佐野は山口での前半、明治期、大正期はじめ頃迄は健康であったようである。

7　県立山口図書館、歩み出す

　開館を目前にして、1903年（明治36年）6月29日付で、武田知事は群馬県書記官時代の部下の不正の責任をとらされて退職となる。「防長新聞」（7月4日付）は7月2日菜香亭で送別会がおこなわれたと伝える。

県立図書館、開館

　1903年（明治36年）7月4日付の「防長新聞」に「禀告　本月六日開館本月四日五日両日午前九時ヨリ午後四時迄館内縦覧ヲ許ス　山口県立山口図書館」が出る。翌日の同紙に「山口図書館の開館」と題する記事が出る。開館に先立ち7月3日には「地方の重立ちたるもの」を招待しており、4、5日は「普通人」の館内縦覧がおこなわれた。

館内の様子を伝える同紙（7月5日付）によりながらみてみよう。

玄関を入ってすぐ受付があり、下足は下駄箱に入れる、帽子、其他の携帯品は廊下右側の押入に入れておく。(28)

受付の横に売店があり、筆、墨、紙、茶、菓子、弁当等を売っている。貸草履がある。

図書を閲覧しようとする者は玄関の受付から番号札を受取り、廊下の右にある出納所でこれと引き換えに図書閲覧請求券を受取り、そこに置いてある図書目録で求める図書名を検索し、必要事項を閲覧請求券に書き込んで出納所に差出し図書を借りて普通閲覧室あるいは婦人室、特別室に行く。

開館当時、閲覧に供する図書は1万200冊、うち寄託されたものが4,000冊、新聞雑誌講義録は89種であった。

新聞を読みたい者は、出納所には手続きをしないで持ち出せる新聞、雑誌、講義録の類が置いてあるので、そこから読みたいものを持って喫煙室兼新聞雑誌閲覧席に向かう。

児童に適切な読み物若干冊が喫煙室兼児童閲覧席の横に置いてある。児童は掛員に言ってそこからほしい本を持って閲覧席にいく。

普通閲覧室は約90名、婦人室、特別室はそれぞれ16名、新聞雑誌閲覧席・児童閲覧席はあわせて約80名が入ることができる（「山口県立山口図書館報告」第1、1905年4月）。

事務室はあるが、館長室はない。

入り口に近いところで新聞雑誌が読め、喫煙コーナーでは大声を出さなければ語り合うことができたであろう。奥に進めば静かな空間がある。図書館にふさわしい部屋の構成になっている。

当時、図書館令が「公立図書館ニ於テハ図書閲覧料ヲ徴収スルコトヲ得」としていた。京都府立京都図書館（1898年開館）、大阪府立大阪図書館（1904年開館）、東京市立日比谷図書館（1908年開館）、いずれも有料であった。しかし秋田に続いて、山口も無料であった。

図書館の博物館的施設

佐野は図書館の役割のひとつとして県内の物産の陳列を考えていた。実

業に関する図書の収集、ビジネス支援の延長上にあるものである。具体的なことはわからないが、1903年（明治36年）7月10日付「馬関毎日新聞」に「山口図書館出品に就いて　山口の図書館に備へ付くべき書類等は個人の工芸製作品若しくは団体より製出せられたるものに限る訳にて決して商賈が広告的に出品する如きは受け付けざる旨昨日其筋より通知し来たれり」とある。

　1904年（明治37年）11月16日付の「防長新聞」の「柳井通信」欄に「陳列品取替の為め二十点余の新製品を携へて山口図書館に出張したる染織講習所河野技手は其所用を果たし昨十一日帰柳」とみえる（「帰柳」は柳井に帰ること。今の柳井市）。

　田村盛一は、佐野館長には「図書館に於ける博物館的施設」「県内物産の陳列」等の実績があると述べている。(29)これらの記事はその一端を物語っている。これは続いたのかどうか、わからない。

　図書館が様々イベントをおこなうのは、今では普通になっているが、佐野の試みはその端緒ではないだろうか。

開館を喜ぶ

　「馬関毎日新聞」は、下関やその付近から県立山口図書館に気軽に来館することはできないので、山口図書館についての記事は僅かである。それでも同紙（1903年7月21日付「編輯余録」）は「地方教育志想（ママ）の発達するに従ひ追々図書館の設立を見るに至り」と書き出して、阿武郡立図書館、都農郡の藤園文庫をあげ、「然れども山口に県立図書館の開設せられてより二州青年の其恵を亨くること殊に著しく、余輩は斯る嘉すべき計画が当事者の間に実行せられたるを多とするものに候」、山口在学の諸生が熱心に図書の閲覧をしているが、それは将来花となり実となって国家を益し個人に戻ってくるだろうと書く。

　県立図書館から遠く離れた図書館がない地域では巡回書庫が待たれる。そのことは後述する。

「俊生」氏の要望

　「防長新聞」（1903年8月14日付）に「県立図書館を観て　俊生」が載る。

「俊生」氏は図書館に足を運び、館長と話をしたうえで、(1) 一般公衆に望む、司書を無能と難詰することなかれ、図書を汚損紛失することなかれ、(2) 県当局者に望む、図書館はできたからもういいというのではない、図書館を無用視することなく経費支出に吝かであるなかれ、(3) 町屋の主人に望む、週に一回ないし両三回は交代で番頭手代丁稚諸君を図書館に行かせよ、(4) 児童の父兄に望む、子弟に図書館という「楽園に半日の清楽を得せしめ給へ」、(5) 蔵書家に望む、「世の蔵書家諸君が奮て寄託の事あるを期待する」、(6) 図書館長に望む (い) 夜間開場の速やかな実行、(ろ) 新着図書の掲示、(は) 字書類を閲覧室に備付けて自由閲覧を、(に) 日蔽い・防寒の用意を、の6項目の要望を出している。

開館以来にぎわう県立図書館

「防長新聞」（1903年9月6日付）は「県立図書館の近況」と題して開館以来閲覧者は増え、8月は学生中心に一日平均41名ほど、新聞雑誌及び児童の閲覧者は一日平均77名ほどであったと伝える。

　因みに「山口県立山口図書館報告」第2（1905年8月）によれば、
　　1904年4月－6月
　　閲覧者一日平均167.4人
　　新聞雑誌及児童閲覧者一日平均94.8人
　　1905年4月－6月
　　閲覧者一日平均223.9人
　　新聞雑誌及児童閲覧者一日平均125.9人
であった。
　これらのうち児童の閲覧者がどれほどであったかは不明である。

8　夜間開館はじまる

県立病院から電力をわけてもらう

「防長新聞」（10月29日付）は開館した年の10月27日より電燈の点燈、午後10時迄開館するようになったと伝えている。

同紙（11月13日付）によれば11月12日、通信技師が来て県立山口図書館と県立病院の電燈の検査をしたとのことである。
　田村盛一は「県立病院が自家用として設備していた余剰電力の分譲を得て漸く電燈を特設した。今にして思ひ起こすと五燭か十燭位の赤い線香のやうなカーボン電球に灯がともっていた様子が、夢の如くに浮んで来る」(30)とも「この暗い電燈では不便であるので三十九年度からアセチレン瓦斯燈を閲覧室、出納所、新聞室等に使用した」(31)とも書いていて当時の様子がみえるようだ。
　田村は、電燈は「県立病院発電のものを費用を負担して送電を受けるのであったから、架線も上後河原伊勢橋のところから引かねばならず」(32)と書いている。
　図書館の横を流れる一の坂川の上流にある上後河原伊勢橋のところには日赤支社がある。県立病院という時八幡馬場の病院を指すと考えられるが、そこからではなく、なんらかの理由で上後河原伊勢橋にある日赤支社から図書館に架線が引かれたのだろう。県立病院から図書館まで町中に電柱を立てるのを避けて、川沿いに立てる方を選んだのだろうか。

歓楽街からの騒音

　図書館の裏手は山口中学校、山口高等学校、師範学校などがあり、その先に県庁があった。図書館の傍らを流れる一の坂川の向かいの久保小路、諸願小路あたりは歓楽街であった。「防長新聞」（1904年〔明治37年〕年11月7日付）の「黄ギク白ぎく」欄に「山口図書館の向ふに朝から晩まで否な夜の十二時まで三味線太鼓で卑猥な俗歌を囃し立てるには実に書籍閲覧者の迷惑一方ならず。警察取締上の手加減を以て少し遠慮させてもらいたい。若し反省せずば、毎日毎晩巡査を派して売淫取締をなさしむべし。営業停止の材料は何時でも検挙せらるべし（雨読晴耕生）」とみえる。この記事が出たあと、なんらかの対策がなされたのだろうか。(33)

佐野ら「山口県教育会」会員となる

　「山口県教育会会報」第19号（1904年1月）付録「本会会員人名録」に「山口町山口図書館　佐野友三郎、高羅殿丸、岩根又重、宮家省一」の名前が

ある。佐野はこの会の様々な事業に加わっている。この会報はその後「防長教育」、「山口防長教育時報」、「山口県教育」と名前を変えている。はじめの頃はかなり頻繁に掲載している県立山口図書館、県内の図書館に関する記事は、次第に少なくなっていったが、県立山口図書館の近況とともに「山口図書館新着図書目録」、同館からの「通俗図書解題」、同館調査「少年読物」、県下の図書館事情などがみられる。佐野の「米国図書館の概要」（第195―198号）が掲載される。

9　1903年末の通常県会での予算審議：図書費の減額

　県立図書館が開館した1903年（明治36年）は、国の行政整理の一環として府県統合案が出され、山口県は分割されて広島県と福岡県に分属させられることになっていた。これを知った山口県は騒然となっていた（しかし日露戦争がせまりのちに沙汰止みになった）。その年の暮れ、県会はそのただなかで開かれ、翌年度予算案審議がおこなわれた。予算案は緊縮財政を基本としたもので、図書館費も問題になった。
　この時提出された図書館費は7,709円であり、そのうちの図書及印刷費（内訳事務費245円、事業費3,000円、事業費は図書購入費）について、参事会（第2章3でふれたが、府県会とともに、知事・府県高等官・府県議員若干で構成される議決機関）は事業費を2,000円に減じ、それに伴い通信運搬費（巡回書庫配達委託費が入っている）を268円から243円に減ずるとした。図書購入費をめぐって議論が交わされた。最初に、図書購入費3,000円の要求があるが、その必要性、図書館の現況を聞きたいとの質問が出た。担当者は図書館が何を購入しようとしているか詳細に答弁、更に巡回書庫の大切さにも言及し、県立図書館の面目を保つ為には3,000円が必要であり、1,000円減ずれば、その結果「前知事カ最モ意ヲ用イタル巡回書庫ヲ廃スルノ止ムヲ得サルニ至ラン」と述べた。これに対して参事会の委員である議員は、参事会は「事業ノ進運ヲ害セサルモノニ限リ節減ヲ企テタリ、千円ヲ削減シタリトテ決シテ事業ノ進運ヲ害スルモノニ在ラスト信ス」と言う。繰り返し「参事会ハ書庫ヲ廃シテ千円ヲ減スルヤ」との質問が出る。参事会委

員の議員は「決シテ然ラス、巡回書庫ヲ廃スル為メ減シタルニ非ス、只図書購入ノ幾部ヲ見合セタルニ過キス」と反論する。原案を支持する議員からは図書館が購入したい図書を決めて図書費3,000円を求めているのに1,000円を削除するとそれが買えなくなるではないかと迫り、参事会委員である議員は何を買うなということは言わない、2,000円で購入できるものを買えばいいと答える。更に学校費は削減していないではないか、なぜ図書購入費だけを削るのか、更に参事会のなかでどのような議論があったのかなどの質問があり、答弁があった。採決の結果出席者31名、参事会案に賛成19名で参事会の意見通り、図書館費は6,684円となり、図書購入費は2,000円となった（県会議事日誌）。

このあと暫く図書購入費はこの金額に据え置かれる。
「防長新聞」（12月25日付）は県会閉会後の「県会講評」で、地方経済の困難ななか当局者・県会が財政整理に尽瘁したことは県民の感謝するところであろうと記すが、個別の論で図書館に触れていない。

10　巡回書庫が動き出す

準備

　巡回書庫は、県立図書館が県内にほとんど図書館がないなかで全域サービスをおこなう上で不可欠な手段である。しかし最初は巡回書庫について知識がない郡市長等への説明からはじめねばならず、苦労があったであろう。佐野は巡回書庫の図書閲覧所を県内各地につくるに当たって「郡市理事者ニ内議シタルコトアリ」と述べている（「山口県立山口図書館報告」第2、1905年8月）。「内議」、根回しは佐野流であったであろうが、やっている。

　同時に文庫用の書函をつくり、中に入れる図書の選択、目録作成、書函運搬を委託する業者と打ち合わせるなど様々な準備が必要である。始めればまた解決せねばならない問題が出てくる。秋田での経験はあったものの、準備から始動へ、苦労は多かっただろう[34]。

巡回箇所、最初は郡市役所

1904年（明治37年）1月、巡回書庫第1号が阿武郡役所で閲覧をはじめた。「防長新聞」（2月2日付）に県立図書館の「巡回書庫発着日割」が載る。第1号は、5月下旬大津郡役所へ、ここに9月下旬迄、続いて美祢郡役所に。ここに翌年1月末迄。そして2月1日に本館にもどる。その後2月から6月迄厚狭郡役所、7月から10月迄豊浦郡役所、11月から翌年3月迄下関に、と経路が決められている。1か所あたり4カ月止めておく。
　このようにして8号迄の、つまり8箇の巡回書庫が1904年度には県内20箇所を、翌年には巡回箇所をふやし39箇所を巡回した。

「馬関毎日新聞」記事から
　「馬関毎日新聞」（1904年5月31日付）に「大津郡閲覧所　山口県立巡回出庫大津郡閲覧所を全郡役所議事堂に設けられ五月一日より卅一日迄毎日午前八時より午后五時迄一般人民へ閲覧を為さしむる」（ママ）、同紙（1904年11月19日付）に「巡回書庫当市閲覧所開始　山口県図書館巡回書庫下関市閲覧に就ては前々号及び前号の本紙上に詳報したるが、該書籍一昨日午後到着せしを以て予定を繰上げ昨十八日より商業学校内に開始せられたれば何人たりとも随意閲覧すべく其心得等は既記の本旨記事並に告示に就き知らるべし。而して閲覧期日は来る三十八年三月十七日迄にして時限は二月廿八日迄は毎日午前九時より午後四時まで二月一日以後は毎日午前八時より午后四時迄なり」とある。同紙（1905年3月15日付）には巡回書庫第5号が同年3月15日より7月15日迄下関市に来ると書き、その書籍書名が掲載されている。同（1905年7月11日付）には第3号は7月16日より11月15日迄下関商業学校で開設と伝えている。

　実施して1年後、戦時下であり、地方経費緊縮のなかであるが、佐野は「山口県立山口図書館報告」第1（1905年4月）で36ページのうち16ページをさいて、巡回書庫について報告し、そのなかで「本年度内ニ於テ予定ノ如ク県下十郡一市ヲ通シテ巡回書庫ノ配付ヲ完了セシメタル本県理事者ノ周到ナル用意ニ対シ深ク謝意ヲ表セスンハアラス」と述べている。これは大切な事業だが、関係者の協力なしにはできない。その協力が得られて、まずまずの結果となったことに安堵の念をいだき、佐野は謝意を述べたの

である。[35]

注

(1) 小野則秋は、公共図書館の発生、普及について、山口県が「わが国において古いほうに属するなど、これらはみなかかる郷土的文化の影響するところとして考えるべきであろう」と述べている(『日本文庫史研究』下巻、臨川書店、1980年、251―266ページ)。前近代の文化の蓄積を基礎に近代における図書館の誕生を考える立場がある。
(2) 田村盛一『山口図書館五拾年略史』山口県立山口図書館、1953年、15―21ページ、『山口県立山口図書館　100年のあゆみ』山口県立山口図書館、2004年、1―3ページ(以下、『100年のあゆみ』と略記)。萩図書館は阿武郡の名士が図書館の建物を新築して阿武郡に寄付し1901年1月30日開館した。9名の商議員が置かれた(「防長新聞」1916年1月27日付)。
　　『100年のあゆみ』については田澤明子「「山口県立山口図書館100周年記念誌」を発行して」(「西日本図書館学会山口支部報」第5号、2005年)。
(3) 山口県編『山口県史　史料編　近代2』山口県、2010年、592―594ページ
(4) 升井卓弥『山口図書館史稿』[自費出版]、1990年、14―15ページ
(5) 1901年暮れの通常県会で承認された予算で、吉敷郡会から県に寄付された1万円は「山口図書館費2,350円（新設）」、「山口図書館建設費7,649円余」としている。
(6) 山口県議会『山口県会史』上、山口県、1912年、587ページ。前掲『山口図書館五拾年略史』(33ページ)に引用されている。
(7) この時県会を通った予算のうちの図書館関係予算(1902年〔明治35年〕度通常県会議事日誌)に、俸給　館長　1,000円とあり、雑給のなかに館長赴任汽車賃1哩6銭延662哩、車馬賃1里30銭延3里がある。佐野就任を前提としたものである。
　　この汽車賃はひとり1哩3銭、1等車の運賃である。6銭は2人分であり、662哩は東京から小郡迄の総距離である。車馬賃はひとり1里15銭であり、小郡から山口迄は約3里である。
　　これは明治36年4月着任を前提にして、かつ佐野が秋田を辞任して東京に来ていたことを前提とした赴任の為の夫人とふたりの予算であろう。

以下県会のことは山口県会議事日誌、通常県会決議録など県会の記録による。山口県文書館所蔵。
（8）前掲『山口図書館五拾年略史』25―32ページ、「防長新聞」（1903年1月22、23日付）に掲載されている。「山口県立山口図書館報告」第1（山口県立図書館、1905年4月）に掲載されている規則、前掲『100年のあゆみ』に（明治36年1月20日県令第1号）として掲載されている規則はいずれものちに修正されたものである。
（9）前掲『100年のあゆみ』22ページ。実際に評議員会が発足したのは1943年（昭和18年）のことであった（『100年のあゆみ』年表）。
（10）前掲『創立九十周年記念秋田県立秋田図書館史年表』
（11）升井卓弥「山口県」（日本図書館協会編『近代日本図書館の歩み 地方篇』日本図書館協会、1992年）623ページ。「県庁辞令　正七位勲六等佐野友三郎　山口図書館長に任ず　年俸千円給与」（「防長新聞」3月6日付）。
　　　明治35年度の最後の月に呼んだので、それに必要な補正予算を組んでいる（県会の記録）。詳細は避けるが、明治35年度3月分の給与が3日分を差引いて計上され、赴任の為の汽車賃は米沢から小郡迄の1人分に当たる費用が計上されている。佐野が家族を米沢に置いて先にひとりで山口に来たのかどうかはわからない。
（12）「本県の図書館　上」「防長新聞」1917年3月18日付
（13）前掲「全国専門高等学校図書館協議会会報」14ページ。田村盛一は佐野「氏の設計になる建築は、（明治）四十二年と大正七年に竣工した書庫二棟があるだけである」と述べるのみである（前掲『初代館長佐野友三郎氏の業績』16ページ）。
（14）「山口県立山口図書館報告」第15（1910年10月）に掲載されている山口県立山口図書館規則改正一覧による。
（15）前掲『山口図書館五拾年略史』36ページ。山口県立山口図書館では所蔵文書類の整理が進んでいて、所定の手続を経れば所蔵文書類を見ることができるようになってきている。私が山口図書館時代の佐野について調べてきた時期はまだその準備ができておらず、職員の方がある時明治36年度の書類つづりを少しみせてくださった。それによれば、後述する図書原簿にみえる「佐藤」は東京市麹町区飯田町2丁目27番地にある「佐藤正三」であり、図書とともに文具なども扱っていて、浮出スタンプ、書籍箱、カード箱を購入している。書籍箱、書籍押を東京高等工業学校附属職工徒弟学校に発注している。京都市木屋町の島津源蔵のところから電鈴1個（2

円)、ラカレード電池1個 (1円60銭)、押釈 (2個60銭)、木綿巻銅線 (3磅3円) を購入している。当時の様子のほんの一部である。その全体像を調べることは次代の研究者にお任せする。

(16) 近藤清石 (こんどうきよし)、生没年1833 (天保4) 〜1916 (大正5)。萩の豪商大玉家 (後年藩士) に生まれ、のちに藩士近藤家の養子となる。明倫館で国学を近藤芳樹、漢学を土屋粛海に学び、諸国を遊歴、藩にもどり右筆役、事跡編纂掛となり、古記録の調査にあたった。1868年 (明治元年) 議政局書記、1872年山口県庁御用掛、山口県神官教導職管事を兼任するかたわら、地誌と旧記の編纂に尽力した。1885年 (明治18年) 退官。その後防長両国に関する数多くの著作を残した。他方、和歌・随筆・絵画にも筆を揮い、また山口の特産品となる大内塗の復活に力を貸し、雪舟の古跡雲谷庵を再興するなど多面的な活動をした (「近藤清石先生事略」、近藤清石編纂、御薗生翁甫校訂『増補防長人物誌』所収、マツノ書店、1984年、和田健ほか『山口吉敷歴史物語』〔歴史物語シリーズ〕第13巻」、瀬戸内物産出版部、1984年)。

(17) 「山口県教育会報」(第2号、1903年4月25日) に「佐野館長、図書購入の為め上京中なりしが本日帰館せり」と伝える。「本日」はいつのことを指しているのだろうか。25日より前であるがわからない。「図書原簿」への記入作業は4月21日からはじまっている。その日は佐野不在だったのだろうか。東京で購入してきた図書の登録、原簿への記入の指示などは、図書館にとってはじめてのことであり、佐野の指示なしにはできないであろう。それに基づく作業の流れを考えると、何日に東京から帰って図書館に出たのかはわからないが、短時間で作業がおこなわれたに違いない。

(18) 国立国会図書館支部上野図書館編『帝国図書館報告』国立国会図書館、1974年、内容は東京書籍館明治8年報〜国会図書館昭和23年度年報。

(19) 佐野の本間宛の書簡が4通、山口県文書館に所蔵されている (「資料3 書簡」参照のこと)。佐野は恐らく着任早々から本間俊平と親密な関係をもつようになったようである。本間はメソジストであった。佐野はまだ入信していなかったが、周辺にはメソジスト、前橋では中学の同級生寺沢精一、秋田県立図書館では年上の部下水平三治がおり、本間との交流は自然にはじまったと思われる。山口図書館にメソジスト系の新聞「護教」があった。本間は秋吉台で大理石発掘の仕事をしながら、刑を終えて出所した者や「不良青少年」の更生社会復帰の為の活動をしていて、秋吉台の聖者と呼ばれていた (『本間俊平選集』本間俊平選集出版会、1959年、三吉明

『キリスト者社会事業家の足跡』金子書房、1984年、杉山博昭「山口県におけるキリスト教社会事業」「山口県地方史研究」no.69、1993年)。
(20) 佐野在任期間の山口町の地図として『明治大正日本都市地図集成』(柏書房、1986年)の「最近調査山口市街図」(1916年〔大正5年〕)がある。
(21) 「聞き取り」。そういう面があったとしても、友三郎は子息の名を文武忠孝としていて、長男は文の道に、次男(武夫)、三男(孝夫)が武の道に進んだのは父親の考えであったのではないか。そこには文夫が足を踏み外したことがあって、同じ轍を踏ませたくないという思いがあったのではないか。四男(三人目の子は忠夫の名であったが生まれてまもなく亡くなった。その次の子の名に「忠」をつけることがためらわれて孝夫とした経緯があった)は友三郎が亡くなった時、中学生であった。長男文夫のことは第5章、補論3で述べる。陸軍に進んだ武夫は航空機のプロペラの技術者としての道を歩み、軍籍を離れた。海軍兵学校に進んだ孝夫は、潜水艦長となり、真珠湾攻撃に参加。その帰途米艦の攻撃を受けて沈没、乗員95名とともに消息を絶った(外山操『艦長たちの軍艦史』光人社、2005年)。
(22) 前掲『初代館長佐野友三郎氏の業績』の終わりに掲載されている「「佐野未亡人を囲んで故人を偲ぶ」座談会」(1983年〔昭和58年〕に発行された復刻版では省かれている)。忠夫が生まれたのは1903年(明治36年)8月であり(前掲『佐野友三郎』323ページ)、きみの記憶にずれがある。開館準備中だけでなく、その後も図書館には遅く迄残って仕事をしていたので(本間俊平宛の1905年7月3日付の書簡末尾に「后九時図書館ニテ」とある)、泊り込むことが、どの程度かはわからないがあったのであろう。
(23) 前掲「「佐野未亡人を囲んで故人を偲ぶ」座談会」24ページ
(24) 前掲『山口図書館五拾年略史』94ページ
(25) 前掲「全国専門高等学校図書館協議会会報」第3号、52ページ
(26) 法政大学大原社会問題研究所に寄託されている。2010年親族が自費出版。2016年、NPO法人GREEN PLAZA研究所より「決定版」刊行。
(27) 開館に先立って住民に館内をみてもらうことは佐野のこの試みがはじめてであったのではないだろうか。
(28) 「山口県教育会報」(第7号、1903年8月)は退館にあたって他人の履物と間違えないようにと書いている。しかしのちの記事であるが「数々履物を盗み取らるる」とみえる(「防長新聞」1915年5月18日付)。1915年(大正4年)度より下足番が置かれるようになった。また帽子掛けに掛けた外套からお金が入っている折鞄が盗まれている(「防長新聞」1913年2月5日

付)。

(29) 前掲『初代館長佐野友三郎の業績』15ページ
(30) 前掲『初代館長佐野友三郎の業績』15—16ページ
(31) 前掲『山口図書館五拾年略史』50ページ
(32) 前掲『山口図書館五拾年略史』49ページ。升井卓弥は「県立病院(後の日赤病院)」から送電したとしている(『山口図書館史稿』17ページ)。『山口県会史 続下』(山口県、1924年)「第五章 県参事会議決要項」の明治44年のところに「不動産貸与ノ件」があり、「山口県病院ヨリ山口図書館ニ至ル」電柱22本、支柱1本、電線延長15町14間2尺の使用を山口電燈所に許可している(274—275ページ)。同書には同様の件が大正2年のところにもある(322ページ)。
(33) のちのことになるが、「防長新聞」(1915年6月16日付)に「山口印象記(四)山口図書館」が載っている。筆者は閲覧室の南の窓際で読書をしており、ふと室内を見まわすと、みな熱心なもので中学生、高商の生徒、「お役人さまに至るまで」、「一心不乱に読んだり、ペンを走らせたりして居る」。「夜の図書館は一層静かである、明るい電燈の下で中河原の水の音を聞きつつ読書をして居ると気も心ものんびりとして『図書館』だといふ観念はいつしかなくなってしまう」。「ガランガランと閉館のベルが鳴り響くと故知らずしみじみと泣いて見たい様な気分になります」。
川向こうからの卑猥な俗歌については何も書いていない。どうしたのだろうか。
(34) その苦心をふまえて佐野は「通俗図書館(殊に巡回文庫に就きて)」(帝国教育会『通俗教育施設方法講演集』国定教科書共同販売所、1913年)で詳細に述べている。
(35) 巡回書庫は管理者いかんで効果は変わる。まして郡市役所には専任の管理者がおらず、利用者はどうしても郡市役所勤務の者に限られてしまう。しかしともあれそこから巡回書庫はスタートした。

第4章　サービスの輪を広げていく——1904〜1912年

　1904年（明治37年）2月、日露戦争がはじまり、「防長新聞」は、旅順の攻防、日本海海戦、奉天会戦などの戦況を伝えたが、戦争の悲惨さはみえず、戦争の激化とともに増えていく戦死者の名前、募金活動など県内の様子が紙面を埋めた。

　県立図書館は広島予備病院山口分院に収容中の傷病兵慰問の為図書雑誌類を回付することとして、その第1回分として12月14日通俗史談、雑誌類若干を回付した。

　佐野は日清戦争の際のように何らかの形で戦場に赴くことはなかった。図書館事業こそが自分に与えられたミッションだとの確信をもち、全てをここに注いだ。1906年（明治39年）3月17日上京し、同月20〜22日におこなわれた日本文庫協会主催の全国図書館員大会に出席し（「防長新聞」3月15日付）、日本文庫協会に入会した。日本文庫協会は日本図書館協会の前身である。佐野は東京や各地でおこなわれた協会の事業に可能な限り参加した。

1　「山口県立山口図書館報告」の刊行

　佐野は着任2年余、無我夢中でとにかく図書館を軌道に乗せることができたので、その報告を出しはじめた。それが「山口県立山口図書館報告」（以下「山口図書館報告」と略記）で、その第1は1905年（明治38年）4月10日刊行された。その後年内に2回、翌年も3回出した。しかし帝国図書館、アメリカの事例にならってこれを年報としたのであろう、3年目の1907年（明治40年）の3回目に出した第9（1907年7月）を「第4年報（明治39.4〜

40.3)」とした（「山口図書館報告」第1が県立山口図書館が開館した明治36年度の出来事から書き始めているので「第4年報」としたのであろう）。以来年度内の出来事を掲載して年報として刊行するとともに、それとは別に特定のテーマについて、例えば「山口県立山口図書館概覧」を出している(2)。

　この報告は県庁、県議会議員をはじめ県内に広く図書館の現状、問題点、計画・予定していることを知ってもらい、理解してもらう為のものであった。県立山口図書館の公的な刊行物であるが、佐野の著作物であり、自分の思うままに書いている(3)。

　最初は年に3回、それを間もなく年報に変えて出しているところにも、田村盛一が「氏の図書館経営の態度は、慎重を期しての実行とは言ひ難い点があるかもしれぬが、進歩的実践主義とでもいふ事が出来やうと思ふ(4)」と述べているところが当てはまる。

　その第4（1906年1月）に「閲覧人及貸出図書」利用状況、蔵書のことなどの業務項目部分に続いて「図書館雑項」という項目があり、「学校と図書館と」、「カーネギー氏と無料図書館と」、「巡回書庫と町村図書館と」、「図書館と悪文学と」、「図書館の精神」などのテーマで論じられている（この「雑項」は次号〔1906年3月〕で終えている）。

　これらに佐野が図書館に取り組む上で基本とした考えを読みとることができる。ひとつだけみておく。

　佐野は「カーネギー氏と無料図書館と」でカーネギーの図書館観について論じている。そこにカーネギーの、

　　図書館は無償にては何物も給することはない、「図書館は自ら助くる者を助くるのみ」、「図書館は向上心ある者を迎へ、文字中に蓄積せられたる世界の宝庫を開きて、彼等の為めに之を給す」

という言葉を引いている。

　のちに佐野は「通俗図書館に就て」を「防長新聞」に連載した時、その冒頭（同紙1917年10月16日付）で、

　　米国教育界の大恩人カーネギー氏は図書館は自ら助くる者を助く、図

書館は無償にては何物も与ふることなしと申して居ります。

と述べている。これらでカーネギーの言葉として引用されている「図書館は自ら助くる者を助く」は、言う迄もなくサミュエル・スマイルズ著中村正直訳『西国立志編』の冒頭の言葉、「天ハ自ラ助クルモノヲ助ク」に依っている。この図書は1870年（明治3年）に出版され、明治末年迄に百余万部が売れ、福沢諭吉の著訳書とともに空前の影響を人びとに与えたといわれている。佐野が在学していた群馬県中学校ではその当時この図書を教科書にしていたことが当時の「群馬県中学規則」からわかる。カーネギーの言葉をこのように訳したのは『西国立志編』冒頭の言葉が脳裏にあったからに他ならない。それが図書館のあり方の原則として佐野を捉えたのである。

　なお、この「図書館雑項」の最後の頁（26ページ）の余白に、
　　なかなかに　あそふいとまは　あるひとの　いとまなしとて　ふみよまぬかな
という歌が掲載されている。この歌は本居宣長の『鈴屋集』に収められている「ふみよみ百首」にある
　　をりをりに　あそふいとまは　あるひとの　いとまなしとて　書よまぬかな
をもじったものである。このことは田澤明子が章末注（3）の論考の中で、引用、指摘している。佐野は本居宣長の作品にも目を通していたのだろう。
　いつの頃からか、佐野はアメリカの図書館、同関係機関に英文要約をつけた「山口図書館報告」を送っていたとのことであるが、後になると「山口図書館報告」自体に英文の目次とレジュメがつく。佐野在任中のことであった。

「山口図書館報告」で図書館の現状、実現したいことをひろく伝えながら、佐野は様々の問題に取り組んでいった。

第4章　サービスの輪を広げていく　107

1904年11月『山口県立山口図書館和書分類目録』を刊行し、各所に配付。

2　書庫増設を求める

閲覧室に公開書架を置く

「山口図書館報告」第8（1907年5月）に「公開書架（Open-shelf-system）に就きて」を掲載し、アメリカの書架公開の事例を紹介しつつ、図書館の現在の書庫は一時的な設備であり、増加図書を入れることが困難になってきたので、普通閲覧室に大書函8個を置いて2,540冊を公開することとした、「図書紛失の如きは、断じて無かるべきことを確信す」と述べている。
「山口図書館報告」第10（1908年3月）でも、書庫が狭くなったため一部の本を、普通閲覧室の両面に8個の書函を置き「日常需要アル通俗図書約三千冊ヲ（略）分類陳列シテ之ヲ公開」した。これ迄の経験によれば、閲覧人は目録を検索せず自由に図書に接触でき、「本館当務者」にとっても便利であると書いている。

更に「山口図書館報告」第11（1908年6月）では閲覧室に8個の書函を置いて得られた利点について述べた上に、今日迄のところ、何等損害を蒙っていないと書く。書架を公開すれば図書がなくなるという危惧・批判への答えである。

佐野は、書庫が一杯になったので、やむなく普通閲覧室の一隅にガラス戸つきの書函を置いて、利用者が自由に手に取って図書をみることができるようにしたのであるが、その根底には、それが図書館にとって本来の姿だとの考えがあった。のちに佐野は、書庫に入れるのは特別閲覧人に限られているが、閲覧者が書庫でも閲覧室でも直接書籍に接触できるようにすることを方針としていると述べている。

書庫増設予算つく

1907年（明治40年）暮れの県会に提出された次年度予算案に、司書新設と図書館書庫増設の予算がふくまれていた。司書新設は、1906年（明治39

明治45（1912）年頃の普通閲覧室（『100年のあゆみ』）

年）の図書館令改正により、公立図書館に司書を置くことが決められたことにともなうものである。しかしここでは書記のひとりを司書としたにとどまった。書庫増設については、その審議のなかでひとりの県議から、図書館倉庫は他の建築物と異なる構造であるかとの質問があり、県側から、山口図書館の書庫は構造に於いて他と異なるところはない、5間×6間の2階建て1棟を造るとの答弁があった。それ以上の質疑はなく書庫についての予算案はそのまま通った。

　この予算によって、その翌年4月から設計・工事が進んでしかるべきところ、4月10日に東宮（のちの大正天皇）が山口県を訪れ、図書館見学があり、それに関連して工事が遅れたとのことであるが、手がつけられぬまま推移した。1908年（明治41年）の暮れの県会でこのことが問題となり、県当局は山口図書館の工事は書庫及び物置があり、ともに設計中であり、近日起工し、今年度中には完成の予定と答弁している。別の県議は、県は工事を秋冬の壁が乾かない時期にやることになるが、何故かと迫り、当局は、

早くやりたかったのであるが、様々の事情で延びてしまった、悪しからず了とされたいと弁明している。確かに東宮の来訪は仕事が延びた理由かも知れない。同時に工事を請け負った業者は簡単に考えていたのかも知れないが、書庫は佐野が考えるようにつくらせたので、なかなかはかどらなかったのではないだろうか。

書庫完成

　1909年（明治42年）6月、木造2階建て書庫ができる。書架の木材には脂の出ないアメリカ松を使い、書架の主柱は2階迄通し、光線、通風を考慮し、2階の床板は電灯の下の部分は3尺ほどを格子造りとして光線が下にいく分かでも届くようにした。7段の書架の一番下は大型本、新聞、地図、和本を入れるようにし、上6段は普通の図書を入れるようにする。書架の要所にコンセントをつけて、携帯電燈を差し込んで点燈するようにする。書庫内12カ所に簡易な折り畳み式の机を窓に取り付け、椅子も用意するなどの工夫があった。これらは工事を請け負った業者には大変だったのではないだろうか。

　8月一杯は臨時閉館し、蔵書の移転にあわせて、それ迄図書の分類法が8門分類であったのを10進分類に変更した。分類変更には空き書架がたくさんないと苦労する。新たな書庫ができた時は分類変更の機会でもある。同時に貸出方式をカードによるものに変える為の作業もおこなわれた。

新築書庫への利用者の入庫を認める

　1911年（明治44年）10月新築書庫への入庫を優待券、特別券を持つ者、館長の許可をえた者に認めた。県立クラスの図書館で、制限つきであっても利用者の入庫を認めているところが（今日でも）あるだろうか。佐野は、利用者が直接資料に接することが大切だという考えを持っていた。児童閲覧席のそばに書架を置いたことも、閲覧室に公開書架を入れたのもその考えに基づいている。

3　山口県内図書館関係者大会

町村に公私立図書館が次第にできていく
　前章の最初で述べたように、地域の図書館は明治30年代半ばには設立されており、その後少しずつ増えてきた。日露戦争のあと、各地で様々な記念行事・事業がおこなわれたが、佐野は、記念碑などを建てる代わりに記念文庫をつくることを勧めた。「防長新聞」によれば、1906年（明治39年）2月美祢郡秋吉村の小学校で図書館発会式、同年11月に明木村立図書館の開館式、翌年7月美祢郡大嶺村の高等小学校で文庫開庫式があり、いずれも日露戦争記念事業としておこなわれた。こうして各地に図書館が生まれ、その数は1906年度末12館、1907年度末17館、1908年度末31館、1909年度前半46館となっていった。

巡回書庫、公私立図書館に廻付
　1904年にはじまった巡回書庫は、翌年度県立学校に参考図書を廻付するとともに、公私立図書館への廻付は、その翌1906年（明治39年）度に実現した。佐野は、郡市役所に廻付してもそこには専任の担当者はいないので、利用は役所内に限られていたが、公私立図書館に廻付して初めて所在公衆に接触することができるようになったと述べている。[13]
　同年4月「山口県立山口図書館巡回書庫選択目録」を刊行。

デューイからの書信
　「山口図書館報告」第12（1909年6月）に、山口で巡回書庫をはじめるにあたってメルヴィル・デューイの助言をえたが、以来デューイは山口の巡回書庫に注目していて、「近頃本館当事者ニ寄セタル氏ノ書信中」（本館当事者は佐野本人のこと）でデューイらがアメリカで試みたように「最少ノ経費ヲ以テ最良ノ読物ヲ最多数者ニ提供スル本館巡回書庫ノ進歩ハ氏等ノ深ク誇リトスル所ナリト述ベラレタリ」と書かれている。

山口県内図書館関係者大会がおこなわれる

　県内各地に次第に図書館が出来ていくなかで、1909年（明治42年）10月1〜3日、県立山口図書館で山口県内図書館関係者大会が開かれた。そのことを「防長新聞」（9月23日、10月2、3日付）が報じている。この大会は、図書館関係者の交流をおこなうとともに、更にこれをきっかけに各地に図書館ができることを願って企画されたものであり、杉山富槌私立児玉文庫監督、村上俊江阿武郡立萩図書館長、佐野の3人の連名で案内状を出し、38名の参加があった。当時県内には図書館は46館あり、参加者はそのうちの32館からの参加であった。

　2日目に県内図書館関係者の団体をつくることが決められ、3日目に山口県図書館協会規則を制定した。規則には会の会務を処理する為主事を1名置き、県立図書館長がことにあたるとした。

　この大会の為に、佐野は国の内外の図書館に依頼して寄贈してもらった多くの図書館用品を多種類展示した。ここにも図書館設置・運営に励ましとなるようにとの佐野の願いがこめられている。この時展示された用品は今日なお県立山口図書館に保存されている。

　佐野はこの大会を開くに当たり数々気配りをしている。案内状の差出人を山口で早くできた児玉文庫の監督、萩図書館の館長、自分とし、その名前の順にしている。第1日目に5人が挨拶したのであるが、佐野は2日目に「米国図書館事情」について語った。ここで設立された山口県図書館協会にはその事務をつかさどる主事を置くとあるのみで、会長あるいは代表は置いていない（のちに会長が置かれた）。

4　図書貸出条件の緩和

図書貸出条件のあゆみ

　図書貸出条件は、最初の館則（1903年〔明治36年〕1月）では、
　　第21条　山口県下ニ住スル成年者ニシテ直接国税金五円以上ヲ納ムルモノ若ハ其ノ資格ヲ有スル保証人ヲ設クル者ハ本館ノ図書ヲ携出スルコトヲ得

であった。翌1904年（明治37年）には「直接国税金三円以上ヲ納ムルモノ」と改めた。
　1906年（明治39年）には、
　　第21条　山口県内ニ住スル左記ノ者ハ本館ノ図書ヲ携出スルコトヲ得
　　　1　図書館ヨリ贈与シタル優待券又ハ特別券ヲ有スル者
　　　2　成年者ニシテ直接国税金二円以上ヲ納ムル者
　　　3　官吏公吏及公立学校職員
　　　4　満十七年以上ニシテ前各号ノ一ノ資格ヲ有スル保証人ヲ設クル者
　　館長ニ於テ必要ト認メタル場合ニハ前項ノ資格ニ拘ラス一時限リ携出ヲ特許スルコトヲ得
と「直接国税金二円以上ヲ納ムル者」に改めた。
　1909年（明治42年）の改正では第21条第2項を「県税ヲ納ムル成年者ニシテ館長ニ於テ身分確実ト認メタル者」とした。
　佐野は「防長新聞」（1909年9月16日付）で、記者に「館外携出者の資格を広めて県税を納むるものとせる理由について語って曰く従来は国税二円以上云々の制限を置きしも優待券等を交付せし人々はとかく返納期日を誤ること多くして証書提出の上借受くる人々の方却て厳格なる風ある上に苟も県図書館なればよろしく提出者の資格を県税を納むるものと改むべしと感じてかく改訂せし次第」と語っている。

　直接国税5円以上は1890年（明治23年）制定の府県制のもとで府県会選挙権をもつ者、直接国税3円以上は1899年（明治32年）制定の郡会制のもとでの郡会選挙権をもつ者、直接国税2円以上は1888年（明治21年）制定の市制・町村制のもとで市町村会選挙権を持つ者とされていること（『国史大辞典』（吉川弘文館）の該当項目）に対応する。

　かつて石井敦と山口源治郎のあいだで佐野の仕事の評価についての論争があった。(14)　そのなかで石井は、田村盛一が「特許証付与願」が提出されれば、その人が納税者であるかどうか余り関係なく「特許票」は発行でき、

第4章　サービスの輪を広げていく　　113

実質的に制限はないも同様の効果があった」と語ってくれたと述べているが、山口は貸出を受けられる者の条件に県税を納める者というところがあること、第21条の但書については、当時の文書によって一般利用者の為のものでないことを明らかにし、限定された例外規定であることを指摘した。田村は前掲『初代館長佐野友三郎氏の業績』で「「館外帯出制度と方法」に関しては、開館以来二、三手続及方法の更改はあったが、手続の簡易な事では恐らく全国に比を見ないのではないか」と述べている（16ページ）。これは田村が石井に語ったことを伝えるものであろうか。第21条の但書は山口が言う通りの性格のものであっただろうが、時間の経過とともに扱いはゆるやかになったのではないだろうか。

　佐野はのちに『通俗図書館の経営』（「山口図書館報告」第20、1915年3月）の結論の「府県立図書館の施設」のなかで、貸出は「府県在住者にして公民権を有する者又は公民権を有する保証人を設けたる者（もしくは一定の保証金を納めたる者）には一定の印刷用紙に署名捺印すれば特許証を付与し十五日間、二冊宛帯出を許すこと」と書いている。公民権を有する者、公民権を有する保証人がいる者が前提であるが、そうでないものでも保証金をつめば貸出を受けることが出来ると制限をゆるめる考えを持っていた。
　これは一般論として述べたものであるが、山口では山口にふさわしいやり方で貸出条件をゆるめたのであろう。

　利用者数の推移をみてみよう。『100年のあゆみ』の「統計でみる100年」による。

	閲覧者数	貸出利用者数
1907年（明治40年）度	67,217	23,061
1909年（明治42年）度	87,588	32,199
1912年（大正元年）度	125,021	56,017
1916年（大正5年）度	140,301	74,955
1920年（大正9年）度	229,379	62,910
1923年（大正12年）度	240,959	66,788

1912年、その後の図書館利用者増はすぐ後で述べる開館時間延長にともなうものであろう。それにともなって貸出利用者も増加したであろうが、そこにいくぶんかの貸出条件緩和による利用増が加わっているのかも知れない。その後館内閲覧者の伸びがあるものの貸出利用者増はない。条件緩和は限定的だったのだろう。

　図書館利用の中心である児童、中学生の貸出条件の緩和が貸出利用者増のひとつのポイントであった。佐野は年齢制限17歳以上を12歳以上に緩和したいと言っている(15)。それはのちに実現している。「行啓記念山口県立山口図書館規則」第2条第4項の貸出条件に「満12歳以上」(16)とある。しかし残念ながら1929年（昭和4年）、春日山麓に移転した県立図書館は市街地からかなり遠くなった為であろう、利用が急速に減っていき、この変更で貸出量が増える環境になかった。

5　開館時間延長を求める

　1904年（明治37年）5月24日付で山口県立山口図書館規則が改正され、開館時間について日曜日・大祭日は冬季午前9時～午後5時、他は午前8時～午後6時とした、平日は従来通り、冬季午後2～9時、他は午後2～10時であった。

　その後同規則改正があり、1906年（明治39年）4月24日、7月、8月の開館時間は午前8時から午後6時迄となった。夏休み期間は利用者の多くが学生、そして児童であることから、朝から夕方迄開けるように規則を変更したのである。

開館時間延長を求める声
　1909年（明治42年）6月25日の「防長新聞」に「山口図書館の開館時間」が載る。筆者は「香洲生」。要旨は通年午前からの開館を求めるものである。

　同年6月刊行の「山口図書館報告」第12は開館時間延長を求め、「若シ

四十三年度以降午前ヨリ開館シ臨時調査ヲ要スル者モ零砕ノ時間ヲ利用シテ読書セントスル者モ何時ニテモ随意入館スルコトヲ得ルニ至ラハ一般公衆ノ便利ハ今日ノ幾倍スヘキヲ疑ハス」と書いている。

1910年（明治43年）4月より平日も午前からの開館に

　1909年末の県会の次年度予算審議のなかで、翌年度より午前中も開館したい、その為に係員、出納手各1名増員したいとの提案が通った。

　1910年4月より、平日も午前からの開館となり、1〜3月、10〜12月は午前9時開館、他の月は午前8時開館となった。これにより利用者は増えた。『100年のあゆみ』の「統計でみる100年」でみると、閲覧者は、

　　1909年（明治42年）度　　87,588人
　　1910年（明治43年）度　　108,267人
　　1911年（明治44年）度　　107,893人
　　1912年（大正元年）度　　125,021人

である。

　開館時間の延長にともない、人員増が認められて、職員は館長、司書1人、書記2人、雇3人、監守1人、出納手5人、小使2人となった。

　因みに開館翌年の1904年（明治37年）度には職員は館長、書記3人、雇1人、監守2人、出納手3人、小使2人であった。

6　図書費増を求める

　佐野の着任早々、図書費3,000円が2,000円に減額された。思うようにほしい書籍が買えない。
　こういうこともあった。
　1908年（明治41年）末の通常県会の次年度予算審議のなかで、図書館費中のタイプライター（318円）と『十八史略』（500円）購入の為の予算について議論があり、ともに高価過ぎるとして削除された。
　タイプライターは欧文のもので（まだ和文タイプライターはできていない）、これより安いものもあったが、県議にタイプライターについての認識がど

れほどあったであろうか。[17]

　1部500円の『十八史略』は確かに当時図書費が2,000円であったことからみれば、普通は桁はずれな買い物とみられるであろう。

　『十八史略』について、参事会委員でもある県議は「五百円は版本代で、あるところにある古本を買入れるものにて、一見したるに朝鮮支那にて印刷せる十八史略とか十九史略といふ古本にてこれは美術的古物としては価値あるべきも図書館としては必要のものにあらず、如此ものは有志者の寄付でもすへきものにて高価を払ひ買入るる必要はなき故其丈削減したる訳なり」と参事会の見解を述べ、これが県会を通った。

　『十八史略』が「あるところにある」というその書店は山口町下立小路にあった石津新古書籍商であろう。ここには貴重な古典籍が山積していた。

　現在、県立山口図書館に『十八史略』は5部ある。いずれも日本で刊行されたものであり、最初に手に入れたのは佐野が着任した年、1903年（明治36年）12月1日の受入印があるもので、1875年（明治8年）11月14日版権免許五車楼梓本とその1877年3月再刻本である。佐野在任中に図書館が受入れたのはこの2点である。因みに他の3部はいずれも寄贈本。版元は同じ、江戸時代（元治元年）刊行本、明治10年再刻本、明治13年再刻本である。

　佐野は中国で刊行されたものがほしかったのである。だれかが求めてほしいと言ったのであろうか。

　それはともかく、高価な図書も含めてなかなかほしい本が買えなかったであろう。

　1910年（明治43年）6月刊行の「山口図書館報告」第14で図書費増を求めている。その根拠として、巡回書庫・図書館での貸出が増えていること、1910年（明治43年）度からの開館時間延長で利用者が増えていること、物価騰貴があることを述べるとともに、他府県の図書館の図書費と比較して、県立山口図書館の2,000円は少ないと訴えている。

　1910年（明治43年）暮れの県会に提出された翌1911年度予算案に対して、参事会は異論をとなえ、これをめぐり原案賛成派、参事会派、原案修

正派と議員は分かれて議論がおこなわれたが、裏では多数派工作があったことを「防長新聞」（12月16、18、22日付）は伝えている。そのなかで図書館費は原案では9,087円、修正されて8,982円となるが、最終的に9,021円に落ち着く。図書館費は原案に対して旅費のみが減額された。図書費は念願かなって2,000円が3,000円にもどった。

それによって、「山口図書館報告」第17（1912年6月）によれば、本館備付図書、巡回書庫の複本の改善充実をはかり、陳腐なもの、使用に耐えないもの104冊を除籍した。婦人の図書館利用が少ないので、家庭文庫を山口母姉会に委託して1911年（明治44年）6月から試験的にはじめた。「山口図書館報告」第1（1905年4月）の巡回書庫についての記事のなかで述べられているのであるが、家庭文庫は、佐野がメルヴィル・デューイから巡回書庫について助言を得たなかにあり、いずれ巡回書庫の利用範囲を「各戸ニ及ホシ」ていくつもりだった。しかし「山口図書館報告」第23（1917年5月）以降の巡回書庫の統計欄に家庭文庫がない。定着しなかったのである。

図書費はその後、物価高が進むこともあって少しずつ増額された。図書費は予算では「図書印刷費」として計上されているなかにある。

  1911年（明治44年）度 3,478円
  1915年（大正4年）度 4,028円
  1917年（大正6年）度 5,020円
  1919年（大正8年）度 5,131円

7　佐野館長の日々の一端

田中稲城宛の書簡にみる

1910年（明治43年）9月20日付佐野の田中稲城宛の書簡[18]によりつつ、当時の佐野の仕事ぶりの一端を垣間みてみよう。

この書簡、冒頭に

　　　　九　二十
　　　　帝国図書館
　　　　田中先生　侍史
　謹啓陳者本月十二日付御手書難有拝見仕候。八月分付館報ニ関スル御垂示ハ却テ痛ミ入リ申候。管理法御校正着々御進行ノ御様子、斯道ノ為メ感謝ニ堪ヘ不申候。

と書かれている。「九　二十」とあるのみで年次が不明である。しかし「八月分付」、つまり8月に刊行した館報は「山口図書館報告」第15（1910年8月）と「山口図書館報告」第27（1920年8月）であり、「管理法御校正」は田中が著作『図書館管理法』改訂版執筆中であること（発行は1912年〔明治45年〕）、この手紙の文中「七月末文部省ヨリ目録編纂委員手当トシテ金員ノ送付ニ接シ候」と書かれていて、これは1910年（明治43年）7月文部省の「図書館書籍標準目録」編纂委員を委嘱されて（石井『佐野友三郎』324ページ参照）のことであることから、この手紙は1910年9月21日付田中宛て佐野の書簡であることがわかる。

　この冒頭の文にみえるように、佐野は田中に「山口図書館報告」を送っており、田中は折り返し感想・論評を送っていた。
　佐野は田中の巡回書庫についての問合せに、「書庫の重さは約5貫目、書籍を詰めると約10貫目になります」、そして巡回書庫にそえる目録のこと、貸出図書の為のブックカードについて書き、「書庫は1個7円、時々補修すれば、10年は優に使用できます」と書く。
　『図書館管理法』改訂版にみえる巡回書庫についての記述は、このようにして田中が佐野から得た情報によっている。
　更に佐野は「御下問範囲外ニテ候得共」と言いつつ、山口の巡回書庫の現状と目標について書いている。公私立図書館に貸付するようになって、次第に町村図書館は増えてきており、今後は図書館未設置の町村に巡回書庫を回していく計画です、と述べ、続けて、「通俗図書館の管理法について、山口のばあい、町村の図書館は規模が様々で、あるひとつの統一した基準に当てはめることには無理があります」と答えている。

さらに、

> 6月28日『防長新聞』記者が来て、文部省視学官が来た時の会合で佐野が講演したものの筆記を新聞に掲載したいと言ってきました。日比谷図書館の渡辺又次郎氏より「東京市の委嘱により欧米の巡回文庫の施設方法等の取調方」についての依頼があったのですが、手元に材料の持ち合わせがないので、二三の印刷物からの抜書きを送りました[19]

と書く。
最後に、

> 今 Library Instruction の抄訳をしていますが、上記「目録編纂委員手当トシテ金員」が入るので、これで印刷して県内図書館関係者に配布し参考に供しようと考えています。印刷所に原稿を渡す前に先生に見ていただきたかったのですが、その余裕がないのが遺憾です。この本の緒論では、図書館の普及には図書館思想を広く普及させることが必要であり、そのためには小学校児童の読書趣味を養成するとともに、学校付設図書館経営に当たる教師を養成するために、師範学校最上級で図書館管理要項を授けることが必要であること、折角小学校に図書館を付設しても担当の教員が転任・退職でいなくなると、図書館は閉まったままになることは多々あること、そういうことがないように、教員に図書館管理要項を会得させることが必要であると考えています、

と述べ、書簡はここで終わっている。[20]

1910年（明治43年）5月から7月にかけて、大逆事件容疑で幸徳秋水らが逮捕された。12月10日幸徳ら26人に対する裁判が大審院でおこなわれ、翌年1月18日幸徳秋水ら24人に死刑判決。うち12人無期懲役に減刑。同月24、25日12名死刑執行。無期懲役となった者のうちに山口県出身の青年、岡本頴一郎（平民電灯会社雇い）がいた。岡本は1917年（大正6年）7月27日獄中で死去。38歳であった。

「巡回文庫の話」(「防長新聞」に連載)

1911年(明治44年)9月「防長新聞」第1面(9月10〜24日付)に佐野は「巡回文庫の話」を12回にわたって連載し、巡回文庫が地方図書館設立をうながしているアメリカの事例をいくつも紹介した(資料1参照)。各州の事情が簡潔に書かれているなかで、ウィスコンシン州の事例が詳述されている。これはのちに佐野がアメリカに行き多くの図書館を見学した際、ウィスコンシン州の見学に力を入れていることとつながるところである。12回にわたって、多くの読者にとって遠い国の話でしかないアメリカの事例を連載することを認めたのは、防長新聞社が佐野と同様に、巡回文庫の本来の姿を読者に知ってもらい、山口県内各地を廻っている巡回文庫により多くの人びとが関心をもって利用し、そのことを通して一層多くの図書館が出来ていくことを求める考えを共有していたからに他なるまい。

8 明治末年頃の「児童室」・婦人閲覧室

小松原英太郎文部大臣の視察

1909年(明治42年)12月1日、小松原英太郎文部大臣が山口に来て、3日山口高等商業学校、ついで図書館を巡視した。その様子を「防長新聞」(12月5日付)は伝えている。「館長の先導にて図書閲覧室書庫等を巡視し陳列せる巡回書庫に就いて館長の説明を聞き」、その後山口国学院に向かうのであるが、「巡視」は「児童室」にもあった。田村盛一は「四十二年十二月、文部大臣小松原英太郎氏が視察の為この室に入り、あの長身を前屈みにして、児童がお伽噺に読み入ってゐるのを感興深げに見入ってゐた様子を、偶々私が児童室係をしてゐた時だけに、忘れ難いものに思ひ起こすのである」[21]と回想している。

『100年のあゆみ』の冒頭に掲載されている「初代図書館(中河原)明治36(1903)〜昭和4(1929)」において紹介されている「雑誌新聞及び児童室 明治45(1912)年頃」の写真(次ページ)をみてみよう。

1912年(明治45年)頃の喫煙室兼雑誌新聞閲覧席・児童閲覧席同居の部屋(『100年のあゆみ』)

　当時「児童室」と言い習わしていたが、玄関を入ってすぐ受付があり、その右に売店、その先に喫煙室があり、続いて新聞雑誌閲覧席・児童閲覧席がある。これらは一続きの部屋であった。明治末年になっても独立した児童室はなかったのである。
　この「新聞雑誌及び児童室」は写真の向かって左が児童閲覧席で右が雑誌新聞閲覧席であるが、1912年当時のこの部屋の写真をよくみると、子どもは児童閲覧席をはみ出して新聞雑誌閲覧席の大半にも座って図書を読んでいる。大人はどうしているのか。座って新聞を読んでいる者もいるが、多くは立って読んでいる。大人は、ここは大人の席だと子どもを追い払っていない。この部屋にいる掛員も見逃している。ここには佐野の考えがあるのであろう。読む場所を求めて大人は喫煙所に行っていたであろう。
　開館直後の県立図書館に行った俊生氏は「防長新聞」(1903年8月14日付)に「県立図書館を観て」という一文を寄せ、そのなかで「児童閲覧室に入りて可憐なる少年少女がお伽噺を耽読せるを見て」いる。それをこの写真でみると、といっても写真が鮮明でないので推測するだけなのである

が、児童閲覧席にいるのはほとんど男児であるが、向かって左の席の左側に座っている子ども、手前から3人は女児のようだ。「七歳にして席を同じくせず」ではない。真ん中の通路を向こうの方に歩いて行く子どもの後姿も女児にみえる。

　因みに、1921年（大正10年）頃の東京市立日比谷図書館の児童室では、男児と女児は別々の円形のテーブル席に座っている。⁽²²⁾

　当時出版界では、博文館が言文一致体の子ども向けの図書をさかんに出すようになっていた。江戸時代からの草紙本が明治はじめから20年代迄の子どもたちに与えられた図書であった。そして自分で読むというより大人に読んでもらって聞いて楽しむ、あるいは自分で読む時は音読するという時期が続いていた。しかし1872年（明治5年）学制がしかれ、次第に子どもたちは教科書を通して図書を読むしきたりを身につけていった。図書を読むことが普通になるにしたがって、音読から黙読へと変わっていった。博文館が子どもが読める図書を出すようになったのは、その変化に対応したものだった。⁽²³⁾

　加藤理はその著書『駄菓子屋・読物と子どもの近代』⁽²⁴⁾でエレン・ケイの『児童の世紀』から話をはじめているが、エレン・ケイの訳本『二十世紀は児童の世界』（精賀書院、1906年）、『児童の世紀』（大同館、1916年）はともに県立山口図書館にある。前者は1906年（明治39年）11月20日、後者は1916年（大正5年）6月20日受入である。後者の発行日は受入日の2日前である。更にエレン・ケイの『母性の復興』（平塚雷鳥訳、新潮社、1919年〔大正8年〕5月10日、受入同年10月5日）、同『恋愛と結婚』（原田実訳、天佑社、1920年〔大正9年〕1月15日、受入同年1月20日）もある。

　佐野はこれらの分野にも関心を持っていた。

　県立山口図書館が様々な児童向けの図書・雑誌を買っていたことは『山口図書館和漢書分類目録 明治42年末現在』（1910年6月）でみることができる。例えば博文館刊行の「少年文学」23巻、「少年読本」50巻がある。現在「少年文学」では尾崎紅葉「二人むく助」（1902年）、巌谷小波「こがね丸」（1902年）など16冊が、「少年読本」では落合直文「本居宣長」

（1913年）など38冊が所蔵されている。雑誌には「少女界」（金港堂、第6巻第1号〔明治40年1月〕－）、「少女世界」（博文館、第1巻第1号〔明治39年9月〕－）、「少年世界」（博文館、第9巻第8号〔明治36年6月〕－）、「中学世界」（博文館、第6巻第7号〔明治36年6月〕－）などがみられるが、現在「少女界」、「少女世界」は失われており、「少年世界」、「中学世界」は若干残っている。

よく読まれた『小公子』は2冊残っている。そのひとつ12版（発行1905年5月18日、受入同年9月25日）は、図書の上下を切って再製本してある。『小公女』は4冊ある。そのひとつ、2版（発行1912年10月23日、受入同年12月25日）はよく読まれ、欠けている頁がある。

「日本昔噺」、「日本お伽噺」、「世界お伽噺」、「少年工芸文庫」、「少年商業文庫」、偉人伝、歴史・地理、理系の本など、広く目配りをしていた様子がみられる。

子どもらの好みにあった図書が出版されるようになってきたことが、「児童閲覧室」が求められる前提であったとも言える。佐野はその状況を読みとって、「児童閲覧室」を置くことを目指し、それが実現する迄は、子どもの利用を排除するのではなく、大人の雑誌新聞席と同居してでも、とにかく子どもの居場所をつくったのである。

あるいは、開館当時は声を出して読む子がいて、「シーッ」と言われていたかも知れず、やがて黙読が普通になるという経過があったであろう。

武田千代三郎はのちに、佐野が山口でおこなったことの一つとして「児童閲覧室の設備」をあげ、「児童図書館の如きは、随分冒険な企で、旬日を待たず閉館の止む無きに至るだらうとの批評もありましたが、結果は全く以外で、公徳を重んずること、児童は却って大人に優るの確証を得て少なからず山口町民を驚かし、小学教師の鼻を高からしめたること、幾何なるかを知らず」と述べている。武田は既述のように、独立した児童室をつくらなかったし、佐野着任前に県立秋田図書館の規則によってつくった県立山口図書館の最初の規則では12歳未満の利用は認めていない。児童サービスについての認識が武田にはなかったのであるが、そこがこの回想では落ちている。

1912年（明治45年）頃の婦人閲覧室（『100年のあゆみ』）

婦人閲覧室

　当時女性が読書する環境は極めて悪かった。16席の婦人閲覧室は開館後暫くは利用がなかったようであるが、「山口図書館報告」第16（1911年6月）に1910年（明治43年）度の館内閲覧者10万余人のうち、婦人1,456人とみえ、同報告第28（1921年7月）に1920年（大正9年）度中学・高等学校生の利用者総数は2万余人、山口高等女学校生は737名とある。数は限られているが、利用する女性がいた。

　少しのちのことになるが、「防長新聞」（1917年12月20〜21日付）は「秋冬の読書会＝山口図書館の近況」を伝え、そのなかで「婦人の閲覧人は矢張り余り多く無い」と述べる。しかし翌年同紙（1918年8月6日付）は「図書館近況、婦人の閲覧が多い」と伝え、また同紙（同年9月11日付）は「初秋の図書館　女学生がふえた」を掲載しているが、その終わりのところで「女学生の中には婦人室備付の書物の挿絵を切ったり、椅子を集めて昼寝をしたりする者があるには驚く、一般の者のために今少し注意してもらい

たい」と書いている。

9　明治天皇逝去、その時佐野は

　1912年（明治45年）7月25日～8月7日、帝国図書館主催の図書館事項講習会が京都府立図書館でおこなわれ、講師として招かれた佐野友三郎は巡回文庫を担当した。他に太田為三郎、湯浅吉郎、新村出が講師を務めた。(26)
　7月30日明治天皇逝去、「防長新聞」(8月3日付)は、8月2日佐野が京都から午前9時10分山口着の列車で帰山したことを伝えた。
　8月11日の「防長新聞」に、記者がこの夏の盛りの「読書子の状況如何を聞くべく」佐野館長を訪ねた時の記事が掲載されている。四方の窓は開け放たれ葦簾の屋根をもうけてあり、涼味を覚えるが蟬の声が暑さをもたらす。館長は書庫の一隅で図書の整理をしていた。館長は最初に先日の京都でおこなわれた講習会について語り、7月31日早旦「陛下崩御の号外を手にした時は手戦きて欲する処を知らず、真に恐懼の感に打たれ、余は受持の講義を終るや早々帰山の途に就き、格別の土産話ももたない」と言う。ついで図書館の近況について、夏は学校の休業と夜間閉館の為閲覧者は減り、一年で一番さびしい時期であるが、近来教員の閲覧者が増えている、先帝陛下に関する記事は新聞でみるのが早いので書籍を借り出す者は至って少ない、司書書記は暑休として7日、雇以下は5日を与えているなどと語った。
　9月13日明治天皇の葬儀がおこなわれ、同日乃木希典夫妻が殉死した。
　9月19日の「防長新聞」に乃木の遺言状が紹介されている。そのなかに、書籍類は学習院に寄贈する、そこでいらないものは豊浦郡の長府図書館に寄贈するとみえる。乃木家は長府藩士であった（長府藩はのちの豊浦郡に当たる）。希典は江戸で生まれたが、幕末10歳の時父と長府に戻る。少年時代をひと時であれ過ごした長府を故郷同様に思っていた。
　10月12日、乃木大将追悼会が山口町の大殿小学校でおこなわれ、「防長新聞」(10月13日付)は「佐野館長は乃木大将の台湾総督たりし当時の平生を講話」したと伝えている。(27)

10　県立山口図書館、曝書中のある日

　1912年（大正元年）10月23～31日、山口図書館は曝書の為閉館中である。「防長新聞」の記者が図書館を訪れた。その時の様子が同紙（10月26、27日付）の「曝書中の山口図書館」に書かれている。外観は閑散としているが、「内部は十余名の館員が、大混雑大繁忙を極めている……普通閲覧室の方に行く廊下には我が防長新聞を初め、天下の各新聞の綴込が、道も狭く取出されてある」。事務室で記者との問答。折からタイプライターでカードを印刷しつつあったA館員に、記者「大変な本ですね」、A「エー…こうして曝書をやって見るとずいぶん珍妙な書もあるのですよ」、テーブルには所狭しと図書が取り出されている。記者「曝書と云ふのはああやって机の上に陳べておくことなのですか」、A「エーまああれでその積りなのです」、B「古い漢書は日頃あまり出さぬから取り出すのもいいが其の他は無理に必要ないと思ふ」、A「一体あの様な事より床の上にばら播いて置けばよい」、B「床へ置くと湿気がひどいですから駄目です」、記者「失さった本がありますか」、B「少しはありますが、全然影も形もないと云ふのはないです、大概調べれば行先は分ります」、…A「半年報をご覧になりましたか…此処にあります」コツコツと鉛筆で半年報を写していると、閲覧室のほうでは図書の中に埋れながら△「エー三〇七の一二が二冊とありますか」□「ハイあります」と館員はしきりに調査している。記者「夜もおやりですか」、A「夜はやりません。電燈会社が火をつけて呉れませんからね。電燈料が差引いてあるものですからハハハ…」…時計は11時20分、佐野館長が外から帰館して直ちに事務服を着る、館長「半年報をお写しですか」、記者「エエ」、館長は忙しそうに閲覧室の方に去る。記者「お邪魔しました、さよなら」、A「さよなら」。…「曝書もすんで再び開館せられる一日には、以前より一層清潔に掃除された図書館は、書棚も心地よく整理が出来、熱心なる読書子の渇望を医することであらう」

注

（1）『明治三十九年三月日本文庫協会主催第一回全国図書館大会記事』日本文庫協会、1906年4月、復刻版。
（2）年報についても、「山口県立山口図書館概覧」のように特別に出したものについても「山口県立山口図書館報告」を副題とし号数を続けている。
（3）田澤明子「明治・大正初期の県立図書館：『山口県立山口図書館報告』等に見る」（「西日本図書館学会山口支部報」9、2009年）によると「報告」の最初の頃の発行部数は600部であった（田澤明子による）。
（4）前掲『初代館長佐野友三郎氏の業績』17ページ
（5）平川祐広『天ハ自ラ助クルモノヲ助ク──中村正直と『西国立志編』』名古屋大学出版部、2006年、2─5、68─71ページ
（6）前掲『群馬県教育史』第1巻：明治編上巻、409ページ
（7）中山愛理「佐野友三郎とアメリカ図書館界とのかかわり──雑誌記事や書簡を手がかりとして」「茨城女子短期大学紀要」第36集、2009年
（8）前掲『佐野友三郎』に採録（106─108ページ）。石井は、惜しいことに佐野は中央におらず、「この論文が館報の一隅にしか載らなかった」と述べる（308ページ）。開架の大切さが理解されていなかった当時を念頭に置いてのことである。
（9）「本県の図書館事業（2）」（「防長新聞」1913年7月2日付）で簡単に、「通俗図書館に就て」（「防長新聞」1917年10月16日付）でしっかり書かれている。いずれも「資料1」に収録。
（10）前掲『山口図書館五拾年略史』62ページ。田村は「この書架様式は佐野館長の独創というよりも、京都府立図書館書庫のものに影響を受けて多少の新工夫を加味したものの如くである」と批評している。京都府立京都図書館は1909年4月にでき、そのお披露目をかねて同館で同年5月1～3日に全国図書館大会がおこなわれた。佐野は欠席した。忙しくもあっただろうが、京都府立図書館の工夫を自分がつくった書庫に取り入れたので、行くことにためらいがあったのだろうか。それとも山口の書庫との落差があまりにも大きく、佐野は行きたくなかったのだろうか。
（11）前掲『山口図書館五拾年略史』63─66ページ。佐野がデューイの十進分類法に学びながら独自の十進分類法をつくったこと、著者記号法、カード式貸出法の工夫について述べている。
（12）1911年（明治44年）10月に山口県立山口図書館規則の第5条に書庫入庫

者についての規定を加えた。
(13)「山口図書館報告」第10、1908年3月。公私立図書館への廻付が実現してはじめて「拡張普及の時期」に達したという。それ迄は模索の時期だったのである。
(14) 山口源治郎「佐野友三郎論――「通俗図書館」論を中心に」「図書館界」v.36、no.1、2、4、石井敦「[論評]山口源治郎「佐野友三郎論」『図書館界』に連載」(図書館史研究会「ニュース・レター」第16、17号、1985年)、山口源治郎「石井敦氏の論評にこたえて」(図書館史研究会「ニュース・レター」第18、19号、1985年)
(15)「通俗図書館に就て　2」(「防長新聞」1917年10月17日付)
(16)『行啓記念山口県立山口図書館概覧』(第35年報) 1928年11月
(17) 高価なタイプライターの予算のことであるが、当時「図書館雑誌」に掲載された丸善の欧文タイプライターの広告によれば、ウエリントン製のものが135円(第17号、1913年5月)、ローヤルタイプライター製が195円から240円(第20号、1914年4月)であった。
(18) この書簡は同志社大学図書館の「田中稲城文庫」にある。九州大学図書館、京都大学図書館に勤務し、『近世日本文庫史』(大雅堂、1943年)などの著作がある竹林熊彦(1888-1960)が収集した図書と様々な資料が、その没後翌年同志社大学図書館に寄贈され、図書館は「竹林文庫」として整備してきた。そのなかに「田中稲城文庫」がある。田中家から竹林に譲られたものである。この文庫には図書とともに文書・書簡があり、その書簡は「書翰集」としてまとめられた。そのなかの「田中稲城宛書翰」に「佐野友三郎(7通)」としてまとめられている。国立国会図書館憲政資料室にそのマイクロフィルム版がある。この書簡は佐野の田中への書簡7通の最初のものである。あとの6通は1919年(大正8年)(1通)と1920年、佐野最期の年のものである。これらは本稿の当該箇所でみていくが、「資料3　書簡」も参照のこと。

　　田中稲城文書について、
　　井上真琴／大野愛耶／熊野絢子「公開になった田中稲城文書(同志社大学所蔵)――日本近代図書館成立期の「証言者」たる資料群」「図書館雑誌」v.99、no.3、2005年
　　井上真琴／小川千代子「アーカイブ整理のひとつの試み――同志社大学所蔵田中稲城文書・竹林熊彦文書の場合」「大学図書館研究」第77号、2006年

がある。
- (19) 東京市立日比谷図書館（1908年〔明治41年〕開館）の初代館長。吉田昭子「東京市立日比谷図書館構想と設立経過：論議から開館まで」「Library and Information Science」no.64、2010年
- (20) この抄訳は1911年（明治44年）『師範学校教程図書館管理要項』として出版された（私家版）。のち「図書館雑誌」（第20～25号、1914—15年）に連載。
- (21) 前掲『初代館長佐野友三郎氏の業績』14ページ
- (22) 東京日比谷市立図書館『市立図書館と其事業』第2号、1921年11月
- (23) 永嶺重敏「黙読の〈制度化〉――明治の公共空間と音読慣習」「図書館界」第45巻第4号、1993年、山梨あや『近代日本における読書と社会教育――図書館を中心とした教育活動の成立と展開』法政大学出版部、2011年
- (24) 加藤理『駄菓子屋・読物と子どもの近代』青弓社、2000年
- (25) 前掲「全国専門高等学校図書館協議会会報」55ページ
- (26) 「図書館雑誌」第16号、1912年12月、30～31ページ。予定では7日迄であったが、明治天皇逝去によって5日で終えた。
- (27) 前掲「「佐野未亡人を囲んで故人を偲ぶ」座談会」で佐野夫人のきみは「台湾では乃木大将の秘書をして居りまして大将のお手紙も沢山持って居りましたが、主人に焼けと云はれたので焼きましたが今思へば実に惜しいことをしました」と語っている。石井敦は前掲『佐野友三郎』で（次男武夫談）として「乃木希典の部下の時、乃木は厳格だったから、"オヤジは酒飲みで気に入られなかった、かえって児玉源太郎の方が、清濁併せ呑む人だったから可愛いがられた"」と記している（271ページ）。
- (28) 「半年報」と書かれているが、年報の他に「半年報」が出ていたのであろうか。それは知る限りない。1905年（明治38年）に刊行されはじめた「山口県立山口図書館報告」は最初は年に3回出しており、いわば思うままに出していたが、1908年（明治41年）には第10、第11、1909年（明治42年）には第12、第13、1910年（明治43年）には第14、第15と、年に2回出している。その為佐野は「半年報」と呼んでいたのではなかろうか。

第5章 受洗、渡米、病む——1913〜1918年

1 子息文夫、大学を退学となる

　佐野の長子文夫は1910年（明治43年）山口中学を卒業、第一高等学校に進んだ。1913年4月文夫は外出する為同じ寮の学生のマントを無断で使い、それを質入れした「マント事件」と呼ばれた不祥事を起こした。事情を知った父親は上京して文夫を連れ帰った。佐野はその年6月17日付、本間俊平宛の書簡で「謹啓度々之御書面拝見彼の心の一日も速く打砕かれん事を祈り候（略）本月中は小生の事繁忙を極め候得共来七月に入り候上は彼を差出し申渡可存候」と書いている。佐野は、この年が山口図書館開館十周年にあたり、7月1〜3日にかけておこなわれる記念式、山口県図書館協会第4回総会、関連事業準備に忙殺されていた。それが終わって、秋吉台で大理石採掘事業を営むかたわら問題のある青少年の更生事業をおこなっていた本間俊平に文夫を預けた（本間のことは第3章注（19）を参照されたい）。
　文夫はその年の秋には東京に戻り、周囲の人たちの配慮によって、ともかくも第一高等学校を卒業し、東京帝国大学文科大学哲学科に進んだ。しかし再度不祥事を起こして退学となった。
　1914年（大正3年）4月4日より2週間佐野館長上京予定、全国図書館大会出席をかねて図書館事務取調の為と「防長新聞」（3月31日付）は伝える。大会は4月9〜12日のところ2日間短縮、10日で中止となった。佐野の上京は子息文夫の問題の為でもあったのではないか。あるいはそれが目的で、全国図書館大会出席は口実だったというのは言い過ぎであろうが、気持ちはそうだったのではあるまいか。佐野は所用の合い間をぬって文夫のことで奔走したことであろう。そして米沢の文夫の母方の実家に連れていった。

このことを芥川龍之介は井川恭宛ての書簡（1914年4月21日）に、

> 佐野はほんとうに退学になった　何でも哲学科の研究室の本か何かもち出したのを見つかつて誰かになぐられてそれから退校されたと云ふ事だ　卒業の時のいろんな事に裏書きをするやうな事をしたから上田さんも出したのだろ　其後おとうさんがつれに来たのを途中でまいてしまつて姿かかくした(ママ)さうだが又浅草でつかまつて東北のおぢさんの所へおくられたさうだ　かはいさうだけど仕方がなかろ　あんまり思ひきつた事をしすぎるやうだ

と書いている（『芥川龍之介全集　第17巻』岩波書店、1997年、191ページ）。

井川恭はのちの恒藤恭である（本章注（1）の関口安義『恒藤恭とその時代』参照）。「上田さん」は上田万年であり、上田は学生時代佐野と同じ和文学科の2級上であり、この当時東京帝国大学文科大学長で、文夫の保証人だった。

その後文夫は山口に戻り、周囲の世話で（佐野の本間宛ての書簡〔1916年〔大正5年〕12月30日〕に師範の教頭、国学院学監、上田の世話で、とみえる）私立国学院で教鞭をとるが続かず（1917〜1918年）、満鉄の大連図書館に勤める（1918〜1922年）。文夫のことは、本章注（1）掲載の諸著を参照していただきたい。

2　台湾総督府図書館初代館長への誘い

台湾総督府図書館長に誘われる

　この年、1914年（大正3年）7月10日頃、台湾総督府の隈本繁吉学務部長から和田万吉に、台湾総督府にできる図書館の初代館長として誰かいないかとの打診があった。あるいは、隈本は、佐野が秋田県立秋田図書館に在任中に文部省から視学として秋田を訪れた際、佐野の面識を得ていて、佐

野ではどうだろうと和田に持ちかけたのかも知れない。和田は佐野にこの話を出した。佐野は行きたいと答える。その後隈本、和田と赤星典太山口県知事の間で折衝がおこなわれるが、赤星知事は応諾せず、7月末にはこの話は流れた。(4)

なぜ佐野は山口を離れようと思ったのであろうか。その気持ちを語るものがないので推測するのみであるが、山口でほぼ10年図書館の仕事をやり、それなりのことをやった、ここで一区切りつけてもいいという気持ちがあったのであろうか。そこには子息のことが重なっていたのではないだろうか。和田のほうも佐野が抱えていた悩みを知っていて、この話が来た時佐野に心機一転の機会を与えようと考えたのではないだろうか。

山口県図書館協会第5回総会

7月25日、山口県図書館協会第5回総会が山口中学講堂でおこなわれた。「防長新聞」(7月26日付、8月4日付)が伝えるところによれば同協会会長である佐野のこの総会開設延期の理由を述べた上での会務報告があった。この総会にあわせて翌26日より3日間同講堂で「元就卿事蹟、防長人著述、展覧会」がおこなわれた。好評で「多くの材料を捜索し簡択し分類せられた佐野館長を始めとし、関係者諸氏の労は実に多とするに余りある」と評価された。その準備に時間がかかり、総会開催が予定日に間に合わなかったのかも知れないが、そこにはこの年春の子息文夫のこと、7月には台湾行きの話が進んでいたこともあったかも知れない。総会での佐野の講演のタイトルは「図書館雑項」で、その内容は蔵書の管理法、各図書館の共同作業などであった。いつもはテーマをひとつにしぼって語るのであるが、その余裕がなかったのであろう。

佐野は8月11日満州に向かった。満鉄の招きである。(5)

3　洗礼を受ける

佐野は妻きみとともに、その年、1914年（大正3年）12月20日、図書館の傍らを流れる一の坂川の筋向かいにある日本メソジスト山口教会で、近

藤良董牧師より洗礼を受けた。近藤は1909年（明治42年）4月20日この教会に着任し、県立図書館をよく利用し、佐野との交流を深めていた。

佐野の身辺にいた、中学校時代からの親友寺沢精一、秋田図書館で佐野を助けた水平三治、山口に来てすぐ近づきになり、なにかにつけて世話になった本間俊平、いずれもメソジスト系のクリスチャンであった。佐野はキリスト教への理解は深めたであろうが、洗礼を受けずにきた。

日本メソジスト教団は1914年（大正3年）11～12月、全国協同伝道活動をおこなった。山口でも前後9回の集会があった。その流れのなかで、この教会では12月20日に12名が受洗した。そのなかに佐野とその妻がいた。息子のこと、転職ができなかったことがあり、気持ちを切りかえようとしたのであろう。

4 『通俗図書館の経営』刊行

1915年（大正4年）3月に佐野は『通俗図書館の経営』（「山口図書館報告」第20）を刊行した。改めて、山口で新たな気持ちでやっていこうとの思いのもとで書かれたのであろう。

この著作は公共図書館一般論としても通用すると石井敦は前掲『佐野友三郎』（304―306ページ）で言っているが、貧弱な県内の公私立図書館を何とかしたいとの問題意識で書かれている。「山口図書館報告」の1冊として出したのもなによりその配布範囲の関係者に読んでほしかったのだ。

内容は具体的であり、「第二章　創立及び設備」の最初に図書館の経営に当たり、事業の中心となるべき人物がいて、選書ができれば建物は差し当たり学校の一室を利用することでかまわないとする。

「第三章　図書の選択、注文及受入」で選書について「文芸又は思想に関する図書にしてややもすれば多数青年者を累はすべき虞ありと認むるものの如きは、仮令、傑出せるもの、需要多きものと雖必ずしも備付くるを要せず、一面、現実の希望を容れ、一面、真の必要の在る所を察して館長自ら取捨決定すべきなり」と厳しい時代を反映して書かれている。

「第四章　図書の整頓、目録編纂」。続く「第五章　図書の出納」では

「通俗図書館の最も重要なる任務は出納所にあり」、ここで図書に対する質問応答をおこない（レファレンスサービス）、借りようとする図書が貸出中の場合は「氏名を書籍カードに記入し其の書籍の返納の場合には之を希望者に通告する」（予約サービス）と書いている。予約サービスを当時他のどこの図書館でやっていただろうか。館外貸出のところでは「県内に在住し県税を納むる成人にして館長に於て身元確実と認めたる者」に「図書帯出特許証を付与」するとのみ述べる。

「第六章　分館及巡回文庫」、「第七章　小図書館建築法」と進み、「第八章　雑件」では「新聞紙」について小図書館で永久保存は無理である場合、廃棄する前に少なくとも郷土に関する必要な記事はなるべく切り抜いて切抜帖に貼り付けて保存すべきであると述べる。「撤書」、これは除架のことであるが、「陳腐無用の書籍は絶えず撤去して図書館を常に全然有効の状態に置かざるべからず」と言う。

「第九章　結論」では、各館が独自に活動するだけでなく、相互に連携して全体として効果を高めるようにすべきであるとして、府県立図書館の施設、役割について述べている。「館外貸出」のところでは「府県在住者にして公民権を有する者又は公民権を有する保証人を設けたる者（若しくは一定の保証金を納めたる者）」に特許権を附与するとみえる。カッコ内は公民権を持たなくても保証金を納めれば貸出が受けられるとの考えである。それは、この書の第5章で書かれている山口の現実を越えている。こうした考えを一般論として佐野が持っていたことを示している。

児童へのサービスのことについて述べているところは、県立山口図書館の「児童室」のことで悩んでいる佐野が、もうひとつ先をみている点で注目される。

佐野は言う、「郡市又は町村に図書館の普及せざる今日に在りて府県立図書館に児童部を設くるの必要あること勿論なれども各階級の図書館普及せる暁は、府県立図書館に於ては児童用の書籍を市町村図書館に補給するに止め直接児童に対する設備と作業とは之を市町村の図書館に譲るを至当とすべきが如し」と。

府県立図書館と市町村の図書館との役割分担を、児童サービスという切り口から明確に述べているところである。

5　アメリカへ行く

準備

　佐野は、1915年（大正4年）6月バークレーでおこなわれるアメリカ図書館協会（ALA）大会の案内をみて行きたくなり、沢柳政太郎になんとかならぬかと頼み込む。4月23日付で米国出張の許可が下り[(8)]、佐野は準備を整える。見学先を決め、便宜を計らってもらうについて「先輩知友の指導紹介に依」り、なかんずく「教育局長官及議院図書館長（ドクトル・プットナム氏）に負ふ所あることを一言して感謝の意を表す」[(9)]と書く。帰国後報告を文部省に出した。それはのちに『米国図書館事情』として出版された[(10)]。

　佐野はどのようにアメリカの図書館を回り、何に関心を抱いたのだろうか。『米国図書館事情』（以下、『事情』と略記）によって、その旅程をかいつまんでみてみよう。

旅程

5月8日、日本丸で横浜をたち、5月25日早朝、サンフランシスコ港に着く。
6月2、3日、バークレーのカリフォルニア大学図書館に置かれたALA事務局で大会次第などとディナ、デューイ、ティッコムよりの大会気付佐野宛ての信書を受け取る。
6月3、4、7日の総会に出る。この大会はパナマ・太平洋博覧会に併せて開催されていて、5、6、8日は会合の予定がなく博覧会が見学できるようになっていた。そのことに佐野は批判的であったが、誘われてか5日、博覧会に行き、そこで記念写真がとられ（写真は138—139ページ）、そのなかに佐野がいる。前列中ほど、やや顔を横に向けている小柄な人物。佐野のポーズである。
6月8日午後、シカゴに向けて出発、南太平洋線で直行する。
　当時アメリカの鉄道網はかなり広がっていた[(11)]。なぜか佐野は大陸横断鉄道を使ってまっすぐシカゴへ行かず、「南太平洋鉄道」つまりサザン・パ

シフィック鉄道でメキシコに近いところ迄南下して、デミングからか、シカゴに行く回り道を選んだ。途中何らかの事情があったのだろうか、佐野はなにも書いていない。

6月12日、午前シカゴ着。牧師島津氏経営の基督教青年会日本人部の宿舎に宿泊。

　シカゴ公共図書館、ジョン・クレラー図書館、ニューベリー図書館などを訪問。

6月19日、ウィスコンシン州マディソン市に行く。州庁近くの宿、のち大学倶楽部に宿泊。

　21日から7月2日迄、午前は図書館学校でおこなわれている夏季講習を聴講、午後は実習に参加した。生徒は20名ほど。かたわら巡回文庫、州内図書館について調べ、夜は大学及史学協会図書館に通った。

（ウィスコンシン州の図書館事情に関心を抱いていた佐野はここで時間をかけている）

7月3日、マディソン市を発ち、シカゴを経てニューヨークに向かう。

7月6日朝、ニューヨーク着。大堀牧師経営の日本人修道会に宿泊。

　午後、コロンビア大学で開講されていた図書館学科講習会を聴講。

7月8日、ニューヨーク無料図書館に館長ディナを訪問。

　このことを伝える"Public libraries"（21-1.Mar.1916）に、佐野は、アメリカでジョン・コットン・ディナの世話になり、様々な資料をもらった、そのお礼にディナに広重の東海道五十三次53枚セットを贈ったが、ディナはそれよりも自分が日本に贈った資料が日本で喜んでもらえるほうがうれしいと思うだろうと書かれている。[12]

7月9日、ディナの助言により、ニューヨーク公共図書館とその分館、クインスバラ公共図書館、コロンビア大学図書館、その他博物館、美術館などを訪問。

7月18日、オルバニーに向かう。

7月20日、ニューヨーク州立図書館に行く。佐野がレイク・プラッシドにいるデューイを訪ねる余裕がないことを知ったワイヤー館長に導かれて一室でデューイの肖像に一掲した。

7月23日夜、急行列車でボストンに向かう。

第5章　受洗、渡米、病む

パナマ・太平洋博覧会見学に訪れた ALA 大会出席者。6月5日。
The Library Journal. Vol. 40, No.7 (July, 1915)

7月24日朝、ボストン着。山中商会の紹介で宿所を決める。
　ボストン公共図書館、州立図書館、シモンズ女子大学図書館学校、ハーバード大学図書館等々を訪問。ハーバード大学図書館ではカーリヤー副館長が、ひとから聞いていることであるが「往年、図書館学研究の為め、貴邦より本学に留学せる青年あり、頗る怜悧にして一を聞いて十を知る、と、今尚同人間に相伝ふ」と佐野に語った。佐野は「蓋し、当年の田中帝国図書館長を謂ふなり」と付け加えている。
7月30日、夜行列車でワシントンに向かう。
8月1日ワシントン着。議院図書館、公共図書館、スミソニアン博物館など訪問。
8月5日、ワシントン郡立図書館長ティッコムにワシントンに来たと報じたら、飛信があり、アメリカに来て大都会の図書館を視察するだけではアメリカの図書館事業の真相をうかがい知ることはできない、「農家に書籍を給配する実際を見よ」と言われて、佐野は翌6日ヘーガースタウンに行き、カーネギーが寄付した、車の両側面に約300冊を収め、車内に若干の巡回文庫を積んだ「書籍給配車に便乗し農村貸付主任に伴はれて農村に向かふ」。1軒1軒訪問し、前回貸し付けた書籍を回収し、新たに書籍を選ば

せる、やがて雑貨店に行く、ここに巡回文庫出納所があり、ここで帳簿の記入などの作業があり巡回文庫の交換を終えて本館に戻る。この「書籍給配車」に便乗して得た感想を「此種作業の成績は、設備よりも人格の要素に依る所多きことを余は親しく看取せり」と記している。

　同日午後4時館長に見送られて列車で午後8時ワシントンに帰着。
8月7日夜行でワシントンをたち、フィラデルフィアに向かう。
　同日、佐野はティッコム館長宛てに書簡を書いている。(13)
8月8日フィラデルフィア着。無料図書館本部、二三の分館、ペンシルヴェニア大学図書館、美術館、独立閣、歴史協会などを訪問。
8月9～10日、ピッツバーグ。カーネギー図書館、児童図書館員養成所、博物館を訪問。
　10日、佐野はティッコム館長宛てに書簡を書いている。(14)
8月11日、セントルイス公共図書館でボストイック館長に迎えられる。二三の分館訪問、サンフランシスコ港に向かう。
8月21日、サンフランシスコ港より日本丸で発つ。
　船中山口に電報を打つ「7日横浜ニ着シ、復命ノ上来11日帰山スベシ」(「防長新聞」9月9日付)。

9月7日、横浜に帰着。

　佐野は在米中県立山口図書館あるいは防長新聞社に便りを送らなかったようで、「防長新聞」には在米中の佐野についての記事は掲載されていない。また「防長新聞」は佐野不在中の県立図書館について報ずることがなかった。

9月19日、帰朝歓迎会が山口中学講堂でおこなわれた（「防長新聞」9月22日付）。
10月1日、館内で定期的におこなわれている「図書館談話会」で、佐野は「米国視察談」を語った（「山口図書館報告」第22、1916年5月）。⁽¹⁵⁾
10月17日、山口県図書館協会第7回総会で、佐野は「米国図書館事業の実際」と題して講演した（「山口図書館報告」第22）。

『米国図書館事情』の執筆──アメリカの図書館について雑誌に寄稿する
　恐らく佐野は帰国後すぐ文部省への報告を書き始めたことであろう。すぐあとに述べることであるが、これを書いている時期、佐野は坐骨神経痛に悩まされるようになる。その上、1917年（大正6年）11月には日本図書館協会総裁徳川頼倫侯爵らを迎えての日本図書館協会山口県支部創立の会が予定されていて、その準備も大変だったろう。
　そのようななかで、章末注（10）で述べたが、凡例が書かれた1917年（大正6年）9月には書き終えて、それからおそくないうちに文部省に届けたことであろう。
　佐野は、『事情』を書きながら、求めに応じてその一部を雑誌の編集者に送った。
　「帝国教育」（帝国教育会）第402号（1916年1月）に「米国図書館事業の梗概」が掲載され、同時期「防長教育」（山口教育会）に「米国図書館事業の梗概」が4回にわけて連載され（第195～198号、1916年2～5月）、「図書館雑誌」第26号（1916年3月）に「米国所観」が掲載された（「未完」とあるが続かなかった）。これらは『事情』の「第一編　米国図書館事業の概要」と

140

ほぼ同文である。その後「帝国教育」第410号（1916年9月）に「学校教育に於ける図書館の利用」、同誌第426号（1918年1月）に「図書館利用法――学校及児童との関係」が掲載された。前者は一部『事情』と共通するがほぼ新たに書かれたものであり、後者は『事情』の「第三編　図書館利用法　第一章　学校及児童との関係」とほぼ同文である。「帝国教育」第442号（1919年5月）に「巡回文庫」を掲載している。これは『事情』の「第三編　第四章　巡回文庫」とほぼ同文である。

『事情』について

　1989年（平成元年）12月に山口県図書館協会80周年記念事業のひとつとして『事情』の復刻版が刊行された。解題を石井敦が書いている。
　石井は、「本書刊行の意義」のなかで「一九一〇年代、日常的な図書館実践の中から、アメリカにおける公共図書館の成果を参酌しつつ、日本の公共図書館のあるべき方向、原理原則を提示したこと、それは未整理ではあるが、ランガナータンの「五原則」にも負けないものとして、日本図書館学形成史上で評価すべきものであろう」と述べている。
　『事情』は単なる視察記ではなく、佐野は随処に自分の考えを展開している。石井が指摘しているのであるが、佐野はアメリカに学び、山口でこうありたいと考えていることとして三点あげている。民衆に利益を与えるのは「少数の大図書館に在らずして多数の小図書館にあり」（『事情』29ページ）、「公衆に対して図書館存立の重なる理由は貸出に存す」（同書140ページ）、「貸出は書架の公開を予想す」（同書149ページ）である。これらは「中小レポート」の目指した方向であり、石井はそれを念頭に置いて『事情』からつかみ取ってきたのであるが、佐野がそこ迄目を遠くやっていたことを改めてみてとることができる。
　佐野はまた、例えば目録のところで、詳細にわたってカード目録の現状、議会図書館の印刷カードのこと、冊子体の目録の吟味、更に直立式挿込法（ヴァーティカル・ファイル）に注目し「目録編成法の革新を促す」のではないかと述べ（同書57ページ）、巡回文庫については山口のことに触れながら書く、図書館員養成についてはみずからウィスコンシン州マディソン市で図書館学校の夏期講習に参加するほどの熱意をもって学んでいるなど、

仔細に目を配っていることがみえる。

　佐野は、デューイには会えなかったが、多くのライブラリアンに接してきた。そして米国図書館界にあって独創的に活動しているのは、セントルイスのボストイックとニューアークのディナであると述べる（同書282ページ）。

クリスチャンとして

　佐野はクリスチャンである。シカゴでは「基督教青年会日本人部の宿舎に宿泊」（『事情』206ページ）、ニューヨークでは「日本人修道会に宿泊の便を得」（同書230—231ページ）とみえる。どこでも在米日本人クリスチャンの世話になっているわけではないが、佐野がクリスチャンとしてのつてで宿を決めている一面がうかがえる。

　クリスチャンとしてゆく先々で感ずるところがあったであろうが、アメリカでは「大なる教育事業の三角形は、教会を基礎とし、学校を一辺とし、図書館を他の一辺とするにあらざれば完全なること能はず」（同書40ページ）、図書館員の養成のところで「ディユーイ氏云はく、伝道事業に次ぎて、伝道的精神を要するもの、図書館事業に如くものなし」と書いているところ（同書92ページ）にそのことがみえる。

6　病んで、つきつめて考え込む

　前年暮れからか、年明けて1916年（大正5年）1月からか、佐野は坐骨神経痛に悩まされるようになる。そのことを佐野は本間俊平宛ての書簡（1916年〔大正5年〕12月30日）で語っている。長年、根をつめて寒い冬の夜遅く迄図書館にこもっての仕事、訪米に加えて、文部省への報告書を書くなどが重なってのことであろう。2人引きの人力車に乗るほどの体重があり、身体を鍛えることはしていなかったようで、坐骨神経を痛めてしまったのだ。

　1916年7月29日、佐野は上京する。第2回図書館事項講習会（8月1～14

日）が慶応大学図書館でおこなわれ、佐野は「図書館管理法」、「巡回文庫」を担当した。「佐野山口図書館長は病中なるに拘らず本会の為に遠路上京、多数の時間を受持ちて懇切に講義せられたり[16]」とのことであった。

　10月、佐野は夏、城之崎で治療に専念した結果、軽快したのであるが、再発し、冬季は湯田に僑居を構え、通勤の前後入浴加療していることが上記本間俊平宛ての書簡からわかる。

　この書簡には、更に「此度は長次男の為め多大之御同情を寄せられ」鰹節をいただいたことへのお礼をはさんで「両人の発途を御祝福下され候段例ながらご芳志感銘之外無御座候」とある。長男文夫については本間に迷惑をかけたことが他の書簡からわかるのであるが、次男武夫についても問題があり、本間に相談していることがうかがわれる。

　続けて文夫がお陰で国学院中学に試用してもらえることになり、これで文夫が立ち直ってくれてご高恩に応えられるようになることを祈っていると書き、最後に「小生の如き敗余の残骸は何等惜しからず候」、「両三年は存命御用相勤め度と祈居候」と書いている。この時期、体調と家庭のことで悩みを抱えながら仕事をすることが難しく、限界にきていることを、このように本間に書き送っていることで、突きつめた心境でいることを知ることができる。「両三年」と言う。この時から3年半後、佐野は1920年（大正9年）5月に亡くなった。

　上記佐野の本間宛ての書簡と同じ12月30日付で、長男文夫の本間宛ての書簡があり[17]、その封筒には差出人文夫の住所が「山口町木町」となっている。帰宅したら父から本間俊平からの書簡をみせられた云々と書かれているので、父と文夫は同居していた。佐野家はいつしか木町に転居していた。ここは山口町の北にあたる住宅地であった。

7　日本図書館協会山口支部できる

　10月16～22日付にかけて5回「防長新聞」に「通俗図書館に就て」を連載した（資料1参照）。「です・ます」調で図書館の在り方を交えながら山

第5章　受洗、渡米、病む　　143

口図書館の方針、現状、これからについて読者に語りかけている。これは、徳川頼倫総裁らを迎えての11月の行事を前にして、多くの県民に改めて山口図書館について知ってもらう為であろう。

11月5日、山口県図書館協会第8回総会が県立図書館でおこなわれた。出席者は84名。「防長新聞」(11月6、7日付)はその様子を伝えている。
　日本図書館協会山口支部設置についてはかられ、満場一致で可決。ついでその規則の協議があり、佐野図書館長を支部長とすることを決めた。
　次いで本県諮問案
　一、図書館ヲ最モ有効ニ利用スル方法如何
　二、図書館ヲ青年団ニ親シマシムヘキ方法如何
及び、県立図書館提出「図書館経営ニ関スル注意要項」の協議があった。
　翌6日、山口支部発会式があった。日本図書館協会から徳川頼倫総裁と和田万吉会長、幹事坪谷善四郎、同杉野文弥、南葵文庫主事橘井清五郎らが出席した。徳川総裁の告辞、文部大臣(代読)、知事、伊東祐穀(佐賀図書館長)らの祝辞と和田万吉の式辞があった。伊東は、山口の図書館はその数においては世に誇るところがあるが、その内容はいかがなものであろう、更に努力して発展を期さないわけにはいかないだろうと述べた。最後に立った和田は、その式辞の終わりに、伊東は山口の図書館は数に於いてはすぐれているが、その内容は疑わしいと言ったが、自分がみるところではその内容も天下一であると佐野を弁護している。この問題点を「防長新聞」の記者が落とさずに記事にしているところに、県内各地の小規模図書館の貧弱な状況に批判的だった記者の目がみられる。
　ところで徳川総裁が来ることについて、「防長新聞」(10月10日付)は「徳川侯来山、図書館協会総裁として」の記事を載せているが、そこで佐野は記者に「当日来山する徳川頼倫侯は途中奈良、岡山、広島等に立寄り我山口町を経て更に九州を巡遊」すると語っている。「防長新聞」(11月5日付)はまた「徳川頼倫侯は、和田帝大図書館長外数名を随へ、史蹟、名勝及び天然記念物の保存事業に関し、近畿、四国及び九州巡回の途次」山口では日本図書館協会山口支部の発会式に同協会総裁として、特に親しく臨場云々と書く。「馬関毎日新聞」(11月6日付夕刊)にも同様に記事があ

る。侯爵徳川頼倫に山口に来てもらうことは大変なことであったに違いない。その為に、これくらいの仰々しい旅程を組んで、そのなかでわざわざ時間を割いて日本図書館協会山口支部発会式に立ち寄ったかたちをとることが必要であり、和田が佐野の為に奔走して組んだプログラムだったのではないだろうか。(18)

　山口では、一行は11月6日未明に小郡に着いて湯田の松田屋で少憩、人力車で午前9時半に県立図書館に向かう。10時発会式開会、12時閉会、続いて赤十字社支部楼上で午餐会、午後1時半に終えて、常栄寺、瑠璃光寺などを見学、午後4時半山口駅発の列車で下関に発つというあわただしい日程だった。一行はこのあと8～9日におこなわれる日本図書館協会鹿児島支部総会出席の為鹿児島に行く。佐野も翌7日鹿児島に行った。

　上記伊東と和田の応酬について。「図書館雑誌」（第33号、1918年2月）はこの日本図書館協会山口支部発会式の様子を記すのであるが、伊東の祝辞については、山口県の図書館の数が多いこと、その「内容の比較より将来に対する希望を述べて」いるとぼかしている。最後の和田の式辞にはいっさい触れていない。微妙なところなので避けている。「山口図書館報告」第24（1917年12月）の「日本図書館協会山口支部記事」には、この支部発会式の式次第、式辞、祝辞の要旨が掲載されているが、伊東の祝辞はない。

8　県会で石津太助議員が図書館に関わる問題をとりあげる

1917年末の通常県会で『破帝国主義論』について質問する
　この県会で次年度予算を審議するなかで（11月28日）、石津太助議員が、配布された図書目録に『破帝国主義』（マヽ）という図書が載っている、県会が開かれて忙しいなかであったが、図書館に行ってみたら、この図書には既に禁止というはんこが押してあった。15分ほど披見したところ、「天皇陛下ノ御勅語ノ博愛衆ニ及ボシトイフコトヲ根拠トシテ支那ノ孔子ノ博愛論ナドヲ論ジタ学理ノ本デアリマス、此ノ内ニ、序ニ幸徳秋水ガ序文ヲ書イテイマス」そのなかで「仁者ナラバ誰デモ一国ヲ治ムルコトガ出来ルトイフ

第5章　受洗、渡米、病む　　145

コトヲ書イタモノデアリマス、斯カル書物ハ我国ノ国情ニ適シナイモノト小員ハ思フノデアリマス、之ヲドウイウ訳デ図書館ノ図書目録ニ記載シテ之ヲ吾々ニ御配付ニナッタノデアリマスカ、其ノ理由ヲ解シマセヌ、尚ホ現在図書館ニ於テ図書目録ニ於テ之ガ削除セラレヌモノトスレバ、之ヲ削除シナイ其ノ理由ヲ承リタイノデアリマス」と質問した。答弁に立った理事官は「只今ノ破帝国主義トイフ本ハ無論風教ニ害アルモノト認メマシテ之ハ一般ノ講読ヲ許シテ居リマセヌ之ハ館長ソレ自身ガ保管シマシテ、決シテ其ノ風教ニ害アル様ナコトハサシテ居ラナイ積リデアリマス、夫ハ目録ニ書イテアリマスノハ之ハ無論イケマセヌガ此ヲ消スノモ却テ人ノ目ヲ引ク惧ガアルト云フノデ其ノママニシテアリマスガ印刷ヲ新ニスル場合ハ除ク考デアリマス」と答えている（県会議事日誌）。これ以上の質疑はない。

　翌29日の「防長新聞」は「通常山口県会」記事で「二十八日午前九時四十五分開会、歳出経常部第六款教育費の第一読会を開く、一番（宇野）は…」と順次簡単に質疑を報じていて、最後に「卅五番（石津）は図書館の書籍目録中に破帝国論を掲載し居れど斯る危険思想を包蔵せる書冊を貸出すは如何と問ひたるに対し番外二番（桑原）は該書は目録に掲載しあるのみにて閲覧は許し居らずと答ふ、此時八番（粟屋）は時間切迫（防府行き）したればとて閉会を要求し多数の希望も出たるを以て神代議長より閉会を宣したるは午前十時五十五分なりき」。11時に三田尻（のちの防府市内）に議員が出掛ける予定があるのでそこで打ち切った。

　ここを「馬関毎日新聞」（11月30日付夕刊）の「県会雑観」は「十一時に出発すると云ふのだから議員連中には飛び出さんと頻りに時間を見ている（略）それに頓着なく石津議員が図書館に覗いて閲読した書籍の講義から始めてその閲書籍が風教上害ありとか何とか頗る要領を得難き質問を始めた、之に対し番外の桑原学務課長が答弁せんとするから、磯部議員が堪り兼ねて簡単に願いますと遣る云々」とあるのみである。

　翌29日の県会の「教育費の第一読会」で図書館の問題についての質疑はなかった。「県会雑感」もなにも語っていない。

『破帝国主義論』について

　石津議員が問題にした『破帝国主義』は正しくは『破帝国主義論』であ

り、著者は山口義三（孤剣）である。山口が名古屋で営んでいる鉄鞭社から1903年（明治36年）12月5日に出版されたものである。山口は1883年（明治16年）山口県赤間関の福田家に生まれ、山口家を継ぐ。東京政治学校に学び、幸徳秋水に近付く。「平民新聞」第59号（1907年3月）に「父母を蹴れ」を掲載して当時の家族主義道徳を批判し、新聞紙条例違反で投獄された（禁固3ヵ月、ただし余罪ふくめて1年2ヵ月）。その出獄の際に赤旗をもって友人等が出迎えて「赤旗事件」を起こした。[19]

問題になった図書は今、県立山口図書館が所蔵している。島田昇平が寄贈したもので、「明治37年1月30日」に受け入れている。島田は1884年（明治17年）下関に生まれた。1904年（明治37年）5月、下関の窮民が追加戸別割税に反対して市長に訴えたのに対して市長が暴言をはいたことについて「平民新聞」に一文を投じている。中央大学卒、毎日新聞社に勤め、退職後は郷里で郷土史家として執筆活動をした。[20]

経緯について

石津県議が図書館でみたら、この図書は利用禁止になっていたとのことであるが、これはどういうことであろうか。いつ図書館は利用禁止にしたのであろうか。この図書は『山口県立山口図書館和漢図書分類目録』（1904年）にも、『山口図書館和漢書目録』（1910年）にも掲載されている。1917年（大正6年）末、県議に配布した目録にも載っていた。したがってこの図書は指摘される迄は閲覧可能であったのである。県会で、当局は目録に掲載しているだけで閲覧は出来ないようになっていると答えているのは、あらかじめ石津が県立図書館にきて、このことで館長に問いただし、館長がこの図書を閲覧禁止にし、問題の目録を回収し、改めてつくることを約束した（いや、約束させられたと言うべきだろう）という場面があったのではないだろうか。石津はこれを踏まえて上記の質問をしたという経緯があったのではないか。

また石津は既に禁止という「はんこ」がおしてあったと言うが、現在図書館でみられる同書の表紙にもなかにもそういう「はんこ」は見当たらない。ただ表紙の右肩にラベルが貼ってあった跡がある。そのラベルに禁止の「はんこ」が押してあったのではないか。そして第2次世界大戦後、

1945年以降のいつか、それをはがして閲覧可能にしたと思われる。

『山口図書館和漢書分類目録』について

「山口図書館報告」第26（1919年5月）には、1916年（大正5年）末現在の目録を1917年度中に作るつもりであったができず、翌1918年に刊行したと書かれている。しかしその目録は実は1917年暮れ迄にできていて、県議に配布されていたのである。しかし県会で指摘されて、回収して作り直し、1918年に改めて刊行したという経緯があったのである。

これより前のふたつの目録に記載されているこの図書に関する部分は抹消されなかった。そこ迄厳しく詮議されることがなかったのだろう。石津県議はそこ迄思いが及ばなかったと思われる。佐野ら（「ら」といってよいのかどうか）はそのことに気づいたに違いないが、黙っていたのではないだろうか。

推測

この問題の背景には図書館における選書への国の干渉・統制があるが、この時期は大逆事件から遠くなく、かつこの事件に関わり無期懲役となった12名のうちに山口県出身の岡本頴一郎がいて、そのことが「防長新聞」（1911年1月21日付）で報じられたこともあり、「幸徳秋水」の名に石津県議は敏感に反応したのであろう。このことに石津が気づいたのか、だれかが気づいて石津に伝えたのかはわからない。石津がこの図書を披見したのは15分ほどとのことである。この図書を読んだ感想を述べているが、この図書の内容は問題ないという。それはよいとしても、片山潜が一文をよせていて、著者は社会主義の立場に立ち、帝国主義を打倒しようとしていると書いている。著者は図書の最後に自分たちは社会主義運動を進めていくと書いている。石津はそれらを問題にしなかったのだろうか、あるいはそこ迄読まなかったのだろうか。他の県議は関心を示さず、このあと三田尻に行くことの方に気を取られていた。その程度にしか理解されていなかったのではないだろうか。それ故、この図書を受け入れた佐野は追及されることがなかったのではないだろうか。佐野は救われたといってよいのかも知れない。

1918年末の通常県会で石津太助議員、図書館の選書について質問する

　この県会（12月12日）で石津議員は、県教育会の図書館の図書整理について所感を述べると言って、古来の日本と中国の図書を取り上げて、日本の図書でありながら心は中国にあるものは少なくないなどと述べ、いつしか選書の一般論に議論がいき、「学生ガミテ教育上差障リノアルヨウナモノハ御整理下サッタ方ガ宜敷ト思ヒマス（略）当局ノ意見ヲ承リタイ」と質問した。これに対して答弁に立った今村正美理事官はその質問の要領は図書の選択ですかと議員に聞き、そうだとの答えをえてから、「夫レニ就テハ図書館ハ常ニ注意シテ居リマス。殊ニ図書館ニ保管シテアル書物ハ其ノ閲覧スル人物ニ依ッテ館長ガ注意シテ居リマス、就中学生ニ対シテハ注意致シテ居リマス。学生ガ或ル書物ヲ見ル場合ニ図書館長ハ君等ノ見ルノハ之レガヨイ夫レガヨイト云フ位ニ注意ヲ致シテ居リマスノデ常ニ其ノ選択ト云フコトニハ注意ヲ払ッテ居ル次第デアリマス」と答えている（県会議事日誌）。

　翌13日付の「防長新聞」は「石津氏起ちて読書の選択方法を重視すべしとの演説ありしが事余りに学究的に亘りて折角の長演説も誰も聴く者無きが如く其演じ終りたる時松井氏が拍手せりき」と書いている。同紙14日付の「傍聴席より」では「十二日の石津君の書名の説明やら質問やらは愚にして而して脱線なり」と評している。

注

（1）文夫のことは、江口渙『わが文学半生記』（青木書店、1953年）、杉森久英『小説菊地寛』（中央公論社、1987年）、関口安義『評伝成瀬正一』（日本エディタースクール出版部、1994年）、同『恒藤恭とその時代』（日本エディタースクール出版部、2002年）、同『評伝長崎太郎』（日本エディタースクール出版部、2010年）にみられる。

（2）「防長新聞」（7月1〜3日付）はこの10周年記念式、続いておこなわれた山口県図書館協会の第4回総会について伝えるとともに、佐野が就任以来

図書館事業に全てを傾け「近隣に比類稀なる図書館としての設備と成績とを挙ぐるに至れる事は十周年記念式に当って前序すべきの事なるべし」と評している（7月2日付）。同紙は同時に「本県の図書館事業」と題して同じ7月1〜3日付に簡単にではあるが、県立図書館を中心に県内の図書館について紹介している。執筆者は名前がないが、佐野であろう（資料1参照）。
(3)「皇太后陛下の御不予」の為に10日で中止になった（日本図書館協会編『日本近代図書館の歩み　本編』日本図書館協会、1993年、634ページ）。
(4) 台湾総督府図書館初代館長への誘いの委細を物語る当時の隈本繁吉台湾総督府学務部長の丸秘日誌があり、上沼八郎「台湾総督府学務部隈本繁吉『部務ニ関スル日誌』について」（高千穂商科大学総合研究所「総合研究」高千穂商科大学総合研究所、No. 5〜7、1992—94年）、同「台湾総督府学務部『部務ニ関スル日誌』（承前）：植民地教育史研究ノート・その七」（「高千穂論叢」第30巻第4号、1996年、高千穂商科大学商学会）に紹介されている。佐野を呼ぶことがだめになり、結局隈本が館長を兼務し、帝国図書館の太田為三郎が赴任して隈本を支える体制で台湾総督府図書館は出発した。
(5)「防長新聞」（8月12日付）。満鉄の厚意で沿線重要駅における教育状況視察の機会を得た。佐竹義継が同行した。佐竹は1910年5月京都大学図書館から大連満鉄図書館設置事務担当として転任する途次、山口県立山口図書館視察に訪れ（「防長新聞」1910年6月5日付）、1911年3月におこなわれた山口県図書館協会総会に列席した（「山口図書館報告」第16、1911年6月）。佐竹についての文献として、竹中憲一編著『人名事典「満州」に渡った一万人』（晧星社、2012年）、石井敦編著『簡約日本図書館先賢事典——未定稿』（石井敦、1995年）、佐野友三郎「南満州の図書館」（「図書館雑誌」第23号、1915年）がある。
(6) 日本メソジスト山口教会編『山口の基督教とメソジスト』日本メソジスト山口教会、1931年、52ページ。同教会の受洗者名簿に佐野夫妻が同時に洗礼を受けたことがみえる。
(7) 前掲『山口の基督教とメソジスト』52—53ページ
(8) 文部省『米国図書館事情』金港堂、1920年、189ページ（以下、『事情』と略記）
(9)『事情』283ページ。ここに書かれているのであるが、佐野は1907年（明治40年）、アメリカの議院図書館長「ドクトル・プットナム氏」（G・H・パトナム）に、州立図書館、州内の代表的な図書館などの報告を山口に送

ってくれるよう依頼している。依頼に応えて、数多くの報告書類が送られてきた。G・H・パトナムとは既に交流があったのである。佐野は議会図書館を議院図書館と言う。以下それに従う。
(10) この著作が出版されたのは1920年5月15日、佐野の没後すぐのことである。この本は「帰国後発行まで五年近くも費やしており、いかに精力を傾注してまとめられたかわかるだろう」との理解がある（前掲『佐野友三郎』295ページ）。しかし何よりこれは、凡例にみえるが、文部省への報告書である。その凡例の末尾に大正六年九月と書かれている。普通に考えれば、凡例は全て書き終えてから書く。したがって帰国後2年かけて書き上げたと考えられる。それは文部省への報告書なので出版の予定はなかったであろう。しかし佐野の渡米を実現させた柳沢政太郎が、内容がすぐれているものだけに、佐野が元気なうちに公刊しようとしたのではないだろうか。しかし間に合わなかった。
(11) 近藤喜代太郎『アメリカ鉄道史──ＳＬがつくった国』成山堂書店、2007年
(12) 'Valuable and generous cooperation' ("Public Libraries" Library Bureau, 21-1.Mar.1916)。お土産に広重の浮世絵を持っていくことは佐野が思いついたというより和田万吉あたりの勧めによるものだろう。そして世話になった人々に贈ったのではないだろうか。
(13) 中山愛理「佐野友三郎とアメリカ図書館界とのかかわり──雑誌記事や書簡を手がかりとして」「茨城女子短期大学紀要」第36集、2009年
(14) 同上
(15) 『100年のあゆみ』の年表によれば、1915年（大正4年）1月23日「山口県図書館談話会」発足。官庁・学校関係者など約100名の会員。月1回講演会を開催。大正5年迄継続。
(16) 「防長新聞」1916年8月1日付、「図書館雑誌」第30号、1917年7月
(17) 本間からの友三郎宛の書簡に対して、二人が同じ日に本間宛に返書を書いているのである。文夫は「只今父帰宅致し先生より父宛て御芳翰を示され」、そこに本間が自分を推賞してくださっているが、自分はそれには値しないものです、その先生のお気持ちを大切にしていきたい、先生がご恵送くださった金員で先生への感謝の気持ちをこめて、机を購求するつもりですと書いている。なお、佐野文夫の本間俊平宛ての書簡は3通あり、本間家から山口県文書館に寄託されている（「資料3 書簡」参照のこと）。父友三郎存命中のものはこの1通のみである。

(18) 和田万吉の今沢慈海宛て1917年（大正6年）11月19日付の手紙（弥吉光長、栗原均編『和田万吉博士の今沢慈海氏宛書翰集（抄）』〔「日本図書館協会100年史・資料」第1輯〕、日本図書館協会、1985年）より。自分が奔走して云々とは書いていないが、そのことが言外にうかがえる。
(19) 田中英夫『山口孤剣小伝』花林書房、2006年
(20) 中西輝麿『昭和山口県人物誌』マツノ書店、1990年、近代日本社会運動史人物大事典編集委員会編『近代日本社会運動史人物大事典』日外アソシエーツ、1992年

第6章　中川望山口県知事に期待を寄せる──1918～1919年

　1917年（大正6年）12月17日知事が交代し、内務省衛生局長中川望が山口県知事となる。同月21日「図書館普及改善ニ関スル訓令」が出る。本県には公私立図書館が百四十余館あり、各府県に比して最多数であるが、未設置の町村があり、既設図書館の蔵書は僅少で一般の需要に応じ難く、図書の管理、閲覧の手続きなど改善を要するところが多々ある、これらについて改善につとめ、本県図書館事業をますます堅実に発達させよというものであった（「山口図書館報告」第25、1918年6月）。

1918年（大正7年）は米騒動の年であった
　7月、米価が天井知らずに暴騰し、8月富山県魚津町で米の県外への船積み中止を荷主に要求する漁民妻女の行動から全国に米騒動が広がった。
　8月に入り、「防長新聞」は連日「米騒動」を伝え始め、やがて山口にも波及してきた。山口では同時に宇部鉱山で「暴動」が起き、軍隊迄が出動した。

1　中川知事着任

　1918年（大正7年）1月24日、中川知事が着任する。昨年暮れに山口に来たが、挨拶早々所用の為すぐ上京。暮れから年明けにかけて本人、家族が相次いで風邪をひいてしまい、山口に来るのが遅くなったと知事は「防長新聞」記者に語った（同紙1918年1月26日付）。
　この頃、山口県内は雪激しく巡回文庫は交通困難で延着のところがあり、佐野は体調すぐれず引きこもり中であったが、病気全快、30日より出勤と「防長新聞」（1月28、31日付）が伝える。

3月、佐野は「防長新聞」(3月18、20日付)に「本県の図書館」と題してその歩み、現状について書き、その図書館の現状改善について知事に期待を寄せている(資料1参照)。

そこには、この年10月の日本図書館協会山口支部第2回総会で、中川知事が「図書館の発達」と題して講演をしたが、その冒頭で「佐野館長とは旧来親しき友誼あり」と述べる関係があったのである。

県立図書館の開館以来の利用状況を利用統計によってみる(『100年のあゆみ』の「統計でみる100年」による)。

	開館日数	閲覧者数	貸出冊数	巡回文庫貸出冊数
1904年(明治37年)	334	47,911	24,266	4,203
1907年(明治40年)	334	67,217	26,323	22,631
1910年(明治43年)	333	108,267	49,154	28,859
1912年(大正元年)	332	125,021	66,114	46,818
1914年(大正3年)	326	143,097	106,140	70,678
1918年(大正7年)	333	146,065	112,702	70,308

おおまかにみるにとどめるが、開館以来駆け上がってくるように明治末・大正初め迄は利用が伸びてきたが、そこで止まっていることがみられる。それだけでなく県内各地に小規模図書館ができたものの、その後図書館をつくった町村が財政上の補助をせず、その為にあるというだけの図書館が多く、そのことはしばしば指摘されてきた。

「防長新聞」(1912年5月16日付)は「各府県の図書館:数に於ては本県が最上位」とのタイトルで、文部省の昨年6月30日現在の調査によれば、各府県の公私立図書館数は、北海道7、東京21、大阪4、神奈川4、兵庫15、長崎2、などとあげるなかで山口44、とあり「本県は非常に優越せり而も其実質に於て何れの図書館が果たして十分他に誇るに足るや疑問なり」と指摘している。

1912年(明治45年)6月1日におこなわれた第3回山口県図書館協会総会では、村上俊江萩図書館長が「図書館の第一問題」と題して「地方図書館

には兎に角死せる図書館多き」と指摘し、これを変えて活動する図書館にしなければならないと述べた。「防長新聞」(1913年6月18日付)は、厚狭郡の公私の7図書館は全て小学校内に設置されている。備付けてある図書はいずれも有益であるが、閲覧者は少ない、それは小学校と一般人とが没交渉である為である。学校教職員に問題がある。設備はしっかりしているが、閲覧者が最も少ない宇部私立図書館は松原宇部小学校にあるが、その「校長が如何に尊大振り如何に横柄なるかは世に定論ありて其部下にある教職員等の尊大振り」がその弊を及ぼしているのではないか、「今少しく尊大振る事を止め」「平民的に」振舞えば「学校と社会の疎通は円満となり」と村々の小学校に置かれている公私の図書館が抱えている問題の一端を率直に指摘している。

これらの改善は佐野ひとりではいかんともしがたく、県の支援が必要であり、佐野が中川知事に期待するところ大であった。

2　府県立図書館長会議に出席する

1918年5月31日、佐野は帝国図書館でおこなわれた『図書館書籍標準目録』委員会に出席、次いで6月1～3日、文部省主催の府県立図書館長会議に出席した。ここでは府県立図書館間図書貸借、巡回文庫運用のこと、府県立図書館の図書購入費は最低3,000円、館費はその2倍以上にしてほしいこと、府県師範学校科目中に図書館科を置くことを文部大臣に陳情することなどが議題とされたが、最後に府県立図書館協議会組織の件があった。いずれの件も佐野が日頃主張してきたことであった。

会議終了後、徳川総裁一行は新潟へ行く。佐野も同行した。6月6～10日、第13回全国図書館大会が新潟・長岡・高田3市でおこなわれた。

このたびの全国図書館大会は、東京での『図書館書籍標準目録』委員会、府県立図書館長会議に続いて新潟でおこなわれるという無理な日程が組まれていた。この年の2月、会長であった和田万吉は日比谷図書館頭今沢慈海宛ての書簡(2月27日付)で、新潟ではこれ迄図書館関係の大会がしば

しばあって、土地の人びとは「又大会か」とみるかも知れないが、今回の大会を質実堅固、熱誠真摯のものとしたい、講演講話で充実したものにしたいのでの是非出席してほしいと、今井貫一（大阪府立図書館長）、佐野、新村出（京都大学附属図書館長）、伊東平蔵（私立佐賀図書館長）、中津親義（熊本県立図書館長）、渡辺徳太郎（山形県立図書館長）に書簡を出したと述べている。和田は早々、これら全てに出る人が少なく役者不足になるのを恐れて依頼したのである。しかし佐野は新潟での6日の全国図書館大会発会式に出席しただけで山口に戻った（「防長新聞」6月13日付）。

3　煉瓦造書庫できる

　少しさかのぼるが、1916年（大正5年）末の通常県会に煉瓦造書庫新築の為の予算が提案された。県から、現在の書庫は1908年（明治41年）にできたもので2階建て30坪、約6万冊収容のものであり、現在蔵書は6万5千冊であり、そのうち約8千冊は巡回書庫として外に出ている、なにしろ狭隘で、書物収容の限度に達している、また木造の為火災が心配である、これを煉瓦造りにして火災のおそれがないようにしたい、今考えている書庫は44坪、3階建てとして約10万冊を入れることができる見込みであるとの説明があった。財政厳しい折、いかがなものかとの意見があり、議論が交わされたが、原案通り可決された。

　1917年8月26日に起工式、冬は寒さが厳しく工事を休止、その為竣工期が少し遅れて、翌年4月末にほぼ完成した（「防長新聞」1918年5月7、11、13日付）。

　煉瓦造3層、坪数44坪3合3勺。窓には鉄板扉を取り付けた。床は書架のまわりを格子状にし、両面書架は窓をはさんで直角に置いて採光通風に留意した。2階と3階には図書などの出納の為リフト（巻揚げ）を備えた。3階は予算不足の為書架設置は後日とし、当分は2階迄の使用となる（「防長新聞」1918年5月11日付）。

　6月25日引渡しを受けて、10月11〜19日の曝書期間を利用して木造書庫から図書を新築書庫に移した。木造書庫には雑誌新聞と需要の少ない複本

現在のれんが造りの書庫(撮影:筆者)

などを置いた(「山口図書館報告」第26、1919年5月)。

　この書庫は、県立図書館が1929年(昭和4年)官庁街に近い春日山麓に移転後、ひと時県教育会館の一部として使われていたが、教育会館ができるとともに使われなくなった。取り壊しの声もあったが、それを惜しんで有志が保存を求めて「赤れんがの会」を立ち上げ、保存活動をおこなった結果、保存再生の方向がきまり、修復されて、1992年「クリエイティブ・スペース赤れんが」として開館、様々な催しがおこなわれて今日に至っている。

4　選書について

　10月17日、日本図書館協会山口図書館支部第2回総会が県立図書館でおこなわれた。佐野は「現代図書館の趨勢と本県の図書館」と題して講演を

した。中川知事はその冒頭で、山口県の図書館事業は国内第1位である、その事業の中心人物「佐野山口図書館長とは旧来親しき友誼もあり」と述べた上で、図書館の経営者は書庫の番人であってはならない、来館者を指導、教育し相談相手としての資格がなくてはならないと語り、その選書について、世のなかには不良の図書が少なくないが、図書館が選書を誤らず、良書のみを読ませば、不良の書は読書界から自然に駆逐されるだろうと述べた。昼食時一同、新築なった書庫を見学した（「防長新聞」10月15、21日付）。

ここで、中川知事が選書について語ったことに関連して、佐野が選書についてどのように考えてきたのか、少しみてみたい。
さかのぼってみると、「山口図書館報告」第4（1906年1月）掲載の「図書館と悪文学と」で、好ましくない読物が極めて多いとし、その中で図書館の役割を問う。

> 悪文学を駆逐するは、善良なる文学に依るの外、他に良策あるべからず。（略）社会の需要に応じて能く活動する図書館は、或る意味に於て、その社会の文学的良心を代表するものと見なすことを得べし。けだし、図書館に備付くる図書には、理想のものと現実のものとの二様あるべし。（略）現実なる読衆の趣味を標準とし、これに先立つこと数歩なる図書を備へ、之に依りて読衆を誘致し、歩一歩、漸を以て理想的図書に接近せしめんことを努むべし

より平易な図書を提供し、そこから出発して次第によりレベルの高い図書へ読者を導いていくという考えがある。「悪文学」だからと強制的に排除しない立場がみえる。これは山口着任当初の佐野の考えである。
日露戦争後、欧米から流入する自由主義、社会主義の思想が人びとをとらえる。そのなかで1910年（明治43年）大逆事件が起き、言論・思想統制が厳しくなっていった。
1911年（明治44年）3月1日山口図書館で山口図書館協会第2回総会がおこなわれ、そこで小松原英太郎文部大臣の祝辞を渡辺日比谷図書館主事が

代読した。「防長新聞」(3月2日付)が伝えるところによれば、小松原は本県の図書館事業は全国の模範である、今後一層その進歩発展をはかることは諸子の任務である、その際図書の選択をあやまれば、公害を醸す、卑猥な内容のもの、矯激の思想を鼓吹するものが1巻でもあれば、青年子弟を毒すること計り知れないものがある、図書の購入・受贈の際には内容をよく調べ、教育上有害のおそれがあるものは排除し良書を蒐集してほしいと述べている。

1913年(大正2年)7月、山口県図書館協会第4回総会で県内務部長が「読書の選択」をテーマに講演をし、図書館は優良の書を選択するよう求めている(「読書の選択」「防長教育」第165号、1913年8月)。

そのような状況のなかで、上掲『通俗図書館の経営』で佐野は、

> 文芸又は思想に関する図書にしてややもすれば多数青年者を煩はすべきおそれありと認むるもののごときは、たとえ、傑出せるもの、需要多きものといえども必ずしも備付くるを要せず。一面、現実の希望を容れ、一面、真の必要の在る所を察して館長自ら取捨決定すべきなり

と述べる。「館長自ら取捨決定すべきなり」はぎりぎりのところに踏みとどまっていることがうかがわれる。

1917年(大正6年)10月16〜22日付「防長新聞」に連載した、ですます調の佐野の筆による「通俗図書館に就て」(資料1参照)の「五、図書選択上の注意」(10月19日付)で、

> 図書の選択は極めて慎重にせなければならず、特に一々実物を吟味して購入し難い場合には公認書目に拠ることが安全であります。単に一冊一冊の書籍を吟味して購入するのみならず、購入した書籍が全体として如何なる働きを為すかを考へなければなりませぬ。図書館の任務は需要あるものを供給すると共に公衆の趣味を指導し制限するに在ることを忘れてはなりませぬ。予め読者の種類、趣味、傾向等を考へ、図書相互の関係を考へることが必要であります。滋養分に富む食物も偏食すれば却て健康に害のあるやうに、単に無害だからと云うて現実

の需要其の他を顧みずに同種類の書籍を多く備付けるのも宜しくありませぬ。

と述べる。購入した書籍が全体としてどのような働きをするかを考えて選書する立場で、需要あるものを提供する際、ストレートに「悪文学」は排除するとは言っていないものの、図書館の任務には「公衆の趣味を指導し制限するに在ることを忘れてはなりませぬ」との立場がみえる。

翌1918年（大正7年）3月18日付の「防長新聞」「本県の図書館（上）」（資料1参照）で佐野は

本館に出入する読衆の六七分は児童、学生其の他の青年なるが故に、文芸又は思想に関する著作に対しては特に注意を払ひ、学生又は青年者を煩はすべき虞ありと認むるものは、仮令優良なるものと雖も、必ずしも備付くる要なし。

という。「悪文学」排除の立場を鮮明にしている。

この立場は、前章の最後に1918年末の県会で石津議員の質問に対して今村理事官が、図書館では館長が出納台に立っていて、とりわけ学生に、きみらはこれがいい、それがいいと指導していると述べていること、また上記の図書館の任務には「公衆の趣味を指導し制限する」ことがあると述べていることと対応する。

5　ザビエルについて語る

1919年（大正8年）4月6〜10日の「防長新聞」に「佐野館長談」「山口重要史蹟：山口に於けるザビエ」が連載された（資料1参照）。「ザビエ」はよく知られているフランシスコ・ザビエルで、当時ザウィェー、ザベリヨなどとも呼ばれていた。

佐野は何を語ったのだろう

これは1917年（大正6年）10月28日、11月4日付の「防長新聞」に山口県出身の東京帝国大学史料編纂官、渡辺世祐（日本中世史家）が寄せた考察「西洋文明の接触と山口」への反論である。
　渡辺はこの論考で「キリスト教徒が日本に布教の為めに来たのは、従来幾多の説はあったが、今日では天文十九年七月三日（西暦一五五〇年八月十五日）であると定められたのである、其の最初の宣教師はフランシスコザヴエーと云ふ人で鹿児島に来航した」と述べている。ザビエルは山口に来て基督教の布教をはかった、その布教の中心地は「今から之を確知する事は困難であるが八幡馬場の北方」であったように伝えられているが、断言できないという。その後ザビエルは日本を去るが、山口に留まっていた宣教師が大内義長から布教の許しを得て、大道寺を建立することを許された。その時布教を許す公許状が出された。この公許状は、多くのキリシタン関係の文物がキリシタン弾圧によって失われるなかで、同じく散逸したと考えられてきたが、その写しが先年亡くなった近藤清石翁の『大内氏実録』に載せられており、その「記する処に依り考ふれば公許状はもと清石翁の所有であった」。しかし今どこにあるのかわからず、この原本をみたいと思いながらまだ果たせていない、原本がなければこの公許状について確たることはいえないと述べている。

　佐野は、ザビエルについて日本で最初に論じたのは、幕末から明治にかけてイギリスから日本に派遣された外交官アーネスト・サトウであり、それはサトウが1878年（明治11年）11月27日「日本亜細亜協会」の例会で報告した「自千五百五十年至千五百八十六年山口に於ける教会の変遷」[5]であると先ず述べ、以下その所説によりつつ論じている。
　第一に山口での布教を許す公許状について。暫く前、佐野は幸田成友からこのことについて、原本が近藤清石の手元にあったのかどうかを確かめてほしいとの依頼をうけて、近藤翁に問い合わせをしたことがあり、近藤翁は、それは「全く誤聞誤記」であり、その写しをある学生にみせられたことはあるとのことであった。[6]その公許状の原本は、キリシタン禁制で破棄されたと考えられると語った。
　第二に、ザビエル来日のことについて語る。ザビエルについては諸書あ

るが、マードック著英文『日本歴史』が「西人」に定評があること、サトウに負う所が多い（と著者がいう）その書の第4章の「日本に於けるザビエ」は、ザビエルが1549年（天文18年）8月15日鹿児島に上陸したこと、その後山口に来たこと、京都に行き、再び山口に来たことなどを語っている。

　また自分は先日、熊本県・鹿児島県の高等学校生徒の県立図書館利用状況を調べる為に両県に出張したが、その際鹿児島県でザビエ滞在記念天主会堂に立ち寄った。その門扉の左右には、それぞれ「フランシスコ、ザビエ聖師滞驀記念」「天文十八年西暦千五百四十九年八月十五日着」と書かれている。ザビエルの鹿児島での事蹟は何もないのに、この会堂があるので市民はザビエルのことを知っている。これに対して山口では布教の場となった大道寺がどこにあったのか、わからないまま顧みられていないのは残念だ、その遺跡を調査して山口の重要史蹟として保存されるべきものだと述べ、あわせてこの遺跡を調査している外国人、ア・ビリョン、エリザベス・アンナ・ゴルドンにふれている。

　佐野はザビエルが鹿児島にやって来たのは1549年（天文18年）8月15日のことであるとした。

佐野がこのように語った理由

　実はこの年、1919年（大正8年）12月3日に山口町今道天主教会で、来日370年記念聖フランシスコザベリオ師祝祭が予定されていた。ところが当時、ザビエルが来日した年について上記渡辺世祐の天文19年説の他に、佐野が述べている天文18年説（章末注（7）による）や天文17年説（例えば『日本百科大事典　第6巻』三省堂、1912年）があり、これが確定しないとザビエル来日370年祝祭をこの年に開催できない。渡辺世祐にザビエルについて書いてもらった「防長新聞」としては、この渡辺説を検証する必要に迫られ、佐野にそれを依頼し、その結果を佐野の談話のかたちで公表したのではあるまいか。ただ談話の内容はそのことにとどまらず、ザビエル布教の場にも及んでおり、談話のタイトルも「山口重要史蹟」となっているのは、メソジストである佐野にカソリック教会がおこなう行事について調べてもらったことへの配慮からだったのであろうか。それはともあれ、こ

の年12月に祝祭をおこなううえでこの談話は不可欠だった。
　しかし、やはり佐野に語らせたことにはカソリックの側から批判があったようである。
　「防長新聞」(1920年1月7日付)に「山口の基督教下」(三浦順太郎)が掲載された。三浦はザビエルの遺跡の表彰は最も必要事であって、決して一派の私すべきものではないと述べている。新聞社が三浦にこの記事を書いてもらったのではないだろうか。ただ前掲『山口の基督教とメソジスト』(55ページ)に「大正六年十二月二十三日当時の山口地方裁判所長三浦順太郎…受洗入会する」とあるように、三浦は佐野と同じくメソジストであった。それを知った上での執筆依頼だったのか。

　「防長新聞」(12月5日付)は「聖フランシスコザベリオ祝祭は三日午後七時山口今道天主教会に於て厳粛に執行せられ、若林氏、セツール氏、ビリョン氏他一名の追悼及所感演説ありて十時過散会せり」と伝えている。

6　第14回日本図書館協会全国図書館大会

佐野、出席する

　1919年(大正8年)4月8日、「佐野友三郎氏図書館事業視察のため本日…上京、二十三日帰山の由」(「防長新聞」4月8日付)。4月11～14日に第14回日本図書館協会全国図書館大会がおこなわれた。[9]

　第1日、文部大臣の諮問「生徒児童をして一層適切有効に、図書館を利用せしむる方法如何」についての答申案づくりが同作成委員会(佐野も委員)にゆだねられた。

　大会初日の議事終了後、臨時総会が開かれ、田中稲城が、府県立図書館部会を念頭に必要に応じて部会を置くことを提案、これをめぐり議論の末、委員会を開いてこの提案を検討、田中の提案が了承された。委員は今井貫一、今澤慈海、佐野友三郎、和田万吉らであった。

　大会最終日、臨時総会があり、ここで部会を必要に応じて置く提案が承認された。その後大会で文部大臣の諮問への答申案が承認された。[10]

この時の文部省の諮問内容は、佐野が大きなテーマのひとつと位置づけてきたものである。答申の全体に佐野の意見が入っているのであろうが、「甲　基本的準備」、「乙　学校における施設」、「丙　学校と図書館との連携」、「丁　図書館における施設」というテーマは佐野が主張し、山口で実践してきたことである。最後の項では「図書館は児童室を特設し適当なる指導者を置き成るべく左記の事項を行ふこと」として適切な読物を用意すること、話会を開催することなどを挙げているが、佐野はもう少し言いたかったのではないだろうか。この答申には副申書があって、回りくどい言い方であるが、児童サービスをおこなっている図書館はごく僅かであり、その僅かな図書館の現状をもとにこの答申案をつくったが、必ずしも委員の間で一致しているわけでないと述べている。佐野は歯がゆかったに違いない。
　4月16～17日に府県立図書館協議会が開かれ、図書館分類法について、県立山口図書館の十進分類表を標準分類として採用することが決まった。[11]

佐野の田中稲城宛て書簡

　年月日がないのであるが、1919年（大正8年）4月のものか、と推察される佐野の田中宛ての書簡がある。

　　啓上仕候　先般出京ノ節ハ日々御示教ヲ蒙リ殊に地方部設定ニ関スル御配慮ト小生ノ言動に対スル御懇示トハ衷心深ク感銘罷在候　早速御挨拶可申上之處彼此取紛レ居リ却テ御懇書拝領重々痛ミ入リ申候
　　二十一日御暇乞後、御内示通リ東京駅ニテ大型（普通ハ売切レ）寝台券余リ究屈ヲ感ズルコトナク二十三日帰山仕候間御安心下サレタク候

とあり、22日に東京を発ち23日に山口に戻っている。「防長新聞」（4月24日付）が「佐野氏上京のところ廿三日帰山せし筈」と伝える頃と符合する。[12]
　佐野はこの書簡で、地方の図書館についての認識が在京の会員にないことを田中に訴えている。

　　私共田舎者ハ「馬ノ足」相勤ムル機会ヲ提供セラレ候得者面目至極ト

ハ申シナガラ在京幹部ニ於テ故ナク握リ握潰サレ候コト聊心外ニ有之、
此辺ノ消息　長崎、石川ナド聞込ミ候ハバ御配慮ニ依リ折角設定セラ
レ候府県立図書館部モ何等効ナクシテ来年ノ大会ニハ再ビ逆戻リニ了(ケス)
ラズヤト懸念セラレ申候

更に、

地方図書館ノ発展普及ヲ阻止スルモノ図書館協会自体ナリト申スモ今
日ノ場合甚シキ評言ニ有之間敷歟

書簡にはこのあと岩国図書館について書かれているが、次章で述べる。

7　県立図書館児童室専任の職員を求めて

佐野は、中川知事が積年の課題の解決の為一歩踏み出してくれることに
望みをかけていた。

1918年（大正7年）末の通常県会で

　知事は図書館のことで「図書館書記増員　児童に対し読書の指導をなし
又は備付の図書につき有益なる講話をなす等専ら読書の趣味を養成せしむ
る為相当素養ある専務書記一人増員す」ること、「図書館増築　現在の新
聞雑誌室は其閲覧をなすに当たり下足を脱して出入するの不便を訴ふるも
の少なからず、この不便を排除するため新築を要す」ることを提案した
（「防長新聞」12月8日付）。ともに了承され、新聞雑誌室の増築がおこなわ
れた。
　しかし、書記の増員について、予算では3人分の給与が954円計上され
ているのに、1919年（大正8年）度の決算をみると、書記給2人分651円74
銭とあり、決算の説明では「書記欠員」とある。議会で1名増員が決まっ
たのに、それができていない。なぜなのであろうか。佐野は「防長新聞」
（1919年9月2日付）に掲載された「教育談片」で、それ迄新聞雑誌閲覧席

第 6 章　中川望山口県知事に期待を寄せる　　165

と児童閲覧席が一緒であった部屋が、新聞雑誌室をつくることで、児童室として独立するにあたり、そこで働くにふさわしい人物を探しているがみつからない、児童室が出来る迄にはなんとしても探したいと述べている（資料1参照）。しかしそれがかなわなかったのである。

1919年（大正8年）末の通常県会で

今村正美理事官が「山口図書館ニ於キマシテハ従来司書ガ一人デアリマシタガ、近時青年及ビ児童ノ図書館ニ参ルモノノ人員ガ増加致シマシタ為ニ書籍ノ審査ヲ致ストカ其他ノ事務ガ非常ニ増加致シマシタタメ」（県会議事日誌）司書1名を増員したいと提案し、通った。

前年度書記を1名増員することにしたが、適当な人材がえられなかった。そこで待遇をよくして適当な人を探すべく、司書を採用することにしたと思われる。

1920年（大正9年）度予算では司書2名分の予算（司書月俸40円、2人分で）960円が計上されている。しかし決算では司書給1人分720円増額であり、決算の説明に司書欠員とみえる。[13]

佐野はこの年5月に亡くなっており、次の館長が未定であったので、この年度内には採用しなかったのであろう。年明けて次期館長が着任して司書を採用している。

なお、この県会では利用者が増えているので、旧書庫を改造して閲覧室をつくりたいとの提案も了承された。佐野の没後、1920年度内に旧書庫の2階を模様替えして閲覧室がつくられた（前掲『100年のあゆみ』21ページ）。

同年11月新聞閲覧室が増築され、翌1920年1月6日開室した。[14]それにともない従来の新聞閲覧室兼児童室が念願かなって児童室となった。書棚・出納台を設け、児童読書の指導をしたり時々講演会も開催できるようにした（「山口図書館報告」第27、1920年8月）。佐野は、児童室を、読書の場であるだけでなく専任の女性司書を置き、児童に画をみせたり、お話をしたり、朗読したり、オルガンを置いて「桃から生まれた桃太郎」をみんなで

歌ったりすることができる場にしたかった。(15)

　そこに佐野は女性司書がほしかった。東京市立日比谷図書館には開館時（1908年）児童室があった。そこにいつからかはわからないが、カウンターに女性がいることを前掲「市立図書館と其事業」第2号（1921年11月）の児童室の写真（5ページ）から知ることができる。帝国図書館が女性職員をはじめて採用したのは1924年（大正13年）のことであった（翌年女性司書採用）。(16)

　「「佐野未亡人を囲んで故人を偲ぶ」座談会」（前掲『初代館長佐野友三郎氏の業績』所収）で、この座談会の出席者のひとり、坂井夫人が「館長御在任中の時私が未だ学校に通って居りましたが、児童室に出んかと云はれたことがあります」と語っているところがある。しかしその夢を佐野はかなえることができなかった。

　もうひとつ、第5章の4「『通俗図書館の経営』刊行」で紹介したように、佐野は、県立図書館が児童室を置くのは、市町村の図書館にその設備が整う迄のことと考えていた。そこからみると、県立に置こうとした児童室は、市町村の図書館関係者に、児童室はこういうものだとみてもらう、いわばモデルルームとしようとの思いが佐野にあったとみてよいであろう。

　またこの県会で町村図書館振興の為の予算が提案された。今村理事官は「細カイコトデアリマスガ新シイコトト致シマシテ（略）、図書館奨励費百円トイフモノヲ新タニ設ケタノデアリマス。是ハ本県ハ他県ニ比シマシテ図書館ノ数ガ非常ニ多イノデアリマスガ、其ノ内容ニ於キマシテ一層充実ヲ致ス必要ヲ認メテ居ルノデ町村図書館ノ奨励ヲ致ス為ニ特ニ百円ヲ計上致シマシタ」（県会議事日誌）と述べている。提案は認められた。

　佐野は県の支援に希望をつないでいた。それだけに県内140余の大部分が極めて貧弱な町村図書館振興の為のこの予算の額を、それが初年度のものとしても、どう思ったであろうか。

第6章　中川望山口県知事に期待を寄せる

8　中国古典籍収集にも目配り

　郷土資料の収集については、1916年亡くなった近藤清石の遺蔵書の寄託を受けるなど努力をしているが、中国の古典籍にも手を伸ばしている。こういうこともあった。

『説郛(せっぷ)』の寄託を受ける
　1919年（大正8年）5月、宮野村の男爵木梨家から蔵書を県立図書館に寄託したいと申し出があり、佐野は出向いて調べた。佐野は、蔵書は入念に保管されており、『佩文韻府』（漢字を韻によって分類排列した清代の書）などの美本が少なくないが、多くは既に図書館にある。それらを除いて『説郛』（明代の120巻からなる叢書）他十数部の寄託を受けることにした、『説郛』は明倫館旧蔵のもので、故近藤翁その他の愛書家の間で話題にのぼったものである、と「防長新聞」記者に語っている（同紙5月19日付）。[17]

宋版古書『漁隠叢話後集』の取り合い
　またその年12月のこと、山口高等商業学校の横地石太郎校長は東大の理科出身ながら古典籍に詳しく、山口町の石津古本店に出入していた。店は内外の古典籍に埋もれており、ある日、横地校長は「稀代の珍本」宋版古書『漁隠叢話後集』（宋代の詩話集、前集60巻、後集40巻）を店の主人にみせられ一驚した。そのことを東京から山口高商に教えに来ていた稲葉君山（東洋史家）に話すと、稲葉は話の途中でその店に飛んでいき、何日も通って「丁数や行数、欠畫字等」を調べ、その結果を京都大学の内藤湖南（東洋学者）に伝えたところ、稲葉が買わないなら僕が買いたいと言う。話は広がり、大阪の古書店、京都の漢学者神田香巖、そこに佐野も山口図書館で買いたいと言い、だれが手に入れるかでもめるが、結局最初にみつけた横地が55円で譲り受け、これを稲葉に持たせて帰った（「防長新聞」12月24、25、27日付）。

注

（1）小川国治ほか『山口県の百年』（「県民100年史」第35巻）、山川出版社、1983年、152―162ページ
（2）「防長新聞」5月4日付。村上はその為に必要なこととして、地方図書館に多い死せる図書館を活動する図書館に変える為には閲覧者に活用されることが大切であり（PRの必要）、「館内に娯楽機関を設備する」、「通俗講演会を開く」、図書の収集・貸出方法を考究し、「館員の閲覧者に対する態度を商店的会社的にする」、その為には婦人の採用が必要であると言い、最後に「書庫を全廃し館内廊下の左右に書棚を置き随意に閲覧者の捜査に任す様建築すべし」と地方の小図書館は全面開架でいくことを提案している。
（3）「図書館雑誌」第36号、1918年10月
（4）前掲『和田万吉博士の今沢慈海氏宛書簡集（抄）』17ページ
（5）'Vicissitudes of the church at Yamaguchi from 1550 to 1586. By Ernest Satow. Read November 27, 1878.'（"Transactions of the Asiatic Society of Japan" Vol.7.1879）。雄松堂から1997年に出版された"Early Japanology：anniversary edition of the 125th year of the Asiatic Society of Japan"の第1巻に収められている。楠家重敏『日本アジア協会の研究――ジャパノロジーことはじめ』日本図書刊行会、1997年
（6）幸田成友「耶蘇教師に与へられたる本邦最古の免状」「三田評論」第212号、1915年3月、慶應義塾。幸田はそれが「果たして日本の書物に在るか、何分疑はしいので、山口図書館の佐野友三郎氏に依頼して清石翁に問合せしていただいた所、全く誤伝で、清石翁は某学生より其写を得て、山口天主教会の教師ビリョン氏に示し、ビリョン氏より浅井氏に材料として与へたものだといふことでした。恐らくは其学生がサトー氏の論文中より本文を写して、清石翁に示したのでありませう。兎に角日本の在来の書物には絶えて載って居らぬ文書を、サトー氏が発見せられたものと言ふべきです」と書いている。
（7）佐野があげている図書は、以下のとおり県立山口図書館にある。『日本西教史 訂正増補版』（ジアン・クラセ、太政官翻訳係訳、博聞社、1894年（1907年（明治40年）6月10日受入））。第一章がザビエル来日を語る部分で、よく読まれている。『聖ふらんせすこざべりよ書翰記』（ザベリヨ、浅井甬八郎編、浅井甬八郎、1891年）は2部ある。ひとつは1903年（明治

36年）7月12日山口県知事であった原保太郎氏寄贈、もうひとつは1924年（大正13年）10月10日防長新聞社より購入。前者のザビエル来日に関わる部分はよく読まれている。後者にはほとんど読まれたあとがない。『山口公教史』（加古義一編、加古義一、1897年（1903年9月15日受入））も読まれている。マードックの『日本歴史』は、James Murdoch "A History of Japan" Chronicle, Kobe,1903（1904年3月30日受入）。第4章が 'Xavier in Japan' である。

（8）「図書館土産」「防長新聞」1919年3月19～21日付。ア、ヴィリヨン『山口大道寺跡の発見と裁許状に就て』（大洋社、1926年）がある。著者は上記ビリョン。著者は1889年当時大道寺跡を調べるべく山口に来た。英国の貴族ジョン・E・ゴルドンの夫人、エリザベス・アンナ・ゴルドンは、明治30年代に来日して1925年、74年の生涯を終える迄、一時帰国を除いて日本に居住して、仏教、キリシタンについての研究をした。同時に英国の文化を日本に紹介すべく、10万冊ほどの本を1907年東京市に寄贈した。このなかには多くの複本があり、それを山形・茨城・山口・長崎の4県立と神戸市立図書館にそれぞれ若干冊貸与した（「エリザベス、エー、ゴルドン夫人逝く」「市立図書館と其事業」東京市立日比谷図書館、第31号、1925年4月10日）。『防長新聞』1911年1月10日付に「日英図書館の洋書貸出」の記事が載り、山口図書館は420冊の貸与を受けたこと、それは「ヅルスコル書庫」といわれていたことがわかる。それを『山口県立山口図書館洋書目録』（山口県立山口図書館、1911年）では「日英図書館英書」とし、DCLとの記号をつけている。森睦彦『ゴルドン夫人と日英文庫』森睦彦、1995年。森睦彦「山口県立図書館蔵日英文庫目録」（東海大学課程資格教育センター編「東海大学紀要」東海大学出版会、no.4、1994年）。大道寺跡は、いまは金古曾記念公園とされているが、疑念がもたれており、最近では伯野幸次が山口駅から県立図書館のほうに行く道路の途中の市街地の左側の道場門前一丁目にあったと述べている（伯野幸次「初期イェズス会の山口布教と山口大道寺：異文化理解に関連して」「山口県地方史研究」山口県地方史学会、第84号、2000年）。

（9）「図書館雑誌」第39号、1919年9月
（10）答申は前掲『近代日本図書館の歩み　本編』に収載されている。
（11）前掲『近代日本公共図書館年表』
（12）21日佐野は田中に帰山の挨拶をした後文部省などを訪ね、翌22日朝8時30分東京駅発の特別急行列車で発ち、翌23日朝8時02分小郡駅着、小郡駅

8時50分発山口線に乗り継ぎ、9時30分山口駅着の列車で帰宅したと思われる（『復刻版明治大正鉄道省列車時刻表』新人物往来社、2000年）。

(13) 当時物価騰貴の為年度途中の9月に臨時県会を開き、県職員の給与増額をきめた。図書館長はじめ図書館職員の給与が増額され、司書は320円の増額であった。年額480円が800円となる。しかし決算ではそれが720円にけずられた。

(14) 前掲『100年のあゆみ』年表。新聞閲覧室には「自働計数器」を取り付けて入室者数を計測した。しかしそれがどのようなものであったかわからない。1928年（昭和3年）に鉄筋コンクリート造り3階建ての図書館が春日山麓に新築されたが、その「新聞閲覧室ノ出入口ハ回転「ドアー」トシ計数器及逆転止メノ設備ト為セリ」とみえる（「行啓記念山口県立山口図書館概覧　第25年報」1928年11月）。「防長新聞」（1929年3月8日付）に「新装成れる山口図書館の概観」が載る。ここに「一階玄関左手に新聞縦覧室があり入口の戸は静かに回転して一人づつ出入し得られ」とみえる。今日使われている回転ドアーと同じものとみていい。計数器のことは書かれていない。因みに現在この建物は山口県建設技術センターが使っているが、この元新聞縦覧室だった部屋の扉は普通の鉄の重い扉になっている。

(15) 「通俗図書館に就て」（五）「防長新聞」1917年10月22日付、佐野は児童室の仕事は「読書を主としつつ幼稚園の気分を」いく分もっているもの故、独立した児童室は不可欠だと考えており、それにふさわしい司書を求めていた。

(16) 前掲『近代日本公共図書館年表』

(17) このとき寄託されたのは、木梨精一郎の旧蔵書であった。木梨は長州藩士、軍人、長野県知事など歴任、貴族院議員、男爵。木梨家からの寄託書は「木梨文庫」としていたが、1947年（昭和22年）にあらためて木梨家より購入した（前掲『100年のあゆみ』20ページ）。

第7章　佐野、最期の年——1920年

　前年暮れから正月にかけて山口地方は大雪であった。
　前年11月から新聞閲覧室新築工事がはじまり、1920年（大正9年）1月6日より使えるようになった。これにともない、これ迄の雑誌新聞閲覧席兼児童閲覧席の部屋は児童室となり、カウンターをしつらえた。佐野の念願がやっとかなった。ただ、ここに専任の（できれば婦人）司書がほしかったのであるが、実現しないままであった。

1　転職の話

　佐野には、既述のように1914年（大正3年）台湾総督府図書館の初代館長にどうか、との打診が和田万吉からあった。佐野は承諾したが、着任したばかりの赤星知事が同意せず、沙汰やみになった。
　その後暫く間を置いて、田村盛一は前掲『初代館長佐野友三郎の業績』（2ページ）に「聞知した」話として「大正八・九年頃大阪市立図書館設立計画の際」当時大阪高等商業学校長であった武田千代三郎が「佐野氏を市立図書館長に推薦し、市の意向も殆ど傾いてゐたところ当時の大阪府立図書館長今井貫一氏の反対」にあってだめになり、代わって鹿児島県立図書館長片山信太郎が任命されたと書いている。

　2月27日付の「防長新聞」に「佐野友三郎氏一昨日以来病気のため自宅に引籠中」とあり、3月5日付同紙でも佐野友三郎氏、病気引籠中と伝える。

3月22日付け田中稲城への書簡

体調が回復したからであろうか、佐野は田中稲城に1920年（大正9年）3月22日付で書簡を出している。

> 啓上仕候　愈々御精穆奉賀候　陳者去二月十一日付御内聞ニ達シ候小生進退の件、時日の経過と共に紛糾を重ね、今日と相成りてハ退職致候外有之間敷　去十四日(八日)知事上京前、一応知事にも大体の経過と今後の進退とにつき申出置き去二十二日沢柳氏まで（へも）申出置候　実は此度ハ種々紛糾ニ紛糾を重ね候為め可有之歟　痛く頭脳を痛め二週間計は自宅にて静養、其後午前中、出勤、今日までに略々快癒致し候

続けて本日より文部省から頼まれた青年団、処女会、小学・中学、高等女学校、農工商水産・商船等各種学校に備付けるべき書目選択にとりかかっていると書いたあと繰り返して、

> 前文の通りの行懸りも有之到底知事の信用を恢復し、此侭勤続六ケ敷とすれば、結局図書館の為め小生の為め退職の外有之間敷候か差向き小生として他に就職するの必要有之

と書く。深刻な内容である。2月11日「御内聞ニ達シ候小生進退の件」という。田中に伝えた「小生進退の件」とは何のことだろうか。何が問題となって、このままでは図書館にいることができない、退職する以外にないと考える迄追い詰められたのだろうか。これは直前の、上記大阪行きのことではあるまいか。この件は中川知事の了承なしには進まない。上記田村が「市の意向も殆ど傾いていた」というのは知事が了承し、大阪市がその方向で話を進めていたということであろう。それが横槍がはいって駄目になり、ことが佐野のことだけに、県庁内は「紛糾を重ね」たのであろう、その責任を取って佐野は身を引こうと考えて知事に申出たのではあるまいか。

佐野はそれを「去十四日(八日)知事上京前」と書いている。「十四日」の横に「(八日)」と書いているので、「十四日」を消したのではない。これは2月のことなのか、3月のことなのか。

知事は1月12、13日頃上京の予定（「防長新聞」1月8日付。以下、知事の日程は「防長新聞」による）であったが、延びて19日上京した。2月3日東京を発ったが、途中所用の為下車、2月7日に帰山した。そのあと下関に11日～13日、18日～19日と続けて行った。いつからかわからないが風邪の為中川知事は引き籠っていたが、3月9日午後より出庁した。3月14日上京、同月25日帰庁した。この日程からすると佐野が書いている「知事上京前」は2月のことではなく、3月のことである。佐野は、3月14日に知事が上京するのでその前、8日に休んでいた知事を訪ねて知事官舎に行ったのである。

「去二十二日沢柳氏まで（へも）申出置候」と続けて書いている。この書簡は3月22日の日付故、沢柳政太郎に出した書簡は2月22日だったのではないだろうか。田中に2月11日に伝え、続いて沢柳にも伝えたとみる。

沢柳への書簡の内容はわからないが、佐野は切羽詰った気持ちを田中と沢柳に打ち明けたのである。

田中稲城への書簡の続き：転職の話

佐野は重ねてあった転職の話について書いている。

ひとつは満鉄からであった。しかし「去一月二十五日の御回示にて満鉄の方杜絶せられ」た。これは「「佐野未亡人を囲んで故人を偲ぶ」座談会」（前掲『初代館長佐野友三郎氏の業績』所収）で佐野の妻きみが、満鉄の大連図書館にいた長男文夫が父親を呼び寄せようとしたと語っていることであろう。きみは続けて、米沢中学時代の教え子で当時佐野の主治医であった西野忠次郎山口赤十字病院長が、行かないほうがいいと止めたので、「本人は大変がっかりしていた」と述べている。しかし佐野が書簡で「御回示」という言葉づかいをしていることからすると、西野院長が止めたのではなく、また文夫が満鉄行きの話を進めたのだとしても、その断りは文夫からではなく、満鉄の上部からか田中を介してきたことを指しているように受け取れる。西野院長が止めたのは、後述するが、この年5月25日から6月5日にかけて満州・朝鮮でおこなわれる全国図書館大会に佐野が行きたいと言ったのを止めたことなのではないだろうか。きみは思い違いをしたと思われる。

満鉄のほうが駄目になったが「小生の眼前に唯今二つの図書館有之候やう存ぜられ候」と書き、ひとつ、2月に私立佐賀図書館長伊東平蔵が佐賀に戻る途中山口に立ち寄ってくれて、自分は横浜市が建設を予定している図書館に主任として移るので、そのあとに来てくれないか、という申し出をしたことについて語る。この申し出があった時は、まだ知事に退職のことを話していなかったので、返事をしなかったが、今どうなっていることでしょうか、もしまだ決まっていないのであれば、自分を推挙していただけないでしょうか、と言いつつ、心情を吐露している。

　自分は最初躊躇していました。佐賀の経営の仕方が山口と大差ないこと、「私立なるが故に先般の人事問題の如き失敗を重ぬることなかるべきこと」などの長所がある反面、タイプライターがないこと（「小生はペン書きハ極めて拙劣ニ候」との注釈がある）、英書の図書館参考書が少ないようであること（少々は自分は持っているがとの注釈がある）、平蔵氏自ら特殊の会計法によって出納を整理していることなどの不便があるようで、伊東氏を山口駅まで見送り、別れるまで引き受けると言う勇気がありませんでした。しかしこれらのことはどうにでもなるので、このさい推薦してください。4月7～8日の部会に出席できればいいのですが、「退職を迫られんとする期に近付き居り候故」、来年度にはいってからの上京はとても不可能かと思っています、「右御内定下され候際には、前回の如き失敗を重ねざるやう、一応沢柳氏へ御申通じ下され候やう願上置候」と書く。

田中稲城への書簡の続き：更に転職の話
　佐野の書簡は概略、次のように続く、

　3月6日静岡県の視学官がやってきました。前日から勤めを休んでいたのですが、前からの約束なので、病を押して図書館に行き、3時間ばかり話をしました。視学官の話は、この4月に臨時県会に提案する予定なのだが、県立図書館建設の計画があり、ついてはだれか館長として適任者を推薦してもらえないだろうかということでした。さし当たり伊東平蔵氏が適任なのですが、伊東氏は横浜の新設図書館に行くことになっている、他に

は、と話をしているうちに、自分はここ数年冬季は神経痛で困っている、山口県には恩義があるが、病気療養ということで転職が許されれば、静岡のような海岸あるいは暖地で勤めてみたいと話をしましたら、視学官は乗り気になって、そのあと行った鹿児島から「九年より着手する哉十年よりする哉は未定なれども兎に角、就任して設計其他に援助し呉れずや」、「承知ならバ帰庁後第一候補として知事に報告すべし」と手紙を寄越しました。「小生は斯く速に進捗すべしとは予定外」のことであり、転職のことは自分の一存では決められないので、暫時余裕がほしいと先方に言いました。

何卒この二件について御考慮くださいますようお願いします。

と書き添えて書簡を終えている。

3月24日付田中稲城への書簡

佐野は続けて3月24日に田中に書簡を出している。先便と行き違いに静岡から、この件は今秋の県会に提案されることになり、先に延びたことを伝え、佐賀の件については上京してお目にかかる迄保留しておいてくださいと書く。

「上京」は、すぐあとに述べる府県立図書館部会出席のことであろう。

『中国描談』、京大図書館本と校合

こうしたなかにありながらも、佐野は、南葵文庫に勤めていた斎藤勇見彦から1913年（大正2年）5月20日に寄贈を受けていた同文庫所蔵『中国描談』（室町時代の山口の僧侶、宗設が大内氏より派遣されて明に渡り通商貿易に従事しながら書いた地理書。地球が円体に描かれている。ただ大部分は散逸し零本が残るのみとなった）の写本を、京都大学所蔵本と校合し、何カ所かに朱を入れて、写本の末尾に朱筆で「大正九年三月二五日京都帝国大学附属図書館本（彰考館謄本）ニ依リ校了　佐野友三郎」と書き入れている。[1]

2　府県立図書館部会に出席する

4月1日付田中稲城宛ての書簡
　佐野はこの手紙で、

　先生がお母上の具合が悪いので岩国に来られたのを知らず、失礼しました、お伺いしたく思っていましたが、体調不良で今日まできてしまいました。4月7～8日に東京でおこなわれる府県立図書館部会出席が許可されました。先生が岩国に来られた時「図面等」を持ってお教えいただこうと思っていたので、上京した時お目にかかってご相談したく思っています。その際一身上のことについても種々御指図願いたく思っています。

と述べる。「図面」というのは岩国図書館に関わったことなのであろうか。一身上のことは転職のことであろう。

　4月3日「佐野友三郎氏図書館大会出席のため三日発東京に向へり」(「防長新聞」4月5日付)。
　4月7～8日府県立図書館部会の第1回部会が協会事務所でおこなわれた。佐野の他、田中稲城、渡辺徳太郎(山形県立図書館長)、山中樵(新潟県立図書館長)、岡忠精(秋田県立図書館長)ら13人が出席した。(2)

3　岩国図書館のこと

　4月16日付田中宛の書簡がある。年次が書かれていないが、推測できる。手紙は、

　　啓上仕候、此度上京之節ハ万事御配慮ニ預リ奉萬謝候　小生帰来今日まで御挨拶も不差上　欠礼御寛恕願上候　例の岩国図書館の件に付藤野氏より御来示も有之候処　誠に不相済儀に候得共唯今多忙にて或は御宿約相果たし可得候哉も難計　何分子爵家ニハ不悪御執成被下度願上候
　　取急き一応のご挨拶迄草々頓首

第7章　佐野、最期の年　177

四月十六日　　　　友三郎
　　田中先生
　　　　侍史

というものである。岩国図書館のことで藤野氏が来ました。しかし相済まないことですが、唯今多忙で約束を果たすことができそうにありません、子爵家におとりなしくださいますようお願いします、という文面である。

　岩国図書館は、1919年（大正8年）10月吉川報効会が元城主吉川有恪公五十年祭を記念してつくった図書館のことである。この書簡は子爵吉川家との関わりで岩国図書館のことが出てきているので、書簡は1919年か1920年のものだろうと推測される。既述のように佐野は、1919年4月8日全国図書館大会、引続いて府県立図書館協議会に出席する為上京し、23日に帰山している（「防長新聞」1919年4月8、24日付）ので、この書簡は1919年のものではない。1920年4月3日に上京した佐野は、次に紹介する書簡に同月13日山口に帰ったとあるので、その3日あとにこの書簡を書いたとみてよさそうである。

　どのようなことについて田中にとりなしを依頼したのであろう。前章6「1919年度第14回日本図書館協会全国図書館大会」で紹介した府県立図書館部会についての大正8年4月の田中宛の書簡の終わりに、岩国の図書館について書いている。そこで先生のご尽力で図書館ができるようでなによりです、先生のご出身地の図書館として模範的なものができることを切望します、もし必要があって「卑見ノ幾分ニテモ御採用下サレ候ハバ、小生ニ取リテハ面目至極ニ有之」「何ナリトモ御申付次第犬馬ノ労ニ服シ申スベク候間、御下命下サレタク候」と述べている。佐野はこの図書館の設計技師として山口県の土木課の技手を田中に紹介しているが[3]、その他に何かを田中に依頼され、そのことで「藤野氏」が佐野のところに来たのではないだろうか。しかし、多忙の為に約束をはたすことができず、「不相済儀」となってしまったのではないだろうか。事柄が子爵家のことだけに、佐野にとって大変気の重いことであったろう。山口に戻って取りあえずこのことで田中にとりなしを依頼する書簡を出したと考えられる。

4　体調不良の日々

4月29日付田中稲城宛ての書簡は、

　　　大正九年四月廿九日
　　　帝国図書館
　　　　田中先生侍史
　　　啓上仕候　在京中ハ種々御配慮に預り奉萬謝候　実は静岡へ立寄り帰館の予定の処　健康上の具合にて十一日出発直行にて十三日朝帰館、本週月曜より引籠り居り申候
　　　　　　垂れ込めて春の行街も知らぬ間に
　　　と申す景色にて　稍ゝ鬱陶敷ことに御坐候

と書き出している。(4)

　佐野は4月7〜8日府県立図書館部会に出席して、11日に東京を離れて帰山、13日朝帰館したが、体調不良であった上に岩国図書館のことが重なって引きこもる日々であった。
　手紙は続けて、

　この年5月満州・朝鮮で行われる第15回全国図書館大会に、自分も行きたかったのですが、旅費のことと、かつて沿線を一巡したので今回は初めから行くつもりではありませんでした。ところが山口から行く者として山口町の白銀市太郎氏と豊浦図書館長（視学）鳥越亮氏が決まりました。自分としては「唯ゝ観光団員ヲ送ルニ止マラス一場ノ講演位ハ晴レノ舞台ニテ試ミタキコトニ御坐候」、今書面で県庁に問い合わせているところです。

と書いて終えている。
　全国図書館大会に行くことになったふたりを「観光団員」という。白銀市太郎は山口町の実業家であり、日本図書館協会山口支部総代である。2

人は町の名士である。どういう経緯でこの2人が行くことになったのかはわからないが、この人事は佐野を通さずに決めたのであろう。佐野は鬱屈した気持ちを田中にぶつけたのである。

　4月29日付の「防長新聞」に、第15回全国図書館大会に山口町よりは白銀市太郎が出席、尚豊浦郡よりは鳥越亮が出席予定で5月24日朝山口発で25日釜山集合とある。後日鳥越に代わって岡村幹輔が行くことになった（「防長新聞」5月24日付）。

　この書簡には書かれていないが、佐野を診て来た西野忠次郎赤十字病院長が満州に行くことは自分が止めたと語っている（「防長新聞」5月15日付）。

　佐野は、年度末には退職することを願い、転職先に希望をつないで新年度を迎えた。佐賀のほうは佐野の書簡には書かれていないが、駄目になる。静岡にはなお希望があったようであるが、その結果を待つことなく、最期を迎える。

5　亡くなる

　佐野は1920年（大正9年）5月13日、辞世の句

　　なにごとも　いはで散りけり　梨の花

を残して、みずから命を絶った。

報道
　翌々15日付の「東京朝日新聞」は「図書館学者自殺す　現山口県立図書館長　病気を苦にして」と伝え、「岡田前総監談」を載せており、「十三日病気の電報に接したので心痛してゐたが自殺したとは実に意外な事であった」云々とみえる。
　同じ15日付の「防長新聞」は「佐野館長自殺／過度の神経衰弱にて／山口の誇りを亡くしたと中川知事の嘆息」と伝える。その記事の最初に

「佐野友三郎氏は昨年末頃より神経衰弱症に罹り爾来赤十字社支部病院長西野忠次郎博士の治療を受けつつありしが、病勢亢進するのみにて殊に去月中図書館長会議に出席のため上京せる以来一層悪化せる様子ありて主治医西野博士も大に心痛しをり」と伝える。「去月中図書館長会議に出席」は、上記4月7～8日におこなわれた府県立図書館部会のことである。帰山後の体調不良を訴えていたことは、田中稲城宛ての前記手紙からもうかがえる。

「防長新聞」は続けて佐野のごく簡単な経歴を紹介し、群馬県中学校以来の友人宣教師寺沢精一や中川知事などの談話を載せている。

茶毘に付す

　15日午前9時、縁者近親のみで日本メソジスト山口教会で告別式がおこなわれた。この日多くの人びとが佐野家を弔問の為訪れた。長男文夫が満州から来るのを待って明日午後5時周慶寺火葬場で茶毘に付し、22日午後3時同教会で本葬をおこなう予定であった（「防長新聞」5月16日付）。

　16日午後4時、日本メソジスト山口教会牧師によって出棺式がおこなわれた。岡田文次、西野忠次郎、本間俊平、黒金泰信、篠原仁三郎ら旧知、縁戚多数参列し、直ちに周慶寺山に送り茶毘に付した（「防長新聞」5月17日付）。

葬儀

　22日午後3時からの葬儀が、教会では狭いので前年9月落成したばかりの山口町公会堂に場所を変えて、キリスト教式で荘厳・鄭重におこなわれた。聖歌、聖書奉読、祈禱、履歴朗読、弔歌、悼辞、「故人愛吟の聖歌合唱」があり、中川知事、県立山口図書館、各界代表者の弔辞朗読、徳川頼倫、田中稲城、和田万吉等の100余通の弔電披露あり、終わって告別頌栄祝禱、遺族の挨拶があり、一同退場したのは午後5時過ぎで「近来稀に見る盛なる葬儀」であり、会葬者は、中川知事、三浦裁判所長、長内務部長、今村理事官、各学校校長教職員、郡内図書館員、郵便局長、警察署長、町内各方面の人びと等無慮900名であった（「防長新聞」5月21、24日付）。

　「教界時報」（第1504号、1920年6月25日付）は山口教会からの通信として

「佐野図書館長の逝去／図書館の権威として著名なる県立山口図書館長佐野友三郎氏は予て病気の所五月十三日永眠、同二十二日葬儀を執行せり（略）会葬者八百余名盛儀なりき」と伝え、佐野の略歴を掲載している。

田村盛一は「会する者二千余名、堂に溢れ空前の盛儀であった。その数々の弔辞の中でも中川知事の声涙ともに下る哀悼の辞は実に悲痛を極め、参列者一同泪せぬ者とてはなかった」と語る。

佐野をしのび、関係者が語る

予期せぬ佐野の死であっただけに衝撃は大きく、「防長新聞」は様々報じている。

同紙（5月15日付）には、5月始めの衆議院選挙に出馬した小郡の元県議古林新治の応援に政友会の特派弁士として山口にきていた寺沢精一の話が出ている。寺沢は群馬県中学校で同期であり姻戚関係にあった。ふたりの付き合いは続いていたようで寺沢は、佐野の家に泊まった。その時佐野は寺沢に病気の為に責務を十分に果たせないと語り、自殺の意をもらした。これに対して寺沢は「百方之を慰撫し、同氏も寺沢氏の説に従ひて、予て認め置きたる遺書を寺沢氏の面前にて火中したれば寺沢氏も夫人も非常に喜」んだ。寺沢は佐野が自殺を思いとどまったと思ったからであろう、5月7日「午前当地発帰京」した（「防長新聞」5月8日付）。しかし急変の知らせを聞いて来山した。そして寺沢帰京後のことについて、佐野は「時々夫人に連れられて」近辺を散歩することもあり、「十二日夜即ち自殺の前夜は夫人と共に賛美歌を歌ひなどして頗る平静の様子」だったと記者に語っている。

夫人は「防長新聞」記者に「過日東京よりの帰途広島からか、宮島からか鋭利なる短刀を購ひ帰り布紗に包みて常用の折鞄の中に蔵ひをるを発見し漸く取りかへして隠し置きしが十三日朝図書館に出勤すべしとて出づる時折鞄より布紗の端のハミ出し居るを見付け驚いて之を取り上げ、尚言葉静かに斯るものを持ち居りて他人に見られなば笑はれるべしと説き諭したるに快く承知し呉れたり、併し此朝は虫が知らすか心配に堪えざりし故一寸も身を離れぬ積りなりしが、欠勤届を出し来れ茶碗を買ひ来れ、薬を買ひ来れ、などと色々の用事を云ひつけられ言葉に反抗う口実尽きて僅か一

時間を不在せる間に変事生じたる次第にて何う考へても残念なり」と涙ながらに語った（「防長新聞」5月16日付）。

　16日の出棺式に参列した岡田文次は「防長新聞」記者にこう語っている。自分は中学時代大変お世話になった、その後時々会うことがあったが、ゆっくり話をする機会がなかった。先般先生が上京した時、宿所に先生を訪ねて愉快に談話を交わしたが、このようなことになるとは思いもよらなかった。ただその時、先生宛ての沢柳博士（沢柳政太郎）の手紙を見せられた、それは、先生が、病気の為に職務に耐え難いので、辞職を考えているがどうであろうか、と相談されたのに対する返事で、沢柳博士は、職務に堪えられないと心痛する必要はない、安心して職にあるのがいいと慰め諭していた。自分も博士と同意見だったので、辞職しようなどとはお考えにならないようにと言った。今回のことは全く意外だった（「防長新聞」5月18日付）。

　続いて同じく列席していた本間俊平の談話がある（「防長新聞」5月18日付）。自分は佐野とは17年来の親友である。精神上のことで相談しあわないことはなかった。4月8日（上に述べたように佐野は、4月3日上京し府県立図書館部会に出席し、11日に東京を発ち13日朝出勤しているので、この日は山口にいない。本間の記憶違いか、新聞記者の取り違えであろう）、佐野は態々秋吉に自分を訪ねてきた。4つの問題についての相談だった。第1は、責任を十分に果たそうとすると体力が許さない、責任を果たせずにその職にいることは最も心苦しいということであった、これに対して自分は、体力が許さないので職責を十分に果たせないというのであれば、半年でも1年でも静養すればいい、そのことで職にあることを恥じるに及ばない、秋吉の自分の家でもいい、あるいは津山には自分の友人で図書館を経営している者がいる（この友人は森本慶三であろう）、そこでもいい、静養地はどこにでもあると言ったら、佐野は釈然として安心した様子であった。第2は、児童閲覧室の効果は優良なる保母をうるにあれど、県当局がこれを受け入れてくれるかどうかが問題だということであったが、自分は、中川知事が必ず受け入れてくれる、先ず申出てみることだと言った。佐野は後に、秋吉から帰って知事に話をしたら、知事は、図書館のことはいっさい君に任

せてあるので思う存分経営せよと言われたと喜びの手紙をくれた。後ふたつは私事故、公言しないが、ともかく4問全て解決して、非常に喜んでいた。「帰山の折は一里ほど送り往き、其別るゝ際は予の手を堅く堅く握り締其上に予の首を両手で抱きて嬉しい嬉しいと幾度か叫びたり、予も久しき交りなれど斯迄に喜びたる様は曾て見ざる処なり云々」と語っている。佐野の気持ちのたかぶりをみることができる。

6 その後のこと

和田万吉の今沢慈海宛ての書簡

　佐野が亡くなったあと、和田万吉が今沢慈海に宛てた2通の書簡に佐野に触れているところがある[9]。

　亡くなった直後の5月16日付の手紙の終わりに、佐野君の凶変におどろいている、貴兄も同感と思うと書いて、続けて、佐野の後任のことはなかなか面倒であろうと述べている。

　次いで、同年6月14日付の手紙には、今沢を日比谷図書館頭の職から引き摺り下ろそうとする策動について述べ、「癇癪ヲ抑ヘテ断乎拒否」されたい。その策動をはかっている者は貴君の行き先を山口図書館としているのではないか。山口県知事は田中先生（稲城）に第一流の人を寄越してほしいと虫のいいことを言っている、しかし山口での地位は日比谷に比べるとよくない。行こうかとは思わないように、何としても「強剛之態度」をとってほしいと述べる。

　和田は山口で努力している佐野の身を案じていた。折に触れ手を差しのべている。それだけに今回のことについては大きな衝撃を受けている様子がうかがわれる。その後任についての策動に不快感をもち、また県立山口図書館は佐野の力によって日本でトップクラスのサービスをするようになり、それが世間では喧伝されているものの、県では佐野がそれにふさわしく処遇されていないと思っていたのである。

　1920年（大正9年）暮れの県会で、佐野が生前かなわなかった児童室に

司書をという願いが、「閲覧者の増加、児童室指導の強化其の他事務能率の刷新を計るため」として司書1名増員が実現した。
　1921年（大正10年）3月千葉県立佐倉中学校長、厨川肇（1878～1940）が二代目館長として着任した。

佐野きみのその後
　佐野亡き後、きみはどうしたのであろう。1925年（大正14年）4月4日付佐野きみの本間俊平宛ての書簡がある。その封筒に法泉寺とみえることから、きみが日本メソジスト山口教会の裏手にある法泉寺に仮住まいしていたことがわかる。きみは大要、

　先生に長らくお世話になったことはとても筆ではつくせません。わたしは、いつまでも山口にいることができません。幸い米沢の弟から戻るように言われていますので、米沢に帰ります。おいとまごいかたがたお伺いしたく思っていますが、万々一お伺いできないときはお許しください。出立は多分13日か14日頃になると思います。

と述べている。
　それから暫くして、この教会の会員名簿によると、きみは1928年（昭和3年）5月4日に教会から籍を抜いている。いつからか末子の忠夫と一緒に住み、名古屋から1933年（昭和8年）頃横浜に移り、10年ほどいた。
　そののち福井の航空会社に勤めていた次男武夫のもとに移るが、1945年（昭和20年）7月19日から20日にかけての深夜、福井市は米軍機による空襲で市街のあらかたが壊滅した。きみは避難していた防空壕で亡くなった（「聞き取り」）。

佐野の墓地
　佐野家の墓地は千葉県松戸市にある東京都立八柱霊園にある。以前、東京都豊島区にある雑司が谷霊園にあったが、高速道をこの霊園の傍らに通した時に、それにかかって、八柱霊園への移転を余儀なくされたとのことである（「聞き取り」）。墓地のいくつかの墓石の間に佐野友三郎の墓石があ

第7章　佐野、最期の年

る。正面に「佐野友三郎之墓」と書かれ、十字架が名前の上に彫られている。右側面に「元治元年三月十日誕生　大正九年五月十三日死」、左側面に「凡ての事感謝すべし」、背面に「忠山義孝童子　佐野きみ　昭和二十年七月十九日没」と書かれている。

　墓石の正面、左右は本間俊平の筆になり、「凡ての事感謝すべし」は聖書の言葉とのことである（「聞き取り」）。『新約聖書』の「テサロニケ前書第五章18」に「凡てのこと感謝せよ」（15）という言葉がある。これによっているのであろう。

注

（1）岩波書店『国書総目録 補訂版』第4巻（岩波書店、1990年）によれば、この本は「一冊、外国地誌、（著者）宗設、大永五年（一五二五）、（写）東大、山口、（版）享保五版、国会、京大、彰考、無窮、（活）防長叢書」である。東京大学図書館にある写本は、関東大震災で消滅した東京大学図書館に徳川家が寄贈した南葵文庫本である。「防長叢書」の第2編（防長史談会、1934年）に活字版が入っている。

　　　佐野はこの京都大学図書館本を同館から借出したのであろう。佐野はその頃「防長新聞」による限り京都に行っていない。
（2）樋口龍太郎稿『日本図書館協会五十年史』（『日本図書館協会百年史・資料』第4輯）、日本図書館協会、1989年、52―53ページ
（3）岩国市史編纂所編『岩国市史』岩国市、1957年、1430―1433ページ
（4）これ迄佐野には辞世の句「なにごともいはで散りけり梨の花」が知られていたが、他の句作として、この「垂れ込めて春の行街も知らぬ間に」を加えることができる。
（5）「防長新聞」（5月16日付）に横地石太郎ら佐野家に15日に弔問におもむいた人びとの名前がみえる。そのなかに「武田平三郎」の名前がある。「武田千代三郎」のことかと思われるがいかがであろう。「防長新聞」が伝える出棺式、葬儀の参列者のなかに武田の名がない。佐野との関係からすれば、武田がそれらに列席しておかしくない。それがみられない。武田は来山したものの、弔問だけですませたのではないか。それは、断ることができない所用の為なのかも知れないが、あるいは佐野が、武田に招かれた先々で県との関係がうまくいかず、秋田ではゆきづまり、山口では自殺し

たことに思うところがあってのことなのであろうか。このことを、全国専門高等学校図書館協議会の第3回大会（1926年〔大正15年〕11月4～5日付）の懇親会で武田が佐野について語り終えて、ここで「亡友の功績を表彰しますのは、亡友の神霊に対する私の義務なりと信じまして以上申述べました次であります」（前掲「全国専門高等学校図書館協議会会報」第3号、55ページ）と述べる心情と関連づけるのは思い過ごしであろうか。

（6）前掲『初代館長佐野友三郎氏の業績』。知事の弔辞は「防長新聞」（5月24日付）とこの著書（18—19ページ）に掲載されている。葬儀の会葬者の数は「防長新聞」では「九百名」、「教界時報」は「会葬者八百余名」と記すが、前掲「山口県教育」（第246号、1920年5月30日付）の「佐野館長を悼む」は「会葬者二千余名」と書き（資料2参照）、田村は「会する者二千余名、堂に溢れ」と書く（前掲『初代館長佐野友三郎氏の業績』18ページ）。会葬者の半数余が公会堂に入れなかったのである。公会堂は「防長新聞」（1919年8月30日、9月7日付）によれば1919年9月6日落成式、建坪320坪、和風の建物で畳敷き、10畳敷き大広間がふたつ、玄関脇に20畳敷きの部屋がふたつある。会葬者を800名としても、全ての部屋を使っても立錐の余地なき状態だっただろう。

（7）寺沢は佐野の変事を電話か電報で知ったと思われるが、その日のうちに東京を発って翌日山口に到着したのであろう。そうでなければ、15日の新聞に談話は載らない。13日午後4時00分東京駅発の急行列車で発ち、翌14日午後6時40分小郡駅着、そして山口線に乗り換え、小郡駅発午後6時44分・山口駅着午後7時13分の列車で行ったのであろう。山口線、次は小郡駅発午後8時00分・山口駅着午後8時29分である。1918年（大正7年）3月28日改正の時刻表による（前掲『復刻版明治大正鉄道省列車時刻表』新人物往来社、2000年）。

（8）『津山基督教図書館五十年誌』（津山基督教図書館編、津山基督教図書館、1976年）によれば、1926年（大正15年）1月3日、内村鑑三が出席して開館式がおこなわれている。これは現存する建物であり、それより前に既に森本は図書館を営んでいたのである。

（9）前掲『和田万吉博士の今沢慈海氏宛書翰集（抄）』

（10）前掲『山口図書館五拾年略史』96ページ

（11）厨川は夏目漱石に俳句を学び、号を千江という。県立図書館は、1929年（昭和4年）3月、春日山山麓に鉄筋コンクリート造の三階建ての図書館が新築され、ここに移転した。厨川にはその移転を詠んだ『移転句日誌』

第7章　佐野、最期の年　187

（自費出版、1929年）がある。そのなかからいくつかみてみよう。

  大寒の門第一車書巻より
  典籍を運びし馬の春の糞
  館内の案内書くや東風の夕
  梅咲くや略定まりし蔵書の坐
   開館第一日
  老若に蛇紋石階春の窓

 移転した場所が、官庁街に近いが、町からは遠くなったことが大きな原因であろう、利用者は、厨川が着任した頃は年間20数万人だったが、様々な工夫にもかかわらず（前掲『100年のあゆみ』21―35ページ）、次第に減っていき、厨川が亡くなった年は、利用者が最も少ない時期で、年間の利用者は3万5千人前後であった（前掲『100年のあゆみ』の「統計でみる100年」）。
 田村はのちに、厨川について「趣味豊かな明朗の態度は対する者に好感を抱かせ、これがため防長史談会以来の人は言うに及ばず、俳句、書道の関係者も絶えず近づいて居た」と回想している（前掲『山口図書館五拾年略史』136ページ）。

(12) 山口県文書館に本間俊平宛ての友三郎、文夫の手紙と一緒にきみの手紙がこの1通だけ所蔵されている。封筒から住所と手紙が出された年次がわかる。
(13) 同教会名簿による。この教会から籍を抜いた年、共産党幹部であった長男文夫が、3月15日の共産党員大検挙の際検挙された。このことと関わりがあるのであろうか。
(14) 前掲「「佐野未亡人を囲んで故人を偲ぶ」座談会」。きみは、自分の子どもは男子5人でしたが、残っているのは次男の武夫と末の息子の忠夫だけです。武夫は福井の航空会社に勤めており、忠夫は以前名古屋の会社にいましたが、潰れたので、横浜の船会社に勤めています、自分は忠夫について名古屋から横浜に移りましたが、もう10年になりますと語っている。
(15) 『文語訳新約聖書――詩篇付』（岩波文庫）、岩波書店、2014年

おわりに

　佐野は、その仕事のなかばで、

　　〈　なにごとも　いはで散りけり　梨の花　〉

の辞世の句を残して逝った。石井敦は「官僚統制と近代的な図書館奉仕の矛盾の中で苦しみ、神経衰弱になって死を早めた」とも「夏目漱石も内部にうつ屈した近代思想を蔵し、矛盾の中で孤立化し、胃病から神経衰弱で死んでいったが、佐野も"孤独の近代"を抱懐して苦しみ、自ら生を絶ったと思われる(1)」とも述べる。

　「防長新聞」（1920年5月15日付）に中川知事の談話がある。佐野は「真面目過ぎた人で、其一例とも見るべきは、事務上の事で県庁を訪ね、自分や内務部長と逢う際決して椅子に腰を卸した事がない、一時間でも二時間でもチャンと直立してをつて用向を弁ずるといふ習慣であつた」と。それを中川は「真面目過ぎた人」であった例として語っている。役人の世界の上下関係は台湾総督府で経験済みだったであろうが、歴代の知事、内務部長は東京大学出で、佐野の後輩に当たる。やはりここに鬱屈を抱えている姿をみる。佐野は山口で、秋田での失敗はくり返すまいと思ったのであろう。着任した次年度、図書費を3,000円から2,000円に下げられたが、我慢した。図書館のことを県議、県庁他に知ってもらうべく「山口県立山口図書館報告」を出しはじめた。さまざまな課題に粘り強く図書館の事業をやりとげようとし、その為にはなにごとであれ、我慢を重ねたのではないだろうか。

　中川知事は22日の葬儀に於いて弔文を読んだ。そのなかで「君明治三十六年本県立図書館の創立に際し館長の要職に任じ画策経営最も努む、蓋し当時図書館の効用普く社会に認められざるが為動もすれば批難攻撃を試みたるもの少なからずと雖も、不撓の精神を以て拮据経営十有七年の久

しきに亙り終始一日の如く恪勤励精館務に尽瘁す其苦心察すべき也」[2]と述べている。

「山口県教育」(第246号、山口県教育会、1920年)の「佐野図書館長を悼む」は「君が本県に来任せられた当時は、(略)批難攻撃を試みて君の施設に妨害を加へんとするものもあり、新聞紙等に於ても悪罵を浴びせたこともあった」と書いている。中川も使っている「当時」は佐野の着任当時のことであり、佐野がやっていることの意味がわからず、佐野への批難攻撃があったのであろうが、図書館の経営が進むうちに理解者が生まれ、増えていった面があったと理解されているとみてよいのではないだろうか。山口の今でいう地域資料の収集については理解者が増えている。また、わたしが見る限り「防長新聞」には佐野を非難攻撃する記事はない。むしろ県立図書館についての紹介記事は多く、佐野へのインタビュー記事、佐野の論考が掲載されるようになる。明治44年9月10日から24日迄アメリカの巡回文庫のことを「巡回文庫の話」として10回にわたって連載させたことは、この新聞社の佐野の事業への理解なしにはできないことである。

佐野は、こまかなことは周りの人びとに相談したり、その意見をいれることはあったかも知れないが、基本的なことは佐野がひとりで決めたであろう。評議員会導入を武田は構想していたが、そのことを佐野と相談する前に山口を去った。佐野自身もそれをつくるつもりはなかった。自分の思うように図書館をつくっていきたかったのである。

無論県庁のしかるべき部署との折衝は多々あったであろう。本間俊平宛ての書簡(1905年〔明治38年〕7月3、8、13日付)から推察するに、所用があって事務官と県庁で面談したり、先方が佐野を訪ねてくることは日常のことであったようである。図書館予算作成に当たって知事は時には無理を承知で佐野の求めをいれて、県会に出したものの県会ではねつけられることがあった。佐野を理解せず、よく思わない県議は多かったであろう。県立図書館に通って佐野と話をする県議はいたのであろうか。そういう県議がいれば「防長新聞」記者の耳に入り記事になったと思うのであるが、それがみえない。県立図書館に足を運んでいた県議がゼロだったとは思えないのであるが。秋田では「秋田魁新報」に、僅かであったが、図書館にやってくる有力な県議が紹介されていた。

ただ、こういうことがあった。1916年末の県会で「目録などの印刷費が案外余計の金を費消致しまするけれど、県下に周く知らしむる上において印刷費を減ずることはできないから、之亦必要なこととよろこんでおる」という発言があった（12月9日議事日誌）。「目録など」という時、「山口県立山口図書館報告」も念頭にあったのではないだろうか。こういう県立図書館の刊行物は県議にも届いており、その必要性についての理解があったのである。佐野の努力を認める県議は、少しではあってもいたのだった。

　石井敦は、田村盛一が佐野は「県の内務部長、長延連に負けたのだ」[3]と語ったと書いているが、「負けた」とだけではあまりにも漠然としているものの、当時のことを知っている田村の言葉だけに重い。具体的に何ごとかがあったのであろうが、今となってはわからない。以下推測であるが、述べておく。
　長は1919年（大正8年）4月15日山口県の内務部長として着任した（「防長新聞」4月15日付）。京都大学出なので、佐野との関わりがなく思い切ったことが言えたであろうが、日常のことはわからない。着任した年の暮れ、次年度予算編成にあたり、児童閲覧室係の司書1名増員の件、町村図書館の奨励の為の予算を組むことは、いずれも佐野が求めたテーマであり、ともに知事が承認している案件であるが、どのように対応したのだろうか。増員の件は知事が決めていることなので長はそれに従ったのであろうが、町村図書館奨励にどれくらいの予算を付けるか、それを100円とした（抑えたというべきか）ことに長が関わっていたとみてよいのではあるまいか。また1920年5月に満州・朝鮮でおこなわれる第15回全国図書館大会出席者を佐野を外して決めた。ここに長は関わっていたであろう。

　長年ただひたすら図書館のことに全てを注いできたが、県立図書館の児童室がその晩年やっとできた。その実現の為にずいぶん心労した。できたものの担当の職員をうることが難しい。県立図書館利用の伸びが大正期にはいって止まっている。県内の公私立図書館は数が多いものの、貧弱なままであった。これらを打開するうえで県からの支援がほしいのだが、十分

とはいえない。家庭でも子息のことで心を痛め、心身ともに疲労が重なっていたところに、アメリカでの調査・見学での無理が加わったのではないだろうか。その翌年、1916年（大正5年）頃から坐骨神経を痛め、「両三年ハ存命御用相勤め度と祈居候」（本間俊平宛書簡）と迄思いつめるようになった。冬は出勤前、退館後温泉につかる生活をするようになり、暮れから正月にかけてほぼ毎年長期欠勤するようになった。升井卓弥によれば、勤怠簿・出勤簿をたどると明治45年頃迄は病気欠勤日数が年間1桁であったのが、そのあとから2桁になるとのことである。

　そこに大阪に来ないかとの誘いがあり、大きな壁にぶつかっていた佐野は山口から出ようと考え、知事も承諾したが、先方の都合で駄目になり、このことをめぐって恐らく県議などから批判の声があがり（「防長新聞」にはいっさい関連記事が出ていない。佐野に好意的なこの新聞社は情報をつかんでいたに違いないが、書かなかったのではないか）、知事に迷惑をかけてしまい、今年度で辞める以外にないと考えるようになったこと、しかし折からの転職話がうまく行かないこと、そこに岩国図書館建設に関わって何ごとかはわからないが岩国藩の旧藩主子爵吉川家とのあいだでやっかいな問題を抱え込んだらしいことが重なって、そうでなくとも神経を病んでいた佐野は追い詰められ、精神的にすっかりまいってしまったのではないだろうか。

注

（1）前掲『佐野友三郎』301—302ページ
（2）「防長新聞」1920年5月24日付
（3）前掲『佐野友三郎』301ページ
（4）升井卓弥「赤レンガ書庫をたてた佐野館長のこと」「あかれんが」2、あかれんがの会、1985年

あとがき

　1970年代石井敦さんは法政大学の司書課程で僅かな期間であったが、教鞭をとっていた。当時わたしは法政大学図書館に勤めていて、図書館に佐野文夫文庫があること、そこに図書館関係の若干の図書があることに気付いて、ある日来校された石井さんにそれをみていただいた。石井さんが書庫の片隅で洋書を広げて随処にみられる書き込みの筆跡をみて、それらは間違いなく佐野文夫の父君友三郎のものだと言われたことを昨日のように思い出す。わたしはここで知りえたことをまとめた「佐野文庫のこと」を当時法政大学図書館の有志が出していた同人誌「粘土板」(no.5、1979年) に投じた。

　それから暫く佐野友三郎のことからは遠ざかっていたのであるが、機会をえて石井さんの『日本近代公共図書館史の研究』(日本図書館協会、1972年) をはじめ、関連する諸論考を読み、佐野の業績については議論があるものの、その生涯の多くについては明らかになっていないことに気づき、それをたどる作業が必要なのではないだろうかと思うようになった。

　これ迄部分的であるが、
「覚え書　秋田県立秋田図書館長佐野友三郎のこと」、日本図書館文化史研究会編『図書館人物伝：図書館を育てた20人の功績と生涯』所収、日外アソシエーツ、2007年
「佐野友三郎のこと、一こま」「としょかん村」第8号、2011年1月
　　＊佐野の簡単な紹介と1917年暮れの県会で『破帝国主義論』が問題となったことを取り上げた。
「佐野友三郎のこと、一こま：ザビエルを語る」「としょかん村」第10号、2012年2月
　　＊「としょかん村」は図書館計画施設研究所長として多面的に仕事をした菅原峻さんが晩年、2009年4月より編集・発行した同人誌で第10号で終えた。この最終号は菅原さん没後のもので同人有志が編集した。
「佐野友三郎のこと：図書館の道を歩み出すまで」「図書館文化史研究」

no.29、日外アソシエーツ、2012年
をまとめ、研究集会で、
「法政大学図書館所蔵「佐野文夫文庫」中の佐野友三郎旧蔵書について」
(2008年3月1日山口県立山口図書館での「西日本図書館学会2007年度図書館学セミナー」と「日本図書館文化史研究会2007年度第3回研究例会」共同開催の研究集会)
「『佐野友三郎訳　ディクソン英文典直訳　攻玉社蔵板』(共益商社書店、明治二十年)考」(2010年度日本図書館文化史研究集会、実践女子短大)
を報告してきた。
そしてこのたび、小稿を起こした。

調査不十分のところがある。また力不足故の誤解・失考もあるかと思うので、それもふくめてご批判・ご叱正をいただければ幸いである。

山口県立山口図書館は、最初の図書館、二番目の春日山山麓の図書館、現在の図書館と移転を繰り返してきたが、文書記録類はおおよそ捨てずに受け継いできたとのことである。それが整理され、公開されるようになった。わたしが佐野について調べてきたあいだはまだその環境にはなく、わたしは公開された資料をもとに佐野について調べてきた。今後新たな環境のなかで、新たな研究が生まれることを願っている。

ここ迄くるには多くの方々からご支援、ご教示いただいた。お礼を申し上げます。
なかんずく山口県立山口図書館の上野善信さん、山本安彦さん、田澤明子さんはじめみなさんには長い間お世話になった。

升井卓弥さんとは名刺交換しただけでお話をうかがうことができなかった。氏の、
「山口県立山口図書館資料整理史」「図書館学」西日本図書館学会、27、1975年
「赤レンガ書庫をたてた佐野館長のこと」「あかれんが」2、1985年

『山口図書館史稿』1990年
『人と本で語る私の山口図書館史』1993年
「山口県図書館史基礎講座：明治・大正編」「西日本図書館学会山口支部報」4、2004年
　いずれも氏ならではの作品である。
　また、1984年1月、ＮＨＫ山口が「佐野友三郎――図書館の鬼となりて」を放映した。同年8月座談会「佐野友三郎――図書館の鬼となりて」の放映をおえて」（上記「あかれんが」2）があり、升井氏が佐野について語っている。

「西日本の図書館人　その群像（4）佐野友三郎の経営論：いま我々は何を学ぶべきか」（西日本図書館学会セミナー、2006年3月18日）（「図書館学」西日本図書館学会、88、2006年）に収められている、
第一部　講演：升井卓弥「佐野友三郎の全体像」、佐々木鶴代「佐野友三郎の児童サービス論」、山本安彦「佐野友三郎が集めた図書館関係洋書の分析」
第二部　シンポジウム　佐野友三郎にまなぶもの
はいずれも現地の方々故の視点があり、学ぶところ多かった。

　拙稿がまとまるまでに奥泉和久氏、小黒浩司氏、日本図書館協会の内池有里氏、青弓社の担当の方に何から何迄お世話になった。そのご苦労に心よりお礼を申し上げたい。

　お世話になった、今は亡き石井敦さんに読んでいただきたかった。辛口の批評をなさるに違いありませんが。

佐野友三郎年譜

1864（元治元）年　当歳
　　3月10日　川越に生まれる。父、川越藩士雪、母れん。
1866（慶応2）年　2歳
　　　　　　前橋に転居。
1872（明治5）年　8歳 あるいは翌年
　　　　　　前橋にできたいずれかの小学校に入学。
1879（明治12）年　15歳
　　　　　　群馬県中学校開校、入学。
1880（明治13）年　16歳
　　2月　　　群馬県中学校で生徒ら知事に学則改訂を求めていれられず、ストライキ。
1882（明治15）年　18歳
　　5月　　　群馬県中学校卒業。7名の卒業生は「七人の武士」と言われた。攻玉社に進む。
1883（明治16）年　19歳
　　1月　　　東京大学予備門入学。
　　10月27日　東京大学「明治十六年事件」。
　　11月2日　上記事件にかかわって退学。
1884（明治17）年　20歳
　　1月12日　復学を許される。
1885（明治18）年　21歳
　　7月　　　東京大学予備門卒業。
　　9月　　　東京大学文学部政治理財科入学。
1886（明治19）年　22歳
　　3月　　　帝国大学令により、同学法科大学政治学科に編入。
1887（明治20）年　23歳
　　9月　　　文科大学和文学科に入りなおす。

『ディクソン英文典直訳』出版
1890（明治23）年　26歳
　6月　　　文科大学を退学。
　10月　　山形県米沢尋常中学校の教員になる。
1891（明治24）年　27歳
　9月30日　米沢の藩医山口龍造の次女きみと結婚。
1892（明治25）年　28歳
　4月18日　長男文夫生まれる。
　5月　　　大分県尋常中学校の教員になる。
1893（明治26）年　29歳
　6月　　　広島県広島尋常中学校の教員になる。
1894（明治27）年　30歳
　7月 9日　次男武夫生まれる。
　8月 1日　日清戦争はじまる。
　　　　　　大陸にわたる。
1895（明治28）年　31歳
　4月17日　日清戦争おわる。
　5月　　　広島中学依願退職、台湾総督府外務部事務嘱託。
1896（明治29）年　32歳
　5月15日　明治二十七八年事件の功により叙勲。
1899（明治32）年　35歳
　6月30日　文官分限令第11条第4項により休職。
　11月頃　　内地に戻る。
1900（明治33）年　36歳
　4月 1日　秋田県立秋田図書館長となる。
　6月12日　上京。
　6月15日　秋田図書館規則改定、月曜日閉館とする。
　9月11日　秋田県立図書館規則改定。
　12月　　　県会、県下で図書館・文庫設置者への県費による補助を求める決議。
1901（明治34）年　37歳

5月27日　三男・孝夫生まれる。
　　10月24日　部下と東京に出張。巡回文庫についての調査・研究。
　　12月　　　県会　郡立図書館設立を求める建議、採択。巡回文庫をまわす際の拠点とする意味をもたせる。
　　　　　　『秋田県図書館和漢書目録』刊行。
1902（明治35）年　38歳
　　2月　　　『秋田県教育雑誌』（115号）に「米国巡回文庫起源及発達」と「チャールス・ディッケンス」掲載。
　　　　　　『明治三十五年六月現在　洋書書名著者名目録摘要』刊行。
　　10月　　　巡回文庫はじまる。
　　11月　　　「秋田魁新報」（11.7）「図書館費削減の風説」の記事。
　　12月　　　県会　次年度予算審議、図書館費減額に反対する議員は「五ヶ年継続事業」として毎年「県立図書館費」5,000円を計上する提案をし、可決。ただし臨時費。経常費に図書費なし。
　　　　　　佐野、暮れより大酒して体調崩す。
1903（明治36）年　39歳
　　2月21日　秋田県立秋田図書館長を退任。
　　3月 3日　山口県立山口図書館長の辞令。
　　　　　　以来部下とともに県庁の一室で開館準備。
　　6月　　　できた図書館に移り、開館準備。
　　7月 6日　開館。
　　8月14日　忠夫生まれる。
　　10月27日　夜間開館。
　　12月　　　県会、次年度図書費2千円、本年度より1千円減額。
1904（明治37）年　40歳
　　1月　　　巡回書庫始まる。阿武郡役所で閲覧。
　　2月10日　日露戦争はじまる。
　　5月24日　日曜日・大祭日の開館時間、冬期は朝9時から午後5時。その他は朝8時―午後6時。
　　11月　　　『山口県立山口図書館和漢書分類目録』刊行。
　　12月14日　「図書館の慰問」、広島予備病院山口分院に傷病兵慰問、図

書雑誌類回付。

1905（明治38）年　41歳

　4月10日　『山口県立山口図書館報告』第1号刊行。

　9月5日　日露戦争おわる。

1906（明治39）年　42歳

　2月　　　美祢郡秋吉村小学校に日露戦争記念図書館できる。
　　　　　同様の趣旨の図書館がこの頃、各地にできる。

　3月20日　第1回全国図書館員大会（東京で）に出席、日本文庫協会に加入する。

　7-8月　　開館時間を午前8時から午後6時まで。

　11月　　巡回書庫、公私立図書館への廻付が実現した。

1907（明治40）年　43歳

　4月　　　普通閲覧室に公開書架を新設。

　12月　　県会、書記1名を司書として司書2名となる。

1908（明治41）年　44歳

　4月　　　皇太子（後の大正天皇）、山口に来て県立図書館視察。

1909（明治42）年　45歳

　6月　　　書庫増築。書庫内に若干の閲覧席つくる。

　8月　　　臨時閉館、蔵書の分類を佐野考案の10進分類法によって変更して新築書庫に収める。

　10月1-3日　山口県内図書館関係者大会。

　10月9日　山口教育研究会で「米国に於ける図書館利用の状況について講演。

　12月1日　小松原英太郎文相、山口に来て県立図書館を訪問。

1910（明治43）年　46歳

　4月1日　平日も午前からの開館となる。

　5月　　　大逆事件起こる。

　6月　　　『山口図書館報告』第14で、図書館の利用が活発であること、物価が上がっていることなどを理由に図書費増を訴える。
　　　　　『和漢書分類目録』刊行。

　7月　　　文部省の「図書館書籍標準目録」編纂委員となる。

| 12月 | 県会で図書費2,000円が3,000円になる。 |

1911（明治44）年　47歳
3月	『山口県立山口図書館洋書目録』刊行。
4月	家庭文庫試行。
8月	抄訳『師範学校教程図書館管理要項』自費出版。
9月10〜24日	
	「巡回文庫の話」を『防長新聞』に連載。
10月	特別許可者の書庫への入庫を認めた。

1912（明治45）年　48歳
7月25日〜8月7日	
	帝国図書館主催の図書館事項講習会（京都府立図書館）で巡回文庫を受け持つ。
7月30日	明治天皇逝去。
9月13日	乃木希典夫妻殉死。
10月12日	乃木大将追悼会で乃木について語った。
11月	帝国教育会主催通俗教育施設方法講演会で「通俗図書館─殊に巡回文庫に就きて─」を講義。

1913（大正2）年　49歳
4月	佐野の長男文夫、在学中の第一高等学校で不祥事をおこす。
7月 1日	県立山口図書館開館十周年記念式。
7月1〜3日	
	「本県の図書館事業」を「防長新聞」に連載。

1914（大正3）年　50歳
4月	文夫、大学に進むも再び問題を起こして退学となる。
4月9〜10日	
	全国図書館大会（東京）に出席。
7月	台湾総督府図書館の初代館長にならないかとの打診があり、佐野は受けるが、知事が許さず、話は流れた。
7月25日	山口県図書館協会第5回総会。
8月11日	満鉄の招きで満州に行く。
12月20日	日本メソジスト山口教会で妻きみとともに洗礼を受ける。

1915（大正4）年　51歳
　　3月　　　『通俗図書館の経営』刊行。
　　5月 8日　横浜を発ち、アメリカに行く。
　　6月 3日　ＡＬＡ大会に出席（6月7日まで）。
　　6月 8日　シカゴに向かう、以後8月20日まで各地の図書館見学など。
　　8月21日　サンフランシスコを発ち、日本に向かう。
　　9月 7日　横浜港に帰着。
　　9月19日　帰朝歓迎茶話会、山口中学で。
　　10月17日　山口県図書館協会第6回総会で講演、「米国図書館事業の実際」。

1916（大正5）年　52歳
　　1月（前年暮れ？）以来　坐骨神経痛に悩む。
　　8月1～14日
　　　　　　　第2回図書館事項講習会（慶応大学）。巡回文庫担当。

1917（大正6）年　53歳
　　10月16～22日
　　　　　　　「通俗図書館」を『防長新聞』に連載。
　　11月5～6日
　　　　　　　山口県図書館協会第8回総会、山口県図書館協会を日本図書館協会山口支部とする。
　　11月28日　県会で県立図書館所蔵の『破帝国主義論』をめぐり質疑。暮れ体調不良で引きこもり。

1918（大正7）年　54歳
　　1月13日　山口地方教育関係者の教育懇話会に出席。
　　　30日　病気全快、出勤。
　　3月18～20日
　　　　　　　「本県の図書館」を『防長新聞』に連載。
　　5月31日　帝国図書館で行われた『図書館書籍標準目録』委員会に出席。
　　6月1～3日
　　　　　　　府県立図書館長会議に出席。

	6日	新潟でおこなわれた第13回全国図書館大会の初日に出席。
	25日	煉瓦造3階建書庫引渡し。
7-8月		米騒動、山口に波及。
9月22日		防長学事研究会に出席。
10月11～19日		
		木造書庫から新築書庫に書籍移動。
10月17日		日本図書館協会山口支部第2回総会。
12月		県会、児童室担当の書記1人増員、年度内にふさわしい人物みつからず。

1919（大正8）年　55歳

4月6～10日
　　　　「山口重要史蹟―山口に於けるザビエ（佐野館長談）」を『防長新聞』に連載。
　11～14日　日本図書館協会全国図書館大会（東京）に出席。
　16～17日　同上府県立図書館協議会に出席。
　5月　　　木梨家より蔵書の寄託を受ける。
　8月下旬　図書館講習会（熊本市）に講師として出向く。
　9月25～29日
　　　　　県立山口図書館で図書館講習会。
　10月18日　日本図書館協会山口支部第3回総会。
　12月　　　県会、児童室担当司書1名増員、町村図書館振興、図書館奨励費100円計上。

1920（大正9）年　56歳

　1月か（昨年暮れか）、大阪市立図書館長への転任の話が出るも、不調に終わる。
　1月6日　新聞閲覧室ができ、従来の雑誌新聞兼児童室だった部屋が児童室として独立。
　2月　　　私立佐賀図書館長の声かかるも不調。
　　　　　25日以来体調不良続く。
　3月6日　静岡県の視学官来訪、計画中の県立図書館長を求めてきた。佐野は静岡に行きたいと言うが、決まらないまま。

8日　知事を訪ねて辞職を申し出る。
　　25日　県立図書館所蔵の『中国描談』の京大図書館本による校了。
　4月7～8日
　　　　　日本図書館協会府県図書館部会（東京で）に出席。
　　13日　帰宅
　　　　　この頃、岩国図書館のことで田中稲城にした約束ができず、悩む。体調不良が続く。
　5月13日　逝去。
　　22日　山口町公会堂で葬儀。

第2部　補論

補論1　佐野友三郎訳『ディクソン英文典直訳』について

　James Main Dixon "English lessons for Japanese students" 2ed. の訳書である。この訳書はわたしが知る限り国立国会図書館と広島大学図書館にあるのみである。

佐野のこの訳書は図書館関係以外で刊行された、知られている限り唯一の著作である。

1　著者ディクソン（James Main Dixon）について

ディクソンの'Autobiography'（「英語青年」Dec.1,1933）がある（この'Autobiography'は『中外英字新聞研究録』（国民英学会出版局、1895年、第1巻第5号）の'Autobiography　by Professor Dixon'が基になっている）。これによっている「ジェイムズ・メイン・ディクソン」（『近代文学研究叢書第三十五巻』昭和女子大学、1972年、320―366ページ）でみると、ディクソンは1856年スコットランド生まれ。エディンバラ大学に学び、セント・アンドルーズ大学で学ぶ。のち同校で教える。1879年（明治12年）5月、東京の工部大学校からの招聘を受けて来日することになり、同年9月船で日本に向けて出発した。日本に到着した月日はわからない。翌1880年1月1日同校の英語英文学の教師となる。1886年（明治19年）帝国大学文科大学開設とともに文科大学で教える。1892年（明治25年）満期解職、アメリカに渡り、1933年（昭和8年）生涯を終えたと伝える。

細かなことになるが、ディクソン来日が何時のことなのかわからないとのことであるが、日本側の資料では、1878年群馬県安中にできた安中基督教会の「安中基督教会録事」（『群馬県史　資料編22近代現代6：教育・文化』1983年、880―882ページ）にこういうことが記されている。

この教会には「米国教師ソーハル氏訪フ」（1878年〔明治11年〕10月30日）というように外国人が関心を持ち訪れている。1879年（明治12年）の項に、

　　五月廿四日西京同志社教師米国宣教師大博士ロールネト氏需ニ応ジ、安中教会史概略取調郵送ス、（略）八月三十日東京赤坂勝安房邸内寓米国宣教師ホイトニー工部大学教師デクソン氏ノ請求ニヨリ、安中教会履歴ヲ演説致サレシ由（以下略）

という記事がある。1879年8月30日のところにみえる「工部大学教師デクソン」はここでいうディクソンに他ならない。これによればディクソンは1879年8月には日本にいたのであり、日本に向けての出航をその年の9月というのはおかしい。

それはともかく、ディクソンが来日してすぐ安中教会に関心をいだいていたことが知られる。ここにディクソンが、安中の教会に行っていたであろう佐野と文科大学で出会い、その著書の翻訳をゆだねる迄に佐野を信頼するようになったきっかけを推測させるものがある。

2　ディクソンの著作

ディクソンは工部大学、のちに文科大学で教鞭をとるかたわら、日本の学生の為に多くの本を著した。

1881年	A Handbook for the use of the students in the Imperial College of Engineering. 工部大学校
	Hepls to the mastery of English. 工部大学校
1886年	Note on Warren Hastings for Japanese students. 共益商社
	English lessons for Japanese students. 共益商社
1887年	Dictionary of idiomatic English phrases specially designed for the use of Japanese students. 共益商社
1888年	New conversations written for Japanese schools. 共益商社
	Notes on Goldsmith's Vicar of Wakefield. 共益商社
1889年	Hakubunsha series of English text books. 博文社 no.1（p.89）— no.5（1892）．
1892年	How to use the articles. 国民英学会

そのなかで、"English lessons for Japanese students"は好評を博したといわれている（上記「ジェイムズ・メイン・ディクソン」334—347ページ）。

3　"English lessons for Japanese students"について

　出版人白井練一、発売元共益商社、1886年（明治19年）8月18日版権免許・刊行、143ページである。この図書には再版本がある。その再版本の前書きに、初版は1886年8月18日に発行されたが、2カ月で売り切れた、そこで出版社から手を入れて再版してはどうか、と言われたので、序文を加え、若干本文にも手を加え再版本を出すことにした。しかし基本は変わらないとあり、1886年11月20日の日付がある。前書きからはすぐにも再版本を出すような雰囲気がみえるのであるが、実際に再版が出たのは1889年（明治22年）5月3日「印刷並訂正再版」と奥付にあるものである（初版より20ページ増）。この再版は「文部省検定済　中学校教科書用」と中扉に赤色で印刷されている。この再版本は刷を重ねている。
　因みに、わたしが調べた限りでは、「明治十九年八月十八日」の刊記をもつ初版本は滋賀大、鶴見大、筑波大、東北大、早稲田大、法政大の各図書館が所蔵している。（かつて帝国図書館も所蔵していた。『帝国図書館洋書目録　文学及語学』1900年）。
　「明治廿二年五月三日」の刊記をもつ再版本は実践女子大、同志社大、早稲田大の各図書館が所蔵している。同志社では1887年9月17日の教授会で神学科の1年生にこの図書を使う事を決めている（『Doshisha Faculty Records、1879-1895』140ページ）。204ページの再版本のタイトルページは実践女子大学図書館所蔵本による。
　「明治廿五年八月八日（訂正再版三刷）」の刊記をもつものは宮城教育大、筑波大、早稲田大の各図書館と山口県立山口図書館が所蔵している。
　「明治三十年十月十日（訂正再版五刷）」の刊記をもつものが広島大学図書館の海兵文庫にある。タイトルページに「海兵学校蔵書之印」などがある。海軍兵学校図書館の蔵書は第二次大戦後、1946～1947年に広島文理大学図書館にはいり、それが広島大学に引き継がれ、今日に至っている（寺田芳徳編著『海軍兵学校英学文献資料の研究』渓水社、2013年）。

4 佐野友三郎訳『ディクソン英文典直訳』攻玉社蔵板について

　佐野が翻訳したものには最初に「緒論注釈」があり、「凡例」、20ページにわたる「緒論」と続く。「緒論」は再版本にみられる20ページの'Introduction'に対応するものである。これは初版本にはない。本文も再版本の訳文である。本文は章節で構成されている。初版本と比べてみると、その章部分は変わりないが、節部分は3節増やしており、初版が全部で134節であるのに対して再版は137節ある。佐野の訳本はそうなっている。

　佐野は初版ではなく再版本を訳したのである。そして佐野の訳本は1887年（明治20年）9月に刊行された。ところが上記のように、原本の再版本は1889年（明治22年）刊行である。どういうことなのであろう。

　ディクソンは1886年（明治19年）11月に再版の為の前書を書いているので、再版の為の原稿は出来上がっていたのであろう。ディクソンはこの再版本を、その中扉に「文部省検定済　中学校教科用書」とみえるように、中学校で使ってもらおうとしたのである。それを直ぐに刊行することを前提に再販の為の原稿によって（?）、その翻訳を佐野に担当させたのではないだろうか。しかし再版本の刊行は何らかの事情（文部省の都合か）で遅くなった。

「攻玉社蔵板」の意味について

　佐野の訳本のタイトルページには「攻玉社蔵板」と書かれ、それに［攻玉社出版印］が押印されている。「蔵板」は出版を意味している。佐野の訳本は、販売は共益商社であるが、出版は攻玉社である。

　東北大学図書館が所蔵する『算術教科書』（「改正3版、近藤真琴閲、田中矢徳編、浜田張晴高校、共益商社書店、明治20年、明治15年版権免許」）はタイトルページに「攻玉社蔵版」とあり、それに「攻玉社出版」印が押印されている。広島大学図書館が所蔵する『幾何学概念』（山田万太郎編、岡本則録閲、共益商社書店、明治23年）の表紙・タイトルページに「攻玉社蔵版」とみえ、タイトルページにはそれに［攻玉社出版印］が押印されてい

る。攻玉社では教科書を出版していた。佐野が訳した第二版が「中学校教科用書」なので攻玉社から出したのであろうと考えられるが、ひと時であれ攻玉社に佐野が在籍していたことに係わりがあったのではないかと思われる。

広島大学図書館海兵文庫本について

　広島大学図書館の海兵文庫にある訳本のタイトルページには「海軍兵学校蔵書之印」「供用年月　昭和8年7月24日／図書番号 01598／和書」印があり、ともに消印がはいっている。他に「広島文理科大学図書」印がある。この図書はもともと海軍兵学校にあり、1933年（昭和8年）か少し遡る時期に受入れて1933年に利用できるようになったとみてよいであろう。

　友三郎の三男孝夫は1901年（明治34年）生まれ、海軍兵学校に進み、1922年卒業、潜水艦乗組員、1940年潜水艦伊70号の艦長となり、翌1941年12月8日のハワイ真珠湾攻撃に参加したが、その帰路、米艦の攻撃を受けて沈没、乗員全員が戦死した（外山操『艦長たちの軍艦史』光人社、2005年、434ページ）。この図書が海軍兵学校でテキストとして使われたのであれば出版されて間もない頃にはいっていいと思うのであるが、「昭和8年」に閲覧できるようにしたとあるのは、孝夫が海軍兵学校卒業後同校図書館に寄贈したことを意味するのではないだろうか。

5　漱石・子規が使った"English lessons for Japanese students"について

　夏目漱石は1890年（明治23年）東大の英文学科に進学、正岡子規はその翌年国文学科に進学している。東北大学図書館の夏目漱石文庫と法政大学図書館の子規文庫の中に"English lessons for Japanese students"がある。漱石も子規も各所に下線を引き、書入れをしていて教科書として使われた事をうかがわせる。いずれも1886年（明治19年）8月18日刊行の初版である。

　ディクソンは上記のように再販本の前書きで初版本は2カ月で売り切れたと書いている。すると手元にある程度初版本をストックしておいて、そ

れを学生に買わせたのであろうか。それとも刊記を変えずに、増し刷りして使っていたのであろうか。受講生はわずかであるから、前者であろう。

6 補記

私は英学の世界のことはわからないので、この訳書がどれほど使われたのか、どのように評価されているのか知らない。ただ「英語青年」(Feb.15, 1934, p.26.) に、

「デイクソン英文典直訳　笹岡生
下記書名ちよと御知らせします。
デイクソン英文典直訳　佐野又三郎直訳(ママ)
明治二四年刊行　中本　定価五十銭　共益商社発行
因みに佐野氏は既に故人になりましたが多年山口県立図書館長をして居た人で図書館界に大いに貢献するところがあったのです。」

という短い紹介記事があるのをみると、ここに「明治二四年刊行」とあるのが間違いでなければ、刷を重ねたことになる。実物がないので何とも言いがたいのであるが、いかがであろう。

補論2　佐野が読んだ図書館関係洋書・洋雑誌について

佐野友三郎は秋田県立秋田図書館長に就任して以来図書館に関わる領域で欧米の文献をどのように読んでいたのだろうか。図書館で購入していた洋書・洋雑誌、個人で購入していたものについてみてみよう。後者については、幸い佐野の旧蔵書が僅かながら法政大学図書館所蔵の「佐野文夫文庫」にあり、それをみることで何を、どのように読んだかの一端を知るこ

とができる。

1　秋田県立秋田図書館時代

　佐野が図書館の世界に入った頃は国内で出版された図書館に関する文献はないにひとしい。かつ佐野の秋田での在職期間は僅かで、この間に入手した欧米の本は限られる。

　『明治三十五年六月現在　秋田図書館書名・著者名目録摘要』がある。その凡例には「明治三十五年六月現在当館洋書中ノ稍〻重要ナルモノニ就キ其ノ書名及著者名ニ依リ之ヲＡＢＣ順ニ排列シタルモノナリ」とある。これによって、山本安彦が既に調査している（山本「佐野友三郎が集めた図書館関係洋書の分析」「図書館学」西日本図書館学会、no.88、2006年）。それによれば（文献の頭は受入年月日）、

　　［1］1901（明治34）3.20. Ogle, John J. The Free library. G.Allen, 1897.
　　［2］1901（明治34）6.19. Wheatley, H. B. How to form a library. 3th. ed. E.Stock,1887.
　　［3］1901（明治34）6.19. Lang, Andrew The Library. 2nd ed. Macmillan, 1892.
　　［4］1902（明治35）6.10. Dana, John Cotton A Library primer. 2nd ed. Library Bureau, 1900.

　この他に

　　The Annual American Catalogue. 1900. Publisher's Weekly, 1901.
　　Decimal classification relative index. 6th ed. Library Bureau,1899.

がある。これらのうち［1］〜［4］はどのように読まれたのだろうか。書き込み、下線、傍線がないので、頁が開かれているか、汚れているかから推測するので、厳密さに欠けるのであるが、そうして見てみると、［1］は各ページの開きが悪くぱらぱら目を通した程度かなと思われる。［2］はアンカット本だが、カットされていて、少なくとも前半は読まれており、背が割れている。しかし後半は十分には読まれていないと思われ

る。[3] はよく読んだとは思われない。[4] は各ページがのど迄開き、紙面が汚れていて、よく読まれたように思われる。

　ただこうした読まれた形跡が全て佐野によるものとは断定できないので、不安はあるが、ともあれ佐野が読んだとして、J.C.Dana の著書に佐野の図書館づくりのテキストをみることができるようだ。

　山本は上記論考で、児童サービスに関する洋書を佐野がどのように読んだか「精密に調査する必要がある」と述べている。この作業は佐野が購入した文献全体にわたって求められるところであると思い、山本がこの作業にどこ迄手をつけているのかわからないまま、山本の提言に刺激されて自分流に、県立山口図書館の蔵書について以下、ほんの僅かであるが試みた。

2　山口県立山口図書館時代

2―1　県立山口図書館所蔵洋書

　佐野は多くの図書館関係の洋書を入れている。山本の上記論考によれば「1920年以前の発行年で検索すると図書館関係の洋書総受入点数は570点（雑誌を除く）となる。この内、単行本は161点、年報・要覧類は409点」である。

　在任中これだけの洋書を図書館に入れて、佐野は目を通したことであろう。そのなかで、山口で図書館のかたちをつくりあげ、一つの山を越えた時期、1909年（明治42年）10月に県内図書館関係者大会を開いた頃迄に読まれた図書館関係洋書は、佐野にとって図書館のあり方を固めていくうえで大きな意味を持ったのではないだろうか。山本は、受け入れた洋書を発行年ごとに整理して表にまとめている。これをみると、発行年と受入年とには少しずれがあるが、ほぼ1910年（明治43年）が受け入れた洋書量のピークとなっていることがわかる。佐野は、多くの洋書を読みながら構想を練り深めていき、それを現実の仕事とつなげていったのである。

　また、海外の図書館の最新の情報をうるのに不可欠な 'Library journal' と 'Public libraries' は大切な雑誌だった。

　この2誌は佐野着任時から図書館で購入していて（'Public libraries' は途

中から自分で購入)、事務室に置いていた。

例えば、「山口図書館報告」第2 (1905年8月) に掲載されている「米国図書館の趨勢」はこの2誌の記事によっている。

同報告第5 (1906年3月) の「図書館雑項」欄の「米国に於ける模範的小図書館」は 'Library journal' Feb.1906の Mary L. Titcomb 'How a small library supplies a large number of people with books' によって書かれている。

県立山口図書館には数多くのアメリカの公共図書館、州レベル理事会の年報が所蔵されている。佐野館長が寄贈してもらっていたものである。佐野はその著『米国図書館事情』の末尾で、「明治四十年、議院図書館長ドクトル・プットナム氏は、余の要望に依り、米国諸州の州立図書館又は図書館監督機関に知照し、規模の大小を論ぜず、州内代表的図書館の報告を山口図書館に送致せしめられたり」と述べ、更にこのことによって山口図書館が米国に紹介されただけでなく、同館当事者（自分のこと）が米国の図書館事情をうかがうことができたと述べている。

年報類を送ってくれた機関名のリストを「山口図書館報告」第10 (1908年3月) に掲載している。ここには 'Boston Public Library' にはじまり 'Worcester Free Public Library' 迄64の図書館・図書館理事会名がみえる。

同報告第4 (1906年1月) に『米国ウィスコンシン州巡回書庫成績報告』からの記事の抜書きがある。

同報告第13 (1908年12月) には「米国公共図書館統計摘要」が掲載されているが、これは山口図書館に送られてきた年報の統計事項からの抜粋であると述べられている。

佐野は、1911年（明治44年）「防長新聞」に12回にわたって「巡回文庫の話」を連載したが、これはアメリカの巡回文庫について州単位で報告したものである。最後にこれらは「各州図書館及び州の同盟年報」(「州の同盟年報」は州の図書館理事会年報) によっていると述べている。

さて、佐野は『米国図書館事情』で今日の米国図書館界は互に模倣しあ

っている、「此間に立ちて独創的活動者と称すべきものをセント・ルイズのボストイック、ニューアークのデェナ両氏とす」と述べている（282ページ）。

　石井敦は、佐野の蔵書と山口県立山口図書館の佐野が在勤中受け入れた図書館関係書を調べてみると、「実務的な図書と共に本とともにlibrarianship.図書館史などの本もかなり入っている。特に、J.C. BrownとA.E.Bostwickのものが目立つ」と述べている（石井『佐野友三郎』日本図書館協会、1981年、300ページ）。

　山本は上記稿で「ボストウイックやブラウンの著作から佐野はある程度影響を受けたのではないかと考えられる」と述べている。

　ここに挙げられた3人の著書についてみる。

John Cotton Danaの著作

　Dana, John Cotton　A Library primer. 2nd ed. Library Bureau, 1900.

　秋田の図書館にあり、よく読まれている。

　山口ではその3rd ed.（1903）を入手し（受入：明治37年5月25日）、本の背にゆるみがでるほど読まれている。

　この本は180ページ足らずのものであるが、図書館をつくるうえで基本となることをコンパクトに伝えるものとして、佐野にとって原点となる一点だったと思われる。

James Duff Brownの著作

以下、文献の頭の年月日は受入年月日である。

1904年（明治37年）3月30日　Brown, James Duff　Manual of library economy. S.S.Greenwood, 1903.

　背に割れ目があるほど読まれている。

1913年（大正2年）12月1日　Brown, James Duff　Guide to librarianship. Libraco,1909.

　最初のほうは開かれているが、その後十分開かない、どれほど読まれたのか。

同　　Brown, James Duff　Library classification and cataloging.　Graf-

ton, 1912
　　　館長が借り出している。背にゆるみあり。
同　Brown, James Duff　Manual of library economy. 2nd ed. Library Supply, 1907.
　　　初版の序文には、この図書は図書館の仕事を進める為のテキストブックであると書かれているが、再版本では、初版は図書館管理者向けであり、再版は図書館協会（Library Association）の授業用シラバスとして、また現代の図書館、殊にイギリスの都市の図書館の仕事に役立つように修正したと述べている。初版は476ページだったが再版は422ページにした。例えば第1部では'Committees'の章を削除、第2部'Staff'に手を入れ、第3部建物の設備のうち暖房・照明・換気などの章の削除、第7部目録・索引・ファイリングにも手が入っており、削除、訂正がいくつもの箇所にみられる。佐野は初版本をしっかり読んでいるので、再版本はこれはいうところを再読したと思われる。
1920年（大正9年）2月10日　Brown, James Duff　Manual of library economy. Third and memorial edition. Library Supply, 1920.
　　　佐野友三郎寄贈

　1914年Brownが死去、1920年にW.C.B.Sayersが改訂版を'Third and memorial edition'として刊行した。佐野はこの版は自分で買った。Brownには特に関心があったのであろう。
　Danaのもそうであるが、Brownについても最初に手にしたものを徹底して読んだ。これらによって佐野は図書館をつくり維持・展開していく道をつかんだのだと考えられる。佐野はおいしそうなところをつまみぐいしながら図書館をつくっていったのではなく、その真髄をつかんで、日本の、しかも不便な地方で生かそうとした。

Arthur E. Bostwick の著作
1913年（大正2年）10月20日　Bostwick, A.E. The American public library. D. Appleton, 1910.
　　　最初から49ページあたり迄は読んだあとがあり、そのあと、読んだ

あとがある章とない章がある。そのようすをみると（本節の終わりを参照）、基本となるところがよく読まれている。

1916年（大正5年）9月1日 Bostwick, Arthur E. The Making of an American's library. Little Brown,1915.
　読んでいないようにみえる。「I. Books as room-mates」ではじまり、図書館で所蔵する図書を主人公にした図書館の話であり、佐野の関心をひかなかったのだろうか。

　その他の図書からも多くを学んだことであろう。大正初年迄ランダムに選んだいくつかの文献についてみてみた。各文献の頭の年月日は受入年月日。

1903年（明治36年）4月21日 Edwards, Edward Free town libraries. J. Wiley etc.1869. 元東京図書館蔵
　崩れかけている。よく読まれている。下線、傍線あり。
　帝国図書館の複本を購入した34点の和漢洋書のうちの23番目のものであるが、この本はかなり傷んでいる。佐野に限らず、帝国図書館の職員をふくめ多くの人によく読まれた結果だと思われる。当時何よりの参考文献だったのではないかと考えられる。

同　Heilprin,Louis The historical reference book. Appleton,1902.
　読んだ形跡がある。

同　Ogle John J. The Free library. G. Allen, 1897.
　表紙ののどの部分が取れかけ、紙面がよごれている。よく読まれている。

1903年（明治36年）7月30日 Burgoyne, F. J. Library construction; architecture, fittings and furniture. G. Allen, 1897.
　前半の設備・備品などが書かれているところと、後半のイギリスの図書館・アメリカの図書館の順に各国の図書館についての記述のうち、ボストンの図書館のところは読んだ形跡がある。そのあと、ＬＣなど、そしてヨーロッパの図書館と続く部分は読まれていない。

同　MacFarlane, John. Library administration. G. Allen, 1898.

読んだ形跡がところどころにある。本は十分には開かない。221〜224ページはカットされていない。

同　Wheatly, Henry B. Prices of books. G.Allen,1898.
読んだ形跡がところどころにある。

同　Garnett,R. Essays in librarianship and bibliography. G.Allen,1899.
読んだ形跡がみられない。ぱらぱらみただけか。

1904年（明治37年）5月25日　Flanders,Michael tr. The Love of books:The Philobiblon of Richard Bury. De la more press,1903.
この図書はリチャード・ベリーの『フィロビブロン：書物への愛』（例：古田暁訳、講談社学術文庫本）として親しまれている。他にも図書に関する図書は何冊も入れているが、総じて熟読されていないようにみえる。

同　Lang, Andrew　The Library. Macmillan, 1892.
読んだ形跡がある。

同　Slater,John H. The Library manual. Upcott Gil,1891.
読んだ形跡がみられない。ぱらぱらみただけか。

1905年（明治38年）11月20日　Clark, J. W.　The Care of books. Cambrige Univ.Press, 1902
表紙が取れかけ、背は緩んでいて背クロスが破れ、虫食いの箇所がいくつもある。18世紀末以来の図書館と書架などの家具の歴史の図書で、数多くの図版が入っている。佐野だけが読んだというより多くの人に読まれたというべきであろうか。

1906年（明治39年）2月5日　Wire,G.E. How to start a public library. ALA,1902. Library tract no.2.
僅か15ページの小冊子。傷んでいる。

同　Hitchler,Theresa Cataloging for small libraries. ALA,1905.
p.63〜目録の事例集の部分によごれがある。

同　Stearns, L.E. comp. Essentials in library administration. ALA,1905.
読んだ形跡がある。

1906年（明治39年）4月20日　Greenwood, T.　Edward Edwards. S. Greenwood, 1902.

貸出カードが入っていて、佐野が借りている。
1906年（明治39年）8月25日 Stephens, H.M. Counsel upon reading of books. Houghton Mifflin,1900.
下線、傍線がある。
1908年（明治41年）1月30日 Dewey, Melvil Simplified library school rules. Library Bureau,1904.
読んだ形跡がある。
1908年（明治41年）8月10日 Fletcher, William. I. Public libraries in America. Little Brown, 1899.
表紙が本体からはずれている。読んだ形跡がある。
1912年（明治45年）1月10日 Weare, William Public library reform. Penny & Hull,1911.
背に割れあり。読んだ形跡がある。
1913年（大正2年）10月12日 Guthrie, Anna L. Library work, cumulated 1905-1911; A Bibliography and digest of library literature. Wilson,1912.
佐野の手になるメモがはさんである。
1913年（大正2年）10月20日 Plummer, M.W. Hints to small libraries. ALA, 1911.
読んだ形跡があり、傍線がみられる。
同 Ward, Gilbert O. The Practical use of books and libraries. Boston books, 1911.
最初の13ページは開けるが、そのあとは読んだ形跡がない。
1913年（大正4年）9月15日 Green, Samuel S. The Public libraries movement in the United States, 1853-1893. Boston books, 1913.
飛び飛び読んだ形跡がある。

　A.E.Bostwick の 'The American public library' がどのように読まれているか、みてみる。
本ののど迄開いているところ
Chap.1 The Modern library idea.

Chap.2 Library growth and development in the United States.
Chap.3 The Library and the state.
Chap.4 The Library and the public.
Chap.8 Traveling libraries.
Chap.14 The Library staff.
Chap.18 Branches and stations.
Chap.20 Library buildings.
Chap.21 The Library as a museum.
Chap.23 Training for librarianship.
Chap.24 Organization of librarians.

これらの章はしっかり読まれている。図書館の基本に関わる部分である。以下の章は少なくともしっかりとは読まれていない。実務に関わる部分である。

Chap.5 Reading and reference rooms.
Chap.6 The Library and the child.
Chap.7 The Library and the school.
Chap.9 The Library for the business man and the mechanic.
Chap.10 The Selection of books.
Chap.11 The Purchase of books.
Chap.12 Classification.
Chap.13 Cataloguing.
Chap.15 Library phiranthropy.
Chap.16 The Library as a producer.
Chap.17 Binding and repairing.
Chap.19 Statistics, reports, etc.
Chap.22 Libraries for the blind.

2—2 "Library journal" と "Public libraries"

　田村盛一は、県立山口図書館では、いくつかの外国雑誌を購入していたが、利用者はかなりあったと述べるとともに、その外に「ライブラリー・ジャーナルとパブリック・ライブラリーズがあるが、これは一般には出さ

ず専ら館長が参考にして居た」とのことである(『山口図書館五拾年略史』山口県立図書館、1953年、49ページ)。

　この2誌の最初の頃の受入の様子をみてみる。

Library journal　　　R.R.Bowker

v.28.6（June.1903）　　　受入　明治36年9月17日
［v.28.7欠］
v.28.8（Aug.1903）　　　　　　36年9月5日
v.28.9（Sept.1903）　　　　　　36年10月27日
v.28.10（Oct.1903）　　　　　　36年11月24日
v.28.11（Nov.1903）　　　　　　36年12月20日
v.28.12（Dec.1903）　　　　　　37年1月27日
v.29.1　　　　　　　　　　　　37年7月16日
［2,3欠］
v.29.4-6　　　　　　　　　　　37年7月16日
［7,8］　　　　　　　　　　　　受入印なし
v.29.　　　　　　　　　　　　　37年10月21日
［以下略］

Public libraries　　Library Bureau

v.8.no.1（Jan.1903）　　受入　明治36年8月25日
同 no.2-7　　　　　　　　　　同上
v.8.no8（Oct.1903）　　　　　　36年10月21日
　　　　　　　　　　　　　　　以後　ひと月遅れで受入。
［v.9欠］
v.10-11.　　　　　　　　　　　ひと月遅れで受入。
v.12（1907）-23（1918）　　　　「大正10年5月20日佐野文夫寄贈」

　前者についてみると、最初のものはv.28.no.6（june.1903）号で受入は明治36年9月17日。佐野は着任まもなく注文したのであろう。翌月号が欠けていて、v.28.no.8（Aug.1903）号は明治36年9月5日受入、欠号がありながらv.29.no.1-no.6は明治37年7月16日に一括して受け入れているが、

これは送金が遅れたのであろうか。以後はほぼひと月おくれで受入れている。

後者はv.8.no.1（Jan.1903）から7月号迄を一括して明治36年8月25日に受入れている。そのあとはひと月遅れで受入れている。v.9は欠。ところがそれもv.11迄ある。v.12（1907）からv.23（1918）迄は大正10年5月20日佐野文夫寄贈となっている。何故なのだろう。理由はわからないが、佐野は図書館で購入するのを止めて自分で買ったのである。書き込みはみられない。

1908年から図書館に勤めた田村が2誌は「一般に出さず」というところからすると、Public librariesは佐野が自分で買って図書館に置いていたことになる。それを文夫が、佐野の死後図書館に寄贈したのである。

文夫寄贈分をふくめて一年単位で製本していて、その様式・表紙は同じである。

例えば1905年1月号の第1頁には蔵書印、受入印（明治38年2月9日）ともうひとつ受入印と同じ印［大正10年10月10日］が押してある。これは製本されて受入れた日であり、佐野文夫が寄贈したのと一括して製本したと考えられる。

'Public libraries'には日本からのレポートがある。執筆者が書かれていないものも佐野の手になるかと思われる。

12/10　News from the field: foreign.

13/10　同上

14/6　Sano, T. The public library in Japan.

14/10　A library meeting in Japan.

以上、中山愛理「佐野友三郎とアメリカ図書館界とのかかわり」『茨城女子短期大学紀要』（第36集、2009年）参照。

3　法政大学図書館所蔵「佐野文夫文庫」所収佐野友三郎旧蔵書について

　佐野は図書館所蔵の図書・雑誌には傍線など書き入れはしていないので、どこに注意して読んでいたのかは十分には読み取れない。しかし自分のものには自由に傍線・下線・書き込みをしている。そのことが法政大学が所蔵する「佐野文夫文庫」にある佐野友三郎旧蔵書でみることができる。「佐野文夫文庫」そのものについては補論3の「法政大学図書館所蔵「佐野文夫文庫」について」にゆずって、ここではそこにある文夫の父友三郎旧蔵にかかる図書館関係の図書についてみてみたい。

　現在下記のものが残されている。いずれも同大学多摩キャンパスの図書館の旧分類A1（書誌学書目図書館）のところに収蔵されている。

和書
文部省『図書館管理法』金港堂、明治三十三年
文部省『図書館管理法』改訂版、金港堂、明治四十五年
帝国教育会『通俗教育施設方法講演会』国定教科書共同販売所、大正三年
日本図書館協会『図書館小識』大正四年
田中敬『図書館教育』同文館、大正七年
佐野没後に入れられたもの、
文部省『米国図書館事情』金港堂、大正九年
市毛金太郎『師範学校教程図書館学要綱』自費出版、第三版、大正九年
　この2冊は、遺族に送られてきたものを、文夫が手もとに置いていたのであろうと推測されるが、関連する図書なのでここに出しておく。

洋書
タイトルページが切り取られている本があり、その出版社、出版年は他の情報源により［　］でくくって補記した。
ALA　Manual of library economy. ALA, 1911-1916.

＊欠あり
Bishop, William Warner   The Library of Congress. 2nd ed. GPO, 1914.
Blades, William   The Enemies of books.［E.stock］, 1888.
　＊タイトル頁欠
Brown, Duff Brown.   A Manual of practical bibliography.［Dutton, 1904］
　＊タイトル頁欠
Bullock, Edna D. comp.   Management of traveling libraries. ALA, 1907.
　(Library handbook,no.3)
Dana, John Cotton   Modern American library economy. Vermont, Elm Tree Press, 1908-1917.
　＊欠あり。「外国為替金受取証書」が挟まれている。佐野の自署あり。
Davenport,Cyril. The Book.［A. Constable, 1907］
　＊タイトル頁欠。
Hutchins, Frank A.   Traveling libraries. ALA, 1902.（Library tract,no.3）
Koopman, H.L. The Booklover and his books.［Boston Books, 1917］
　＊タイトル頁欠。
Middleton – Wake, Charles H.   The Invention of printing.   Murray, 1879.
Savage, Ernest A.   The Story of libraries and book-collecting.［Dutton, 19--］
　＊タイトル頁欠。
Soule, Charles C.   Library rooms and buildings. ALA, 1902.
Ward, Gilbert C. The Practical use of books and libraries.   The Boston Books, 1911.

　これらが佐野文夫の蔵書の中にある理由についての筆者の推測は、補論3「法政大学図書館所蔵「佐野文夫文庫」について」で述べたが、文夫が満鉄の図書館に就職した時に、父親が持たせたものであろう。
　タイトルページが切り取られているものがみられる。書物に関わるものが中心である。その理由はわからない。

以下、これら洋書のうち書き込みがあり、佐野が読んでいることがわかる、Hutchins の "Traveling libraries"、John Cotton Dana 編 "Modern American library economy"、ALA の "Manual of library economy" についてみてみる。

巡回文庫について

F.A.Hutchins の "Traveling libraries" はだいぶん傷んでいる。何カ所かに傍線が引かれており、2−3ページにデューイについて書かれているところの余白に、佐野は「山口ニテハ一歩進ミテ小規模ニテモ図書館ノ設備ヲ有スル者ニ貸付ケ之カ発展ヲ助ケ。之ガ動機トナリテ小図書館ヲ設クル」と書き込んでいる。

John Cotton Dana 編 "Modern American library economy"
これは2巻本である。
Vol.1は
- Pt.1 The Lending department. Sara C. Van de Carr.
- Pt.2 Booklists and other publication. John C. Dana.
- Pt.3 The Business branch. J.C.Dana and Sarah B. Ball.
- Pt.4 Advartising. John.C.Dana.
- Pt.5 The school department. Julia S. Harron, Carinne Bacon and John C. Dana.
- Pt.6 Art department. Marjary L. Gilson and John C. Dana.

Vol.2は
- Pt.7 Branches. Elizabeth B. Mcknight and John C. Dana.
- Pt.17 Maps, atlases and geographical publications. Sarah B. Ball.
- Pt.18 Reference work
  - Sec.1 The Vertical file. Margeret A.McVety and Mabel E. Colegrove
    How to use a library.
- Pt.19 Aids in high school teaching.
  Picture collection. John C. Dana and Blanche Gardner.

Vol.2はかなり欠けている。全体に書き込みはほとんどみられないが、下記のものには何カ所かにみられる。
'Pt.5 The school department' の 'Section 4 School libraries' に何カ所か傍線がある。
Pt.18 Reference work の内の 'The Vertical file' (1915年刊行) に下線、傍線がある。

　この "Reference work" の表紙の左下に、[7/1/16] と書かれている。これは佐野が入手した本のタイトルページにしばしば書き入れている入手[月／日／年] に他ならない。これでみるとこの冊子は1916年7月1日に入手した。佐野は1915年5月〜9月アメリカに行き、そこで学んだことのひとつに「直立式挿込法」=「ヴァティカル・ファイル」がある。これは「目録編成法の革新を促す」だろうと述べている(『米国図書館事情』1920年、57ページ)。このことと関連するところである。

ALA "Manual of library economy"

　これは欠号がいくつかあるが、ほぼ揃って残されている。その刊行は1911年から1916年に及ぶ。佐野が山口に来てほぼ図書館の基礎を作り、充実させていた頃から、1915年アメリカに行く頃のものであり、これを読んで更にいろいろ研究した事であろうが、自分のやってきた仕事と重ね合わせながら読んだことであろう。

　どこをどのように読んだのか、おおよそのことをみてみよう。このシリーズは33冊セットである。多くに文中、下線・傍線・チェック・書き込みがあり、それらを、コメントを挟みながらみていく。下線など何もないものには「なし」とし(「なし」だから読まなかったとは言い切れない)、欠号は「欠」とした。

　全　体　が [Types of libraries] [Organization and Administration] [Special forms of works] の3部門に分けられ、それぞれテーマをもった何冊かの小冊子からなっている。

[Types of libraries]
Ⅰ．American library history. Charles K. Bolton. 1911.

G. Ticknerが、ボストンの図書館が出来た時に決めたサービスの原則のなかで大切なのは、どんな'popular books'でも道徳的で知的なものであれば、多くの住民が同じ時に同時に読めるように「複本」をいれる必要がある、また人びとが求めるfreshなものは最良のものだけでなく楽しまれるものもいれる、そこが、自分が作ろうとしている図書館が他と違うところだ、と述べているところに下線がある。

II. Library of Congress. William W. Bishop. 1911.　［なし］
III. The State library. J. I. Wyer. 1915.　［なし］
IV. The College and university library. J. I. Wyer. 1915.　選書に下線。
V. Proprietary and subscription libraries. C. K. Bolton. 1912.　［なし］
VI. The Free public library. Isabel E. Lord. 1914.　ほとんど全頁に下線。
VII. The High school library. Gilbert O. Ward. 1915.　下線、チェック。
VIII. The Special library. R. H. Johnston. 1915.　下線少し。

[Organization and Administration]
IX. Library Legislation. William F. Yust. 1911.　［なし］
X. Library Building. W. R. Eastman. 1912.
　　下線・書き入れが object, plans, general condition, location, economy, shelf, books, required capacity 迄。
　　以下　wall cases, alcoves, pattern, ...shape of building にはない。
XI. Furniture, fixture and equipment. Linda A. Eastman. 1916.
　　下線。
XII. The Administration of a public library. Arthur E. Bostwick. 1911. 各所に下線、傍線。
XIII. Training for librarianship. Mary W. Plummer. 1913.
　　［山口］との書き込み。
XIV. Library service. Emma V. Baldman. 1914.　［なし］
XV. Branch libraries and other distributing agencies. Linda A. Eastman. 1911. 下線とチェック各所。
XVI. Book selection. Elva L. Bascom. 1915.
　　ほぼ全頁に下線・チェックがあり、関心の深さがうかがえる。

XVII. Order and Accession Department. Franklin F. Hopper. 1911.
　　全頁に下線
XVIII. Classification. Corinne Bacon. 1916.　僅かに下線
XIX. The Catalog. 1916.　［なし］
XX. Shelf department. Josephine A. Rathbone. 1911.　下線あり
XXI. Loan work. Carl P. P. Vitz. 1914.　下線あり
XXII. Reference department. E. C. Richardson. 1911.　全頁に下線.
XXIII. Government department. J. J. Wyer. 1915.　［なし］
XXIV. Bibliography. Isadore G. Mudge. 1915.　「なし」
XXV. Pamphlets、clippings、maps、music、prints.　［欠］
XXVI. Bookbinding. Arthur L. Bailey. 1911.　最初の頁に下線

［Special forms of works］
XXVII. Library commissions and state library extension. Asa Wynkoop.
　　1913. 下線あり
XXVIII. The Public library and the public school. Kerr.　［欠］
XXIX. Library work with children. Frances Jenkins Olcott. 1914.
　　ほぼ全頁に下線・傍線・書き込みがみられる。いくつかを紹介すると、
　　§図書館の児童サービスと教育との関係のところに［Dewey］との書き込み
　　§児童サービスの分野のところに［Pitts. N. Y.］と書き込み
　　§成人部門との関係のところに［帝教］［小識］と書き込み（［帝教］は「帝国教育」、［小識］は『図書館小識』であろう）
　　§児童閲覧室のところに［監督者］と書き込み
　　§貸出法のところに［児童　貸出し］［移民　同化］［両親の同定］［日本趣味］［小講壇　豆本］と書き込み
　　§よい本に子どもをひきつける方法のところに［婦人の天職　保姆］［Docent］と書き込み
　　§児童館長のところに［児童館長は個性なき態度］［油断なき態度］と書き込み

§ 小図書館へのヒントのところに、［小規模図書館、児童専門家はすくないので、資質をもった townwoman からひとを探すことになろう］と書き込み

XXX. Library work with the blind. Mary C. Chamberlain. 1915. ［なし］

XXXI. Museums, lectures, art galleries, and libraries. Rae. ［欠］

XXXII. Library printing. Frank K. Walter. 1913. ［なし］

以上、児童サービスのところは細かくみたが、佐野がどこに関心を持って読んでいたかがわかる。繰り返すが、下線などがないからといって、佐野は目を通さなかったとはいえない。よく注意したところに下線などがみられたといっていいであろう。ほぼ全頁に下線が引かれたり、書き込みがよくみられるのは次のものである。

VI. The Free public library. 1914.

XVI. Book selection. 1915.

XVII. Order and Accession Department. 1911.

XXII. Reference department. 1911.

XXIX. Library work with children. 1914.

このうち

① "Book selection" についてひとつ。

佐野は上記のように『図書館小識』(1915年) を持っていたが、これには傍線、書き込みが何箇所かみられる。その「第十一章図書の選択」に普通図書館に於ける「備付図書選択基準」が載っており、「一　国民性の養成に資する図書。二　日常生活に必須なる参考図書。」など9項目からなる。その頁の空いているスペースに佐野は

　　人生を開展し人生を豊厚にする図書

　　地方の個人及団体に趣味を有する図書

　　図書館閲覧者のみならず汎く地方人の為めに備ふること

と書き入れている。実はこの3項目は上記 "Book selection" の最初の章の、'Principles of selection　The book'. の1. 3. 4. に当たる。そこに佐野のチェック・下線がある。念の為その部分の原文をみてみよう、

1. Select books that will tend toward the development and enrichment

of life.
3. Select books on subjects in which individuals and groups in the community have a natural interest.
4. Provide for all the people of the community, not merely for those who are enrolled as borrowers.

である。

　図書選択の問題は佐野にとって大きな問題の一つであった。
　この 'Book selection' はのちに翻訳された。『通俗図書館図書選択法』厨川肇抄訳、山口県中央図書館、1937年。現在、県立山口図書館にこの訳書はあるが、原書はない。
② "Library work with children" について。
　児童に対するサービスに関わる女性職員の必要性が書かれているところに佐野は共感を寄せている。1919年新聞閲覧室を新築、翌年それ迄の新聞雑誌閲覧室兼児童室を児童室専用とすることができた。佐野がどうしてもほしかった部屋である。そこに職員、できれば女性司書を置きたかった。しかしむずかしかった。議会ではその為の予算が通ったのであるが、佐野が求める司書が得られないまま佐野は逝去した。
③ "Reference department" はよく読まれているが、アメリカに行った時、そこに注意をはらっているとはみられない。『米国図書館事情』の「第三編図書館利用法第三章図書の出納」のなかで閲覧係の任務のひとつに「書籍に関する問合の回答」を挙げているが、その内容について語られることはない。佐野はカウンターに立って利用者に助言していたが、殊に中学生にはそれは読むなと言う事があった。それは、レファレンス・サービスとは言えない。そのことを反映しているのであろう。

　どんな図書をどのように読んだかについて推測をまじえてみてきた。佐野は秋田でも山口でも解決を迫られる課題に常に直面していた。その課題の解決を求めて海外の図書館関係の図書を読んだであろう。そのなかから当面する課題の解決のヒントをえるとともに、図書館のあるべき姿を学びとったことであろう。

補論3　法政大学図書館所蔵「佐野文夫文庫」について

　法政大学多摩キャンパスの多摩図書館に「佐野文夫文庫」がある。佐野文夫の妻てるの名で寄贈されており、この文庫の図書・雑誌には1934年（昭和9年）5月から6月にかけての日付の「佐野てる寄贈」印が押されている。それとともに「佐野文夫文庫」印と「東京社会科学研究所」印がある。
　文庫といってもまとめてあるのではなく、それぞれの主題のところに分散して所蔵されている。受入れた当時は1,000冊ほどの内外のもっぱら社会科学関係の図書と若干の雑誌があったようであるが、現在ほぼその半分ほどになっている（このことについては最後に述べる）。
　「あとがき」で述べたことであるが、この文庫のなかに僅かながらある図書館関係の本にみられる書き込みについて、1970年代初め頃、石井敦の調べで、それが文夫の父親佐野友三郎の手になるものであることが確かめられた。これらは元来佐野友三郎所蔵のものであり、それが文夫の手に渡ったのである。
　この図書館関係の本は、今は法政大学多摩図書館の旧分類の「A1」=「書誌学書目図書館」のなかに入っている。どんな本があるのか、どのよう読まれたのかは関心をひくところであるが（補論2で述べた）、同時にこの文庫をめぐるいくつかの疑問、何故文夫の蔵書のなかに父親の図書がはいっているのか、何故この文庫が佐野てるの名前で法政大学図書館に寄贈されているのか、東京社会科学研究所とはどのような関係があったのかも関心をひくテーマである。これらの疑問に答える資料は今日ほとんどみあたらず、当時の関係者の証言も間接的に僅かに伝えられるに止まるのであるが、若干の事実とつなぎ合わせてみてみよう。

1 佐野文夫の蔵書に父親友三郎の図書館関係の図書が入っていることについて

　一高、東大時代の佐野文夫については第5章で述べたが、東京で2度目の問題を起こして東大を退学となった文夫を父親は山口に戻した。そして知人に頼み込んで山口町にあった私立国学院の教師とするが、文夫は1年で退職し、父親の手づるでその年（1919年）大連に出来たばかりの満鉄調査課図書館に勤めることになる。友三郎は自分が購入した図書館と本に関する和洋書を文夫に持たせたのではあるまいか。そのうちの1冊、文部省『図書館管理法 改訂版』（金港堂、1912年）には山口県立山口図書館の図書携出規定を抄出して印刷したブックポケットが裏表紙の内側に貼り付けてあり、そこに目録カードが1枚はいっている。これには佐野が書名・著者名などを書く位置に「書名」「著者名」などと書き込んでいる。図書館のトの字も知らない文夫の為のものであろう。

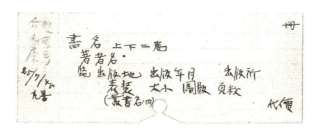

　その翌1920年（大正9年）友三郎は逝去した。その年の秋、文夫は前橋の井口家に嫁いだ友三郎の妹の次女てる（文夫の従妹に当たる）と結婚する。井口家は佐野家と同様元士族であり、裕福な家庭だった。友三郎の没後、文夫に佐野家の後継ぎとして一家を構えさせる為に、友三郎の死から間もない時期に行われた縁組であった。その風習は長く日本にあった。

　文夫は1922年（大正11年）満鉄を退職した。退職前年3月30日付けの心境を綴った本間俊平宛ての書簡がある。結核を患い療養していた千葉県勝浦町仲町から出したものである。病を抱え養生しているがよくならず、このまま欠勤を続けているのは心苦しく、また満鉄の給料では家族が養えな

い、東京の図書館に口があれば転職し、かたわら内職して生計をたてていこうかと考えている、しかし自分ひとりで進退を決するのはいかがかと考えており、なにとぞ先生のお考えをお聞かせくださいと結んでいる。

　文夫は満鉄退職後外務省情報部に勤めるが1924年（大正13年）11月退職し、文筆活動をはじめた。いつからかはわからないが、青野季吉ら社会主義者との交流が始まり、山口中学時代の同級生市川正一と再会する。1922年（大正11年）に日本共産党が非合法に結成された時、そこに文夫と市川もいた。非合法活動の日々が続くが、1928年（昭和3年）3月15日全国で共産党員が一斉に検挙された時、文夫も検挙された。文夫は獄中転向し、翌年8月1日保釈出獄するが、1931年（昭和6年）3月肺結核で死去した。(4)

2　東京社会科学研究所のこと

　1927年（昭和2年）9月、東京社会科学研究所が東京、神田、ニコライ堂前のビルの一室で設立された。(5) 当時の「朝日新聞」（1927年8月27日付）は、関西の大原社会問題研究所に「対抗」して子爵渋沢栄一の孫に当たる尾高朝雄が後援して「東京社会科学研究所」が設立されることになったと報じている。所長は東京商科大学教授の大塚金之助であった。社会及び経済に関する調査・研究をするとあるが、その活動はかなりマルクス主義の立場に近いものであった。

　研究所はやがて警察から解散を迫られるようになり、1930年（昭和5年）6月大塚は辞任する。1932年5月尾高邦雄が主任となり、研究所を改組、従来の方針を転換し、社会学の立場での研究がおこなわれるようになった。

　しかし当時の「帝都日日新聞」（1934年1月18日付）の「都下大学図書館、陸続左翼書類を除去」というタイトルの記事によれば、警視庁は昨年11月には長野県、新潟県の公私立図書館所蔵の極左本を任意提出させ、「十二月初旬においては市内における唯一の社会科学研究所の観があり、かつては大塚金之助氏が主宰したことがあり、現在尾高邦雄氏、清水幾太郎氏等新進学徒が主宰している東京社会科学研究所所蔵の佐野文庫（三・一五事件の被告で保釈中死亡せる佐野文夫氏寄贈図書）を始め、秘蔵の図書二、

三百種の没収を行った(6)」。

　このことについて尾高邦雄は後日、「聞書　東京社会科学研究所のこと　語り手尾高邦雄(7)」で、尾高先生の連行と東京社研の図書の押収について教えてくださいとのインタビュアーの問いかけに「昭和9年の春特高は抜打ち的に東京社研を襲い、大型乗用車でマルクス関係の主要な蔵書の全部を持ち去った。同時に私自身も責任者として連行された」と語っている。「昭和9年の春」は思い違いである。尾高はまもなく釈放されたが、研究所の閉鎖は逃れることができず、1935年（昭和10年）5、6月頃解散した(8)。

　佐野文夫は蔵書を設立間もない時期に研究所に寄贈したのであろう、その翌1928年3月には文夫は検挙されている。

　では、研究所にあった「佐野文夫文庫」はどのような経緯を経て法政大学に入ったのであろうか。

3　「佐野文夫文庫」受入をめぐって

　法政大学に「佐野文夫文庫」が入ったいきさつについて、わたしが知る限りふたつの説がある。

　高橋彦博は、「佐野文夫文庫」は研究所からの没収を免れたものが研究所解散ののち、佐野てるに返還され、それが法政大学に入ったとし、同時にどのような経緯で法政大学の図書館に収められたのか明らかでないが、研究所には法政大学文学部副手の池島重信がいたことをあげ、池島の存在を無視できないようであると言っている（（注1）の同氏稿）。

　磯崎道雄は、1933年12月に没収されたが、研究所解散とともに佐野てるに返還され、それから法政大学に寄贈されたと言っている（（注5）の同氏稿）。

　しかし上記「聞書　東京社会科学研究所のこと　語り手尾高邦雄」では、インタビュアーは更に法政大学の図書館に「佐野文夫文庫」があることを念頭に置いて、それは「未亡人が昭和9年の5～6月頃に寄贈されたもののようです。しかし、佐野文夫氏は昭和6年3月1日に死亡しているので、たぶん生前借出しそのままになってしまったものではないかと思われるので

すが、想像に過ぎません。東京社研における佐野氏のことは何かご存知でしょうか」とも尾高に聞いている。それに対して、尾高は「ほとんど存じません。その書物のことは多分あなたの想像されたとおりでしょう」と答えている。

　質問は、佐野文夫が一旦は研究所に寄贈したものの借り出し、それをのちに文夫の妻てるが法政大学図書館に寄贈したということが関係者のあいだで語られていたので、そのことを確かめようとしたのであろう。しかし佐野文夫が借り出したと理解するには、文夫が共産党の非合法活動をしていたこと、1928年（昭和3年）3月15日に検挙・投獄、1930年保釈、1931年死去という経緯からみて無理がある。高橋も無理だとする。そうではないとすると、研究所から「佐野文夫文庫」がある時期以降何らかの理由でなくなっていたことがそのように語られていたと理解することができるのではないだろうか。

　それは、研究所が運営方針を転換した時、組織を変えるだけに止まらず、蔵書についても研究所の方針に副ったものに改め、その方針にそぐわない「佐野文夫文庫」をどこかに引き取ってもらうことにしたのではないだろうか。その相手は法政大学ではなく、佐野家だった。この文庫は佐野てるの名で法政大学に寄贈されているのだから。

4　佐野家はどうしたのか

　研究所から引き取ってほしいと言われて、佐野家ではどうするか、頭の痛いことであったろう。「左翼文献の山」であり、まして次男・三男が軍人であるだけに引き取るのは無理であろう。文夫の母親きみ、妻てるは佐野家と親しくしていただれかに相談したのではないだろうか。そのなかでこういう問題の相談相手として適任だったのは、唐突かも知れないが、元警視総監、当時勅選貴族院議員岡田文次だったのではないだろうか。

　岡田はきみと同じく米沢出身で米沢中学時代には佐野友三郎に大変世話になった。佐野の死後、佐野家の相談相手となっていた。

　相談を受けた岡田がその為に動いたのではないか。その可能性を当時の

法政大学とその図書館の事情からみてみよう。

5 法政大学の事情

　大正末年から昭和初年当時、法政大学は松室致学長のもとで、大学令公布（1918年〔大正7年〕）にともない、大学昇格を目指し、教授陣の充実、校舎・設備の整備などに力をそそいでおり、「黄金期」といわれるほどの一時期を迎えていた。松室は司法省法学校の出で、判事・検事、検事総長、司法大臣を歴任、1913年法政大学学長に就任した。[12]

　図書館は、1922年（大正11年）経済学部教授に着任した平貞蔵が、着任早々できたばかりの図書委員となり、ついで同主任、1926年（大正15年）5月館長心得、同年12月館長となったが、この間長らく続いた「図書室」時代から1927年（昭和2年）2月鉄筋コンクリート建の図書館竣工、同年5月開館に至る。平は、職員の充実につとめ、加藤万作（海軍文庫、早稲田大学図書館、成田図書館をへて東京帝国大学図書館）、天晶寿（満鉄調査部）を呼ぶとともに、蔵書の充実、分類法の改訂、目録規則の作成などの業務を中心となって進め、図書館は充実した。[13]

　しかしこの間大学は各種事業の推進に無理な予算がくまれ、放漫財政をまねき、大学財政は危機的な状況となった。そのさなか1931年（昭和6年）松室学長は急死した。その後を継いで、1897年（明治30年）法政大学の前身、和仏法律学校講師となって以来教務主任、学監、監事を経て理事となっていた秋山雅之介[14]が学長補佐となり、ついで学長として財政の建て直しが計られるが、秋山は1934年体調を崩して身を引いた。そのあとを水町袈裟六が引き継いだが、水町はひと月後病没する。

　秋山学長の時学内を二分した「法政騒動」と後日呼ばれる抗争が起こる。様々な問題が絡み合うのであるが、基本は危機的な状況からの脱出をどうはかるかをめぐる意見の対立であった。「騒動」は1934年7月水町の後を承けて総長に選任された小山松吉の許で終息する。小山は検事・検事総長（1924～1932）、司法大臣（1932～1934）を歴任した人物であるが、法政では1921年学監、講師、1924年教授、松室の死去後理事となっていた。[15]同

時に「日本ファッシズムの総本山」といわれた「国本社」の理事であった。小山のもとで「騒動」の終息に力を振るった校友竹内賀久治（理事、のちに総長）もまた国本社の有力者であった。この内部抗争を通して教授会自治を基本とした大学のリベラルな体制は崩れていくが、完全に息の根をとめられたわけではないとの評価がある。[16]

図書館長平貞蔵は、図書館整備が一段落した1929年（昭和4年）2月館長職を降り、英仏独に留学、31年5月帰国、同年9月館長に復した。そしてこの「騒動」のなかで一方の旗頭となる。しかし反対派が平を排除する為、留学中フランスの女性と問題を起こしたと言い立て、その無実のことで責任をとらされ、1933年9月解職となり、大学を去った。[17]

6 再考「佐野文夫文庫」受入をめぐって

さて、研究所が方針転換をした1932年（昭和7年）当時、法政大学の学長は秋山雅之介であり、平貞蔵が留学から戻り、館長に復した時期であった。

秋山学長は帝国大学法科大学の学生の時、佐野友三郎より1学年下であり、ともにボート部にいた。[18]

平は米沢中学の出であり、東大在学中新人会にはいり、友愛会（のちの労働総同盟）の労働学校の手伝いをしたり、社会思想社の結成に加わり、「社会思想」の編集にあたったり、日本労農党と近い存在であると同時に、警察人脈にもパイプがあり、安倍源基（山口出身、東大法学部出、内務省に入り、1932年にできた特別高等警察（略称特高）初代部長、妻藤子は秋山雅之介の娘）[19]、毛利基特高課長とも係わりがあるなど、広い人脈をもっていた。[20]

佐野家から相談を受けた岡田文次は、これをそのまま廃棄処分してしまえば簡単だが、そうもできず、難しいがどこかの図書館で引き取ってもらえるか、あれこれ探り、行き着いたのが法政大学であったのではないか。学長の秋山雅之介が友三郎と関わりがあり、何より図書館長の平貞蔵は米沢中学の出で岡田の後輩である。法政で引き取ってもらえるか、秋山、平に打診したのではないだろうか。共産党の元委員長で逮捕された人物の蔵

書を引き取ることは大学に大変な迷惑をかける可能性があり、当時の法政大学の有力者、上記小山松吉や竹内賀久治らとも相談したことであろう。警視総監、特高部長安倍源基の了承を得るという場面があったであろう。それらが解決して法政大学は「佐野文夫文庫」を引き取ったのではないだろうか。

　何も証拠がなく物語に過ぎないと言われればその通りなのであるが、当時の状況を考えれば、岡田ほどの警察のトップと関わりを持つ人物が仲介しなければ、そしてよほどの手続きを踏まなければ、「左翼文献の山」を法政大学が引き取ることはできなかったであろうから、捨てがたい。

　平館長が「佐野文夫文庫」を法政で引き取ったという推測を間接的ではあれ、裏付ける記述が酒井勇二『法政大学図書館史』にある。酒井は「特に平貞蔵館長時代に収集された共産主義思想の図書が多かった」と書いている。[21]「佐野文夫文庫」とは名指ししていないが、衝撃的なできごととして当時の関係者のあいだで語り継がれてきたのを酒井が聞き取り、書きとめたのであろう。

　これは、平が館長であった時に法政大学に「佐野文夫文庫」が引き取られたことを間接的に語っている。

　ポイントのところを再述する。
　1929年2月　平、留学
　1931年2月　松室学長急逝、秋山学長事務取扱、のち学長になる
　1931年5月　平、帰国
　1931年9月　平、館長に復する
　1932年　　東京社会科学研究所、方針転換、「佐野文夫文庫」を佐野家
　　　　　　に引き取ってもらうことにする
　　　　　　「佐野文夫文庫」を法政大学が引き取る
　1933年9月　平、法政大学を去る
　1933年12月　特高、東京社会科学研究所を急襲
　1934年5月　秋山、体調を崩し学長を辞任
　1935年4、5月頃　東京社会科学研究所解散

役者が揃った僅かな時期に「佐野文夫文庫」は法政大学に入ったのである。

7　おわりに

平貞蔵は法政大学図書館長時代について「就職のときいきなり図書館長をやれということで、これからつくる図書館の蔵書の整理その他の仕事を——私自身はやらなかったが——与えられる」と言うのみである。しかし実際は1922年経済学部教授になり、その翌年設置されたばかりの図書委員になり、更に図書主任委員として「連日の指導」のもと学生と洋書カード目録作成、図書整理にあたったと言われている。館長となった1926年に分類表ができるが、その作成に係わっていたことを、このことの中心となっていた天晶寿が語っている。館長になった翌年5月新図書館が開館した。この大変な時期平館長は名前だけの館長ではなかったのである。

平は「佐野文夫文庫」についてなにも語っていない。佐野文夫のことについては山川均についての思い出を語るなかで、山川のところにいた、あとで本を書いたのではないかと思う、という程度のことで終わっている。

既述のように尾高邦雄へのインタビューに対して、尾高が「佐野文夫文庫」のこと、佐野文夫のことについては何も知らないと答えていることは印象的であったが、平も図書館長だった時のことをほとんど語らず、ともに「佐野文夫文庫」のことには口を閉ざしているとみていいようである。

平が辞めたあと翌年2月迄空席だった館長職に文学部の田部重治が就任した。田部はこの文庫受入に関わる事情を聞かされていたであろうが、そのもとで1934年（昭和9年）5月から6月にかけて「佐野文夫文庫」の登録・目録・装備作業がおこなわれた。

佐野てる名義の寄贈印に書かれている昭和9年5月から6月にかけての日付は受贈した日ではなく、整理作業過程のいずれかの年月日である。

この文庫はいわばひそかに法政大学が引き取ったもの故、「佐野文夫文庫」印は法政大学図書館がわざわざ押したとは思えず、東京社会科学研究

所で押印したものであろう。

　文庫としてまとめることをせず、主題毎に分散していれたのは当時の図書館のやり方に従った迄のことであろう。

　それにしてもこの整理にたずさわった館員の気持ちはどうだったのであろう。緊張していたのではないだろうか。いわば「国禁本」を手にしていたのだから。

後日のこと

その1

　既述のように、1933年12月、特高が東京社会科学研究所から「佐野文庫を始めとして秘蔵の図書二、三百冊を押収」したと当時の新聞が伝える。しかしその時既に「佐野文夫文庫」は法政大学に入っていた。するとこれはどのような意味を持つのであろうか。「佐野文庫を始めとして云々」は警察が記者に伝えたもの故、押収した図書のなかに「佐野文庫」本があったのか疑わしい。これは、「佐野文夫文庫」は警察が押収したと新聞記事にすることで、世間的にはあの「左翼文献の山」は警察が押収したと見せかけて一件落着させ、それが法政大学に入ったことは表沙汰にならず、このことに手を貸した警察トップを免罪する芝居のようにみえるが、いかがであろうか。

その2

　1945年の敗戦に至る迄、言論思想統制が次第に厳しくなっていき、法政大学図書館は1940年9月17日付けで麹町警察署からの通牒にしたがって160冊の本を「思想関係図書閲覧禁止」としている。1941年2月22日、麹町警察署特高課員来館、左翼出版物161点押収される。同年7月19日には文部省からの通達に従って発売禁止となった左翼図書を教授閲覧室のガラス戸棚にいれて鍵をかけ、厳重に管理しているとの文書を出している。その後も繰り返し警察、文部省から同様の通達が来、警察から特高課員が来てこのガラス戸棚を開けさせて点検した。ここに入れられない図書や雑誌は荒ナワで縛って書庫の一角に隠していた。これらのなかに「佐野文夫文庫」のものがあったであろう。

ところが1944年6月書庫の横の小屋が失火で燃え、書庫にも火が及び、約5万冊の雑誌が中心だったが、焼失した。荒縄で縛った図書・雑誌は運び出して助かったが、水がかかっていたので、乾燥させるのに苦労したとのことである。荒縄で縛った図書や雑誌の全てを運び出せたのだろうか。また5万冊の図書・雑誌の焼失、荒縄で縛ったものに水がかかったことは事実であろう。そして水がかかった図書・雑誌は乾燥させてもあらかた使いものにならない。ここには書かれていないが、かなりの図書・雑誌が捨てられたであろう。焼失し、水をかぶったもののなかに「佐野文夫文庫」のものがあったのではないだろうか。

　敗戦の翌年、1946年当時の図書館事務用綴りに「「閲覧禁止ノ図書ニ関スル件　戦時中風俗或ハ思想関係等ノ廉ニ拠リ閲覧禁止処分ニ附セラレタル図書ハ整理ノ終了セルモノヨリ逐次納庫シ一般ノ閲覧ニ供シツツアリ」（掲示）」とみえる。

　「佐野文夫文庫」のことではないが、美濃部達吉が1935年天皇機関説の為不敬罪で起訴され、発売禁止となったその著『憲法撮要』3部を図書館では閲覧禁止とし、書架から外して、その代わりにそこに『憲法と国体の本義』（全国神職会、1936年）などを入れた。第二次大戦後、外しておいた『憲法撮要』は閲覧できるように戻された。
　別置・保存されていた「佐野文夫文庫」についても同様の措置が講じられたであろう。

注

（1）高橋彦博「東京社会科学研究所の社会実験」「大原社会問題研究所雑誌」no.479、1998年10月
（2）この目録カード掲載の許諾を法政大学図書館よりえている。文夫による論考として「満鉄図書館に於ける戦時巡回書庫活動の概況」（「図書館雑誌」第37号、1919年2月）、「満鉄図書館に於ける戦時巡回書庫の成績」

（「図書館雑誌」第40号、1919年10月）がある。
（３）大正10年3月30日付文夫の本間俊平宛ての書簡（「資料３　書簡」の3
（3）参照のこと）。
（４）「佐野文夫予審尋問調書（1923〜1930）」『現代史資料20：社会主義運動7』みすず書房、1968年、関口安義『評伝長崎太郎』日本エディタースクール出版部、2010年、91—94ページ
（５）以下研究所のことは上記注（1）高橋稿、磯崎道雄「東京社会科学研究所と経済批判会（その1）」（「大塚会会報」大塚会、第34号、2007年）による。
（６）続けて文部省では各大学に対して、左翼思想図書に対する考慮を促す云々と書く（清水正三『戦争と図書館』白石書店、1977年、215—216ページ）。
（７）「大塚会会報」no.7、1984年
（８）磯崎上記稿「大塚会会報」第34号
（９）高橋彦博「蔵書印を読む——「佐野文夫文庫」と東京社研」「法政」第25巻第5号、1998年
（10）この弟二人との関係について、文夫は「私ハ弟等ト全ク思想ヲ異ニシテ居リマシタノデ兄弟トハ云ヒ乍ラ平素往復シテ居リマセヌ」と述べている（注（4）の「佐野文夫予審訊問調書（1928〜1930）」369ページ）。
（11）本著第1章、第7章を参照されたい。
（12）『法政大学図書館100年史』法政大学図書館、2006年、88—91ページ
（13）『法政大学図書館100年史』49—54、80—86、92—93ページ
（14）秋山は大学を出た後、法政大学の教務主幹、学監などの職のまま外務省、陸軍省、台湾総督府、青島守備軍民政長官を歴任した。そして1923年民政長官の職を辞して法政大学理事となる（秋山雅之介伝記編纂会『秋山雅之介伝』〔1941年〕の「法政時代」250—291ページ）。
（15）『法政大学図書館100年史』115—116ページ
（16）『法政大学図書館100年史』95—120ページ
（17）平記念事業会編『平貞蔵の生涯』平記念事業会、1980年、161—162ページ
（18）『東京帝国大学漕艇部五十年史』1936年、60—62、75ページ
（19）大村立三、土谷文基編『安倍源基伝』安倍基雄、1993年、61ページ、安倍源基・藤子・基雄『思い出の記』安倍基雄後援会、2000年、42—71ページ。上記『秋山雅之介伝』の年譜に1921年長女藤子、安倍源基に嫁

すとみえる。
- (20) 『平貞蔵の生涯』84—136ページ
- (21) 酒井勇二「法政大学図書館史（第4回）」「法政大学図書館報」20、1962年、341ページ

    酒井は当時教授にマルキストが多かったので「関係図書も必然的に多く収集された」と述べているが「佐野文夫文庫」の名はない。なおこの「法政大学図書館史」は後日一冊にまとめられた。
- (22) 『平貞蔵の生涯』131ページ
- (23) 注（13）を参照されたい。
- (24) 上記酒井「法政大学図書館史（第4回）」「法政大学図書館報」20、1962年、276—277ページ
- (25) 『平貞蔵の生涯』315ページ
- (26) 『法政大学図書館100年史』130—140ページ
- (27) 上記酒井「法政大学図書館史（第4回）」（「法政大学図書館報」no.20、1962年、348—349ページ）、『法政大学図書館100年史』（139—140ページ）に引用されている。
- (28) 『法政大学図書館100年史』年表稿
- (29) 拙稿「受難の『憲法撮要』——請求記号をたどって」「法政」第25巻第7号、1998年

第3部　資料

資料1　「防長新聞」に掲載された佐野の論稿

　石井敦はその『個別図書館論集　佐野友三郎』（日本図書館協会、1981年）に多くの佐野の論考を採録、紹介しているが、採録・言及していないものに「米国図書館事業の概要」（「防長教育」第195—197号、1916年2—5月号に連載）がある。しかし第5章5（「アメリカへ行く」の項）でのべたように、その内容は『米国図書館事情』の該当部分とほぼ同文である。
　他にこれ迄紹介されていないものに「防長新聞」掲載の論考がある。以下に、資料としてそれらの論考を収載する。

凡例
各資料の初めに、出典と短い解題を記した。
仮名遣いは、旧仮名のままとし、漢字は、新字体を用いた。句読点は原則として、掲載のとおりとしたが、文章の終わりについては、適宜句点を付した。
原文にはほとんどルビが付されているが、原則として省いた。ただし、和語に英語の読みがふってあるような場合はルビをふった。
文頭の◎○などの記号や傍点は省き、文中の文字の大きさは均一にした。

1 巡回文庫の話

解題 「防長新聞」1911年（明治44年）9月10日、12日～16日、19日～24日付、12回連載。アメリカの巡回文庫について、各州ごとに、その状況をアメリカの文献によって略述している。この新聞の読者にとって、恐らく縁遠いことであり、理解しにくいこと少なくないと思われるのであるが、この一文を12回にわたって佐野に書かせているところに注目したい。巡回文庫の大切さをこの新聞社は佐野と共有していたと考えられる。

　明治三十五年始めて秋田県に於て施設したる際は巡回文庫と称し我が山口県に於ては巡回書庫と称す。等しく英語に謂ふ所の Traveling libraries に相当す。今や中央の公文にも巡回文庫の文字を用ゐることゝなりたれども本県に在りては慣用既に九年。郡又は町村に在りても巡回書庫の名称を慣用するが故に今日俄に之を改め難く又改称するの要を見ざれども爰には便宜、巡回文庫の文字を用ゐたり。

　山口図書館の巡回書庫は目下郡市役所県立学校、公私立図書館に貸付するもの合計約七十に達し児玉文庫は卅八年より、豊浦図書館は四十二年より、郡立萩図書館は四十三年より、各其の郡内に巡回書庫を廻付し其の他の公私立図書館も多くは其の蔵書の一部を其の町村の部落に廻付し図書館の規模と土地の状況とに依りて種々の考案を運らしつゝあり。県外に在りては南は南満州鉄道会社より北は樺太に至るまで巡回文庫は現に各地に施設せられ之が系統及び状況を記述するのみにても優に一冊子を為すべく今更、外国の実例を調査するの要なきが如くなれども米国に在りては千八百九十二年、前ニューヨーク州立図書館長メルヴヰル・ヂユーキー氏が州立図書館の事業として始めて之を実施して以来、約二十年を経過し今や三十有余州の州立図書館又図書館監督（らいぶらりあんみつしよん）は各種系統の巡回文庫を運用し其の規模の大にして利用の広き吾等の参考に資すべきもの少なからず。

我山口図書館に在りては三十七年より郡市役所に、三十八年より県立学校に貸付し三十九年より之を公私立図書館に及ぼして以来、巡回書庫は直接には、公私立図書館を介して所在公衆に接触する機会を得、間接には公私立図書館の為めに図書の不足を補ひ更に公私立図書館の新設を促進する動機となり公私立図書館と相待ちて始めて確実なる効果を収むるに至りたれば今後、余力を割きて之を図書館未設地に及ぼし又、常時、二三の模範的巡回書庫を編成し置きて、郡村青年会、校友会等の会合に際しては請求に依りて之を何れの団体にも貸付し引続き若干月間、之を使用せしめんとする計画あり。其の他、家庭文庫に依りて現に家庭に接近せんと試みつゝある等、更に開拓すべき領域広濶なるが故に米国諸州に於ける施設状況の一斑を叙して本県図書館事業の発展に資する所あらんとす。
　米国に於ては最近二十年間、図書館普及運動の発展に伴ひ民衆に接触し得べき書図（ママ）の数、近来著しく増加したるにも拘らず、僻遠の地方に於ける状況を顧みれば全然、図書に接触するの機会を有せざるもの幾百万なるを知らず。此問題を解決して民衆全体に無料にて図書館を供給せんが為めに州の補助を求むることゝなれり。図書館普及に関して更に別種の問題あり。少額の経費と無経験の館員とより成れる小図書館の問題是れなり。此種の図書館を奨励して健全の発育を遂げしめ其の効果を増進せしめんが為めに何等か指導の中心を要すべきは明瞭なり。
　米国諸州の中、其の三十四州は現に図書館普及事業の施設に着手し之が機関として多くは図書館監督を組織し或は州立図書館内に一部局を特設し其の組織方法は必しも一様ならざれども到る処に図書館に対する需要を鼓吹し図書館事業に於ける熱心を喚起し既設図書館の効果を増進せんとする其の目的は其の一なり。
　千八百九十年、図書館監督を組織し無料公共図書館を設置したる町に価格一百弗の図書を補給するの途を開きて此運動に先鞭を着けたるものをマッサチユーセツツ州となす。此法律制定当時にはマ州三百五十二ヶ町の中、無料公共図書館の設備を欠ぐもの百五ヶ町ありしが今や同州は町として公共図書館を有せざるものなき連邦唯一の州となれり。（未完）

〔9月10日掲載〕

千八百九十一年にはニューハムプシャー州に於ても殆どマ州と同一の法律を制定し無料図書館を設置したる町には州より一百弗を補給することゝせり。加之、此州の監督は図書館設立に関する一種の強行法の制定に与りて力ありたり。此法律に依れば町は図書館を維持する為め、年々、一定の金額を賦課することを要し、其の最低賦課額を規定せり。町に図書館なければ、年々、其の定額を積立つることを要し、町にして若し其の定価の賦課を停止せんと欲せば、特に其の旨を決議することを要す。千九百三年迄に州の補助に依りて設置せられたる図書館百四十四に達し州内図書館の設置なきは僅々二十四ヶ町を剰すのみに到りたれば、同年監督を廃し其の一切の任務は爾来、州立図書館に於て継承することゝなれり。
　千八百九十二年にはニューヨーク州も亦此群に加はり、従来、他の州に於て其の例を見ざる程完全なる組織にて州内図書館の監督補助制度を設けたり。爾来年々各州とも多く其の例に倣ひ図書館監督を組織したる州は其の数三十四を算す。此等図書館監督の事業を概括すれば左の四種類に帰す。
一、直接補助　一般巡回文庫、研究文庫、盲人用図書の貸附。新設図書館に対する補助金の交付。
二、助力　通信又は巡回に依り図書館の設置奨励、既設図書館の監督巡視、設計其の他目録編纂等の補助。
三、教授　夏期学校、其の他、随時の集会に依り管理要項及び実務に関する指導を与ふ。
四、文書　選択目録、研究梗概、其の他の印刷物配布。
　今各州図書館監督の施設事項中、巡回文庫に関するものを左に抄録す。
　　米国各州巡回文庫施設状況一斑
カリフオルニア洲　　公共図書館の設置なき地方に於て在住納税者五名の請求あれば巡回文庫を貸付す。文庫は各号五十冊とす。何等料金を徴せず。運賃は往復とも州に於て支弁す。使用期限は三ヶ月間とし特許に依り更に三ヶ月間延長す。

コロラド州　　巡回文庫は請求に応じ州内何れの都邑にも無料にて之を貸付す。貸付を受けたる本人は六ヶ月後に安全に之を返付すべき責に任ず。
　巡回文庫に三種あり。（一）毎号五十冊の混合編成にして一般公衆の用に供するもの、（二）毎号五十冊の少年文学を以て編成し農村学校、日曜

学校及び工業地の学校に貸付するもの、(三) 倶楽部及び研究者の用に供する少部数の参考書是なり。
　コンネテイカツト州　　婦人会及び其の他の団体並に私人より借受けたるもの百四十三文庫あり。学校及び付近の巡覧に供す。別に州の公共図書館監督に属するもの五十八文庫、一般文学より編成せるもの五十五文庫、家庭文庫三文庫と多数の地図絵画とあり。学校、図書館、倶楽部及び個人に貸付す。
　デラウエーア州　　州の図書館監督は主として倶楽部及び個人の寄贈に成れる一系統の巡回文庫を有す。文庫は毎号五十冊、三ヶ月を期限とし続借を特許す。文庫を借受くべきものは(一)学校(学校長の請求により)、(二)町村、研究倶楽部、農業組合、郵便局、旅館、実業団体等(五名より少からざる会員を以て文庫組合を組織せしむ)、(三)図書館(管理委員の請求により)とす。(未完)
〔9月12日掲載〕

　アイダホ州　　州の図書館監督は職権に依り監督の主事たる公共教育局長の監督の下に巡回文庫を運用す。文庫は毎号五十冊より成り定式の請求に応じ、州内何れの地方にも貸付す。期限は四ヶ月とす。運搬に要する経費は巨額に達すれども凡て州に於て之を負担す。
　インデイアナ州　　此州の巡回文庫は千八百九十九年の創設に係り当初州立図書館に属したれども千九百二年、之を図書館監督に移し、爾来、其の利用は確実に増進せり。毎号四十冊の混合編成に成れる一般文庫は公民五名の請求により何れの図書館にも之を貸付す。往復の運賃は借受人の負担とす。文庫は四ヶ月毎に交換すれども請求に依り継続使用を特許す。
　研究文庫は特殊の問題に関する十四冊乃至二十冊より成り倶楽部の請求に依り運賃を予納せしめて研究倶楽部に貸付す。
　アイオワ州　　千八百九十六年州立図書館をして巡回文庫を施設経営せしむる為め年額支出に関する法律の通過を見、千九百年図書館監督設立せられ、千九百二年、巡回文庫に関する事業は州立図書館より同監督に移れり。
　文庫は地方公共図書館、特に設定せる文庫、組合十名を一群とする納税者、倶楽部、学校、其の他の団体及び個人にも之を貸付す。運賃の外、料

金を徴せず。期限は三ヶ月なれども請求により延長することを許す。

　巡回文庫の用に供する集書に二種あり、（一）一般読物より混合編成し五十冊を一文庫とする固定編成、（二）十進法により分類整頓し請求者の需要に応じ随時編成用に供するもの、是なり。

　随時編成用の集書中には左の四類を含む。

（一）研究倶楽部、其他団体の用に供するものにして其の要求に最も適切なるもの、通常、二十五冊以内を撰択編成す。

（二）青年文庫　アイオワ州学区図書館用図書目録より撰択し農村学校に貸付す。

（三）個人貸付用　地方銀行の保証により約定書に記名したる個人に貸付す。

（四）盲人用　本人と相識の州内在住納税者の推薦に依り州内の盲人に貸付し又は地方図書館を介して貸付せしむるものとす。此種の書籍は無料郵便にて配達せらるゝ特権を有す。

カンサス州　運搬の費用に充つる為め料金二弗を納付して請求するときは州内何れの団体にても借受くることを得。固定編成は倶楽部及び学級用に供する為め特に準備せられたるものに限り其の他は凡て個人、倶楽部、学校又は協会の請求に応じて編成す。

メイン州　巡回文庫は毎号五十冊より成り館長の請求により州内何れの無料図書館にも、又、無料図書館なき町の在住者五名以上より成れる何れの会合にも之を貸付す。料金は二弗五十仙とす。州立図書館の書籍及び文書は定式の請求書を提出し往復の運賃を納付するときは州内の責任ある何れの公民にも之を貸付す。

メリーランド州　バルテイモーア市イノック、プラット無料図書館は州立図書館監督との契約に基き巡回文庫の経営に任ず。少なくとも三名の責任ある公民の請求書を提出し料金五十仙を納付するときは何れの団体も毎号約三十五冊の文庫を四ヶ月間借受くることを得。

　盲人用図書はイノック・プラット無料図書館より州内何れの盲人にも貸付す。図書館監督は書籍保護の責に任じ又少額の損料を図書館に交付す。

（未完）

〔9月13日掲載〕

ミシガン州　巡回文庫は州立図書館の管理に属し納税者二十名乃至二十五名の連署請求に依り町及び村に貸付す。農業部落に在りては農業組合、農民倶楽部、婦人倶楽部、エポース同盟及び同様の組織並に研究の為めに組織せる会合より請求することを得。年額五弗の料金にて四文庫、一弗二十五仙にて一文庫の往復運賃を弁す。文庫は一般読物五十冊を一組として編成し、三ヶ月を期限とし、請求に依り更に三ヶ月間延長す。

　州内の婦人倶楽部を援助する為め倶楽部事業の綱領に基きて特別文庫を組織し会の請求により之を貸付す。

ミネソタ州　巡回文庫は千九百年の創設に係り現に一万八千冊を有し其の一万六千冊を固定編成とし残余を随時編成として個々の要求に応ず。

　巡回文庫は州内各種の需要に応ずる為め左の区別に依り之を貸付す。

（一）五十冊を一文庫となし図書費の少額なる小公共図書館又は図書館の設置なき村落に貸付す。請求書には納税者十名の連署を要し図書館の場合に在りては管理委員の署名を要す。料金は運搬費として一弗を前納せしむ。貸付期限は六ヶ月なれども地方組合に於て適当と認むるときは何時にても交換することあるべし。要求によりては小説以外の特別書籍も余分の年少用書籍も無料にて固定文庫中に臨時編入す。組合せたる外国書も亦同一条件にて臨時編入す。

（二）二十五冊文庫は五十仙の料金にて概して農村部落に貸付するものにして個々の書籍に対する要求も組合せたる外国書も五十冊文庫同様に供給す。

（三）二十五冊の少年文庫は二十五冊の正式の固定文庫と同一の条件にて小公共図書館と学区学校図書館とに貸付す。少年文庫は団体の希望により或は正式の固定文庫に附随し或は単独に之を貸付す。要求に依りては土地の状況に応ずるため特設少年文庫を貸付す。

（四）農村教師に供給する巡回文庫は郡教育監督の提出せる教育書目に基き固定巡回文庫と同一条件にて貸付す。

（五）十冊を一組とする家庭文庫は僻遠の部落に在りて正式巡回文庫を借受くるに必要なる十名の連署人を取り纏め難き者の為めに三ヶ月間之を貸付す。書籍は随時編成用の一般集書より事情の許す限り請求者の撰択を容

れ個々の家族に適合せしむ。借受人は学校又は郡吏員の保証せる請求書に署名し運搬の費用を納付することを要す。

（六）外国書　諾威、瑞典、独逸、芬蘭又は仏蘭西語の書籍六冊を以て一組となし要求に応じ無料にて正式の巡回文庫と共に貸付す。

　二十五冊の外国語文庫を編成し公共図書館又は英書の巡回文庫派遣所に貸付す。料金一弗を徴し此中より運賃を支弁す。近世語の学級を管理せる中学校には公共図書館を介して簡易なる独仏語補充読本の集書を貸付す。料金は二十五冊に対し二十五仙とす。

（七）婦人倶楽部の用に供する研究倶楽部文庫に固定及び不定の二種あり。冊数は研究事項により一定せず。二種共に（一）研究問題の範囲と図書撰択の基礎とを提示するため又（二）地方綱領委員に提議する為めに編纂せる梗概を添ふ倶楽部役員の請求により料金一弗及び運搬賃を納付するときは通常の倶楽部期間即ち九月より翌年六月まで使用することを得。倶楽部期間を通じて倶楽部は随時編成用一般集書中より、又雑誌交換所より、更に幾多の参考資料の供給を受く。

（八）五十冊の家庭理学文庫は農業組合婦人援軍の用に供するため、此機関に対し講師の供給せる講義綱領に基きて編成したるものにして、婦人援軍役員の署名せる請求に依り之を貸付す。料金は一弗にして此中より運賃を支弁す。

（九）学生部　随時編成用一般集書中此部に属する書籍はミネソタ大学教育学部を介して撰定する所に係り職業上、州の証明書を受くるために研究する者を補助するを目的とす。此種の書籍は学校長又は他の学校職員及び一名の責任ある公民の推薦に依りて個人に貸出し、別に料金を徴せず借受人は往復の運賃を支弁するのみ。

（一〇）中学校弁論会同盟の資料　聖ポール及びミネソタ以外の各区理事に貸付し中学校又は公共図書館を介して区内の巡覧に供す。（未完）
　〔9月14日掲載〕

ネブラス州　一般巡回文庫は四十冊乃至五十冊の成年及び少年用雑書を以て編成す。借受人の要求によりては特殊問題に関する他の書籍をも編入し読衆の多数が成年者の場合には少年用及び一般読物を加ふ。一般文庫に

加ふるに少年用のみの書籍、一般の趣味に適する書籍及び補充読物を収容せる各種の学校文庫あり。運搬費を納付するときは何れの団体にも之を貸付す。
　何れの団体にても一文庫に対し四十弗を納付するときは五年間三ヶ月毎に文庫を交換するの特権を得、永久巡回文庫派遣所を設定することを得べし。
　研究倶楽部、教師、学校及び個人は一般貸出用集書中より特殊問題に関する書籍を借受くることを得。
ニュー、ジエルシー州　　州立図書館の管理せる巡回文庫は千九百四年、図書館監督の手に移れり。文庫は当初、各種の問題に関し五十冊を一組として変更を許さゞる編成なりしが、請求者の希望に応じて編成することゝなせり。文庫は納税者十名の連署請求あれば如何なる団体にも、又管理者の請求あれば如何なる公共図書館にも之を貸付す。運搬費として年額二弗の料金を徴す。
ニューヨーク州　　一定の割合を以て各種の書籍より編成せる文庫を何れの団体にも貸付す。二十五冊、五十冊又は一百冊を以て一組とし、或は新刊書のみを以て成り或は比較的旧刊の標準書のみを以て成る。別に社会学、経済学、米文学、仏国史及び米国史の如き少数の分類編成あり。又、別に二十五冊を一組とせる少年用書あり。要求者には各文庫の内容を示すべき注釈目録を供給す。固定編成の外、別に一大集書ありて又之より撰択す、此集書中には地図、海図を包含すれども学校教科書、字書又は事彙を包含せず。此集書の目録は印刷せざれども認定を経たる書籍の目録は要求次第、借受人に貸付す。図書の撰定は出来得る限り此種の書目中よりすれども書目以外の他の書籍も認定を経れば供給す。
　巡回文庫の貸付を受くべきもの如左
　(一) 州の監督に属する造営物には其の責任ある役員の請求に依る。
　(二) 州の登記を経たる研究倶楽部又は巡回講話本部には主事の請求と不動産所有者の保証とに依る。
　(三) 公共図書館なき地方には在住納税者五名の連署請求に依る。
　(四) 倶楽部、農業組合、教会、夏期学校、実業団体等にして読物又は研究用として書籍を要するものには其責任ある役員の請求と不動産所有者の

保証とに依る。

　此種の請求者に貸付する文庫は前三種の請求者に於て必要とせざる書籍を以て編成するものとし八、九、十月間は貸付することを得ず。

　料金は二十五冊毎に二弗とし二十五冊を増す毎に一弗を増す。借受人は之に対し適当の書棚、目録（印刷したるものあらば）及び必要の用紙類の供給を受け運賃を負担するに及ばず。

　文庫の使用期限は六ヶ月間とす。但し学校及び登記を経たる研究倶楽部にして研究課程の六ヶ月以上にわたるものは毎年六月一日まで之を保留することを得れども、其の他の場合に在りては在庫中の書籍は往々にして他地方に貸付の約束あるものあるを以て六ヶ月を経過したる後は特許を受くるにあらざれば之を保留することを得ず。夏期学校倶楽部、又はホテルに貸付したる文庫は返納の通知に接したるときは十月一日には返付することを要す。

　ニュー、ヨーク州内に在りて便宜なる無料公共図書館の特権を有せざる家庭には往復の運賃として一弗を納付せしめ十冊一組の家庭文庫を三ヶ月間貸付す。

　家庭文庫を借受くる請求には館則に遵ひ書籍を安全に還付すること又不合理の損害を弁償すべきことを保証する不動産所有者の署名を要す。家庭文庫は個々の希望に応じて編成し特定の書籍を請求するものあるときは出来得る限り請求に応ず。請求者は文庫使用者全員の年令及び男女別、希望書籍に対する一定の指示を特に準備せる用紙に記入し図書撰定の便に供せざるべからず。（未完）

〔9月15日掲載〕

オハヨー州　　巡回文庫部は千八百九十七年の創設にして其年、六十二ヶ号、千百三十一冊を貸出し之に対する需要は年々確実に増進し千九百六年十一月十五日を以て了る一ヶ年間に七百九十六団体に対し巡回文庫千六ヶ号、四万七冊を貸付せり。其の仕向先左の如し。

婦人倶楽部	百七十八	学校	五百二十六
農業組合	百十	独立研究倶楽部	百廿六
宗教団体	九十四	図書館	二十七

男子倶楽部　二十六
　巡回文庫は図書館監督の着手せる事業中の最も重要なるものなり。
　巡回文庫部は当初より随時編成法を採れり。
オレゴン州　　千九百五年の議会は巡回文庫を購入及び運用することを図書館監督に認可したれども書籍購入の為めに経費を支出せざるを以て個人の寄附金及び文庫を使用する団体より徴したる会費を以て書籍購入費に充て千九百七年に至り巡回文庫購入のために支出金の増額ありたり。
　文庫は学校、農業組合の役員又は納税者十名の連署請求に依り村、学校、組合、農業部落に六ヶ月間之を貸付す。借受人は適当の場所に書棚を設くる責任を負ひ又往復の運賃を負担す。相当の土地に在りて一文庫に対し五十弗を納付するときは五年間、六ヶ月毎に九回交換を受くることを得。
　文庫は成年及び少年用最良の通俗書五十冊乃至六十冊を一組として編成し、目録及び貸出記録用紙類と共に堅牢なる書函に収めて搬出す。
　弁論協会の要求に応じ或は特殊の問題に対する資料を以て弁論協会用及び学生用として若干の小文庫を編成せり。
　此等弁論文庫は書籍、雑誌、議院に於ける弁論集、法律書、特殊の改良促進を目的として組織せる協会発行の冊子、梗概書、書目解題を収容す。文庫は重要の公共問題のみに限る。之が需要は殊に州内中学校に在りて絶えず増進す。
ペンシルヴエアニア州　　巡回文庫は出来得べき限り不動図書館の設置を奨励し図書館の設置なき地方に読物を供給するを目的とす。此目的を達するため文庫は四方面の用を弁ず。
　（一）一般読物として五十冊を以て一文庫を編成するもの。無料図書館の設置なき地方に無料にて読物を供給するを目的とし納税者十二名の連署請求により往復の運賃に充用するため料金一弗を納付せしめて六ヶ月貸付するものとす。
　（二）研究倶楽部及び読書会のために特殊問題に関して編成したるもの　研究倶楽部に勧誘して綱領を図書館監督に送致せしめ其の研究事項を包括すべき参考文庫を編成す。冊数は一定せざれども問題を適当に研究するに必要なる書籍は凡て之を包含す。此種の文庫は倶楽部役員の請求により料金一弗を徴して之を貸付し当期事業の終了まで使用することを得しむ。

(三) 州内の学校作業と関連して使用せしむるために編成したるもの此種の文庫は五十冊を一組とし仕向くべき学級に適切なるものを撰択し学校作業の興味を喚起し並に児童を指導して優良なる文学を鑑賞せしむるを目的とす。文庫は学務委員の請求により之を貸付し学年終了まで使用することを得しむ。

　(四) 特殊の事項の研究に趣味を有するも必要の書籍を獲難き境遇に在る者の為めに貸付するもの。此種の集書は五部以内にして三ヶ月間使用することを得しむ。請求者は不動産所有者の保証を得ることを要し又凡て運搬費を負担することを要す（未完）

〔9月16日掲載〕

ヴアモント州　　三名又は三名以上の公民にて文庫組合を組織し図書館監督の規則に遵ひ運搬に要する凡ての費用を納付するときは巡回文庫を使用することを得。地方図書館、文芸其他の倶楽部、農業其の他の協会、農民組合、専門学校、研究所、巡回講話本部、研究会其の他の組合は同一の条件にて文庫を使用することを得。

　四十冊乃至五十冊を一組とする一般文庫に加ふるに特に学校用として撰択したる若干の文庫を編成し農村の学校又は図書館の特権を有せざる小村落に貸付す。特殊問題に関する一群の書籍に対する需要に応ずるため一般予備文庫を以て補充せる若干の特殊文庫あり。千九百六年中、州の監獄入監人の用に供するため五十五冊宛の巡回文庫二ヶ号を特設せしが州立工業学校の用に供するため遠からず更に二文庫を編成すべし。

ヴアジニア州　　千九百六年、議会は巡回文庫の為めに七千五百弗を支出し之を以て当時現存せる巡回文庫制度を全然改善し州立図書館の一部として巡回文庫部を常設せり。文庫は固定編成に依らず、文庫に編入すべき集書全体の目録を印刷して州内各地に配付し請求者の自由撰択に委す。

　学校巡回文庫も亦本部より之を貸付す。其の書目は州の学務局及び州立図書館に於て連帯認定したるものに係る。

ワシントン州　　ワシントン州の巡回文庫は州の婦人倶楽部連合会の着手したる所にして千九百一年、州立図書館監督の設定と共に之を監督に引渡せり。千九百三年、監督の組織改正に際し州立図書館の一部として巡回文

庫部を置き千九百七年の法律に依り巡回文庫の事業は州立図書館を離して監督の任命せる巡回書庫監督の手に移れり。

　文庫は責任あるもの三名の連署請求に依り運搬に要する費用を納付するときは何れの団体にも之を貸付す。研究倶楽部を奨励して綱領を提出せしめ之に接触するため特に努力する所あり。研究事項に関係ある州立図書館蔵書目録を倶楽部に送致して其の撰択の用に供す。倶楽部に於ては運搬の費用を負担するのみにて希望の書籍は何冊にても供給を受くることを得。

（未完）

〔9月19日掲載〕

ウヰスコンシン州　　図書館監督は系統の巡回文庫を経営し（一）農業部落及び自ら公共図書館の維持に堪へざる小村に（二）地方図書館設置奨励のため大なる町村に（三）既に公共図書館を設置したるも図書購入資金に乏しく公衆の趣味を保持するに必要なる図書を購入し難き町村に（四）十分の用を弁すべき公共図書館に接近せざる研究倶楽部に之を貸付し独逸人、スカンデイナヴヰア人又は波蘭人の多数を閲覧者とする公共図書館に此種の外国書を以て編成せる文庫を供給す。文庫は堅牢なる松材の書函に収め印刷目録、貸出記録、用紙類、文庫の栞、及び派遣所付近に於ける文庫広告用掲示と共に通常便にて搬出す。文庫の貸付を受けたる派遣所は書棚を準備し、又運搬費を負担す。研究文庫は在庫書籍に関連せる問題の研究を継続する期間、之を倶楽部に保留し其の他の文庫は六ヶ月の後之を交換す。英書の文庫は少年用及び成年用の小説、歴史、紀行、伝記、理学、文学等、最良の通俗書五十冊乃至六十冊より成る。研究文庫の冊数には著しき異動あり。又、往々、雑誌及び小冊子類を補充し梗概及び綱領を添ふ。独逸語、スカンデイナヴヰア語及び波蘭語の文庫は三十五冊乃至四十冊より成り。大概之を借受くる公共図書館の予約申込に依る。公共図書館にして一文庫の実価三十五弗を納付するときは之を以て購入したる書籍の生命の存する限り、引続き文庫の貸付を受く。而して書籍の生命は少くとも六年間存続すべき計算なるを以て引続き十二文庫の交換を受く。

　外国出生者の多数在住する地方には正式の英文巡回文庫の外、十冊を一文庫とする外国書を添ふ。外国書は独逸語、波蘭語、諾威語、瑞典語、ボ

ヘミヤ語等別殊の集書を包含す。此種の文庫は極めて好評にして供給は常に需要に伴ふこと能はず。

新刊書即ち賃貸文庫は一文庫六十冊より成り少額の資金を以て存立に苦める図書館に貸付するを目的とす。六文庫の巡回区域を定め年額十弗の料金を納付するものに年に二文庫を貸付す。此文庫は三年を一期とし期限後は其の編成を解き書籍は之を他の方面に利用す。毎半年の搬出期に際し最良の新刊書六冊乃至十二冊を以て比較的旧刊又は利用少なき書籍に代ふ。

都邑巡回文庫は各（英書のみ）一百冊より成り大村及び小市にして財政上、公共図書館の維持に堪へず、然ればとて人口夥多にして定型の巡回文庫にては満足し難きものに貸付するを目的とす。五十弗を納付するときは図書館監督は巡回区域を包括する十団体に対し五年間、半年毎に同種の書籍百冊を供給することを約す。巡回区に加入せる各地に於ては文庫組合を組織し往々巡回文庫と連絡して閲覧室を開設するものあり。往復運賃は地方派遣所に於て之を負担す。此の協定によれば地方派遣所に於て図書購入費の半額を負担し図書館監督に於て半額即ち無料にて農業部落に貸付する標準巡回文庫の代表せる実価と同価を負担することゝなる。図書館監督は巡回文庫を使用する団体と絶えず接触を保ち親しく地方の状況に通暁し直接各派遣所の需要を熟知せんが為め絶えず各派遣所を巡回す。（未完）

〔9月20日掲載〕

以上は各州図書館監督又は州立図書館事業の一部として系統的に経営する所なれども公共図書館、学校、婦人会其の他学会又は私人の経営に係るもの少なからず。公共図書館の経営に係るものはフヰラデルフヰア無料図書館最も成功したりと称せられ私人の経営に係るものは近頃物故せるウヰスコンシン州出身上院議員スタウト氏の文庫最も名あり。

フヰラデルフヰア無料図書館に在りては千九百十年中に貸出したる総冊数百八拾六万三千七冊にして、本館より貸出したるもの二十四万三千三百六十三冊、児童部六万九百四十五冊、盲人部一万三千二百七冊、巡回文庫に依り貸出したるもの三万七千七百十二冊、其の他は二十三分館より貸出したるものにして巡回文庫は消防署、警察分署、電信分署其の他各種団体七十九ヶ所に貸付したるものとす。

千八百九十六年ウヰスコンシン州メノモニイ市なるジェー・エチ・スタウト氏は其の郡内に一系統の巡回文庫を創設せんと欲しウヰスコンシン無料公共図書館監督の助力を得て文庫の編成に着手し間もなく郡内各所に小文庫三十七の運用を見るに至れり。氏の実験は著しく成功を収めたるを以て始めは其の州内に於て後には他州に於ても之に倣ふ者極めて多くなれり。
　巡回文庫の編成には固定編成と随時編成との二種あり。読み物の乏しき地方に優良なる一般読み物を供給し図書館の設備なき地方に小地方図書館の設置を奨励する為めには一般に固定編成を採る。此編成に従へば借受人には殆ど撰択の自由なし。
　カンサス、ニュージエルシー、オハヨー、ペンシルヴエニア諸州は巡回文庫にも特別研究用の貸出にも随時編成を採り、ニューヨーク州は一部分、随時編成の型式を採る。其の他の諸州は一般巡回文庫には固定編成を採り特別の貸出、学校用書籍の貸出と外国書の貸出とには多く随時編成法を採る。
　固定、随時、二型式の長短を比較せんには先づ公共図書館の任務を考へざるべからず。公共図書館の任務を考へざるべからず。公共図書館第一の任務は書籍なき者に書籍を供給し一般の読者として其の読み得べき書籍中の最良のものを読ましむるに在り、学者の需要に応ずるは一般公衆に幾分満足を与へたる後のことに属す。而して図書館の規模小なれば小なるだけ、蔵書中の単純の読み物の割合は多きを加ふべき筈なり。巡回文庫は小規模の公共図書館なるを以て先づ一般読衆の為めに注意を払はざるべからず。此一般読衆は大多数の場合に於て図書の撰択上、敢て前後の区別あることなく趣味ある図書なれば彼も此も同一なり。（未完）
〔9月21日掲載〕

　随時編成の基礎は土地を異にすれば需要も随て異るを以て読衆に希望通りの図書を供給せんとするに在り。此型式の巡回文庫は編成を了りたるときは読衆の希望したる書籍と集書中、其の当時利用し得べきものと土地の状況に応じて一般読衆の需要を充たすべしと当事者の信じたるものより成る。
　固定編成の巡回文庫は一般の状況を標準とし最も趣味あり需要あり又最

も利益ある読み物として其の州の図書館監督の最も熟練に最も同情ある判定を代表し理想的の釣合よき選択にして発送の都度選択を要せざるものとす。管理上の手数より云へば固定編成に在りては最初一回目録を印刷するときは幾回貸付するにも之に依りて記録を取ることを得れども随時編成に在りては貸付の都度目録を調整する等の手数を要するのみならず、毎回重複なからしむる為めには前回までに貸付せる目録をも参照せざるべからず。

　右の如く二者の優劣は今尚未決の問題なれども運用の領域広潤なる場合に在りては固定編成を便利とすべきと雖も普通の場合に在りては随時編成として土地の状況に依り成るべく個々の請求に応ずるを可とすべきはニュージエルシー州が中途、固定編成を解きて随時編成に改めカンサス、オハヨー、ペンシルヴエニア諸州が随時編成に依りて当初より成功し又現に山口図書館の経験に徴して明瞭なり。

　借受けたる巡回文庫は之に趣味を有する者に托して管理せしめ公衆の出入に自由なる場所に置かんことを要す。私人の住宅は出入に不便を感ずる者多し。宗派、政党抔に関係なき所、郵便局雑貨店等を可とす云ふ、ニユーゼルシー州に在りては巡回文庫の仕向先の大多数は農業部落にして多くは十字街頭の雑貨店に保管するを常とす。農民の電話にて雑貨を注文する者、同時に又書籍の借受をも請求す。

　　藍靛一瓶、リチヤード・カーヴエル（書名）、小麦粉一袋、砂糖十斤、
　　外に然るべき読み物。

右の如き注文の電話にて申込まるゝこと珍しからずと云ふ。農業組合集会所に於て保管する巡回文庫も亦少なからず。此場合、農民は或は弁論会、講演会を組織して読書に依りて得たる利益の交換に努め文庫利用の効果を全くせんとし、或る時、組合の集会に際して『巡回文庫は過去十年間に於て州会が農民の為めに成したる最善の事業』なることを決議したりと云ふ。
（未完）

〔9月22日掲載〕

　巡回文庫の帯出借覧人には貸出規則を守り書籍を丁寧に取扱ふべき旨の約定書に署名せしむるを常とす。貸出期限其の他の規程は、通常、公共図書館規則を準用するもの多し。ニユーヨーク州立図書館の規程を左に掲ぐ。

ニューヨーク州立図書館巡回文庫貸出規則
　公共図書館に貸付したる図書は其の館の規則に依り貸出することを得、但し料金を徴収することを得ず
一、場所及び日時　文庫は便宜の場所に之を保管し図書の貸渡及び返納の為め管理者の指定せる日時に於て公開すべし但し、公開の日時は一週三日間、一日一時間を下るべからず、公開の日時は適宜之を公告すべし。
二、閲覧人　地方在住者にして年齢十二年以上の者は定式の約定書に自署したるときは此規程を遵守する限り図書を帯出借覧することを得。
　　　　　約定書
　　年齢十二年以上にして……の在住者たる下名は、ニューヨーク州立図書館巡回文庫の帯出借覧者として借受けたる図書の返納を怠りたるとき又は之に不自然の損害を加へたるときは之に対し如何なる過料をも迅速に納付可致候仍而約定書如件
　　　　　＊
　年齢十二年未満の者又は文庫を借受けたる地方以外の在住者は管理者に於て其の約定書に裏書したるときは同様の特権を享有することを得べし。十二年未満の者の約定書に在りては印刷用紙中、十二の文字に代へ実際の年月を記入すべし。
三、図書　借覧人の帯出する図書は一人一冊とし其の期限を二週間とす。
四、過料　図書の返納を怠りたるときは一冊毎に一日一仙の過料を納付すべし。徴収したる金員は管理者の指揮に従ひ文庫の用に供すべし。現に図書を借受くる者又は過料の納付を了らざる者には書籍を貸付すべからず。
五、留保　貸出中の或る図書を借受けんと欲する者は其の旨を司書に通告するときは其の図書の返納後、少なくとも四十八時間之を留保することあるべし。
六、続借　図書を返納したるとき他に借覧の通告なきときは更に二週間之を続借することを得。
七、損害　州の所有に属する図書に記号を付し又は印字を修正するは州に於て絶対に之を禁止す。凡て不自然の損失又は損害は其の原由の何たるを問はず管理者の指定に従ひ速に之を賠償することを要す。（未完）
〔9月23日掲載〕

千八百九十三年ニューヨーク州に於て始めて巡回文庫を施設するや幾もなくして「読書趣味は日増に喚起せられ遂に閲覧室の開設を促せり」との報告に接し尋いで「巡回文庫は到る処に善良なる読書趣味を振興し既に数ヶ村に重要なる地方図書館の設立を促せり」と云ひ「巡回文庫は町村をして民衆に図書を供給するの必要を始めて誠実に自覚せしめたり」と云ふが如き報告に接し始めに巡回文庫の貸付を受けたる地方に多数の公共図書館の設立を見たり。千八百九十八年一月、ウヰスコンシン州に在りて公費を以て無料図書館を経営したるは人口千五百人以下の三小村落に過ぎざりしが同年早々、州の図書館監督は豪俠なる公民の寄附に依り村落の為めに主として比較的新刊の書籍より成れる巡回文庫二十ヶ号を購入し、村にして州の法律に依り地方公共図書館を設立し相当の年額を支出して完全に之を管理するものあらば六ヶ月毎に五十冊一組の巡回文庫を貸付すべく且、地方図書館の組織に関しても助力を与ふべきことを二十ヶ村の村会に提議せしに、此提議に応じ二年間に二十ヶ村の村立図書館は成立せり。此経路は大抵一様なり、試みに図書館なき町村に於て巡回文庫の貸付を受けたりとせよ。之を利用する者、日に多きを加へ、需要は供給を圧して巡回文庫に満足せず、遂に図書館の設立を見るを常とす。之を例せんに。未だ菓子を味はざる児童は之を眼前に見るも敢て求むることなけれども、一たび之が甘味を経験すれば、絶叫強請、之を得ざれば止まざるが如く、町村の公衆も、巡回文庫に依りて始めて読書趣味を喚起せられ、自ら図書館を設立するにあらざれば満足せざるなり。此に至りて余等はヂューキー氏の言を想起するを禁ずるを能はず。氏云はく、
　不動公共図書館を各町村に普及せしむるは固より望ましきことなれども、選択其の宜きを得たる巡回文庫に依り、地方在住者をして最良の図書より得らるべき娯楽と利益との如何に多大なるかを了解せしめ之に依りて先づ図書館に対する興味を喚起し図書館の必要を感ぜしむるに如くはなし。
　巡回文庫の効果をして寒村僻邑に読み物を供給するに止まらしむるも尚且一大有力事業たるを失はざるに公共図書館の先駆として確実且迅速に到る処之が新設を促進する動機となり萎靡不振の既設図書館に生気を添へ其の効果を増進するに寄与する所少からざるは、余等の親しく経験する所

なり。

　以上各州巡回文庫施設、状況は主として材を各州図書館及び同盟年報に採り其の他、米国図書館協会冊子類及び各州立図書館報告等を参考せり。爰に負ふ所を明にし感謝の意を表す。(完)
〔9月24日掲載〕

2　本県の図書館事業

解題　「防長新聞」1913年（大正2年）7月1日～3日付連載。執筆者名がないが、佐野と推測する。県立図書館開館十周年記念式典についての記事（7月1～3日付）とともに掲載されている。新聞を通して県内の図書館について語った最初のものである。句点がないが、そのままとした。

　　　　一　総説
山口県に於ける大正元年度末現在図書館の数は県立一、郡立一、町立六、村立四十八、私立三十二、計八十八を算す而して私立図書館中、郡の補助を受け又は受けたることありて現に郡内に巡回書庫を廻付し事実上郡立図書館に準ずるもの二館あり
　各館の活動　創立の順序よりすれば明治三十四年創立の阿武郡立萩図書館は本県内最先の図書館にして又実に県内唯一の郡立図書館たり三十五年には私立児玉文庫、三十六年には県立山口図書館、三十七年には中関村立華南図書館、三十八年には私立西岐波文庫及び私立宇部図書館、三十九年には明木村立明木図書館外三館、四十年には福川町立福川図書館、私立麻郷文庫外五館、四十一年には赤郷村立桂陽文庫、私立由宇青年興風会附属図書館外十［1字欠］館、四十二年には八館、四十三年には十一館、四十四年には九館、大正元年［1字欠］は二十一館の創立あり此等八十余の図書館の間には何等系統的関係あるにあらざれども県立図書館より廻付する巡回書庫は一面、町村の図書館を仲介として普及の便を得、一面町村図書館の為めに書籍の不足を補ひ又年々図書館協会の会合を開きて研究協議を遂げ県内図書館全躰を以て一の図書館系統を為し互に相助けて効果の

普及及増進を期す北米マサチユウセツツ州教育監督たりしホーレス、マン曾て云はく、若し余が意の如くすることを得ば余は農夫が種子を播布する如く州内各所に図書館を普及せしめんと云へり而して今日マ州の都邑中、一として図書館の設置あらざるはなし本県図書館当事者の期する所亦実に爰に存す

　貸本方法　八十有余の図書館中、特に館舎の設備を有するものは県立及郡立図書館、村立華南図書館、村立明木図書館、村立華城図書館、村立花岡文庫、私立児玉文庫、私立豊浦図書館、私立新庄図書館、私立向山文庫等十余館にして多くは小学校々舎の一部に多少の設備を加へ又は新築、改築の際、特殊の設計を施して之を利用す而して農村に在りては日常登館して図書を閲覧するの機会を有する者多からざるを以て多くは貸出の方法を採り或は児童を介して家庭に配達し或は部落毎に巡回書庫を配付し努めて図書を公衆に接近せしむるの方法を講ず児童の為めには日時を定めて校内に於て閲覧せしむるものあり或は尋常四五年以上の各教室に教室文庫を配当し一人一冊宛一日乃至一週間を限り自宅に持ち帰らしむるものあり教師自ら配本して指導監督に任ずるは簡便にして安全なれども自宅に持ち帰らしむるときは乱読を防ぐのみならず児童を介し［1字欠］父兄母姉の読書趣味を鼓吹する機会を作ることあり但し一面児童自ら図書館に就き自ら図書を選択する習慣を養成すること最も肝要なり

　〔7月1日掲載〕

　　　　二　県立山口図書館

　沿革　本館は明治三十三年吉敷郡の寄附に係る金一万円を県に採納し其の約七千五百円を建築費に約二千五百円を設備費に充て三十五年十二月新築工事に着手し三十六年七月六日を以て開館、先に有志者間に於て山口に図書館設置の議あり三十二年六月二十九日山口県連合教育会は中央教育団提出に係る討議題「山口に図書館設置の件に付協賛をなすこと」を可決せり本館の創立は蓋し茲に由来す十月二十七日電燈架設工事を終へ夜間開館を始む三十七年［1字欠］月より郡市役所に三十八年度より県立学校に三十九年度より公私立図書館に四十四年度より図書館の設備なき町村にも巡回書庫を廻付す四十一年四月十日東宮殿下本館に行啓あらせらる四十二

年六月一日新築書庫［1字欠］引渡を受く書庫［1字欠］三十坪二階建にして工費三千百二十七円、約六万冊を容るべし四十三年四月以降午前より開館す

　閲覧室　本館建坪は閲覧室百十二坪其の他六十七坪にして普通閲覧室には約八十名、特別室及び婦人室には各十六名、新聞雑誌室と児童閲覧席とは通じて約八十名を容るべし新聞雑誌室には新聞架、雑誌台を備へ児童閲覧席には十二年未満の児童の為めに撰択せる図書数百冊を備へ適意に閲覧せしむ

　書庫　書庫の陳列法は従来分類に依らず固定法即ち図書の表装大小に依りたれども旧書庫は一時的設備に係り四十年度以降の増加書を収容するに堪へざるを以て一時の急を支ふる為め四十年四月普通閲覧室に八個の書函を据付け主として日常需要ある通俗図書及び辞書類、参考書類を分類陳列せり

　公開書架　公開したるに閲覧人は目録を検索するを要せず自由に適意の図書に接することを得、本館当務者の出納にも至便なるのみならず旧書庫の函架に依りて定めたる記号法は其の儘之を新書庫に適用し難きものあるを以て新書庫に於ける図書陳列法は総て分類に依れり

　分類陳列　は一類毎に増加書の為めに余地を存する必要あり新着書籍を同一函架に取纏め難き不便あり又大小の書籍新旧を問はず雑居するが故に外観宜しからざれども出納検索に至便なり

〔7月2日掲載〕

　　　　　　　　三

巡回書庫　本館は其の成立状態に鑑み県内到る所に効果を普及せしむるの必要を認め五十冊乃至百冊内外の通俗図書を一定の書函（高さ約二十二吋、長さ約二十六吋強、幅約九吋、観音開き二段、重量約五貫目、菊判の図書を収めて余裕あり）に収め使用期限を定めて之を各所に廻付し所在公衆の閲覧に供する方案を設け之を巡回書庫と称し三十七年一月より実施せり

　配本所　三十七年一月始めて巡回書庫の施設に着手し三十七年度には本館創立条件の一として郡市役所に予定の如く各一ヶ号を配付し三十八年度には本館所在地以外の県立学校に配付して職員生徒の閲覧に供し三十九年

度には公私立図書館に廻付するの途を開き既設図書館を助けて町村図書館の増設を促進し四十四年度には此等図書館の数六十有余に達したるを以て更に図書館の設備なき町村にも之を廻付することゝせり目下本館より巡回書庫の配付を受くるもの郡市役所十二、県立学校七、公私立図書館六十七、青年会其の他七、計九十三ヶ所にして郡市役所、図書館、青年会等は四ヶ月毎に、県立学校は一学期毎に交換す

　編成　巡回書庫の編成は施設の当初に在りては姑く固定編成とし県内を三巡回区に分ちて各郡市間を逓送せしめたれども郡市学校図書館に於ける巡回書庫の管理者をして充分の責任を以て之を運用せしめんとするには専ら直接需要者の請求に基きて編成するを至当なりとし且つ副本数も漸次増加したるに依り三十八年度末に於て巡回書庫に編入し得べき副本を調査し

　選択目録　を編成して郡市学校図書館青年会等に於ける巡回書庫配当表と共に之を県内各所に配付し巡回書庫に依りて本館の図書を閲覧せんとする者は選択目録中より希望の図書を選択して配当期日の一ヶ月前に本館に請求せしめ本館に於ては一ヶ月内に廻付の準備を了へ之を郡市学校図書館等に廻付す而して使用を了りて郡市学校図書館等より巡回書庫を返送し来りたるときは図書閲覧請求簿及び特許帯出証に就きて巡回中の成績を調査し帰着したる図書は一旦之を副本架に収め請求に応じて更に之を他の郡市学校図書館等に廻付するなり

　〔7月3日掲載〕

3　通俗図書館に就て

解題　「防長新聞」1917年（大正6年）10月16、17、19、20、22日付、5回連載。「です、ます」調で、公共図書館の役割について、山口の事例を中心に語る。図書館利用は大正期はじめ頃迄は順調にのびていたが、その後のびが止まっている（第6章1参照）。少しでも多くの読者に図書館について知ってもらい、利用してもらい、その状況を打開したかったのであろう。

　通俗図書館に就て（一）

一、通俗図書館の価値

　通俗図書館は最少の経費を以て最大多数の為めに最良の読物を供するのが理想だと云はれて居ります。また図書館の任務は娯楽と知識と教訓と霊感（インスピレーション）とを供するに在りとも云はれて居ります。

　米国教育界の大恩人カーネギー氏は図書館は自ら助くる者を助く、図書館は無償にては何物をも与ふることなしと申して居ります。此は読者は努力なしに図書館から何物をも得ることは出来ぬ、図書館は努力して求むる者には其の素養、趣味、目的、職業等に相応して娯楽なり、知識なり、教訓なり、霊感（インスピレーション）なりを授けると申す意味であります。

　同じく求むる者には娯楽と知識と教訓と霊感（インスピレーション）とを与へると云ひ得でせう、能率上から云ば、経費の割合に、成るべく多数の者に、成るべく良い書籍を供給するのを理想として居るのであります。

二、山口図書館の方針

　山口図書館は県を本位として県内に図書館の効果を普及するを目的として居るものであります。館内で調査し又は読書しやうとする者の為めには、普通の参考書と読物とは一と通り備付けてあります。

　図書館の状況や蔵書の内容を紹介する手段としては二ケ月毎に図書館報を発行して閲覧状況を報告し、新着書籍を紹介して居ります。年報、図書目録なども発行して居ります。毎週一回新聞紙上で新着書目を報告するのも公衆に便利であらうと思ひます。新着の書籍や需要の多い書籍は書棚を公開して自由閲覧に委してあります。特別閲覧人は書庫に入りて自由に検索することも出来ます。書庫の書籍は類に依つて整頓してありますから、出納にも検索にも便利であります。

　斯様にして書籍の幾分は書庫を出でゝ閲覧室で公衆と相接し、公衆は書庫に入りて全部の書籍と相接し、館内至る所で書籍と公衆と相接触し得るやうにするのが山口図書館の方針であります。

　随て書名カード目録も分類印刷目録も備付けてはありますが、図書目録は必竟、書籍を鉄の鎖で書庫内に禁錮して置いた中世紀時代の遺風でありますから、書庫を公開すれば目録の価値は半分にも四半分にも減ずる訳であります。

〔10月16日掲載〕

通俗図書館に就て（二）
三、図書貸出上の便益
　平素多忙の者や遠方の者の為めには貸出を行ひます。県内に在住して一戸を構へ県税を納めて居る丁年者は一定の手続をすれば二冊宛十五日間、教員其他特別券を有する者は必要に応じて図書館に差支ない限り何冊でも借受けることが出来ます。十七年以上の者、納税資格のない者は有資格者を証人とすれば同様借受けることが出来ます。
　米国の都会では図書館から書籍を借出す者は所在地の人口の約二割で他の二割は読書に堪へざる老若又は文盲者、他の二割は繁劇にして読書の余裕なきもの、残り二割が勧誘指導次第で図書館に引入れ得べき者としてあります。併し之は固より概数で、郡村で人口の約四割が図書館を利用して居る所もあり、大都会で図書館を利用して居る者が、一割内外に過ぎぬ所もあります。一ケ年の貸出冊数は人口の二倍内外が普通でありますが、往々四倍乃至五倍に達して居る所もあります。山口図書館から借受けの手続をして居る者は目下約二千三百人ありますが其の内約七百名即ち三分の一弱は教員であります。日々の現在貸出冊数は千二百冊乃至千五百冊あります。一ケ年の貸出冊数は約三万五六千冊（巡回書庫に依るものを除く）で、山口町の人口を約二万七千とすれば約一倍三分内外に達して居ますが、県全体から云へば前途尚極めて遼遠であります。米国の都会で図書館から書籍を借受ける者は人口の約二割内外が普通だと申しましたが、其の書籍を借受ける者の約半数は児童であります。山口図書館では十七年未満の者には直接書籍を貸出しませぬけれども父兄の名義で借受る者が少くありませぬ故に時機を見て十二年以上の者には受持の先生又は父兄の保証に依り直接書籍を貸付けることにすれば又図書館の利用を拡める一端かと思ひます。（児童のことは尚後にお話し致します）

〔10月17日掲載〕

通俗図書館に就て（三）
四、町村図書館との連絡

遠方の団体には巡回書庫を貸付けます。巡回書庫は図書館の蔵書の不足を補給し又は図書館に代りて書籍を供給するのが目的であります。山口図書館では巡回書庫に依て町村図書館に補給し、図書館のない町村には、学校でも、役場でも、青年団でも、確実な引受けがあれば何処にでも貸付けます。巡回書庫は目下約百四十ヶ所に貸出してありますが、未だ図書館の設置もなく、巡回書庫も借受けない町村は
　大島郡五ヶ所、玖珂郡十五ヶ所、熊毛郡六ヶ所、都濃郡十一ヶ所、佐波郡五ヶ所、吉敷郡一ヶ所、厚狭郡皆無、豊浦郡二十一ヶ所、美祢郡一ヶ所、大津郡六ヶ所、阿武郡十三ヶ所ありますが、近き将来に於て各町村に図書館が設置せられ、町村図書館が遺憾なく町村の公衆に利用せられ、巡回書庫に依て常時補給を受けると同時に、町村図書館に備付けなき書籍は、必要に応じて、随時、山口図書館から借受けて一時の用を弁ずるやうにし、県立図書館と町村図書館とが真に一体となって確実の効果を収めたいと思ひます。(県立図書館に備付けなき書籍は帝国図書館から借受けて一時の用を弁じます。)
　巡回書庫の効果は主として借受けた管理者の運用如何に依るのでありますから、本県で青年団の幹部に教育を施さるゝ場合などには図書館又は巡回書庫の運用取扱をも教授せられる必要があると思ひます。

五、図書撰択上の注意
　図書館が真に有効に活動するには、適当なる書籍と適当なる組織即ち管理が必要であります。建物も一の要素には相違ありませぬが、建物は図書館経営上の基礎でなく、寧ろ図書館事業に堅牢の外形を与へて之を永遠に保証する所以であります。
　図書の撰択は極めて慎重にせなければならず、特に一々実物を吟味して購入し難い場合には公認書目に拠ることが安全であります。単に一冊一冊の書籍を吟味して購入するのみならず、購入した書籍が全体として如何なる働きをなすかを考へなければなりませぬ、図書館の任務は需要あるものを供給すると共に公衆の趣味を指導し制限するに在ることを忘れてはなりませぬ。予め読者の種類、趣味、傾向等を考へ、図書相互の関係を考へることが必要であります。滋養分に富む食物も偏食すれば却て健康に害のあ

るやうに、単に無害だからと云うて現実の需要其の他を顧みずに同種類の書籍を多く備付けるのも宜しくありませぬ。

　之が為めには予算を必要に応じて予め各部門に配当して置くのも一の方法でありますが、山口図書館では毎月、増加書の冊数及び価格を各部門に分けて統計を取り又毎月の貸出書籍を各部門に分けて之を比較対照して居ります。ニューヨーク州では州内の通俗図書館に対し一館毎に年々二百円宛補助金を交付しますが町村の支出する同額の資金と併せて認定書目中の書籍を購入させることにしてあります。公認書目に見当らぬ書籍は姑く其の購入を見合せると云ふことは小図書館には相当の理由であると思ひます。

　山口図書館では普通の参考書及び読物の外に特に書架を設けて新旧郷土志料を蒐集し県の沿革及び現状を徴することが出来るやうにすると共に図書館を以て郷土的自尊心を養成する一要素に致したいと考へて居ります

六、図書出納係の懇切

　既に適当なる書籍を備付けたる上は、之が保管を確実にし之が利用を容易にする為めに或は之を記帳し、或は之を分類し、或は之が目録を編成する等のことが必要でありますが、分類よりも目録よりも、何よりも必要なるは館員自身の懇切なる説明指導であります。目録が書籍と公衆との仲介であるならば出納係は図書館と公衆との仲介であります。

〔10月19日掲載〕

通俗図書館に就て（四）

七、児童の読書趣味養成

　図書館事業の根抵は、一面、児童の読書趣味を涵養し、一面、読衆を指導し図書の運用に任ずべき館員其の人を養成するに在ることは勿論でありますが、館員の養成は姑く措き通俗図書館の任務中、最も緊要なる方面は児童と学校とに対する奉仕であります。

　児童の極めて幼少の時期から図書館利用の習癖を養成し、善良の書籍を自由に利用させ、娯楽的方便から導いて漸次堅実の読物に親ませれば学校を離れた後も永く読書を継続することになります。児童に対する図書館作業の根拠は爰に存するのであります。

在学中に読書の習癖を養成して置けば其の人々の努力次第で図書館を利用して教育を継続して行くことが出来ますが、系統的に青年団又は補習学校で図書館を利用し利用させやうとするには、青年団又は補習学校で定めた教授要項を予め図書館に通知する、図書館では其の要求を充たすだけの計画を立てゝ必要の書目又は記事を纏めて青年団又は学校に通知する、たとへば青年団で自治制に関する講話をする場合に、前以て之を図書館に通知すると、図書館では自治制に関する書目は勿論、之に関する記事をも取纏めて青年団に通知する、青年団では図書館に就き或は之を借受けて閲覧と云ふやうに、青年団又は学校と図書館との間に互に連絡を取ることにしなければ仮令図書館を利用するにしても効果は割合に少なからうと思ひます。

〔10月20日掲載〕

通俗図書館に就て（五）
八、学校教育と図書館教育
　学校は強制的であり、図書館は任意的であり、学校は訓練を主とし図書館は修養（娯楽も広義の修養だと思ひます）を主とし、学校は自発的であり、図書館は協力的であります。米国最近の学事統計に依れば小学教育終了後中等学校に進学する者は僅々百人中の七人に過ぎないと云ふことであります。それなら米国で中等若くは高等教育相当の学力ある者は百中の七に過ぎぬかと云ふに、常に図書館利用者に就いて云ふも、それ以上の学力を備へた者が多くあると思はれます。此は通信学校図書館其の他通俗教育の効果であると申すことが出来ませう。図書館は広義の補習教育機関でありますけれども、冒頭にも申した如く図書館は努力して求めざる者には何物をも与へない。

　然かして。図書館に就いて幾分なりとも補習教育の実を収めやうとするには、学校に居る間の準備が必要であり学校と図書館と連絡を取ることが必要であると思ひます。学校で荒筋を授けて図書館で仕上げさせると云ふ米国式の教育法は国語問題其の他国情を異にする今日の日本に直ちに其の儘施し難いとしても、学校図書館間の連絡は必要であると思ひます、今日図書館を利用すると否とは任意であり、利用するとしても連絡を取ると取

らぬとは任意でありますけれども其の利用の如何連絡の如何は教育の効果を確実ならしむる上に於て多大の相違があると思ひます。

九、山口図書館の現在

　山口図書館の蔵書は約五万八千冊、委託書を合算すれば七万冊以上になります。三千五百円宛の購入書と寄贈書とで年々の増加書が四千冊内外になります。唯今新築中の総煉瓦三階建の書庫が落成すれば少なくとも十二万冊の収容力がある訳ですが、蔵書は今後十年間で委託書を併せて約十二万冊に達する計算であります。

　而して、消耗又は陳腐に属した為めに撤廃を要するものが年々少なくとも増加書の一二割に達するでせうから、現在の木造書庫と併用すれば今後十年乃至十五年以内に新書庫の充満することはなからうと思ひます。

一〇、今後の施設希望

　収容力十二万冊の書庫が落成すれば百万の県民に奉仕する県立図書館として設備上甚しく不足はありますまい。唯欠陥として剰す所は児童室であります。目下の閲覧人は中等学生が増して児童が減じて居る傾向です。児童を引寄せる手段方法がないではありませぬが一時的の方法で増加を計るのは仮令甚しき弊害がないとしても積極的効果は少なからうと思ひます。絶えず児童を引寄せて効果を持続させる為めには常に清新の趣味を保つことが必要であり、専務の係員があつて児童を指導して行くことが必要であります。絵画から引入れるも善し、「お話」から引入れるも善し、解題、朗読などから導くも善いでせうし、オルガンの一台も据付けて時には「桃から生れた桃太郎」位は合唱させて見たいと思ひます。

　つまり児童室の仕事は読書を主としつゝ幼稚園の気分を其の儘幾分保つて居るに在ります。随て山口図書館の現在の如く成年者の新聞雑誌閲覧席と雑居では積極的に作業を進めることは出来兼ねます。来年度に於て十坪ばかりの簡易な新聞雑誌閲覧席を現在の新聞室に接続して建卸して現在の新聞室を其の儘全部児童室として専用することが出来れば児童の為めに相当の作業が出来ると思ひます。(完)

〔10月22日掲載〕

4　本県の図書館

解題　「防長新聞」1918年（大正7年）3月18、20日付連載。県立図書館、県内各地の公私立図書館の特徴を略記。最後に県内各地にある図書館は館数は多いが、蔵書数が極めて貧弱であり、その改善が求められる。着任した中川知事に期するところ大であると言う。知事に読んでもらいたかったのだろう。ところで、この文の冒頭に山口県の図書館が多いことについて鹿児島県を引き合いに出して、それは伊東祐穀が言うところだと述べているのは、前年11月の山口県図書館協会総会で伊東が山口の状況を批判的に語ったことを腹立たしく思っている佐野が書かせたに違いないが、佐野らしさが出ているところである。

（上）
　山口県の図書館は九州七県の図書館数に二倍し、鹿児島県の図書館の数は山口県の十分の一に足らず（其の蔵書は山口県の二十六万二千三百五冊に対し、九州七県は二十三万九千九百五冊を算す）とは日本図書館協会評議員にして統計家たる伊東祐穀氏の語る所なり。
　日比谷図書館を中心とせる東京市立図書館系統が館外に貸出す所の図書の総数は、一日平均八百冊に達したりと称す。然れども県立山口図書館の帯出者が目下一日平均九十五六名に上り、帯出図書が一日平均百五十冊を算し、而して山口図書館所在地の人口が東京市の人口の六十分の一にも足らざるを想はゞ、山口に於ける図書館の能率が或る意味に於て東京市に比し稍々高きを見るべし。
　山口県の図書館が数に於て全国第一位を占むるのみならず、他府県に比し、幾分の特色を有するは、創立の当初より県を本位として経営し、県立図書館を中心として郡立町村立の図書館の間に連絡を保ち、県立図書館は巡回書庫に依りて町村図書館に補給し、町村図書館は一面、県立図書館のために巡回書庫配置所の用を弁じ、殊に明治四十二年以来、県下の図書館関係者を以て山口県図書館協会を組織し、大正六年更に其の組織を改めて

日本図書館協会山口支部となし、県下図書館間の協同作業の中心となり、県内の図書館一体となりて其の効果を各所に普及せしめんとするに在り。米国ウイスコンシン州は中西部の北辺に位し、小公共図書館の普及経営に特色を有し、「社会教育上、民衆に至大の利益を与ふるものは、畢竟少数の大図書館に在らずして無数の小図書館なり」と称し、州立及大学図書館を中心として州内貸出を行ふ所、本県と稍々相似たり。

　県立山口図書館は明治三十三年吉敷郡の寄附金一万円を採納して其内約七千五百円を建築費に、約二千五百円を設備費に充て、三十五年十二月建築工事に着手す。時の県知事武田千代三郎氏の自ら苦心計画せる所少なからず。三十六年七月開館し、三十七年一月より巡回書庫の廻付を始む。最近一年間に巡回書庫に依り郡市役所、学校、図書館等約百五十ヶ所に廻付して閲覧に供したるもの約二万九千冊（廻付実数）に及べり。
　明治四十一年四月十日　東宮殿下の本館に行啓あらせられたるは、県下百数十の図書館と共に、永く其の光栄を忘るゝこと能はず。
　本館事業の効果を遺憾なく県内各所に普及せしめんがためには（一）成るべく開館時間を延長して多数の読衆を館内に招致すると同時に（二）図書の携出手続を簡易にして館外貸出を奨励し、（三）巡回書庫に依りて町村に於ける公私立図書館の設置を促進し公私立図書館の増設普及に依りて巡回書庫利用の範囲を拡張し、県内図書館全体を以て一の図書館系統と為し、互に相輔けて効果の普及増進を期す。
　閲覧上の設備には、普通閲覧室、特別室及び婦人室、新聞雑誌閲覧席及び児童席あれども成るべく出納の手続を簡易にし、普通閲覧室、特別室、婦人室及び児童閲覧席には約三千冊の選択せる通俗図書を公開し、特別閲覧人は書庫に出入して自由に検索することを得しむ。現在の書庫は木造二階建三十坪にして約六万冊を容るべく、目下建築工事中の総煉瓦三階建四十四坪の書庫竣工するときは、優に十二三万冊を容るべく、府県立図書館として、設備上剰す所の欠陥は、唯児童室あるのみ。
　児童室の目的は、成年者として図書に就きて自ら世の進運に伴ひ得るやう、自ら教育を継続すべき準備を授くるに在りて、お伽噺を耽読せしめて能事是了れりとするものにあらざるが故に、相当の設備と指導とを要すべ

きは論なく、県立図書館に於ける此方面の設備を完全ならしむるは、県下各図書館の児童に対する作業を振作する所以なるを疑はず。

　本館蔵書は約五万八千冊にして、別に委託書一万二千余冊あり。一ヶ年間の図書購入費三千五百円にして年々の増加書は寄贈書と合せて四五千冊の間を往来す。本館に出入する読衆の六七分は児童、学生其の他の青年なるが故に、文芸又は思想に関する著作に対しては特に注意を払ひ、学生又は青年者を累はすべき虞ありと認むるものは、仮令優良なるものと雖も、必しも備付くる要なし。

　阿武郡立萩図書館は本県最先の図書館にして明治三十四年の創立に係り創立費六千二百五十円、建物一切は瀧口吉良、菊屋剛十郎二氏、其の他有志の寄附に係る。次で西村礼作、岡十郎二氏より書函其の他の寄附を受く。三十三四両年度に亘り、郡は図書購入費として八千円を支出し、県より三千円の補助を受く。四十三年、菊屋安子、瀧口房子両氏より婦人閲覧室の建築寄附を受く。同年十月より郡内小学校に巡回書庫を廻付す。本館は今尚創立寄付者たる瀧口、菊屋二氏の後援あるが故に、全国の郡立図書館中、最も内容の充実せるものゝ一に居る。

　私立児玉文庫は故陸軍大将男爵児玉源太郎氏が、旧邸記念のため独力経営せる所にして、明治三十六年一月開庫、同年四月より本文庫の管理を私立都濃郡教育会に委嘱す。教育会は此美挙の効果を確実ならしむるため、三十六年以降、郡より受くる補助費を移して本文庫の維持に充つ。四年の後、設立者は文庫経営の基礎を強固ならしむるため、寺内伯其の他の賛助を得て、約九千円の基本金を設定し、四十年度より設立者自ら之を管理し、監督を県立徳山中学校長に託す。三十九年一月郡内巡回書庫の制を定めて之を実施す。四十年一月郡会は閲覧室及び書庫各一棟を新築して本文庫に寄附す。四十一年四月十二日　東宮殿下本文庫に行啓あらせられ、金一百円を御下賜あらせられたるは、本県図書館事業のため洵に不朽の光栄なり。

〔3月18日掲載〕

（下）

　私立豊浦図書館は明治四十年私立豊浦郡教育会が同会附属図書館の設置

を議決したるに由来し、同時に会員の増募を図り、主として其の一時収入金を以て創立費に充てたり。同会副総裁毛利（元雄）子爵卒先之を賛し、金七千五百円を寄附す、是に於て郡内各町村も亦進て其の配当額を負担し、四十二年八月開館し、同九月郡内各村に巡回文庫を廻附し、又会員に図書の館外帯出を実施す、本館創立費金一万円の内、約五千円を以て館舎新築費に充て、長府町之を負担し、約五千円を以て図書費及設備費に充て、長府町以外の各村之を負担す。本館は特別室、婦人室の一部を以て乃木大将記念室に充て、又別に同大将の書入本手沢本を蔵す。

　中関村立華南図書館は同村の尾中郁太氏が実弟故海軍大尉尾中諦治の戦死記念として御下賜金及遺書を挙げて村に寄附したるに由来す。本館は大尉が曾て通学せる村立華南尋常高等小学校構内に在り。校長香川政一氏と謀り、御下賜金の外、一切の建築費、設備費を負担し、別に基本金若干を添ふ。明治三十七年十二月開館式を挙げ三十八年一月開館す本館は小学校内に設置せる本県最先の村立図書館として特に注意に値す。

　右の外、県内の特色ある図書館としては、三井誠之進氏の独力経営に等しき私立西岐波文庫、故正五位難波覃庵が国難に殉じたる旧主贈正四位清水親知の遺書遺物保管のため特に自邸内に新築せる私立向山文庫、宇賀村小学校学務委員なる医師古谷鵬亮氏が同村小学校校舎新築落成を機として同校内に創立経営せる私立古谷文庫、明治四十四年二月十一日華城村が優良村として内務大臣より表彰せられたる記念として其の賞金五百円を基本金に充て蓄積条例を設けて創立せる村立華城図書館、勤続教員の報恩記念として創立せられたる私立麻郷文庫及私立重本文庫、福川町に福田民平氏の建築寄附せる町立福川図書館、末武村に上原権蔵氏が建築寄附せる村立花岡文庫、創立三十年記念として創立せられたる市立下関商業学校図書室万古館の如き記念又は篤志寄附図書館として特筆すべきもの、尚他に少なからざれども、紙面に限りあるを以て凡て之を割愛し、左に大正五年度に於ける県立、郡市立及び郡別の図書館概況を掲げて、県内図書館の大勢を知るの便に供す。

(山口県図書館一覧　　大正五年概況　略)

　図書館事業に於て世界に冠たる米国に在りては、人口約九千五百人毎に一館を有する割合なれども我山口県に在りては、人口約八千三百人毎に一館を有す。故に山口県は館数に於て全国に冠たるのみならず、人口に対する図書館の率に於ては米国に比し一頭地を抜けども、其の蔵書数に至りては殆ど比較に値せず、即ち米国の図書館が人口一人に付八十九冊を蔵するに対し、山口県の図書館は人口四人に付一冊を蔵する割合なり。其の他、図書館の施設指導に関しては前途尚遼遠なれども、曩に本県知事より図書館の普及改善に関し訓令せられたれば、内容の充実と閲覧の施設方法とに於て今後必ずや見るべきものあるを疑はず。

〔3月20日掲載〕

5　山口重要史蹟：山口に於けるザビエ　佐野館長談

解題　「防長新聞」1919年（大正8年）4月6日～10日付、5回連載。これはこの新聞の求めに応じて語った形式のものである。フランシスコ・ザビエルについていくつかのことを語っているが、ポイントは、当時諸説あったザビエルの鹿児島への来航年の確定にある。そのことは第6章5参照のこと。佐野がこうしたテーマで論じたものとして貴重である（句読点の有無はそのまま）。

（一）
　余は十七年前の三月二十四日山口に着し間もなく故近藤清石翁を八幡馬場に訪ひて防長二州の文献に就き教を承けぬ、翁は開口一番、山口の名は夙に海外に著聞すと説き、大内氏の盛時に憧憬して措かず、不断の努力に依り、如何にもして昔を今になさばやとの意気ありしは翁終生の事業之を証して余りありと云ふべし、
　翁は山口名勝旧蹟図誌に序して云はく、
　（前略）之につけても今の人むなしく昔時の繁栄を羨むべからず本編に

ついて故を温ね新を知つて産をおこし業にはげまば天文二十年前の山口も豈に見がたしとせんや、
と云へり、翁は自ら号して羊馬窟人と云へり、蓋し武備志に山口に充つるに羊馬窟の字面を以てせるに因るか、
　翁は大内時代史の権威なれども山口に於けるザビエの事蹟研究に至りては左まで興味を有したりとも想はれず、寧ろビリヨン氏等に促されて受動的なりし感あり、其の蔵せる所の山口古図は最近ビリヨン氏が東京帝国大学史料編纂掛に提出せりと云ふ山口古図と共に元山口高等学校教授チャートン氏発見の古図に基くものゝ如く又聖フランセスコ・ザベリヨ書翰記に、翁が毛利氏典籍中に大道寺裁許状を発見せりとあるも余が親しく翁より聞き取りたる所によれば、全く誤聞誤記なりと云ひ、裁許状の写は某学生が翁に示したるものをビリヨン氏に与へたるものなりと云へり、裁許状の全文は大内氏実録土台巻十に収められ、ザベリヨ書翰記、山口公教史等に引用せられたるものと同一にして左の如し
　　周防国吉敷郡山口県大道寺事従西域来朝之僧為仏法紹隆可創建彼寺家之由任請望之旨所令裁許之状如件
　　　天文廿一年八月廿八日
　　　　　　　　　周防介御判
〔4月6日掲載〕

　（二）
　周防介は大友氏より入りて義隆の後を承けし義長なり、文学博士渡辺世祐氏は史家としての立場より、裁許状の原本現存せざるため真偽の断定に躊躇せらるゝが如くなれども、当時原本ありて仮令一時毛利家の有に帰したりとも例の切支丹邪宗門禁制の為めに夙に破毀せられたること想像し難からず、ザビエの事蹟に関し本邦に於て刊行せられたるもの余の知れる狭き範囲内に於ては、サトウ氏（本邦駐剳英国公使館書記官より公使、大使に陞任せられたる人）が千八百七十八年（明治十一年）十一月二十七日日本亜細亜協会に於て報告せられたるものを最先とすべし。サトウ氏の報告は
　　自千五百五十年至千五百八十六年山口に於ける教会の変遷
と題し其の資料の一半を欧西に採り一半を本邦の正史に採れりと称す、氏

の報告に掲載せられたる裁許状摸刻は千五百七十四年ケルン出版「東方に於る天主教会の事業の要領」より転載せられたるものゝ如く（幸田成友氏に拠る）其の書体の奇怪なるは偶以て西人の摸写に成りしことを証すべく、而して『法紹隆』及『彼寺家』の二行が顚倒せるは活字のコマの組違ひと認め得べく某学生が近藤翁に示したりと云ふは恐らく此の摸刻なるべし、

偖山口に於けるザビエに関し本邦に於て刊行せられたるもの、既記のサトウ氏報告（明治十一年）を外にして
一、日本西教史（太政官訳、明治十三年刊）
一、聖フランセスコザベリヨ書翰記（二十四年刊）
一、山口公教史（三十一年刊）
一、マードック氏著英文日本歴史（三十六年刊）
等あり。就中、マードック氏日本歴史は夙に西人間に定評あり著者はサトウ氏に負ふ所多きことを告白す。『日本に於けるザビエ』と題する一章を設けて、ザビエを説くこと要領を得たり。今左に其の概要を紹介せん。
〔4月7日掲載〕

（三）
其概要を紹介すれば
ザビエは千五百四十九年八月十五日鹿児島上陸後六週間にして薩摩侯に引見せられ布教の允許を得たれども千五百五十年夏以来、俄に之を厳禁せられたるを以て平戸を経て下関より山口に入れり、当初平戸に於ける効果多かりしを以て、京都に上りなば効果更に大なるべしと信じ偶々山口に来りて其の繁栄に嘱望し、滞留一ヶ月に及びたれども存外効果少なかりしを以て予定の如く京都に向かひたるに、当時京都は兵乱の衢なりしを以て再び山口に帰来せり。ザビエの曩に印度諸島に在るや、在留葡萄牙の商人が、原始的使徒の如く弊衣を纏へるザビエを尊崇したりしを以て土民のザビエを尊崇すること亦厚かりしが山口及京都に在りては、在留葡商のザビエを尊崇する者あるにあらず、其の弊衣は偶以て士民の嘲笑を買ふに過ぎざりしを以て、ザビエは山口に入るに先だち、一旦平戸に赴きて美衣を纏ひ、威儀を整へ、時辰儀、オルゴール等の珍器を携へ、印度副王及びマラツカ総督よりの贈品として、自ら使節の資格を以て之を義隆に献じたれば、義

隆大に之を喜び、多額の金銀を与へんとしたれども辞して受けず、唯基督教宣伝の允許を乞へり。

義隆直ちに之を允許したればザビエは其の旨を宣言せる書類を各所に貼付し、数月を出でずして多数の信徒を得たりと云ふ、陶晴賢叛逆の結果、大友氏より迎へられたる義長が裁許状を与へたること既記の如し。

之を要するに、義隆が時辰儀オルゴール等の献納に依りてザビエに対する待遇を一変せし如く、大友黒田其他の諸侯が耶蘇教会に入りたる動機の一は同教徒を介して葡萄牙商船の来航を促し之に依りて銃砲其の他、欧西文明の産物に接せんと望みたるものゝ如く、現に薩州侯が千五百五十年夏、俄かにザビエの布教を厳禁せるは当時来航すべく期待せらる葡萄牙商船の入港せざりしがためなりと解せらる。

〔4月8日掲載〕

(四)

英語に謂ふ所の伝道的精神は直ちに献身、犠牲を意味す。今日の外国伝道者中、献身犠牲の精神に富む者の少なからざるは疑を容れざる所なれども、四囲の迫害を意とせず、全霊全身を捧げて伝道に従ひ、活くるも道のためにし、死するも道のためせんとするザビエが崇高の精神は三百七十年後の今日より之を見るも欽仰禁じ難きものあれども、ザビエは単純なる伝道者にあらず、実に一個の社会教化運動者たり、文明伝播者たりしなり。而して此の文明伝播者が、我が山口に於て始めて公然裁許状を附与せられたるの事蹟は特に記念に価す。

余は近頃鹿児島出張中、ザビエの事蹟を探らんとせしに、鹿児島には何等伝ふべき史蹟なきに拘らず、ザビエの名は能く市民の耳に熟す、是れ一に同市にザビエ滞麑記念の為め天主会堂あるがためなり。会堂は石造にして門扉の右傍に

　　フランシスコ、ザビエ
　　聖師滞麑記念

と刻し、左傍に

　　天文十八年西暦千五百四十
　　九年八月十五日着

と刻し、何人の注目をも惹き易からしむ。会堂はラゲー氏（長崎現住）が聖書翻訳販売の収得金を土台として明治四十二年に建築捧献せられたる所なりと云ふ。堂内約百名を容るべく、聖壇の背後に高く十字架上のキリストを描き、聖壇の右側にザビエの立像を描く、右手に十字架を左手に聖書を高く捧げて万衆を麾くの状、見るからに崇高の感を禁ぜざらしむ。

何等史蹟の伝ふべきなき鹿児島に此記念物ありて、最古の裁許状として夙に欧西史家の間に喧伝せられ、会堂に充つることを允許せられたる大道寺の遺跡が、今日まで永く顧みられざりしは欧西の文明運動者を記念する点に於ても山口の重要史蹟保存の点に於ても深く遺憾とする所なり。

〔4月9日掲載〕

（五）
仄聞する所に依ればゴルドン夫人――日露戦争当時高楠博士の主唱に応じて日英図書館の斡旋者として知られ、又ザビエ記念建碑の発起者として馬淵知事の当時来山せしことある――は近く倫敦を発して再び来朝の途に上るべしと云ひ、此公共的記念事業のために巨額の喜捨を吝まざる人もありと云ひ又適当なる地所は天主教徒に依りて既に購入せられたりと云へば、願はくば教派信仰の如何を論ぜず更に成るべく多衆の同情の結晶に依りて此の文明運動者のために建碑の挙に出でられんこと切望に堪へざる所なり。

ザビエの事蹟に関しては大正六年十二月二十八日の防長新聞に東西文明の接触と山口と題する渡辺世祐氏の論文掲載せられ、近くはビリヨン氏の山口重要史蹟と題する研究、山口重要史蹟に関する防長新聞の論説発表せられ尋で河北勘七氏の白耳義留学中の追懐談紹介せられ、最近には徳富猪一郎氏の『近世日本国民史織田氏時代』公にせられ一層事蹟の闡明せられたるものあり彼此参照あらんことを望む（完）

編者曰く　一昨日天主教会のビリヨン氏、萩より来山、本社の原田主筆を訪ふ、氏の談に依れば、本文中のゴルドン老夫人は五月一日英国発の郵船北野丸にて再び我国に来る旨数日前同氏の許まで通知ありし由又或はザビエと云ひザベリヨと云ふも、前者は仏蘭西読にて後者は葡萄牙読みなり同一人なり念のため附記す

〔4月10日掲載〕

6　教育談片三〇

解題　「防長新聞」1919年（大正8年）8月31日、9月2日付。いろいろのひとに教育について書かせているコラム「教育談片」の30回目を佐野が担当した。佐野は最初学校教育と図書館の関係についてイギリスやアメリカの例を述べているが、ポイントは二回目にある。本文で述べたが、大正8年度県立図書館は書記1名増員が認められた。しかし年度中欠員だった。その理由がここにみられる（句点の有無はそのまま）。

　通俗図書館普及策の根柢は一面には小学児童の読書趣味を養成し一面には之が指導に任ずべき教師其の人を養成するに在りとは通俗図書館に対する私共の信義の一個条であります
　通俗図書館が凡ての国民のために社会教育機関たるの実を挙げ得るやうにするには小学校が図書館と協力して通俗図書館の与へんとする機会を捉へ得るやう在学中の児童に仕付けることを必要と思ひます、一定の読書力は固より必要でありますが、更に必要なのは其の読書力を書籍に利用させる習慣の養成であります
　保守的な英国でも大戦最中の一昨年十二月に同国図書館協会総会を開いて二つの事項を決議しました。即ち第一の決議は教育に対する図書館の関係で教育事業たる図書館の目的は自由の空気中に於ける自己開発と云ふ語を以て最も善く表示し得られ之に対して学校の目的とする所は禁制又は訓練の空気中に於ける修養と称することが出来る、学校に在ては教師が統治者であるに対し生徒は図書館に在ては自ら其進路を踏み行く、学校に於て覚醒訓練せられたる能力は之を図書館の供給する書籍に使用することを得云々と云ふ決議であります
　今一つのは児童に対する作業で即ち知らんとする欲望を喚起するのは学校の任務であつて此欲望を満足せしむるために相当の機会を与へるのは図書館の任務であり児童に対する図書館作業は凡ての他の図書館作業の基礎

でなければならぬと云ふのであります、米国では二十余年前から児童に対する図書館作業に深き注意が払はれ既に多大の成果を収めて居ります、同国に於ける児童作業の基調は熱誠でありまして比較的富裕なる物資の供給が之を助けて居りますが努力の精神に至りましては英米共に異なる所ありませぬ

　米国でも嘗ては教科書万能主義で教科書の文字中に収められたる事実を最も精細迅速に学習した者を最善の生徒と称し教科書の主題の発表に新機軸を出さうとする天才者は却て非難せられた時期もあつたのでありますが今日の児童のためには幸にも教科書に依る教授法の領域は拡められ進歩的教師の求める作業の大部分は補充的読物となつたのであります

　教授法が斯く一変した結果此補充的読物を児童に供給するため学校に図書を収集する必要が起つたのであります、補充的読物に対する此要求が凡ての学校に発達した結果として米国では到る所に学校附属図書館の必要が起つた訳であります。

〔8月31日掲載〕

（承前）

　児童図書館又は図書館の児童部は如上の学校作業と並行し若くは之を補充し又は之が準備となるものでありますが、今日の場合、何寄り望ましいのは、学校で自動的態度を以て図書館を利用し独立研究を為すべき基礎を立つるやう児童を指導することであります

　米国にはピツツバーグ、カーネギー図書館に附設せられた児童図書館員養成所がありますが、児童図書館の作業の輪郭を示すために其の学科の一斑を挙げて見ませう、即ち、一般的な図書館学科の外に、三ヶ年を通して

　児童図書館管理法、図書館児童部の組織、児童文学選択法、児童文学目録、話し方（資料及び実習）、遊戯、公演法、図書館・学校間の関係、社会事情等

を教へて居ります

　今日の日本では府県立、市立などの図書館には大抵児童室が設けてありますが、未だ系統的作業に着手せられぬやうに思ひますが、今日の児童図書館では書籍を閲覧帯出せしむるが上に、児童に関し又は児童を使用する

凡ての他の事業と協力して児童の保護教養に寄与することを理想として居るやうであります。

　県立図書館では本年度新事業として十坪（四間に二間半）の新聞雑誌閲覧室を新築し現在の新聞雑誌閲覧席と児童閲覧席を全部児童室に専用する都合で、既に新聞室の工事に着手せられて居ります、其の竣工後は児童室の奥まりたる三面の壁際に児童の身長に相当する書架を設け一千冊内外の児童用書を凡そ三部位に程度を分けて之に陳列し出納台を設けて貸出も行ひ、学校家庭とも連絡を取り、児童のために話会も開き質問にも答へると云ふことにして凡そ児童自ら良書を選択し自ら進んで読書し得るやう此処に準備を与へることが出来るやうにしたいと思ひます

　斯様の訳ですから此中心となるべき児童関係の書記は之を小学教育に相応経験を有する者で児童好きであり、将来図書館の此方面に趣味を以て研究して行かうとする者を選抜したいと思ひまして四月以来物色中でありますが自分の要望の過大なるためか此方面に趣味を持つ人のないためか将又物質的待遇が不満足なのか、未だ其の人を得ませぬが、竣工前には、是非任用を見るやうに希望して居ります、本来から申せば、児童に対する図書館の作業は小学校と相対して市町村に施設すべき事業であり、随て県立図書館の直接手を下すを要しない事業方面のやうにも思はれぬではありませぬが、前述の通り、本邦には未だ児童図書館として見るべきものが殆ど絶無なので、一つは県下の図書館の拠る所を示すと云ふ意味で此新事業を県立図書館に加へられたのですから、幸に大方諸氏の同情援助を得て此事業が予期の如く進行し、県下の町村図書館の作業に新生面を開きたいと希望して居ります（完）

〔9月2日掲載〕

資料2　佐野追悼文

佐野図書館長を悼む

解題 「山口県教育」(山口県教育会) 第246号、1920年 (大正9年) 5月30日。佐野はこの会の会員であった。教育会会員への追悼文にふさわしく、中学校、高等商業学校などでの教師としての経歴とともに図書館長としての仕事も「図書館教育の任」とみて、教育者としての佐野に目配りして偲ぶとともに、山口に赴任した当座、批難攻撃されたことについて述べている。

　吾等の畏敬せる県立山口図書館長佐野友三郎君は本月十三日忽焉として逝去せられた。前日まで其の温容に接したる吾人は何としても之を信ずることが出来ないで、唯々夢の心地がするのみであるが、而も其の夢ならざるを如何とする術がない。噫々哀しい哉。
　君は元治元年三月十日を以て埼玉県下に呱々の声をあげ、三歳の時一家族群馬県前橋市に転住、明治十五年同県中学校を卒業し、同十八年七月東京大学予備門を卒へ、同年九月同大学文学部に入り、政治理財学科修業中同十九年三月大学令の発布に依り、帝国大学法科大学政治科に編入せられ、同二十年九月文科大学に転学国文学科修業中、二十三年六月退学せられた。同二十五年四月文部省より尋常師範学校尋常中学校高等女学校英語科教員たることを免許せらる。
　明治二十三年十月米沢尋常中学校教師兼教頭を委嘱せられ、其の後大分県尋常中学校教諭を経て、広島県尋常中学校教諭に転じ、同二十八年五月依願本職を免ぜられた。
　其の後台湾総督府に職を奉じて外務部事務を嘱託せられ、同二十九年六月同府民政局事務官に任じ、三十年十一月更に同府秘書官に転じ、総督乃木将軍の部下に在りて官房文書課長を勤め、同三十一年六月台北県弁務署長に転じ、淡水国語伝習所長臨時台湾土地調査局事務官をも兼務せしが、同三十二年六月休職を命ぜらる。
　同三十三年四月秋田県立図書館長を嘱託せられ、翌三十四年四月兼秋田県師範学校教師を嘱託せられ、三十六年二月本職並に兼職の嘱託を解かれて、同年三月本県立山口図書館長に就任し、以て今日に至る。君の公生涯を見るに中等教育に従事すること五ケ年、官吏として台湾在任四ケ年中も

国語伝習所長を兼任せるを以て教育に関係し、爾余の二十有余年は専ら図書館教育の任に膺り、此の間も山口中学校山口高等商業学校の嘱託教員として英語の教授に任じたるを以て、前後三十余年間教育事業に従事せられたものであるが、就中本県在任の十有七年間は、専ら心血を濺いで図書館事業の為夙夜奔命せられた。蓋し君が本県に来任せられた当時は、図書館創立の際とて其の任務効用等、善く社会に認識せられないので、動もすれば之を無用の長物視し、批難攻撃を試みて君の施設に妨害を加へんとするものもあり、新聞紙等に於ても悪罵を浴せかけたこともあつた。君は社会教育機関としての図書館は極めて必要なものであり、重大の使命任務を有することを深く信じ、苦心画策其の経営に任じた結果、今日の隆昌を来した所以で、今や本県教育の一大特色は図書館の普及にありと人も許し自らも任ずるに至り、県教育上の誇として君の名声は天下に伝へられ、斯界の明星権威として推重せらるゝに至つた。君の訃一度伝へらるゝや聞く者惋惜哀悼せざるはなく、中央の名士先輩等よりも弔詞弔電を寄せて痛惜した。実に君は本県教育界の先覚であり恩人であつて、君の死は本県の不幸たるは勿論国家の一大損失である。

　葬儀は本月二十二日公会堂で基督教式により執行せられ会葬者二千余名、中橋文部大臣の弔電を始め多数の弔詞があつたが、就中川山口県知事の弔詞は君の効績性格等を遺憾なく陳べ、声涙共に下りて頗る悲痛を極め、会葬者をも泣かしめた。

［中川知事の弔詞略］

　君没するの日積年の功労に依りて、特に二級を進めて一級俸を下賜せられ、特別賞与金として文部省より金参百円、本県より七百円を給与せられた。君に四男あり、長男文夫氏は満鉄図書館に司書たり、次男武雄氏（ママ）陸軍歩兵中尉として任に台湾に在り、三男孝雄氏海軍兵学校に在学し、四男忠雄氏（ママ）山口中学校第四学年に修学中である。

　嗚呼君は今や空しく幽明境を異にし再び其の温容に接することが出来ないが、君の奉仕的精神は幾多の後進に活教訓を垂れ、其の事業は永遠に不滅であつて、未来永劫君の生命は不朽である。又以て瞑すべきである。嗚呼哀しい哉。（をか生）

資料3　書簡

書簡。その使用についてそれぞれの所蔵者、1については同志社大学図書館、2、3については山口県文書館の許諾をえている。

1　佐野の田中稲城宛書簡

　佐野の田中稲城宛書簡は同志社大学図書館所蔵「田中稲城文書」中にあり、7通である。国立国会図書館の憲政資料室にそのマイクロフィルム版がある。
　明治43年9月20日付のもの1通、大正8年（?）のもの1通、他の5通は大正9年のものである。

(1)　明治43年9月20日付書簡
解題　田中稲城から佐野への巡回書庫についての問い合わせに対する返事であるが、あわせて身辺のことを書いている。なお、第4章7参照のこと。

九　　二十

帝国図書館
　　田中先生　侍史
謹啓陳者本月十二日付御手書難有拝見仕候。八月分付館報ニ関スル御垂示ハ却テ痛ミ入リ申候。管理法御校正着々御進行ノ御様子、斯道ノ為メ感謝ニ堪ヘ不申候。巡回書庫ニ関スル御下問ノ件左ニ
一、重量ハ約五貫目、書籍ヲ詰メ候テ約十[一]二貫ニ御坐候。
　　　　　　　　　　　　　　　　　　ケス
一、巡回書庫ニ添テ廻付スル目録ハ短冊様ノ抜差出来候モノヲ使用致居リ

編成ト同時ニ差込ミ帰着後編成ヲ解キ候際抜取リテ分類ノ抽斗ニ納メ置キ候。
　郡役所ノ分ハ別ニ町村、学校等ヲ標準トシテ謄写目録ヲ送付シ管内ニ配布セシメ居リ候。公私立ノ図書館ノ分ハ図書館自体ヲシテ謄写目録ヲ調整配布セシメ候。
　ブックカードトポケットトニ依リテ貸出図書ヲ整理致シ候今日ト相成リ候テハ米国ノ如クカードトモ其儘先方ニ貸付致シ先方ニ於テ貸出ノ際カードニ記入整理セシメ別ニ目録ヲ添ウル必要無之ガ如クニ候得共図書ノ取扱ニ不馴ノ者多ク有之　第一先方ニテカード紛失等ノコト有之候テハ混雑ヲ醸シ候ニ付前文ノ如キ目録ハ従前通リト致シ　カードハ貸出シノ際当館ニ抜取リテステーション別ニ分類保管致シ帰着後帯出記録用紙（書庫ト共ニ発送シ、帰着ス）ニ就キテ当館ニテ統計ノ上、カードニ回数ヲ記入致居リ候。
一、書庫ハ一個七円ニテ三十七年ニ調整致候モノヲ今尚使用致居候ニ付時々多少ノ修理ヲ加ウル必要アリトモ十年ハ優ニ使用相叶候コトト存候。
尚御下問範囲外ニテ候得共序ナガラ申上候
弊館巡回書庫ハ弊館成立条件ノートシテ分館ノ意味ニテ郡市ニ廻付スルコトト相成リ居リ候処三十九年以降余力ヲ割キテ公私立図書館ニ貸付スルコトニ致シ居候之ニ依リテ町村図書館ノ設置ヲ促進スル方針ニ有之候処今日ト相成リ候テハ町村図書館ノ数モ増加致ス一方ニツキ、今後ハ更ニ図書館未設置ノ町村ニ貸付スル計画ヲ立テ、幸ニ、例ノ通俗教育奨励費中ヨリ三〇〇円巡回文庫用トシテ別途交付ノ都合ニ相成候ニ付之ニテ三文庫ヲ以二組ノ固定巡回文庫ヲ編成シ開館、長関馬方面ノ図書館未設置ノ町村ニ貸付スル計画ニテ目下図書購入分類中ニ御座候。
尚、通俗図書館ノ管理法ヲ単一ニスルハ最モ必要ト存シ責メテ県内ノ分タケナリトモト思立チタルコトモ有之候得共僅々数十ノ小図書館ニテハ多キハ二三百円、少ナキハ二三十円位ノ経費ヲ支出スル次第ニテ其ノ規模・設備等ニモ少ナカラサル懸隔有之候ニ付姑ク断念致候次第ニ有之候　随テ御下問ニ対シ別段申出ツヘキ箇条モ無之候得共唯通俗図書館ノ設置ヲ促進スヘキ条項ニモ暗示的ナリトモ御加ヘ被下候ハ多大ノ効果可有之ト存候。
　　　　　＊　　　　　＊
既ニ時機ヲ失シ候得共御詫ナガラ　左ニ御内意ヲ得度候。

管理法御再版ノ趣ヲ以テ去六月御垂示ニ対シ同月二十日付書状ニテ愚存申上クヘキヤウ御承ケ仕置候処　其後自己ノ無学無能ヲ深ク省ミテ窃ニ恥入リ居候折柄七月二十七日態再版ニ御着手ノ趣御垂示ニ接シ候ニ付此上修養ヲ積ミタル上ナラテハ貴需ニ応スルコトモ六ケ敷カルヘク存セラレ候侭其趣御挨拶申上置キタル次第ニ御坐候。然ル処七月末、文部省ヨリ目録編纂委員手当トシテ金員ノ送付ニ接シ候ニ付之ニテ曩ニ拙訳シタル Library instruction ニ関スル冊子ヲ印刷シテ県内図書館関係者ノ御参考ニ供スヘキカト愚考仕候次第ニ御坐候。

之ハ先生ヘノ御挨拶ニ対シ盲蛇的ノ妄動ヲ敢テ致シ候コト如何ニモ矛盾ノ様ニテ候得共一ハ小生自衛ノ為メ止ムヲ得サルニ出テタルコトト御諒察被下度候。尚、六月二十八日、防長新聞社員来館、文部省ノ視学講習会ニ於ケル小生講演ノ筆記ヲ紙上ニ掲載センコトヲ要求致候ニ付安受合致置候処其後、先生ノ方ヘ、如上ノ御挨拶申上候ノミナラス彼此目前ノ雑務ニ追ハレ延引致居候折柄、渡部氏（日比谷ノ）ヨリ八月十四日付ニテ東京市ノ委嘱ニ依リ欧米ニ於ケル巡回文庫ノ施設方法等ノ取調方ヲ要ラル処　転任前ニモ其ノ材料ノ持合セモナケレハ小生ノ取調ヘタルモノアラハ差出スヘキヤウ申越サレ候ニ付先月末　二三ノ印刷物ヨリ抄出シタルモノヲ同氏ニ送リ同時之ヲ取捨補綴シテ防長新聞ノ方ノ守約ヲ果スコトニ致シ候次第是亦　先生ヘノ御挨拶ト矛盾致居候様　御認メ相成候ハンモ真ノ補綴抄出ニ止マリ自家ノ考案等ハ一切相加ヘス申。乍然是亦小生所在地ノ新聞ニ対シ自衛上、万止ムヲ得サルニ出テタルコトト御諒察相願度候。

唯今、印刷ニ付セントスル例ノ　Library Instruction ノ抄訳ノ如キモ、実ハ一応先生ノ御内覧ヲ仰度微意ニ有之候ヒシモ　追々予定ノ時日ヲ経過致シ候ニ付　二三頁ノ緒論ヲ添ヘ不日、印刷所ヘ引渡シタク、印刷前、御高批ヲ仰クヘキ時日ナキハ重々遺憾ニ有之候。右緒論ニハ大要、左ノ如キコトヲ主張致候

図書館ノ普及発達ハ図書館当事者ノ内的努力ニ待ツ所多大ナルハ勿論ナレトモ図書館思想ヲ通俗化シテ之ヲ（（筆者注：行間に以下の17文字補筆）講壇上ノ高論ハ俚耳ニ入リ易カラス？）一般公衆ニ関知セシメ事実ニ於テ図書館ノ必要ヲ感セシムルヲ第一義ト致候。小学校附設図書館ハ此点ニ於テ誂向ナルコト。

小学校付設図書館ハ教授上、参考上、学校事業ニ直接必要ナクテハナラス　他日、村立図書館ノ土台ヲ作ル為メ比較的簡易ニ設備シ得ルノ便アルコト

図書館ノ発達ハコノ端ヨリスヘシトハ小生ノ守論ニ有之　一面ハ小学児童ノ読書趣味ヲ養成スルト同時ニ一面、学校附設図書館経営ノ任ニ当リ児童ノ読書ヲ指導スヘキ教師ヲ養成スル為メ師範学校最上級ニ於テ図書館管理要項ヲ授クル必要有之ト存候。

折角、小学校ニ図書館ヲ附設致候テモ担任教員転退ノ為メ頓挫致候時今モ多々有之候処一般教員ニ管理要項ヲ心得サセ置キ候トキハ転退等ノ為メ別段影響ヲ蒙ルコト無之ト存候

右通俗図書館ノ管理其物ニハ無関係ニ候得共御参考迄ニ致御内意置候奀候

友三郎

(2) 大正8年4月の書簡

解題　1919年（大正8年）度第14回日本図書館協会全国図書館大会に出席、帰山してこの大会のこと、あわせて岩国の図書館に関わることが書かれている。なお、第6章6参照のこと。

帝国図書館
　田中先生
　　　　　侍史

啓上仕候　先般出京ノ節ハ日々御示教ヲ蒙リ殊ニ地方部設定ニ関スル御配慮ト小生ノ言動ニ対スル御懇示トハ衷心深ク感銘罷在候　早速御挨拶可申上之処彼此取紛レ居リ却テ御懇書拝領重々痛ミ入リ申候。

二十一日御暇乞後、御内示ノ通リ東京駅ニテ大型（普通ハ売切レ）寝台券購入余リ究屈ヲ感ズルコトナク二十三日夕帰山仕候間御安心下サレタク候

廿一日午後文部省ニ出頭仕候処赤司局長、渡部、乗杉諸氏共ゝ不在ニテ遺憾ニ存候　但教育博物館ニ棚橋氏ヲ訪ヒテ諮問案ニ対スル顛末一ト通リ申述置候　乗杉氏ヘモ書面ニテ申送リ候都合ニ御坐候　私共田舎漢ハ「馬ノ足」相勤ムル機会ヲ提供セラレ候得者面目至極トハ申シナカラ　在京幹

事ニ於テ故ナク握リ握潰サレ候コト聊心外ニ有之　此辺ノ消息　長崎、石川ナド聞込ミ候ハバ御配慮ニ依リ折角設定セラレ候府県立図書館部モ何等効ナクシテ来年ノ大会ニハ再ビ逆戻リニ了ラズヤト懸念セラレ申候　渡部、棚橋、乗杉諸氏ヘハ小生ヨリ相通シ申候ニツキ赤司局長ヘハ先生ヨリ非形式的ニ御取次下サル間敷哉　此場合主意ダニ徹底セバ　手段、順序ナド必ズシモ問フヲ要セズト存候　地方図書館ノ発展普及ヲ阻止スルモノ図書館協会自体ナリト申スモ今日ノ場合甚シキ評言ニ有之間敷歟。切ニ村島氏ノ御奮発ヲ要望仕候。同一事件ニ対シ両度マデモ toast セラレ候様ニ馬鹿ニ入念ノ点有之候代リニ肝腎ノ所ガ力抜ケニ相成居候。

偖岩国ノ図書館御設置ノ件御尽力ニテ御確定ノ趣殊ニ充分ノ資金御支出ノ御様子何卒子爵家ノ御出資ニ対シ且ツハ先生御出身地ノ図書館トシテ充分模範的ノモノ御出来相成候ヤウ切望ニ不堪候　右ニ関シ卑見ノ幾分ニテモ御採用下サレ候ハヽ小生ニ取リテハ面目至極ニ有之、コレ以外物質的報酬ノ如キハ御竣工後ト雖全然御辞退申スベク其辺ノ御懸念ナク何ナリトモ御申付次第犬馬ノ労ニ服シ申スベク候間御下命下サレタク候

直接ニハ何等参考ニモ相成申間敷候得共来十一日尊公祠堂落成遷坐式執行ノ趣ニテ小生モ参列ノ予定ニ有之　帰館ノ上何分ノ心付可申上候　唯有恪公（ママ）御記念ノ意味ニ候ハヽ而シテ蔵書ト陳列トヲ兼ヌルモノトスレハ南陽文庫三十坪二階建ハ如何ニ考フルモ稍々究屈ラシク、自然御高見ノ如ク三階建テトセラレ書庫ヲ簡易ニセラルヽ方可然哉ニ存セラレ候

御承知ノ如ク　Chicago P.L. ノ三階（ママ）ノ広間ニ Lincoln ノ油絵ヲ掲ゲ其一隅ニ Gettisburg ノ演説ノ要点ヲ銅版ニ彫刻シタルモノヲ据エ、楢材ノ Bench ヲ二三ケ所ニ据付ケテ静カニ画像ヲ仰キ見テ瞑想ニ耽ラシムルノ設計ハ今尚奥床シク感シ居リ申候

委細ハ後便ヲ期シ御内定ヲ得申スベク候　謹言

友三郎

(3) 大正9年3月22日付書簡
解題　佐野は、大阪市立図書館長に転職する話がほぼまとまりかけていたのに、だめになり、知事に迷惑をかけたので辞職する以外にないと考えたが、たまたま転職の話があり、このことについて田中に力をかしてほしい

と頼む。第7章1参照のこと。

　　　大正九年三月二十二日
　帝国図書館　　　　　　　　　　　　　　　　　　　　　友三郎
　　　田中先生侍史

啓上仕候　愈々御精穆奉賀候　陳者去二月十一日付御内聞ニ達シ候小生進退の件時日の経過と共に紛糾を重ね、今日と相成りてハ退職致候外有之間敷　去十四日（八日）知事上京前、一応知事にも大体の経過と今後の進退とにつき申出置き去二十二日沢柳氏まで（へも）申出置候　実は此度ハ種々紛糾ニ紛糾を重ね候為めにも可有之歟　痛く頭脳を痛め二週間計は自宅にて静養　其後午前中、出勤、今日までに略々快癒いたし候ニ付常務には差支無之　本日より文部省嘱託の青年団、処女会、小学、中学、高等女学校、農工商、水産、商船等各種学校ニ備付くべき書目選択に着手致候積りに御坐候然る処、前文の通りの行懸りも有之到底知事の信用を恢復し、此儘勤続六ケ敷とすれバ──結局図書館の為め小生の為め退職の外有之間敷候か差向き小生として他に就職するの必要有之去一月二十五日の御回示にて満鉄の方杜絶せられ小生の眼前に唯今二ツの図書館有之候やう存ぜられ候

　一は伊東平蔵氏　二月帰佐の途次能々に山口に御立寄り下され、状況一応承り申候コレに付深き御思召有之たることは小生御面会前より推察罷在候得共弊方の問題未だ知事まで申出でざりし前にも有之結局如何進行すべき哉懸念致居候際にも有之方旁以て其当時小生より後任引受候補者とに関し何等申出でざりし次第に御坐候　随て最早後任御決定歟とも存ぜられ候得共都合に依りてハ四月まで其儘に致し置くべき歟との口振にも有之　幸に未だ後任決定相成らずバ　小生を御推薦相願はれ申間敷哉佐賀就職の為め当初小生躊躇致したるは

大体、山口などヽ経営振りに大差なきこと　私立なるが故に先般の人事問題の如き失敗を重ぬることなかるべきこと
等の長所あるに反し、
1. タイプライターなきこと（小生ペン書きハ極めて拙劣ニ候）

2．英書の図書館参考書少なかるべきこと（少々は小生私有致し居候得共）
3．平蔵氏自ら特殊の会計法に依り出納を整理致し居られし哉に聞及び候
ひしこと

　等の不便も有之、山口駅まで見送りて最後の訣別の際まで口外するの勇気なかしり次第に御坐候

　併し此等のことは如何様とも相成り申すべきに付、此際、御推薦相願度ものに御坐候、尤も四月七、八日の部会に出席し得ば極めて好都合と存候処、退職を迫まられんとする期に近付き居り候今日故、来年度に入りての上京は迚も不可能歟と存居候

　右御内定下され候際には、前回の如き失敗を重ねざるやう、一応沢柳氏へ御申通じ下され候やう願奉置候

二、今一ツは静岡県に有之候　予而期日を約して去六日同県視学官来館候に付　予て約束も有之小生病中を侵して登館三時間計会見致候　種々懇談中、四月臨時県会に提案しての上のことなれども約二十万円許にて新設したき見込なり云々就而者当初より適任の館長を求めたきが心当りなきかとのことに付差向き佐賀の伊東平蔵氏適任なるべきも遺憾なから同氏は横浜の新設の任に当る事の運びとなり居れりと答へ、、、、、最後に小生最近五六年来冬季には神経痛より脳神経へ刺激を受け困入り候に付　県には永らく恩誼あれども、病気療養の意味にて県にて転職を許されなバ　静岡の如き海岸なり暖地なりにて、勤めて見たしと内談致し立別れ候処　其後鹿児島滞在先より更に通信有之

　九年より着手（開始）する哉十年よりする哉は未定なれども兎に角、就任して設計其他に援助し呉れずや　俸給も一五〇〇円（当館ニテ会見の際ハ一〇〇〇円の見込みと申されたれども　小生は俸給の多寡には何等言及せず）にて承知ならバ帰庁後第一候補者として知事に報告すべしと有之候に付　小生は斯く速に進捗すべしとは予定外に付俸給の多寡よりも、転職の件小生一存にて決し難き廉（事情）あれバ暫時猶予を頼み入れ置き候　本件は未必に候得共　私の方の意気込にて年度も九年度に繰り上げ巡回文庫と創立事務援助位の話にて嘱託にても置く見込みにてなき歟と存居り申候

　右二件何卒不急御考慮相願上度　要件のみ　相願御坐候　尚　伊東氏へ

ハ　佐賀宛にて唯今簡単なる書面差出置候　自佐帰東後に御座（レ）ハ宜敷御打合願上候　謹言

(4)　**大正9年3月24日付書簡**
解題　転職の話についての田中への報告と依頼の件。第7章1参照のこと。

　　大正九年三月二十四日
　　帝国図書館長　　　　　　　　友三郎
　　　　田中先生侍史
啓上仕候　唯今一書呈上仕候処　行違ひに静岡より、今秋の県会に提案のことト相成り自然延引ニ決したる旨　着信に接し申候　将又今一方の方も小生上京参上候まで　御保留下されたく余り拙劣に失し申訳無御座候得共発信後に生じ候事故に付　事情御諒知御海恕願上候　謹言

(5)　**大正9年4月1日付書簡**
解題　前半は田中稲城が母親病気の為に岩国に戻ったのを知らずに失礼しました云々とある。後半の部分、田中が東京にいるのに、岩国にいることを前提に書かれているところは理解しがたく、出張の許可が出たので上京する、13日に図面を持ってうかがいたい、その際一身上のことでも相談したいと述べると読んだ。第7章2参照のこと。

大正九年四月一日
帝国図書館　　　　　　　　　　友三郎
　　　田中先生侍史
啓上仕候　愈御精穆奉賀候　陳者此度ハ御母堂御病気の為め御帰巌遊ばされ候趣の処　一向其御様子も承り居らず欠礼仕候　実は去三月一日付御端書に御旅行云々と承り或ハ御帰巌ドモマテハ無之哉と存上居候次第ニ御坐候　小生も其後一度罷出て申すべき筈の処　一時引籠静養致候様の次第にて　今日に立到り申訳も無御坐候　今回の出張も漸く廿九日に指令に接し候やうの次第にて　館務も殆片付き居り不申候に付、先生帰巌後幸に図面等携帯御示教願候上にて帰途来十三日正午過下車、三時間計の内にて、拝

閣又は御相談に預り度と存居候
身上に関しても種々御指図相願度儀有之候得共来六日御会議後にと存じ書中差控申候　謹言

(6)　**大正9年4月16日付書簡**
解題　山口にもどってすぐ出した書簡、岩国図書館の件で藤野氏が来たことの件。第7章3参照のこと。

啓上仕候　此度上京之節ハ万事御配慮ニ預り奉萬謝候　小生帰来今日まて御挨拶も不差上　欠礼御寛恕願上候　例の岩国図書館の件に付　藤野氏より御来示も有之候処　誠に不相済儀に候得共唯今多忙にて或は御宿約相果たし可得候哉も難計何分子爵家ニハ不悪御執成被下度願上候
取急き一応の御挨拶迄草々頓首
　　四月十六日　　　友三郎
　　田中先生
　　　　　　侍史

(7)　**大正9年4月29日付書簡**
解題　佐野の田中宛最後の書簡、5月に満州・朝鮮で行われる全国図書館大会について語る。第7章4参照のこと。

　大正九年四月廿九日
帝国図書館　　　　　　　　　　　　　　　友三郎
　　田中先生侍史

啓上仕候　在京中ハ種々御配慮に預り奉萬謝候　実は静岡へ立寄り帰館の予定の処　健康上の具合にて十一日出発直行にて十三日朝帰館、本週月曜より引籠り居り申候
　　　垂れ込めて春の行街も知らぬ間に
と申す景色にて　稍ゝ鬱陶敷ことに御坐候さて村島氏と同時に御手教拝収御推奨過多、耻入り候次第に御座候得共実際の処考古学的趣味ノミテ高調

セラレ候テハ、別シテ満州ノ如キ未開地ニテハ随分迷惑、失望ノ者も可有
之　枯木も山ノ賑ヒト申ス様ニテ平凡ノ講話モ時ニ一興可有之歟　此度
唯々振テ奮発出席致候コト　御内示に従ヒ度候得共　小生トシテハ上京後
ノコトモ有之、御察シ通リ旅費ノ関係及嘗テ沿線一巡シタルコトモ有之旁
以テ今回ハ当初ヨリ自ラ断念致居リ次第ニ有之候処　当県ヨリノ出席者ハ
一、山口町　白銀市太郎氏
二、豊浦図書館長（視学）鳥越亮氏
　　ニ有之候趣ニ付　小生トシテモ唯々観光団員ヲ送ルニ止マラス一場ノ講
演位ハ晴レノ舞台ニテ試ミタキコトニ御坐候
　　唯今書面ニテ県庁ヘ問合中ニ付　何分ノ沙汰有之次第　重ネテ御挨拶ヲ
申上候　謹言

2　佐野の本間俊平宛書簡

　4通あり、本間家より山口県文書館に寄託されている。書簡の年次は封
筒からの推定、書簡の解読は文書館で行われている。山口で何事であれ、
打ち明けて相談相手になっていた本間俊平宛の書簡だけに、佐野の心情が
伝わってくる。大切な資料である。

(1) 明治38年7月3日付書簡
解題　次の書簡ともども、佐野の県庁の高官との打ち合わせなどの一端が
みえる。佐野が夜遅く迄図書館で仕事をしている様子がうかがわれる。

　　拝啓　昨日、内務次官来館ハ午後ニ相成八重野事務官トモ秦校長トモ面
談之機会無之本日八午后十時マテ図書館ヲ離レカタク候ニ付過刻復又同事
務官ヘ書面ニテ問合置候処唯今田中牧師来館、愛兄御来山之節之集会ニ関
シ相談有之
　　水曜日ニハ高等学校卒業学生之為メ送別会有之予定之趣之処愛兄御来山
ナラハ右送別会前ニ愛兄ノ為メニ集会ヲ催シ度旨申居ラレ候而シテ木曜、
金曜ハ夫レ夫レ会合有之予定之趣ニツキ同シク水曜日（五日）御着山之程

願ハ敷旨申居ラレ候尤モ木、金曜日ニ御来山相成候トモ何トカ繰合セ之途
ハ可有之様ナレトモ右談合之実際為御参考申進置候　黍候
　　七月三日后九時
　　　　図書館ニテ
　　　　　　　　　　　　　　　　　　　　　　　　　　　　友三郎
本間愛兄
　　侍史

(2) **明治38年8月13日付書簡**
解題　佐野が青年をあずかり、その就職の相談をしているようすがみえる。
第3章6参照のこと。
後半は理解しにくい。

　拝啓　林事務官美祢郡巡回之序ヲ以テ明後日臨会之積ニ有之候処八重野
事務官転任之為メ翌十六日教育会講習会開会式挙行之任ニ当ラル、為メ出
張難相叶旨唯今承知就而ハ祝詞を寄セラレ度様小生ヨリ依頼致置候
〇　御取込中ヲモ顧ミス野田邸青年之件爰ニ申上候（参眉之上申上候者好ナ
ラス所存候得者）
　本日本人同道実父来処別紙書面差出置候ニ付前以テ御願上置候職工トシ
テ雇入云々ハ先便ニモ申上候通リ当初本人ニ勧告致候際之事情御含置被下
タシトノ情願ニ外ナラス以下各項凡テ同シ小生ヨリハ一旦御頼ミ致シタル
以上ハ本人之扱方、申付方凡テ本間氏ニ御一任アルベク干渉ヲ許サスト申
聞候処ソレハ承知ナレトモ本人ノ誤解等アリテハ不相済ニ付為念書面差出
置トノコト有之候ニ付受取御廻付致之食料云々之件ハ申聞置候心任セニセ
ヨト申置候得共多分日々寄附方被申出存居候
　次ニ小生（林）明後十五日ハ火曜日ニテ十時前後ヨリ早退相叶職務ヲ怠
ルコトナク関係ナク参列出来［二字不詳］見込ニ付御謹申上置候処本日林
事務官（目下第二部長代理）ニ面会相談之結果事実旅行ナレハ願届之手続
ヲ要スヘシトノコトニ有之明朝県庁ニテ取調候而届出ニテ宜敷キ時ハ別条
無之候得共万一願出認可ヲ要スルコトト相成候処感謝含メ参列之為メトア
リテハ差障候ニ付自然事故ヲ仮作スルコトト可相成而シテ事故ヲ仮作シテ

事実ニ反スル行為ヲ営ムハ良心之許サヽル所ニツキ出願不致候ニ付此場合ニハ乍遺憾参列相叶申間敷今日マテ確信之余ニ研究モ致居ラサリシ段申訳モ無之候得共自然参列六ケ敷候処、明日正午マテ電報ニテ御断申上候段ニ付御承知被下度尤モ小生参列相叶ハサル場合ト雖小生家族ハ参列御許被下度願上候
　万一明朝突然御断致候様ニテ不都合ト存候ニ付、右之趣前以テ得貴意置候
　願クハ凡テノ御計画ニ大能之御手ヲ加ヘ給ハンコトヲ祈ル
八月十三日
　　　　　　　　　　　　　　　　　　　　　　　　　　友三郎
本間御夫婦様

(3)　大正2年6月17日付書簡
解題　長男文夫が第一高等学校で問題を起こし、佐野が引き取って、本間に預けようとした時の書簡。第5章1を参照のこと。

　謹啓　度々之御書面拝見彼の心の一日も速く打砕かれん事を祈り候母にも概略を申聞せ候　本月中は小生の事繁忙を極め候得共来七月に入り候上は彼を差出し申度　存候
此上なから宜敷御願申上候
　尠候
六月十七日
　　　　　　　　　　　　　　　　　　　　　　　　　　友三郎
本間様

昨日　衣類差出置候

謹白

(4)　大正5年12月30日付書簡
解題　体調をくずした佐野の心境をうかがうことができる。第5章6を参

照のこと。

　拝啓　打絶えて御左右不相伺欠礼罷在候処何等叱責も無之此度ハ長次男の為め多大之御同情を寄せられ殊に不存寄結構之鰹節御恵贈を蒙り両人の発途を御祝福下され候段例なから御芳志感銘之外無御座候長男の為め言語に絶したる十字架を御忍び下され候御蔭を以て先般来追々覚醒ニ向ひ此度師範教頭の同情に充ちたる紹介にて来月より国学院中学に試用せらるゝことニ相成り同中学学監（今井文学士）は上田博士の指導を受けたる人ニ有之候得は（目下小生としてハ表面上、好意的黙認を与ふるに止まり候得共同学監の下ニ相当期間精勤致候はゝ同学監の保証に依り免許状も下附相成可申様上田博士とも黙契有之、彼若し救はるべくバ此度のスタート必しも悪しかる間敷幸ニ御高恩の万一ニ願ひ奉るへき時機あれかしと祈居候
相当期日を経て彼若し御示教願出候はゝ何卒御鞭撻願上候
　御事業之御盛運何寄結構ニ候得共御尊体ニ万一の事有之候而は一大事ニ付御自重専一ニ祈上候
　小生の如き敗余の残骸は何等惜しからず候得共本年一月以来坐骨神経痛ニ罹り当夏城の崎ニ転地の結果、略々軽快ニ向ひ候処去十月来再発当月一日より湯田ニ僑居通勤の前後入浴加療候両三年ハ存命御用相勤め度と祈居候
御挨拶旁如斯御座候　　　　　　　　　　　　　　　　　草々敬具
　　十二月三十日
　　　　　　　　　　　　　　　　　　　　　　　　　　佐野友三郎
本間御夫婦様

3　佐野文夫の本間俊平宛書簡

　本間家から山口県文書館に寄託されている。書簡の年次は封筒からの推定、手紙の解読は文書館でおこなわれている。

(1) 大正5年12月30日付書簡
解題　この日、父友三郎とともに本間に書簡を送っている。第5章6参照のこと。

　拝啓
只今父帰宅致し先生より父へ宛て御芳翰を示され申候　今更ならねど先生の御心の熱き何を以てか酬ひ奉らん　私は先生の御推賞には余りに足らはぬものには候へども爾って　此の先き先生の御芳志を空しうせざらん事を銘期致申候　先生より御恵送下されし金員を以て永く今日の感情と先生の御奨励とを紀念するべく机を購求致すつもりに御座候
承れば心臓病に悩み給ひし由驚愕一方ならず候追々御快復の由願くは加餐あらん事御祈念致申候
以上
十二月三十日
文夫
本間先生
　　机下

(2) 大正9年7月10日付書簡
解題　父友三郎死後のいくつかのことについての報告。

　拝啓
只今沢柳博士より図書寄贈宛名の件ニ付来翰早速御高示之分と共に田中稲城先生に報じ万事御依頼申置候
　尚博士より「帝国教育」七月号に故人の追悼を記したれバ一覧せよと申越され候　右ハ既に一昨日図書館に於て之を知り拝誦仕候
　先生の錦章によりて　霊に於ける先考を見　今又博士の文によりて事業に於ける故人を見　感慨不尽皆様の御厚情感謝之辞も無之候
母よりも本日来書御陰様にて［二字不詳］の近所の家に引移候由舎弟修学の為悦び申候
　先生より度々御手紙を下さるとて悦び参られ候

尚　黒金先生の御都合により直接母の許に送られざる節ハ　来春末弟専門学校入学之際迄先生に御保管を願ひ度故　自分よりも御頼み申すべけれどお前よりもその旨御願致しくれとの事に御座候　母の健康のみ心配致候所　心丈夫に暮し居処　感謝に不堪孝夫ハ来廿四日頃出立する様申参候先は御依頼旁々御報知迄　如此御座候
　　　　　　　　　敬具
七月十日
　　　　　　文夫
本間先生
　　欽照

(3)　大正10年3月30日付書簡
解題　満鉄図書館に勤務中であるが、結核で療養の為千葉県勝沼で療養中の文夫は、本間に、このまま勤めることがむつかしい、しかしこれからの生活をどうすればいいのか教えてくださいと懇願している。補論3参照のこと。

　拝啓久々御無音申上恐縮存じ過般東京にてハ御多忙の処色々と御無理を申上け何とも申訳無之何卒御海容被下度相願候　貴重なる時間を御割き下され御教示下され候事忝く存候御礼申上候　小生爾後米沢へ参り数日間滞在色々と家事を協議仕　爾来勝浦に参居静養致候　御勧告に従ひ折角養生致居候へ共何分急性的の病軀革ざる丈恢復捗々しからず或は却って少しづゝ悪化しゆく気勢も相見え一進一退更に安心ならず　かかる病状ハ小生如き病気の常態の由に候へ共　少しくモドカしき感も有之候　勿論　時日の長短は論外として必ず恢復すべきことは信じつゝ療養致居候へ共　若し万一終生本復致さざるとも致方無之候
之に付困却致候ものは職務にて便々としてアテもなき療養のため欠勤致居忙しき中を数十日に渉りて職を曠しう致居候事誠に心苦しくそれのみ不本意に御座候　今の処イツ本復するやら目当もなく此際満鉄図書館に対し進退を考慮すべき立場と相成候　実ハ小生帰国当時ハ自己ノ病状に就きても極端にハ重大視しせず（ママ）　二ヶ月も悠々静養せば全く健康を恢復致すべきか

と存じその仮定に立ちて今後の方針も考慮致居　時間あらば東京にて拝光のせつ御高示を仰度所存に御座候ひしなれど御繁忙中を冒すを怖れ只米沢（忠夫の問題）のことのみ御教示を仰ぎて止みたる次第に御座候　実ハ満鉄にてハ今迄ハ少しながら孝夫と米沢に送金致し居候へ共　何分再三の帰省にて借金も有之　更に今度家庭をもつとならば一層の生活費も嵩むべく尚忠夫専門学校の学資ハ今迄通りよりも送金額を増す必要有之アレやコレやにて現在の収入にてハ全く目算も立たず心細く候間或ハ東京の図書館に口もあらば転職し旁ら内職致して生計を立てなば満州に居るよりも逼迫の度を少くできはせぬかと思ひその辺の事に心がくるつもりにて御高示を得度ものと存候ひしが現在となりてハ病気意外に根を張り居りイツ本復するやら分からず候まゝ　右の考は一応放棄仕り候て只〃アマリ長くなりて満鉄に対して済まず四月一日にて可なり本復せざる時ハ止むを得ず辞表を提出せざるべからざる義務を感じ居候　甚だ困った事に立至り候へ共誠に致方なく候　先生の御高情により折角入社致し又亡父も色々と心がけくれ候現在の地位を抛つ事ハ誠に残念に候へ共　執拗なる病気にてそのままイツ迄も止まるわけにも行かずと考居候　此事ハ小生一個の独断にて進退を決する事も如何にて何卒先生の御高教を仰度切望仕候　小生一個の考にてハ
一、四月中に恢復の目算立たざれば、五月に入りて早々辞表を提出致す事
一、病気本復迄　勝浦にて養生致す事　その間の生計ハソロソロと翻訳でも致して支へたき事
一、その上にて勤務致し得る位の健康になれば東京にて図書館に奉職し旁ら内職して一家を支へること
右の如く考へ居候へ共　小生の如き未熟者の考ふる処に付恐入候へ共先生の御高示を得バ幸甚に堪へず候
忠夫米沢高工の試験に失敗し只今上京　山口高商受験中に有之　小生ハその世話のため一昨日より上京致居候へ共何分疲労甚しく試験場にもついて行ってやれず不甲斐なく存候　昨日にて学科試験ハ終了に付き小生ハ明日勝浦へ引返す筈に候　一家は小生の病気の為根抵定まらず山口失敗せば現状のまゝにして米沢にゐて貰ひ小生［4字［大連に帰ヵ］消す］恢復後ハ勤先にまとめ（大連に帰り得れバ現在のまゝ）山口入学せば母について行って貰ふより外なくと考へ居候　何れ発表は十日との事故その時に運命も決

定する事に御座候

　上京中にて巻紙もなく此如く乱雑なる書面差出失礼仕候
　広津［二字不詳］氏には明日勝浦に帰りてから御手紙差上ぐる筈に候

4　佐野きみの本間俊平とその妻宛書簡

大正14年4月4日付書簡
解題　本間家から文夫の書簡とともに、山口県文書館に寄託されたもの。書簡の年次は封筒からの推定。友三郎の妻きみは友三郎の死後、この書簡の封筒からわかるのであるが、日本メソジスト山口教会の裏の法界寺に仮住まいしていた。それも長くなり、きみの故郷である米沢から戻ってくるように言われて戻ることにしたことを本間に伝える書簡である。宛名の「御二人様」は本間夫妻のこと。第7章6の「佐野きみのその後」の項参照のこと。

近頃は打ちたへて御無沙汰申上て居ります　その後皆々さ満御変り御座いませんか　御伺ひ申上ます　私も日々宜しくとは申ものゝ今だにハチキリ致さずに困て居ります
拠先生に長年の間萬事に御世話さ満になりし事は筆では尽す事は出来ません
私もいつまでも一人り山口に居りて又々病気でも致せば致方ありませんから幸ひ米沢の弟から此度息子・京都大学に入校のため送りながら私を向ひに参るから一ト先引き上て米沢に帰ろと申しますから此度引き上て帰ることと存じて居ります　おいとまごひ方々御伺ひ申上んと思ひて居りますが万々一御伺ひ致事出来ない時おゆるしを下ませ　出立は多分一三四日頃になると存じて居ります　御承知の如く牧師さん此度樺太に御転任になるため同道いたせとの事でありますから一度に参ると存じて居ります　又砂本先生も此度引退なさ里て神戸に御出でになるとの通知が参りました　先ツ

は御礼方々御通知まで

御二人様
　　　　　　四月四日
　　　　　　　　　　　　　　　　　　　きみ

第2篇　新宮市立図書館長浜畑栄造更迭始末

小黒浩司

はじめに

　日本図書館協会の『近代日本図書館の歩み　地方篇』の和歌山県の項をひもとくと、同県での近代期図書館のさきがけは、1896年（明治29年）創立の和歌山県師範学校検友会図書部であり、これに続くのが、1900年設立の私立田辺図書館と丹鶴同窓会附属新宮図書館となっている。このうち和歌山県師範学校検友会図書部については、あまり記録が残っていないようで、具体的な活動内容などは記されていない。また私立田辺図書館についても、同館がのちに田辺町立図書館（現・田辺市立図書館）に発展していくことは述べられているが、詳細には記されていない。

　他方、和歌山県立図書館の草創期については先行研究があり、『近代日本図書館の歩み　地方篇』でも、これに基づいてその源流が記されている。これらによれば、県立図書館の基礎になったのが、1903年（明治36年）5月に和歌山市内の民家に生まれた私立和歌山図書館であり、同館創設の中心になったのが沖野岩三郎である。だが翌年2月に沖野が上京したことから同館は閉鎖され、蔵書の一部が08年2月設立の県立図書館に引き継がれたのである。

　沖野は、1876年（明治9年）1月に和歌山県日高郡寒川村（現・日高川町）に生まれた。98年に和歌山師範学校（現・和歌山大学教育学部）を卒業し、郷里の小学校などに勤務した。1902年に和歌山市内の小学校に転任し、7月に受洗、翌年8月、教会活動に専念するために教職を辞した。04年2月に日露戦争が起こると、沖野らは非戦論を唱え、当局から弾圧される。私立和歌山図書館の設立と閉鎖にはこうした背景があった。

　その後沖野は、1904年9月明治学院神学部に進学、06年7月に和歌山県東牟婁郡新宮町（1942年、市制施行。以下、新宮と表記）に夏期伝道に訪れ、大石誠之助と知り合う。翌07年6月、明治学院を卒業した沖野は、新宮キリスト教教会に牧師として赴任し、大石と深く交友することになる。その後大石は、明治天皇の暗殺を企てたとして、11年（明治44年）1月に幸徳秋水らとともに死刑になり（以下、大逆事件と表記）、沖野も事件への関与

が疑われ、取り調べを受けている。

　さて、沖野がいたころの新宮には、前述のように丹鶴同窓会附属新宮図書館（以下、新宮図書館と略記）があった。『新宮市史』は「これが当市図書館のおこりである」(6)とする。ところが同時期の新宮には、『近代日本図書館の歩み　地方篇』や『新宮市史』には記されていないが、もう1つ小さな読書と議論の場があった。沖野はそこで開かれた談話会で、これも大逆事件で死刑になった成石平四郎に初めて出会う。

　「正史」に名を残す図書館があり人がいて、残せなかった図書館があり人がいる。本篇ではまず、この新宮の2つの図書館のことから筆を起こす。そのうえで、歴史の誤りを正そうとして図書館長の職を追われた浜畑栄造の生涯をたどりたい。

注

（1）日本図書館協会編『近代日本図書館の歩み　地方篇』日本図書館協会、1992年、542—557ページ
（2）田辺市史編さん委員会編『田辺市史』第3巻、田辺市、2003年、179—181ページ、田辺市史編さん委員会編『田辺市史』第9巻、田辺市、1995年、659—680ページ参照
（3）喜多村進「和歌山県立図書館の濫觴」「和歌山県立図書館月報」1937年4月号、和歌山県立図書館、3—4ページ
（4）沖野の事跡については、絲屋寿雄『大石誠之助——大逆事件の犠牲者』（濤書房、1971年）、辻本雄一「明治41・42年における、大石誠之助と沖野岩三郎の接点——「新宮はソシアリズムと耶蘇教と新思想との牢獄なるかも」考」（安藤精一編『紀州史研究4　総特集熊野2』所収、国書刊行会、1989年、289—338ページ）、野口存彌『沖野岩三郎』（踏青社、1989年）など参照。
（5）大石の事跡については、前掲『大石誠之助』、浜畑栄造『大石誠之助小伝』（荒尾成文堂、1972年）、森長英三郎『禄亭大石誠之助』（岩波書店、1977年）など参照。
（6）『新宮市史』新宮市、1972年、新宮市編さん委員会編纂『新宮市史』新宮市、1972年、689ページ

第1章　新宮の2つの図書館

1　丹鶴同窓会附属新宮図書館

　ここでは『新宮市史　史料編』所収の「丹鶴同窓会付属新宮図書館報告(抄)」(1)によりながら、その概略を述べる。なお『新宮市史』では、同館の開設を「明治38年」、つまり1905年としている。

　1899年10月、新宮小学校高等科・新宮高等小学校の同窓会組織である丹鶴同窓会の役員会は、同会附属図書館設立を議定した。1900年1月の同会役員会で仮の「図書縦覧心得」を制定、2月に仮開館、3月に図書館事務員1人を雇い入れた。5月11日には郡長、町長、判事、警察署長、税務署長などの来賓が列席して開館式を盛大に挙行している。開館式後、来賓には「折詰酒肴の饗応」をし、来賓解散後は関係者が祝宴を兼ねた懇親会を開き、「一同充分の歓を尽し」た。同館の開設が、新宮の支配層の人たちからは歓迎されていたことがわかる。

　その利用状況だが、『新宮市史』では「読書子も相当に多く、よく利用された」と記しているが、1907年に至って経営困難になり、同窓会会長でもある男子高等小学校長宅の一室に移転したとしている。しかし『新宮市史　史料編』所収の1900年2月から12月の縦覧人員統計表を見ると、1日平均4人程度の利用者であり、開館当初からあまり利用者は多くなかったようだ(3)。07年1月の新聞記事では「古城落日の感あり」(4)と報道されている。

　新宮出身の作家、佐藤春夫の自伝的小説『わんぱく時代』(初出は1958年)では、この新宮図書館を「大きな紙くづかごのやうな図書館」と表現し、そのありさまを次のように述べている。

〔新宮中学：引用者注〕通学の途上、町の裏道に、新宮図書館といふ名前ばかり堂々たる書庫が高等小学校長私宅の玄関わきの広間に塵に埋もれてあることを発見した。もと町の有志の読み捨てた書物を寄せ集めてできたらしく、書物には種々の蔵書印とともに何某氏寄贈と記された下に、新宮図書館の印が大きく押された一時代前の雑書が、粗末な書架に雑然と積み上げられ並べられてゐた。はじめはある程度に整頓してゐたのが利用する人のないままに今は塵埃とネズミのふんに埋もれてゐた。
(5)

　これはあくまでも小説であり、忠実に同館の模様を再現したものではないかもしれないが、新宮の人々に広く利用された図書館でなかったことはまちがいなさそうである。正確な日付は不明だが、新宮図書館は移転を繰り返してやがて閉館に至る。

2　大石誠之助らの「縦覧所」

　もう1つの読書と議論の場だが、正式な名称は不明である。絲屋寿雄は「新聞縦覧所」としている。これは沖野の『生を賭して』(初出は1919年)や佐藤の「二少年の話」(『我が成長』所収、初出は1935年)によったものだろうが、佐藤の前掲『わんぱく時代』や後に引く徳美松太郎調書では「新聞雑誌縦覧所」である。浜畑栄造は「新聞雑誌図書閲覧所」と表記している。本篇では以下、縦覧所と略記する。
(6)
(7)
(8)
(9)
(10)

　さて、この縦覧所の原型になるものは、日露戦争が起こった年（1904年）の10月、大石が甥の西村伊作らと町内に開いた太平洋食堂である。その店名の由来は、彼らが平和主義者（パシフィスト）であることと、新宮が太平洋に面していることによる。この食堂内には「新聞雑誌縦覧処、(略)等を置き、青年の為清潔なる娯楽と飲食の場処を設くるにつとめ」た。太平洋食堂開店の目的は営利ではなく、日本人の食生活の改善にあったようだが、その啓蒙的性格が災いしたのか、長続きしなかったようだ。
(11)

第1章　新宮の2つの図書館　307

1906年8月、大石は「熊野実業新聞」記者の徳美松太郎らと町内に縦覧所を設置した。徳美はこの縦覧所について、10年9月11日の検事調書で次のように供述している。

> 私ガ新宮ニ居リタル時明治三十九年ノ夏ヨリ四十年三月頃迄新宮中ノ(ママ)町ノ住宅ニ新聞雑誌縦覧所ヲ設ケ熊野実業新聞社ニ来ル雑誌及新聞、大石誠之助其他ノ人ニヨリ借リタル新聞雑誌ヲ無料ニテ何人ニモ縦覧セシメタコトガアリマス其所ニ使用ノ椅子腰掛等ハ大石ヨリ借リテ居リマシタ其縦覧所ハ社会主義ノ新聞雑誌ヲ主トシタノデハナク宗教、文学、俳句ニ雑誌類ガ多クアツタノデアリマス(12)

　縦覧所の所蔵資料のうち、雑誌新聞の類いの一部は熊野実業新聞社に送ってきたものとみられるが、ほかの大半は大石がその蔵書を提供したと思われる。大石は相当の愛書家だったようだ。刑死を前に面会に訪れた親族に、その処分について、「或は図書館など作る事もあらば其の基礎とするも佳し」であるとか、沖野岩三郎に依頼してすべての書籍の目録を作り、また番号を付してほしいと述べている（もっともそれらの多くは当局が押収してしまったようだが）。(13)

　この縦覧所の実際の運営は、上の調書のように徳美が担当していたとみられるが、佐藤の『わんぱく時代』では大石が沖野などと相談して開設したものとしている。(14)これは小説中の記述ではあるが、前述のように沖野は私立和歌山図書館創設の中心人物であり、図書館の役割を一定程度理解していたと思われ、佐藤が書いていることが真実である可能性もある。「大きな紙くづかごのやうな図書館」の現状を憂慮した沖野が、大石にはたらきかけて縦覧所を作ったとしても不思議ではない。もしそうであれば、私立和歌山図書館の蔵書を受け継いだのは県立図書館だが、その精神は新宮の縦覧所に受け継がれたというべきだろう。

　しかしながら、沖野の小説中ではこうした事情は語られていない。『生を賭して』では、1906年の夏期伝道のとき、縦覧所の2階で徳美が主催した談話会で初めて「N.H.」（成石平四郎）と出会ったことが書かれているだけである。(15)

3 「縦覧所」の所蔵資料と活動

　前掲調書で徳美松太郎は、縦覧所の所蔵資料を「社会主義ノ新聞雑誌ヲ主トシタノデハナク宗教、文学、俳句ニ雑誌類が多クアツタ」と供述し、特定思想に偏ったものでなかったとしている。他方、佐藤春夫は「二少年の話」で次のように書いている。

> 新聞は万朝だの二六だのそれから平民新聞だとか町ではよそであまり見かけない種類のもの、雑誌では反省社の中央公論を一般的なものとして外には家庭雑誌だとか「火鞭」だの「直言」だの「天鼓」などといふあまり名も聞かぬ週刊らしい小雑誌の外には二三のキリスト教雑誌、その外雑誌だか本だか判らぬ片々たる印刷物もあつて単行本では平民科学といふ簡単な体裁の本が五六冊と「火の柱」や「良人の自白」などの小説類もあった。(16)

　「万朝報」は、日露戦争開戦初期に幸徳秋水や堺利彦らが非戦論を唱えていたことで知られる。「二六新報」も日本社会党の結成に参加した添田啞蟬坊などがいて、「万朝報」とともにときに反政府的な記事を掲載していた。「家庭雑誌」(申分社、のちに家庭雑誌社に発行所を変更)は堺が主宰し、大石もたびたび寄稿していた雑誌である。「火鞭」は、堺や幸徳が結成した社会主義的文学会火鞭会の機関誌。「直言」は、「平民新聞」廃刊後に刊行された平民社の機関誌。「天鼓」(天鼓社編、北上屋書店)は、非戦論者の田岡嶺雲が創刊した雑誌。「平民科学」は、堺や山下均の著作が収められた6冊の叢書。『火の柱』(17)『良人の自白』(18)は、ともに幸徳や堺らと社会民主党を結成した木下尚江の小説である。

　佐藤が記すことが正しければ、徳美の供述とは裏腹に左派色が濃い資料構成である。その一方、新聞・雑誌だけでなく図書も所蔵していることになり、浜畑が「新聞雑誌図書閲覧所」としたのもうなずける。徳美の調書ではまた、これら資料を「無料ニテ何人ニモ縦覧セシメ」ていたとも述べ

第1章　新宮の2つの図書館　　309

ている。

　さらに前述のように沖野の『生を賭して』によれば、縦覧所では談話会もおこなわれていた。[19]佐藤は、新宮図書館と同様に、人々が持ち寄った書物や新聞・雑誌を一般の見るに任せたものではあったとするが、「〔新宮：引用者注〕図書館と違つて書物も設備（といふほどのものではないが）も何やら清新の気があつて明朗なのが僕には好もしかつた」[20]と、縦覧所の感想を記している。

　大石誠之助らの縦覧所は、石井敦が丹念に掘り起こした初期社会主義者たちによる図書館と、その設立時期や性格が近似している。[21]そのため当局の圧力を受けてか、短命に終わった。徳美の供述によれば、開設から半年足らずの1907年3月ごろに閉鎖された。

4　「縦覧所」開設の背景

　大石誠之助らの縦覧所設立の意図について、浜畑栄造は次のように述べている。

> 物云はざれば腹ふくるゝわざ、と古人も謂ったが、余り言論を圧迫すると、石が物を云ふやうになると、左伝にも言ってゐる。言論を封ぜられたドクトル〔大石のこと：引用者注〕も、戦時中は手も足も出ない。それでは無言のまゝ我が主義、我が党を養成してみせようと仲ノ町に、「新聞雑誌図書縦覧所」を設けたのである。[22]

　開国から半世紀、この国は「近代化」を強力に推し進め、日露戦争に勝利した。しかしそのゆがみも深刻で、貧富の差が拡大し、労働運動・社会主義運動が興起し、社会不安が広がった。こうした状況に危機感を抱いた政府は、労働運動・社会主義運動に対する取り締まりを強化する。

　新宮でも、町の支配層と大石らの対立が先鋭化した。絲屋寿雄は、沖野岩三郎が新宮キリスト教教会の牧師として赴任したころを「新宮の混乱期」[23]としている。大石の体制批判の一面に教育問題があるが[24]、地元の県立

新宮中学校（現・県立新宮高等学校）の教育に対してもたびたび手厳しい非難を浴びせていた[25]。

1906年6月、牧野伸顕文部大臣は訓令「学生生徒ノ風紀振粛ニ関スル件」を発する（以下、牧野訓令と表記）。この牧野訓令で、「極端ナル社会主義ヲ鼓吹スルモノ」が出没しているので、教育にあたる者に「矯激ノ僻見ヲ斥ケ流毒ヲ未然ニ防ク」ことを求めている。学校での「思想善導」が強化され、08年10月の「戊申詔書」へとつながる。牧野訓令には、次のような件がある。

　　近時発刊ノ文書図画ヲ見ルニ或ハ危激ノ言論ヲ掲ケ或ハ厭世ノ思想ヲ
　　説キ或ハ陋劣ノ情態ヲ描キ教育上有害ニシテ断シテ取ルヘカラサルモ
　　ノ勘シトセス故ニ学生生徒ノ閲読スル図書ハ其ノ内容ヲ精査シ有益ト
　　認ムルモノハ之ヲ勧奨スルト共ニ苟モ不良ノ結果ヲ生スヘキ虞アルモ
　　ノハ学校ノ内外ヲ問ハス厳ニ之ヲ禁遏スルノ方法ヲ取ラサルヘカラス[26]

この牧野訓令を大石は「陋劣なる文相の訓令」と題して、次のように激しく批判した。

　　彼が訓令の主意は、近来学生の意気鎖沈と風紀の頽廃（略）を憂ひ、
　　其原因を家庭監督の過誤と学校規律の弛緩とに帰し、之が救済の法と
　　して其誘惑物なる文書図画（略）を排斥せんとし、之れが精査と取捨
　　の権を教育当局者の手中に委せんとするものである。△（略）学生が
　　奢侈の風に流るる原因は何であるか。今日中産以上の者でなくば教育
　　を受け得られぬ学制の下にあつて、富豪の子弟が其父兄より贅沢なる
　　生活の状態を見倣ふて、之を多くの学生に伝染させるのではないか。
　　又彼等が煩悶、放縦、厭世に陥るの原因は何であるか。現時の学校に
　　於ける教授及び進級法の欠陥、卒業後の生活難、成功の絶望、偏狭な
　　る社会制裁の圧迫、両性交際機関の不備、社会的趣味の欠乏等、其等
　　幾多の制度と境遇の罪にあらずと言ひ得るであらうか。是等の問題を
　　深く極めずして単に有害なる文書図画の罪に帰せんとするは、何たる
　　軽率なことであらうか。△仮令近時発行の図書に幾分の欠点ありとす

第1章　新宮の2つの図書館

るも、自由に之が研究を許して、之に誘はれず之に打勝つべき主張をば、積極的に学生に注入し、彼等を善導するのが則ち教育者の責任ではないか。而かも彼等にして之を為すの力なく、「消極的」にその閲読を厳禁せんとするが如きは、教育者そのものゝ無能を自ら曝露したものであつて、余は之を以て現代教育の自殺であると言ふに憚らぬ。(27)

　かたや、牧野訓令を「真面目に実行」したのが新宮中学の平田総一校長だった。「光」(光雑誌社、のちに凡人社に発行所を変更)は「牟婁新報」の記事を引いて、校長が「生徒をして閲覧せしむべき数種の図書を撰び、其他多くの小説や雑誌類は一切見ぬようにせよと言つた」と報じた。これに対し校長は、「光」に「事実相違のかどあり」と訂正を申し入れるが、大石(署名は禄亭生)は「全くの事実」と応酬した。(28)

　この牧野訓令をめぐる論争の時期は、徳美松太郎調書の縦覧所開設の時期と一致している。大石らは青年たちの自由な読書と議論の場を確保するために、自分たちの蔵書を持ち寄って縦覧所を作ったと思われる。

　1909年8月、新宮で与謝野鉄幹らの講演会が開催された。当時新宮中学の生徒だった佐藤春夫もこの講演会に登壇し、「虚無的」な演説をおこなった。学校側はこれを問題視し、佐藤を無期停学とし、この処分に反発した生徒たちがストライキを起こすという事件が起こった。校長らは大石を生徒たちの行動の扇動者と目し、両者の対立は一層険悪化した。

注

（1）「丹鶴同窓会付属新宮図書館報告（抄）」「丹鶴同窓会々報」第3号、1901年（新宮市史史料編編さん委員会編『新宮市史　史料編』下巻、新宮市、1986年、725—728ページ）
（2）前掲『新宮市史』689ページ
（3）前掲「丹鶴同窓会付属新宮図書館報告（抄）」
（4）「図書館の衰微」「熊野実業新聞」1909年1月8日付（前掲『新宮市史　史料編』下巻、728—729ページ）
（5）佐藤春夫『わんぱく時代』、中村真一郎ほか監修『定本佐藤春夫全集』

第15巻所収、臨川書店、2000年、248―249ページ
（6）前掲『大石誠之助』68―69ページ
（7）沖野岩三郎『生を賭して』警醒社書店、1919年、142―143ページ
（8）佐藤春夫「二少年の話」、中村真一郎ほか監修『定本佐藤春夫全集』第9巻所収、臨川書店、1998年、174―175ページ
（9）前掲『わんぱく時代』250―251ページ
（10）前掲『大石誠之助小伝』158ページ
（11）「太平洋食堂」「家庭雑誌」第2巻10号、申分社、週刊「平民新聞」第48号、平民社、1904年、6ページ（森長英三郎／仲原清編『大石誠之助全集』第1巻、弘隆社、1982年、26ページ）
（12）大逆事件の真実をあきらかにする会編『大逆事件訴訟記録・証拠物写』第5巻、近代日本史料研究会、1962年、178ページ
（13）前掲『大石誠之助小伝』358―359ページ
（14）前掲『わんぱく時代』250―251ページ
（15）前掲『生を賭して』142―143ページ
（16）前掲「二少年の話」174―175ページ
（17）木下尚江『火の柱』平民社、1904年
（18）木下尚江『良人の自白』金尾文淵堂、1905年
（19）前掲『生を賭して』143ページ
（20）前掲『わんぱく時代』251ページ
（21）石井敦『日本近代公共図書館史の研究』日本図書館協会、1972年、180―219ページ（「社会主義運動と図書館」1―5、東京都立日比谷図書館編「ひびや――東京都立日比谷図書館報」第88、91、92、94、95号、東京都立日比谷図書館、1968―69年）
（22）前掲『大石誠之助小伝』158ページ
（23）前掲『大石誠之助』66ページ
（24）大石の教育観については、前掲『禄亭大石誠之助』115―124ページなど参照。
（25）以下、当時の新宮中学の状況については、「新高八十年史」編纂委員会編『新高八十年史　明治大正編』和歌山県立新宮高等学校同窓会、1983年、128、274―277ページなど参照。
（26）「学生生徒ノ風紀振粛ニ関スル件」、文部省編『学制百年史　資料編』帝国地方行政学会、1972年、35―36ページ
（27）「文相訓令の結果」「光」第1巻第18号、1906年、光雑誌社（のちに凡人

社に発行所を変更)、2ページ。なお「光」は、平民社が弾圧のなかで解散になり、廃刊になった「直言」の後継誌として創刊された。

(28)「新宮より」「光」第1巻第20号、1906年、光雑誌社(のちに凡人社に発行所を変更)、7ページ

第2章　浜畑栄造と大逆事件

1　大逆事件後の新宮

　政府の厳しい取り締まりで追い込まれた一部の社会主義者は、明治天皇の暗殺を企図したが、計画が具体化する前に発覚した（1910年5月）。当局はこの計画を利用して全国規模での社会主義者弾圧を強行する。6月1日に幸徳秋水が、3日には大石誠之助が逮捕され、同日、大石宅などの新宮の関係者の家宅捜索が実施された。
　一審即決の非公開裁判で24人に死刑判決（うち12人は無期懲役に減刑）、判決から1週間後の1911年1月24日に大石は幸徳らとともに処刑された。大石は、明治天皇暗殺計画とは直接的には関係がなかった。彼が社会主義者や無政府主義者の経済的後援者であり、新宮の青年層に対する扇動者だったと見なされたことから、狙い撃ちされたのである。
　この大逆事件を契機に政府は思想取り締まりを強化するが、事件発覚後、大石などが検挙された和歌山県でも苛烈な取り締まりが展開された。例えば1910年10月6日、海草郡長名で発せられた「小学校教員に対する左翼思想防止につき内訓」では、社会主義・無政府主義を懐抱する教員の処分、児童・学生に対しては社会主義・無政府主義、あるいは自然主義の小説など、「矯激ナル思想ヲ掲ゲ若クハ卑猥ノ陋態ヲ描ケル著作其他有害ナリト認ムル」図書刊行物の閲覧禁止などを指示している。あるいは翌11年2月21日、海草郡長名での「大逆事件に関する講演会・弁論会等の規制につき訓令」では、学校生徒児童の校友会や青年会などでの講演会・弁論会の内容は「厳ニ之ヲ学術ノ範囲内ニ止メシメ」大逆事件についての講演論議は一切認めないと、厳重に達している。

大石らを輩出した東牟婁郡での取り締まりは、さらに徹底していた。1911年2月3日に郡長名で郡内学校に「生徒児童ニ対シ十分ノ訓諭ヲ加ヘ」るよう内訓が発せられ、3月3日には、前記海草郡と同様の「講演会弁論会等ノ取締」が通牒された。同郡での思想動向の監視は事件収束後も継続され、17年4月には教員の政論集会参加取り締まりが通牒された。
　「世間」の新宮に対する視線も厳しかったようだ。ただ新宮というだけで白眼視され、材木商が大阪で宿を断られたり、上級学校への進学に支障があったとされる。真偽のほどは定かでないが、陸軍大学校に進んでも出世が途中で止まったという。
　したがって事件に関与したとされた者やその家族に対する仕打ちは、過酷なものがあった。その一例として、新宮の浄泉寺住職、高木顕明(8)のことを取り上げる。
　浄泉寺の門徒には多数の被差別部落の人たちがいて、高木は彼らの救済に努力した。大石もまた貧しい人たちからは治療代を取らなかったことなどから、高木も大石らと行動をともにするようになる。浄泉寺を会場に談話会が開催され、大石、高木、沖野岩三郎らが講話をおこなった。
　大逆事件で高木も関与者と見なされ、死刑判決を受けた。彼は「特赦」によって無期懲役に減刑されるが、1914年6月に獄中で自殺した。事件後、高木は宗門（浄土真宗大谷派）から住職を罷免され、僧籍を剥奪された。家族も「非国民」「国賊」とののしられ、寺を追われた。生活に困窮し、養女は芸者置屋に売られた。
　大逆事件は、社会主義者・無政府主義者の弾圧を目的に作り上げられた事件であり、大石や高木は明治天皇暗殺計画に直接的に関与していない。しかしそのためにこの国家的犯罪を覆い隠すためにも、彼らを「大逆の徒」に仕立て上げなければならず、事件に対する「過剰反応」を生み出す原因になった。新宮の人々にとって大逆事件は「咽喉に刺さったトゲ」になり、大石らの名を語ることさえはばかるような風潮は、第2次世界大戦後も続くことになる。

2 浜畑栄造の『熊野郷土読本』

　浜畑栄造は、1895年（明治28年）9月、新宮に生まれた。(11) 1916年（大正5年）、和歌山県師範学校を卒業し、那智勝浦町天満小学校の教員になった。
　教員になった浜畑は、郷土の熊野地域の研究と教育に没頭したようだ。1923年10月に児童の郷土学習の教材として『熊野郷土読本』(12)（以下、『読本』と略記）を刊行した。彼はその研究の目的や同書刊行の意義を、『読本』巻1の「自序」で次のように述べている。

> 　私のこの計画は、熊野地方の郷土的文化の宣伝にある。児童中心主義の主張にあるのだ。
> 　僅か方三四里の処で制められた国定教科書なるものが、数百里を距つたこの熊野の子供達に如何ほどの効能のあるべきものであらうか。（略）教育は何処までも子どもを中心とせなければならぬ。（略）郷土を顧みない教育は空中楼閣のやうなものだ。子供の知識や経験を無視してそこに何の教育はあるか。(13)

　この自序から、彼がいわゆる大正デモクラシーの時代の新教育に強い影響を受け、児童中心主義に立脚した郷土教育の実践に取り組んでいたことがわかる。また、『読本』の版元が和歌山県教育会東牟婁郡支会であることから、情熱あふれる青年教員の教育活動を、周囲の関係者がある程度は理解し、支援していたことが推察できる。
　浜畑は一方、前述のように国定教科書制度に疑問を呈し、文部省・国の教育行政を子どもの知識や経験を無視した「空中楼閣のやうなもの」と批判している。浜畑はいったい何に憤ってこのような激烈な異議申し立てをしたのだろうか。
　『読本』の巻1では沖野岩三郎や佐藤春夫の作品が、巻2では沖野や西村伊作の著作が採録されている。沖野の『生を賭して』は1919年7月の刊行。同じく沖野の『宿命』(14)も、「大阪朝日新聞」の懸賞小説2等になり同紙連

載のうえ（ただし当局をはばかって大幅に改作）、同じ1919年12月に出版されている。佐藤の「二少年の話」はまだ書かれていなかったが、大石誠之助の刑死を扱った「愚者の死」が「スバル」（昴発行所）に発表されたのは11年5月である。浜畑が『読本』を編集していたころ、大石らのことはすでに文学作品として描かれていた。

　前述のように、沖野や佐藤の作品は『読本』に採録されている。しかし大石のそれは見当たらない。浜畑は沖野や西村の新宮での諸活動を少なくともその著作から知っていたのだから、禄亭と号し川柳をはじめ多数の著作を残した大石の存在を知らないはずがない。よく知っていたが、それを取り上げることはできなかったのである。

　新宮に生まれ育った浜畑は当然、大石が濡れ衣を着せられたことも知っていただろう。だがそれを公にすることはかなわなかった。地元新聞では、1922年4月に新宮で「社会主義者の取調」があり、同年3月には隣県三重の県警部長が新宮を「幸徳秋水の大逆事件に関連したものを生んだ処丈に赤化も可成り濃厚」と語ったと報じていた。浜畑の郷土研究・郷土教育は、大逆事件という立ちはだかった壁の前に行き詰まっていたといえる。

　浜畑の郷土研究はしばらく途絶し、『読本』の続篇というべき『熊野よいとこ』が刊行されたのは、1975年のことだった。『読本』刊行後、彼は愛してやまない故郷を離れ、大阪府立住吉中学校（現・府立住吉高等学校）に転任する（勤務は1929年8月から35年8月まで）。その後、さらに郷里から遠く隔たった「満州国」に渡り、大連市内の中学校などに勤務し、敗戦を迎える。

3　新宮への帰郷

　敗戦後、帰郷した浜畑栄造は郷土研究を再開し、前述のように1975年『熊野よいとこ』を自費出版する。彼は同書刊行までの経緯やその意義を、「序」で次のように述べている。

　　敗戦で大連から引揚げた直後は生活に追はれて、折角熊野と云ふ歴史

の宝庫に入りながら、無為に過さねばならなかった。やっと人の情け
で生活が安定して来ると、急に郷土の歴史に吸込まれたが、その時は
全く日暮れて道遠しの感で、いらいらするばかり。特に真実性を欠く
歴史には我慢は出来なくなり、敢然筆をとったのが「大石誠之助小
伝」である。少しでも大石の実意が判れば、筆者の悦びこれに過ぎる
ものはない。(略)／歴史は真実を語るものでなければならない。凡
て物を愛すると言ふ事は、真実性が伴へば伴ふほどその愛は深くなる。
愛郷心も同じである。戦後は実証を伴はない歴史を教へる事は危険を
伴ふ思想の根源になるとして退けられ、世は正に実証主義の歴史時代
に入ったのである。この観点に立って、菲才をも顧みず、郷土史と取
組んで来た。大逆事件の外に曲解されたものはないか。(略)随分誤
解されてゐるものが多い。これらを正しい姿に戻して、含味した上、
真に熊野をよいものにしたいのが、此の本の狙ひである。[19]

　浜畑が大連から新宮に戻ったのは1947年であり、何かの事情で帰還が
だいぶ遅れている。少なくとも一切の財産を失っての帰国だったことはま
ちがいない。47年当時彼はまだ52歳であり、その戦前の履歴を考えれば、
学校現場への指導的立場での復帰も可能だったと思われるが、その道は選
ばなかったようだ。引き揚げ後、生活に相当苦労したことが想像される。
　復職を選択しなかった理由を彼は語っていないが、1つには戦前期の教
育を担った者として彼なりの「節度」があったのかもしれない。しかしや
はり敗戦によって歴史研究の制約から解き放たれたことから、郷土史研究
に専念したいと考えたのではないかと思われる。
　清貧に甘んじ地域の歴史の真実を追究する浜畑を、心ある人たちが支え
た。その中心になったのが新宮市長木村藤吉だった[20]。浜畑は、1956年10
月に市教育委員に就任[21]、59年10月、第4代の新宮市立図書館長に就任す
るが、いずれも木村が市長在任中の人事である。もちろん教育委員や図書館
長は「名誉職」であり、経済的な援助にはならなかっただろう(浜畑の言
では、館長の手当ては月2,500円)。だが、その「肩書き」は関係資料の発掘
や収集にずいぶん役立ったはずだ。
　木村は1880年7月、奈良県吉野郡十津川村に生まれた。小学校卒業後新

宮で木材会社に勤務した。貧しい生活のためか、あるいは過酷な労働からか、大石らの活動に興味を抱いたようだ。青年時代に大石らの「読書会」に何回か参加した模様で、浄泉寺での会で沖野岩三郎の講演を聴いたことなどを証言している。

　木村は独立して木材販売事業を営み、その後新宮の政界に進出した。1913年5月に町議会議員に初当選、22年3月から新宮町長を3期、また市制施行後の市長を3期務めた。しかし大戦中市長だったことから、公職追放になり46年7月辞職。追放解除後、55年4月市長に返り咲き、63年4月まで2期在職した。木村は公私ともに公正・清廉な人物で、人々の尊敬を集めていた。上水道の整備などで新宮の発展に尽力し、市長退任後の63年10月に名誉市民に選ばれている。[22]

　前述のように、木村は青年期に大石誠之助らの活動に共鳴し、「読書会」に参加していた。[23] したがって彼らがいわれなき罪で捕らわれたことを知っていた。大逆事件の真相を明らかにし、大石らの無実を証明することは、「逆徒の町」という新宮の「汚名」をそそぐことにもつながると考えていたのではないだろうか。

　1955年の市長復帰時、木村は75歳。政治家としてもすでに老境に入っていた。自身の市長在任中に大石らの名誉回復の道筋をつけたいという意思をもっていたと思われる。木村は60年1月におこなわれた幸徳事件50周年紀南関係者追悼記念会（以下、追悼記念会と略記）に参加、浜畑の記するところによれば大石の墓前にも詣でている。[24] また61年7月に刊行された「熊野路」第6号（大石誠之助特集号）に「読書会のことなど」と題して、大石らによる「読書会」の模様を伝える談話を寄せている。[25]

　この「熊野路」編集責任者は、新宮市立図書館長でもある浜畑だった。詳細は後述するが、事件50周年を1つの契機に、2人はともに大逆事件の見直し、大石らの再評価に向けて一歩を踏み出そうとした。だが、「50周年という節目の行事であっても、当時の市民感情は、『大逆』という文字を使えないといった雰囲気だった」。[26] また追悼記念会の直後、事件関係者の遺族のもとに所轄警察署員が訪ねて事情を聞かれたとされる。[27] 浜畑や木村らの行動は、大きな波紋を呼ぶことになる。

4 新宮市立図書館と熊野文化会

　ここではまず、新宮市立図書館の歩みについて簡単に述べる。[28]
　新宮市立図書館は、1948年8月に公民館図書部が発展して誕生した。53年8月、市民から建物（旧・税務署本館）の寄贈を受け、これを移転改築し、独立開館を果たした。
　新宮市立図書館は、分厚い地域資料の集積で知られるが、その礎を築いたのが第3代館長の岡嶋輝夫（在任1955年6月―59年4月）である。[29] 岡嶋は1957年度図書館費項目中に郷土研究費を設け、地域資料の収集と整理に力を注いだ。岡嶋は次のように郷土研究の意義を述べている。

　　新らしいものが物言う世の中ほど一層一時代も二時代も遡つてその文化資料を蒐集し、それを記録に残さねばならぬ、之も図書館使命の重要部門だと考へ来たつた。[30]

　岡嶋はさらに地域史研究を推進するべく、熊野文化会（1970年5月、新宮地方史研究会と改称。以下、文化会と略記）を立ち上げた。文化会は、主として歴史的研究をおこなう熊野地方史研究部会、熊野民族の研究をおこなう熊野民族部会、熊野民話の収集をおこなう熊野民話部会の3部会から組織され、1958年3月には、同会の機関誌「熊野誌」が創刊された。[31]
　同会の会則では、第1条で会を新宮市立図書館内におくこと、第6条で会長には新宮市立図書館長をもってあてることを定めている。また「熊野誌」の表紙には、創刊号から第6号までは「新宮市立図書館発行」の表示があり、同誌の発行と文化会の活動が同館の活動と一体的におこなわれていたことがわかる。[32]
　先に浜畑栄造の館長就任を木村藤吉市長の意向と述べたが、新宮の歴史や文化に造詣が深い浜畑の第4代館長選任は、理にかなった人事だといえるだろう（もちろん今日的な見方では、司書の資格をもたない非常勤館長は好ましくないのだが）。当然浜畑も前館長の路線を継いで、地域資料の収集に

第2章　浜畑栄造と大逆事件　321

力を注いだだろう。

　なお浜畑館長の時代、図書館の嘱託として「熊野路」の編集やガリ切りを担当したのが、仲原清である。浜畑と仲原は、新宮での大石ならびに大逆事件研究の双璧だった。生涯旧仮名遣いを守った浜畑に対して、仲原は思想的には異なる立場だったが、大石の名誉回復に協力して取り組んだ。後述するように、大石の遺稿集を刊行しようという浜畑や仲原の企図は頓挫する。仲原はこれに執念を燃やし、森長英三郎と協力して全集編纂を進めたが、全集刊行を目前に病に倒れ、1980年6月死去した。[33]

注

（1）前掲『大石誠之助』220—221ページ
（2）「小学校教員に対する左翼思想防止につき内訓」、和歌山市史編纂委員会編『和歌山市史』第8巻所収、和歌山市、1979年、986—988ページ
（3）「大逆事件に関する講演会・弁論会等の規制につき訓令」、同書所収、988—989ページ
（4）前掲『新宮市史　史料編』下巻、544—545ページ
（5）同書546ページ
（6）『和歌山百年』毎日新聞社、1968年、155ページ
（7）仲原清「今も「新宮の町は恐懼せり」」「大逆事件の真実をあきらかにする会ニュース」第10号、大逆事件の真実をあきらかにする会、1965年、13ページ
（8）辻本雄一「「大逆事件」とその影響」『人権から見た新宮の歩み（草稿）』新宮市教育委員会、2005年、62—67ページ、真宗大谷派遠松山浄泉寺のウェブサイト（http://noriyuki8.wix.com/jyousenzi#!about4/c24vw）［2016年2月1日アクセス］
（9）和歌山県警察史編さん委員会編『和歌山県警察史』第1巻、和歌山県警察本部、1983年、976—978ページ
（10）辻本雄一「咽喉に刺さったトゲ」、熊野地方史研究会編「熊野誌」第54号、熊野地方史研究会、2008年、10ページ
（11）浜畑の履歴は、和歌山県が彼の死後に「和歌山県文化功労章」を追贈した際にまとめた経歴および業績（和歌山県編「和歌山県文化表彰」昭和59年度、和歌山県、1984年）などを参照した。

(12) 浜畑栄造編輯『熊野郷土読本』巻1―3、和歌山県教育会東牟婁郡支会、1923年
(13) 「自序」『熊野郷土読本』巻1、ページ記載なし
(14) 沖野岩三郎『宿命』福永書店、1919年
(15) 前掲『新宮市史　史料編』下巻、546―547ページ
(16) 浜畑栄造編著『熊野よいとこ』浜畑栄造、1975年
(17) 浜畑は1974年に『熊野の史料と異聞』(自費出版) を著しているが、彼は同書について『熊野よいとこ』の「序」で「〔新宮：引用者注〕市史の附録とすべき筈」のものとしている。
(18) 『大阪府立住吉中学校同窓会名簿』大阪府立住吉中学校同窓会、1941年、8ページ
(19) 前掲『熊野よいとこ』ページ記載なし
(20) 木村の事跡については、前掲『新宮市史』862―864ページ、新宮市のウェブサイト (「新宮市の名誉市民」〔http://www.city.shingu.lg.jp/forms/info/info.aspx?info_id=18863〕〔2016年2月1日アクセス〕) などを参照。
(21) この年9月に教育委員会法が廃止になり教育委員の公選制が廃止され、かわって制定された地方教育行政の組織および運営に関する法律によって、教育委員は首長による任命制になった。任命制による初代新宮市教育委員は浜畑を含め5人で、浜畑は委員長職務代行者になった (前掲『新宮市史』684ページ)。
(22) 新宮の名誉市民第1号は佐藤春夫 (1961年1月)。新宮市名誉市民条例の制定は1960年12月で (前掲『新宮市史』)、この制度は同年11月の彼の文化勲章受章がきっかけになって生まれたようだ。なお、98年に西村伊作も名誉市民になっている。
(23) 山崎正利 (談)「大逆事件と木村市長の思い出など」、前掲「熊野誌」第54号、132―135ページ
(24) 浜畑栄造「序に代へて」、熊野文化会編「熊野誌」第6号、熊野文化会、1961年、ページ記載なし
(25) 木村藤吉「読書会のことなど」、同誌58―60ページ
(26) 前掲「大逆事件と木村市長の思い出など」133ページ
(27) 前掲「今も『新宮の町は恐懼せり』」13ページ
(28) 前掲『新宮市史』690―691ページ
(29) 山田令吉「編輯後記」、熊野文化会編「熊野誌」創刊号、熊野文化会、1958年、36ページ

(30) 岡嶋輝夫「発刊に際して」、同誌1ページ
(31) 前掲「編輯後記」
(32) 「熊野文化会会則」、前掲「熊野誌」創刊号、21ページ
(33) 杉中浩一郎「新宮での大石研究者」「大逆事件の真実をあきらかにする会ニュース」第23号、大逆事件の真実をあきらかにする会、1985年、6ページ。なお杉中は、この文章執筆当時田辺市立図書館長であり、郷土史家として知られている。

第3章 「新宮の町は恐懼せり」

1 「熊野誌」の大石特集号

「熊野誌」第6号は、「大石誠之助特集号」として1961年7月18日に発行された（以下、「特集号」と略記）。追悼記念会から1年あまりを経ての刊行である。表紙には創刊号から第5号までと同様、「新宮市立図書館発行」と表示している。奥付の発行所の表示も「新宮市立図書館内熊野文化会」と前号までと変わらない。

内容は、前述木村藤吉の「読書会のことなど」や西村伊作の「大石誠之助追想」など、関係者の大石の人となりを伝える文章や大石の年譜などである。浜畑栄造は冒頭の「序に代へて」で、大逆事件を山形・桂の軍閥と司法官僚によるでっち上げと述べ、この「特集号」発行の編集の経緯と意義などを次のように述べている。

> 五十年漠として夢の如し。禄亭は郷里の人であっても、一片の文献すら集めることは出来ない。それは時の政府を憚って、彼のものを保存しようとせなかったのと、南海の大地震と戦災によって大方の文献は灰燼に帰したことに因る。こゝに列べた文献も貧しい金と乏しい時間とで集めたもので、彼を語るには余りに貧弱で、まことに恥ずかしい気もするが、それは下手な伝記文よりも、それぞれ天下知名の士の手になるものを集めて通読する方が、一方に傾らずよいと信じたからである。尚全貌を知るには是非とも次に発行する「禄亭遺稿集」をみてもらわねばならぬ。(1)

新宮市教育委員会（以下、市教委と略記）から館長再任と大石の遺稿集の刊行を阻まれた浜畑は、1962年1月、市教委の対応を告発する文章「市民に訴える」[(2)]を地元新聞に寄せる。この問題については、次項以下で詳述するが、ここでは先の「序に代へて」を補う「特集号」発行に至る彼の考えを見てみる。
　浜畑は、特集号刊行を「時、所、位の尺度」で判断し、決行したという。まず「時」とは、「今の民主主義の世の中で、人権尊重の社会で、しかも言論自由の世界においても果して適当な出版であるか」という時勢を考えた。次に「所」とは、新宮という大石の故郷であり、「郷土史を研究する者として、この隠れた偉人を是非世に出さねばならぬ。（略）所を同じくする後輩として当然なすべき仕事と考えた」。そして最後に「位」とは、新宮市立図書館長としての地位について考えた。「一部には今なお迷っている市民のためにも啓蒙運動として、先づ旗を図書館から掲げなければならぬ」と考え、決行したと述べる。
　浜畑の館長就任は1959年10月。翌60年1月に追悼記念会が挙行されたが、「誰に遠慮するのか、詣でる人はまことに寥々」だった。「いよいよ館長となるに及び時恰も大石の五十年忌、この人大石を一日でも早く世の中の人に知らすことが、私の責務であるやに感じました」。
　すでに述べたように、市長の木村は大石らの名誉回復にある程度理解をもっていたとみられる。「外」に目を転じると、敗戦後の新たな史料の出現、それに基づく事件の再検証が進み、大逆事件の不当性が明白になってきていた。1960年2月に「大逆事件の真実をあきらかにする会」が生まれ、翌61年1月には坂本清馬らが東京高等裁判所に再審を請求した。浜畑が大石の顕彰に「先づ旗を図書館から掲げなければならぬ」と考え、「私の責務」と感じたのもうなずける。
　これに対して市教委の空気は「穏やかならぬものがありました」と浜畑はいう。「特集号」を「市民に共産主義、無政府主義を宣伝するもの」と見なし嫌っていた。これは市教委の認識であるとともに、新宮の保守層も同様の認識だったようだ。仲原清の耳にも「思い切つたことをする」[(3)]という声が聞こえていた。
　1960年の安保闘争の前後は、労働運動・学生運動の空前の高揚期だっ

た。それは当然新宮にも波及し、60年安保では新宮でも5波のデモがおこなわれた。教育界では、1957年からの勤評闘争が泥沼化し労使が鋭く対立していた。体制の動揺に保守層は強い危機意識を抱いていた。

　彼らの懸念に対して浜畑は、「その心配を全く否定するものではありません」としながらも、「要は、大石誠之助の人となりを知つてもらうのが主眼でした」と述べ、さらに次のように述べる。

　　私の眼には共産主義も資本主義もない。勿論多いとか少ないとかは問題でない。たた如何なる主義の人でも郷土に関係のあるものなら、これが真の姿を示すようにするのが、私の任務と心得ていました。（略）共産主義も資本主義も国家からみれば、同じ価値比重のもので、どちらにも、えこひいきしてはならぬものであります。国家が禁止している主義ならいざ知らず、自分の好悪、主義主張の異る点から、学術的な雑誌の発行を云々しては、公平を欠くものと思います。

　浜畑の主張はしごくまっとうなものに思われるが、市教委の理解は異なっていた。「特集号」の発行は、前年の追悼記念会の実施も相まって、浜畑たちの活動に対する警戒感を強める結果になった。

2　大石誠之助の遺稿集

　先に引いた「序に代へて」のように、浜畑は「特集号」に続いて『禄亭遺稿集』の発行を予定していた。「特集号」33ページには、『大石誠之助遺稿集』を「近刊」と予告している。このように「特集号」発行の時点でまだタイトルは決定していなかったようだ（以下、『遺稿集』と略記）。また「価未定」ではあるが、「お申込は‥新宮市立図書館内／熊野文化会宛」とも記されていて、編集作業が相当進んでいたことがうかがわれる。
　『遺稿集』の刊行を、浜畑栄造は相当以前から企図していたと推定される。館長就任後、仲原清とともにその作業を本格化したのだろう。だが大逆事件から半世紀の間に「逆徒」大石に関する資料は散逸し、いまと違って目

録や書誌の類いも整備されていなかった時代、事業は困難を極めただろうことは想像に難くない。事件から50周年になる1960年の時点では編集が完了していなかった。そこで「特集号」を先行して発行することになったとみられる。「市民に訴える」のなかで浜畑は、「特集号」は「次に発行する遺稿集を愛読して頂く準備と考えた」と述べている。

　一方市教委は、1960年1月の追悼記念会以降、大石の顕彰に情熱を傾ける浜畑の動向に神経を尖らせていた。浜畑の言うところでは、60年の秋ごろ、当時の教育長が図書館に来て「大石の遺稿発行はやめてくれ」と求めた。これに対し浜畑は次のように反論して、市教委との話し合いの機会を設けることを要請した。(7)

　　図書館長は貸本屋の主人ではあるまいし…況して郷土史家として大石を検証することはぜひ必要である。(略)この人の思想、事業を知り、果して大逆を企てたであろうかどうか、その片鱗さえ示すことを得たなら…これこそ館長としての仕事ではないか

　浜畑の要望を受け、市教委でその所信を述べる機会が設定された。所定の日時に委員会に出席した浜畑に、教育長は「委員会は既に終わつた。結論は、発行するなと言う一語につきる」と通告した。激高した浜畑は、上着を脱ぎ、チョッキを脱ぎ、ワイシャツ姿で机を叩いて、40年来の知己でもある教育長に次のような「暴言」を吐いて、席を蹴って部屋を出た。(8)

　　解散したとは何事だ、直ぐ開け！話し合えば解るものをやめろと何事だ。何にがやめるか。やめてほしければ己の首をきれ！

　浜畑と市教委の対立は、このときすでに相当深刻な状態になっていたといえる。しかし浜畑が言うには、その後市教委からは特段の沙汰はなく、浜畑は「やれやれありがたやとひとり合点して、着々準備を進め」1961年7月に「特集号」を発行する。もちろんこの「特集号」は浜畑が独断で刊行したものではなく、「図書館法できめられた協議会委員」に相談し、(9)「熊野誌」編集委員に嘱託してできあがったものである。

市教委からすると、『遺稿集』は「共産主義、無政府主義を宣伝するもの」であり、それを市の教育機関が発行することはやめさせたかった。しかし正面切って出版禁止を指示するようなことは不可能であり、また浜畑と市長の関係を考えてもそのような対応は難しかった。浜畑に「大人の対応」を期待して、教育長が図書館に足を運んで、非公式に『遺稿集』発行の見送りを求めた。また、浜畑と市教委が直接対立するような事態を避けるために、委員会での浜畑の意見陳述を認めなかったのだろう。
　ところが浜畑は「大人の対応」を拒んで「特集号」を出し、『遺稿集』刊行の意思を明確に示した。市教委の期待を裏切ったことになる。浜畑は次のように言う。

　　人には皆癖があります。私は、人一倍激しい性格をもっています。容易には人と妥協致しません［。］この性格のために一生を誤つたかのようにも思われますが、今でも正しい事と思えば、断乎として邁進致します。これが私の個性であります。だから、人と衝突する場合がしばしば出てくるわけです。今回の事件も教育委員会との見解の相違はもちろんありましたが、或いはこの一徹さが祟つて、委員会の感情を害したのではあるまいかと恐れています(10)

　1953年6月制定・57年6月改正の「新宮市立図書館設置及管理条例」第4条2項では、「館長の任期は2ヶ年」で「ただし再任は妨げない」(11)となっていた。浜畑の館長就任は59年10月であり、61年9月末で任期満了になる。彼は市教委に対して再任の希望を示していた。市教委としては、この点でも彼の妥協を期待していたのだろう。しかし浜畑が再任を希望したのは2期目の主要事業として『遺稿集』刊行を考えていたからであり、市教委の思惑とは異なっていた。
　浜畑と市教委の対立は、「特集号」の発行によって抜き差しならない状態に陥ったと思われる。浜畑の任期切れを前に、市教委もいつまでもあいまいな対応を続けることはできなくなっていた。市教委は浜畑の館長再任希望を認めず、更迭することを決断した。

3 館長更迭

　この間、市長の木村藤吉がどのような対応をしたのかは明らかでない。教育委員会の、しかも「非専任の図書館長」の人事に市長が直接介入するのもおかしなことではある。だが、大石誠之助と大逆事件の再評価を仲立ちとする木村と浜畑栄造の間柄からすれば、市教委がおこなった浜畑への干渉などについて、ある程度は関知し、その不手際に不快感を覚えていたとみていいだろう。

　浜畑の任期切れが間近に迫った1961年9月末、木村は教育長を更迭する人事を断行する。(12)きわめて異例の人事だった模様で、同意は得られたものの市議会は紛糾し、地元紙にも木村を批判する記事が載った。(13)地元紙ではこの教育長交代の理由については言及していないが、浜畑の処遇などに対するある種の懲戒的人事ではないかと思われる。

　仲原清は浜畑更迭の背景として「市政の黒幕」(14)の存在を指摘する。木村は清廉な人物だったようだが、長年市政を担当していればよどみも生じよう。小さな地域社会のなかでの勢力争いも当然起きただろう。浜畑はそうした代理戦争の犠牲者なのかもしれない。

　木村としても、市庁舎移転などの市政上の懸案があり、政治的な判断から妥協せざるをえなかった。60年安保の余燼さめやらぬ時期、左派勢力の台頭を招くような保守内部での内輪もめは避けるべきと判断したと推定される。(15)

　1961年9月末日で浜畑は2年の任期が満了し、再任されなかったので館長退任となった。これは同時に文化会の会長の任も解かれたことになる。ところが後任の館長はすぐには発令されなかった。『遺稿集』の出版を諦めるという前提条件付きではあるが、市教委がぎりぎりの段階まで浜畑再任を考えていたことを示している。

　しかし前述のように、「容易には人と妥協」せず「正しい事と思えば、断乎として邁進」する浜畑であるから、この条件は当然のまなかった。そこで市教委もその再任を諦めて後任館長の選考を開始したものと思われる。

だがこうしたいわくつきの職であるためか、後任人事は難航したようだ。市教委が第5代館長に中村弥三次を任命したのは、12月4日だった。館長不在期間は2カ月以上続いたことになる。
　後任館長任命の翌5日、教育委員長が浜畑宅を訪ね「長い間ありがとうございました。今後もよろしくお願い致します」と挨拶した。浜畑は委員長に「大石の出版物が問題となつて、私の再任を渋つたのではあるまいか」と尋ねたが、委員長は「そうではない」と答えた。
　その翌6日浜畑は市長のもとへ退任の挨拶に出かけた。木村市長は委員長に「浜畑の宅を訪ね、遺稿発行せぬ条件で再任を頼め」と勧めたと語った。木村は助役にも同様のことを言った模様で、助役は浜畑のもとに出かける予定だったが、市教委から決定した旨を伝えられたと述べた。浜畑の文章も輻輳していて、詳細な事実関係がよくわからないのだが、少なくとも館長再任問題は市の最上層部も関わるような一大事になっていたことがうかがわれる。
　浜畑は、市長を訪ねたその足で教育長にも会ったが、教育長は「私は新任で何も知りません。それでどちらにも附かず、気を揉んでおりました」と述べた。前述のように、館長人事問題が教育委員会の手を半ば離れていることもあるのだろうが、あまりに無責任な態度である。浜畑も「あなたのどちらにもつかないのが、混乱を起すもとなのではないでしょうか。今後は確固たる信念で善処せられたい〔。〕でないと新宮の教育界は混乱するばかりですから」と、たしなめている。
　後任館長の発令によって事態が一応決着したこと、それから前述のような教育長の態度も1つの契機となったのだろうか、浜畑はこの間の市教委の対応を「市民に訴える」と題する一文にまとめ、地元新聞に投稿した。投稿の時期は、その内容から12月の中下旬とみられる。浜畑はこの文章で民主主義ということについて、次のように述べる。

　　民主々義(ママ)は話し合の世界です。話し合うということは、時間もかかり、面倒だし、時によつてはつるし上げにもあいますが、辛抱強く相手のいい分を聴き、こちらの主張も根気よく徹底させて双方理解の下に、民主々義は活きるものと信じます。教育委員会も市会同様傍聴を許す

べきものになつておりますから、市民のみなさんもこれをつとめて聴くことにし、委員会の方も公聴会をたびたび開いて世論の帰趨を察知せねばならぬと思います。(18)

浜畑はまた、『遺稿集』の出版について次のように市教委に再考を求めている。

図書館として為すべからざるものかどうか。私の去つた後でも遅くはない。もう一度反省されて新宮文化センターの本領を発揮して図書館発行の線で踏切つて頂きたいのであります。(19)

だが彼のこうした願望も、市教委は認めなかった。『遺稿集』を図書館（文化会）から刊行しようという計画は立ち消えになる。しかし仲原はこれにくじけず、東京の出版社（弘隆社）からの全集刊行を目指す。『大石誠之助全集』全2巻が出版されたのは、1982年8月のことだった。

次に「熊野誌」だが、浜畑の証言では市教委はその表紙に「新宮市立図書館発行」とあるのを問題視したようだ。そこで館長交代後の同誌表紙を確かめると、発行者の表示が変転していくことがわかる。まず第7号（1962年3月）から「新宮市立図書館発行」の表示から「熊野文化会発行」に変わった。第11号（1964年11月）と第12号（1965年11月）は「社団法人新中会」(20)と文化会の共同発行である。第13号（1967年4月）になって「新宮市立図書館編集・熊野文化会発行」となり、市教委の態度が軟化したようにも思える。

一方その内容だが、同誌に大逆事件関係の記事を載せることが「市教委の命令で法度になつた」(21)と伝えられている。確かに第7号以降しばらく大逆事件関係の記事は見当たらないが、これが市教委の「横ヤリ」に基づくものかどうかの確証は得られなかった。しかし「特輯文豪佐藤春夫」と銘打たれた第12号に「春夫さんと大石誠之助」が、第13号に「大石誠之助年譜」が掲載されている。表紙の表示の変化とほぼ時を同じくして、「雪解け」の兆しが表れ始めたといえる。

4　沈黙する町

　浜畑栄造の館長再任問題は、一非常勤職員の人事問題ではなく、新宮の政界、官界、教育界を揺るがすような一大事だった。だが、その成り行きを知っていたのはごく一部の幹部級の人たちに限られていた。地元紙では9月の末に教育長の交代は報道されたが、その背景にはふれていない。12月になって次の館長が発令されたことは報じられたが、浜畑がなぜ再任されなかったのか、その顛末には言及していない。多くの市民は浜畑の「市民に訴える」を読んで、事の真相を知った。

　「市民に訴える」は、その内容から12月の中下旬に投稿されたものと推定されるが、掲載されたのは、1月になってからだった。この間記者たちは関係者へ取材をし、浜畑が述べることの事実確認などをおこなっていたと思われ、ほかの情報も得ていたと推定される。しかし紙面には浜畑の文章が掲載されただけで、関連記事は載っていない（浜畑の投書をボツにしなかったこと自体が、地元紙としての見識だったのかもしれないが）。

　その後、この文章を読んだ一市民からの市教委批判の投書が掲載されたが、市教委などからの弁明や反論の類いは見当たらない。[22] 報道機関も関係者もこの問題について口を閉ざし続けた。労組など地元左派勢力も事態を静観していたようだ。

　「外部」への第一報は、1962年1月発行の「大逆事件の真実をあきらかにする会ニュース」に載った「新宮で大逆事件研究に横ヤリ？」と見られる。[23] これは新宮の友人からの手紙で大逆事件研究への「横ヤリ」を知った「S氏」が、同会常任委員である絲屋寿雄に宛てて出した手紙の一部を転載したものであり、断片的な情報である。しかしS氏の「この問題を調査してとりあげてくれるジャーナリストなどはありはせぬかと思い手紙を書いた訳です」という書信は、新宮をおおう重苦しい空気を伝えている。

　館長を追われた浜畑は、しかしそれにひるむことなく大石研究を続行していた。彼は1963年1月の52回目の刑死記念日に開催された記念集会で「大石誠之助について」と題して報告をおこなった。浜畑は「地元新宮に

おいては今なお大石らの評価は国賊ということであり、研究についても自由が認められていない」ことを自身の体験に基づいて報告した。口頭報告のため詳細な内容は不明だが、当事者による貴重な証言であり、参加者に大きな衝撃を与えただろう。
(24)

　活字化された記録としては、仲原清が「大逆事件の真実をあきらかにする会ニュース」に寄せた「今も「新宮の町は恐懼せり」」がある。この一文が発表されたのは1965年3月で、浜畑更迭から4年を経ていて全くの事後報告だが、その分事件の深層をある程度明らかにしていると思われる。新宮の人々は何に「恐懼」し、沈黙したのだろうか？
　仲原は1962年の天皇の新宮訪問に言及し、それに対する新宮の人々の声を次のように伝えている。

　　地域のある年配以上の人々は殆んど申し合わせたように口を揃えて『天皇をお迎えできたことは、この土地の昔の罪（幸徳事件）を帳消しにして下さったのだから有難い。これで始めて一人前になったということだ』とよろこんでいた
(25)

　1962年5月21日から25日、昭和天皇は香淳皇后とともに新宮など和歌山県各地を歴訪した。天皇の外出は「行幸」と、また各地を歴訪することを
(26)
「巡幸」と、皇后や皇太子などのそれは「行啓」と呼ばれる。このとき一行は三重県側から和歌山県に入り、新宮や県都和歌山市など県内各地を巡幸した。以下、この天皇・皇后の和歌山訪問を62年行幸啓という。
　古来天皇の外出はまれだった。近代になって、天皇中心の国家体制を国民に周知し、それを確立するために行幸が活用される。明治天皇の地方巡幸は6次に及ぶ。昭和天皇も皇太子時代の行啓も含めて全国各地、さらに植民地を巡っている。
(27)
　第2次世界大戦後の象徴天皇制でも行幸啓は特別な意味を持ち続けた。敗戦直後の昭和天皇による全国巡幸は、当時アメリカ軍占領下の沖縄県を除く46都道府県を9年かけて巡るものだった。
　前述のように天皇が都を離れることは例外的なものであり、和歌山方面への行幸の記録も少ない。後白河上皇などによる「熊野御幸」も、天皇を

退位した上皇・法皇や皇族がおこなったものである。62年行幸啓の際に地元紙が「600年目の光栄」と報じているが、これは南北朝動乱期の1348年に南朝・後村上天皇が足利軍の攻撃から逃れ、現在の和歌山県北部に一時的に移ったことをふまえている。

近代以降1962年以前の和歌山方面行幸としては、昭和天皇による29年6月と47年6月行幸がある。前者は生物学者でもあった昭和天皇が、南方熊楠に会うために彼が住む田辺町（当時）を訪問したもので、南方がキャラメルの箱に入れて標本を献上したことなど逸話も多い。後者は戦後全国巡幸の一環であり、和歌山市、田辺市などを歴訪した。

先に引いた新宮の年配者たちの声は、「逆徒の町」であるがために新宮は行幸先からはずされているという「伝説」があったことを示している。確かに有史以来和歌山県方面への行幸の記録はあるが、新宮は訪問していない。だがほかにも天皇が来ていない市町村は県内に多数あり、新宮だけが除外されているわけではない。新幹線も高速道路もない時代の交通事情を考えれば当然のことである。しかも『新宮市史　年表』を見れば、(28)1948年4月の皇太子（現在の天皇）行啓をはじめ、皇族はたびたび新宮を訪れていることがわかり、大逆事件との関連性はないことは明白である。

伝説はあくまで伝説にすぎないが、それを打破しないかぎり新宮はいつまでも「逆徒の町」と呼ばれ続け、大石の名を語ることさえはばかるような風潮から脱却できない。「汚名」返上のため、おそらくは新宮の政官界関係者がさまざまな方面からはたらきかけて（その中心人物の1人が木村市長だったのだろう）、62年行幸啓が実現したと思われる。

「熊野誌」の大石特集号が発行され、浜畑の再任問題が深刻化していた時期は、車列が通過する道路の整備などが進められていた時期に重なる。木村市長らがおそれたのは、この問題が表沙汰になり新宮への行幸啓に影響を与えることではなかったか。まさに仲原がいう「今も「新宮の町は恐懼せり」」である。

1962年5月21日、昭和天皇一行は新宮を初訪問、熊野速玉大社を参拝した。(29)その到着とともに花火が打ち上がり、多くの市民が車列の通過する沿道を埋めた。(30)『新宮市史』によれば、「各労働組合員も一般市民とともにお迎えした」(31)という。地元紙は来新前から連日この行幸啓を大々的に報道し

第3章　「新宮の町は恐懼せり」　335

た。仲原が伝えるように、これで大逆事件が「帳消し」になり、「一人前」になったと、多くの人々が感じたのだろう。

浜畑更迭問題は、これまで述べてきたように「大逆事件の真実をあきらかにする会ニュース」に掲載されたこともあり、大逆事件研究者にはよく知られている。しかし、図書館関係者の間ではこの問題が話題に上ったことはほとんどない。そこで当時の図書館界での反応を検証してみたい。

日本図書館協会は、有山崧や韮塚一三郎の尽力で、1954年に「図書館の自由に関する宣言」を成立させたが、アメリカの知的自由委員会に相当するような組織は発足していなかった。当時の「図書館雑誌」(日本図書館協会)を見ても、新宮の変事に関する記事は見当たらない。

和歌山県など関西地域は、第2次世界大戦前の青年図書館員聯盟、戦後の日本図書館研究会の活動の本拠地である。同地から戦前では鈴木賢祐(和歌山高等商業学校図書館〔現・和歌山大学経済学部〕)、戦後では森耕一(和歌山県立医科大学)、石塚栄二(和歌山県立図書館)など有力な図書館人を輩出している。しかし当時の「図書館界」(日本図書館研究会)にもやはりこの件に関する記事は載っておらず、同会にもこの情報は届かなかったようだ。

一方、県立図書館など一部の県内図書館関係者には、浜畑館長が再任されず館長不在の状態が長期化していることは伝わっていた。しかし新宮市立図書館の一般職員もその事情を十分に把握していない状態だったようで、県立図書館などの関係者も傍観せざるをえなかったとみられる。

注

（1）前掲「序に代へて」ページ記載なし
（2）浜畑栄造「市民に訴える」1—3、「紀南新聞」1962年1月9—11日付
（3）前掲「今も「新宮の町は恐懼せり」」13ページ
（4）前掲『新宮市史』779ページ
（5）同書681—684ページ
（6）前掲「市民に訴える　2」
（7）同記事

（8）前掲「市民に訴える　1」
（9）前掲「市民に訴える　2」
（10）前掲「市民に訴える　1」
（11）「新宮市立図書館設置及管理条例」新宮市立図書館所蔵、1953年6月5日改正、1957年6月24日改正
（12）「猪野元校長を選ぶ」「紀南新聞」1961年9月28日付
（13）「教育長の更迭に一言」「紀南新聞」1961年9月29日付
（14）前掲「今も「新宮の町は恐懼せり」」13ページ
（15）敗戦後第1回のメーデー（1946年5月1日）では、数千人の参加者が市内をジグザグデモで練り歩き、気勢を上げた。デモ隊は市役所に押し寄せ、木村市長を「翼賛市長」と吊し上げ、木村は辞意を表明する。また同様の批判を浴びた市議会議長、一部市議も辞任した（前掲『新宮市史』663ページ）。
（16）中村は当時64歳。地元小学校長を退職後、市の公民館運営審議委員会委員長などを務めていた。浜畑のあとを継いで約10年あまり館長に在職した。
（17）「図書館長に中村氏」「紀南新聞」1961年12月6日付
（18）前掲「市民に訴える　3」
（19）前掲「市民に訴える　1」
（20）新中会は旧制新宮中学の同窓会組織である。
（21）「新宮で大逆事件研究に横ヤリ?」「大逆事件の真実をあきらかにする会ニュース」第4号、大逆事件の真実をあきらかにする会、1962年、3ページ
（22）「許せぬ弾圧──市教委の反省を」「紀南新聞」1962年1月31日付
（23）前掲「新宮で大逆事件研究に横ヤリ?」4ページ
（24）「記念集会開く──五二回目の刑死記念日に」「大逆事件の真実をあきらかにする会ニュース」第5号、大逆事件の真実をあきらかにする会、1963年、3ページ
（25）前掲「今も「新宮の町は恐懼せり」」13ページ
（26）和歌山県総務部文書広報課編『紀州路のよろこび』和歌山県、1963年
（27）近代天皇制での行幸については、原武史『可視化された帝国──近代日本の行幸啓　増補版』（〔始まりの本〕、みすず書房、2011年）など参照。
（28）新宮市史史料編さん委員会編『新宮市史　年表』新宮市、1986年
（29）「紀南新聞」1962年5月20日付

（30）前掲『新宮市史　年表』288ページ
（31）前掲『新宮市史』690―691ページ

おわりに

　1964年4月、森長英三郎は大石誠之助の墓参りなどのため新宮を訪れた。駅頭には浜畑栄造と仲原清が出迎えたが、森長を驚かせたのは多数の新聞記者がその墓参りなどを取材するために同行したことだった。人々の大逆事件や大石に対する見方が徐々に変わり始めたひとつの表れなのだろう。
　こうした変容は、佐藤春夫の文化勲章受章、62年行幸啓などさまざまな要因が積み重なって生じたと思われるが、浜畑の努力も見逃せない。「熊野誌」の大石特集号は、大石研究の進展の突破口になった。その後、単行本だけ見ても、彼自身の『大石誠之助小伝』の自費出版のほか、絲屋の『大石誠之助』、森長の『禄亭大石誠之助』が相次いで刊行された。
　大逆事件や大石研究の深まりは、新宮の人々のわだかまりを次第に解いていき、大石らを再評価する運動も盛んになった。2001年8月「大逆事件の犠牲者を顕彰する会」が設立され、同会のはたらきかけなどによって9月新宮市議会は大石らの名誉回復と顕彰を全会一致で決議、また2003年7月には顕彰碑が建立された。
　2000年12月刊行の「熊野誌」第46号は「大逆事件特集号」で、浜畑らが編集した「大石特集号」(第6号) が復刻された。浜畑は1983年11月に逝去していて、よみがえった大石特集号を自分自身で見ることはできなかったが、彼らがまいた種が40年の歳月を経て結実したといえる。なお、同誌は2008年9月の第54号でも「『大逆事件』と熊野の現代」と題した特集を組んでいる。
　2010年は大逆事件100周年であり、関連図書の刊行が相次いだ。大石について多くのページを割いているものだけでも、田中伸尚の『大逆事件』や熊野新聞社『大逆事件と大石誠之助』などがある。また大石を主人公とした小説が新聞に連載されたことも大きな話題となった (辻原登『許されざる者』)。
　こうした大石見直しの機運の高まりのなかから、大逆事件の犠牲者を顕彰する会は2009年11月、大石を名誉市民にするよう市長と市議会に要望

したが、この提案は実現していない。権力におもねらない生涯を全うした大石が（もちろんその最期は不当ではあるが）、名誉市民のようなものになることを「名誉」と思うかどうかはわからないが、新宮の人々にとって彼はいまなお「咽喉に刺さったトゲ」であるようだ。

注

（1）森長英三郎「大逆紀行——新宮と高知、中村」「大逆事件の真実をあきらかにする会ニュース」第9号、大逆事件の真実をあきらかにする会、1964年、6ページ
（2）「新宮の『大逆事件の犠牲者を顕彰する会』の歩み」、前掲「熊野誌」第54号、163—159ページ
（3）「大逆事件特集号」「熊野誌」第46号、熊野地方史研究会、2000年
（4）「『大逆事件』と熊野の現代——大石誠之助を中心に」、前掲「熊野誌」第54号
（5）田中伸尚『大逆事件——死と生の群像』岩波書店、2010年
（6）熊野新聞社編『大逆事件と大石誠之助——熊野100年の目覚め』現代書館、2011年
（7）辻原登『許されざる者』上・下、毎日新聞社、2009年

新宮市立図書館での資料調査では、同館司書の大坂泰氏のご助力を賜りました。

浜畑栄造略年譜

1895年（明治28年）
　9月　和歌山県新宮に生まれる
1900年（明治33年）
　5月　丹鶴同窓会附属新宮図書館開館式
1906年（明治39年）
　8月　大石誠之助ら、「新聞雑誌縦覧所」開設
1910年（明治43年）
　6月　大逆事件、大石ら逮捕（翌年1月処刑）
1916年（大正5年）　21歳
　　　和歌山県師範学校を卒業、那智勝浦町天満小学校の教員になる
1923年（大正12年）　28歳
　10月　『熊野郷土読本』刊行
1929年（昭和4年）　34歳
　8月　大阪府立住吉中学校に勤務（1935年8月まで、その後満州へ）
1947年（昭和22年）　52歳
　　　新宮に帰郷
1953年（昭和28年）
　8月　新宮市立図書館独立開館
1956年（昭和31年）　61歳
　10月　新宮市教育委員会教育委員就任
1958年（昭和33年）
　3月　「熊野誌」創刊
1959年（昭和34年）　64歳
　10月　第4代新宮市立図書館長就任
1960年（昭和35年）
　1月　幸徳事件50周年紀南関係者追悼記念会開催
1961年（昭和36年）　66歳

7月　「熊野誌」第6号（大石誠之助特集号）発行
　　9月　新宮市立図書館長退任
　　12月　中村弥三次を第5代館長に任命
1962年（昭和37年）　67歳
　　1月　「市民に訴える」を「紀南新聞」に寄稿
1972年（昭和47年）　77歳
　　5月　『大石誠之助小伝』刊行
1975年（昭和50年）　80歳
　　12月　『熊野よいとこ』刊行
1982年（昭和57年）
　　8月　仲原清らによって『大石誠之助全集』刊行
1983年（昭和58年）
　　11月　逝去

第3篇 忘れられた図書館員、
田所糧助
──図書館員として歩んだ道のりをたどって
奥泉和久

序章

　田所糧助は、1910年代から30年代にかけて東京・名古屋・大阪で図書館員として活躍した。しかし、彼は図書館史には登場しない。関東大震災後の27年（昭和2年）から35年までの約8年、第5代の東京市立深川図書館長を務めている（その前の職名は主任で、館長に相当）。当時の深川図書館は、京橋・駿河台の両館とともに、日比谷に次ぐ大規模館に位置づけられていた。この当時の代表的な図書館といっても過言ではない。しかし、田所のことは話題に上ることもない。その理由を考える前に、当時の状況を簡単にみておこう。
　1915年当時、東京市立図書館は、日比谷図書館を中心とする図書館網が形成され、黄金期と称されるほどの水準にあった。それは日比谷図書館館頭、今沢慈海のリーダーシップによるものだった。その後関東大震災によって東京市立図書館は甚大な被害に見舞われ、深川・京橋・一橋の3館が焼失するが、これが大きな転機となって、復興図書館構想による図書館の近代化が実現した。ところが、31年の東京市立図書館の機構改革に異を唱え、今沢慈海は東京を離れる。東京市立図書館の運営は、管理的な体制を強化していく。開架の後退、有料化の実施などである。
　一時東京を離れていた田所が深川図書館に戻り、館長として活躍したのはこうした時期だった。田所は、東京市立氷川図書館のあとに名古屋へ行っていた。名古屋公衆図書館である。同館は、公立図書館ではなかったが、実業図書館として知られ、独自の経営理念、独特の蔵書構成で多くの市民に利用された。田所はその初代館長に迎えられたが、短期間で辞め、次に大阪市に新しくできた大阪市立城東図書館へ転出する。ここでも田所の就任時期は短期間であった。田所が東京へ戻らなければならない事情が生じていたのは、ちょうどこの頃であった。

1　田所糧助の評価について

　田所について、これまでにわかっていることは断片的である。著作として、国立国会図書館にアミー・セイルの著作を翻訳した『会員式図書館』(2)があり、名古屋市鶴舞図書館には、田所編集の『名古屋学校総覧』(3)が所蔵されている。また、東京市立図書館の館報「東京市立図書館と其事業」や、そのほかにも田所が執筆した記事がいくつかある。
『栄図書館40年誌』(4)『西図書館50年誌』(5)は、それぞれ前身の名古屋公衆図書館時代について記すなかで、わずかだが田所についてページを割いている。東京の江東区立深川図書館では、戦前の深川図書館、なかでも田所館長の時代についてはこれまで折にふれて作成している「略年譜」でも、そのほとんどが空白の時代とされてきた。(6)しかし、100周年を機にまとめられた館史『深川図書館100年のあゆみ』(7)は、全般的に歴史的評価については抑制的で、客観的な事実を提示する編集方針がとられ、田所を取り上げている。
　その前に出された『深川図書館史調査報告書』(8)(以下、『報告書』と略記)は、図書館史研究団体に作成を依頼するかたちがとられたこともあり、田所の深川図書館時代の活動について、かなりの紙数を割いて論じている。田所に対する評価は総じて批判的といっていいであろう。ここで展開される具体的な批判については、主に第3章でふれることにするが、この『報告書』のように、記述の対象になる時代を、戦前の一時期というような限定の仕方をしてしまうと、おのずと田所の図書館活動や図書館に対する考え方などの一側面しか見えなくなってしまう。それはこの『報告書』に限ったことではないのだが、田所のように複数の図書館を渡り歩いた図書館員(9)については、全体像を見るまでには至らないことになる。とするなら何らかの救済措置のようなものがあってもいいのではないか。
　では、どうしたらいいのか。まずは、東京市立氷川図書館、名古屋公衆図書館、大阪市立城東図書館、そして東京市立深川図書館と、田所の足跡をたどることから始めるしかないだろう。田所が在籍した図書館について、

これらを個々に改めて検証することが必要なのではないか。それによって田所に関して何かが浮かび上がってくるかもしれない。それぞれの図書館の歴史のなかに田所を位置づけることで、実業図書館や児童サービス、あるいは大都市での図書館サービスなどについて、新たな視点が開けるのではないか。

東京市立図書館の最も輝かしい時期にそこで図書館員として活躍し、その後ほかの都市へ招かれたことについて、これまで言及されることはなかったし、そのため、それがなぜなのかといったことについてもほとんどわれわれの関心の外にあった。これには理由がないわけではない。資料が不足していたことはそのうちの1つに数えられるだろう。資料の欠落が必ずしも評価と一致するものではないが、田所の場合は案外一致しているかもしれない。「図書館雑誌」には田所に関する記事が見当たらない。死亡記事もない。氷川図書館時代についてふれていないのはまだ理由がつく。田所も若かったし、業績もそれほどではなかった。しかし、深川図書館を辞めたときには、大図書館の1つである深川図書館長を、主任の時代も含めて約8年務めていた。普通であれば何らかの記事が載るのではないか。「東京市立図書館と其事業」についても同様のことがいえるだろう。

2　田所を取り上げる理由

そのあたりのことを考える前に、田所のことを取り上げるに至った理由について述べておく。

2007年に日本図書館文化史研究会が編集した『図書館人物伝――図書館を育てた20人の功績と生涯』が日外アソシエーツから出版された。これには、内外合わせて20人の伝記が掲載されている。図書館史研究の第一人者だった石井敦は、生前この「人物伝」の執筆にエントリーしていた。取り上げたのは田所糧助だった。このことは同研究会の「日本図書館文化史研究会ニューズレター」[10]に掲載されていたので、記憶している人がいるかもしれない。ところが石井は、2009年5月、田所論を執筆することなく亡くなる。

石井が、田所の調査について、どこまで進めていたのか筆者にはわからない。そのことについて尋ねたこともなかった。いずれ作品を読むことができるだろうという気持ちがあったのと、当時、筆者はただ田所の名前を知っているだけでそれ以上の知識も興味も持ち合わせていなかったせいもある。
　ではなぜ、ここにきて田所について調べてみようという気になったのか。それは、筆者が石井の図書館史研究の方法に共感してこれまで作業を続けてきている経緯もあり、田所を研究対象に選んだ石井の関心の行方を知りたいと思ったからである。石井が1994年に出された上記『深川図書館史調査報告書』を見落とすはずがないし、これは小河内芳子が著書のなかで記していることだが、次のような記述に気がつかないはずがない。

> 東京市立図書館では、国策順応型の積極的な図書館は一館だけで、あとはごく消極的に時局関係図書の目録作成や皇軍慰問図書や、図書の送付などをやっていたようでした。そして、昭和一六年、私は図書館をやめました。[11]

あとで詳しくみるが、この国策順応型の積極的な図書館の館長とは誰のことか、石井が知らないはずがない。その人物、田所を書いてみたいとする石井の真意はどこにあったのか。いまとなっては知る由もないのだが。
　前述したとおり、田所の活動については、これまでトータルに論じられたことはない。部分的にある時期の活動を取り上げたものがあっても、田所の場合その活動の全体を明らかにすることはできないであろう。彼の活動の全貌を明らかにするには資料が不足している。これは致命的とさえいえるのだが、それでも彼の足跡を、たとえ断片でもいくつか継ぎ合わせれば、戦前の都市形成期の図書館の役割、そしてサービスのあり方を垣間見ることはできるだろうし、東京市立図書館をはじめとするそのサービスの先駆性とともに、戦時下の図書館の状況についても、その一端くらいは知ることができるのではないかと考えた。
　田所が東京に戻ったのは、図書館が最も困難な時期だった。それは日本が戦争へ向かう時期と重なる。そうした時代に生きた図書館員田所はどの

ような行動をとったのか。そのことを調べずに、ただ戦争協力者として断罪して済ますのはそう難しいことではない。しかし、それでは問題は解決しないだろう。むしろ、当時の図書館活動について、先入観を排して再現することから着手すべきであろう。これは事実を直視することから始めようということであって、評価することではない。

そのためには東京に戻った田所が、どのような活動をしたのかをまず明らかにしなければならないであろう。そのうえで、田所が生きた時代状況のなかに自らをおいてみることが必要なのではないか。それはそうたやすいことではないが、そうすることによってしか、不測の事態のなかで図書館員はどう対処し、行動すべきなのかを考えるためのヒントは生まれてこないように思われる。

3　田所再評価の視点

田所のような図書館員が図書館史に登場しない理由を大別すると、特段突出した業績もなく図書館人生を送ったと見なされる場合、もしくは、すぐれた業績がありながら、資料や調査などが不十分であるため容易にその全貌が明らかになっていない、といったようなことが考えうる。さらにもう1つ、活躍していた当時評価されるべき点があったとしても、現代から見るとそれらは評価の対象にならない、時代が変わったためにかつての業績が顧みられないということがあるのではないか。むしろ批判的に見られるということである。田所の場合は、この最後のケースに相当するのではないか。

調べてみたところで、それが歴史的な評価に関わることはないかもしれない。何ひとつ新たな視点を設定できないことだってあるし、田所についてもその可能性が高い。としても、いずれ誰かが、田所という人物に興味を抱いたときの一里塚にもなればいいかと思い、メモのようなものをつなぎ合わせてみようと思う。その作業に際し、いくつか論点のようなものを考えてみた。

第1、田所は大正期から昭和の初期にかけて、つまり彼が活躍した時期

に、屈指の図書館員と評価されていたはずで、それには疑いがない。もっとも図書館員について、「屈指の」というような表現がふさわしいかどうかは別にして、ということにはなるが、第一級の図書館員ということはいえるだろう。数多くの図書館づくりに尽力した図書館員に伊東平蔵がいることは周知のとおりである。ここで田所を伊東と比較してみようというのではないが、伊東や田所のように、いくつもの館の発足・復興に携わることができる図書館員は、そうはいなかった。彼らの業績が認められ、見識の高さが評価されていたからこそ、図書館づくりが託されたと考えるべきではないか。

　第2、田所が生きた時代と関係することである。不幸なことに田所の図書館員としてのピークは、この国が戦争の準備を開始した時期と重なる。田所の戦時下での活動について、戦争協力と見なされるのであれば批判されてしかるべきであり、このような観点から図書館員としての役割も検証されるべきだと思われる。だとすると、戦時下において図書館員はどのような活動をすべきだったのか。私たちにはその問題も残る。未解決の問題だとするなら放置しておいていいということにはならないであろう。

　第3、上に述べた大きく2つの点について、つまり評価すべき点と評価が分かれる点があるとき、どのように折り合いをつけたらいいのかという問題の所在に気づく。

　田所の場合、関東大震災、そして戦時体制の入り口という困難な時期に図書館員生活を送ることになった。大きく時代が転換するとき、その前とあととでは考え方や価値観が一変することが少なくない。見方や考え方、価値観などの基準となる政治状況、社会状況が激変することによるものである。それを幸運だとか不幸だとかという言葉で語るのは簡単である。人は自らが生を受けた時代を避けて通ることはできない。だとすれば評価はさておき、歴史のなかに埋もれている事実を掘り起こしてみるしかない。そのなかに時代を超えた何かが見えてくるのかもしれない。

注

（1）石井敦編著『簡約日本図書館先賢事典――未定稿』石井敦、1995年、

88―89ページ。石井は田所について「たどころ　りょうすけ　18??―19?? 1913／東京市立氷川図書館主任、1923／名古屋公衆図書館館長、1927／東京市立深川図書館館長、1935／退職、日比谷図書館黄金時代に活躍。〔著作〕『吾が村の図書館』（A.Sayle著、田所糧助訳、東京市立深川図書館、1927　謄写版）」と記す。「日比谷図書館黄金時代に活躍」としていることは留意すべき。
（2）アミー・セイル『会員式図書館――英国村民図書館の経営』田所糧助訳、東京市立深川図書館、1927年
（3）田所糧助編『名古屋学校総覧――附県下諸学校案内名古屋』静観堂書店、1925年
（4）『栄図書館40年誌』栄図書館、1965年、7―9ページ
（5）『西図書館50年誌』西図書館、1975年、8―10ページ
（6）「年譜」以外にも例えば細谷重義「深川図書館ものがたり」（「土」（金光図書館）第48号、1966年3月）は、田所時代について記しながら、東京市立図書館の全体を概観するだけで特に記述をせず「各館は個々の形で運営され、図書館間の連絡統一もなく不振の時代が続いた」（13ページ）とするだけだった。
（7）江東区立深川図書館編『深川図書館100年のあゆみ』江東区教育委員会、2009年
（8）『深川図書館史調査報告書』江東区立深川図書館、1994年
（9）個別図書館史から東京の図書館史に範囲を広げたところで大差はない。佐藤政孝『東京の近代図書館史』（新風舎、1998年）は、「黄金期の市立図書館を支えた人達」として、今沢滋海、久保七郎、竹内善作、柿沼介を挙げる（93―103ページ）。また、戦時体制下での「図書館を支えた人達」で、市立図書館運営の要となる中堅職員には、秋岡梧郎、波多野賢一、山田正左、那波武、小谷誠一、細谷重義、宮沢泰輔を挙げるが（136ページ）、田所はそのいずれでも対象にはなっていない。
（10）「日本図書館文化史研究会ニューズレター」第94号、2005年、3ページ
（11）小河内芳子『児童図書館と私――どくしょのよろこびを』下、日外アソシエーツ、1981年、230―231ページ。初出は、小河内芳子「図書館とともに三十年」「こどものしあわせ」第187号（臨時増刊号）、1971年11月

第1章　図書館創設請負人、田所糧助

　本章を「図書館創設請負人、田所糧助」としたが、図書館を数多くつくった図書館員といえば、まず伊東平蔵を思い浮かべるであろう。その伊東は、大橋図書館、東京市立日比谷図書館設立ののち、宮城県立図書館の改築に関与した。そして、佐賀図書館、横浜市図書館の設立に関わった。図書館を産んで歩き、それも産みっぱなしというところから、伊東には、あひる館長というあだ名がつけられた。田所は、東京市立氷川図書館に始まり、数年をおいて名古屋公衆図書館、次に大阪市立城東図書館、そして、深川図書館の復興と、いずれも図書館設立に関わった。この点では、田所も伊東同様に希有な図書館員だったといえるだろう。氷川図書館が約7年（推定）、名古屋では約2年、大阪は1年に満たなかったが、そのあとの深川図書館で田所は約8年図書館員として活躍した。本章では、東京に戻るまでの田所の足跡をたどる。

　※〔　〕内は著者補記

1　東京市立氷川図書館時代　1913—20年

東京市立氷川図書館の開館

　1908年（明治41年）11月、東京市の南方、日比谷公園のなかに日比谷図書館が開館した。翌年、深川図書館が設立、その後各区にも図書館をおくという計画のもと、両館以外は小学校内に附設されることになった。これらは簡易図書館と称された。簡易図書館とはどのような図書館だったのかは、計画段階のときの新聞記事が参考になる。

　簡易図書館は日比谷の約十四万円、深川の一万円を要するに比し頗る

簡易なるもの（略）孰れも室内体操場若くは教室の一室を利用し其一隅に書棚を設け最初は先づ三百冊位の書籍を置き其傍に数脚の机、腰掛を備へ付け毎日放課後より日没迄開放して自由に市民の入場閲覧を許し殊に日曜日は終日、暑中は夜分にも開館すべく(2)（以下略）

　簡易図書館の名称には、独立した館をもたないがゆえに、自由に閲覧、貸出ができるという意味が付加されたようだ。ところが、簡易という言葉には、図書館の規模が小さく、本格的ではないという印象がもたれるとの理由から、各区に図書館が整備されるようになると、自由図書館と改称されるようになる。

　田所が最初に勤務した東京市立氷川図書館は、そういう図書館の1館だった。発足当初の名称は、東京市立赤坂簡易図書館で、1912年5月に赤坂区氷川小学校内に設立され、7月に閲覧を開始している。1913年4月、簡易図書館が自由図書館に変更され、館名からは簡易の2字が削除された。これを機に、図書館には所在地の名称を冠することになり、神田第一、第二は一橋、外神田、京橋第一、第二は京橋、月島、芝は三田、下谷台南は台南となった。そして、このときに赤坂図書館も氷川図書館と改称された。

　大正初期の赤坂区は、人口が6万人から7万人を推移して、やや増加傾向を示していた。区域には中央に赤坂離宮、青山御所があり、また、皇族邸、各国公大使館も多く、さらには第一師団司令部があり、これらが相当広範な敷地を占めていた。一般市民からは「連隊の町」であるとか「お邸町」などと呼ばれていた。そうした地域から比較的富裕層といわれる人々(3)が図書館を利用する一方で、「三味線街」と呼ばれる地域も近くにあり、庶民層の来館もあったというからさまざまな利用者に対応する必要があったようである。

田所の小図書館運営

　氷川図書館と改称された1カ月後の1913年（大正2年）5月、田所が主任に就任する。このときの蔵書は800冊、これに書架4、閲覧卓子（机）4、(4)椅子24脚を備えていた。書庫は理科室と同居していて、閲覧室は1年女組教室と兼用だった。図書館関係者は、主幹名義に氷川小学校校長、ほかに

嘱託教員1人、雇、出納手、小使いなど5、6人だった。交替要員も含めてのことであろう。
(5)

当時、小学校に附設された図書館の開館時間は、平日が午後2時半（冬季は3時半）から9時まで。土曜日は午後1時から9時までで、授業をしている間は、図書館は開けられなかった。授業が終わり、児童が帰宅してから、教室の小机を廊下に出し、図書館用の折りたたみ式の卓子（机）、椅子を出す。廊下には新聞のスタンドとカード函を置いて、閲覧などの手続きにはレール式の出納台が活躍したというが、どういうものかは不明である。

当然のことながら、閉館時には翌日の授業に支障のないよう、元どおりに復旧する。小学校の休業日である日曜日などは、午前9時から午後9時まで開館した。そうしたなかで書庫の開放、半公開など小さな工夫を重ねたという。出納手が配置されていることからみても、閲覧は基本的には閉架だった。それを徐々に改善したということであろう。

田所は、周知、宣伝、奨励、継続、満足、愛館の6点を重視し、これらをスローガンとして掲げ、実行していた。なかでも図書館のPRにはありとあらゆる手段を講じたといっていいだろう。大広告障子（看板の意か）、謄写ビラ、ポスター、戸口宣伝（戸別訪問のことか）、街頭説導〔道〕（街頭宣伝の意か）、児童会、音楽会、小学校同窓会の利用などを実施している。
(6)
また、「本の戸店送達から新刊続々購入の掲示板、自転車訪問」などもおこなったという。新刊書の掲示はわかるが、「戸店送達」とは本を利用者の自宅まで届けたという意味であろう。自転車訪問にしても何らかの目的があってのことかと思われるがよくわからない。いずれにしても田所のアイデアか。

そればかりではない。叩頭平身の懇切を尽くし、館員一同は結束して事にあたり、役人の端くれなどと思ったことなど一瞬もない、と田所は回想している。多少オーバーな表現のようにも見受けられるが、おそらくは当時の図書館で一般的におこなわれていた官僚的な応対への皮肉が込められているのであろう。一方の利用者は、氷川図書館をどう思っていたのかというと、「図書館は役所ではない、役人は居ない親切な図書館の先生達の居る所」といい、これを「田所式」と呼んでいたというから、図書館と利用者との良好な関係が築かれていたと推察される。
(7)

第1章　図書館創設請負人、田所糧助　353

田所は、図書館のような地味な機関は、発展のためには絶えざる努力が必要で、自らを区民に本を選ぶ「小使」であり、貸本屋の気分で、利用者には友だちのように接し、さらには雨の日は傘を貸し、下駄をそろえ、番茶や湯茶も出そうというようにやれるだけのことをやらなければならないと考えていた。これを氷川イズムと称して実行し、利用者を増やしていったと述べている。(8)

　また、学校長との協力関係の維持についても田所は指摘しているが、そうでもしなければ誰が図書館を利用するようになるだろうか、というくらいその関係を重視していたようだ。田所は、歴代の校長には恵まれていたとするが、一方の学校長は図書館をどう見ていたのか。田所が就任してから6年目の1919年1月、氷川小学校長に赴任した朝倉茂は、責任者としての立場があったにしても実によく図書館を見ている。昼間の教室が、夕方には図書館に早変わりして利用者を迎え、「廊下の如きも田所式に遺憾なく有効に使用」していたことだけでなく、これを毎日の開館・閉館時に繰り返し実施していることにもふれている。田所との関係については次のように記している。

　　田所主任の熱心振りは更めて言ふ迄もない事乍ら、館の発展振興に関する打合せ会は頻繁に行はれ、当時の井口主席訓導と三人鼎座して論じ合ひ、或は会食しそして学校との複雑な事件等も円満に協調して愉快に過して来た。実際吾々は図書館事業の伸展に幾分でも貢献し度いといふ考を基礎として一面亦学校、図書館及同窓会の三者を合して一氷川学園と考へ此三者の提携を常に希望しその発展を念願して居たのであつた。(9)

　図書館が小学校に附設されている事情に鑑み、学校側からも図書館運営に対し相当な配慮がなされていたことがわかる。

「市民の書斎」を実現

　田所が在任中の利用状況はどうだったのか。田所は、7年目の1919年（大正8年）には氷川図書館の蔵書は寄託図書を合わせて1万冊に達し、入

館者は日曜日には300人を記録、館外帯出者も月に1,000人を数えるまでに増加したと述べている。しかし、蔵書冊数と利用の変遷は、『東京市統計年表』によれば表1のとおりで、これだと7年目の1919年に1万冊にはならないどころか、5,000冊を超した程度にとどまっている。

一方、『東京市立図書館一覧　自大正九年至大正十年』によれば、1921年3月現在の蔵書数は、（甲）市立図書館所有の蔵書5,860冊、（乙）委託書1,965冊で、（丙）合計7,825冊とある。委託書は受贈と委託からなり、ここでは蔵書として数えられている。この年の氷川図書館の委託分は、日比谷の次に多く、これほどの冊数を所有する館はほかにはない。

表1　東京市立氷川図書館　蔵書冊数と利用の変遷

年度	蔵書冊数	閲覧図書冊数	閲覧人数	館外帯出者
1913（大正2）	1,875	42,245	35,132	―
1914（大正3）	2,296	47,892	42,131	―
1915（大正4）	2,748	55,643	47,916	5,550
1916（大正5）	3,383	63,005	62,558	23,439
1917（大正6）	4,230	63,133	75,357	27,063
1918（大正7）	4,676	48,586	48,012	19,557
1919（大正8）	5,151	62,758	64,793	27,171
1920（大正9）	5,860	59,464	68,340	28,425
1921（大正10）	6,698	66,855	73,916	27,862
1923（大正12）	8,223	66,391	65,558	26,129

（出典：『東京市統計年表』第12－21回、東京市、1915－25年）

委託図書の冊数がこれだけ多いということが、蔵書構成にも反映されているのであろう。同館はその多くをのちに焼失してしまうが、『エンサイクロペディア・ブリタニカ』『群書類聚〔類従〕』『廣文庫』『古事類苑』、フランス・イタリア・ドイツ語の原書類、絵本太平記、史記列伝などの「一驚すべき内容」の古典籍をも有していた。「現代の一級の下乃至二級の上の図書館が蔵つてゐる高度の本を備えなければ、閲覧者は来なかつた」というのであるから、それ相当の利用があったことになる。

閲覧の傾向は、哲学、詩歌、漢詩、西洋文芸、宗教、音楽、法律、経済

第1章　図書館創設請負人、田所糧助　　355

などが多く、児童は美文もの、高級童話、図画など、良質の図書が好まれたのには理由があって、当時の赤坂区の児童はほとんどが中学に進学していたからだと、田所は説明している。

館外帯出者の変遷は表1のとおりだが、各区の利用はどうだったのか。区によっては複数館のところもあるが、館外貸出（帯出）の冊数を人口1人あたりで算出したものが表2である。このデータは田所が氷川図書館を辞めた翌年の1920年だが、参考になるのではないか。

表2 「市立図書館閲覧人取扱別年報（大正9年中）」から「帯出」冊数の比較

館名	帯出	区合計冊数	区名	人口	1人当たり冊数	順位
日比谷	16,045	16,045	麹町	65,706	0.2	
深川	22,407	22,407	深川	184,171	0.1	
一橋	38,802	50,144	神田	165,004	0.3	③
外神田	11,342					
日本橋	22,473	52,915	日本橋	151,353	0.3	③
両国	30,442					
京橋	28,308	60,363	京橋	168,351	0.358	②
月島	32,055					
三田	15,223	15,223	芝	203,542	0.1	
麻布	22,327	22,327	麻布	91,171	0.2	
氷川	26,278	26,278	赤坂	67,390	0.389	①
四谷	19,748	19,748	四谷	63,169	0.3	③
牛込			牛込			
小石川	24,663	24,663	小石川	170,869	0.1	
本郷	20,273	20,273	本郷	130,054	0.2	
台南	27,120	27,120	下谷	193,654	0.1	
浅草	27,123	27,123	浅草	260,439	0.1	
本所	22,435	38,287	本所	246,069	0.2	
中和	15,852					

（出典：『東京市立図書館一覧　自大正九年至大正十年』東京市、1921年）

氷川図書館のある赤坂区は、区の人口1人あたり約0.4冊を利用していることになり、市内ではいちばん多い。同区は、市の中心部に近く、人口は下から3番目と少ないが、利用は市内で1、2を争っていたことがわかる。ただし、当時は閲覧が主だったことから、閲覧人員や閲覧冊数は、ほかの館のほうが多かった。そうしたなかで氷川図書館は児童に対しても館外貸出を早くから実施していた。『東京市統計年表』には、1916年度から19年度まで「閲覧人員職業別」の人数について、館内と館外の内訳が算出されている。これによって、児童の貸出の実施状況を知ることができる。16年度は、日比谷、一橋、京橋、それに氷川図書館が児童貸出をおこなっており、17年度も同様である。18年度には、これに月島と中和が加わり、19年度にはこれに麻布、台南が加わるようになる。(12) 独立館以外では氷川図書館のサービスの開始が早いことが確認できる。

　また、東京市立図書館では、1915年4月から同盟貸附（現在の相互貸借）を実施しているが、わずかながらそのデータもある。16年1月から6月までの短期間についてだが、この間に日比谷図書館から利用した図書館では1位が四谷図書館の422冊、氷川図書館は315冊でこれに次ぐ。(13) 氷川図書館が、年々蔵書を増やしていくとともに利用を促進するための努力を重ねていたことをうかがわせる。

　田所が氷川図書館を辞めたのは、1920年と推察される。理由などはっきりしたことはわからないが、その後のこともみておこう。田所のあとに同館の主任になった北條治宗は、同館について、有益な図書が寄贈されたこと、閲覧者には非常に教養のある人たちが多かったこと、そして「よく他の御役所で見る『ありませぬ』『係が違ひますから知りませぬ』などと云ふ役人根生〔根性〕、渡鳥根生〔根性〕の係が一人も居ない所から館員と閲覧人とは非常に円満で、親切と感謝で持ち合つた美風」があったと述べている。少しあとのことになるが（1925年）、よく利用している女性の閲覧者が同館のことを「市民の書斎」と称したので、北條は、これを門の掲示板に書いた。ところがこれに対し「民衆におもねるものだ」とか「突ぴようしもない文句」だという批判があった。それでもその看板を北条は引っ込めなかったという。市民の図書館に対するこのような見方は、東京から全国へと広がったという。(14) 田所時代の運営が継承されていたと考えて

第1章　図書館創設請負人、田所糧助　　357

いいだろう。

　1923年(大正12年)9月、東京は、関東大震災に見舞われた。このとき、氷川図書館には大きな被害はなく、一時閲覧を休止するが、11月には再開している。29年10月に館舎を新築したが、直後に近隣の火災によって類焼した。この火災でそれまでに収集した蔵書を焼失、新聞には「同館秘蔵の(略)各文庫など時価五万円の貴重な書籍も烏有に帰した」と報じられた。翌30年11月に同館は新築竣工した。

2　名古屋公衆図書館時代　1924—25年

　1922年(大正11年)12月23日、財団法人名古屋公衆図書館が設置認可された。名古屋公衆図書館は、公立図書館ではないなか、独自の理念、独特の蔵書構成をもちながら、同時に市民の利用を最大限に重視する視点を有した。市民に対して図書館がどのようなサービスをすべきかという課題にどう関わったのか、田所の活動を通して考えてみたい。

名古屋公衆図書館の開館

　1925年4月、名古屋公衆図書館が開館する。同館は39年、名古屋市に移管して市立名古屋公衆図書館、その後名古屋市栄図書館を経て、現在の名古屋市西図書館に至る。

　名古屋公衆図書館の設立にはいくつかの注目すべき点がある。第1に、1923年(大正12年)10月市立名古屋図書館が開館、その1年半後に名古屋公衆図書館は2番目の大規模な公共図書館として開館したこと。第2に、おそらくは本邦初の実業図書館としてスタートしたこと。第3には、館長に東京市立氷川図書館員だった田所糧助が就いたこと。ここでは主に第2点目と3点目について検討する。

　同館は、慶應義塾で福沢諭吉に学んだ実業家、矢田績(1860—1940)によって創設された。矢田は、1880年に慶應義塾に入り、翌年に卒業。「時事新報」「神戸又新日報」の主筆になる。ジャーナリストとして活躍ののち、鉄道会社勤務などを経て、95年、三井銀行に入行する。業績不振の

三井銀行名古屋支店を立て直すため、1905年から10年間支店長を務めた。15年、東京へ転出したが、退職後の22年、名古屋に戻った(16)。このときまだ愛知県内には県立図書館もなく、15年に設立が決まってはいたものの、市立名古屋図書館はまだ開館していない。名古屋市民のために図書館が必要だという思いを強くした矢田は、40年間の俸給生活で蓄えた25万円をもとに図書館をつくることを決意する。建築に15万円、維持費に10万円を支出したという(17)。

『財団法人名古屋公衆図書館設立概要』(1923年)の「第一　設立の趣旨」には、「公衆を相手とする図書館が今日の時勢から」いっても「名古屋の現状」からみても「急を要する」と考え、名古屋公衆図書館が設立された経緯が記されている。この「設立概要」には「寄付行為」が掲載されている。その第2条は次のとおり。

　　第二条　（略）汎ク通俗簡易ノ図書ヲ蒐集シ之ヲ一般公衆ニ縦覧セシメ常識上ノ知識啓発ニ資セシメン事ヲ目的トス(18)

矢田はここで、市立名古屋図書館が「比較的高尚な図書館」で「学究的の人や学生を相手にする図書館」であるのに対し、名古屋公衆図書館は「一般的読書趣味の普及と常識開発の意味から、今少し通俗的の図書館を設立したい」と考えを述べている(19)。この「設立概要」の「第一　設立の趣旨」は「大正十二年三月」付で、設置認可されてから間もないころに作成されている。この時期、市立名古屋図書館はまだ開館していないが（1923年10月開館）、県立図書館規模の図書館になることは容易に想像できたであろう。県立図書館を調査主体の参考図書館に、市立図書館を読み物が中心の通俗図書館とするなら、名古屋公衆図書館はその後者になるという予測が、このときの矢田にはあったのではないか。

ところが『設立概要』は、同名でもう1種類残されている。名古屋市鶴舞図書館所蔵の『財団法人名古屋公衆図書館設立概要』(1925年)は、開館の2カ月前に作成され、「第一　設立の趣旨」の日付が「大正十四年二月」になっている。設立に至る経緯に関しては大筋でほとんど変わりはないが、一部内容が改められている。大きく異なるところは次の個所である。

名古屋の土地柄として産業上に重きを置き図書の如きも此方面の種類を成るべく多く準備した積りである。近く開館の暁には、名古屋市民は自分の微意の在る所を諒察せられ、同情せられ、勉めて此図書館を利用し多少共名古屋の文化進運を助けるの機関たるを得せしめ（以下略）
(20)

先の『設立概要』では、市立名古屋図書館が参考図書館とするなら、名古屋公衆図書館は通俗図書館だとする。これに対し後者では、設立の準備段階ではあるとしながらも、産業関係の図書の充実が図られたことが明記されている。このように「設立の趣旨」が書き換えられたのは、2年の間に図書館の方向性が変化したということなのか、それとも最初から計画されていたことが、より具体的に記述されたということなのだろうか。そこのところは明らかではない。

1924年9月、理事会は東京市立氷川図書館に勤務したことがある田所糧助に館長を依嘱することに決める。田所は、当時矢田が懇意にしていた前の文部次官で貴族院議員の田所美治の弟にあたることから白羽の矢が立ったという。また、実業家の矢田は、商業地域の利用を見込んで、ニューヨーク・パブリック・ライブラリーを目標にしていたともいわれる。同年10月、田所が館長に就任した。
(21) (22) (23)

実業図書館の誕生と田所

名古屋公衆図書館は、建築家の鈴木禎次（1870—1941）の設計による。鈴木は、帝国大学で建築学を学び、三井に入社、三井銀行本店、同行大阪支店などの設計を担当し、その後も銀行や百貨店などの数多くの建築・設計を手がけた。鈴木は、当時三井銀行に在職していた矢田績からの信任が厚く、名古屋公衆図書館の建築を任された。同館開館後は理事として経営にも参画している。
(24)

名古屋駅と千種駅を結ぶ広小路の周辺には、鈴木が設計した銀行などの建物が立ち並ぶ。愛知県庁、名古屋市役所などと同じ名古屋市の中心部の近くに、名古屋公衆図書館はあった。
(25)

1924年11月、開館の5カ月前、建物はほぼ完成している。1階には、一般図書室、新聞雑誌閲覧室、2階には館長室、事務室、特殊図書閲覧室、理事室、館主室、小ホール、3階には大講堂、野外図書室、4階には露台、展望室などがあった。田所が館長に就任してから1カ月後、書籍を購入し整理している時期である。時間的にみて田所が建築設計に関与しているとは考えられないが、このとき同館について、田所は記者の取材に次のように答えている。

　　この図書館の特色は実業図書館として大名古屋の商工都市に生活する都会人の泉とし最も活用されることをのぞみ、それに応ずる設備をしてゐます[26]

　上に述べた2番目の「設立概要」が作成される前年のこと、実業図書館をスタートさせる方針のもとにもろもろの準備が進められていたことがわかる。それから半年後、翌1925年4月の開館前日の状況を、田所は次のように説明している。

　　従来余り読書にしたしむことの少い傾向のある庶民階級の人々や婦人達の味方になつて、彼等や彼女等に生きた知識を与へほんとの役に立つ実際上の学問をたやすくさせて、一般名古屋市の文化をより向上させるのが此の図書館の使命（略）こゝでは実業的方面のもの、産業的方面の図書に最も力を入れて、いままで図書館で余り試みられなかつた諸官省、会社、銀行その他の公共団体で発行する報告書、調査書、意見書等をも充分蒐集[27]（以下略）

　矢田が最初の設立の趣旨に掲げていた、通俗図書館としての機能・役割をも有し、かつ商業都市名古屋に生活する市民のために産業関係の資料を充実させるというのが名古屋公衆図書館の方針であることが明らかにされる。そして、1、2階の図書閲覧室は男女共同であると説明される。これには「男女同席の図書館」の試みと文部省からも注目され、「何れは全国同じ様に」[28]したいと報じられた。別の新聞に田所は次のように答えている。

読み易い図書一万数千冊（略）と共に内地は勿論海外の各方面から、植民、産業、貿易に関するパンフレット、調査参考資料二千冊を集め、これがため特に植民産業調査資料室を設け（略）植民産業の調査資料は六大都市中の図書館で特に誇りとするところ。[29]

ここからは蔵書構成のより具体的な姿が浮かび上がってくる。では、次に同館がいかなるサービスを実施したのか、具体的にみていこう。

ビジネス街の図書館

1925年（大正14年）4月19日、名古屋公衆図書館が開館した。地下1階、地上3階建てで、283坪（933.9平方メートル）の広さをもち、開館時に約1万5,000冊の蔵書があった。[30] 開館後数年間の蔵書・利用の変遷は、表3のとおり。[31]

表3　名古屋公衆図書館蔵書・利用の変遷　1924−27

年度		1924 大正13	1925 大正14	1926 昭和元	1927 昭和2
蔵書数	和	13,695	17,258	27,173	29,198
	洋	1,298	—	715	1,019
開館日数		12	349	348	350
閲覧人員		1,926	72,994	76,046	84,632

（出典：名古屋市編『名古屋市統計書』第26−29回、名古屋市役所、1926−29年）

次に同館は実際にどのようなサービスを実施したのだろうか。開館した年の利用統計が表4で、[32] 商工業者の利用が多く、全体の20％を占める。これ以外に利用の実際を知るデータはいまのところ見つかっていない。また、名古屋公衆図書館が資料・情報提供を具体的にどのようにおこなっていたのかについても、資料がない。

表4 名古屋公衆図書館閲覧者職業別年表　1925年（大正14年）4－12月

学生・生徒	商工業者	官公吏・軍人	教員・記者等	雑業	無職	合計
17,789	10,074	1,621	845	443	15,197	45,969
38.7	21.9	3.5	1.8	1.0	33.1	100.0%

（出典：名古屋市西図書館所蔵資料）

　そこで、市立名古屋図書館の資料を手がかりに考えてみたい。同館の館報に利用の傾向について次のような記述がある。

　　矢田績氏の創立にかかる公衆図書館が、商工図書館を標榜して、その資料を蒐集すると云ふのも此等の事情を裏書きしてゐるのである。[33]

　これはどういうことか。1924年11月、市立名古屋図書館は読書相談係をおき、読書相談所を開いている。同館は実業図書館を標榜していたわけではないが、商工業に関する相談が多く、それから10カ月間の相談件数は合計2,120件を数えた。1位は産業で348件、2位が文学で337件、3位が総記で174件だった。産業の348件中の70件は、特許に関する相談が占めた。
　このように、市立名古屋図書館で産業に関する相談が多い理由は、人々が生活の向上のために図書館を利用していること、もう1つは名古屋が産業都市であることと同館では分析している。銀行会社要録、商工案内、商店経営、広告術に関する図書が多く利用されていた。同じ地でサービスを展開している名古屋公衆図書館についても同様のことがいえるというのである。
　また、別の資料からも名古屋公衆図書館の活動の一端を知ることができる。名古屋出身の小説家である城山三郎（1927―2007）は、経済小説というジャンルを開拓したことでも知られるが、学生時代（1951年）には、名古屋でいちばんの繁華街である栄町に建つ同館を利用していたという。1939年に同館は名古屋市に移管されているから、名古屋市立公衆図書館となっていた。同館は「公立図書館と違い、経済・産業関係の本が多く、

私の父なども若い日から通っていた」と回想する。創設期の特色を生かした図書館運営がその後もなされていたことがわかる。

田所は、1925年5月に辞任している。24年10月の就任から在任期間はわずかに約7カ月ということになる。しかも4月に開館してその翌月に辞めるというのはどういうことなのか。このあたりのことについては、全くわかっていない。

3　大阪市立城東図書館時代　1926―27年

田所が次に赴任したのは、大阪市立城東図書館であった。同館は1926年（大正15年）6月に設置が決まり、11月に開館している。田所が開館の準備にあたったのであれば、6月の前後には着任していると思われるが、その時期はわからない。

大阪でも田所の就任期間は短かったが、大阪市が図書館網の構築を目指していた時期にあたる。分館の1つである城東図書館の設立に田所がどのように関与したのか、それを示す資料は見つかっていないが、新たなサービスを主導したことは確かなことのように思われる。

大阪府立図書館の分館構想

関西の中心地、大阪の図書館事情はどうだったのか。1903年、大阪府立図書館は第15代住友吉左衛門友純の寄付によってスタートしている。21年1月、児童図書閲覧室を廃止、本館・書庫の相次ぐ増築を経て、ひたすら大規模館へと邁進する。まるで西の帝国図書館を目指したかのようにみえる。

しかし、当初からそうだったわけではない。1911年、盛況の対応策として、開館以来初代館長を務めていた今井貫一によって、「大阪市内四分館計画」案が提起される。ところがこの計画案は、物価の急騰などの理由から棚上げになる。その翌年12年3月、今井は欧米へ視察に向かった。調査目的は、次のとおり。

一　図書館、通俗図書館、巡回文庫ノ設備
　一　児童、少年ノ読物及其遊戯ニ関スル公共施設（以下略）

　帰国後、今井は分館計画を撤回。「本館」の充実を図る方向へと運営方針を転換させる。それはあまりにも欧米とこの国との図書館の落差に衝撃を受けたからだという。1915年、今井は「通俗図書館設置計画案」を立案、府立図書館は学術図書館を目指し、分館計画は大阪市に委ねるという結論を下す。[38]

　1918年5月、大阪市会において「通俗図書館設置ノ建議」が可決、大阪市立図書館は、ここに府立図書館の計画を引き継ぎ、市内に分館の設置を進めることになる。21年1月には初代館長に鹿児島県立図書館長の片山信太郎を迎える。館長は、各館にはおかれず、全館を統括する権限を有していたものと考えられる。東京市立図書館は、日比谷に館頭がおかれ、区内各館の主任が運営を任されていた。名称は異なるが大阪も同様に位置づけられたのであろう。

　1921年6月、西区に阿波座図書館、北区（1925年4月から此花区）に西野田図書館、10月には南区に御庫跡図書館、東区に清水谷図書館が開館する。大阪市の市制施行は1889年（明治22年）で、東・西・南・北区がおかれているから、全区に1館ずつ図書館が設けられたことになる。4館はいずれも独立館で、公園内に位置し、閲覧料は無料で、館外帯出をおこなっていた。

　1925年（大正14年）4月、東成郡、西成郡、および44カ町村が編入、市域は181.68平方メートルとこれまでの約3倍となる。このとき浪速区・天王寺区・港区・此花区・東淀川区・西淀川区・西成区・東成区・住吉区の9区が新たに増区された。だが、図書館の増設は2館にとどまっている。[39]

　そのうちの1館が今宮図書館である。5月に今宮町が西成区に編入したことから、町立の今宮図書館が大阪市立図書館として西成区に開館した。もう1館が、東成区にできた城東図書館で、翌年1926年11月に開館している。これで計6館となった。今宮図書館を除く各館は2階建てで、新しくできた城東図書館は鉄筋コンクリート造りだが、それ以外はいずれも木造で、階上に書庫、出納所、一般閲覧室、階下に児童閲覧室、婦人閲覧室、

新聞閲覧室、事務所などがあった。

新たなサービスの導入

　城東図書館開館までの経緯は、次のとおりである。1925年（大正14年）3月、東成郡成東村に東宮殿下（のちの昭和天皇）御成婚記念事業として、[40]城東尋常小学校の校地に鉄筋2階建て記念館1棟などが建設された。[41]ところが26年6月、城東尋常小学校の校舎の一部を図書館として利用するために大阪市に寄付されることになる。市会の議を経て、移管が決まった。建坪は約63坪（1坪は約3.3平方メートル）、収容力は約150人で、創設費の概算は1万6,737円だった。[42]創設費の金額がこのあとで見るように東京市立図書館の額と比べて少ないのは、建設費にかかる費用がほとんど計上されていないからであろう。

　図書館の収容人員は閲覧室96人、児童閲覧室50人、婦人閲覧室12人の合計158人で、[43]主な施設の広さは、書庫8坪、一般閲覧室29坪、児童閲覧室19坪、婦人閲覧室4坪、事務室6坪であり、建坪の合計は約63.4坪、敷地は109.6坪だった。[44]同年9月、大阪府知事の認可を得て、11月に開館した。[45]

　東成区は、大阪市の北東部に位置し、その前は東成郡であり広大な面積を有していた。大正期に入り農村から住宅地へと変貌し、その後は商工業が発展して、人口の増加とともに都市化が進んだ。ところが図書館はきわめて交通が不便な地におかれ、学校も小学校以外はなく、周辺には工場労働者が多く生活していた。そのため少しあとになるが、一度来館した利用者には、再度来館するよう出納業務には極力丁寧に応対し、館外帯出についても、簡単な手続きによって利用を奨励する工夫をしたという。[46]

　田所が城東図書館の開設にどの程度関与したのかは明らかではないが、従来の大阪市立図書館とは明らかに異なる施設・設備が準備されたことから推して、田所が相当関わったとみていいのではないか。『大阪市立城東図書館案内』[47]（以下「城東図書館案内」）からは、それを知る手がかりが得られる。

　第1、たとえ小規模とはいえ専用のレファレンスルームを設置したこと。これは「応接室」の一室を「インフォメーション・ルーム」と称し、兼用

としたにすぎないのだが、「図書館に関すること、閲覧上のこと、図書につきてのこと等の案内」をするという目的が明示されている。広さも十分ではないが、この施設がもともと図書館として建てられたのではないことから、部屋の割り当て、利用に際し、創意工夫するしか方法はなかった。

1926年11月、城東図書館開館と同じ時期に、大阪市立図書館で読書相談が開始されている。これが市立図書館で一斉におこなわれたのか、兼用であっても専用室が設置されていたのかなどは明らかではない。清水谷図書館からは「読書相談及び案内」が報告されている。[48]

第2は、児童サービスを重視したことである。城東図書館は、児童閲覧室の広さが19坪と他館(平均約9坪)の倍ほどの広さを確保している。「城東図書館案内」には、「児童閲覧室は「児童図書館」の「体形」によつて運用」[49]するとある。これは児童図書館としてつくられた施設、といったことを意味するのであろう。そのうえで、当館では「児童の読書力と趣味とに応じて、図書を供給し啓発をはかる」ことを原則としていること、そして、「指導係員」を配置するとしている。この当時は、まだ児童サービスは十分普及しているとはいえなかった。あえてこのように表現しているのは、児童図書館員とまではいえないまでも、監視のための要員とは区別したいという意味が込められているのではないか。

1927年1月、城東図書館で少年部談話会が開かれている。このときに田所が会の冒頭で談話会の目的を説明している。高1、高2合わせて8人の発表者が並び、「ベスビヤス火山」「東成区最新発達史」「井伊大老」などを読んだ感想や図書館利用などについて話し合ったようだ。それ以上のことは不明だが、参加者は130人と記録されている。[50]児童室の定員を大幅に上回る規模の集会ということに加え、高校生を動員しているところもこの時期としては珍しい。

第3は、入館方法について。受付は、「靴又は草履の方はそのまゝで、よく泥を拭ふて、館内に這入られることゝしました。之は新しい試みであります」と「城東図書館案内」に記されている。入館の際に土足を許可したのは、1909年(明治42年)に京都府立図書館、その後は18年福岡県立図書館、19年山口県立山口図書館などで、20年代になると岡山県立図書館、秋田県立図書館などが、新聞閲覧室や児童閲覧室など入り口付近の閲覧室

第1章　図書館創設請負人、田所糧助　367

への入室を許可している。城東図書館の入館方法について「新しい試み」とするからには、これらと同様に、限られた範囲に限定されていることとは異なるということになるだろう。

1928年には、東京市立深川図書館、これに続いて京橋図書館、駿河台図書館が下足の廃止を実施しているが、これとてすべてのフロアで実施しているわけではない。「城東図書館案内」のとおりだとすれば、小規模館とはいえ、これらよりも先行していたことになる。

このほかにも、新刊書、推薦図書、時局に関する図書を随時入れ替えて「開放式」とし、本の背を指で押して請求することができるようになったとされる。半開架式閲覧の導入である。また、書庫は、「新式鉄製の書棚」を使用、「湯飲み、喫煙所」も完備している。雑誌は自由に閲覧できるとする。

田所が大阪市立図書館にいつまで在籍していたのかは明らかではない。あとで記すが、その次の職場である東京市立深川図書館主任に1927年2月付で就任しているので、その直前とすれば1月か2月ということになる。だとすると、城東図書館の在籍期間は10カ月程度ということになる。

注　※〔　〕内は著者補記

（1）伊東平蔵「廿年前に於ける我が国図書館事業を顧みて」「東京市立図書館と其事業」（東京市立図書館）第48号、1928年11月、9ページ。これは東京市立図書館館友大会での講演記録で、「私の事を家鴨などゝ綽名する向（笑声起ル）もありますが、何うも道楽だから仕方がない」などとも言っている。なお、「市立図書館と其事業」は、第46号以降「東京市立図書館と其事業」と誌名を変更する。

（2）「新設さるべき図書館」「時事新報」1909年3月1日付（『図書館――新聞集成』第2巻〔明治編下〕、大空社、1992年、203ページ）

（3）東京都港区編『新修港区史』東京都港区、1979年、553ページ

（4）田所の名は、『東京市職員録』（東京市）には1913年発行分（『大正2年7月現在』）に初めて掲載があり、1919年発行分（『大正8年9月現在』）まで、いずれも氷川図書館に所属と掲載されている。

（5）田所糧助「氷川図書館の生い立ちとその将来へ」、東京市立氷川図書館

編『東京市立氷川図書館案内』所収、東京市、1933年、6—9ページ
（6）同書6—9ページ
（7）北條治宗「氷川図書館の回顧　1」「東京市立図書館と其事業」第59
　　号、1931年3月、6ページ
（8）田所糧助「氷川図書館の回顧　2」同誌7—8ページ
（9）朝倉茂「大正中葉頃」、前掲『東京市立氷川図書館案内』所収、5—6ペ
　　ージ
（10）田所糧助「氷川図書館の生い立ちとその将来へ」、同書所収、7ページ
（11）『東京市立図書館一覧　自大正九年至大正十年』東京市立図書館、1926
　　年、2—3ページ
（12）『東京市統計年表』第15—18回（大正5—8年度）、東京市、1918—22年
（13）「沿革」、前掲『東京市立氷川図書館案内』3ページ
（14）北條治宗「氷川清話」、同書所収、9—11ページ
（15）「東京日日新聞」1929年12月24日付
（16）矢田績については、野依秀市編『大正人名辞典』第3巻下（日本図書
　　センター、1994年、ヤの部4ページ）、『明治の名古屋人』（名古屋市教
　　育委員会、1969年、471—472ページ）、馬場守次『名古屋紳士と其の家
　　庭』（珊々社、1932年）、矢田績述『熱中冷語』（名古屋公衆図書館、1927
　　年）、矢田績『懐旧瑣談』（名古屋公衆図書館、1937年）、「矢田績——文
　　化、経済に多大な功績」（「中日新聞」2009年8月8日付）などを参照。
（17）「大阪毎日新聞」1925年3月12日付
（18）『財団法人名古屋公衆図書館設立概要』名古屋公衆図書館、〔1923年〕、
　　8ページ、名古屋市西図書館所蔵
（19）同書2ページ
（20）『財団法人名古屋公衆図書館設立概要』名古屋公衆図書館、〔1925年〕、
　　3—4ページ、名古屋市鶴舞図書館所蔵
（21）「大阪毎日新聞」中京版、1924年9月8日付。なお、前掲『西図書館50年
　　誌』は「大正12年9月5日」の理事会で田所に館長を「依嘱することに決
　　定した」（8ページ）とし、年表も9月5日に「館長に依嘱」（117ページ）、
　　「歴代館長一覧」も田所の在職期間を「大正12.9.5～大正14.8.7」（137ペー
　　ジ）とする。一方、その10年前に刊行された前掲『栄図書館40年誌』も
　　「昭和（大正の誤記、引用者注）12年9月5日」の理事会で館長を田所に依
　　嘱することに決定したと記し（7ページ）、典拠を上記新聞とする。しか
　　し、新聞記事は1924年であり、両『年誌』はいずれも名古屋市西図書館

所蔵のスクラップブック所収の記事を見誤った可能性が高い。
(22)　前掲『西図書館50年誌』11ページ
(23)　「設立の趣意、沿革」名古屋市西図書館所蔵資料
(24)　瀬口哲夫『名古屋をつくった建築家・鈴木禎次』名古屋CDフォーラム、2004年、24ページ
(25)　瀬口哲夫／20世紀の建築文化遺跡展実行委員会編著『鈴木禎次及び同時代の建築家たち──「20世紀の建築文化遺産展」建築展図録鈴木禎次生誕130年記念展』20世紀の建築文化遺跡展実行委員会、2001年、30ページ
(26)　「名古屋新聞」1924年11月22日付
(27)　「名古屋新聞」1925年4月18日付
(28)　「読売新聞」1925年6月20日付
(29)　「大阪毎日新聞」（中京毎日）1925年4月18日付
(30)　前掲『西図書館50年誌』9ページ
(31)　名古屋市編『名古屋市統計書』（第26回、名古屋市役所、1926年）には、1924年度に12日開館し、2,624冊閲覧したとする利用実績が報告されている。この年度は、まだ開館してないはずだが、4月の開館に先立って何らかのかたちで利用を認めたということか。いずれにしても蔵書冊数は開館時と考えていいだろう。
(32)　「名古屋公衆図書館閲覧者職業別年表」大正14年〔4月─12月〕、名古屋市西図書館所蔵資料
(33)　「市立名古屋図書館々報」第37号、1927年1月
(34)　城山三郎『そうか、もう君はいないのか』新潮社、2008年、10ページ。ここで城山は、「公立図書館と違い」としているが、おそらくは一般の公立図書館とは違う、という意味で、父親が利用した時代からのことを述べているとみていいだろう。
(35)　前掲「設立の趣意、沿革」は田所の退職を1925年5月と明記。前掲『西図書館50年誌』所収「歴代館長一覧」は、田所の在職期間を「大正12.9.5〜大正14.8.7」（137ページ）と、退職を8月とするが、本文と年表には記載がなく、出典は不明。
(36)　『大阪市職員宿所録』大阪市、1926─27年、338ページ。田所が、大阪市立図書館に在籍していたことが確認できる。同書の調査は、1926年11月25日時点のもの。
(37)　『中之島百年──大阪府立図書館のあゆみ』編集委員会編『中之島百年

──大阪府立図書館のあゆみ』大阪府立中之島図書館百周年記念事業実行委員会、2004年、80─81ページ
(38) 同書88ページ
(39) 『大阪市立図書館50年史』大阪市立中央図書館、1972年、22─23ページ
(40) 『大阪市立城東図書館案内──読書に生きる人は最も強し』大阪市立城東図書館、1926年、1ページ
(41) 『城東──80周年記念誌』大阪市立城東小学校、1973年、6ページ
(42) 『大阪市会会議録　大正15年』1926年、176─178ページ、議案第219号「寄附収受並図書館創設ノ件」参照。同年6月12日付で、大正15年度大阪府大阪市歳入出追加更正予算に、通俗図書館創設費として16,737円が計上、議決された（「大阪市公報」第766号、1926年6月12日、1ページ、大阪市告示第139号参照）。
(43) 前掲『大阪市立城東図書館案内』ページ記載なし。平面図上に定員が明記されている。
(44) 大阪市立図書館編『大阪市立図書館一覧　大正15年11月』大阪市立図書館、1926年、6─7ページ
(45) 「城東図書館の開館」「大阪市立図書館報」第20号、1927年2月、2ページ
(46) 「大阪市立図書館の現状」「大阪市立図書館報」第24号、1929年3月、4ページ
(47) 前掲『大阪市立城東図書館案内』には「本館は元来図書館としての設計の下に建築されたものではありませんが適応の諸設備を施して運用体形を整えました」（1ページ）として館の構造─運用体系の解説─入館閲覧案内を、階下の部／階上の部に分けて各項目ごとに詳しく記す（1─11ページ）。
(48) 「各館の状況」「大阪市立図書館報」第20号、1927年2月、2ページ。清水谷図書館などの活動報告がある。
(49) 前掲『大阪市立城東図書館案内』3ページ
(50) 「各館状況」「大阪市立図書館報」第21号、1927年7月、2ページ。城東図書館の活動内容などを報告。

第2章　東京市立図書館の復興計画と田所糧助

　1927年（昭和2年）2月、田所糧助は、東京市立深川図書館の主任となる。その前年の10月に前任者の盛城礼蔵が急逝しているので、それから4カ月後ということになる。震災後の復興事業が佳境に入る重要な時期だったこと、なかでも深川図書館が、京橋・一橋の3館による大図書館建設の1番手として計画が進められていたことをもってすれば、盛城のあとを受けて事業を任せられる人物はそう多くはないはずである。本章ではまず、震災後の東京市立図書館の動向について、復興図書館3館の計画の推移を概観し検討を加える。

　そして、深川・京橋・一橋の責任者によって、復興図書館建設のための協議の場が設けられた。これは秋岡梧郎によれば3館協議会といい、田所はこの協議会の構成員だったというのだが、秋岡の証言以外では佐藤政孝の論考がある程度で、それ以外にはほとんど言及されていない。また、資料の存在も確認されていない。この点についても検証する必要があると考えている。

1　関東大震災直後

　1923年（大正12年）9月1日、関東平野一帯はマグニチュード7.9の大地震に襲われた。この地震によって特に首都圏は未曾有の大災害に見舞われた。図書館も、東京・神奈川などを中心にその多くが被災した。

　東京市立図書館では、20館のうち12館を焼失した。このうち独立館は深川、京橋、一橋の3館、小学校附設は日本橋、浅草、台南、本所、外神田、月島、両国、中和、麴町の9館だった。焼失図書は、約10万3,500冊で、焼失図書館での残存冊数は5,419冊というから、わずか5％の図書し

か残らなかったことになる。日比谷・麻布・氷川図書館は焼失を逃れたが、大きな被害を受けた。

　関東大震災による被害は広域にわたりかつ甚大だったため、その復興のために後藤新平を総裁とする復興局が設けられ、国家の大事業として取り組まれた。図書館についても、後述するとおり特に深川、京橋、一橋の3館には復興図書館建設のために100万円の予算が組まれた。

被災と図書館の復興

　図書館復旧・復興への動きは驚くほど早かった。震災直後の9月15日、日比谷図書館で主任会議が開かれ、応急策が検討されている。ここで罹災者のもとへ本を供給する方法なども検討された。このときに図書館復旧事務のために社会教育課に適当な者を派出して、その事務を補助する必要があると主張する者があり、京橋図書館の久保七郎がその任にあたることになった。[1]

　焼失図書館の善後策には「復興までの道程としての現状回復策と、復興帝都の一教化機関としての図書館復興案」が計画された。まずは市内数カ所に仮建築の図書館を建設することで、市立小学校の仮建築竣成に伴って、旧来附設の図書館を復旧する計画を進めること、加えて深川、京橋、一橋の3館に対する復興計画ならびに小学校内附設図書館の復旧策が検討された。

　復興図書館建設の大方針は次のとおり定められた。[2]

　一　罹災の十二館を質の上に於て充実向上させること
　一　書架公開を行ふ

　至ってシンプルだが、関東大震災による被災を機に図書館のより一層の充実を図るという理念が明確に打ち出されている。特に「書架公開」の実施は、図書館の構造によって規定されることから、図書館建築の際に考慮すべき事項とされたのであろう。

　被災した12館は、震災後半年のうちに復旧、閲覧を再開した。1923年11月1日、麹町図書館、外神田図書館。11月7日、中和図書館。11月26日、

月島図書館。11月28日、日本橋図書館。12月21日、台南図書館。これらはもともと図書館があった小学校内にバラックを建てて再開した。

上記以外の6館は震災善後費によって、1924年1月に仮建築工事に着手、開館した。4月1日、浅草図書館（54坪）、両国図書館（41坪）。6月1日、京橋（50坪）、一橋（54坪）、深川（50坪）、本所（55坪）の各館だった。[3]

このように京橋、一橋、深川の独立館も、当初は他館同様に平均約50坪の規模で建設されている。

ここにもう1つ注目すべきことがある。復興の方針がどのように決まり実施されたのかということである。秋岡によれば、久保の指導によるところが大きいという。

　　震災後はバラックだったんです。その設計は皆、久保七郎さんの手に
　　なったもので全部開架式になっていたんですよ[4]

ここで「バラック」と言っているのは、仮建築のことである。秋岡は、「全部開架式」と発言しているが、これは自由開架式か安全開架式かを問わず、開架式が採用されたことと理解すべきだろう。例えば1924年に再開した両国、浅草、本所の3館を見ても図書館によって自由開架、安全開架、半開架の比率は一定しているわけではない。[5]どのような開架方式を採用するのかについては、各館に任されていたのではないか。いずれにしても仮建築の際に書庫の公開が一気に進んだ意義は大きい。

これによって、1926年の時点で書架を公開していた館は、20館のうち15館となった。実に4分の3の図書館で書架の公開が実施されていたことになる（半開架の2館を含む）。[6]復興図書館建設の大方針の第2点目に関しては、着実にその方針が実現されたことが確認できる。

復興図書館の建設

前述した善後策のうち、深川、京橋、一橋の3館については、従来の方針どおり、のちに本格的な単独館として整備されることになる。1924年（大正13年）3月、「市立図書館と其事業」には、早くもその経過が伝えられた。

曩に復興院の設置せらるゝや東京市立図書館も亦一大復興計画を樹てゝこれに応じたが、市理事者に於ては、先づ一橋京橋深川三図書館の復興を計画し二月中その建設費一百万円を帝都復興費中に計上して市会に提案した。(7)

このとおり3月の東京市会において震災復旧費継続年期及支出方法が上程され、5カ年計画による「東京市継続震災復旧費支出計算表」(8)が決議された。

復興図書館3館の建築については、「震災復旧費」のなかに「図書館建設費」が明記されている。表5のとおり、予算100万円の範囲で大正13、15、16、17年度に支出されることになり、このうち13年度は、用地費6万8,000円が第34号市会議決によって予算化された。

表5　図書館建設費

大正13 (1924)	14 (1925)	15 (1926)	16 (1927)	17 (1928)	合計
68,000	0	276,150	347,150	308,700	1,000,000

(出典：「東京市継続震災復旧費支出計算表」『東京市会決議録　大正13年第1巻』(大正13年自1月至3月）東京市会、1924年)

建設費は年度別だけではなく、表6のとおり用途別にも支出の内訳が示された。

表6　図書館建設費　種目別

1 用地費	2 建築費	3 設備費	4 設計並監督費
68,000	525,900	379,805	26,295

(出典：前掲「東京市継続震災復旧費支出計算表説明」)

このように施行年度別・種目別に支出額が定められたが、「図書館建設費」がどの館の建設費かは明示されていない。

1924年7月、「東京日日新聞」は、復興図書館の計画について、一橋、京橋、深川の3館は単なる復興図書館ではなく、「欧米における最新式の書架自由公開式を応用する筈で」(9)、鉄筋コンクリートの3階建てであること、「大正十七年」までに竣成する予定であり、この年の3月に復興事業3

館で100万円が決定したと報じた。ここで「最新式の書架自由公開式」が自由開架式閲覧を示すのかどうか、この情報の出所が明らかではないので、確かなことはいえないが、自由開架式閲覧を導入すると考えることができるかもしれない。ただし、あとで述べるようにこの当時は、「開架」を表現する用語のなかに「自由」という言葉が含まれることがあり、この記事から安全開架か自由開架かの判別は困難と考えるべきであろう。

表7　図書館建設費

年度		費目	金額（円）	坪数
大正13	1924	一橋図書館敷地買収費	68,000	340
大正14	1925	―	―	―
大正15（昭和元）	1926	深川図書館建設費	276,150	510
大正16（昭和2）	1927	一橋図書館建設費	347,150	663
大正17（昭和3）	1928	京橋図書館建設費	308,700	580
合計			1,000,000	2,093

（出典：「市立図書館と其事業」第21号、1924年8月。なお、資料の坪数合計の誤りは修正した。）

　少しあとになって、表7のとおり3館に配当される金額が公表されたようである。

建設順序の変更

　ところが、予定されていた図書館建設の順序が入れ替わることになる。その経緯を先にみておきたい。

> 曩に経費壱百万円で五個年の継続事業としてその復興を企画された、深川一橋京橋の三図書館は、その後少しく予定を変更し、京橋区役所の建設と関連してこれに隣接し、まづ本年度中に京橋図書館を建設するため、この経費二拾七万六千百五十円を支出することとなつた。[10]

　ここで本年度とは1926年（大正15年）度のことで、京橋図書館が建設されることになったということを意味する。当初は、深川、一橋、京橋の順で建設が予定されていた。ところが、一橋図書館は「土地整理他の関係上、

買収の運に至らず」、建設は遅れる。一橋図書館の用地の取得は25年になってからで、会計上の取得は26年度だった。問題は深川よりも京橋が最初に建設されることになった経緯である。

震災によって京橋区役所も被災していた。震災後に新庁舎を建設することが検討されたとき、区役所の敷地と隣接する築地警察署と所在位置を交換し、さらにそこに図書館と区公会堂を包括することになった。そのために建設の予定が早まった。秋岡は次のように発言している。

> 京橋を第1番目にやることになり、京橋の区長のところへ私がいったんです。図書館の設計図（略）見たけど（略）3階が全部図書館になっている。それで私が、それは困る、図書館というものは（略）3階ものぼらなきゃならんようなとこまで一般の人は来はしない、もし利用をさせるつもりで建てるのなら、少くとも1階でなければいかんとずいぶんいったんだけど（略）地所のないやつが地面の上に図書館を建てることを要求する権利はない、というわけです。（略）区長は、非常な共同建築論者なんで（略）区役所も1階にがんばりたい、それでけんかになっちゃってだめになった。（略）途中から深川へ切りかえたわけです。

この発言からいくつかのことがわかる。1つは、京橋図書館が最初に建設されることになるが、京橋区長が共同建築を提起したこと。2つ目は、図書館側の交渉者が秋岡であること。その秋岡が、図書館には1階部分のスペースが必要であると主張を曲げなかったことから、この交渉が不調に終わったこと。時期の特定は難しいが、これによって少なくとも建設の順番は次のように変化したことになる。

1、当初計画　1924年（大正13年）3月　①深川図書館　②一橋図書館　③京橋図書館
2、変更案　1925年末—26年？　①京橋図書館　②深川図書館　③一橋図書館
3、京橋不調のため　1926年？　①深川図書館　②京橋図書館　③一橋図

書館

　そして、問題はこの時期なのだが、秋岡は特定していない。京橋図書館の交渉に秋岡があたっていることから、前の主任である久保が辞めたあとであることはまちがいないだろう。この話のなかに久保が開架を主張したことなどは出てこない。佐藤政孝によると、久保が退職したのは1925年11月末であり、久保の後任には12月1日付で秋岡が発令されたとする[15]。これは秋岡の「著作集」の記述と一致する。秋岡が京橋図書館の主任に就任したことを前提に考えるなら、同館建設の話というのは、少なくともそれ以降ということになる。

　それがうまく進まず、再び深川図書館が最初に建設されることになった。1926年8月の「其事業」は、本年度分として計上された建設費27万6,150円の使途について、次のように記す。

　　一時京橋図書館建設費に流用せらるゝやの噂もあつたが、同館は京橋区役所の建築と関連延期となつたゝめ愈最初の予定の如く深川図書館の建築に資することゝなり、今年十月頃工事に著手する筈で、現に建築設計に従事中であるが(ママ)[16]（以下略）

　これが「噂」でなかったことは秋岡の発言のとおりである。本題から脇にそれるが、ここで若干付言するとすれば、併設館のあり方として、秋岡が京橋区長と直接交渉して、図書館の独自性を主張し、1階のフロアの使途について図書館スペースとすべきことを主張したことで、これは留意しておくべきであろう。

　区役所と図書館との最終的な配分は表8のとおり。

表8　京橋区役所面積

	地階	1階	2階	3階	中3階	4階	
市役所	390	392	390			29	1,201
公会堂				282			282
図書館	174	174	173	76	37		634
	564	566	563	358	37	29	2,117

（出典：東京都中央区編『中央区史』下、東京都中央区、1958年。注：数値は坪数で概数）

結果的には、各階のフロアを区役所が約70％、図書館が約30％程度の割合で確保することで合意したということになる。

更正予算

1926年12月時点の更正予算といわれる資料を次に示す。一橋の用地取得ののちに、予算を「更正」したとして「組替支出額」が提示された。当初予算とは異なる金額が明示されている。最も大きな違いは一橋図書館の敷地買収にかかる経費であり、当初予算のほぼ倍になっている。用地取得に難航したが、合計額の100万円は決まっているため、表9のとおり、各館の当初予算額が応分に調整されていることが確認できる。

表9　継続震災復興図書館建設費「組替支出」額、当初予算との比較

年度		費目	更正予算	当初予算
大正15（昭和元）	1926	一橋図書館敷地買収費 深川図書館建設費	125,915 256,416	68,000 276,150
大正16（昭和2）	1927	京橋図書館建設費	291,194	308,700
大正17（昭和3）	1928	一橋図書館建設費	326,475	347,150
合計			1,000,000	1,000,000

（出典：「図書館復旧建設費ニ関スル件」（教育局長名、建設局長宛て、〔大正〕十五年十二月六日提案）の「別表」による（東京都公文書館〔公開件名〕「深川図書館敷地に関する件」（昭和2年）所収文書。文書には予算措置を実施する年度を明示していないが、ここでは実際に竣工した年度に当てはめた。）

次に、一橋図書館の土地取得の問題について順を追ってみていこう。一橋図書館の敷地が決まったことについて、「市立図書館と其事業」は、「大正16年度」（1927年度）に建設されるはずの一橋図書館は、敷地を探していたが、「昨冬」12万4,000円で神田区駿河台に496坪の土地を購入したとする。この昨冬とは、1925年の冬のことである。用地取得に関する詳細は、「東京市立図書館復興状況一覧」（昭和5年5月）という資料に明記されている。「大正15年度ニ於テ買収」とあり、売買契約が成立したのは26年度だったことも確認できる。以下のとおりである。

  一橋図書館用地費 124,000円
  同上地上物件移転費 1,915円
  土地神田区駿河台（略） 496坪

この合計が12万5,915円となる。これは「更正予算」の数値と一致する。これによって建設の年度割が、一橋図書館（駿河台図書館）は昭和3年度（大正17年度）に、京橋図書館は昭和2年度（大正16年度）に変更された。
「東京市立図書館復興状況一覧」には、一橋図書館の用地取得だけではなく、1928年5月時点での経費が上記の表9「組替支出」額のとおり記述されている。また、この「一覧」は、建設竣工、建設中、設計中、計画中に分け、建設中の深川、京橋、一橋の3館は「継続震災復興費」の100万円をもってあてるとする。復興一覧は、予算と実行に分かれ、それぞれについて経費を表10のとおり記している。

ただし、竣工した深川の経費は、25万6,416円から27万1,372円、京橋の29万1,194円も24万7,423円（予定）のとおり、「予算」と「実行」とが異なった金額になっている。また、集計時期の関係から一橋図書館の実行後の建設費の記載がない。ここでいう「実行」が最終的な建設費になるのだろうが、これらを明らかにした資料は現在までのところ未見である。

表10　東京市立図書館復興状況

予算	実行
大正15年度　深川　256,416 昭和3年度　京橋　291,194	大正15年度　一橋・用地費　145,915 昭和2年度　深川　271,372 京橋　予算上建設館ヲ指定セザルヲ以テ 昭和2年度ニ於テ着手建設中　247,423 （予定）

（出典：「東京市立図書館復興状況一覧」〔昭和5年5月〕）

2　開架式閲覧をめぐって

　関東大震災後、深川、京橋、一橋（1929年、駿河台と改称）の独立3館が復興図書館として再建されるに際し、1924年（大正13年）に6カ年継続事業で震災復旧費100万円が予算化されたことはすでに述べた。この3館の担当者が集まり建設計画を立案するために協議の場がもたれ、これを3館協議会であると秋岡梧郎は回想する。ここでいくつか課題があったが、なかでも開架方式が焦点になり、このとき、秋岡が自由開架式を主張したのに対して、秋岡以外はこれに反対したという。ここではその協議について考えてみたい。

　この協議会は、大規模な組織ではないが、復興図書館の重要な方針を決定したことになり、この協議の結果は3館にとどまらず、東京市立図書館全体に及び、その影響は小さくない。見方によってはこの国の図書館サービスのあり方の分岐点だったということもできる。

　ところが、これまでにも秋岡の回顧がそのまま引用、紹介されたりはしているが、そのほかには佐藤政孝が述べているくらいで、資料的な裏づけがなされているわけではない。本節では、資料的な制約があるなか、傍証によるなどしてこの協議会の経過とともに、本篇がテーマとする田所糧助がどの程度関与したのかについて検討する。この会議については、あとで述べるとおり秋岡自身が「3館協議会」といっているので、ここでも「3館協議会」という名称で記述する。

3館協議会の論点

秋岡は、1925年（大正14年）12月に京橋図書館の主任に就任する。「年譜」には次のとおり記されている。

　　12月　市立京橋図書館主任を命ぜられ、震災を受けた深川・駿河台・京橋3館の復旧計画に参画[22]

ここでいう「深川・駿河台・京橋3館の復旧計画」が3館協議会のことを示すと思われる。まずは、3館協議会ではどのようなことが話題になったのか。秋岡の回想によれば、図書館建築にあたり問題になったのは5点あったという。[23]これらについて図書館の機能設計を3者でおこない、実施設計は市の担当技師があたったという。内容を要約すると以下のとおり。
　1、書庫を別棟に建てるという前近代的な考えをやめて書庫部を閲覧室に近接させること
　2、出納式をやめて公開書架式にすること
　3、下足制を廃止して、土足のまま入館できるようにすること
　4、便所は落書きができないようにすること
　5、書庫は積層式にし、書架は鋼鉄書架にすること
　1点目は、公開書架を実現するための前提条件といえる。これはスムーズに解決した。2点目は激論になったという。公開書架を、安全開架式にするか自由開架式にするかが問題になったという意味である。詳細は後述する。3点目は、三越の例が引かれ、下足廃止の方針が確認された。4点目は、落書きの内容が政治的であることから、図書館が当局側から偏向していると見なされるため、タイル貼りにして誤解を避けたいという意味のようだ。5点目は　震災によって木製の書架が焼失したため、スチール製の書架を導入する考えで、これも合意している。
　先に3点目について。館外貸出室、児童室、新聞雑誌室は下足のまま入館できるよう合意した。これを補足しておく。1910年代の初め、「今日は帝劇、明日は三越」のコピーがはやった。「三越」は当時は三越呉服店であった。その三越は、14年（大正3年）10月に本店の新館が開店した。16

年10月には「萬御相談承り所」を設けている。これは買い物相談の始まりで、顧客の要望を反映させる方法である。震災後の24年（大正13年）5月、三越は下足預かり制について問答書簡を顧客に発送、新聞でも広告して意見を求めた。賛否相半ばしたが、25年9月本店西館開店の際に、下足預かりを廃止した。大阪三越は翌年5月に実施している。

秋岡梧郎の回想

　秋岡は、3館協議会について、次のように述べている。

> 深川の盛城礼蔵氏、一ツ橋の島田邦平氏と京橋の私の3人で、3館協議会を作って復興計画について研究することになった。間もなく深川の盛城氏が病没。その後には元氷川図書館の主任だった田所糧助氏（大阪市城東図書館長）が、これに代わった。（略）〔公開書架式にすることは：引用者注〕3館の間で意見が別れ、激論の結果、結局自由接架は時機〔期〕尚早ということで見合わせることになり、安全接架式にすることで妥協した。

　また、秋岡は、別のところでもこの協議会について回想している。

> 深川の館長は田所糧助、駿河台は島田邦平と言い、二人とも図書館はえぬきのベテラン館長でした。私を含めた三人は、毎月各館の回り持ちで三館協議会を開き、（略）私は自由接架を主張しましたが、他の二人は、自由接架は時機〔期〕尚早だと主張して譲らず、結局安全接架に落ち着いたのです。

　ここで秋岡は、「接架」という表現を用いているが、開架と同じ意味である。秋岡は、利用者を主体にした用語を用いるべきだと主張したが、混乱を避けるために本文では開架で統一する。
　3館協議会は、3館の主任でメンバーが構成されていたこと、ここには明記されていないが開始時期は1925年12月と見られること、また、深川図書館の盛城が病気で亡くなったあと、田所が代わって担当していること

などが確認できる。

さて、先の引用が1965年で、あとは77年である。内容はほとんど同じで、自由開架式が実現しなかった理由も時期尚早と一致している。相違点は、あとのほうが、三館協議会の開催頻度が「毎月」で、各館の持ち回りだったことが明記されていること。また、深川図書館の館長が田所であり、その前の盛城についてはふれていないため、65年の回想では自由開架に反対したのが盛城か田所か判別できないのに対して、97年の回想では、田所と特定していることである。

ところで、秋岡は、とりわけ開架について熱心に取り組んでいたと発言している。

> 私が京橋図書館にゆくことになった（前に Sayers の Open-shelf Library の原書を今沢先生に読んでいただいて、そういうのを勉強したりしていたものですから）、それから区画整理なんかで金六町のほうへ移転したわけです。バラックです。[(27)]

ただし、この勉強がいつの時期だったのか、どの程度の内容を伴っていたのかまでは述べていない。

佐藤政孝の見解

佐藤政孝は、東京の図書館史について、これまでまとまった見解を述べている1人であり、3館協議会についても言及している。その背景についても詳しく述べているので、要約しておこう。

3大図書館の再建についての基本構想の原案を作成したのは久保七郎である。その久保は、図書館の震災復興計画担当として、教育局社会教育課に席をおいていた。基本構想の立案にあたり、久保が最も心血を注いだのは、自らの所属する京橋図書館の再建構想であり、その基本となるのは「全面開架方式」の採用だったが、久保は1925年に東京市を退職した。

そのうえで、佐藤は3館協議会について次のように記す。

> 一九二六年の秋には、深川、京橋、一橋の三図書館の主任を中心とし

た研究協議会を発足させて、斬新な構想と堅牢な構造の近代図書館の建設をめざすための研究協議が開始されている。運営上の基本方針、建設の基本構想、配室計画などについての白熱の論議が行われたという。

深川図書館主任の盛城礼蔵はこの年の末に病没して、田所糧助に変わった。彼と一橋図書館主任の島田邦平、京橋図書館主任の秋岡梧郎の三人が中心になって、翌年の三月まで協議は続けられたようであるが、三館協議の結果一致を見たのは、書庫は別棟建とせず閲覧室と隣接させること。下足制でなく土足のまま入館できるようにすること。書庫は積層式の鋼鉄製書架とすること。この三点については容易に合意を見た。また、従来のような出納方式だけでなく、公開書架方式の導入による閲覧を重視すべきだとする点では一致をみたものの、全面開架方式を基本とすべきだと主張する秋岡梧郎の意見と深川、一橋二館の館長の見解には隔たりがあり、この点では意見の一致をみることはできなかった。(28)

ここで佐藤は、3館協議会のスタートの時期を1926年の秋としているが、これは先に示した秋岡の「年譜」に記されている年とちょうど1年違う。「其事業」には1926年12月の時点で、深川図書館は「本設計中」、一橋図書館は「敷地買収済」、京橋図書館は「敷地決定済」(29)とある。1926年の秋だとすでに本設計が進行しているということになる。

また、盛城礼蔵が死去した時期を「この年の末」としている。盛城が死去したのは1926年10月17日であるから、この年の秋から協議が始まったとすると、盛城は会議に出席することはできないことになる。秋岡の年譜のとおり、開始は25年12月以降で、佐藤の記憶違いだと思われる。終了時期について、秋岡は明示せず、佐藤は27年3月とするが、後述する一橋図書館の日誌のとおり、11月まで継続していたことが確認できる。

協議内容は、秋岡の回顧とおおよそ一致している。

盛城礼蔵の急逝

盛城礼蔵は、深川図書館主任で田所の前任者であった。旧姓が西村で、

1913年（7月現在）の東京市の職員名簿以降から掲載されている。スタートは本郷図書館で、田所と同じ年に図書館に配属されたことになる。長年にわたり同館に所属した。17年以降は盛城姓で、22年まで確認できる。23年は、関東大震災の影響で職員録が発行されず、24年の職員録以降は、深川図書館に所属していたことが確認できる。

　震災時に盛城は、深川図書館の書類の搬出などにあたっているという記事があり(30)、1923年の春には深川図書館に異動したと考えていいだろう。そして、26年10月17日に病気のため死去している(31)。

　『深川図書館史調査報告書』には、盛城が深川図書館時代に「備忘録」を記録していたという記述がある。これは「備忘録　大正十三年十二月起」(32)（江東区立深川図書館所蔵文書）のことで、このなかに建築に関する記述がありそれを以下に摘出する。いずれも1925年の事項として記されている。ここでは便宜的に〔A〕〔B〕〔C〕を付す。〔B〕と〔C〕の時期は前後の内容から推定した。

　　一月二十四日　図書館建築図面ヲ建増ノ坪数ヲ加フル事〔A〕
　　〔5〜6月？〕　設計図　図書館敷地　一七三坪〔B〕
　　〔7月？〕　書庫収容力　1階28坪　14,000冊　4階　56,000冊　閲覧室（定員）　103人　講堂　1坪6人トシ　432人（筆者注　横書き）〔C〕

　〔A〕は、いずれの図書館かは特定できないが、この時点で一橋は用地が取得できていないので、深川もしくは京橋ということになるだろう。

　〔B〕の173坪は、京橋図書館の建坪と一致する。

　〔C〕だが、3館のいずれも4階建てではない。中3階を1階分と数えると4階と表記してあってもおかしくはない。「4階　56,000冊」の表記は、4階のワンフロアに5万6,000冊を配架するのではなく、1万4,000冊×4階分の意味ではないか。講堂を有する館は、京橋と一橋だが、上記と同様一橋でないとすると京橋の可能性が高い。

　当初の建築計画が変更になり、京橋、深川、一橋の順で計画が進められていたことについては、すでに述べた。上の記述は、時期的に京橋図書館の初期設計に相当する。

深川図書館主任盛城の「備忘録」に、京橋図書館の建設に関する記録が残されていることから、3館協議会と何らかの関係があるように思われる。
　この「備忘録」の記述のあとになるが、同年10月10日付で、盛城は、静岡県立葵文庫に図面の照会を申し出ている。その返信が深川図書館に保管されている。

　　大正十四年十月十四日
　　静岡県立葵文庫長
　　深川図書館　御中
　　建築設計図面ノ件
　　標記ノ件ニ関シ本月十日付御照会ノ件ハ本日別便ヲ以テ御送付申上候間御査収相成度候(33)

　この葵文庫の図面は深川図書館所蔵の文書には付されていないが、別の資料で確認できる。葵文庫は、1923年（大正12年）12月起工、翌24年10月竣工、25年4月1日に開館している。総建坪約336坪、総延坪約682坪、近世式鉄筋コンクリート建てで、本館、書庫、講堂の3部で構成されていた。書庫は4階建てで、閲覧室との間に出納室があった。児童室および新聞室、また一般の閲覧室では、参考図書、新着図書・雑誌など限定的だったが開架式自由閲覧を実施していた(34)。盛城は、東京市立復興図書館3館の建設の参考にするために資料を取り寄せたことが推察される。

田所糧助の関与

　盛城が病気で亡くなったのは、1926年10月17日のこと。このとき、田所は大阪市立城東図書館にいた。田所が深川図書館主任に就任するのは、それから4カ月後の翌年27年2月25日だった(35)。建設が目前に迫っていたことになる。
　ところで前節で更正予算が組まれていたことを紹介し、そこで「継続震災復興図書館建設費組替予算額」について検討したが、東京都公文書館所蔵のこの「図書館復旧建設費ニ関スル件」という文書には、メモを記した田所の名刺が添付されている。肩書きはなく、氏名が印刷されているだけ

の名刺である。この予算書の決定に田所が立ち会ったということなのか。あるいは予算書が提示された際に、田所がその場に居合わせたということなのか、実際のところは不明である。はっきりしているのは田所はこのとき大阪市立図書館に身分をおいていることだけである。

　しかし、復興図書館の最初に起工される深川図書館の主任盛城の急逝によって、責任者不在のまま、東京市立図書館の更正予算が作成される。深川図書館の起工時期が間近であることから、その後任人事が急がれた。かつて東京市立図書館に勤務経験があり、その後名古屋公衆図書館、大阪市立城東図書館の創設に携わった田所に、これから建設される大図書館の責任者として白羽の矢が立てられたのではないか。田所の名刺がメモ代わりに使われていることから思いをめぐらせてみるが、それ以上のことはわからない。

　仮に1926年12月の更正予算の編成に田所が関与したとしても、3館協議会に出席し、協議に加わることは可能なのだろうか。27年（昭和2年）3月15日、土木局から復興事務局宛て、深川図書館新築工事に着手するに際し、うかがいの文書が出されている。その文書が「東京市立深川図書館建設工事仕様書」(36)である。その内容の一部を見ておきたい。書架、書架一般の下に以下のような記述が確認できる。

　　書庫一階ハ公開書架室トシ書架ハ据置式トス、二階以上ハ構層式トシ
　　層床二層ヲ設ケ三階ニ使用ス

　ここで構層式とは、積層式と思われ、また、「層床二層ヲ設ケ三階ニ使用ス」とは、2階、中2階、3階、という構造を指していると考えられる。つまり、この時点で、設計は完成しているということである。また、「市立深川図書館設計説明」によれば以下のとおり。

　　本館収容定員約三〇〇人トシ閲覧ノ種別ハ児童図書閲覧、新聞雑誌ノ
　　閲覧、一般図書閲覧、特別閲覧、貸出閲覧等トシ本館蔵書数ハ約
　　四万五千冊トシ之ニ相当スル閲覧室書庫其他ヲ設備ス特ニ貸出閲覧ニ
　　就テハ現在市立図書館ニ附設セサル公開書架室ヲ設ケ市民図書館タル

ノ実ヲ上ケルモノトス[37]

　ここでも1階に公開書架室、2階に書庫というように利用者が閲覧のために入室できるスペースとそうでないスペースを名称のうえでも区別していることがわかる。
　4月5日、工事請負契約書を交わしている。この日が起工日ということになるだろう。こうした経過からしても、田所が盛城の後任として3館協議会に出席できたとしても、時期的にみて深川図書館の設計はほとんど完成した後だったことになる。

復興図書館の完成

　まずは1926年以降の各館の復興状況について見ておきたい（いずれも竣工した年月）。

　1926年8月台南図書館
　1927年4月麴町図書館復興建築
　1928年2月外神田図書館、6月深川図書館新館、12月本所図書館新館
　1929年7月日本橋図書館、9月京橋図書館新築、12月一橋図書館新築、中和図書館、両国図書館[38]

　上に秋岡が自由開架式閲覧を主張したが、深川、一橋の主任が反対して実現しなかったという経緯について述べた。最終的にはどう決着がついたのか。佐藤は次のように記している。

　　この点では意見の一致をみることはできなかった。結局今沢館頭の見解を聴した上で、それぞれの図書館の置かれる場所一帯の住民構成や背景となる都市構造のちがいなどに着目して、それぞれの館が特色のある図書館づくりをめざすこととなった。[39]

　ここで興味深いのが、3館の意見がまとまらなかったあとに今沢が仲介して、各館で対応することになったという下りで、この点に秋岡はふれて

第2章　東京市立図書館の復興計画と田所糧助　389

いない。佐藤は秋岡に聞いたのかもしれないし、それ以外の人物から情報を得たのかもしれない。それ以上のことはわからない。

沓掛伊佐吉はこの経緯について述べてはいないが、建築にあたり3館が参考にした図書館を記している。深川図書館と駿河台図書館は、イギリスのLambeth public libraryのHerme Hill branchやBromly (Kent) public libraryのLending departmentであり、また、京橋図書館は、同じくイギリスのNorth Lslington libraryのLending departmentだったとする。[40]

参考のために、復興3館の面積数の変遷を表11にまとめる。

表11 復興図書館延床面積比較表

	建坪	1924 大正13	1926 大正15	1928 昭和3	1929 昭和4	竣工時	増加率
深川図書館	223	510		504	504	525	1.03
京橋図書館	173	580		580	580	639	1.10
一橋図書館	257	663		648	648	726	1.10
一橋図書館用地		340	496				1.46

(出典：延床面積は「市立図書館と其事業」第21、36号、1924年8月、1926年8月、「東京市立図書館と其事業」第46、48、50、53、55号、1928年7月－1930年2月。建坪は『深川図書館解体記録調査報告書』江東区教育委員会生涯学習部深川図書館、1994年。数値は1の位で切り捨て)

では、深川と駿河台が同じかというとそうではない。各館の違いを図面で確認すると、まず部屋の名称が違うことがわかる。これを閲覧室（書庫）についてみると、深川図書館は帯出図書室、京橋図書館は公開書架室、駿河台図書館は公開書庫となっている。また、深川と駿河台では、開架式閲覧が1階分だけなのに対して、京橋では3層にわたっている。全蔵書に対する開架の割合（開架率）も表12のとおり異なる。京橋図書館の開架率は深川、駿河台の両館に比べると圧倒的に高い。秋岡の主張が反映された結果ということになるのであろう。

表12　公開書架　3館の公開率

深川図書館			京橋図書館			駿河台図書館		
階	坪数	公開	階	坪数	公開	階	坪数	公開
1階帯出図書室	34	34	1階公開書架室	48	48	1階公開書庫	48	48
中2階書庫	33		2階公開書架室	48	48	中2階書庫	39	
2階書庫	33		中3階公開書架室	37	37	2階書庫	36	
中3階書庫	33		3階書庫	35		中3階書庫	39	
合計	133	34	合計	168	133	合計	162	48
25.60%			79.20%			29.60%		

(出典：深川図書館は前掲『深川図書館解体記録調査報告書』、京橋図書館は「東京市立図書館と其事業」第53号、1929年11月、駿河台図書館は「東京市立図書館と其事業」第55号、1930年2月。坪数は概数)

　復興3館は建築上だけでなく、サービス面でもそれぞれに特徴を有していた。なかでも京橋図書館は、復興開館の際に実業図書館を設けた。1929年4月、開館に先立って「京橋実業図書館設立趣意書」を地域の有志に配り、利用を呼びかけている。作成者は秋岡梧郎、宛先は京橋区有志者各位、「昭和四年四月一日」付で、次のとおりである。

　　我が京橋区は東京市のビヂネスセンターであるばかりでなく、世界に於ける経済界の檜舞台であります。従つて此処に活動せられてある皆様は凡て我が経済界のチャンピオンであると申しても過言ではないと思ふのであります。この世界的競争場埋に立つて活動せられつゝある皆様に対して、私共の日頃携はつて居る図書館の文献をとおして御援助を申し上げたい。かくすることが多年御愛撫を添ふした皆様に対する私共の感情であり義務であります。
(41)

　これと前後するが、今沢慈海は、実業図書館が東京市にないのは「不備といふよりも寧ろ恥辱」だと述べている。これは名古屋に先を越されたことを言っているのだろうか。それともただ単に東京とアメリカとを比較し
(42)

てコメントしたのだろうか。そのなかで実業図書館は、当時の北アメリカでは数年で3倍になり2,500館にも上ることを紹介している。

『皆様の調査機関　実業図書室案内』の「職業人と図書館」には「我国図書館界が置き忘れて来た重要なる一方面であるが、本館は実業図書室を設けて中、小商工業者の実務上の便益に資してゐる」[43]と記す。また、「名簿と広告資料」には『日本紳士録』など24種の資料、「商報の一部」には「東京株式日報」など38種の業界紙が挙げられている。当室には、新聞・雑誌、商報類が二百数十種、関係の参考図書・小冊子が3,000冊そろえられていた。また、実業図書室は、開館時には1階におかれていたが、1937年の『東京市立図書館一覧』によるとその後2階へ移動しているようである。

3館協議会とは何だったのか

　3館協議会は、復興図書館建設に向けて、深川、京橋、一橋の3館の主任によってもたれ、1925年12月以降に開始され、少なくとも27年11月ごろまで開かれたことが確認できる。途中、深川図書館の盛城礼蔵が急逝したことから、後任の田所糧助に引き継がれた。この協議会では、その多くは合意に至ったが、いくつかは意見が食い違い、なかでも開架式閲覧を安全開架によるのか、それとも自由開架とするのかについては意見が分かれた。京橋図書館の秋岡梧郎は、自由開架を主張したが、深川、一橋の両館の担当者は安全開架を主張したという。

　しかし、秋岡のこの主張はすべて本人の回想によるもので、佐藤政孝も3館協議会について記述しているが、伝聞によると思われる。これ以外にも3館協議会を紹介している文献はあるが、すべて秋岡からの引用による。資料に基づくものではない。また、秋岡にしても、戦前において開架について主張していたことは認められるが、自由開架の採用を記した文献は見当たらない。有効な資料がないなか[44]、本篇がこれを取り上げた理由は次のとおり。

　第1、この協議会の重要性である。関東大震災によって東京市立図書館の中心的なはたらきをしていた深川、京橋、一橋は壊滅的な被害を受けた。震災後には、この3館が日比谷をも凌ぐ近代的な図書館として再興された

ことは疑いがなく、当該館が果たした役割は大きいと考える。同時に当時の東京市立図書館の組織運営を考慮した場合、この協議会の協議の行方に最も腐心していたのは今沢慈海だったのではないかと思われる。久保七郎が尽力して獲得した復興事業に失敗は許されなかったはずであり、3館だけにとどまらず東京市立図書館全体の問題と考えるべきではないだろうか。

　第2、だとすると、今沢にとって最大のピンチは、盛城の急逝だったにちがいない。復興図書館3館の1番手として深川図書館の設計が順調に進んでいた矢先のことである。その前年には久保が東京を去っている。事実上のナンバー2を相次いで失うことは想像していなかった。だから今沢は、開館したばかりの大阪市立城東図書館の田所を深川図書館に呼び寄せたのではないか。それほどに切迫していた状況だったのではないか。これらはすべて推測にすぎないのだが。

　そのようにして呼び戻されたとするなら、田所にしても失敗は許されないだろう。秋岡によれば、田所は自由開架式閲覧の導入に反対したことになっているが、それは秋岡の見解にすぎないのであって、実際に館頭の今沢が何らかのかたちでこの協議会に関与しているはずであり、そのことからすれば開架式の決定には今沢の判断があったという見方があってもしかるべきで、そう考えれば田所や島田にその責任がありとする秋岡の発言には、疑問の余地がないとはいえない。

　ここでは、上記2点目について、特に田所に関して、もう少し述べておく。盛城急逝のあとを受けて田所は、急遽深川図書館の主任に就く。それが1927年2月のこと。3月には「工事仕様書」が完成、4月には竣工というスケジュールのなか、田所がどれほど主張を展開できるのか、できたとしてもそれが設計に受け入れられる余地があったのだろうか。工期の関係から到底そのようには思えない。上に述べたように、田所は、就任する前年の12月、更正予算作成に関与しているかもしれない。しかし、そのときはまだ大阪市職員の身分だった。

　その時期を入れても、田所が3館協議会に、おそらくはその終了間際に参加することは可能ではある。秋岡があれだけ主張するのであるから、会議の席で田所は、自由開架式閲覧については時期尚早といった類いの言葉を発言したのかもしれない。(45)とはいうものの、時期尚早という発言を裏づ

第2章　東京市立図書館の復興計画と田所糧助　　393

けるものがあるわけではない。だから盛城や田所、島田もそのような発言はしていないのかもしれない。が、仮にそのように発言したと仮定する場合、その根拠になると思われる文献を2、3確認しておく。

　今沢慈海は、書架の公開について、近代図書館の要件だとする。ところが公開書庫は建物と「密接不離の関係」にあるため、図書館創設当初から施設を設ける必要があること、また、これを維持するための組織を準備することも重要だとする。これに続けて公開書庫の採用にあたっての諸注意、利害得失などを述べている。ここには「公開書架式出納台或は帯出台」があり公開書架へ出入りする場合に通過しなければならないような場所に設置する必要があると明記されているとおり、ここで述べられているのは公開書庫であり、「英国式安全開架法」である。自由開架ではない。

　林靖一も公開書庫の種類について述べている。公開は、一部公開式と全部公開式に分けられるとする。後者は「その書庫に蔵する全部を公開し、閲覧者を自由に書庫に入れて撰択せしめ、希望者は自ら携帯して出口で借受の手続を行ふもの」と説明している。ここで言っているのは、公開する図書の範囲で、この場合も書庫の出入りにはチェックが必要だったことがわかる。

　また、秋岡自身、1930年5月の第24回全国図書館大会で、開架式閲覧についての研究発表をおこなっている。ここで開架法の名称を「公開書架図書閲覧法」もしくは「自由接架式図書閲覧法」と称している。ここで「自由接架式」という呼称を用いているが、自由開架のことではなく、安全開架全般についてのことで、自由開架、安全開架の区別はしていない。いちいちここに当時の文献を挙げたのは、まだ自由開架式閲覧が普及していたわけではなかったということを確かめておきたかったからである。

　これに加えて、田所や島田の側に立って当時の状況を鑑みれば、時期尚早と主張したところで、それが必ずしも自由開架の導入に反対したことを意味するものではなかった。なぜなら、そのことを当局側が了承する見通しが立たないという現状認識があるからで、さらには当局側に対して要望をとりまとめる時期というものもあるはずだからである。田所が建設目前になって設計変更をあえてするのであれば、それ相当の理由が求められるだろう。盛城の後任として東京に呼び戻されたとすれば、田所にはそれだ

けの時間があるとは思えない。そんななかであえて議論を振り出しに戻すようなことをするだろうか。田所の立場に立てばその道筋が見えてくるであろう。田所が考えるべきは復興図書館のミッションを遂行することだったのではないか。

確かに秋岡の開架に対する見識の高さ、情熱は理解できる。田所にはそれはなかったのかもしれない。ここで秋岡の真意を推し量れば、この協議会が歴史の転換点だったということであり、3館が復興建設のとき、田所や島田が同意すれば自由開架が実現したと言いたかったのである。しかし、それはあくまでも戦後になって秋岡が回想するなかで発言したことであって、当時秋岡が自由開架を主張していたことも、田所らが反対していたこと、そのことが協議された事実は、現在のところ確認されていない。結論を出すための根拠が明らかでないかぎり、判断は留保せざるをえないのではないか。

そうではあっても復興図書館3館が、東京市立図書館の組織的な運営を実現するなかで、大規模な安全開架式閲覧を実現し、それを最大限に生かしたサービスを展開したこと、これに伴って書庫と閲覧室の関係を変えたことなどをもってすれば、それだけでも十分に図書館の近代化を実現したことになり、評価されるべきことである。

注　※〔　〕内は著者補記

（1）「市立図書館と其事業」第18号、1924年3月、10ページ
（2）東京市編『東京市教育復興誌　昭和5年3月』東京市、1930年、442—443ページ
（3）東京都公立図書館長協議会編『東京都公立図書館略史　1872—1968』東京都立日比谷図書館、1969年、23—24ページ
（4）秋岡梧郎「対談　秋岡梧郎氏にきく　関東大震災前後の図書館界——戦前における開架の動きを中心に」「図書館雑誌」第62巻第8号、1968年8月、秋岡梧郎著作集刊行会編『秋岡梧郎著作集——図書館理念と実践の軌跡』日本図書館協会、1988年、216ページ
（5）「市立図書館と其事業」第27号（1925年2月）には次のような記事がある。「東京市立両国図書館一覧」には「書架の開放」について「本館は皆

様の図書検索を便せんがため、書庫を公開して、御自由に図書を手にとつて好きな本をお捜しになることが出来る様になつて居ります」(8ページ)とあり、平面図と写真によってその様子が確認できる。「東京市立浅草図書館の栞」の平面図には網張書架、一部非公開書架が記載されている(9―12ページ)。また、「本所図書館と其案内」の平面図には出納台があり安全書架であることが確認できる(13―16ページ)。

（6）東京市立図書館編『東京市立図書館一覧　大正15年度』東京市立図書館、1926年、1ページ

（7）前掲「市立図書館と其事業」第18号、14ページ

（8）『東京市会議事速記録　大正13年』東京市会、1924年、422―425ページ

（9）「東京日日新聞」1924年7月12日付

（10）「図書館雑誌」第79号、1926年5月、15ページ

（11）東京市編『東京震災録』後輯、東京市、1926年、1566ページ。なお、奥付の日付は、1926年3月31日。

（12）東京都中央区編『中央区史』下、東京都中央区、1958年、30ページ

（13）前掲『秋岡梧郎著作集』222―223ページ

（14）久保七郎の退職について、佐藤政孝は「久保の熱意をもってしても、建築方法など一連の提案がすんなりとは認めてもらえなかったという事情があったのであろうか。それとも個人的な理由があったのか、その間の事情は良くわからない」(前掲『東京の近代図書館史』114ページ)と、全面開架方式の採用が当局側に認められなかった可能性を示唆している。一方、秋岡梧郎は、久保が「京橋の復興計画をやって、そこである事情のために図書館をやめた」(前掲『秋岡梧郎著作集』231―232ページ)とするだけで理由を明確にしていない。

（15）前掲『東京の近代図書館史』(114ページ)および前掲『秋岡梧郎著作集』所収の「年譜」(262ページ)による。なお、『東京市職員録　大正14年9月現在』(東京市、1925年)によると、京橋図書館の主任は岡太牧となっている。職員録ではこのときに秋岡は両国図書館の主任で、12月の異動であればこれとも一致する。ただし、久保は、『東京市職員録　大正13年7月現在』(1924年)には掲載されているが、『東京市職員録　大正14年9月現在』(1925年)には掲載されていない。とすると久保の退職は、1925年11月より以前の可能性がある。

（16）「市立図書館と其事業」第36号、1926年8月、15ページ

（17）「図書館復旧建設費ニ関スル件」(教育局長名、建設局長宛て、〔大正

15年12月6日提案〕は東京都公文書館〔公開件名〕「深川図書館敷地ニ関スル件」（昭和2年）所収文書。同文書には「標記ノ件ニ関シテハ本年六月教発第九九号予算種目組替流用ノ件ヲ以テ貴局ト合議ノ上別紙ノ通各館共建設費ハ議決予算更正シ夫々減額致シ居リ（以下略）」とあり、一橋図書館の土地取得に要した費用の分、3館が減額されていることが確認できる。別紙「継続震災復旧費　図書館建設費大正〔　〕年度組換支出額」は、深川、一橋、京橋の各館ごとに支出額が記されている。

(18) 前掲「市立図書館と其事業」第36号、15ページ
(19) 「東京市立図書館復興状況一覧」（昭和5年5月）、〔謄写版〕江東区立深川図書館所蔵文書。なお、一橋図書館の土地について、千代田図書館の館史では、「大正14年末」になってようやくニコライ堂下の仮図書館付近に496坪の土地を見つけて購入することになり、「15年度に12万9,150円で購入」したと記載されている。坪数は同じだが、前記の文書に計上されている金額とは異なる。誤記のように思われる（『千代田図書館八十年史』東京都千代田区、1968年、101ページ）。
(20) 前掲『東京市教育復興誌　昭和5年3月』445ページ
(21) 3館協議会について言及している文献に、前掲『深川図書館史調査報告書』がある。同書は、田所について「深川図書館復興計画を三館協議会で討議した際、開架式に反対した1人であったようだが」（52ページ）のように秋岡の発言を引きながら批判している。
(22) 「年譜」、前掲『秋岡梧郎著作集』所収、262ページ
(23) 同書107ページ
(24) 三越本社コーポレートコミュニケーション部資料編纂担当編『株式会社三越100年の記録——デパートメントストア宣言から100年　1904—2004』三越、2005年、112—114ページ
(25) 秋岡梧郎「深川図書館追想」「館報・江東図書館」第96号、1965年4月（前掲『秋岡著作集』106—109ページ）。ここで秋岡は、田所について、「今日の深川図書館があるのは、（略）その発展に尽粋〔瘁〕された田所糧助氏の功績によるものである」（109ページ）としている。
(26) 秋岡梧郎「ある図書館長の手記」、清水正三編『戦争と図書館』（昭和史の発掘）所収、白石書店、1977年、99ページ
(27) 前掲『秋岡梧郎著作集』217ページ
(28) 前掲『東京の近代図書館史』114—115ページ
(29) 「震災図書館の復興状況」「市立図書館と其事業」第39号、1926年12

月、11ページ
(30)　前掲「市立図書館と其事業」第18号、7ページ。「深川図書館の苦闘」として盛城らの活動がまとめられている。
(31)　「東京市公報」第1286号（1926年10月28日、東京市役所、1790ページ）10月17日の欄には次のとおり。
　　　「東京市事務員（深川図書館）　盛城礼蔵
　　　　任東京市主事給九級上俸
　　　　日比谷図書館勤務ヲ命ス」
　　　「東京市公報」第1288号（1926年11月2日、東京市役所、1812ページ）「彙報」の欄には次のとおり。
　　　「吏員死亡　東京市主事（日比谷図書館）盛城礼蔵ハ十月十七日死亡セリ」
　　1階級特進、とでもいうようなことがあるのだろうか。そのことについては不明。
　　　千代田図書館には「一橋図書館・駿河台図書館業務綴リスト」があり、「日誌　大正15年1月起」の10月9日の欄には深川図書館の盛城が危篤である旨、10月17日には「赤痢ニテ死去ス」という記述がある。
(32)　「備忘録　大正十三年十二月起」（江東区立深川図書館文書）および前掲『深川図書館史調査報告書』65ページ。
(33)　静岡県立葵文庫長、深川図書館宛て「建築計画図面ノ件」江東区立深川図書館所蔵文書
(34)　静岡県立葵文庫編『静岡県立葵文庫一覧　自大正十三年十一月至昭和五年四月』静岡県立葵文庫、1930年
(35)　「東京市公報」第1337号（1927年3月1日、東京市役所、500ページ）2月25日の欄には次のとおり。
　　　「任東京市事務員給五級下俸　田所糧助
　　　　深川図書館勤務ヲ命ス　東京市事務員（深川図書館）　田所糧助
　　　　深川図書館主任ヲ命ス」
　　　その数カ月後に田所は、日本図書館協会に普通会員として入会している。紹介者は、今沢滋海だった（「図書館雑誌」21年5号、1927年5月、180ページ）。
(36)　「東京市立深川図書館建設工事仕様書」は、東京都公文書館所蔵〔公開件名〕「深川図書館建設工事西村常吉」（大正15年）所収文書。
(37)　「市立深川図書館設計説明」は、前掲「深川図書館建設工事西村常吉」所収文書。

(38) 前掲『東京都公立図書館略史　1872—1968』96—98ページ
(39) 前掲『東京の近代図書館史』115ページ
(40) 沓掛伊佐吉「開架小史」、日本図書館協会公共図書館部会編『全国公共図書館研究集会報告　1953』所収、日本図書館協会、1954年、58ページ
(41) 『京橋図書館資料――中央区立京橋図書館史』中央区立京橋図書館所蔵
(42) 今沢慈海「実業図書館」、前掲「市立図書館と其事業」第27号、1925年2月、1—3ページ
(43) 「職業人と図書館」『皆様の調査機関　実業図書室案内』東京市立京橋図書館、出版年不明
(44) 本篇を執筆中に、千代田区立千代田図書館所蔵の「日誌」に「三館協議会」の記述があることがわかった。三館協議会の前には、建設部会(建築委員会などとも)の名称による協議がおこなわれているようである。時期的には次のようになる。
　　　建設部会などの名称による協議会　1926年2—7月〔Aとする〕
　　　三館協議会の名称による協議会　1927年5—11月〔Bとする〕
　　AとBの継続性を示す記述はないが、秋岡の回想からすると、深川図書館主任の変更の前後に協議会が実施されていることになり、連続していることになる。「日誌」の性格上、これ以上のことはわからない。当然、協議内容には一切ふれていない。ただし、協議会の出席者については記録があるので、この会議に日比谷図書館の館員が出席していること、重要事項は館頭の今沢慈海に報告されていること、さらには、京橋図書館を辞めた久保七郎が出席していることがうかがえる。1926年—27年の「日誌」を「資料」として、本篇末に付した。
(45) 注(26)の発言を参照のこと。
(46) 今沢慈海「公開書架式閲覧法に就いて」「市立図書館と其事業」第25号、1924年12月、1—4ページ
(47) 林靖一『図書の整理と利用法』大阪屋号書店、1925年、224ページ
(48) 秋岡梧郎「開架法の理論と実際」「図書館雑誌」第128号、1930年7月、145—148ページ

第3章 深川図書館時代——1927—35年

　田所糧助が東京市立深川図書館主任に就任したのは、1927年（昭和2年）2月25日だった。『東京市職員録』には、35年まで掲載されている。36年は館長が小泉弘となっている。とすると田所は35年まで在籍していたと思われるが、それ以上のことはわからない。職名は、27年から30年までは主任、31年以降は図書館長である。32年までは事務職で、33年からは主事となった。職員録によれば、事務員は月俸で、主事は年俸のようだ。この年の主事で図書館関係者は4人、田所のほかには社会教育課課長の藤岡慎一郎、成人教育掛長の稲場幹一、日比谷図書館長の広谷宣布が確認できる。田所のほかはいずれも行政職である。ほかは事務員もしくは嘱託だった。
　ここではまず、1931年の機構改革についてふれ、深川図書館の運営の状況などについて検討する。東京へ戻った田所が、東京市立図書館の組織の大きな変化、そして、戦時体制へと向かうなかでどのような図書館運営をおこなったのか述べてみたい。

1　田所の東京市立図書館復帰とその後

　中国大陸への侵出を控えて、1930年（昭和5年）には軍備拡張のため大幅な財政支出の削減が図られた。東京市も大幅な財政削減が見込まれ、図書館への影響は避けられなかった。今沢慈海による苦心の31年度の予算要求も当局には一切受け入れられず、これを不服として今沢は日比谷を去った。31年の東京市立図書館の機構改革は、図書館の運営・管理を強化する側面を多分に有することから、15年の機構改革によって進めてきた市民本意のサービスのあり方に転換をもたらすことになる。

1931年、東京市立図書館の機構改革

　1931年（昭和6年）4月1日、東京市立図書館処務規程が改正された。改正の主な点は次のとおりだった。
　1、教育局社会教育課に図書館掛が新設されたこと。
　2、日比谷図書館並に駿河台、京橋、深川の復興3館に館長がおかれたこと。[2]
　これによって図書館は、東京市教育局長の指揮命令下におかれることになり、それまで日比谷図書館におかれていた館頭の職位が廃された。以降、東京市立図書館は黄金時代から不振の時代へとステージを移すことになる。[3]
　秋岡梧郎は、この時代について「図書館はバラバラになって、再び官僚の支配を受けることに」[4]なった、と振り返る。なかでも選書システムの変更は、その象徴的な出来事として語られている。従来の方法は次のようだった。

　　過去一週間に出版された図書を集めて、これを分類別にならべて、一室に展示しておく。各館の主任はここで、自館の必要や図書費を勘案して本を選び、それを備え付けの注文伝票に記入しておく。（略）図書館館長や主任の図書選定権を確保するという点で、極めて重要な意味があったのです。[5]

　そして、1931年11月には「本市図書館制度更新のためしばらく休止中の市立図書館選定会は社会教育課長監督の下」に再開される。これが機構変更後第1回の「選書会」で、あらかじめ選定準備委員で用意された図書から選書する方法に変更されることになった。委員には図書館掛長と日比谷、駿河台、京橋、深川の各館長が任命された。[6]
　東京市立図書館館報「市立図書館と其事業」にも影響はあった。第46号からはタイトルに東京を冠し「東京市立図書館と其事業」と変更されていたが、[7]第61号からは発行者が日比谷図書館から教育局へと代わった。発行者が図書館の現場から離れたことから編集方針が大きく変化した。[8]
　1931年の機構改革によってサービス面で大きな変化はあったのか。表

13は、機構改革の前後の1929年と33年の復興図書館3館を比較したものである。深川図書館は、他館と比べて蔵書冊数の増加率では上回っている。ところが駿河台、京橋の両館が閲覧冊数が増加しているのに比べ、深川図書館の伸びは両館を下回っている。

表13　1931年機構改革前後の復興図書館3館の比較

年度	蔵書冊数			閲覧冊数		
	1929	1933	33/29	1929	1933	33/29
日比谷図書館	134,988	154,592	1.15	315,441	343,648	1.09
駿河台図書館	20,311	28,292	1.39	131,010	436,667	3.33
京橋図書館	19,334	24,966	1.29	134,721	350,924	2.60
深川図書館	21,066	30,057	1.43	243,721	389,234	1.60

（出典：『東京市統計年表』第27、31回、東京市、1931、35年）

変わりゆく深川地域

　このころの深川図書館を考えるには、東京市立図書館の機構改革とともにいくつかの点に留意しなければならない。1つは、関東大震災の被災から復興した時期についてである。地域によって被害の差があるため復興の時期は一定していない。とりわけ深川、日本橋は大きな被害に遭い、工場数は震災の直後、震災前に比べると、深川は30％、日本橋では60％まで落ち込んだといわれる。それがほかの地域と同水準、ないしはそれ以上に回復するのに約4年を要したとされる[9]。

　そこで、ここではまずは復興後、1930年ごろの深川の姿を概観してみたい。10月1日時点での深川区の産業別人口は次のとおり。

　総人口は、17万6,815人。

　有業者総数は、8万1,394人（46％）で、無職が9万5,421人（54％）。

　職業別人口は、商業が3万4,173人（42.0％）で最も多く、工業3万366人（37.3％）がこれに次ぐ。以下、公務自由業6,698人（8.2％）、交通業5,116人（6.3％）と続く。ほかに農業、水産業、鉱業、家事、その他となっている（かっこ内は有業者総数の割合）[10]。

　深川は、運河が町の縦横を走り、房総から江戸への物資を運搬する交通の要所だった。明治後期から大正期にかけても、区内の生産物を東京の中

心部へ輸送するうえで運河は重要な役割を果たしていた。そうした地の利を生かして、深川区には多くの工場が作られた。

深川区の工業生産額は、震災復興が進む1929年の時点で、東京市内では芝区、麹町区、本所区に次いで15区中4番目であり、工場数は6位、職工数は4位だった。なかでも製材・木製品工業が昔から盛んで、市内では1位だった。これに機械器具工業、金属工業が次いだ（1932年）。

1931年の満州事変を機に金属工業、機械器具工業の生産が増加した。表14は深川区の職工数の満州事変の前後を比較したものである。

表14　深川区の職工数　満州事変の前とあと

	紡績	金属	機械	化学	製材	食料	他	合計
1930年 昭和5	223	763	1,879	1,726	2,037	407	657	7,692
1935年 昭和10	344	1,482	2,604	2,018	2,229	569	567	9,813

（出典：『東京府統計書』昭和5年、昭和10年、東京府、1932、37年）
表の項目については、以下のとおり。紡績工業、金属工業、機械器具工業、化学工業（窯業と化学工業を合わせた数値）、製材工業（製材木製品工業と印刷製本業を合わせた数値）、食料品工業、その他（ガス、電気業とその他を合わせた数値）

この時期にもう1つ大きな変化があった。東京市区の再編である。1932年10月、東京市は市域を拡張する。隣接する府下5郡82町村を編入して新たに20区が誕生、東京市は35区となった。旧市部の人口207万人、新市部290万人、人口は500万人近くにふくれあがった。このとき深川区の東部に隣接し、南葛飾郡に属していた亀戸町、大島町、砂町の3町が合併して城東区となった。同区の面積は深川区とほぼ同じで、人口は、深川区の17万6,815人に対して14万2,971人だった。

1932年から37年にかけて、深川区の工場数に大きな変化はないが、東に新しくできた城東区では、この5年間で約2.5倍と急成長をとげている。深川周辺の地域は大きく変化していた。

機構改革後の深川図書館

　1909年（明治42年）1月25日、深川図書館は、帝国図書館、大橋図書館、日比谷図書館に次ぐ東京市内第4の図書館として、深川公園内に設立された。同じ年の9月10日に閲覧を開始、9月27日に開館式がおこなわれた。創立当初から幅広い利用者に利用されたが、関東大震災で全壊した。28年（昭和3年）6月、清澄公園内に復興図書館3館の最初の図書館として深川図書館が竣工した。次の記事は完成を間近に控えたころの様子である。

　　帝都復興事業のうち特に力をいれて計画した図書館のその中でも深川図書館は市立三大図書館中の第一に位するもので、岩崎男が数寄を凝らした深川清澄公園内に設立されることになり工事も大半終り来る四月一日盛大なる開館式を挙げる運びとなつた
　　　　　　　　　　◇
　　新館は総工費三十七万円、近世復興式建築の最新型図書館で鉄筋コンクリート三階建、二階は二百人を収容し得る大閲覧室で、外に新式の『自学研習ホール』を特設し、一階には児童室、新聞閲覧室がある
　　　　　　　　　　◇
　　深川図書館の愛好者はいはゆる下町大衆である所から蔵書も実業方面を出来るだけ備へ付ける方針で田所主事は目録編さん中である

　深川図書館は、閲覧室と書庫を隣接させ、安全開架式閲覧（公開書庫）を導入、近代的な大規模図書館として生まれ変わり、9月6日に一般公開、9月29日に開館式をおこなった。開館後約1年半を経過した1930年2月、「読売新聞」は、「読書の意義はおやぢに分らず　労働街では児童が読む童話より科学を好む日本異数の傾向」と田所糧助のコメントを見出しに掲げた。また、「復興帝都を飾る深川（労働）図書館」という見出しのもとに、写真とそのキャプションには「労働図書館」と呼ばれていることを紹介した。

　それからさらに1年後の1931年4月、深川図書館について、「東京日日新聞」は「労働者街、深川図書館の特色ある閲覧状況」と報じた。

閲覧、貸出を合して一年を平均すると一日約千人（略）どこの図書館でも主体は学生だが此処では商工業者が多く、法被を着た閲覧者が一日二十人位はある（略）新聞雑誌閲覧室の繁盛も他館以上である。冬の多い時には四五百人、今でも三百人は毎日ある。労働者が最も多く、いはゆる木場ッ子、製材所、工場等の労働者が六割を占めてゐる。他の4割は自由労働者（以下略）

　この新聞記事とほぼ同じ時期に、田所も「其事業」に利用状況を報告している。深川は、江戸のころから明治、大正を経て下町文化が培われ、受け継がれていて、深川図書館はそのなかに息づいていた。駿河台図書館のように学生で閲覧室が盛況になることもなく、京橋図書館のように商業地域に位置しているわけでもない。おのずと利用者層は異なる。深川は、その土地柄から3館との比較でも「雑業」が圧倒的に多い。同館を「一般商工業従事者で将来は満員に漕ぎつけてみたい」と田所は述べている。新聞記事にある自由労働者とは、雇用期間や雇用関係が一定しない労働者のことを指すが、統計上では雑業に分類されているようだ。
　この翌年にも、深川図書館の利用について同館の奥豊秀からの報告があった。基本的には田所の報告を踏襲しているが、奥は田所が言及しなかった児童図書館の活動を取り上げている。表15は、深川図書館の利用者の変遷を示したもので、震災前の1920年、震災後の1926年に加え、1930年は震災復興後、1934年は田所の所属した最後の年にあたり、それらを比較したものである。いくつかの特徴を挙げることができる。「学生・生徒」が大幅に増加している。これは後年、学生・生徒だけではなく、児童の利用が含まれるようになり、それが大幅に増加していることを示している。「雑業」は震災前から15年で10倍となっている。「無職」も増加している。

表15　図書館利用者　閲覧人員職業別　館内・館外の合計

年度	学生・生徒	実業従事者	官公吏・軍人	教員・著述家など	雑業	無職	合計
1920 大正9	70,430	48,871	2,604	992	6,459	16,971	146,327
1926 大正15	58,125	27,830	3,155	501	6,585	7,092	103,288
1930 昭和5	174,461	25,430	1,971	1,108	47,657	41,023	291,650
1934 昭和9	203,347	42,739	2,325	1,144	64,385	80,785	394,725

（出典：『東京市統計年表』第18、25、28、32回、東京市、1922、28、32、36年）

　1928年5月、深川図書館に「小使い」として入職し37年まで勤めた前田康夫は、当時田所館長が「毎朝、図書館の屋上に東京市のマークのついた図書館旗を掲げて開館」していたことや「新聞室には開館をまって自由労働者が入ってくる」ことなどを回想している。また、29年に出納手として同館に入り、前田と同じ37年まで勤めた福澤茂成は、出納手は25、6人ほどいたこと、「新聞室は当時無料であったため、また、不景気のせいもあって労働者が多かった」とやはり新聞室の利用が盛んだったと話している。ここで自由労働者とは「地下足袋はいて、半天を着たような階層の労働者」と細谷重義が注を付している。[20]

　深川図書館は、1931年に『東京市立深川図書館一覧』を発行している。ここには「特別蒐書」として「1　深川地方産業関係参考文献誌資料類、2　一般工業図書」があると記されている。その数年後に『深川図書館所蔵深川地方関係産業図書目録　昭和8年1月末現在』[21]が発行されるが、これは上記の「特別蒐書」をまとめたものと推察される。約1,000冊の近代産業を中心とした文献がリストアップされていて、田所館長時代の資料収集の方向性を示している。この目録には「生活圏の善用を　更生の燈明を　時局の動向を」というキャッチコピーも付されている。確かに図書館が地域、社会、情報の中心に位置せんと、市民への浸透を図る、その意気込みは感

じられるものの、一方では学生・生徒の利用が多くを占め、必ずしも利用の実態はこうした方針と一致していたとは言いがたいものがあるように思われる。

「図書館彙報」欄から見えるもの

「東京市立図書館と其事業」には「彙報」欄が設けられ、これによって各館の当時の状況を知ることができる。1932年以降の深川図書館についても、各号に詳しく報告されている。これは統計とは性格が異なるうえ、各館で報告の仕方が統一されているわけでもない。ここから何らかの傾向を見いだすことは無理がある。それでも深川図書館について検討しようとするとき、上のような図書館運営の方向性からは、児童を対象にしたサービスに大きく傾斜しているように思われる。下線を施した部分は、児童・生徒・学生を対象にした行事や利用の奨励である。なるべく原文のとおり引用したが、ところどころ現代の表記に改めた。

1932年1月から3月
第1に彙報、第2に調査及施設についてそれぞれ9件の報告がある。

第1、彙報〔筆者注:9件のうちから3件を抜粋〕
1月27日　教育局長、社会教育課長、図書館掛長が深川図書館を現状視察
1月30日　<u>児童童話会開催、児童室に800人</u>
2、3月両月中は<u>附近明治第一、第二両小学校児童(高学年)図書館科外訓練実施施行教員引率毎週3回宛来館す</u>

第2、調査及施設〔筆者注:9件から6件を抜粋〕
［日付なし］「建国」に関する深川図書館蔵書特殊目録作製謄写刷(200枚)(以下略)
2月14日　2階図書大閲覧室及婦人室連日満員に伴ふ閲覧施設配列換施行
同日　新聞雑誌室連日満員に伴ふ諸部配列換施行

3月15日　「選挙及帝国議会」に関する特殊目録作製頒布（300通）
　　〔日付なし〕　区役所衛生課依嘱調査事項、①「家庭細菌類」に関する件、②「家庭燃料」に関する件、③「印鑑」保存管理に関する法規の件
　　〔日付なし〕　深川陸軍糧秣廠よりの依嘱　「満蒙」米穀事情に関する図書類貸出し⁽²²⁾

深川図書館は、この号から催物中心の内容となる。近隣の学校から図書館へ来館することがいつから始まったのかは不明だが、以降継続して実施されている。また、それだけではなく、特に目録類が、適宜作製、各方面に頒布されている。そう多くはないと思われるが、レファレンスサービスも実施されていることがわかる。そして、このころは図書館利用が多く、各室の利用者を入れ替えたりしているのだろう。それらのことも報告されている。

　1932年4月から10月
　この間の報告は、4つに分類され、それぞれに内容が記されている。

　第1、図書陳列並目録配布に関する事項〔筆者注：7件のうち2件を抜粋〕
　5月26日　海軍記念日に関する図書陳列並目録配布
　毎月　教育並児童に関する図書目録を教育課に配布
　第2、学校其他との連絡事項〔筆者注：9件のうち3件を抜粋〕
　5月20日　児童巡回文庫、5月20日より実施、区内小学校を5区に分ち、各校20冊ずつ毎土曜日交換移管閲読する
　5月26日　明治第一、第二小学校校長、生徒300人引率来館
　6月10日　館長、第六実業学校に出張、講演をなし席上、同校教授細目に即せる本館蔵書目録頒布
　第3、講演、講話、座談等に関する事項〔筆者注：6件のうち2件を抜粋〕
　8月24日　海軍座談会、館長出席、席上「海と空」に関する図書及雑誌の目録頒布
　9月11日　清澄町座談会、館長「図書館利用の実話」をなす⁽²³⁾
　第4、調査事項其他（略）〔筆者注：5件が報告されている〕

報告は、必ずしも網羅的ではないと思われるが、学校そのほかとの連絡事項が加わり、件数もいちばん多く報告されている。学校の児童・生徒を来館させ図書館利用を勧めるという方法が多くなっていること、ただ、それだけではなく学校を訪問した際に目録を持参し、配布していることなどについても注目すべきだろう。

1932年9月から33年1月
計29件のなかから5件を抜粋する。

9月19日　茅場小学校訓導太田真幸氏引率6年級男女生徒参観
10月1日　東京市自治記念日当日無料参観
10月5日　本願寺幼稚園児100人池谷ハナ子氏引率参観
10月15日　臨海小学校に於て午後1時～4時第2回海と空座談会開催、参加者400人田所館長司会盛会
1月21日　第6回海と空座談会〔筆者注：このときの約600人の参加が最大規模〕。(24)

幼稚園児が来館している。このようななかで「海と空座談会」が誕生した。この催しについては次の節でふれる。以上のほかに小学校生徒、実業学校生徒の来館記事などが多く見受けられる。

1933年1月から10月
計79件のうち7件を抜粋する。

1月31日　臨海小学生120人来館読書温習〔筆者注：温習とは復習の意〕。
同日　　明治小学校ヨリ手工品持参児童室陳列
2月1日　明治小学校50人来館読書温習
同日　　深川工業学校軒原教諭来館工業図書運用法ニツキ懇談
2月6日　明治小学校へ5、6年生課外読物50冊貸出
2月10日　建国ニ因ム「図書」児童室陳列同「目録」配布

6月24日　ひばりの会例会童話会開催、講師文部省〔筆者注：5人、氏名略す〕参会児700人盛会
9月2日　震災追悼児童会開催、講師文部省〔筆者注：4人、氏名略す〕参会約500人
10月1日　第35回東京市自治記念日ニツキ児童本及市政関係図書205冊飾付一般ニ自由参観閲覧セシム。同日市政関係図書及小冊子頒布、参観者男子424人、女子179人計603人[25]

　1933年第27回全国図書館大会での文部大臣の諮問事項は、「非常時局ニ際シ図書館ニ於テ特ニ留意スヘキ事項如何」だった。館界はこれに対して国家の非常時局に際し、図書館界でも図書館が教化機関としての重責を果たすよう答申している。図書館をとりまく環境は急速に変質していった。
　深川図書館では、学校、工業学校、実業学校などの教諭が生徒を引率して来館、読書指導をおこなうという傾向が強くなっている。「海と空座談会」以外でも大規模な催しが開かれている。

1935年1月から12月
　この間の報告は、2つに分類され、それぞれに内容を記している。ここではそのなかから数件を摘出する。このなかには、深川図書館以外での開催行事も報告されている。

第1、展覧会其他催物並施設〔筆者注：11件のうち3件を抜粋〕

1月12日　「新年童話会」開催、会場深川図書館児童室　来館児500人
9月28日　「秋季童話会」開催、会場深川図書館児童室　来館児約600人
10月1日　第37回東京市自治記念日　大閲覧室にて市政関係図書展列、一般の参観に供す、参観者計767人
第2、印刷物〔筆者注：5件のうち3件を抜粋〕
2月6日　区内各種事業団体関係図書目録配布
2月7日　本館備え付け新聞雑誌目録謄写印刷配布

5月15日　深川図書館蔵書年報500部市内要部頒布[26]

　大規模な催し物が目につく一方、図書などの展示、目録類の頒布などもおこなわれている。なお、11月6日に田所の名前が見えるが、12月の催し物には、田所ではなく小泉弘の名がある。小泉は田所の次の館長であり、この時期に田所から交替しているかもしれない。

　利用統計ではないので、単純に比較することは困難だが、「彙報」欄だけを見るかぎり、確かに深川図書館の来館者にしても集会行事の参加者にしても圧倒的に多いことがわかる。そして、徐々に規模が大きくなっていったことも読み取れる。また、決して多くはないが、目録配布や展示、調査依頼に対する回答などがおこなわれていることも確認できる。

　ただし、この当時、深川図書館のように「図書館彙報」に詳しく報告している図書館は、ほかにはない。それは実際に行事などの取り組みをしていないのか、実施しているが詳しく報告しなかったのか、あるいは深川図書館だけが突出するように演出されたものなのかは定かでない。

2　戦争の足音を聞きながら

　今沢慈海が日比谷図書館館頭を退任した1931年（昭和6年）9月には満州事変、翌年1月には上海事変が起こり、時局は緊迫の度合いを増していく。32年11月の図書館週間「図書館の夕」の講演では「戦争の記録」と題して、陸軍少将が登壇している。[27] 同じころ浅草図書館からは、国際連盟、「満蒙」、国防軍縮、「支那全般」、上海など時局を反映した図書がよく読まれていると報告されるようになる。図書館の行事や利用のあり方などにも次第に影響が出てきた。[28]

　そして、1933年には、改正図書館令が公布され、中央図書館制度による図書館の統制、思想善導が本格化する時代を迎える。これを機に教化機関としての図書館運営が前面に押し出されるようになる。

児童の利用奨励について

　1930年5月の第24回全国図書館大会での文部大臣の諮問は、「図書館ト学校トノ連絡ニ関スル最モ適切ナル方法如何」だった。この影響によるのだろう、東京市では機構改革以降、児童に対し利用を奨励する動きが目立つようになる。32年3月には、児童文庫並青年団文庫関係者協議会や懇談会などの名称で、市内各地で会合が開催されている。社会教育課が、児童文庫および青年団文庫の調査の実施と協議会を組織するという意図によっていた。

　この時期の東京市立小学校には、市立204校中156校に児童文庫か学級文庫があり、11万8,324冊の児童図書があった。市立図書館20館の児童図書数の合計は、3万2,640冊であり、青年団と市立の文庫1万498冊を合わせてもそれに追いつかない。市立図書館所在地を7区に区分して担当者を割り当て、これらの図書を各施設で共有し、有効活用しようという狙いがうかがえる。有効活用というと聞こえがいいが、つまりは市立図書館では図書購入に関する支出を抑制して、小学校の文庫や地域で所有している本で間に合わせようということだろう。

　深川図書館は、第3区（この地区は、深川図書館だけ）にあたる。同地区の児童文庫協議会は、深川区役所で開会され、次のことが確認されている。
　①学校から図書館を訪問すること
　②図書館から学校を訪問すること
　③児童図書費の増加を図ること
　④目録の配布などについて意見交換[29]

　翌年3月の館報には日比谷図書館長広谷宣布が「児童図書館の問題」について述べていることからも、社会教育課主導による児童の利用の奨励策であることがわかる。同じ号には「児童閲覧室の純なる光を浴びて」[30]と題して深川図書館児童部の活動を田所が報告している。ここでは内部的事業（館内）と外部的事業（館外）に分け、それぞれ具体的に記している。

　1　内部的事業
　　（イ）図書組合はせ展列会

（ロ）児童製作品展覧の会
　（ハ）推奨並に愛読図書の陳列
　（ニ）時局、時事問題、祭日、記念日等に於ける関係図書の陳列（大人用図書も転搬(ママ)）
　（ホ）区内諸学校に於ける修身又は科外の時課を利用する校長、訓導引率による児童の団体読書演習
　（ヘ）学校に於ける課題による図書館の蔵書を利用するの企
　（ト）区内、幼稚園其他教化団体の参観（案内）
　（チ）図書館利用の作文の蒐集
　（リ）月例童話の会（童謡、舞踊の会）
　（ヌ）名文の朗読会等
2　外部的事業
　（イ）教育座談会、協議会（教育文庫、児童文庫）
　（ロ）教育文庫、児童文庫の編成派出
　（ハ）深川区校外教育委員会へ館長出席連継(ママ)
　（ニ）教育図書の目録、児童図書の巡覧
　（ホ）新購入図書目録の臨時謄写頒布
　（ヘ）東京日刊新聞紙上、本館児童図書（主要）の掲載
　（ト）館長、児童部係員交番出張（随時）各学校長又は児童文庫との接衝(ママ)
　（チ）海と空の座談会（各校順回(ママ)）等[31]

　1933年9月、京橋・日比谷・深川・駿河台の4館によって、「四館児童部懇話会」が提唱された。児童図書館機能をさらに拡充することに加え、研究や各館相互の連絡統一に資することを趣旨とする。このときは、「優良図書の選択と其読書指導法に就いて」と「児童図書分類表に就いて」協議がなされた[32]。この懇話会が4館の自主性に基づくものか上に記した東京市の活動と連動しているのかはわからない。

海と空の座談会について

　1932年8月24日、「「海と空」座談会」が開かれている。このときは館長

が出席して、席上海と空に関する図書ならびに雑誌目録が配布されている。(33)これが海と空の座談会の初出に相当するが、この日は回数にカウントされていない。

　第1回目の海と空の座談会は、9月17日におこなわれ、この日も児童図書目録が配布されている。この座談会は、1894年9月17日に連合艦隊が清国の主力艦隊を相手に勝利した、黄海海戦記念日に合わせて開かれた。併せて同日付で「「海と空」ノ座談会規約（暫定）」をとりまとめている。これによると、会員は各校から男女各2人の4人を選び、「海軍当局ヲ中心トシ会員相互ノ自由研究法」により、毎月第2、4土曜の午後各校持ち回りで開催し、「海空文庫、回読等漸次組織的ニ之ヲ行フ」などとされる。(34)

　この座談会は、1932年9月から35年9月までの3年間で区内の小学校を一巡、20回開催して終了したようである。後年、この事業についてまとめられている。

　　　我が「海と空」の会は近時非常時教育勃興の趨勢に鑑み最も適切肝要
　　　と認めらる可き海と空に関する国防上、科学上、趣味上の綜合知識を
　　　修得せしむる目的を以て昭和七年九月十七日の黄海々戦記念日を以て
　　　発祥、幸に深川区内小学校職員諸氏の賛同を得て上級児童を以て会員
　　　を組織、明治第二小学校に於て第一回発会以来回を重ぬること二十区
　　　内小学校を一巡し（以下略）(35)

　座談会の多くは、講演、映画、音楽などの催し物と組み合わせたプログラムで成り立ち、ときには見学会なども実施された。毎回、児童、生徒に加え、海軍の軍人、教育者、小学校教員、図書館員が4、5人ずつが列席している。その概要は表16のとおりである。なお、第18回は、海軍記念日「海ト空ノ会」旗行列がおこなわれている。この文書には第19回の開催案内（10月7日）があるが、記録がないのでカウントしなかった。第19回はロンドン会議紀年行進。深川図書館に集合して商船学校で見学、講演の後深川図書館へ戻り講演などをおこなっている。第20回に相当するのは、9月17日に「黄海々戦当日第3周年記念」として開催された会だが、深川図書館所蔵文書では回数は記載されていない。「少年少女「海と空」

表16　海と空の座談会

	西暦	元号	日付	会員	参加	概要	開催場所
1	1932	昭和7	9/17				明治第二小学校
2	1932	昭和7	10/15	56	400	講演／映画	臨海小学校
	1932	昭和7	10/17	61		座談会	明治第二小学校
3	1932	昭和7	10/29	62	500	講演／映画	東川小学校
4	1932	昭和7	11/26	52	500	講話／ニュース	扇橋小学校
5	1932	昭和7	12/17	51	500	講話	東陽小学校
6	1933	昭和8	1/21		600	講話／映画	川南小学校
7	1933	昭和8	2/25		500	講演／映画	元加賀小学校
8	1933	昭和8	4/11		500	映画／座談会	数矢小学校
9	1933	昭和8	5/13			講演／ニュース	大富小学校
10	1933	昭和8	5/27			講演／座談会	明治小学校
11	1933	昭和8	9/16	57	400	講話／映画	平久小学校
12	1933	昭和8	10/7		500	講演／ニュース	深川小学校
13	1933	昭和8	?			講話／映画	猿江小学校
14	1933	昭和8	12/9			講話	八名川小学校
15	1934	昭和9	1/27	70	600	講話／映画	明川小学校
16	1934	昭和9	2/24			ニュース／映画	明治小学校
17	1934	昭和9	4/28	26	800	講演	明治第二小学校
18	1934	昭和9	5/27			旗行列	清澄公園など
19	1934	昭和9	11/17			見学、講演など	商船学校など
20	1935	昭和10	9/17		500	講演／映画	明川小学校

（出典：「東京市立図書館と其事業」第64、65、68号、1933年3月、1934年3月、1936年3月および江東区立深川図書館文書）
注　空欄は不明。

の会について」文書には開催回数を20回としているところから、ここではこれを第20回として数えた。

　田所によって立てられたであろうこの企画の本来の趣旨は、公共図書館と学校との連携による児童の図書館利用の促進だったのではないか。その狙いが垣間見えるのは、上に挙げたように、児童図書目録などを準備して、これを配布していることであり、また、第8回で田所が「今後益々海空知識を養成し図書館や文庫も利用されたし」と述べているところである。座談会を子どもたちに科学的なものの見方、考え方を身につけさせる機会としたかったのではないか。ところが時局は逼迫していた。気がついたときには講演、映画など、当局側の思惑を受け入れざるをえない状況におかれていた、という推察はあまりにも田所に肩入れしすぎているだろうか。

　むしろ事態は逆で、田所は体制にくみし、積極的に戦争協力の旗振りをしていたのではないか、「館長がこどもを動員し、自ら旗を振って戦意高揚に積極的に一役買」っていた、という立場をとるべきだろうか。東京の児童図書館の歴史を通覧したとき、小河内芳子は戦前の深川図書館の児童にかかる活動について「これほど積極的に児童奉仕の面で当時の「国策遂行」に努力した図書館は他に見当らない」と批判した。小河内の場合、その当時にそのように考え、職場を離れていった経験を有している。同時代を生きた小河内芳子の言葉を軽視することはできない。

図書の検閲と「保留図書」の扱い

　深川図書館には、現在も「保留図書簿」が保管されている。これには、「昭和九年十一月起」とあり、田所館長時代に作成されたことが確認できる。最初の記述は、1934年（昭和9年）11月1日に2点、同年12月には4点で、34年の6点については次のとおり記載されている。

　　　年月日　摘　　　要
　　　9.11.1　日本精神に生よ　井上日召　改造社　警察の注意に依り
　　　　　　　一九三五、六年の嵐を前に狂弾何をか撃つ　後藤蒼海〔洋〕
　　　　　　　著　精文館　発売後一部禁止通達に依り
　　　9.12　　日本憲法の基本主義　美濃部達吉著　日本評論社　発売禁止

憲法撮要　美濃部達吉著　有斐閣
日本憲法第一巻　美濃部達吉著　有斐閣
神霊と稲荷の本体　岸一太著　北隆館　不敬者の著書に依り

　この次には1938年の2月と5月に各1点書名が記入されている。その後は40年になり、点数が大幅に増加している。
　保留図書とは何のことか。1937年に発行された『図書館事務指針』には、次のように記されている。

　　図書取扱規程第四条に「調査スベキ図書ハ之ヲ保留簿ニ登記スベシ」とあり、保留とは閲覧に供することを保留する意味に解すべきものとし、調査すべき図書の意は閲覧に供することの取否を調査する意と解してゐる。
　　実際上図書の選定が実物に依つてゐる今日、斯る必要を生ずること少く、社会情勢の変化に因つて最近二三の実例があつたけれども、希有のことである。(40)

　ここでいう「最近二三の実例」が深川図書館のことを指すのかどうかは不明だが、いずれにしてもこの指針が作成されるまでは、図書取扱規程に即して保留図書の取り扱いがなされていたことがわかる。
　1935年2月に菊池武夫が、貴族院で美濃部達吉の天皇機関説を攻撃した事件は、図書館などに対する監視が強化される大きな契機となった。同月美濃部はこれに弁明、演説で反駁したが、翌月、岡田首相が議会で天皇機関説に反対を表明、4月には美濃部が天皇機関説のため不敬罪で告発され、『逐条憲法精義』(41)『憲法撮要』(42)『日本憲法の基本主義』(43)の3著が発禁処分となった。1930年代の後半から40年代にかけて、警察や特高が頻繁に各地の図書館に調査に訪れ、図書を押収したり、問題になった図書の廃棄を命じたりした。
　東京市でも、1935年4月11日付、教育局社会教育課長名で深川図書館長宛てに、「保留図書ニ関スル件」の文書が発せられている。

第３章　深川図書館時代

教発第五六六号
　　　　昭和十年四月十一日
　　　　　　　　　　　　教育局社会教育課長　間宮龍真〔印〕
　　　深川図書館長殿
　　　　　　保留図書ニ関スル件
　　都合ニ依リ左記ノ図書ハ貴館ニ於テ一応保留相成様可然御取計相成度
通達候也
　　　　　　　記
　　美濃部達吉著　憲法撮要
　　　　〃　　　　逐条憲法精義
　　　　〃　　　　日本憲法の基本主義
　　　　〃　　　　現代憲法評論
　　　　〃　　　　議会政治の検討[44]

　「昭和九年十一月起」と記された「保留図書簿」に記載された図書に関しては、これらの図書が発禁処分などの対象となる以前に、当局側の判断で、深川図書館などに対し、閲覧を制限する旨の通達がなされたということになるのではないか。

記録を残す　図書館用品の製作に関わって

　現在では図書館を新築するとき、閲覧机、椅子などをはじめとする図書館用品は、専門の業者に発注する。しかし、図書館用品の業者がまだ開業していない時期には、備品や用品などの整備をするのは図書館員の仕事の一部であった。
　田所が、どの程度図書館用品の統一化について関心をもっていたのか、確認できる資料は存在しないが、1934年から35年にかけて「東京市立図書館と其事業」に図書館備品について記事を掲載している。それぞれの記事を〔A〕〔B〕とし、タイトルとその概要について示す。
　「公共図書館に於ける主要備品の理想と実際に就て（其ノ一）」[45]〔A〕
　「公共図書館備品の理想と創業上の実際に就て（其の二）」[46]〔B〕
　いずれも2ページ程度の分量で、〔A〕には、次のとおり掲載の趣旨が記

されている。

　本稿ハ筆者ガ前後四図書館ノ創立担当者トシテ得タル経験ヲ緯トシ内外図書ノ参考等ヲ経トシテ案出セル『深川式』閲覧台及椅子ニ更ニ改良ヲ加ヘタルモノヲ規格備品ノ成案トシテ当時ノ委員会（昭和四年組織臨時備品研究委員会、筆者ハ委員長トシテ報告セルモノ）ニ於テ決定サレタルモノナリ

　ここで4館とは、氷川、名古屋公衆、大阪市立城東、深川の各館のことである。
　〔A〕について。冒頭に、1929年に組織臨時備品研究委員会が決定されたとあるが、これに関しては、深川図書館所蔵文書によって確認できる。29年5月15日、「東京市立図書館備品（閲覧台及椅子）ヲ規格スベキ委員会」が組織されている。これが上記の委員会のことだろう。この委員会には、京橋からは2人、一橋、両国、外神田、小石川、深川からは各1人、6館で計7人の館員が出席している。主査は田所だった。第1回目の会合が5月21日、第2回目が5月30日に開催されている。
　〔A〕には、まず「『深川』式閲覧台規格成案の経過並に理由」が提示されていて、閲覧台の「東京市立図書館用規格備品仕様書」について、名称、形状及寸法、材料、塗装上、構造、注意の順に紹介されている。深川図書館などでの実績を経て、東京市立図書館全体の仕様書が作成されたという経緯が示される。続いて「角椅子と丸椅子との長短」が述べられ、中型以下の公共図書館での利便性などから、ここでは「丸型椅子」が推奨され、これについて上記と同様の仕様書が示されている。
　〔B〕では、図書館の創設に際し、備品の準備に関する留意点が列挙されている。これらの作業にあたっては、現に採用されているもの、新たに考案するもの、その中間的な改良・改善を検討することになるが、これらを予定された期間内に準備するうえでは、相当の予備知識が必要だとしている。予備知識として、「内外図書館備品に関する図書よりの知識（ヒント、要項、要則、準拠する根本的素養を含む）」など11項目を挙げる。そして、こうした知識上の総体と見聞からくる推測と経験上の判断とを経とし、予

算・行政手続きなどを緯として順序を追って考案、製図を進めるなどと手順を示す。末尾には「以下次号」とあるが、継続しては掲載されていない。

これらから何がわかるのだろう。第1、東京市立図書館員が委員会のもと、備品の設計・製作に関与していたこと。第2、特に図書館創設時には、図書館員が備品の選定に携わることの必要性が指摘されている。第3、この2つの記事は1929年のことを記したものである。それが5年後の34年から35年に発表されたことからすると、田所が記録性を重視して寄稿したと考えられる。田所が35年に図書館を辞めている可能性が高いだけに[47]、この点もあながち無視できないのではないか。

田所糧助が去ったあとには

田所が図書館を去ったあと、東京市立図書館のサービスはさらに後退する。有料化の拡大や開架から閉架への移行などである。

先に述べたように、秋岡梧郎は自由開架が実現できなかった理由について、深川・一橋の両館の主任が反対したためだとしている。そのことからとすれば、秋岡は、田所らの考えを杞憂にすぎぬとでも言いたかったのではないか。しかし、危惧していたことは現実のものとなった。1934年3月ごろのこと、「東京市立図書館と其事業」には「館内模様替」というタイトルのもと、駿河台図書館では曝書期間を利用して図書出納所の模様替えをしたとする記事が載る[48]。これは公開書庫を中止するという意だが、ここにはこれ以上の理由は書かれていない。曝書、つまり蔵書点検の結果、盗難・紛失が多発、不明本の量が相当数に上ったことがわかった。安全開架には管理上の問題があると当局側が判断を下した。そういうことである。

駿河台図書館の場合は、管理強化であり、すなわちサービスの低下と考えていいだろう。ところが同様の問題が続いて起こるようになる。1937年に四谷図書館が書架を非公開化とする[49]。理由は、設備が適せず、書架の配架に問題が生じ、経営上に問題が生じたためだという。自由開架からくる書架の乱れがあるにしても、管理・運営上の問題が優先されたということである。

1938年7月には、東京市立図書館館則の一部改正がおこなわれ、日本橋、麻布、氷川の各館が開館時間延長と有料化へと移行、また、書庫の非公開

化も実施される。この3館は、開館時間が昼間もしくは午後だったのを昼夜開館とし、閲覧のための専用スペースを増やしている。書庫の公開を廃するがカード目録を採用する。こうした変更を有料館に「昇格」したからだと説明している。
(50)

1938年には、市内28館のうち有料化へと移行した図書館は13館に増えた。また、26年のときは、20館のうち15館が書架を公開していたが（半開架を含む）、蔵書の保全や整備を優先することが閲覧者の利用度を高めるという理由も加わり、相次いで非公開化（閉架）へと逆戻りしていった。黄金時代から不振の時代へ移行したあと、その勢いはさらに加速し、図書館の姿は大きく変容していく。
(51)(52)

児童サービスについてもみておこう。1937年2月、東京市児童読物研究会創立準備会が開かれている。会長に東京市教育局長、会員は市図書館関係職員、視学（戦前、学事を視察するのを任務とした官職）、小学校訓導（旧制小学校の教員。現在の教諭の旧称）で、3月には第1回の協議会が開催された。ここでは児童読物の研究調査、優良なる児童読物の推薦、児童読書指導に関する研究調査、児童読書趣味の涵養普及に関する施設経営などについて協議がなされている。当局は、次第に児童の読み物、読書指導への関心を高めていく。
(53)

そして同年4月、『小学国語読本』巻9第17に「図書館」の一課が挿入される。このこと自体は、図書館について学校教育のなかで教材として扱われることになったのであり、問題はない。ところがこれを機に、6月には社会教育課長、図書館掛長らが大森区の小学校に授業を見学にいっている。また、小学校児童の図書館見学も一層エスカレートしていく。はっきりした時期は不明だが、6、7月のころだろうか、日比谷に12校計2,349人、駿河台には5校662人、深川図書館には4校で752人が見学したと報告されている。図書館の理解を深めることではなく、大量動員することが目的化されるようになっていった。
(54)(55)

注

（1）前掲『東京の近代図書館史』132ページ

第3章　深川図書館時代　421

（2）「市立図書館ニュース」「東京市立図書館と其事業」第61号、1932年3月、10ページ。ここには「今沢館頭の辞任に伴ひ市当局に於てはこの機に於て図書館行政の一大刷新を敢行せんとの意を決し、先づ」東京市立図書館処務規程の大改正をおこなったと記す。この第61号から発行が日比谷図書館から東京市役所になった。
（3）細谷重義「東京市立図書館の変遷──日比谷図書館の創立から現代まで」「ひびや」（東京都立日比谷図書館）第4号、1958年6月、1─5ページ。細谷は、戦前の東京市立図書館について、日比谷図書館開館から1931年までを「創立から図書館体系確立まで」、31年から42年までを「市立図書館不振時代」、以降を「日比谷図書館2掛時代」と、時期区分している。
（4）前掲「ある図書館長の手記」92ページ
（5）同論文91ページ
（6）「市立図書館ニュース」、前掲「東京市立図書館と其事業」第61号、11ページ
（7）1928年（昭和3年）7月、「市立図書館と其事業」が「東京市立図書館と其事業」に改称される。同年4月にそれまで編輯を担当していた竹内善作が大橋図書館へ移ったことが誌名を変える契機となったと思われる。そのことと直接関係するのかは明らかではないが、今沢が「全員の努力と協力との結晶でなければならない」と訓示したということが、誌名を変更した第46号（1928年7月）の「編輯後記」（15ページ）で紹介されている。
（8）奥泉和久「『市立図書館と其事業』の成立と展開」「図書館界」第52巻第3号、2000年9月、134─147ページ。ここでは同図書館報を3期に分け、その第3期を1931年4月、処務規定改正以降とし、発行頻度が第2期の4割に落ち込んだこと、1931年度は発行がないこと、終刊直前には3号分を同時に発行したこと、また「目録」類にも見るべきものがなく、低調だとした（138─139ページ）。
（9）石塚裕道／成田龍一『東京都の100年』（「県民100年史」第13巻）、山川出版社、1986年、182─183ページ
（10）『東京府統計書　昭和5年』東京府、1932年
（11）江東区編『江東区史』中、江東区、1997年、664ページ
（12）『東京府統計書　昭和7年』東京府、1934年
（13）前掲『江東区史』中、665ページ
（14）同書666ページ

(15)「東京朝日新聞」1928年2月5日付
(16)「読売新聞」1930年2月20日付
(17)「東京日日新聞」1931年4月13日付
(18)田所糧助「深川図書館」「東京市立図書館と其事業」第60号、1931年3月、12—13ページ。田所は、当時の具体的な利用について次のように記している。「一、古風趣味の本、義太夫、長唄、清元類が連綿として出納される。二、手取早い生活上の参考書類、産業図書等はよく動く。三、脚本、俠客もの維新時代を取扱へる小説類から、四、取引上、出願上其他「書式」を書けるものゝ運き。五、法律、数学、語学部類は学生の専用。六、近来哲学、教育に属する二門部類の要求が増せる傾向は当館の新しい現象である。入館者の六割は二十代三十、四十と漸減比にある、読む時間は平均二時間強に止まる」。また、新聞・雑誌室は勤労者で常に満室。児童は、「童話を漁る時代から土地柄の発明工業本」が求められるようになったこと。帯出は想像以上に増加し、現在加入者の7割は商工業者で、政治、思想などは読まれないとする。
(19)奥豊秀「下町としての閲覧事象の一考察」「東京市立図書館と其事業」第63号、1932年11月、14—15ページ
(20)「座談会 深川図書館50年を語る」「江東区立図書館報」第176号、1978年3月、1—7ページ。なお、同館報はこのほかにも「資料に見る図書館のむかしむかし」(「江東区立図書館報」第232—236号、1987年10月—88年6月)で御大典記念童話会やキャンプ図書館などの催し物を紹介している。
(21)『深川図書館所蔵深川地方関係産業図書目録 昭和8年1月末日現在』東京市、1933年
(22)「図書館彙報」「東京市立図書館と其事業」第62号、1932年5月、9—10ページ
(23)「図書館彙報」、前掲「東京市立図書館と其事業」第63号、23—24ページ
(24)「市立図書館ニュース」「東京市立図書館と其事業」第64号、1933年3月、14ページ
(25)「各館彙報」のうち深川図書館「東京市立図書館と其事業」第65号、1934年3月、32—35ページ
(26)「図書館彙報」「東京市立図書館と其事業」第68号、1936年3月、23—24ページ
(27)「図書館週間概況」「東京市立図書館と其事業」第61号、1932年3月、7

ページ

(28)「図書館彙報」、前掲「東京市立図書館と其事業」第62号、10—11ページ
(29)「児童文庫並青年団文庫関係者協議会」同誌4—6ページ
(30) 広谷宣布「児童図書館の問題」、前掲「東京市立図書館と其事業」第64号、2—3ページ
(31) 深川図書館児童部「児童閲覧室の純なる光を浴びて」同誌4—5ページ。執筆は田所。
(32)「各館彙報」「東京市立図書館と其事業」第65号、1934年3月、27ページ
(33)「図書館彙報」「東京市立図書館と其事業」第63号、1932年11月、23—24ページ
(34)「「海と空」ノ座談会規約（暫定）」深川図書館所蔵文書
(35)「海と空の座談会」深川図書館所蔵文書。この文書のなかに「少年少女「海と空」の会について　海事と教育　東京市立深川図書館長　東京市主事「海と空」の会代表者　田所糧助」の資料がある。これは、海と空の座談会が終了した時点で田所によってまとめられ、その後、手が加えられたと推測される。事業の概要が、①講演、②座談会、③映画、④音楽会、⑤実習、⑥見学、⑦報国行進、⑧海軍文庫設置、⑨印刷物配布の項目ごとに記されている。
(36) 同文書
(37) 前掲『深川図書館史調査報告書』79ページ
(38) 小河内芳子『児童図書館と私——どくしょのよろこびを』上、日外アソシエーツ、1981年、120ページ。初出は、「資料　東京の児童図書館——明治20年（1887）—昭和20年（1945）」、「Library and Information Science」第9号、三田図書館・情報学会、1971年。
(39)「保留図書簿」深川図書館所蔵文書。「保留図書簿」については、大滝則忠「図書館と読む自由——近代日本の出版警察体制との関連を中心に」（塩見昇／川崎良孝編著『知る自由の保障と図書館』所収、京都大学図書館情報学研究会、2006年、165—242ページ）などを参照。
(40) 東京市役所編『図書館事務指針』東京市役所、1937年、15ページ
(41) 美濃部達吉『逐条憲法精義』有斐閣、1927年
(42) 美濃部達吉『憲法撮要』有斐閣、1923年
(43) 美濃部達吉『日本憲法の基本主義』日本評論社、1934年
(44)「図書保管ニ関スル件」深川図書館所蔵文書

(45) 田所糧助「公共図書館に於ける主要備品の理想と実際に就て（其ノ一）」、前掲「東京市立図書館と其事業」第65号、10—12ページ
(46) 田所糧助「公共図書館備品の理想と創業上の実際に就て（其の二）」「東京市立図書館と其事業」第66号、1935年3月、12—13ページ
(47) 江東区立深川図書館所蔵「昭和十一年　日誌」には、2月21日に「小泉館長出張」という記載がある。少なくともこの時期には田所は図書館を退職しているということになる。なお、深川図書館には、これ以前の「日誌」は残されていない。
(48) 「各館彙報」、前掲「東京市立図書館と其事業」第65号、28ページ
(49) 「彙報」「東京市立図書館と其事業」第70号、1937年3月、8ページ
(50) 「各館めぐり」「東京市立図書館と其事業」第74号、1938年8月、14ページ
(51) 1983年3月の時点では27館のうち10館が有料（「東京市立図書館と其事業」第73号、1938年3月、15—16ページ）、同年8月現在では27館のうち13館が有料となり（前掲「東京市立図書館と其事業」第74号、14ページ）、このすぐあとに荒川図書館が開館しているので1館増えて、全体で28館になる。
(52) 前掲『東京市立図書館一覧　大正15年度』1ページ
(53) 「東京市児童読物研究会」、前掲「東京市立図書館と其事業」第70号、18ページ
(54) 日本図書館協会編『小学国語読本 巻九第十七「図書館」課教授参考書』、日本図書館協会、1938年
(55) 「彙報」「東京市立図書館と其事業」第71号、1937年8月、17ページ。小学校児童の図書館見学について、日比谷、駿河台、深川の各館の見学者数の報告が掲載されている。

おわりに──歴史から姿を消した図書館員

　序論で述べたように、田所の図書館経営に対する批判がある。その代表は『深川図書館史調査報告書』(以下、『報告書』と略記)によるもので、それについて述べる前に表17を見ておこう。これは閲覧者を職業別に比較したものである。学生の利用が多いのが駿河台、商工業者が多いのが京橋、雑業と児童が多いのが深川で、館外貸出も深川が多い。この「雑業」というのは、すでに述べたとおり種々雑多の仕事や職業、また、職業の分類に入れにくい職業のことである。

表17　東京市立図書館閲覧人職業別統計　1930年1－12月

	学生	商工業者	雑業	児童	合計
駿河台図書館	260,758 ―	28,444 ―	5,228 ―	19,220 ―	374,294 ―
京橋図書館	117,845 1,228	72,200 2,058	11,150 434	26,861 2,364	261,238 6,692
深川図書館	63,054 2,214	23,738 1,376	47,471 571	75,784 26,806	249,194 31,445

(出典：前掲「東京市立図書館と其事業」第60号)
注：数値は、上が館内、下が館外の利用者数。ただし、「官公吏軍人」「教員・記者・宗教家」「無職業」は省いた。合計はこれらを含めた値。なお、駿河台図書館は館外貸出の数値が掲載されていない

　おそらく問題は、全般的な利用状況ではなく、児童の利用にある。深川図書館が他館を圧倒している。それは次のような経緯があってのことだという。『報告書』は次のように指摘する。

　　当時、京橋図書館長だった秋岡梧郎の言によれば、田所糧助は閲覧実績を挙げるために、学校の先生に連絡して生徒を連れて図書館を見にこさせるといった事をやっていた、としている[1]

　田所の目当ては、自館の実績を上げることで、そのために大量の来館者

を集めたと解していいだろう。となるとそれが第一義的となり、田所が学校の生徒に図書館を案内することは、図書館のためにやったことであって、子どもたちのためではないということになるだろうか。秋岡はどのように言っていたのかを確かめておこう。

　　児童室は料金を取らないから、ごま化してもわかんないでしょう。学校の先生に連絡して、生徒を連れて図書館を見にこいというわけ、そうすると全部閲覧票を書かせるんだから、そういうことして水増しをしてね(2)

　批判の矛先は、深川図書館に向けられる。確かに秋岡は、ここで「水増し」をして「ごま化し」ていると言っている。そういうからには、秋岡なりの根拠があったと考えるべきなのかもしれない。とすれば、利用統計の数値をそのまま信頼することはできない、特に、深川図書館以上に熱心に児童サービスに取り組んでいた京橋図書館にとって、この統計は許しがたいということになるのだろう。確かに、秋岡はこのようには言っている。しかし、田所は言っていない。『報告書』のようにも言っていない。
　では、仮に田所や深川図書館の館員たちがそのような統計のとり方をしていたとして、その理由を「閲覧実績を挙げるため」と断定できるのだろうか。それ以外の理由は考えられないのだろうか。例えば何らかの方法で来館記録を残す必要があったが、この当時はこれ以外の方法がとられていなかったなどである。『報告書』についていえば、資料によらず、伝聞だけで断定的な評価を下すことに一抹の不安を感じるし、それは一方的にすぎるのではないかと思われる。少なくとも田所が当時どのような立場で、どのようなことをしようとしていたのか、資料を子細に検証してみる必要があるだろう。
　一方で、以下のような批判についてどう考えるべきか、再度引用してみる。

　　館長がこどもを動員し、自ら旗を振って戦意高揚に積極的に一役買うといった田所糧助の活動は東京市立図書館の中では一際目立つ存在で

あった[3]

　小河内は実際にその姿や活動を目にし、戦時下の図書館から離れていったことはすでに述べたとおりである。反論の余地はない。これらのことが『報告書』の考え方の原点にながれていることを筆者が理解できないわけではない。

　誰でも、ときに時代の潮流に巻き込まれたり、自らの力が及ばない世界に置き去りにされるといったようなことがあるのではないか。そうしたときに自らの意志とは関わりなく、不本意な状況におかれるのではないだろうか。しかし、そこから抜け出すことは容易ならざることで、気がついたときには身動きがとれないほどに、何か大きなものに支配されていることが絶対にないとはいえないだろう。たとえ理不尽だと思われることでも、時代が揺れ動き、好むと好まざるとにかかわらず、そのうねりのなかに巻き込まれるのだ。
　田所糧助ははたして図書館員としてどのような想いを抱いて、戦時色が強まる最後の時期を過ごしたのか。それは想像するしかないのだが、そこから田所論を書き始めてみようと思った。ところが、筆者の力不足にもよるが、田所に関する資料は乏しく、したがって、そのことを検証するに足るだけの資料をそろえることはできなかった。そこに至るまでの田所の図書館員としての実像を明らかにするための裏づけも乏しいまま、この稿を閉じることになったようだ。
　秋岡梧郎が久保七郎について、次のように発言している。

　　久保さんの業績というのは記録に残ったものだけをつぎ合わしたのでは、久保さんというのは東京の図書館の歴史の中に出てこない[4]

　田所についても同じことが言えるのではないだろうか。資料がないことの言い訳にしようというのではない。ただ、図書館員というのは、作家などのように時代のうえに足跡を残すようなことはしない。どんなに立派な図書館論を述べたところで、それだけで図書館はできないし、図書館員と

して何の意味もない。図書館員に求められるのは、何よりも図書館実践である、と。

　勝手に想像して、まずは残っている資料の断片をつなぎ合わせるところから始めてみた。田所は、おそらく1935年に忽然と図書館界から姿を消した。それまでの実践をできるだけ忠実に並べてみよう。そうすればそこにおのずと田所の図書館員としての実像が浮かび上がるはずである。とはいえ、それによって田所の全体像が形成できるという保障はない。

　それでも、田所は氷川図書館では見事な小図書館経営ぶりを示し、名古屋公衆図書館ではおそらくこの国初めての実業図書館を実現させ、大阪市立城東図書館で先駆的な児童サービスの実施を展開させるという展望をもっていたことが明らかになった。そして、東京に戻り、深川図書館の館長となる。しかし、希有な図書館員田所は、非常時局下の図書館として困難な局面に直面することになる。海と空の座談会の実施が、図書館員の戦争責任といった範疇にまで及ぶかどうかはわからないにしても、時代の大きな波に翻弄されたことに変わりはない。ただそのなかで、深川図書館の子どもたちに科学的な思考を身につけさせ、将来の工業図書館の利用者を育てることを田所は意図していなかったであろうか。それは戦争協力と変わらないかもしれないが、前の節で述べたように、田所は深川図書館の利用現状に必ずしも満足していないことから、何らかの方法で将来を見据えた展望を模索していたのではないか。とはいえ、これも推測にすぎないのだが。

　戦時下における図書館活動を批判することはたやすい。しかし、戦時体制へと向かう図書館のなかで、図書館員の使命を尽くすとはどのようなことかについては、改めて考えなければならないことであり、現在でもその意味が消失したわけではない。そのような状況におかれることはないという保証はどこにもないからだ。先の敗戦から70年、私たちは、そこで苦闘したはずの図書館員を思い起こすことはない。しかし、それでいいのか、という思いが残るのである。

　昨今、再び戦争への道を歩み始めたのではないかとする声も多く聞かれるようになった。いつか来た道を歩むことが仮にあるとするなら、克服したと思い込んでいた課題を再び背負うことにもなりかねない。いつどのよ

おわりに　　429

うなときも、私たちに図書館の自由をはじめとする基本的な権利が十全に保障されているわけではないということは、銘記しておく必要があるように思われる。

本篇のタイトルを「忘れられた図書館員」とした理由もそこにある。

*

江東区立深川図書館、千代田区立千代田図書館、名古屋市西図書館には調査の際に世話になりました。感謝を申し上げます。

注

（1）前掲『深川図書館史調査報告書』52ページ。この報告書は、東京公立図書館史研究会（代表・清水正三）が、深川図書館史について調査した報告書で、1992年3月に江東区立深川図書館長宛てに提出されている。これが『深川図書館史調査報告書』（江東区立深川図書館）として1994年に発行されている。ただし、都内で同書を所蔵するのは、当該館を除くと国立国会図書館、文京区立図書館、大学図書館が1館あるだけで、都立中央図書館にも所蔵がない。「国立国会図書館サーチ」の検索結果にも公共図書館の所蔵が確認できないということは、関係者以外には広く頒布されなかったのだと思われる。
（2）前掲『秋岡梧郎著作集』229ページ
（3）前掲『深川図書館史調査報告書』79ページ
（4）前掲『秋岡梧郎著作集』224ページ

資料　一橋図書館「日誌」抄

　千代田区立千代田図書館所蔵の「一橋・駿河台図書館業務資料」のなかの「日誌」から「3者協議会」に関係する記述を摘出した。〔　〕内は著者補記。不明な個所は〔??〕などとした。

日誌　大正14年1月起　一橋図書館〔大正14年1月4日—12月28日〕

1925/12/3　島田主任撰書会ニ出張　留守中田所糧助君来館アリ
1925/12/5　本日午前中今沢館頭本館敷地及本館増設視察ニ来館アリ島田主任案内セラル
1925/12/10　昨日本館本建築敷地予算決定セシ

注　本館とは、一橋図書館のことであり、島田は同館主任の島田邦平のこと。この年の8月に名古屋公衆図書館を退職した田所が、12月3日に一橋図書館の島田を訪ねている。同月には、前年から継続していた一橋図書館の敷地問題が解決したことが記されている。

日誌　大正15年1月起　一橋図書館〔大正15年1月4日—12月28日〕

1926/1/18　本日午後二時ニ旧京橋主任久保七郎君来館アリ
1926/2/6　島田主任建設部員トシテ早稲田大学図書館建築視察ニ出張
1926/2/8　島田主任建設部会ニ日比谷ニ出張
1926/2/13　本日島田主任建設部会ニ日比谷ニ出張
1926/2/27　本日建設部員秋岡、盛城、小谷、島田四名ト旧京橋図書館主任久保君ト五名東京鋼鉄家具機械会社員案内ニテ大橋図書館及帝大視察セラル

資料　一橋図書館「日誌」抄　　431

1926/3/2　本日久保旧京橋主任来館アリ
1926/3/6　島田主任日比谷ニ建設部委員会ニ出張
1926/3/23　本日元京橋図書館主任久保七郎君来館
1926/3/27　島田主任建築部会ニ日比谷ニ出張
1926/5/1　本日日比谷ニ建築会ヲ開キ島田主任出張
1926/5/15　本朝九時ニ久保前主任来館アリ　本日午後建築部会ノタメニ主任日比谷ニ出張
1926/5/22　島田建築部会ノタメニ日比谷ニ出張
1926/6/5　本日島田主任建築部会ニ出張ス
1926/7/3　島田主任建築委員会ニ出張
1926/7/26　島田主任建築委員召集ニ付日比谷ニ出張
1926/7/28　建築委員会召集ニ付日比谷ニ出張
1926/10/5　島田主任設計ノ件ニ付京橋図書館ニ出張
1926/10/9　本日深川主任盛城危篤ニ付伝研ニ久保ト見舞フ
1926/10/17　本日深川図書館主任盛城礼蔵赤痢ニテ死去ス

注　この年には、3館協議会との呼称は見られないが、建設部会、建築委員会などの名称によって定期的に会議が開催されている様子が確認できる。初出は2月6日で、2月27日の記事から、部員は秋岡、盛城、小谷、島田の4人であること、日比谷図書館の小谷がメンバーになっていること、会議の会場は日比谷図書館だったことがわかる。また、たびたび京橋図書館の主任だった久保七郎が一橋図書館を訪れていること、深川図書館主任の盛城礼蔵が10月17日に死去したことが記されている。

日誌　昭和2年1月起　一橋図書館〔昭和2年1月4日―12月28日〕

1927/3/1　新任深川図書館主任田所糧助君挨拶来館アリ
1927/3/18　本日午後三時ニ加藤、秋岡、田所三君来館アリ復興三館主任ノ懇話ヲ計レリ
1927/4/14　要用ノタメニ深川図書館ニ出張
1927/4/23　深川主任田所君三時来館シ五時退去ス

1927/5/11　元深川主任堀田相尓君来館アリ
1927/5/14　本日ハ深川主任田所糧助君来館アリ
1927/5/19　本日ハ今沢館頭及加藤、田所、斎藤技師都合五名ト書架検分ニ尾久ニ出張
1927/5/27　一、加藤君ヨリ午後一時電話アリ間モナク田所及加藤秋岡君三氏来館アリ市長ノ希望要求モアレバ〔??〕ニ文部省令ニヨル市図書館令改制〔正〕シ要求セラルヽニ付内相談アリ
1927/5/31　本日三館協議会ニ付加藤、田所、秋岡三君来館十時ヨリ二時迄協議（図書購入ノ件）
1927/6/2　島田主任日比谷ニ午前十時ヨリ三館協議会撰書会ニ出張
1927/6/14　田所深川主任朝、午後二、四〔?〕来館アリ
1927/6/18　今朝深川田所主任来館アリ同館ノ新築館ノ定員人数ニ関スル協議アリ後書類作成シテ同伴日比谷ニ出張セシモ何タルコトナク般〔ツル?〕途中〔??〕ニ立寄ル、小石川藤本君来館アリ
1927/6/20　今朝深川田所主任来館アリ
1927/6/28　本日深川主任田所来館アリ三館協議会ヲ開ク積リノ処田所ノ都合ニヨリ中止シ深川主任ト館員トノ〔??〕ニ付相談アリ追テ久保君モ来館アリ
1927/6/30　本朝田所深川主任来館アリ一昨日乃件ニ付委細ノ事情ヲ聴取シ久保君来館ヲ乞〔?〕ッテ懇談アリ、昼〔?〕ヲ四時ニ〔??〕
1927/7/13　田所主任来館アリ
1927/7/14　本朝深川田所主任来館アリ
1927/7/16　加藤、田所両君来館アリ
1927/7/17　島田主任所要アリテ深川其他ニ出張
1927/7/23　田所主任午後三時来館アリ
1927/8/3　深川図書館新築視察ニ出張
1927/8/4　本日加藤〔??〕員ヨリ本館設計図ヲ十一日ニ委員会ニ附議スル旨電話アリ
1927/8/5　本日市学校建設掛ノ中根君ヨリ本館新設ノ敷地図面提出方ノ電話アリ
1927/8/8　本日午前ヨリ市教育局ニ出張敷地図面提出シ及建築課ニ出張

資料　一橋図書館「日誌」抄　433

ス

1927/8/9　本館設計委員会（今沢、田所、秋岡、加藤、島田）ヲ日比谷図書館ニ開始セラレ午前八時ヨリ日比谷ニ出張但シ議決ニ至ラズシテ解散ス（三時）

1927/9/3　本日市技師山田氏来館アリ本館敷地境界検分アリ

1927/9/4　島田主任ハ京橋深川両館ノ新館採用人員ノ予算編成協議シ材料持参シ島田田所秋岡三名ニテ目黒ニ加藤氏訪フテ協議ヲナス

1927/9/8　深川主田所君三時来館アリ事務上ノ打合

1927/9/10　本日十時頃日比谷〔?〕喚ニ付出頭スレバ今沢君ノ案トテ本館ノ建築設計図ヲ提示セラル

1927/9/15　本日本館設計図ヲ今沢案ニ付協議スルタメニ田所（深川）秋岡（京橋）主任来館アリ午後五時迄会議ヲナス

1927/9/17　深川図書館新築場ニ斎藤技師ヲ訪ヒ本館設計ニ付相談ヲナス

1927/9/18　島田主任ハ八時半ヨリ三館協議会ノタメニ館頭宅に出張

1927/9/29　深川主任田所君事務上ノ要件ニ付来館アリ

1927/10/2　本日田所主任ト同伴シ横浜市立図書館参観出張シ四時帰館ス

1927/10/4　公務上ノ打合ニ付京橋主任秋岡君午後五時ニ来館アリ

1927/10/6　島田主任本館設計協議ノタメニ十一時ヨリ日比谷ニ出張

1927/10/8　市建築課ニ出張

1927/10/12　設計上ノ件ニ付日比谷ニ午後ヨリ出張、然シ来客ノタメニ今沢館頭ニ会談ナシ得ズ

1927/10/13　本朝十一時頃突然今沢館頭来館アリ丁度深川図書館田所主任モ来合セ設計図ニ付協議ス午後二時ヨリ深川田所新館技師斎藤技師ヲ訪フ不〔?〕

1927/10/14　設計上ノ件ニ付深川図書館建設場ニ斎藤技師ヲ訪フ

1927/10/15　本日設計上ノ件ニ付日比谷ニ出張（十一時ヨリ三時迄）

1927/10/18　市教育局ニ出張、本館設計図社会教育課ニ持参シ神及池園課長ノ検閲ヲ経テ無事ニ通過ス加藤、田所両君立会ハル

1927/10/20　本日午後設計ヲ清書シ日比谷ニ届ケル

1927/10/25　本日島田田所両人同伴社会教育課及建築課ニ出張

1927/11/12　深川図書館新館ノ掛員市案二十五名人少数トノ意見三館協

<u>議会</u>ヲ本館ニ開キ秋岡田所ノ三君デ協議シ明日神掛長ヲ訪フコト約シ三名ニテ〔?〕
1927/11/15　午後本館建設技師大西氏来館アリ打合ヲナス
1927/11/22　島田主任帯出様式及閲覧票様式<u>三館協議会</u>ニ京橋図書館ニ出張
1927/11/25　大西技師午後来館アリ設計ニ付種々協議ス
1927/12/6　本日島田主任設計上ニ付今沢、大西両氏ト打合ノタメニ日比谷に出張
1927/12/10　設計上ノ件ニ付建築局及日比谷ニ出張
1927/12/13　島田設計上ノ件、日比谷ニ出張
1927/12/20　本日深川主任田所来館アリ
1927/12/27　島田主任設計上ノ件ニ付建築課及日比谷ニ出張

注

　3館協議会の呼称に下線を施した。5月31日から11月22日までの間に6回確認できる。会場は、一橋図書館が3回、日比谷図書館、京橋図書館、今沢慈海宅がそれぞれ1回。また、協議会以外にも建設に関して頻繁に会議が開かれている。この時期、深川図書館は竣工していて（1927年4月）、京橋図書館も準備が整い、一橋図書館の設計に関する件が本格的に話し合われていると思われる。10月18日には社会教育課の検閲を受けている。
　これはあくまでも一橋図書館の「日誌」に記載されていることであり、これ以外にも開催されている可能性がないわけではないが、それらについては不明である。この協議会には、当該館以外にも日比谷図書館から加藤という人物が参加していた。おそらく加藤善助のことだろう。だとすると当時、日比谷では今沢に次ぐ地位にあった。協議の内容は、逐次加藤から今沢に報告されていたと推察される。なお、田所が一橋図書館を頻繁に訪れていることも確認できる。

田所糧助略年譜

1913年（大正2年）
　　5月　東京市立氷川図書館主任
1920年（大正9年）
　　　　同館退職
1924年（大正13年）
　　10月　名古屋公衆図書館館長に就任
1925年（大正14年）
　　3月　田所糧助編『名古屋学校総覧』刊
　　5月　名古屋公衆図書館を退職
1926年（大正15年／昭和元年）
　　　　大阪市城東図書館に採用（少なくとも1927年2月までに退職）
1927年（昭和2年）
　　2月　東京市立深川図書館主事
　　5月　日本図書館協会会員になる
　　10月　アミー・セイル、田所糧助訳『会員式図書館』刊
1929年（昭和4年）
　　　　東京市立図書館組織臨時備品研究委員会、委員長
1931年（昭和6年）
　　4月　東京市立図書館処務規程改正、深川図書館館長になる
1932年（昭和7年）
　　9月　海と空の座談会第1回を開催
1935年（昭和10年）
　　　　深川図書館を退職

注　生没年不詳。一部に推定が含まれる。

第4篇 「図書館の自由に関する宣言」淵源考
——韮塚一三郎の生涯

小黒浩司

はじめに

「図書館の自由に関する宣言」(1954年5月。以下、「宣言」と略記)の成立事情についてはよく知られていて、ここで詳しく述べる必要もないだろう。直接的な契機の1つは、1952年8月からの「図書館雑誌」(日本図書館協会)誌上での「図書館の中立性」をめぐる討論があり、その中心になったのが日本図書館協会(以下、協会と略記)事務局長の有山崧である。

もう1つが、同じく1952年に起きた一連の埼玉県の図書館員たちによる活動である(表1)。彼らの「日本図書館憲章」(以下、「憲章」と略記)制定運動が、54年の「宣言」制定への導火線になった。この一連の活動の中心を担ったのは、埼玉県立図書館の草野正名ら若手の図書館員たちではあったが、当時の県立図書館長、韮塚一三郎の理解と支持がなければ実現は難しかったと思われる。その後韮塚は、「憲章」制定の小委員会の委員になり、小委員会の委員長である佐藤忠恕(武蔵野市立図書館)、有山とともに「宣言」の起草にあたる。

表1 「図書館の自由」と埼玉県図書館界

1952年2月7日	市立秩父図書館、中島健三の座談会を開催し、これに関連して警察が図書館を調査
9月6日	県立図書館で「図書館と中立性」座談会
11月30日	県公共図書館大会(熊谷市立図書館)で「催物奉仕と時代思想との関係」をテーマに議論、日本図書館憲章制定を協会に申し入れることになる
12月5日	韮塚、県公共図書館協議会名の「日本図書館憲章(仮称)制定促進について」を協会・有山に手交
12月17日	協会常務理事会、「憲章」制定に関する小委員会を設置することを決定
1953年5月19日	小委員会で「憲章」制定を承認
6月1日	第6回全国図書館大会で「憲章」制定を可決(韮塚、理由説明)

表の各事項は注(1)掲載の文献から作成したが、1952年9月6日の「図書館と中立性」座談会については、埼玉県立浦和図書館編『埼玉県立浦和図書館50年誌』(浦和図書館、1972年、50ページ)による。

本篇では、韮塚の1945年8月以前（以下、戦前期と表記）の言動から、「宣言」の源流を考察する。しかし本篇の目的は、これから紹介する韮塚の戦前期の言動で、彼の「宣言」起草者としての資質や適格性を問うものではない。
　もしそうしたことをあげつらうならば、例えば小委員会委員長の佐藤忠恕は、どのように評価されるだろうか。彼は石原莞爾が主宰する東亜連盟協会（1939年発足、43年東亜連盟同志会と改称）の機関誌「東亜連盟」の編集を担当し、「図書館雑誌」には「勤労青年の読書指導理念」(3)などを寄稿、1943年出版の『青少年の読書施設』では、次のように述べている。

　　青少年に対する読書指導は大東亜の問題、世界中に起りつゝある諸問題を、日本人として如何に見、如何に考へる可きか、その見方、考へ方を教へ、八紘為宇の精神に則り、如何に処すべきかを理解せしむることを目標としなければならない。(4)

　佐藤の同書の大半は、国民精神文化研究所での中等学校教員向けの講義記録をまとめたものだが、その内容は「中等学校図書館（室）の経営に就いて」（巻頭の著者表示は「社会教育研究所」だが、巻末に佐藤の署名がある）と題して、「社会教育」に第13巻第5号から6回にわたって連載されている。(5)そしてその最終回掲載の第13巻第11号は読書指導の特集号であり、同号から今度は有山が「青年の読書指導」を6回連載する。(6)
　有山の文章は、佐藤のように勇ましいものではないが、文部省・協会共編の『読書会指導要綱』(7)に彼が深く関わり、戦時下読書運動の文部省側の担当者だったことを示している。
　「宣言」成立から30年を経た時点で、堀部政男は「知る自由」を基本に据えた先駆性と正当性を高く評価しているが、(8)その先駆性のために1954年当時は「宣言」の採択に慎重な図書館員も多かった。「雉も啼かずば射たれもすまい」(9)である。周知のように「宣言」は副文を全面削除し、主文も一部表現を修正して採択となった。
　一方有山は、「憲章」起草の段階から寄せられていた懸念の声を振り払うように、「火中の栗をいかにすべきか」(10)という一文を表している。なぜ

はじめに　439

有山や韮塚らは、あえて「火中の栗」を拾おうとしたのだろうか。
　彼らは自らの戦前期を振り返るなかで、あるいはこの国の歴史を真摯に省みて「憲章」制定の必要性を痛感したのではないか。身をもって「知る自由」の尊さを知るために「宣言」を起草し、後世の図書館界に残そうとしたのではないだろうか。本稿の目的の1つは、韮塚の生涯をたどりながら、「宣言」の原点を探り、その意義の再確認を試みることにある。

注

（1）日本図書館協会図書館の自由に関する調査委員会編『図書館の自由に関する宣言の成立』（「図書館と自由」第1集）、日本図書館協会、1975年、「特集　図書館の自由に関する宣言30年」、日本図書館協会図書館年鑑編集委員会編『図書館年鑑1984』日本図書館協会、1984年

（2）草野正名「「図書館の自由に関する宣言」採択の頃——埼玉県立図書館を中心にしての考察」「国士館大学文学部人文学会紀要」第19号、国士館大学文学部人文学会、1987年、147—159ページ

（3）佐藤忠恕「勤労青年の読書指導理念」「図書館雑誌」第36年第10号、1942年、日本図書館協会

（4）佐藤忠恕『青少年の読書施設』大日本出版、1943年、2ページ

（5）佐藤忠恕「中等学校図書館（室）の経営に就いて」「社会教育」第13巻第5—11号、1942年、社会教育会。佐藤忠恕は、1956年『歴史的運命を担う人——ヘーゲルから現代まで』（〔「現代哲学叢書」第2巻〕、洋々社、1956年）を著し、「この数年間、私は私なりに、時代の苦悩を全身でうけとり、日本の現在の悲哀をまともに見つめてきた。（略）原水爆禁止運動を積極的に推進する地位に置かれて2カ年間、この運動を通じて平和への道に日夜挺身することになった」（3ページ）と述べている。彼は武蔵野地域での原水禁運動の推進の重要な役割を果たしたようだが、しかし戦前期の自身の言動については口を閉ざしたまま、82年8月15日に死去した。

（6）有山崧「青年の読書指導」「社会教育」第13巻第11号—第14巻第4号、1942—43年、社会教育会。有山崧のこの文章は、彼の著作集には収録されておらず、また著作集の年譜にも記載がない。

（7）文部省／日本図書館協会編『読書会指導要綱』文部省社会教育局、1942年

（8）堀部政男「『図書館の自由に関する宣言』の法学的意義——"知る自由"の成立から情報公開理念の確立へ」、前掲『図書館年鑑1984』所収、298ページ
（9）「第7回全国図書館大会議事録」「図書館雑誌」第48巻第7号、1954年、日本図書館協会、239ページ
（10）有山崧「火中の栗をいかにすべきか」「図書館雑誌」第48巻第5号、1954年、日本図書館協会、158—159ページ

第1章 青年期の韮塚

1 埼玉師範に学ぶ

　韮塚一三郎は、1899年（明治32年）10月に埼玉県大里郡藤沢村（現・深谷市）の農家に生まれた。同村藤沢小学校（現・深谷市立藤沢小学校）を経て、1914年（大正3年）4月に埼玉県師範学校（現・埼玉大学教育学部。以下、埼玉師範と略記）に入学、19年（大正8年）3月に卒業し、熊谷男子尋常高等小学校（現・熊谷市立熊谷東小学校）の教員（訓導）になった。[1]
　師範学校は国家主義・軍国主義教育の牙城だった。特に埼玉師範は、森有礼文部大臣以来師範教育のモデル校とされ「従順、友情、威儀」の3カ条がその指導方針として掲げられた。[2]以上は中野光の文章だが、これに1つ追加すると、埼玉師範をはじめとした全国の師範学校の総本山が東京と広島の2つの高等師範学校・文理科大学である（以下、東京高等師範学校を東京高師、東京文理科大学を東京文理大と略記）。
　さて、韮塚が埼玉師範で学び、教員になった時期はいわゆる大正デモクラシーの時代であり、教育界でも児童中心主義に立つ新教育運動が推進された。教育改造運動は全国各地の師範学校附属小学校や私学を中心に展開され、埼玉県でも埼玉師範附属小学校（以下、附属小と略記）での共同学習や秩父郡下の尋常高等小学校での実践などが知られている。
　これに対して自由主義・民主主義的風潮の拡大を警戒する政府は、教育に対する統制も次第に強化し、教育改革の取り組みも衰退していく。前述の秩父郡内小学校の教育活動についても県議会で問題になり、担当教員の配転などによって1930年代初めには終焉を迎える。[3]
　新教育運動期の埼玉県で特筆に値するのが、埼玉師範教員の下中弥三郎

らによる「啓明会」の結成である。啓明会は下中や埼玉師範の教え子たちによって1919年8月に発足し、翌年5月の第1回メーデーに参加、9月に日本教員組合啓明会と改称し、日本での教員組合の先駆的な存在となった。

韮塚はその自伝『忘れえぬ人びと ── 教育50年』（以下、『自伝』と表記）のなかで埼玉師範の恩師の面影を懐古し、下中については「型破りの講義をされた[4]」と述べている。また1920年（大正9年）のある晩の思い出として、啓明会の幹部で埼玉師範の先輩でもある高田政孝を見かけたといい、同会がもともと大正デモクラシーに端を発する教育団体だったことなどを記しているが、「わたくしの体験外のことであるから、ここで筆を捨てるほかはない[5]」と、多くを語っていない。

森川輝紀は啓明会の維持会員名簿などから同会を分析している[6]。その成果に基づけば、啓明会会員に占める埼玉師範の1913年から19年卒業生の割合は9割を超えている（韮塚は1919年卒）。また同じく13年から19年卒業生総数のうち同会会員は約1割である。さらに韮塚の初任校にも2人の同窓の会員が在職していた。しかし韮塚は啓明会に加入していなかったようだ[7]。

前述のようなことから、韮塚に対してもさまざまなかたちで啓明会への勧誘がおこなわれていたはずである。しかし彼は、啓明会の活動には同調しなかった。韮塚は、同会に結集した若手教員とは異なった思想の持ち主だった。

彼の専門領域は日本史である。近代のこの国では、自国の歴史を科学的実証的に研究し、客観的に認識することが困難だった。神話と歴史的事実が混同され、歪曲された。

歴史教育も同様で、国民教化の手段として修身とともに最も重視された。国家主義的な歴史観が注入され、子どもたちに一面的な歴史意識を植え付けた。教員は子どもたちのゆがんだ歴史意識の形成に大きな影響を及ぼした。

韮塚が埼玉師範に学び教員を目指していたころは、1903年（明治36年）の国定教科書制度の導入、11年（明治44年）の南北朝正閏問題を経て、歴史教育の国家統制が次第に強化されていった時代である。18年の第3期国定歴史教科書では、「天の岩屋」などの神話が増加し、天皇を課題名とし

て掲げることが著しく増加するなど、国家主義的色彩が濃くなった。彼が教員になった翌年の20年には、教科書名『日本歴史』は『国史』と変わった（使用開始は21年4月）。
(8)

　韮塚は、こうした時期にあえて歴史教師の道を選んだのである。彼のこの選択に、彼自身の歴史観が当然投影されていたはずだ。次節から韮塚の教員としての歩みと彼の歴史観を検証していく。

2　青年教師時代

　1919年3月、埼玉師範を卒業した韮塚は、熊谷男子尋常高等小学校訓導になった。彼は熱心に教育活動に取り組み、優れた教員として早くから注目されていたようだ。22年（大正11年）には視学委員らによる県内学事視察の際に研究発表をおこなっている。「埼玉教育」第182号に掲載された「歴史教授上の所感を語る」は、その発表をもとにしている。韮塚はこの文章で「歴史は文化であり理想史である」として、歴史教育の目標を次のように述べる。
(9)

> 日本歴史は国民理想によつて構成されたものである。それ故日本歴史を通じて日本国民理想の真の姿を把捉させることもその目的の一ぢやないかと思ふ。たゞ断はつて置くことは我国民理想は偏狭なものぢやないといふことだ。そこで其国民理想を把捉することによつて児童をして崇高な国民理想の体験者、実現者ともなさしめえようと思ふ。
> (10)

　前記のように、この論考が書かれた時期、すでに教科名『日本歴史』は『国史』になっていた。しかし韮塚は引用のように「日本歴史」と表記している。また後述するような1930年代の彼の論調と異なって、穏やかに歴史教育の目的を論じている。

　また、これも前述のように、韮塚は下中らの啓明会活動とは一線を画していたとみられるが、1910年代の自由と民主が尊重された時代の埼玉師範に学んだ、大正新教育運動の申し子でもある。『自伝』でも繰り返し埼

玉師範の恩師のことなどを懐古している。教育の場が次第に統制色を濃くしていくことに対して、韮塚も不安を覚えていたのではないだろうか。この文章にはそうした彼の戸惑いを感じ取ることができる。

しかし、埼玉師範の先輩教師や視学などの指導・助言もあずかってか、韮塚は心の迷いを振り払って国家にとって有能な教員に育っていく。1923年3月、韮塚は埼玉師範附属小に転勤する。24歳の若さでの母校の附属小への異動はまちがいなく栄転である。

3 埼玉県初等教育研究会委員長

韮塚が栄達の道を歩み始めたころ、自由教育への風当たりは厳しさを増していた。1921年10月に始まる茨城県守屋源次郎知事による自由教育批判、24年（大正13年）8月の岡田良平文部大臣の地方長官会議による自由教育批判の訓示と9月の視学委員制度の導入、26年7月の地方官官制改正（勅令147号）の前後の千葉県学務当局による自由教育統制などが知られている。

前述の視学委員制度導入の直後には、川合訓導事件が起きた。この川合訓導事件とは、1924年9月、松本女子師範学校附属小学校（現・信州大学教育学部附属松本小学校）の川井清一郎訓導が、文部省派遣の視学委員（樋口長市東京高師教授）らが視察する修身の授業で国定教科書を使用しなかったことを理由に休職処分となり、退職に追い込まれた事件で、自由教育弾圧の代表例とされる。

一方、1922年の県内学事視察で「模範的な」研究発表をおこなった韮塚は、埼玉師範附属小の訓導になり、埼玉県初等教育研究会の共同研究の委員長になった。この埼玉県初等教育研究会は、県からの諮問事項に対して埼玉師範と女子師範の附属小が主催して研究をおこなう組織で、県下から代表者が集まり討議をおこない、その答申は県の教育指針になった。[11]

共同研究の結果は、1923年9月刊行の「埼玉県初等教育研究会報」第21号に報告された。韮塚らに与えられた1つ目の課題は[12]「尋常小学国史下巻第51明治天皇を教ふることによつて児童に何物をえさせようとするか」

だった。第3期国定歴史教科書については第1節で述べたが、その特徴の1つは人物中心の叙述にあり、明治天皇に対して多くのページを割いている。
この問いに対する委員長の答えは次のとおりである。

> 明治天皇の偉大なる御事蹟をしらしむる事によつて其御徳に感銘せしむ。
> そは同時に日本国民の甚大なる生長の歴史をしらしめることである。

さらに明治天皇の事蹟について、「明治維新」など8つの大項目があり、「三、憲法発布」では次のように述べている。

> それは国民の本質的な要求であつた。それは同時に民の心を以て御心とし給ふ天皇の貴き御理想のあらはれであつた。そしてその精神は我国体がもつ最初からの精神であつた。それが具体的な形をとつたものが憲法発布である。

ここで韮塚らは、憲法発布を明治天皇の功績に帰し、憲法の制定、国会の開設、言論の自由などを求めて立ち上がった人々の自由民権運動の果たした役割を無視している。埼玉県の場合、一連の激化事件のなかでも最大規模になった秩父事件（1884年）という最も身近な事例があるにもかかわらず、政府の民権運動に対する弾圧についても全くふれていない。
あるいは「四、明治二十七八年戦役」（日清戦争）については、次のように述べる（なお「五、明治三十七八年戦役」の項でも、「明治二十七八年戦役に同じ」としている）。

> 一、戦争の倫理的価値
> 東洋の平和を保持し、我が国の安全を維持するとは結局国家的自我の保存といふに帰する。
> 二、勝つことは戦争の目的を達することだ。国家のために上下協力して働いたことはいゝことだ。
> 三、戦争の結果について―償金を出させ領地をとつたことは正当なり

と主張して戦争した日本の当然のえものだろう。

また「七、韓国併合」については、次のように述べている。

> 併合することは朝鮮とともに日本として国家的自我を実現せんとすることだ。日本人としても朝鮮人としても自我実現の必然手段であつたろう。
> 吾人は今日に於て併合が朝鮮人の幸福のためであつたことを忘れてはならぬ。

そして最後「八、概括」として、この第51課を次のように総括する。

> 斯くて明治天皇を中心とし奉つた明治時代の日本国民の生長は其実質からみても形式からみても甚大なものであつたと言へる。甚大なる生長は日本国民の創造であつた。愛児を出征させて茅屋を守る老翁もその一分を負ふべきてあつた。併しそれは又明治天皇の御創造であつた。凡ては明治天皇の人格価値創造としてみることが出来る。然しその両面は渾一なものと異なつた説明にすぎない。偉大なるかな。明治天皇の御人格。

　韮塚らは文部省の教科書編纂の意図に忠実だった。明治天皇を賛美し、「万世一系の国体」を国民の理想として護持することをこの課の目的とし、歴史教育と考えた。子どもたちに侵略戦争を是認する歴史意識を植え付けることを目指していた。
　韮塚は埼玉師範附属小に、訓導として9年、首席訓導として2年の合計11年間勤務する。彼は、附属小の使命として、小学校教育の諸般の研究・実践、師範学生の指導、県下小学校の指導の3つを挙げる。つまり韮塚の歴史観、歴史教育観は単に韮塚個人のものではなく、県内教員のそれに投影し、彼ら教員から子どもたちへと拡散していくことになる。

4 埼玉師範附属小訓導

『自伝』のなかで韮塚は、埼玉師範附属小時代の11年間を「われながらよく切磋琢磨、研究した」と回顧し、続けて次のように述べている。(14)

> 満州事変がおこると、われわれの教育実践も自由主義的な方向から、超国家主義的な色彩を濃くしていったが、これは、やはり日本の歴史の流れによるものである。しかし、その事情がどうあれ、若き情熱を傾け、精一杯の仕事を一貫してやったことは、顧みて少しも悔ゆるところはない。

1931年12月、韮塚は「埼玉教育」第282号に「国史教育に於ける体認」(15)という一文を発表する。これは埼玉師範で開催された研修会の折に発表したものである。

この文章は、筆者にとってはきわめて難解で、率直なところ韮塚の主張を十分理解することができなかった。しかし、次のような特徴を指摘することができるだろう。

韮塚はここでエドゥアルト・シュプランガー（Eduard Spranger）の学説を持ち出して、国史（日本歴史ではない）教育を論じる。シュプランガーは、20世紀前半ドイツの有力な教育学者・心理学者である。彼は第1次世界大戦後の荒廃したドイツで、精神的なよりどころとしてあるいは復興の基軸として郷土（Heimat）に注目し、人間形成上の郷土科（Heimatkunde）の価値を説いた。しかし、その主張は国家主義・民族主義の高揚と結び付いてアドルフ・ヒトラーの台頭を招いた。

韮塚は学生時代から晩年に至るまで一貫して郷土史研究を続け、『埼玉県地名誌』などの著作もある。シュプランガーに着目したのも当然といえ(16)る。しかしこの1931年の時点では、韮塚のシュプランガー理解は決して十分ではないようだ。シュプランガーは人間の個性を6つの類型に分けているが、韮塚のこの論考ではそのうちの1つが欠落している。

韮塚のシュプランガー理論は、おそらく楢崎浅太郎の学説の受け売りと思われる。その根拠であり、韮塚の思想を理解する手がかりになる重要語でもあるのが「体認」である。

シュプランガーがいう"Verstehen"は、通常「了解」と訳されているが、韮塚は「体認」という訳語をあてている。そして"Verstehen"を「体認」と訳したのが楢崎である。楢崎は、1868年（慶応4年）3月に5箇条の誓文とともに出された「億兆安撫国威宣揚ノ宸翰」に「汝億兆能ク朕ガ志ヲ体認シ」云々とあることから、"Verstehen"を「体認」と訳した。[17]

楢崎は岡山県師範学校から東京高師へと進み、心理学を学んだ。彼は教育心理学研究の草分け的存在で、東京高師・東京文理大などの教員を務めた。[18] 楢崎は当初は実証的研究に基礎をおいていたが、やがて国家目的に呼応するような方向に転じ、なかでも『日本教育的心理学』[19]は「皇国イデオロギーによってつらぬかれた教育心理学書の頂点ともいうべきもの」[20]とされる。楢崎はその戦前期の言動から、戦後一時期教育界から「追放」[21]される。

『自伝』など韮塚の著作を見るかぎりでは、韮塚と楢崎の個人的関係は確認できなかったが、後述するように附属小の学校経営の「刷新」に楢崎は深く関わっている。楢崎は修身の教科書を編纂し、教育関係の多数の著作がある。[22] また、戦前期の教育界で東京高師・東京文理科大が果たした役割を併せ考えても、韮塚の思想形成に楢崎が大きな影響を与えたと思われる。

5　首席訓導

1932年（昭和7年）4月、韮塚は埼玉師範附属小の首席訓導になった。附属小の校長は師範学校長の兼務で、「主事」が実質的な責任者だった。首席訓導は主事とともに学校運営にあたる重要な役職者であり、今日の教頭に相当するだろう。

前述のように韮塚は『自伝』で、附属小の使命として小学校教育の諸般の研究・実践、埼玉師範学生の教育実習、県下小学校の指導の3つを挙げている。[23] また、埼玉師範卒業生の団結の強さをいささかの自負を込めて語

っている。首席訓導になった韮塚は、もはや一介の歴史教師ではない。附属小の教育全体の管理者であるとともに、県の初等教育界全体の指導者であり、また教員を目指す埼玉師範の学生の指導者でもあった。

　1932年8月、韮塚は「私の小学国史教材観概論」を「埼玉教育」第290号に発表する。この著作は、前述の「国史教育に於ける体認」とは違って、彼の教育観、歴史観が明確に表れていると思われる。なお、この一文でも韮塚はシュプランガーを引いているが、人間の個性を6つの類型に正しく分けている。

　この論文で韮塚は、小西重直の『教育思想の研究』も引用しているが、栗田元次の国体史観への強い共感を表明している。韮塚は栗田がいう「国史の連綿性」を単なる理論的な基礎ではない絶対的な信条であると述べる。

　次に、当時の歴史教科書の特色として、皇室中心主義、児童中心主義、人物中心・事件中心・思想中心主義の3つを挙げている。第3節でみたように、韮塚は埼玉県初等教育研究会の委員長として、明治天皇や日清・日露戦争などの事件を教材とした歴史教育に関する共同研究をおこなっていて、この著作はその延長線上にあるといえる。

　同時に、韮塚はここでも「国体の連綿を讃仰すべき」であるとか、「国史の連続一貫を示さねばならぬ」と述べ、国家主義的な歴史観を強調している。なお、ここでいう児童中心主義とは、教化のための応用史という立場から、児童が興味をもち児童の教訓になるような教材を考えるということであって、大正新教育運動期の児童の主体的な学習を保障するという意味での「児童中心主義」とは別物である。

　この著作で韮塚は、歴史教育の目的を「日本精神の発展に参堂せんがため」と結論づけた。先引のとおり韮塚は、1931年が教育実践の転換点だったとし、それはこの国の歴史の流れによるものと述べている。しかしこの論文からは韮塚がその歴史の流れのなかでむしろ積極的に自身の歴史観・教育観を展開させ、時局に沿うよう教育実践を展開させていったことがうかがわれる。33年6月、小西重直はいわゆる滝川事件の責任を追及され、京都帝国大学総長を辞任する。

6　県視学

　埼玉師範附属小の首席訓導になった翌年の1933年6月、韮塚は「日本精神の自覚と国史教育」(30)を著した。この著作で韮塚は、国民が「奥深く日本精神を自覚し、これを振作することによつてのみ」国難を突破でき、日本精神自覚の唯一の道が国史に求められるとする。

　韮塚はまず、鹿子木員信や安岡正篤の論を援用して「国史を貫く日本精神」を述べ、日本精神は「崇高なる歴史の統一原理である」という。鹿子木、安岡ともに戦前期の有力な国家主義者で、猶存社の一員である。鹿子木は敗戦後、A級戦犯容疑者として逮捕され、公職追放となっている（安岡も公職追放）。

　埼玉県嵐山には安岡が設立した金鶏学院・日本農士学校（1931年5月開校）があり、県内には安岡の影響を受けたものが多く存在した。『自伝』にも「農士学校のことなど」の1項が設けられ、韮塚が知る安岡門下生が紹介されている。韮塚はまた安岡を「一世の師」(31)と述べていて、安岡に対する思慕の念は終生変わらなかったとみられる。

　さらに韮塚は、平泉澄らの学説を引きながら国史教育の目的を「日本精神を自覚せしめ、日本人としての巌の如き実践力を養成」することであると述べる。韮塚は、この論文の最後で平泉の『我が歴史観』所収の「歴史に於ける実と真」から次の部分を引用している。韮塚が平泉史観に深く傾倒していたことがわかる。『自伝』のなかで韮塚も、平泉の「『我が歴史観』や『歴史学の骨髄』を好んで読んだ」(32)と認めている。

> 真を求むるは綜合である。綜合は生である。而してそは科学よりはむしろ芸術であり、更に究竟すれば信仰である。まことに歴史は一種異様の学問である。科学的冷静の態度、周到なる研究の必要なるは、いふまでもない。しかもそれのみにては、歴史は只分解せられ、死滅する。歴史を生かすものは、その歴史を継承し、その歴史の信に生くる人の、奇しき霊魂の力である。この霊魂の力によって、実は真となる。

歴史家の求むる所は、かくの如き真でなければならない。かくて史家
　は初めて三世の大導師となり、天地の化育を賛するものとなるであら
　う(33)

　附属小首席訓導を2年務めた韮塚は、1934年4月埼玉県視学（学務課勤務）になり、教育現場を離れ行政に転じた。39年3月には埼玉県属兼視学となり、県教育行政の中枢を担うようになる。さらに39年5月に国民精神総動員埼玉地方実行委員会書記、6月には埼玉県思想問題研究会幹事になり、県内思想統制の中心人物の1人となる。
　戦前期の視学は、韮塚が『自伝』でもいうように、指導権と人事権を併せ持つ絶大な権限を有していた。属兼視学は課長代理の職で、その上司は学務課長、学務部長、知事となる。課長以上は内務省高級官僚の指定席で、短い在任期間で異動を繰り返す。したがって属兼視学（課長代理）は、県生え抜きの最高位であり、重大な職責をもっていた。
　通常、視学は校長経験者が就く職であり、附属小首席訓導からしかも35歳の若さでの視学昇任は異例の出世だった。韮塚に対する県教育界からの期待の大きさがわかる。しかし大きな権限をもつがゆえに、視学は「憎まれ役、辛い役」だった。加えて前例のない若輩の視学だったから、風当たりも強かったと思われる。
　韮塚もあくまで自重自戒、誠意をもって公正な人事・指導を心がけ、「権力的存在ではなく、権威的視学」(34)であろうとした。そうした努力があったからこそ、さらに属兼視学という最上位へと昇格できたのだろう。また彼にはおそらく行政的な手腕も備わっていたと推測される。
　彼の上司たち、すなわち内務官僚との折り合いも決して悪くなかったようだ。『自伝』には歴代の知事や部課長との交流がさまざまつづられている。山田恵吾の研究によれば、隣県千葉では、学務当局（内務官僚）が強圧的に県教育行政に介入し「自由教育」の統制が進んでいる(35)。埼玉の場合は、韮塚の思想からして上司と対立することはなかったのかもしれないが、彼の人柄が内務省と県教育行政との軋轢を防いだ部分もあったと思われる。
　それにしても校長経験がない30代半ばの韮塚が視学に昇格するのは、やはり異例の人事だろう。彼の何が評価され、また彼に何が期待されたの

だろうか。この人事には「さては、思想視学の誕生か?」という、世評が立った。韮塚自身はこれを否定するが、当たらずとも遠からずだろう。

　視学は県下の学校をくまなく視察して回る。韮塚も秩父地方の山間部の分教場などを巡視したと述べている。たとえ本人が「権力的存在ではなく、権威的視学」であろうとしても、「日本精神の自覚」を説く視学がやってくれば、それだけで十分な効果があるだろう。

　韮塚は、視学になったことで警察関係者との交渉をもつことが多くなったと回顧している。属兼視学になると、幹部級職員（彼らも内務省の高級官僚である）と官舎も近くなり、付き合いも深くなった。『自伝』では2人の特高課長の名前が出てくる。警察と連絡を密にしながら、教員の思想動向を注意深く監視することも視学の大きな使命だった。

　学務課に警察官が表紙の赤い「秘袋」をもってくることもあった。その中身について韮塚ははっきりと語っていないが、「金銭上で事がおこったことは一件もなかった」としている。金銭上での警察沙汰でなければ、思想上のことだったかもしれない。県下教員の人事権・指導権を掌握し、警察権力と密接に関わっていれば、やはり「思想視学」という世評が立つのもやむをえないだろう。

注

（1）韮塚一三郎の略歴については、長嶋喜平編「故韮塚一三郎先生年譜」、埼玉県郷土文化会編『埼玉史談』第41巻第1号、埼玉県郷土文化会、1994年、33—36ページ。
（2）中野光「教育運動に不滅の足跡を残した民間人——下中弥三郎」『教育改革者の群像』（「現代教育101選」第33巻）、国土社、1991年、88ページ
（3）同論文81—91ページ
（4）韮塚一三郎『忘れえぬ人びと——教育50年』埼玉新聞社、1980年、47ページ
（5）同書66—67ページ
（6）森川輝紀『大正自由教育と経済恐慌——大衆化社会と学校教育』三元社、1997年、32—54ページ
（7）『埼玉県教育史』第5巻、埼玉県教育委員会、1972年、窪田祥宏「大正

期における新教育運動の展開——埼玉県の場合を中心として」「教育学雑誌」第7号、日本大学教育学会、1973年、38—50ページ
（8）海後宗臣『歴史教育の歴史』（UP選書）、東京大学出版会、1969年、滋賀大学附属図書館編『近代日本の教科書のあゆみ——明治期から現代まで』サンライズ出版、2006年
（9）韮塚一三郎「わが生涯の中なる男子校——教員としてのふり出し」『追憶——元熊谷男子尋常高等小学校五十周年記念誌』熊谷男子校会、1985年、13—14ページ
（10）韮塚一三郎「歴史教授上の所感を語る」「埼玉教育」第182号、1923年、埼玉県教育会、31ページ
（11）埼玉大学教育学部附属小学校開校百年教育小史編纂委員会編『埼玉大学教育学部附属小学校開校百年教育小史』埼玉大学教育学部附属小学校、1975年、119ページ
（12）「埼玉県初等教育研究会報」第21号、1923年、埼玉初等教育会、1—5ページ。同号には、文部省図書監修官藤岡継平の講演「国史教育の使命」も掲載されている。藤岡は文部省で『国史』教科書編纂の中心を担い、『国体の本義』（文部省編、文部省、1937年）の編集にも関わった人物である。
（13）前掲『近代日本の教科書のあゆみ』
（14）前掲『忘れえぬ人びと』77ページ
（15）韮塚一三郎「国史教育に於ける体認」「埼玉教育」第282号、1931年、埼玉県教育会、13—18ページ
（16）韮塚一三郎『埼玉県地名誌』北辰図書、1969年
（17）楢崎浅太郎「精神科学的心理学の方法としての体認（Verstehen）作用（完）」「教育研究」第296号、1925年、大日本図書、4ページ
（18）なお、楢崎は1934年から35年にかけての「教育心理研究」（9巻11、12号、10巻2、5、7号、培風館）に「日本精神の体認に関する私の覚え書き」を連載している。
（19）楢崎浅太郎『日本教育的心理学』藤井書店、1933年
（20）佐藤達哉『日本における心理学の受容と展開』北大路書房、2002年、612ページ
（21）鈴木清「楢崎浅太郎先生を偲ぶ」「教育心理学研究」第22巻第2号、国土社、1974年、127ページ
（22）例えば歴史教育を扱ったものとして『歴史教育の基本問題』（〔「教育叢書」第1巻〕、刀江書院、1935年）などがあるが、埼玉県立浦和図書館所

蔵の同書は、韮塚の寄贈本である。また教育の「刷新」に関するものとして『教育革新の本道――全国の校長諸君へ』（目黒書店、1935年）などがある。
(23) 前掲『忘れえぬ人びと』76ページ
(24) 同書98―99ページ
(25) 韮塚一三郎「私の小学国史教材観概論」「埼玉教育」第290号、1932年、埼玉県教育会、2―8ページ
(26) 小西重直「歴史教育の革新」『教育思想の研究』広文堂、1923年、192―201ページ
(27) 栗田元次「国史の価値」『国史教育原論』同文書院、1930年、11―24ページ
(28) 栗田は広島文理科大学の教員であり、教育界に大きな影響力をもっていた。栗田の歴史教育論については、小山直樹「栗田元次の歴史教育論――歴史観・歴史学・歴史教育論」「社会科研究」第22号、全国社会科教育学会、1973年、58―64ページなど参照。
(29) 前掲『忘れえぬ人びと』77ページ
(30) 韮塚一三郎「日本精神の自覚と国史教育」「埼玉教育」第8号、1933年、埼玉県教育会、9―14ページ
(31) 前掲『忘れえぬ人びと』125ページ
(32) 同書91ページ
(33) 平泉澄「歴史に於ける実と真」『我が歴史観』至文堂、1926年、379―380ページ。本稿では1983年皇学館大学出版部復刻本を使用。初出は「史学雑誌」第36編第5号、1925年、史学会
(34) 前掲『忘れえぬ人びと』100ページ
(35) 山田恵吾『近代日本教員統制の展開――地方学務当局と小学校教員社会の関係史』（学術叢書）、学術出版会、2010年
(36) 前掲『忘れえぬ人びと』103ページ
(37) 同書120―123ページ
(38) 同書105―106ページ

第2章 県立図書館長としての韮塚

1 附属小教育の「刷新」

　韮塚一三郎は、視学・属兼視学を7年勤めたあと、1941年3月に熊谷市立熊谷西尋常高等小学校（熊谷市立西国民学校）の校長になった。視学から校長への転出も問題なく栄転である。同年12月に日本はアメリカ・イギリスに宣戦布告、韮塚は「皇国民練成」を学校経営の指標とし、毎月1日の神社への必勝祈願、週1時間の分列行進など、軍国主義的教育を推し進めた。

　そして韮塚は、1943年3月に埼玉県立熊谷青年学校長になる。青年学校は軍事教育強化の観点から35年4月に設置され、戦時体制強化に合わせて39年には義務化された。埼玉県も国の政策に沿って青年学校拡充に乗り出し、43年4月独立青年学校42校を創設、国民学校長のうちから優秀な者を抜擢してこれら独立青年学校の校長に赴任させた。韮塚もその期待に十分に応えていたようで、「熊谷市報」には、韮塚着任後の同校の模様を次のように伝えている。

　　射撃銃剣道行軍等ニ重点ヲ置クノミナラズ馬事訓練、機甲訓練、水泳
　　訓練等ノ特殊科目ヲ実施シ戦力増強ニ資スツヽアリ

　ところが日本の敗色がいよいよ濃厚になってきた1944年6月、韮塚は「事志と相容れないことが生じたので」県当局の慰留をふりきって青年学校長を辞任する。

　『自伝』で韮塚は、辞職の理由を「今、書きたくない」と多くを語ってい

ない。校長を辞した韮塚は、生まれ育った埼玉から単身東京に出るが、その後埼玉県立図書館長になるまで、東京でどのような生活をしていたかも明らかにしていない。

　順調に出世街道を歩んできたように見える韮塚が、なぜ校長の職を辞したのか。「日本精神の一貫」を主張していた韮塚が、「本土決戦」が叫ばれているなかで、なぜ名誉と責任ある地位から去ったのか。本人が証言を拒んでいるので、これを解き明かすことは難しい。しかしここに「自由宣言」が生み出された1つの原点があるようにも思われることから、若干の推察を試みたい。

　話を再び附属小時代に戻すが、韮塚が首席訓導になったのは1932年4月。この年の8月に国民精神文化研究所が設置され、「教学刷新」が推進される。埼玉県では翌33年10月に県内小学校教員を対象に思想問題講習会が開催されるなど、教員の思想統制が強化される。

　附属小では韮塚首席訓導就任直後の1932年6月、主事に立川昇蔵が着任する。立川は広島師範から東京高師へ進学、沖縄県師範などの教員を務めたあと、東京高師専攻科に入学、28年に卒業した人物である。

　この立川主事の指導のもと、附属小教育の「刷新」が強力に進められた。[6] その成果として、1934年5月『中正原理日本教育の経営』、9月『中正原理日本教育の各科経営』[7][8]、36年4月『日本教育性格陶冶と教科経営』[9]が相次いで出版された。この「刷新」には楢崎浅太郎も深く関わっていて、『中正原理日本教育の経営』には楢崎が序文を寄せている。

　韮塚は立川に次ぐ地位にあり、またこれまで見てきたような思想の持主であるから、当然一連の附属小「刷新」の一翼を担っていたと思われる。『中正原理日本教育の各科経営』第7章の国史科の歴史教育の目的を述べた部分などは、韮塚の前掲「日本精神の自覚と国史教育」のそれにきわめて近い内容になっていて、楢崎の論著の同一部分を引用している。ところが『自伝』では「要項の立案に携わっただけで附属を去った」と記すだけで、附属小教育の「刷新」についてほとんど言及しない。また上記一連の図書にも、首席訓導韮塚の名は特筆されていない。[10] 立川・楢崎が推し進めた「刷新」に、韮塚は必ずしも全面的に参画してはいなかったと思われる。

　韮塚以外の附属小の教員たち（埼玉師範の卒業生）も、立川や楢崎のや

第2章　県立図書館長としての韮塚　457

り方に違和感を覚えていたようだ。『埼玉大学教育学部附属小学校開校百年教育小史』には、かつての埼玉師範の卒業生でもある附属小の教員たちの座談会「回顧と展望」が収められている。その出席者の発言を節録する。

 G 立川先生が主事になって、昭和初めの自由主義思潮が完全に姿を消しました。校訓は「忠孝」、皇国民錬成の教育が始まったわけです。
  また、楢崎浅太郎先生の「日本的心理学」の研究を読んで、これを基にして授業案を書き、楢崎先生に見ていただき授業をしました。(略)相当しぼられたのでいい気持ちばかりではないが、今はなつかしいですね。
 A［司会：韮塚］ 教育の底を培う勉強をさせられたわけですね。
 E (略)あのころは、各訓導の個性がなくなったような感じがしました。個人より組織が先にあったようですね。(11)

立川・楢崎による附属小「刷新」は、それまでの埼玉師範卒業生を中心とした学校運営の否定・排除でもあった。韮塚の視学転出は栄転ではあるが、別の側面があったのかもしれない。

2 転機

先述のように、視学、属兼視学になった韮塚は、警察関係者をはじめ県の幹部職員たちと深く関わるようになった。腐敗・堕落した政官界の実態を垣間見て、この国の近代の矛盾・行き詰まりを感じることもあったと思われる。それは彼が子どもたちに教えてきたこの国の姿とは大きく異なっていたはずだ。
『自伝』には、衆議院議員選挙の際、村の駐在が報告した得票見込みが開票結果とぴたりと一致していた、という元警察幹部から聞いた話が載っている。(12)また、韮塚が講師を務めた警察官教習所には、秩父事件の死刑者のものと伝えられる人骨がぶら下がっていて、同所で彼は事件の被告の調書のつづりを実見している。(13)政府の暴政にやむにやまれず決起した人々の証

458

言を韮塚はどのように思ったのだろうか。

　戦死者の町村葬で知事弔辞の代読を務めることも増え、彼も「次第に息づまるおもいがして来た」(14)。そして校長になって間もない1941年9月、教え子から最初の戦死者が出た。その父親は韮塚に「先生の教え子は立派に先生のお教を守って、壮烈なる戦死を遂げました」という手紙をよこした。韮塚はこの手紙を読んで「泣けて泣けてしかたなかった」(15)と述べている。韮塚の突然の教職離脱は、自身の教育観・歴史観の動揺があるいは理由の1つかもしれない。

　校長退職後の東京での暮らしぶりは『自伝』では不明だが、アメリカ軍機の機銃掃射と空襲で2回死地に立たされた。空襲の恐怖からだろうか、教え子とおぼしき子どもたちが韮塚の肩にすがり付いて、一緒に連れていってくださいというので、両脇にかかえて火の海のなかを逃げ惑う夢を繰り返し見たと回想している。さらに敗戦後は「大正デモクラシーの時代、自由に楽しい生活を送った教え子の多くが不幸戦場で散華しているのをおもうと、腸がちぎれるおもいがする。そして苦しんだ」(16)と、当時の心境をつづっている。

　一方、東京で暮らすことで故郷のよさを再認識したようだ。敗戦を期に韮塚は再び郷里に戻り、教育の世界に復帰することを決意した。彼の意向に対し、県は教員としてではなく県立埼玉図書館長としての復職の道を示した。

　韮塚はこの打診に対して、師範出身者が通ったことがない新しい道であり、それを開拓することには意味があると考えた。それからもう1つ、「図書館経営は大空に向かって石を投げるような仕事である。人の子を誤ることも比較的少ない」(17)とも述べている。多くの教え子を結果として死地に追いやったことが、やはり大きく彼の心にのしかかっていたようだ。

　韮塚の帰郷を県教育界の側から考えてみると、まず韮塚の学校教育現場への復職はありえなかっただろう。1945年10月から12月の連合軍総司令部（GHQ）「日本教育制度に対する管理政策」で軍国主義・国家主義の教員が追放対象になり、また日本史の授業が停止された。第1章で見てきたように、韮塚は国家主義的な日本史教育を唱導し、視学、校長を歴任してきた。仮に1944年6月に校長を辞任せずに敗戦後まで在職していたとすれ

ば、教員適格審査で不適格と判断され、教職を追われていたと推定される。なお、埼玉県での不適格者は70人だった[18]。

　他方、戦中・戦後の混乱のなか、県教育界は人材が不足していた。GHQは図書館の役割を重視していて、県立図書館長は図書館改革の担い手となることが期待されていた。その点、視学、校長を歴任し、県内教育事情に精通していた韮塚は得がたい人材だったろう。韮塚の回想では、「県の方から図書館再興のため帰って来いという思いがけない話が舞い込んできた」としている[19]。

　さらに1944年に校長を辞したことは、戦末期教育政策への消極的な「抵抗」と解釈することもできるのであり、県当局もGHQ（埼玉軍政部）に問題視される可能性はないと判断し、韮塚の復帰を決断したと思われる。県が軍政部に対して教員適格審査不適格者を最終報告したのは、47年3月1日。韮塚が地方事務官に任じられ、県立図書館長に補せられたのは、47年3月20日だった（46年3月31日から同日までは館長事務取扱）[20]。

　一方、アメリカは図書館の役割を重視していた。埼玉県では1947年5月、軍政部からの勧告「図書館審議要綱」が県教育部長名で県内図書館などに通知された[21]。アメリカ側（軍政部）からも、県立図書館復興と県内図書館改革の中心になりうる人材が、県立図書館長に就任することが期待されていた。

　ティモシー・ライアン（Timothy J. Ryan）中佐を司令官とする埼玉軍政部（第79軍政中隊）は、1946年6月に県立図書館に隣接する旧埼玉会館別館に移転し、同年8月に館内に英文図書室が設置された。ライアンは図書館改革に理解を示し、韮塚との関係も良好だったようだ。韮塚もライアンが友好的で紳士だったと好意的に回想している[22]。アメリカ側も韮塚の人柄や才能を評価し「過去」を不問に付したと考えられる。

3　県立図書館改革

　韮塚自身にとって図書館は再起の場だった。1946年4月1日館長（事務取扱）に就任した韮塚は、ただちに図書館再開の準備にとりかかった[23]。同月

6日館員一同と再建について協議し、5月1日に再開館した。韮塚は6月1日付で文部省への調査報告「本館ノ現況竝其ノ対策」をまとめている。彼は図書館については門外漢だが、同館の現状と課題を的確にまとめている。長年の学校教育、教育行政での経験が活用されたのだろう。

この報告は同月末の都道府県中央図書館会議でも彼自身によって報告された。まだ多くの図書館関係者が茫然自失の状態のなか、韮塚の存在は注目されたと想像される。特に文部省出身の有山崧には、元視学の韮塚が図書館の充実を説く様子は印象深かったと思われる。次節でみるように、東京の隣県埼玉に在住・在職しているという地の利もあり、韮塚は中央図書館界に活動の場を広げていく。

県立図書館の再建は、1950年4月の図書館法制定・公布によって本格化する。同法の制定・公布を受け、韮塚は「埼玉県図書館報」に「図書館法実施にあたりて」と題してその所感をまとめている。彼は、図書館法の特色として新しい公共図書館のあり方を具体的に明示したこと、情報頒布の機関としての性格を明らかにしたことなどを挙げたうえで、欲していた姿とはかなりの隔たりがあるとしながらも、この法律の成立によって図書館界は大きな発展の足掛かりを得たとして、次のように述べている。

> われわれはこの法のかげに隠れて倫安をむさぼることがあつてはならないしまた法の内容の批判に止つてもおるべきでない。要は今日を期してひたすら前進することである。われわれが前進することで法も亦前進するであろう[24]。

韮塚館長時代の県立図書館改革は、『埼玉県立浦和図書館50年誌』に詳しいが、そのなかで『自伝』で彼自身がぜひ語りたいとするのが、移動図書館むさしの号の発足だった[25]。むさしの号の命名発会式は、図書館法の施行日と重なっていた。韮塚は「新しい図書館像を描いて燃えに燃えていた」。韮塚がむさしの号にかけた夢は、本を身近に届けることによって人々に虚脱状態から脱してもらいたいこと、さらに未来を担う青年にこれによって希望の灯をともしてもらいたいことだった。さらにこれをきっかけに県下隅々まで奉仕網を張り巡らして、県立図書館改革の実をあげたい、

第2章　県立図書館長としての韮塚

館舎改築を進めたいという願いも込められていた。

また韮塚は、図書館法を定着させるためには、従来の規則類を同法に基づいたものに改訂することが必要だと考えた。それは「図書館奉仕」の制度的な具現化を意味していた。1951年3月「埼玉県立図書館設置条例」が制定され、翌52年4月には「埼玉県立図書館協議会条例」が制定された(26)。52年5月「埼玉県立図書館規則」などが制定され、24年の館則などから「解放」された(27)。新たな規則によって2課6係制を敷き、「保存中心の運営を大きく利用中心の奉仕へ展開させ(28)」た。

韮塚には、図書館にかける情熱と戦前に培った管理職としての経験があった。韮塚館長のもとで、若い館員たちも新しい図書館づくりに熱心に取り組んだ。有山も「埼玉は館は古いが、全国で一番若い館員、それががんばっているから、将来が楽しみだ(29)」と述べたという。そうした彼らの前に常に立ちはだかったのが、県の財政難である。

例えば、移動図書館も1947年5月の軍政部勧告「図書館審議要綱」でその「拡大」が唱道されていた。県は1948年3月に移動図書館実施の計画を立てている。しかしその実現は50年度になり、千葉県立のひかり号の後塵を拝することになった。廃墟のような館舎の改築も彼の悲願だったが、その在任中には結局実現しなかった。新館落成は60年5月のことである。

苦しい台所事情は、埼玉県に限ったことではなかった。図書館財政の確立には国の援助が必要不可欠だった。図書館法に立脚した改革を推し進め、図書館の地位を確かなものにするためには、国の図書館政策の拡充が重要である。かつては県の教育行政を実質的に担ったこともある韮塚であるから、そのことを痛感していただろう。

4　図書館運営補助金問題

1953年度、韮塚は協会公共図書館部会の部会長になった。『自伝』によれば、彼を部会長に「無理やりに引き出した」のは有山や叶沢清介県立長野図書館長（有山の後任の協会事務局長）だったようだ。韮塚は県立図書館長の職を辞した57年までその任を務めた。

従来の図書館法制定過程に関する研究では、韮塚の名前は特筆されていない。しかしその『自伝』を読むと、彼が図書館法の協会案起草で一定の役割を果たしたことがわかる。彼は図書館法を「図書館協会が、キニー氏の助言を得て、立案し、それを文部省と占領軍の連絡を取ってつくりあげたものだから、これこそ民主的の図書館法である」とする。また、有山の生涯を「戦後の日本図書館協会の再建と、図書館法成立のために生まれて来たような人だった(30)」とする。

　繰り返しになるが、韮塚は戦前期に視学、校長を務め、教育行政に通じ、内務官僚との交流もあった。戦後改革で内務省自体は解体されたが、元内務官僚は中央政官界に強い影響力を維持していて、韮塚の知己も少なくなかった。

　彼の『自伝』の「図書館法生まれる」の項で名前が出てくる図書館関係者は、キーニー（Philip O. Keeney）、有山と金森徳次郎協会会長（国立国会図書館長）である。岡田啓介内閣の法制局長官を務めた金森、元文部省の有山、それに韮塚も参加して協会案が作られていったとすれば、現実的な案になるだろうが、「理想の高い」人たちからすれば不満が残ることになるだろう。

　公共図書館部会の幹事には、戦前からの長い図書館での勤務をもつ古参の館長が少なくない。そのなかで図書館での勤務歴10年に満たない韮塚の公共図書館部会長就任は、有山らの強い意向が反映されていたと考えられる。図書館法を前向きにとらえ、同法のもとで公共図書館の改革を積極的に推進していく旗振り役として、有山らは韮塚に期待を寄せたのだろう。

　韮塚の部会長就任初年度の記録は『公共図書館部会の歩み　1954』にまとめられているが、その表紙裏には「宣言」が採択された1954年の第7回全国図書館大会に公共図書館部会から提出された次のスローガンが掲載されている。

一、　図書館財政の確立を期する
二、　図書館職員の身分の確立を期する
三、　市立図書館の設置拡充
四、　図書館の中立性を守ろう(31)

第2章　県立図書館長としての韮塚　463

このスローガンの次、本文1ページ目には韮塚の就任から1年の回顧が「おもうこと」と題して掲載されている。彼は「この一ヵ年間は私にとっては極めて永い一ヵ年でした」とし、「何といつても忘れ得ぬことは補助金獲得の苦心でした」と述べ、図書館運営補助金の問題の経緯を記している。この1953年は「憲章」制定が決定し、韮塚らによってその案文が起草され、館界で議論された年だが、このことには一切ふれていない。
　『自伝』でもこの時期のことを2章を割いて回想しているが、「憲章」・「宣言」制定の経過を述べた部分と補助金問題のそれの分量はほぼ同じである。『図書館年鑑1984』で、「特集　図書館の自由に関する宣言30年」が組まれ、韮塚へのインタビューが実施されているが、「憲章」制定の経緯を問われ答えているうちに、補助金問題に話が移ってしまっている。[32]
　韮塚にとって、補助金問題は「憲章」や「宣言」よりも印象深い出来事だったようだ。そこでこの補助金問題とはどのようなことだったかを簡単に振り返ってみたい。
　1950年制定当時の図書館法では、第20条から第23条に図書館振興のための補助金の条項が盛り込まれていた。西崎恵はこの条項の意義を次のように述べている。

　　国としても公立図書館を中心とする、図書館活動の促進に多大の責任を有するものであるから、これを大いに奨励するために、でき得る限り多額の補助金を獲得すべく努力しなければならないのは当然である。[33]

　しかし1951年度の補助金はわずか1,000万円にとどまり、翌52年度は800万円に減額された。53年度は900万円に増えたものの、「国庫補助金は少くとも各館の入館料〔収入：引用者注〕を上回るのではないかという希望的観測」を下回り続けていた。[34] 当時の国の財政状況からするとやむをえないのかもしれないが、「この様に年々削減されて行く事は国家の図書館行政に対する具体的な意思表示と見られ、我が国1,000に近い公共図書館の運営並びに図書館職員の士気に及ぼす影響大」であると考えられた。そこで、53年8月に韮塚公共図書館部会長名で文部大臣に「国庫補助金増額

に関する要望」を提出し、補助金の増額を陳情した。[35]

　この陳情の成果か、文部省も5,000万円の予算を大蔵省に提出した。しかし1954年度予算編成にあたり国は、再軍備（1954年7月、自衛隊発足）のためには教育や社会事業費の大幅削減が必要であるとし、補助金全面打ち切りの方針を立て、これに基づき図書館設置運営費補助金、ならびに司書・司書補講習予算の全額削除の方針を打ち出した。

　増額どころか全面削除という情報は、1954年1月4日に韮塚らに伝わった。図書館法を守り、また公立図書館を発展させるために、是が非でも補助金を復活させなければならなかった。公共図書館関係者は各方面に必死に復活をはたらきかける。1月7日には、土岐善麿協会理事長名で内閣総理大臣、大蔵大臣、文部大臣、衆・参両院議長、衆議院予算委員長、自由党政調会長宛てに「復活要望」が提出された。[36]

　前述の『公共図書館部会の歩み　1954』収録の韮塚の「おもうこと」や「部会日誌抄」を見ると、韮塚もその人脈を十二分に活用して巻き返しを図ったことがわかる。土岐理事長とともに大達茂雄文部大臣私邸への「朝駆け」もおこなった。韮塚らの奔走が功を奏したのだろう、1月13日、1953年度に比べて4分の3に削減されたが700万円の予算が復活した。韮塚らによる必死の要請行動のかいあってか最悪の事態だけは避けることができたのである。[37]

　しかしこの1954年度予算での図書館補助費削減方針は、後世に大きな禍根を残すことになり、59年に至って図書館法第22条は全面削除となる。[38] 55年4月の「図書館雑誌」には、韮塚の「国庫補助金は文化保障費」と題する一文が掲載されているが、この文章では55年度予算編成で再び図書館補助金の削減が俎上に上がっていることに対する怒りをあらわにしている。[39]

　韮塚は『自伝』で「図書の移動公開、接架方式、入館料を無料とする3点は、今後図書館方針がいかに変わろうとも、残さるべきものであろう」[40]と述べている。彼にとって図書館補助費の削減は、無料公開制度を根底から揺るがすものであり、それは図書館法の基本精神の否定に直結していた。図書館運営補助金問題を韮塚が重視するのは、彼にしてみれば当然のことなのである。

5　「図書館の危機」

　韮塚は図書館運営補助金問題が山場を迎えた1月13日にNHKラジオの録音をおこない、翌14日「図書館の危機」と題して放送された。その内容は不明だが、録音の時期から考えれば補助金削減が図書館法を空洞化するものであり、図書館の発展振興に深刻な打撃を与えることを「危機」ととらえ、広く聴き手に訴えたものとみてまちがいない。
　この放送から間もない2月、蒲池正夫による同名の文章が「図書館雑誌」に掲載された[41]。こちらの文章は、蒲池が「憲章」採択に慎重だった関係者の代表的存在で、有山が「四国のKさん」からの手紙として彼の批判を紹介し[42]、さらに「宣言」採択に関する総会での「長広舌」[43]もあり、よく知られている。
　確かに蒲地の「図書館の危機」でも、その前半部分で「原則論ではどうにも図書館の自由が守りきれないからこその危機」が述べられている。しかし後半では、補助金打ち切りによって図書館の近代的原則が失われ、図書館法の権威を脅かされるという「危機」を指摘している。
　そして3月、今度は有山が同名の一文を「Books」に発表した[44]。有山もまた、1954年度予算編成時の補助金削減問題という「危機」が、政党と官僚の「上手な駆け引き」によって作り上げられ、既成事実化していくさまを、「1つの暴力行為であって、法治国家に於ける自殺行為」と手厳しく批判している。
　有山の「図書館の危機」では、「今回の騒動」の教訓として国会やマスコミへのPR活動が重要であると述べ、さらに次のように文章を結んでいる。

　　もし今度の予算措置の余波として、このような不法暴力行為が我々の上に加えられるならば何んとしても阻止しなくてはならない。このような事の実行されないよう監視しながら、自由人の支持と協力を得て、強い抵抗を用意したいと念じている

有山がいう「強い抵抗」とは、どのようなものかはよくわからない。だが1953年10月段階での「憲章」委員会案は「図書館の自由が侵される時、われわれは団結して抵抗し、関係諸団体との協力を期する」だったのが、翌54年6月の「宣言」当初案では「図書館の自由が侵される時、我々は団結して関係諸団体との協力の下に抵抗する」となった。この文言の変化にも、補助金問題が影響しているように思われる。
　有山や韮塚は補助金問題に強い危機感を抱いていた。それはこの問題が図書館法をないがしろにするものだったからである。もちろん蒲池もある程度共通した危機意識をもっていたが、図書館法は有山らが悪戦苦闘のうえに獲得した法律だった。したがって問題意識も鮮明であり、そこにある種の温度差が生じることになった。
　有山は図書館法制定に際し、次のように言っている。[45]

　　図書館法の内容より以上に、我々にとって重要なものは、この法律を制定するに当って示した館界の団結の力である。この調子で法の後に来るべき本当の戦い——実際の活動を通して法の精神を具現する戦を開始しやうではないか。

　図書館法の内容が不十分であることは有山らが最もよくわかっていた。「消え去った虹」[46]と批判することもたやすい。周囲の無理解のなかで、前引のように韮塚は「われわれが前進することで法も亦前進するであろう」と述べ、有山を力強く援護した。
　また有山は、図書館法制定時に「図書館界は社会教育機関として最も組織的なインフォーメーション・センターとして注目され」ているとし、さらに次のように言っている。

　　何をインフォームするか、その点が今後重大事である。図書館はあくまで、偏することなく公平に情報を社会に提供すべきである。この点についても、今後図書館界はシッカリした覚悟を必要とする事態に直面すると予想される。[47]

1953年7月、有山は「出版ニュース」に「図書館憲章」という一文を書いている。ここで有山は「憲章」を「図書館の職業意識に基づく倫理規定」とし、「我々が図書館憲章を作ろうというのは、予見さるべき事態に対処するための我々の拠り所を用意しようとする予防的措置である」(48)と述べている。

　埼玉県図書館界からの「憲章」制定の提起は、有山にとってまさにわが意を得たものだった。「憲章」制定の小委員会では、韮塚らの助言を受けながら有山が中心になって起草されていったと推定される。補助金問題は有山たちの危機意識を先鋭化させ、「火中の栗」を拾うことを決意させたのだろう。この危機感がバネになって、「図書館の職業意識に基づく倫理規定」としての「憲章」が「宣言」と名称変更され、法三章的草案に解説の文章が書き加えられていったのではないだろうか（この副文は議論の果てに削除されることになるのだが）。

　「はじめに」で、堀部政男が「宣言」の先駆性と正当性を評価していることを紹介したが、堀部はまた、「宣言」が法的には図書館法を補完するものとして大きな意義を有しているとも評価している。(49)有山や韮塚による「憲章」「宣言」の制定には、図書館法を補強・発展させ、同時に図書館法に依拠した図書館活動を拡大させようという意図もあったと考えられる。

　前述のように、『図書館年鑑1984』の特集企画のなかで韮塚への聞き取り調査が実施された。その冒頭で韮塚は、「私はこのあいだの協会90周年のとき、図書館の自由を守ったということで表彰を受けたのですが、そんなすごいことをしたのかと、面映ゆい気でいるのです」(50)と述べている。これは韮塚の率直な感想だろう。

　一方聞き手からすると、韮塚からは期待していたような証言が得られなかったようで、弥吉光長への追加インタビューが実施された。この特集での一連のインタビューを読むと、聞き手には現代（1983年当時）の「見立て」があり、関係者の証言によってそれを裏づけようとしたようだ。確かに「若い人と館長クラス」であるとか「関東と関西」といった周辺事情は存在していただろうが、韮塚や有山の発想の原点には別の側面があったとみられる。

注

（1）韮塚一三郎「戦時中の二か年を回顧する」、熊谷市立熊谷西小学校開校百年記念事業実行委員会、『開校百年記念誌』所収、熊谷市立熊谷西小学校、1973年、59ページ
（2）高橋昇「戦時下の練成教育」、同書所収、60ページ
（3）『埼玉県教育史』第5巻、埼玉県教育委員会、1971年、424—435ページ
（4）「熊谷市報」第90号、1943年9月10日、5ページ
（5）前掲『忘れえぬ人びと』173—174ページ
（6）同書91ページ
（7）埼玉県師範学校附属小学校編『中正原理日本教育の経営』文泉堂書店、1934年
（8）埼玉県師範学校附属小学校著『中正原理日本教育の各科経営』文泉堂書店、1934年
（9）埼玉県師範学校附属小学校編『日本教育性格陶冶と教科経営』文泉堂書店、1936年
（10）前掲『忘れえぬ人びと』91ページ
（11）前掲『埼玉大学教育学部附属小学校開校百年教育小史』113—119ページ
（12）前掲『忘れえぬ人びと』120ページ
（13）同書119—120ページ
（14）同書103ページ
（15）同書154ページ
（16）同書174—175ページ
（17）同書175ページ
（18）木村泰夫「軍政部と教員適格審査」『埼玉軍政部と教育——施策と人々』木村泰夫、1967年、47—52ページ
（19）前掲『忘れえぬ人びと』175ページ
（20）前掲『埼玉県立浦和図書館50年誌』149—150ページ
（21）木村泰夫「図書館について」、木村泰夫編『埼玉終戦教育資料公文書集録』所収、木村泰夫、1967年、154—156ページ
（22）前掲『忘れえぬ人びと』179ページ
（23）前掲『埼玉県立浦和図書館50年誌』33ページ
（24）「図書館法実施にあたりて」『埼玉県図書館報』第4号、1950年、埼玉県

埼玉図書館、1—2ページ
(25) 前掲『忘れえぬ人びと』189ページ
(26) 前掲『埼玉県立浦和図書館50年誌』46ページ
(27) 前掲『忘れえぬ人びと』194ページ
(28) 前掲『埼玉県立浦和図書館50年誌』51ページ
(29) 前掲『忘れえぬ人びと』190ページ
(30) 同書184—185ページ
(31) 日本図書館協会公共図書館部会事務局『公共図書館部会の歩み1954』日本図書館協会公共図書館部会事務局、1954年
(32) 前掲『図書館年鑑1984』275—276ページ
(33) 西崎恵『図書館法』(新法文庫)、羽田書店、1950年、103ページ
(34) 韮塚一三郎「公共図書館——部会を中心に」「図書館雑誌」第47号第12号、1953年、日本図書館協会、378ページ
(35) 前掲『公共図書館部会の歩み　1954』8ページ
(36) 韮塚らのこの1週間の活動は「公共図書館部会の歩み(部会日誌抄)」(前掲『公共図書館部会の歩み　1954』所収、5ページ)を参照。
(37) 同書9ページ
(38) 塩見昇／山口源治郎編著『新図書館法と現代の図書館』日本図書館協会、2009年、155—160、393—394ページ
(39) 韮塚一三郎「国庫補助金は文化保障費」「図書館雑誌」第49巻第4号、1955年、日本図書館協会、114—115ページ
(40) 前掲『忘れえぬ人びと』185ページ
(41) 蒲地正夫「図書館の危機」「図書館雑誌」第48巻第2号、1954年、日本図書館協会、54—55、58ページ
(42) 有山崧「図書館憲章」「図書館雑誌」第48巻第1号、1954年、日本図書館協会、25ページ
(43) 「第8回日本図書館協会総会議事録」「図書館雑誌」第48巻第7号、1954年、日本図書館協会、253—254ページ
(44) 有山崧「図書館の危機」「Books」第47号、1954年、Booksの会、2—4ページ(『有山崧著作集』第3巻、日本図書館協会、1970年、111—113ページ)
(45) 有山崧「図書館法が制定された」「図書館雑誌」44年5号、1950年、日本図書館協会、97ページ
(46) 志智嘉九郎「消え去った虹——戦後公共図書館の歩み」「図書館界」第

11巻第2号、1959年、日本図書館研究会、77ページ
(47) 有山崧「図書館法あれこれ」「図書館雑誌」44年4号、1950年、日本図書館協会、71ページ
(48) 有山崧「図書館憲章」「出版ニュース」7月下旬号、1953年、出版ニュース社、2—4ページ（前掲『有山崧著作集』第3巻、133—134ページ）
(49) 前掲「『図書館の自由に関する宣言』の法学的意義」298ページ
(50) 前掲『図書館年鑑1984』275ページ

おわりに

　1952年12月5日に埼玉県公共図書館協議会が「憲章」制定を協会に提案したきっかけは、同年11月30日の県公共図書館大会での議論の結果だった。韮塚一三郎は、この大会で草野正名がアメリカ図書館協会（ALA）の「図書館の権利宣言」（以下、「権利宣言」と略記）の原文を「辞書を片手に」訳しながら、「憲章」制定を提案したと証言している[1]。「埼玉県図書館協会報」1952年度第2・3号には、「日本図書館憲章（仮称）制定の機運」と題する記事が掲載され、その経過が報告されるとともに「権利宣言」を翻訳した「図書館憲章草案」（おそらくは訳者は草野）が載っている[2]。
　その訳文を改めて見てみると、その末尾に「1951年2月3日の協議会の公式決定」云々の記述がある。これは同日にALA評議会が採択した、「権利宣言」が活字資料だけでなく映画フィルムなどにも及ぶことを示した脚注だろう[3]。つまり草野が手にしていた「権利宣言」は当時の最新版だったことになる。
　草野はこの「権利宣言」を「昭和26年（1951年）慶応義塾大学図書館職員指導者講習の際入手した」[4]と回想しているが、引用のように記述が不正確で詳しくない。『埼玉県立浦和図書館50年誌』を見ると、1951年10月にハント（Hannah Hant）、53年12月にギトラー（Robert L. Gitler）が、県立図書館を訪問しているので、どちらかが情報源だったかもしれない。
　「宣言」の成立過程には、まだ未解明の部分が少なくない。もう少し早い時期に、徹底した検証がおこなわれなかったことが悔やまれる。
　さて、韮塚は1957年7月1日に県立図書館を退職、同日大宮市教育長に就任する（67年11月まで）。彼の人柄や手腕を考えると、有山崧がいう国会などへのPR活動など、館界で十分に活躍の余地があったと思うといささか残念な気がする。しかし大宮市は県都浦和市に次ぐ県内第2の都市であり、人口などを見れば浦和を上回る市勢だった（現在両市は合併して、さいたま市大宮区・浦和区）。「無位無官」で図書館振興に尽くすというのも無理な話ではある。

韮塚は大宮市教育長在任中に全国都市教育長協議会理事長も務めるなど、数々の役職を歴任する。それは彼の優れた力量を示す証しだが、同時に彼の「過去」が戦後10年足らずのうちに不問に付されるようになったことでもある。それはこの国での歴史の「風化」の早さを示すものでもあるだろう。

注

（1）前掲『図書館年鑑1984』275ページ
（2）埼玉県図書館協会編「埼玉県図書館協会報」1952年度第2・3号、埼玉県図書館協会、1953年、3ページ
（3）アメリカ図書館協会知的自由部編纂『図書館の原則――図書館における知的自由マニュアル　第8版』川崎良孝／川崎佳代子／久野和子訳、日本図書館協会、2010年、64―65ページ
（4）前掲「「図書館の自由に関する宣言」採択の頃」152ページ
（5）前掲「故韮塚一三郎先生年譜」

韮塚一三郎略年譜

1899年（明治32年）
　10月　埼玉県大里郡藤沢村（現・深谷市）に生まれる
1919年（大正8年）　20歳
　3月　埼玉県師範学校卒業、熊谷男子尋常高等小学校訓導
1923年（大正12年）　24歳
　3月　埼玉師範学校附属小学校に転勤
　6月　「歴史教授上の所感を語る」を「埼玉教育」に発表
1931年（昭和6年）　32歳
　12月　「国史教育に於ける体認」を「埼玉教育」に発表
1932年（昭和7年）　33歳
　4月　埼玉師範附属小首席訓導
　8月　「私の小学国史教材観概論」を「埼玉教育」に発表
1933年（昭和8年）　34歳
　6月　「日本精神の自覚と国史教育」を「埼玉教育」に発表
1934年（昭和9年）　35歳
　4月　埼玉県視学（学務課勤務）
1939年（昭和14年）　40歳
　3月　埼玉県属兼視学
1941年（昭和16年）　42歳
　3月　熊谷市立熊谷西尋常高等小学校（熊谷市立西国民学校）校長
1943年（昭和18年）　44歳
　3月　埼玉県立熊谷青年学校長となるも1944年6月辞任
1946年（昭和21年）　47歳
　3月　埼玉県立図書館館長（事務取扱）
　5月　埼玉県立図書館再開館
　6月　文部省へ「本館ノ現況竝其ノ対策」調査報告
1950年（昭和25年）　51歳

4月　図書館法制定・公布
6月　埼玉県図書館協会理事長
6月　「図書館法実施にあたりて」を「埼玉県図書館報」に発表
1952年（昭和27年）　53歳
12月　埼玉県公共図書館協議会名で「図書館憲章」制定を日本図書館協会に提案、「憲章」制定のための小委員会委員となる
1953年（昭和28年）　54歳
5月　日図協公共図書館部会部会長
6月　日図協総会で、「憲章」制定小委員会委員として「憲章」制定を提案
8月　文部大臣に「国庫補助金増額に関する要望」を提出
1954年（昭和29年）　55歳
1月　韮塚「図書館の危機」と題してNHKラジオ放送
2月　蒲池正夫「図書館の危機」を「図書館雑誌」に発表
3月　有山崧「図書館の危機」を「Books」に発表
5月　全国図書館大会で「図書館の自由に関する宣言」採択
1955年（昭和30年）　56歳
4月　「国庫補助金は文化保障費」を「図書館雑誌」に発表
1957年（昭和32年）　58歳
7月　県立図書館を退職、大宮市教育委員会教育長に就任（1967年11月まで）
1993年（平成5年）
5月　逝去

第5篇　森博、図書館実践と
　　　その思想

　　　　　　　　　　　奥泉和久

第1部　論考:森博、図書館実践とその思想

序章　森博研究　その意義と目的

　森博（1923—71）は、岡山県に生まれ、岡山県・静岡県などの高等学校教諭を経て、1950年静岡県気賀町立図書館長[1]（同館は、細江町立図書館を経て、現在は浜松市立細江図書館）となる。その後森は一旦は教壇に戻るが、1956年（昭和31年）大田区立図書館の発足に際し、秋岡梧郎（1895—1982）から東京に呼び寄せられる。上京後は、大田区立池上図書館に勤務し、59年には新しくできた洗足池図書館の館長になる。ここで森は大規模（8万冊を収蔵）な自由開架閲覧の採用など、利用者本位の図書館づくりを進めた。

　森は大田区立図書館時代の1960年、日本図書館協会・中小公共図書館の運営基準作成のための委員会に携わった。途中離脱したが、『中小都市における公共図書館の運営』[2]（以下、『中小レポート』と略記）成立後は、この報告書の普及に尽力する。同じころ、『日本の参考図書』[3]の執筆・編集に参加、大きな役割を果たした。1963年には、東京都公立図書館長協議会（以下、東公図と略記）で『東京都公共図書館の現状と問題点　1963』[4]を作成、東京の図書館政策の推進役を担っている。

　その後、森は一時公共図書館界から離れるが、日野市立図書館発足のとき有山崧（1911—69）に請われ、社会教育委員会のなかの特別委員に加わ

る。そこで森が重要な役割を果たしたことを、前川恒雄は森の追悼文で、図書館を市役所のなかに入れるとか、公民館と同じ建物にする、などの案がでていたときに「図書館サービスの基本原則を貫き通すことができたのも、森の強い信念によるところが大きかったと思う」と述べている。日野市立図書館が戦後の公共図書館普及に果たした意義を考えるとき、森の役割も併せて想起されていいように思われる。

　しかし、森が若くして急逝したこともあり、森の図書館実践や図書館に対する考え方はこれまでほとんど明らかにされていない。森にまとまった著作がないことや、関係資料の存在が知られていないこともその一因だろう。確かに数少ない資料から、森の図書館に対する強い情熱を感じ取ることは不可能ではない。そこから彼の精力的な図書館活動の真意を検討することもなされてきてはいる。とはいうものの、限界は否めず、新たな証言、それとともにその証言を裏づける資料の発見が待たれた。

　そこで、ここでは森の図書館実践とその思想を検討したい。分析の視点を示したのちに、研究の意義・目的・方法について述べ、森の図書館での実践を明らかにしていく。

分析の視点

　森研究にとって、先行研究というべき文献はほとんどないといっていい。それでも、次の資料は研究のための手がかりとなる。森が亡くなった直後に、「図書館雑誌」が追悼記事を組んで、森の人物像、業績を紹介している。また、「ひびや」は、森の最期の職場となった都立日比谷図書館の館長、杉捷夫の追悼文を掲載した。大田区立洗足池図書館については、当時すでに高い評価がなされ、森が去ったあとのことだが、そのサービスはトップレベルのものとして紹介された。筆者は、同館のサービスを歴史的に叙述するなかで、当時としては大規模な自由開架式閲覧の採用、貸出とレファレンスサービスによる読者援助、区内各館の相互利用システムの構築などについて紹介、森の実践についてふれた。西川馨は、図書館建築史の観点から森が大規模な開架式閲覧を取り入れたことを評価している。

　『中小レポート』との関連では、森が中小公共図書館運営基準委員会のメンバーだったことから、委員会での森の役割や、発言などがオーラルヒス

トリー研究会によってまとめられている。石塚栄二は、同委員会の現地調査や図書館界での森の発言などから、森の図書館観について自分の推定と断ったうえで、「実証を理念より重視していた」のではないかと述べ、戦後の図書館実践の再検討を提起した。森が『日本の参考図書』の執筆・編集に携わった意義については、菅原勲の論考がある。

ところが、森の気賀町立図書館時代の実践などについてはほとんど明らかにされていない。『細江町史』に記述があるものの、サービスの概要さえ知ることはできない。資料にしても、浜松市立細江図書館に1950年に創刊された、気賀町広報誌「新しい町」が所蔵されている程度で、これによって開館当時の数日間の様子はうかがえても、図書館の全体像は浮かび上がってこない。森の原点ともいうべき気賀町立図書館については、より詳しい分析の必要がある。

森研究の検討に入るにあたって、以下のように時期区分をした。

第1期　静岡県・気賀町立図書館時代

1948年4月から53年3月までの5年間で、静岡県・気賀町立図書館での図書館運営が中心。

第2期　大田区立図書館時代

1956年4月から64年5月までの8年間で、大田区立図書館でのサービス以外にも、東公図での活動、『中小レポート』作成の経緯、普及活動、『日本の参考図書』執筆・編集などがある。

第3期　その後、東京都立日比谷図書館まで

1965年8月から71年6月までの7年間で、大田区立図書館退職後、一旦は公共図書館界から離れ、最後の東京都立日比谷図書館までの期間。

本篇では主に第1期と第2期を検討する。

研究の意義と目的

第1章では、前述の第1期について、特に森の気賀町立図書館時代の実践と、その根拠になった図書館思想について検討する。1960年代の初めに、森が大田区立洗足池図書館で先駆的な活動を展開したこと、なかでもレファレンスサービスの普及に情熱を傾けるようになった経緯などを解明するためにも（順次研究を進めることになる）、気賀町立図書館時代の活動

を明らかにしておく必要がある。

　1960年代に図書館が飛躍的に発展するが、50年代の活動に関してはこれまで十分な検討がおこなわれているとはいいがたい。図書館法成立前後の図書館サービスの実情については、これまで資料の掘り起こしが十分とはいえず、森研究は、この時期を再評価する試みになるのではないか。さらにはこの時代の図書館活動の模索が、60年代に『中小レポート』を生み出す原動力になったのではないかという仮説を検証する作業の一環にもなるだろう。

　第2章以降では、森博の、大田区立図書館時代の仕事を取り上げ、その分析を試みる。森が大田区立図書館に在籍していたのは、1956年（昭和31年）から64年までのわずか8年だった。年齢でいうと33歳から40歳までである。森は、71年に48歳の若さで没している。公共図書館に在籍したのは、上京する前に静岡県気賀町立図書館に約2年、大田区立図書館を退職してから7年後、亡くなる前の半年間に東京都立日比谷図書館だけであり、これらを合わせても10年にしかならない。8年足らずといえども、大田区立図書館時代は、彼の公共図書館員としてのほとんどの時期を占めているといっていいだろう。

　ところで森は、これまで図書館史研究のうえでも重視されていたとはいいがたい。森博を記憶している人は、同時代に図書館員だった人か、そうでなければ何かの折に『中小レポート』の調査であるとか、『日本の参考図書』の最初の編集委員のメンバーだったことを知っていたか、あるいは注意深い読者であれば、前川恒雄『移動図書館ひまわり号』のところどころに森のことが記述されているのを記憶しているなどに限られるのではないか。それも東京かその周辺の地域の人に。また、大田区立図書館についても同様のことがいえるだろう。日野市立図書館が公共図書館を大きく変えたこと、その前には高知市民図書館がBM（Book Mobile）を走らせ活躍していたことは広く知られているが、大田区立図書館が東京23区の牽引車としてはたらいた時代のことについて知る人はごく一部にすぎないのではないか。

　そこで、森が気賀町立図書館、大田区立図書館に在籍した期間を中心に検討する意味はどこにあるのか。はじめにこのことを整理しておこう。な

お、ここでは森の公共図書館にかかる活動を取り上げることにし、ミシガン大学図書館、順天堂大学図書館での活動については、筆者の力量を超えることから考察の対象にしない。

課題の整理

次のように課題を整理してみた。

第1、1950年代後半から60年代の前半という時期は、時代の大きな転換期だった。戦災によって大きな打撃を受けた東京の図書館もようやく戦前の水準まで達し、さらにそれが発展する兆しが見え始める時期である。『中小レポート』が発表されたのが63年。この時期にこれからの図書館の進むべき方向を見据えた人物はどういう人たちだったのか。その1人として森を考えてみたい。

第2、時代が大きく変わるそのときに、森が、進むべき方向を示した図書館人の1人といえるのなら、森はどのように図書館の現場で実務をこなし、思想形成したのかを見ておく必要がある。森は、『中小レポート』を作成する過程で、委員の間からは理論家として一目置かれる存在だった。また、森は清水正三らとともに東公図で東京の図書館振興策の土台づくりを担った。『日本の参考図書』の編集を担当するなど、レファレンスサービス普及のための下地も作っている。これらの作業はもちろん個人の力でどうなるものでもないし、それぞれの組織による成果と見なすべきであるだろう。そこに森が何らかのかたちで関与していたことは疑いない。そこでの森の関わり方はどうだったのかを見ておく。

第3、そのようにして森は、図書館界と関わりをもつに至るが、では、そこで発揮したような力はどこで身につけたものなのか。『中小レポート』の作成では理論家たるにふさわしい活躍をするのだが、その理念はどこで培われたのだろうか。森の図書館実践のなかに、その問いに対する手がかりがあるのではないか。

森を東京に引っ張ってきたのは、秋岡梧郎である。それは森が秋岡の眼鏡にかなったということにほかならない。とするなら、森の気賀図書館時代の活動を詳しく検討する必要があるだろう。

森は、気賀町と大田区という図書館の現場で実践を積み重ねた。それが

たとえわずかな期間だったとしても、理論を形成するうえで重要だったのではないか。仕事にかかる時間の長さだけで仕事の内実を推し量ることはできないし、図書館という組織のなかで1人の仕事をどのように評価するのか難しい点は多々あるが、図書館現場でのサービスの実施状況を丹念に追い、そこから森の図書館思想の形成を検討する。次に、県立図書館が図書館経営の中心だった1950年代から60年代に、日本図書館協会（以下、JLAと略記）や東公図などの組織の一員として、図書館界とどのように関わったのかを見ておきたい。

注　※〔　〕内は著者補記
（1）菅原勲作成「森博略年譜」、都立図書館の歴史を残すプロジェクト（都立図書館を考える会）編『図書館を創る力――都立中央図書館開館への記録』所収、東京都庁職員労働組合教育庁支部日比谷分会、2013年、38―40ページ
（2）『中小都市における公共図書館の運営』日本図書館協会、1963年
（3）日本の参考図書編集委員会編『日本の参考図書』日本の参考図書編集委員会、1962年
（4）東京都公立図書館長協議会編『東京都公共図書館の現状と問題点 1963』東京都公立図書館長協議会、1963年
（5）前川恒雄「激しく、やさしい人」、「故・森博氏追悼特集」「図書館雑誌」第65巻第11号、1971年11月、593ページ
（6）前掲「故・森博氏追悼特集」「図書館雑誌」第65巻第11号、1971年11月、588―595ページ。秋岡梧郎、前川恒雄のほかに、小田泰正、北村泰子、広瀬利雄、加藤弘の追悼文が収録されている。
（7）杉捷夫「森課長を悼む」「ひびや」（東京都立日比谷図書館）第103号、1971年8月、1ページ
（8）〔石井敦〕「中小図書館ベスト・9」「中小図書館運営」第3号、1966年10月、7―10ページ。森の退職後ではあるが、中小図書館として、最高の評価がなされている。なお、この記事の筆者は、中小公共図書館運営基準委員会や小図書館運営研究委員会の調査などで各館を見学する機会があったと述べ、日野市立図書館を「3番ファースト・王」、洗足池図書館を「4番、サード・長島」などとランク付けをおこなっている。無署名だが、

石井敦先生古稀記念論集刊行会編『転換期における図書館の課題と歴史——石井敦先生古稀記念論集』（緑蔭書房、1995年）収録の著作目録に、石井の著作として所収されている（347ページ）。

（9）小川徹／奥泉和久／小黒浩司『公共図書館サービス・運動の歴史2　戦後の出発から現代まで』（「JLA図書館実践シリーズ」5）、日本図書館協会、2006年、72—76ページ。大田区立図書館に関する部分は、奥泉が執筆。

（10）西川馨『図書館建築発展史』丸善プラネット、2010年、39—40ページ

（11）オーラルヒストリー研究会編『『中小都市における公共図書館の運営』の成立とその時代』日本図書館協会、1998年。このとき森はすでに亡くなっていた。そのことと関係があるかどうか確かではないが、森に関する聞き取りは十分おこなわれたとはいいがたい。その後、森に関する資料調査に限界はあるものの、関係者に話を聞く機会を得て、森が戦後公共図書館の転換点に立ち、発展のために力を尽くしていたのではないかという仮説を立てるに至った。

（12）石塚栄二「戦後公共図書館発展の背景」「図書館文化史研究」第22号、2005年9月、63—72ページ

（13）菅原勲「『日本の参考図書』誕生への軌跡——森博氏の関わり」、岩淵泰郎教授古稀記念論集刊行委員会編『白山図書館学研究——岩淵泰郎教授古稀記念論集』所収、緑蔭書房、2002年、53—55ページ

（14）『細江町史　通史編下』細江町、1992年、318—319ページ

（15）「新しい町」（気賀町）創刊号、1950年7月。「町立図書館第1回報告」に開館当時の様子が報告されている。

（16）第1章は、拙稿「森博図書館実践とその思想——静岡県気賀町立図書館時代の活動を中心に」（「図書館界」63巻2号、2011年7月、186—195ページ）を加筆修正したもの。

（17）第3、4章の一部は、拙稿「特別講演　戦後公共図書館史研究の方法と課題——森博の図書館実践の検討をとおして」（「図書館文化史研究」第30号、2013年9月、31—54ページ）を加筆修正したもの。

（18）前川恒雄『移動図書館ひまわり号』筑摩書店、1988年

第1章　静岡県気賀町立図書館時代

　気賀町は、静岡県西端の引佐郡の南部に位置し、浜名湖に臨む。江戸時代、東海道の姫街道（脇街道のこと）気賀の宿には関所が設けられ、交通の要所として知られていた。1955年（昭和30年）の町村合併によって細江町となり、現在は浜松市に編入されている。

　1949年当時の気賀町は、人口約1万1,500人。戸数約2,000。産業は農業が主体で、約半数の1,152戸を占めていた。江戸時代から琉球藺（七島藺とも。藺草のこと。畳表の原料で遠州表として流通）が当地の特産品として知られていたが、50年代後半から細江町のみかん産業が盛んになった。[1]

　町長は、1948年から55年まで杉浦卓朗。合併後の55年、杉浦は初代の細江町長となり、71年静岡県議会議員に当選。1977年まで県議を務めた。[2]

1　気賀町立図書館の活動

高校教師時代

　1948年、森博は他県の高校教師から家庭の事情によって、静岡県立気賀高校に着任する。大田区立図書館で森の部下だった菅原勲は、森が高校時代に「学校図書館の研究」[3]をしていたと述べているが、そのころのことはほとんど知られていない。高校時代のエピソードとしては、秋岡梧郎が追悼文で、森は「高校の教師をしていたのだが、戦後パージにひっかかってやむなく教職を去ることになった」[4]という記述がある程度である。

　われわれが知りたいのは、なぜ森が気賀町立図書館へ移ったのか、その理由についてなのだが、それは必然的に高校教師を辞めた理由ということになるのだろう。では森は、秋岡が言うように「戦後パージにひっかかってやむなく教職を去ることになった」のだろうか。

第1章　静岡県気賀町立図書館時代　　485

森の教え子で気賀町立図書館に勤務したことがある福嶋礼子によれば、1948年、森は着任早々気賀高校の図書室を改革したという。校長室の片隅にあったガラス戸付きの書棚を空き教室に移し、ガラス戸をはずした棚には『〇〇修養全集』などに代えて、ゴーリキーやツルゲーネフ、バルザック、パール・バックなど150冊ほどの本を並べ、開放的な図書室をつくった。そして、全校生徒を講堂に集め、本の並び方（分類、NDC か）や利用の仕方について説明したという。(5)

　ところが、就任して半年たったころだろうか、「デルタ」という名の新聞が校内に出回った。これは一部教師の無気力、無節操な言動などを揶揄した内部告発的な宣伝文書で、その出所が問題になった。同じころ、反動的な生徒が、官僚的な校長のやり方に反発して試験のボイコットを計画したり、ストライキ騒動を起こした。戦後直後のことであり、高校も相当混乱していたという。ストライキは、直前になって森や山村誠ら一部の教師(6)の尽力によって回避され、事態は収拾した。しかし、気賀町立図書館発足時から森を知る松田不秋によれば、森や山村は、生徒の側に立ったことで学校側からは反体制的な教師と見なされ、結果的に一連の騒動の責任をとるかたちで高校教師を辞すことになったという。(7)

気賀町立図書館、発足の準備

　1949年3月、森は気賀高校を退職、4月に杉浦町長の後押しで気賀町立図書館長になる。森と杉浦に個人的な関係があったのかどうかは不明だが、森にとって杉浦は数少ない理解者の1人だったようだ。それから1年の準備期間を経て、図書館は1950年に開館する。

　しかし、実際には1948年の春から図書館開館の準備はおこなわれていた。場所は役場内議事堂の小室で、図書費の予算は5万円、蔵書100冊、隔日夜だけ開館する図書館がスタートしている。これは森が気賀高校に就任した時期とほぼ重なる。

　なぜ気賀町に図書館がつくられることになったのか、森は、後年次のように回想している。

　　一つには文化的な生活の向上をねがう世論の力であり、もう一つには

町当局が誠意を持ってそれを受けようとしたところに、その一手段として図書館が浮かび上がった。(略)この図書館ははじめから図書館という特殊を目的としてせまい一本道を進んだのではなく、広い文化活動一般の中から、深い文化への衝動を因として、実現可能な範囲で「えらび出され」たものなのです。[8]

　森は、当時助役だった杉浦に町立図書館の開設準備を依頼されている[9][10]。松田も杉浦から、森と図書館をつくる仕事をするので力を貸すように、と声をかけられている[11]。図書館づくりは、もともとは杉浦助役の発案だったようだ。
　松田によれば、準備のための部屋の大きさは、4、5坪（約15平方メートル）ほどで、人を雇う予算もなかった。1949年には、気賀高校で事件を起こした生徒たちが森の周りに集まり、貸出の手伝いなどをして運営をバックアップした。福嶋（当時土井）は、このころこの図書室を利用している。

　私がその小さな図書室を利用したのは、1949年、高校3年のとき。そのコレクションは新旧とりまぜ、かなり、良質の本が揃えられていたように思う。（具体的な書名は略す）[12]

　資料によれば1949年当時、335冊の蔵書があった[13]。

町立図書館の開館——開かれた図書館を目指して

　2年の準備期間を経て、気賀町立図書館は、1950年（昭和25年）5月5日に開館した[14][15][16]。開館時の状況は次のとおりである。
　場所　町の人が"四つ角"と称する商店街の中心、遠州鉄道・遠鉄バス会社の社屋2階で広さは21坪（約70平方メートル、1階はバスの発着所、待合室と店舗）
　開館時間　午後1時—9時（月曜、祝日休館）
　資料　蔵書数約1,500冊、定期刊行物15誌、新聞6紙
　備品　閲覧机（3人がけ）9台、椅子27席、事務用デスク2、作業台1

利用　年齢・地域制限なし（他市町村の住民の利用も可）
貸出　当面1人1冊1週間（保証金、証明書は不要）（なお、小学生1年生以上に対する貸出は、翌1951年5月から開始）[17]
図書館運営の特徴的な点を以下に略記する。
① 職員の勤務は交替制で、午前中は開館せず、整理業務、製本などの作業時間にあてられる。貸出とレファレンスサービスをできるだけおこなうためである[18]
② 開館当初から図書館協議会を設置[19]
③ 同様に図書館運営委員会を設置
④ 「図書館だより[20]」「新着図書目録[21]」を発行。町の広報誌「新しい町」（いずれも謄写版印刷[22]）の執筆、編集など
⑤ 町村内にある「青年団文庫」の図書の整理業務の実施・指導。図書館は、「各青年団文庫の有機的連関の上に立って、町民各位の一層の便益のために[23]」援助する
⑥ 下村小学校ほか、学校図書室整備への協力
⑦ 運営委員の協力によって月1回「土曜コンサート」（午後7時から）開催（「電蓄」は幼稚園から、レコードは町内から借用、いずれも入手困難な時代）
⑧ 整理業務の合理化と目録の整備
・基本目録カード（著者名主記入）の作成、内容は可能なかぎり詳細に記述（全集、叢書、合綴書の場合は1冊につき数枚にわたる）
・印刷カード（謄写版）を導入（書名、著者名、分出、副出、青年団文庫への配布用、1冊につき平均7、8枚を作成）

福嶋（当時土井）は、1950年4月、初の職員公募によって多数の応募者のなかから、気賀町役場に採用される。5月から気賀町立図書館に勤務、分類表の仕組みや、分類の方法、目録カードの書き方（森自筆のサンプルを示されて）など、森からマンツーマンの指導を受けた。

2つのワークショップ

森はこの時期、2つのワークショップに参加している。
1951年（昭和26年）2月5日から10日まで関東地区図書館研究集会（静岡

県教育委員会、日本図書館協会主催、文部省後援、館界では図書館ワークショップと呼ばれていた）が静岡県伊東市で開催された。開催の目的は次のとおり。

　図書館法の施行に伴う公共図書館の在り方を究明しその理想実現のために直面する種々の問題の解決方法を研究する。(24)

　森は、このワークショップでは、記録など集会の運営を担当していた。
　東京からは深川図書館長の秋岡梧郎が参加していた。秋岡は「若い人たちが夜おそくまで仕事をしていた。そこへ私が陣中見舞いに」いった。11時半ごろになると「若者たちが私の室に押しかけて来て図書館問題について語り明かしたことがある」。そのなかの1人に森がいたといっている。(25)これをきっかけに秋岡と森の往き来が始まる。
　もう1つのワークショップとは、1951年7月23日から8月31日までの間、慶應義塾大学でおこなわれた第2回図書館専門職員指導者講習のことで、森はこの講習に出席している。この講習の正式な名称は「慶應義塾大学（文学部）日本図書館学校　図書館サービスに関するワークショップ　文部省主催　第2回図書館専門職員指導者講習（Keio University Japan Library School Workshops in Library Service Summer, 1951, Monbusho)」で、この講習に出席していた清水正三の資料には「名簿」が残されていて、森の名前が確認できる。(26)
　清水正三は、1918年（大正7年）生まれ。森よりも5歳年上になる。38年（昭和13年）6月に東京市雇員に合格し東京市立日本橋図書館、40年6月ごろに深川図書館、41年10月に応召され入隊する。43年3月除隊と同時に深川図書館に復帰した。戦後は、47年4月都立江戸川図書館長（のちに江戸川区立図書館）、59年中央区立京橋図書館長。そして、『中小レポート』をまとめたときの委員会の委員長である。(27)
　1947年7月、清水は、江戸川図書館長に就任して間もなくのころ、第1回江戸川読書会を開催。予算不足の折、読書会をやらざるをえなかった。年末には江戸川読書クラブを発足させ、利用者との交流の機会をもち、組織化を目指した。「閲覧者懇談会というような面、利用者と接するという

ことが、図書館員の成長のためにも大事なんじゃないかなと思う」[28]と当時のことを語っている。1953年3月、小岩図書館が新築落成（秋岡の設計）し、『建築設計資料集成 4』[29]に掲載され、同書で佐藤仁によって「小規模図書館の原型ともいうべきもの」（218平方メートル、9,000冊、50席）と評価された。清水はこのことを受け、「戦後の図書館建築史の一頁にくわえてもいいのではないか」[30]とその意義を述べた。森が静岡の気賀町で青年たちのなかに入り込み、図書館の利用を促していたころ、清水は読書会活動を通じて利用者との接点を模索、新しい図書館づくりを目指していた。

清水は、この講習について「最大の収穫は、講習の指導に当たられた教授をはじめ、全国から集まってきた多くの図書館人に接することができたことであろう。森博、中島春之氏らの図書館での終生の友を得たことは、その最たるものであった」[31]と述べている。また、講習の内容について具体的に次のように記している。

　　私が最も興味をもち、印象に残ったのは、ハント教授の「児童および青少年に対するサービス」と、ギトラー教授のサービス論であった。ギトラー先生からは、ライブラリアンとはなにかについて教えられるところが多かった。[32]

森には「ノート」が残されていて、そこにはメモとともに講習の身分証明書や若干の資料が添付されている。[33]清水らと同様、森も講習からは少なからぬ影響を受け、東京の図書館員と親交を深めたと推察される。静岡県からは、県立葵文庫の瀧嘉三郎も参加していた。[34]「図書館雑誌」のニュース欄には、この講習は「全国から指名された人たちが受講する」[35]と記されている。当時の図書館界の指導的立場にある人たちの1人として、森もまた研鑽を積んだことがうかがえる。

2　気賀町立図書館時代の意義

秋岡梧郎は、森博の追悼文で、森が「町ぐるみの図書館作りにそれこそ

いのちをかけて没頭した」ことを挙げ、「最近若い図書館人の間で図書館の民主化をいう人々があるが、図書館長としてはかけ出しの森君が20年以上も前に身をもってそのことを実践した」(36)と記している。追悼文執筆時の「最近」というのは、1971年のことである。この節では、森の気賀での実践の意義を検討する。

図書館実現への道のり

　森は、気賀町立図書館開館の翌年1951年（昭和26年）8月、「旅路より公共図書館実現への小径」という文章を「静岡県教育委員会月報」に寄稿している。そこで、いまだ公共図書館は実現せず、その途上にあるなか、自らが目指す図書館の前には「非常に大きな問題」があり「現在私も最も関心をもっている問題の一つ」としながら、館の運営の様子を紹介した。上記の件について、森はここではこれ以上言及しないとしているが、「非常に大きな問題」と指摘していたのは何のことか。
　この一文の草稿と見られる手書きの資料が残されていて、そこには、次のように記されている。

　　この図書館のぶつかっている最大の困難と障害を申上げる必要があります。えらそうなことを言ってもこの図書館経営はもののみごとに失敗しているのです。しかもこの障害は外からきました。この館の閲覧者の統計をみますと70%学生生徒によって占められています。その利用法が問題です。(37)

　正確な調査ではないとしながらも、学生生徒が学校の課題のために図書館を利用することから、その対応に追われて、図書館は本務を果たせないでいる、とその理由が記されている。
　これについて松田不秋は、森が次のように述べていたという。蓋を開けてみたら（図書館開館の意）青年たちどころか、学生ばかりだった。一般市民に公開するための図書館をつくるには、この姿から脱皮することが必要で、図書館を青年たちのたまり場にするとか、社会教育の一貫した計画のなかで図書館を運営していかなければ世論に応えたことにはならない、(38)

と。

　ここで気賀図書館の利用の実態を見ておこう。1951年から53年にかけて、同館の閲覧者全体に占める学生・児童が占める割合はそれぞれの年で約80％、青年が約10％、一般が約8％と大きな変化はない。ところが貸出冊数は、51年度1万6,000冊だったものが、54年度には3万冊と大幅に増加している。貸出登録者数も、52年は2,633人だったが、54年には3,046人に増加している。

　貸出登録者を県内の他館と比較してみると（1954年度）、清水市立図書館の3,093人が最高で、第2位の気賀町立図書館をやや上回っている。ところが、当時の気賀町の人口1万1,000人、蔵書約6,000冊に対し、清水市は、人口11万人、蔵書は約1万2,000冊だった。[39] 気賀町立図書館は、人口が10倍の清水市とほぼ同じ数の登録者をもっていたことになる。

まちのなかの図書館

　森は、図書館経営が「非常に大きな問題」に直面していたとする一方、解決の糸口を探るためのさまざまな試みをおこなっている。例えば、前節「町立図書館の開館」の項の⑤に記した「各青年団文庫の有機的連関」だが、これは何のことか。

　当時、静岡県では地域青年団活動が盛んで、引佐郡のなかでも気賀町は中心的な存在だった。その気賀町は十数カ所の地区からなっていて、青年団も地区ごとに結成され、各青年団はそれぞれ文庫をもっていた。多くは数十冊程度だったという。森は、そこに図書館から期間を定めて、本を貸出した。それによって青年団活動の援助をおこなった。そればかりではない。本の運搬は青年たちがおこない、図書館との連絡も青年たちが同様におこなっていた。そうすることで青年たちの図書館に対する意識を変えようとしたという。[40] 気賀図書館が青年たちのたまり場になった。

　こうした状況のなか、青年団活動の一環として文集づくりが盛んにおこなわれるようになるが、青年たちにそういう熱を植え付けたのも森だった。[41] 各地区の青年団の団報が松田によって保管されている。それらの団報には、各青年団文庫の活動（貸出、整理作業）の記述が散見される。また、森や福嶋（土井）が原稿を寄稿、新着図書を紹介するなど図書館からのはたら

きかけをおこなっていた記録が残されている。[42]

　気賀町の一地区の伊目青年団は、1952年（昭和27年）1月から「葦」を発行していた。その第4号（1953年3月）に、同青年団社会部の「1年をふり返って」とする記事があり、文化講座の記録が掲載されている。これによると、52年度は講座を全15回開催しているが、そのうち6回を森が担当している。[43] 森が講師を務めた講座の内容は次のとおり。

　5月30日　日本の再軍備とそれに関連して憲法の改正について（対談形式でおこなう）。対談相手は、「朝日新聞」記者の山村誠（筆者注：森と一緒に気賀高校を退職した元教師）

　7月7日　日本文化の発達と変遷について
　7月31日　世界の経済情況について（人口密度・鉱工業・農業生産）
　9月27日　各政党の政策について
　10月16日　日本文化の発達と変遷、大陸文化の輸入
　12月21日　郷土の歴史について

　このことは何を意味しているのか。森の言動を、松田はいまも鮮明に記憶している。地域の図書館というのは、大衆のなかへ足を踏み込んでいく、そういう図書館でなければ成立しない。だから森は青年たちの集まるところへ出向いては、夜ごと青年たちに地域の図書館の必要性を説得した。また、図書館に満足に本がない状況下（戦後の混乱期）で市民にサービスするためには、（図書館員自らの）知識と素養で補えともいったという。松田は、森の命を受け、気賀の青年たちのなかへ入っていった。

　当時の森を知る人物に、元磐田市立図書館鈴木健市がいる。鈴木は、1952年の春に静岡県立葵文庫で3日にわたる県内図書館員の研修会を受講し、そのときに講師を務めた森と出会う。鈴木は上司から「おまえは本が好きだから」と図書館に行かされたが、図書館に関する本もなく、参考にする資料もなく、業務をどのようにしていいかさえわからなかった。研修で話を聞いて「これじゃいかん」と思い気賀の森を訪ねた。[44]

　町の中心の、バスの切符発売所兼待合室の二階にあった気賀の図書館は本当に街中の人々の生活の中にあったのです。一坪半ほどの土間はお客の履物で埋まっていました。やっとの思いで二階に上がった私は、

第1章　静岡県気賀町立図書館時代　　493

そう広くもない館内の一隅で目録カードのガリ切りをしている森先生と会い、半日程の時間はまたたく間に終わったのが話し合いの最初です。
(45)

　鈴木は、このあと4、5回気賀に足を運んでいる。森は翌年の3月には気賀図書館を辞めているから、1年弱の間にということになる。当時は交通事情が悪く、磐田と気賀を往復するのに半日を要した。話はほとんどが図書館業務のことで、鈴木は森の影響を受け、図書館業務に専念したという。
　鈴木の上記の原稿は森の追悼文として書かれたものだが、森との出会いから20年を経てもなお鮮明な記憶として刻まれている。鈴木が磐田市立図書館の最前線でサービスをしていた当時のものであり、「街中の人々の生活のなかにあった」と回想していることに注目したい。

図書館から離れる

　森が高校の教師を辞めたのは、秋岡によれば「戦後パージにひっかかっ」たからで、そのような森を杉浦町長は図書館長として迎えたとする。そして、森が、図書館を去った経緯について「町長の改選に当たって保守系の町長に代わるや、森君は前町長に殉じて館長の職を辞し、再び高校の先生になった」と記している。そのため森は「誠実な人柄」であるとも。
(46)
この点についてはどうだったのだろうか。
　杉浦が町長選で落選したことによって、森も図書館を離れたと秋岡はいう。しかし杉浦は、1952年（昭和27年）10月25日に町長に再選されている。
(47)
秋岡の記憶違いのようだ。秋岡が町長選といったのは、第1回の気賀町教育委員会選挙のことで、町長選の20日前の10月5日におこなわれている。
　松田は、図書館を取り巻く町の事情は相当に厳しかったという。そもそも気賀町立図書館は、発足当初から賛否両論だった。革新的な町長は図書館づくりを主張するが、町議会は食糧難の時代に図書館をつくることには反対で、そのあとも批判が収まることはなかった。そのため図書館には常に強い圧力がかけられていて、図書館をまちの真ん中につくることへの反発も根強かった。
　これに拍車をかけることになったのが、教育委員会選挙の結果で、保守

勢力が優勢となり、それが森の決断の大きな引き金となったのではないかと推測できる。この選挙には松田の父親も革新的な教育行政実現を目指し立候補するが敗れたという。福嶋も、森は自分が図書館にいることによって、これ以上町のなかの対立を激化させることを避けたかったのだろう。また、こうした対立構図があるかぎり、今後は思うように図書館運営ができなくなると考えて図書館を去ったのではないかと述べている。(49)

　森はこのようにして図書館を離れ、教師の職に戻った。しかし、松田によれば、森は「自分は図書館から離れられない」(50)といっていたという。これが何を意味するのかは不明だが、しかし、図書館づくりを実践することに関し、道半ば、という思いがあったことだけはまちがいないことのように思われる。

気賀時代について

　森は1950年代の初めの到底まともな図書館をつくれるような状況にないなか、わずか3年あまりの間に、地域、利用者に根ざした図書館づくりを実践した。関係者のインタビューや資料によって、森の気賀町立図書館時代について明らかになったことを整理しておこう。

　森は、図書館をまちづくりの中心におき（事実、町の中心地に図書館をおいた）、まちの人々に対する利用の促進のため、地域における図書館づくりを構想し、市民（主に青年たち）の利用の掘り起こしに全精力を傾けた。図書館利用については貸出とレファレンスサービスを重視した。そして、これらのサービスを実施することを前提に、図書館の開館時間や職員の勤務態勢、研究時間などを設定した。ここにサービス計画を重視すべきという考え方が明確に示されている。また、資料が決定的に欠乏していた時代にあって、自らが資料を作成し、利用者に提供することを率先しておこなった。

　森は、気賀町立図書館の運営に3年間携わったが、周囲からの高い評価にもかかわらず、図書館経営上の問題点を認識し、その解決には至っていないと考えていた。付言すれば、森にとって公共図書館実現への道のりは険しく、その旅の途上だと考えていたと思われる。そのなかで森は、公共図書館の利用者が誰であるべきかを青年たちに問いかけた。人々が地域で

新たな個人の確立を目指すには自律的な学習を基礎とするが、それは容易ならざることだったので、図書館がサービスによって人々を支援することによってこれを可能にすると森は考えたのではないか。

　森が気賀町というまちのなかで、図書館運動を展開するとき、問題になったのは、旧思想との対立構図だった。森は、この構図を融解させるために、図書館を去ることになったと思われるが、先鋭的な図書館実践にとって、これは避けて通れない道だったともいえる。森が、図書館を離れられないとなおその心中を明かしていたことは、旧思想との対立の構図がどの地でもつきまとうことを承知のうえで、図書館員として生きることの覚悟を決めていたことのようにも思える。

　森は、このようにして図書館から離れる。しかし数年後、秋岡の強い説得によって、再び図書館づくりを目指すことになる。それは森自身が気賀町で培った図書館実践に再び火をつけることになるのだが、これは同時に1960年代の東京の図書館運動の奔流に身を投げ出すことを意味していた。

注　※〔　〕内は著者補記

（1）「静岡県引佐郡気賀町勢一覧表　昭和24年度」（気賀町、1950年）および前掲『細江町史　通史編下』（102—105、130—133ページ）。
（2）静岡新聞社出版局編『静岡大百科事典』静岡新聞社、1978年、735ページ、静岡新聞社出版局企画・編集『静岡県人名鑑』静岡新聞社、1985年、405ページ
（3）菅原勲「池上図書館ができた頃——開設時メンバー菅原勲氏に聞く」「ぱぴるす」（大田区立池上図書館）第18巻第4号、1986年10月、6ページ
（4）秋岡梧郎「図書館に生き図書館に死んだ男森博君」「図書館雑誌」第65巻第11号、1971年11月、588ページ。なお、福嶋、松田ともに、秋岡と同様森はレッドパージを理由に高校の教師を退職したというニュアンスで証言された。実際に気賀町の人々も、森に対してそのように発言していたようである。パージとは公職追放のことで、戦後の民主化政策の1つとして1946年1月GHQの覚書に基づき、議員、公務員、政財界など指導的な立場にあった人たちをその職から追放した。静岡県の教育界では、49年（昭和24年）3月ごろから警察の調査が進められ、9月整理対象者のリスト

が作成されたといわれる（静岡県編『静岡県史　通史編6 近現代2』静岡県、1997年、600ページ）。これに基づいて、10月に県教育委員会が、共産党員、同調者、一部の組合活動家67人のレッドパージを強行した（『静教組三十年史』静岡県教職員組合、1978年、91ページ）。これは、森が気賀高校を辞めて1年後のことである。
（5）福嶋礼子インタビュー記録
（6）前掲『細江町史　通史編下』598—599ページ。同書には、山村が戦前洋画家として活躍していたが、戦時体制に入り画家としての活動ができなくなり、戦後は気賀高校の教師になったことが記述されている。
（7）松田不秋インタビュー記録
（8）森博「旅路より　公共図書館実現への小径」「静岡県教育委員会月報」第3巻第5号、1951年8月、20—23ページ
（9）福嶋礼子所有資料、注（8）に示した森博「旅路より　公共図書館実現への小径」の草稿（標題なし、2枚）による。森が町立図書館開設の依頼を受け、準備を開始した経緯が記されている。
（10）杉浦がなぜ図書館を発案したのかは、森の記録以外には明らかではない。ここで、当時の公民館の様子を見ておく。1951年当時、静岡県での公民館の設置数は、本館95館、分館129館（市町村条例による設置以外を含める）であり、市町村の設置率は34％にすぎなかったが（静岡県教育委員会社会教育課編『社会教育の現状と今後の対策』静岡県教育委員会社会教育課、1952年、32ページ）、それでも公立図書館32館、私立図書館1館、合計33館を大きく上回っている（日本図書館協会編『日本の図書館　1952』日本図書館協会、1953年）。このように公民館設立の機運は高まったが、多くは学校・役場に併設されるものが多く、また、館長・主事なども兼任が多く、専任者は数えるほどしかいないというのが実態だった（『静岡県公民館50年のあゆみ』静岡県公民館連絡会、2001年、16ページ）。
（11）松田不秋インタビュー記録。当地は、地域青年団の活動が盛んで、なかでも気賀町には元気がいい青年が集まっていた。それは、気賀が浜松に近いこともあって、終戦後の反動的な勢いがあった。都会から疎開していた青年たちは、文化に対する希求力が強く、知識に飢えていたという。松田は、青年たちのたまり場である書店の裏部屋で仲間と議論していたところ、森に声をかけられた。それが森との出会いで、1949年に図書館の運営委員に指名されたと述べている。なお、44年（昭和19年）6月から12月末までの半年間に静岡県が受け入れた一般疎開者は、1万7,789世帯、6

万3,000余人に上り、農村部への疎開が多かった（静岡県立教育研修所編『静岡県教育史　通史編下』静岡県教育史刊行会、1973年、419ページ）。
(12) 福嶋礼子インタビュー記録
(13) 前掲「静岡県引佐郡気賀町勢一覧表　昭和24年度」
(14) 福嶋礼子所有「図書館日誌」（森の手書きによるノート）。1950年5月5日から20日まで、図書館開館時の様子が記述されている。573ページ、「第2部　森博と4人の図書館員──インタビュー記録」の「第1章　森先生ノート」を参照のこと。
(15) 前掲「新しい町」創刊号（謄写版）には「町立図書館第1回報告」および「館員日記」の記事が掲載されている。福嶋によれば、前者が森、後者が土井（当時）による執筆。
(16) 福嶋礼子インタビュー記録
(17) 福嶋礼子所有「図書館だより」（気賀町立図書館）第2号、1951年7月、（謄写版）
(18) 『日本の図書館』が開館時間を掲載するのが1955年版からで、これによると、56年の時点で、午後から夜までの開館時間を実施している館は、静岡県内では24館のうち気賀のほかには3館。新潟県、長野県など農村部では同様の開館時間を実施している館が多く見られる（日本図書館協会編『日本の図書館　1955』日本図書館協会、1956年）。それはおそらく農作業を終えてからの利用を見込んだのであって、気賀のような理由からではないと思われる。
(19) 関東地区図書館研究集会（図書館ワークショップ）での分科会の第4部会で気賀町立図書館の図書館協議会の現状が報告されている（『関東地区図書館研究集会報告書　昭和25年度』静岡県教育委員会、1951年、24ページ）
(20) 福嶋礼子所有「図書館だより」は、1951年6月に創刊。翌7月の第2号発行までが確認できる。
(21) 福嶋礼子所有「昭和26年新着図書目録」および「新着目録5」（いずれも謄写版）の発行が確認できる。
(22) 「新しい町」は1950年7月の創刊だけ確認できる（浜松市立細江図書館所蔵）。
(23) 同上「新しい町」創刊号、29ページ
(24) 前掲『関東地区図書館研究集会報告書　昭和25年度』4ページ
(25) 前掲「図書館に生き図書館に死んだ男森博君」588ページ

(26)「慶應義塾大学(文学部)日本図書館学校図書館サーヴィスに関するワークショップ　第2回図書館専門職員指導者講習名簿」日本図書館協会資料室所蔵、清水正三文書
(27)「清水正三さんをしのぶ会」実行委員会編『清水正三　論文タイトル一覧(稿)』清水正三さんをしのぶ会、2000年
(28)山重壮一「公共図書館の誕生を支える──図書館長清水正三のあゆみ3」「みんなの図書館」第182号、1992年7月、68─70ページ
(29)日本建築学会編『建築設計資料集成』第4巻、丸善、1965年
(30)清水正三「小岩図書館の設計について──丸善『建築資料集成』をみて」「図書館と本の周辺」第3号、1976年7月、62─64ページ
(31)清水正三「一九五一年夏──慶応義塾大学における第2回図書館指導者講習会の憶い出」『図書館を生きる──若い図書館員のために』日本図書館協会、1995年、91ページ
(32)同論文
(33)福嶋礼子所有資料。森の「ノート」には受講票などが貼られている。
(34)瀧嘉三郎「種々なる反省──第二回指導者講習会に参加して」「学校図書館」第12号、1951年10月、41─46ページ
(35)「図書館職員再教育開始」「図書館雑誌」第45巻第7号、1951年7月、18ページ
(36)前掲「図書館に生き図書館に死んだ男森博君」588ページ
(37)福嶋礼子所有資料、注(9)に示した森博「旅路より　公共図書館実現への小径」の草稿による。
(38)松田不秋インタビュー記録
(39)1951年度から1953年度までの数値は、福嶋礼子所有「気賀町立図書館利用統計表」(手書き資料)の各年度版による。1954年度の数値は、『日本の図書館　1954』(日本図書館協会、1955年)による。
(40)松田不秋インタビュー記録
(41)同記録
(42)松田不秋所有資料で確認できた記事は次のとおり。なお、気賀町連合青年団の団報「黎明」(いずれも謄写版)の発行年は冊子に表記されたままを記載。
　　　土井礼子「読書傾向」「黎明」第4号、1951年2月、13─19ページ
　　　森博「僕のねがい」「黎明」第1号、1952年6月、6ページ
　　　土井礼子「私のお薦めする図書」「黎明」第1号、1953年6月、30─33ペ

ージ
(43)「葦」(伊目青年団)第4号、1953年3月(謄写版)。本講座と一致するものではないが、森が講演・学習会などで使用したと思われる資料が福嶋によっていくつか残されている。以下にその代表的なものを記す。

　・「世界農業センサス・市町村結果表(静岡県)によって算出した引佐郡下町村比率表」B4、7枚(謄写版)(筆者注：同表の作成には近隣町村の役場の農業担当者15人とそれに気賀町立図書館長の森と松田が関わっていることが記されている。なお、「世界農業センサス」は、1950年に実施された、農家世帯・農業経営に関する全数調査。戦後日本が初めて参加した国際的な統計)

　・「参考資料　軍備　軍備縮少〔小〕　戦争　自衛」B4、3枚(謄写版)(筆者注：内容は、1952年1月から8月までに発表された雑誌記事目録)
(44) 鈴木健市インタビュー記録
(45) 鈴木健市「森博先生の思い出」〔1971年〕。この文章は、鈴木健市「私の図書館勤務と森博さん」(未発表原稿、1988年10月記)のなかに収められている追悼文である。1971年11月発行の「図書館雑誌」の追悼特集のために寄稿したものだが、編集者との行き違いによって掲載されなかった。
(46) 前掲「図書館に生き図書館に死んだ男森博君」589ページ
(47) 前掲『細江町史　通史編下』27ページ、『細江町の百年』細江町、1969年、78ページ
(48) 松田不秋インタビュー記録
(49) 福嶋礼子インタビュー記録
(50) 松田不秋インタビュー記録

第2章　大田区立図書館時代の活動を中心に

　大田区立図書館は、1955年（昭和30年）度に設置が決まり、翌56年6月池上図書館の開館からスタートする。60年3月には洗足池図書館と蒲田図書館が開館、これによって大規模な開架式閲覧が実現、画期的なサービスが広く知られるようになる。本章では、まず大田区立図書館の発足の経緯、そして、森博が上京ののち最初に勤務した池上図書館についてふれる。

1　大田区立図書館創設期から開館まで

　東京都が35区から現在の23区になるのは、1947年5月地方自治法の施行による。当初は22区だったが、この年の8月に練馬区ができ23区になる。特別区になったことを機に、東京の図書館は、日比谷図書館を除く都立図書館の管理運営を所在区長に委任することになり、50年9月には都立図書館31館が各区に委譲された。
　大田区に図書館がスタートする1956年には、区立図書館数が19区で32館。この時点で図書館がない区は、大田区のほかに台東区、豊島区、練馬区の計4区。これらの区では図書館行政が遅れ、図書館法公布後も未設置のままの状態が長く続いていた。

教育長、植田秋作

　大田区に図書館構想が浮上するのは、1954年（昭和29年）度で、このときに社会教育の方針と具体的方策の第1の「施設、機関の拡充強化とその運営」に図書館設置の促進を図ることが、公民館、体育館などと並んで挙げられた。[1]翌55年度には社会教育振興策の一環として、図書館の設置が重要視され、ただちに調査研究が開始された。[2]図書館発足に際し、大田区

は秋岡梧郎を顧問に迎える。なぜ秋岡だったのか。秋岡は52年10月にはすでに都立深川図書館を辞めている。菅原勲は次のように言う。

> 植田さんは、図書館人としての秋岡さんに私淑していたものですから、自分が大田区の教育長になって、図書館を開設するという段になって、有無を言わせず秋岡さんにすべてお願いした。しかも、人事までお願いすることは珍しいことです。すっかり信頼しきっていたわけです。⁽³⁾

ここに登場する植田というのは、1952年11月に大田区に教育委員会ができたとき、初代の教育長に就任した植田秋作のことである。植田は、秋岡を招聘した理由について、退職後には次のように述べていた。

> その当時、自薦他薦の図書館志願が何人もいたが、専門職を採用しなければならないという信念を持っていたので秋岡先生にお願いした。⁽⁴⁾

植田は戦前、東京市立図書館に勤務していた。そのときの上司だったのが秋岡で、その秋岡に、図書館に関して全権を委任した。植田には、専門職を採用するという意図があったからだと菅原はいう。植田は、1906年（明治39年）生まれ。22年（大正11年）4月、臨時雇で東京市立京橋図書館。その後、深川図書館を経て、38年（昭和13年）に麴町区教育課社会教育係主任。43年同区総務係長。その後大田区役所。大田区教育委員会発足と同時に教育長になった。⁽⁵⁾

植田が図書館に入った1922年4月というのは、それまで小学校に附設していた東京市立京橋図書館を、主任（館長に相当）の久保七郎が地域住民に寄付を募り、金六町の京橋会館内に新築開館したときである。このとき京橋図書館は、安全開架ではあるが、大規模な開架式閲覧を初めて本格導入した。ところが、翌23年の関東大震災に遭い、同館は全焼。震災後すぐに久保は東京市を退職するが、この間植田は久保のもとで図書館業務に従事したことになる。

東京市立図書館時代の植田については、いくつかの記事を確認することができる。1929年には、京橋図書館閲覧部に属し「京橋図書館に於ける

登山に関する書目(6)」を「東京市立図書館と其事業」に執筆している。少し
あとになるが、34年当時は四館児童部懇談会、児童図書館協議会に出席
したり、「京橋こども会例会」の担当などをしている。また、翌35年には、
すでに3年ほど実業図書室の業務を任され、さらにその後も2年同室で
「参考係」を担当していたようだ。その経験から、植田は実業図書室につ
いて、設備、資料の蒐集、整理の仕方、資料の見せ方、利用の情況、広告
のそれぞれの分野から分析、この業務には図書館員としての十分な経験と
専門的な知識が求められるという考えを述べている。(8)

　秋岡が京橋図書館の主任になってからは、植田はその下で指導を受け、
図書館員のあり方を学んだと思われる。植田が大田区立図書館の発足に際
し、専門職を採用したいと意図した背景には、自らの図書館員としてのキ
ャリアがあったというべきで、植田もまた戦前期東京市立図書館の黄金時
代を支えた図書館員の1人だったのである。

　植田は、1952年11月から58年10月まで大田区教育長を2期務め、58年
10月には助役になり、66年までの2期その職にあった。(9)

顧問、秋岡梧郎

　秋岡梧郎は1895年（明治28年）熊本県に生まれる。1919年、熊本県下
益城郡教育会明治文庫司書になり、22年、東京市立図書館に就職する。
最初は麻布図書館、のちに両国図書館、京橋図書館に勤務した。秋岡は震
災で被災した東京市立深川図書館、駿河台図書館、京橋図書館の3館の復
旧計画に、25年から参画、設計にあたり自由開架式閲覧の導入を主張し
た。しかし、当時は自由開架は時期尚早という考え方が支配的で、最終的
には安全開架に落ち着いたとされる。31年、復興した京橋図書館館長に
就任、44年に都立日比谷図書館館長代理となり、空襲から貴重資料を守
るため民間重要蒐書の買い上げ疎開事業に携わった。戦後は、47年に都
立深川図書館長に就任、被災した同館の復興にあたり、52年10月まで館
の運営にあたった。(10)

　大田区が秋岡梧郎を図書館建設顧問に迎えたのは、1955年のようだ。(11)
秋岡は、別のところで「確か昭和31年の初め」に「大田区立図書館創設
の仕事について相談をうけた」と回想している。いずれにしても55年度

である。後者の記憶が正しければ、この時点で開館まであと半年という時期だったことになる。

秋岡の記録によれば、1955年に「大田区立池上図書館新築・備品の設計並びに運営指導」をおこなったとある。ところが、ここに「新築」とあるが、実際には「公会堂の屋上に図書館を造る」ことだったと座談会で述べている。確かに秋岡は、池上図書館の建築設計の段階から関わっているというが、その一方で建築の「決定をしたあとで相談を受けた」とも言っている。ここで秋岡の言う公会堂とは、大田区民会館のことで、図書館はその屋上の一部に増築されたということなのだが、なぜそのようなことになったのだろうか。

大田区立図書館の発足に際しては、当初は会館全体の建設計画のなかに図書館が組み込まれていた。1952年、用地が決定した時点で、本館とは別に産業館兼図書館（2階が図書館）を別棟に建設する予定だった。それが53年に変更になり、図書館は当分の間、本館内の図書室で間に合わせることになる。

1954年11月、大田区民会館が落成する。大田区民会館は本館と別館に分かれ、本館は鉄筋コンクリート造り5階建てで、1,354人を収容可能なホールがメイン。その3階部分に、新聞雑誌閲覧室、ホールおよび閲覧室、児童閲覧室、特別閲覧室の4室が設けられた。当初は、この部分を使用する予定だった。だが計画を進めるうちに、これでは区立図書館の機能は果たせないということになり、建物ができてすぐに改めて図書館をスタートさせる構想が持ち上がり、増築案が浮上した。

では、秋岡が座談会で「公会堂の屋上に図書館を造る」というのはどういうことか。ホールが中央に位置し、その周囲が廊下や展示スペースになっているため、その天井部分にはホールを囲むようにコの字型に増築可能な広さがあった。そこに図書館を増築するということで、それが可能だったのは、区民会館が建築された場所が池上本門寺の境内の傾斜地にあたり、高低差が約20メートルあることから、屋外造園に通路を設け、直接各階に出入りすることができたからである。こうしてできた図書館だけに、当然建築上の制約があった。それでも秋岡は同館に安全開架式閲覧を採用した。

森博採用の経緯

　森博を東京に呼び寄せたのは、その秋岡梧郎である。秋岡は大田区立図書館の人事について全権を委任されていたが、そのなかでも森の採用には、特別な思いが込められていた。秋岡がどのような理由で森を呼び寄せたのか、次のように語っていた。

　　一切を自分に委せるという条件でこの仕事を引き受けることにした。さて引き受けはしたもの、よほど有力な協力者を得なければ（略）そこで最初に思い出したのは森君のことだった。[17]

　森は、1955年当時、静岡県立浜松西高等学校の教師をしていた。気賀市立図書館を辞めてから2年が経過、高校教師に復帰して新しい環境にも慣れ、将来もおそらくは教師生活が続くものと思っていたのではないか。そこに突然秋岡が現れて、上京しないかというのだ。森は気賀に一家を構えていた。秋岡の誘いとあってもそう簡単に応じられる状況にはなかった。そこで秋岡は、森に手紙を書いて説得する。森は上京に傾く。ところが今度は校長が承知しない。そこで秋岡は浜松まで交渉に駆け付け、やっとのことで承諾を得て、森の採用を大田区に申請した。[18]

　では、なぜ森だったのか。秋岡はその理由をいくつか述べている。第1に、静岡県伊東市で開催された図書館のワークショップのことを挙げる。そこで図書館に熱心な若者と出会う。そのなかの1人に森がいた。第2、森の図書館に対する姿勢。第3に森の誠実な性格である。要は秋岡の図書館観に、森の実践と図書館に対する考え方がかなっていたということだろう。この時点での森の図書館でのキャリアは数年足らず、一緒に仕事をしたこともない。となると、これは秋岡の森に対する強い思いとしか表現のしようがない。

　秋岡は、1952年に深川図書館を退職し、55年には60歳を迎えていたが、図書館への情熱は衰えるどころか、むしろ使命感に燃えているようにさえ感じられる。そうしたときに自分の情熱を託すに足る人物を求めることは、可能かどうかは別にして、そんなにとっぴなことでもない。秋岡とはそう

いう人物だったと考えるしかないし、森は秋岡のその熱意に圧倒されたということなのではないだろうか。それに森がどう応えたのかはこのあと見ていくことにする。

　ところでこのとき、秋岡は森にどのようなことを話したのか。それは想像するしかないのだが、秋岡は、森を獲得するうえで、大田区の教育長が元の部下の植田であること、大田区立図書館の設立がその植田によって構想されたこと、区は図書館員を専門職として処遇することなどを話したのではないか。さらに推察を加えるなら、そのなかで森が上京を決意するいちばんの決め手になったのは、教育長との信頼関係が築けるという予測があったからではないか。森が気賀市立図書館を辞めた大きな理由に、教育委員会との関係の悪化があった[19]。とするなら、森にとっては教育委員会との関係は当然優先課題だったはずである。もちろん、森にとって秋岡が「父親」のような存在だった[20]、ということを抜きにしては考えられないのだが。

浜松西高校時代

　森の静岡県立浜松西高時代について明らかになっていることは多くないが、まずはわかる範囲を個条書きで記す。

　1953年4月、静岡県立浜松西高校（以下、西高と略記）に講師として赴任（3年目は教諭か）。国語科・図書課指導係主任などを担当する。この年度から「辞書体目録を作成」、図書クラブ（図書の修復、整理など司書の業務を補助）が廃止され委員会制になる。

　1954年4月、2年副主任、図書指導係主任（組織変更によって係制となる）などを担当。5月、図書館では司書1人退職、2人着任。図書台帳、事務用目録カードなどを作成している。7月、西高が不審火による火災によって、校舎2棟18教室を全焼。講堂、図書館は延焼を免れる。

　1955年4月、3年副主任、図書係主任、学校建設委員などを担当。10月、新校舎が落成し、旧講堂を図書館に全面改装する。開架式による108席の閲覧室、図書収容能力1万2,000冊、映写席50席などの設備をもつ。小冊子『図書館利用法』[21]を作成。

　1956年3月、大田区立池上図書館へ転出[22]。

このように森は、国語科の教師で、図書館の担当をしていた。1954年7月、高校で起きた火災を機に、それまで講堂として使用していた建物を図書館として改装することになる。森は、その設計にあたって従来の図書館を一新させたといわれている。図書館には事務職員が配置され、森は授業を担当しながら実務の指導をしていた。ただ、膨大な時間をかけて司書に「辞書体目録」を作成させたりしたわりには、その成果のほどは定かではなかったようだ。公共図書館でさえ導入例が少ない辞書体目録を、高校の図書館で採用した。これだけでも判断が分かれるだろう。
　また、前述の小冊子『図書館利用法』は、1955年旧講堂を改装、図書館が再スタートしたときに作成された。目録について、西高では「辞書体目録」を採用していることを説明、単位カード、著者名、書名、参照カードを整備していることを図版入りで示す。赤字や赤のアンダーラインによる表示に加え、目録の排列なども解説している。森の作成と推察される。
　同じころ森は、同校生徒会誌「望洋」第1号に「図書館の出発」[23]という一文を寄せている。執筆時期がいつかは特定できないが、池上図書館への転出が決まったころのようだ。ここで森は、図書館のあるべき姿について記す。「あるべき姿の西高図書館についてはいくつかの異論や反論が予想される。曰く、骨をおって整えてもそうは利用されないだろう。曰く、人手が足りないのに無理だ。曰く、過去の利便が失われる。曰く、金がなかろう等々」と。そのうえで森は、司書の仕事の重点は「図書館利用の助長に向けられ」、そして図書館は「あらゆる面からの利用に応えられる図書館に姿を変」えなければならないとしている。
　推測にすぎないのだが、図書館係主任の森に対して、何らかの批判があったことをうかがわせる。いずれにしても、西高時代は森は図書館員ではなかった。図書館員としてどうだったのかを判断することはできそうにない。ただ、そこでくすぶっていた図書館員としての情熱に、秋岡が火をつけた格好になったのかもしれない。

2　池上図書館時代

　1956年（昭和31年）4月、池上図書館は7人の職員によってスタートする。このなかに森、菅原勲が採用されている。このときは社会教育課長が館長を兼務していた。

館長、今瀬珣一

　池上図書館の出発に際し、もう1人ふれておかなければならない人物がいる。池上図書館開館の3カ月後の1956年9月、館長に就任した今瀬珣一である。今瀬の館長人事について、菅原勲は次のように語っている。

> 〔大田区には〕部長はない時代でしたから、〔総務課長の今瀬さんは〕助役に次ぐ実力者です。（略）〔図書館を希望し、そこに関わった理由は〕精神的なもの。何か見えるかたちで役立ちたいという人にとって、図書館というのは格好の場所。（略）自分がとにかく支えになってやる、ということだと思います。〔予算などは〕事務職が支えてくれる。（略）都下実務家のなかで「地方自治法」の権威と聞きました。[24]
> （〔　〕内は著者による補足）

　今瀬とは、どういう人物だったのか。1905年（明治38年）生まれ。27年（昭和2年）に杉並区役所経済課長。その後大田区役所総務課長。50年大田区総務課長のときのこと、今瀬は「23区総務課長陣営での異彩」で、植田秋作と並び称されるほどの実力者といわれていたようだ。課長として税務、会計、土木、振興、経済、教育、戸籍、総務と区政全般を掌握し「全区課長中での極めて少数の練達家」とも評された。政治的行動を一切排し、吏員の本分を守り抜いてやまず、さらには現在の職員の素質ないし日常勤務態度に不満と反省を抱き、執拗と思われるほどの講習・研修を主張したという。[25]そして、総務課長から図書館長へ転身した。
　区政事務のほとんどを歴任した今瀬に、図書館長という役職はどのよう

に映ったのだろうか。これだけのキャリアを積んでもなお「いまだに読書、読書、読書の明け暮れ」、常に新しい社会事象に遅れまいとする努力によって、余人の追随を許さないというふうに今瀬は見られていた。ところが、そのころすでに持病の眼病のために片目を失明。もう一方の目も医師から保証された期限を過ぎ、症状は悪化していた。全盲の危機に直面してもなお、生涯の仕事の最終局面で、今瀬は図書館という職場を選んだ。

今瀬が館長になって3年半を経過した時点で、森は、今瀬が前総務課長という要職にあったことは確かに行政的にプラスだったが、それにもまして重要なことは、今瀬が図書館に腰を据え、図書館の発展のために尽くした情熱だと話している。今瀬は、館長を1962年11月まで約6年務めた。

これは推察なのだが、今瀬の館長人事は、植田からの要請もあったのではないか。植田が尊敬する秋岡を顧問に招き、図書館をスタートさせても、それを軌道に乗せるためには、行政的なバックアップがなければならず、当時23区で最多の約57万人の人口を有する大田区政にあって、それを掌握できる人材を登用するだけの意気込みが図書館員だった植田にあったとしても決して不思議なことではない。

今瀬が図書館に在籍していた6年あまりの期間は、森の大田区立図書館でのキャリアと重なる。森と今瀬の関係についても想像するしかないのだが、森にとって今瀬はなくてはならない存在だったのではないか。いかに図書館でのサービスが区民にとって必要か、そのために何をすべきか、司書職集団のリーダーである森が今瀬に訴えたことは想像に難くない。それを今瀬が全庁的な共通理解のレベルに移行させる。そのようにして大田区の図書館運営は、専門職である司書と優れた行政マンとの協働作業によってなされていたのではないか。そのことをこれから具体的に見ていこう。

奉仕計画

大田区は都心に近く、沿岸部は交通の要所だった。区の南と西は多摩川を挟んで神奈川県に隣接している。区域は大きく低地部と台地部に分かれ、低地部は、大正期以降蒲田を中心に中小の工場や住宅が密集する商業・工業地帯として発展し、京浜工業地帯の一部を形成していた。台地部は、明治末期から大正期にかけて宅地化が始まり、近郊住宅地として整備されて

いった。

　1947年（昭和22年）3月、大森区と蒲田区が一緒になって大田区は誕生した。新しい区ではあるが、戦災によって最も大きな打撃を受けた区の1つでもあった。敗戦直後の人口は21万人、前年の56万人の半数以下まで落ち込んでいた。それから10年がたち、55年には57万人とほぼ戦前の人数まで回復していた。この年、同区は都区内で工場数第4位、出荷額第3位、工場従業者数は第1位だった。(29)中小の工場が多く、集団就職で上京した多くの工員が生活する町になっていた。

　このころ大田区では、産業の振興とともに区民自治を軌道に乗せるための施策の一環として、区民会館の整備などが計画された。その区民会館に間借りしたようにつくられた図書館の方針を見ておこう。「奉仕計画」はまず、本館経営のモットーについて「すべての蔵書を、すべての区民へ」提供することだと記す。大田区に最初の図書館ができたばかりで、現状では満足なサービスはできないが、将来は図書の充実、配本所の増設、分館や総合目録の整備などをして、区民の希望に添いたいと説明する。サービスは館内閲覧と館外貸出に分けられる。館内閲覧では、閲覧票を使用しないため、住所、氏名、閲覧の記録などをいちいち書く煩わしさをなくしたこと、書架を公開し接架式（開架のこと、当時は安全開架式）としたこと、「図書に精通した係員を配置して読書相談に応ずる」態勢を整えた。ここでは「読書相談」という用語が用いられているが、レファレンスサービスのことである。

　池上図書館開館時に、すでに館外貸出実施の方針を明らかにしていたことは、おそらくはこうした住民の生活の変化をニーズとして視野に入れていたからだろう。例えば、毎日図書館を利用することが困難な利用者や遠方の利用者に対して館外貸出の制度を設け、さらには団体貸出を計画中だとも述べている。(30)別のところでは「現代の公共図書館は一般的に本を読みにくるところではなくて借り出しにくるところと考えるべきもの(31)」という認識を示す。図書館利用者に一般の社会人を想定していること、館内閲覧中心の時代に中小図書館が地域の状況にどのような対応をすべきかを端的に示しているといえるだろう。

　池上図書館は、開館と同時に「図書館報」を創刊している。その創刊号

には、建築、蔵書構成、図書の整理など図書館の概要が記され、続いて「4　奉仕計画」が掲載されている。概要は上に述べたとおりである。

　この「4　奉仕計画」を執筆したのは、森だろうと菅原は言う。当時、森は図書館報の編集責任者であり、いろいろな分野の体験があり、実際の図書館も町立だが体験している。実務を通して、参考図書についても勉強してきているからというのがその理由である。[32]

　館則は、第1章　総則、第2章　館内閲覧、第3章　館外貸出、第4章　団体貸出、第5章　フィルム貸出（以下略）と続く。公布日、施行日ともに年月日は記されていない。館報が発行された時点では、これらのサービスは実施されていない。貸出の開始は、翌1957年の4月、団体貸出はさらにそのあとのことである。この館則は、大田区立図書館独自で作成したのではなく、他館で一般的に実施されている雛型を取り入れたものだったようだ。

運営方針

　大田区立図書館の運営の特色については、菅原勲が述べた資料があるので、順に記す。

　① 総合目録：将来十数館が増加しても各館に目録が分配できるよう、池上図書館開館時から、十数枚同じカードを作成していた（秋岡式目録カード）。

　② 入館票（閲覧票）、秋岡式貸出券：入館票、貸出券はいずれも無記名式であるため入館や読書の記録が残らず、利用者のプライバシー保護が配慮されていた。

　③ 公開書架の開発：公開書架を採用し、また下段に傾斜を施すような書架を設計。

　④ 職員：23区では最初に「司書採用」を実施。司書職制度の土台を築く。

　⑤ 閲覧方式：池上図書館では建築上の制約があり安全接架だった。

　⑥ 秋岡式カード簿：変型のカード形式の目録で加除が自由にできて、しかも一覧性のある目録（のちにカード目録に移行）。50音分類表（これらも秋岡が考案したもの）の導入。[33]

少し補足しておこう。①の総合目録については、大正期に東京市立図書館が目録を編成し、相互貸借を実施した。同区でもこれをふまえ相互協力事業を発展させる意図があったことがうかがえる。④の職員については、池上図書館開館時に23区で初めて司書が採用され、専門職制度が導入されたことを示す。これは秋岡の方針であることにまちがいないが、教育長の植田もそのことを考えて秋岡を顧問に迎えたことはすでに述べたとおり。これがどれほど画期的なことだったかは、次の2名の言葉からもわかる。細谷重義は、大田区立図書館の専門職制度を「特異なケース」としながらも、臨時職員を採用しないこと、専門職員でなければならないという基本方針を堅持しながら、館長以下が専門職に対する深い認識をもった経営方針で出発し、現在に至っている、と指摘していた。清水正三も秋岡の没後、彼の業績の第1に、大田区立図書館の創設にあたり「当時の区立図書館に新風を吹き込んだこと」を挙げ、そのなかでも特筆すべきは「専門職採用の困難な区立の同館に故森博氏をはじめ、すぐれた司書有資格者を採用」したことを指摘している。

⑤について。少しあとのデータになるが、1959年度の東京23区内での図書館の開架の状況を見ておこう。開架率100%は3館。そのうち1万冊以上の蔵書を有する館は大田区立洗足池図書館だけ。1万冊以上で、開架率50%以上の館は、中央区立京橋図書館（約4万4,000冊で、93.3%）、江戸川区立小岩図書館（約1万冊で、73.7%）、墨田区立寺島図書館（約1万3,000冊で、73.1%）だった。ただし、ここで開架に自由開架と安全開架の別はつけていない。

サービスの実施

では、サービスの実施状況はどうだったのか。代表的なサービスを時系列に示す。

1957年4月、個人貸出を実施、7月に夜間開館（午後9時まで）、10月にはレコードコンサート開始。

1959年2月ごろ、電話によるレファレンスサービスを開始。

1957年8月、「大田区立池上図書館報」第3号では、スタートしたばかりの館外貸出と夜間開館を特集している。このサブタイトルには「いままで

余暇がなくて利用できなかった方々のために」(38)とある。開館時の蔵書冊数は、8,000冊だったが、数カ月後には約1万数千冊になっていた。

こうした状況について森はどのように考えていたのか。この翌年、森とおぼしきMという人物が、東公図の会報編集者の取材に対して、「区立図書館の蔵書は10万冊なくてはだめだと思っています」(39)と答えている。これは単に蔵書量の多寡をいっているのではなく、貸出のために本がどれほど必要かを明示したことと解すべきだろう。さらにその次の年には2万冊になり、まだ大田区に図書館が1館しかなかったこともあり、23区内で第2位の貸出冊数を記録するまでになる（表1）。

表1　池上図書館蔵書冊数・貸出冊数の変遷

年度	蔵書数（冊）	館外貸出冊数（区内順位）	備考
1956（昭和31）	8,000		
1959（昭和34）	22,213	54,249　②	①中央区京橋
1961（昭和36）	31,454	48,609　①	
1962（昭和37）	34,349	39,334　④	洗足池、蒲田が開館

（出典：『日本の図書館』各年版、日本図書館協会編、日本図書館協会、1957－63年。ただし、1957、58、60年版は発行なし）
注：館外貸出冊数の丸で囲んだ数字は池上図書館の23区内の順位

池上図書館は、創設時からレファレンスサービスを実施した。だが、開館1カ月後に利用した者は、「受験勉強のため」（30.5％）と「勉強場所がないから」（19.0％）で約半数、「職業上の調査研究のため」は4.1％にすぎなかった。(40)

館報の第12号（1959年2月）では「ダイヤルの中の図書館」を特集して、電話による読書相談を利用者に呼びかけた。テレフォンサービスを最初に実施したのは神戸市立図書館で、1948年のこと。これからすでに10年がたっているのであり、特に目新しい試みではない。ただし、この時期兵庫県には県立図書館がなかったため、神戸市立図書館が県立図書館としての役割を果たしていたことを考えると、区立図書館でこのサービスをスタートさせたことは評価されていいだろう。池上図書館がこのサービスを開始したすぐあとのこと、神戸市立図書館の志智嘉九郎からは、「ダイヤルの(41)

中の図書館」というキャッチコピーについて、新しい時代にふさわしいPR方法だとエールが送られた。[42]

開館3年後の1959年2、3月、レファレンスサービスに関する調査がおこなわれている。このときの調査によると、来館者1,875人のうち、相談をした者651人（34.7％）、相談をした者のなかで満足したと回答した者599人（94.2％）という結果が得られた。レファレンスサービスの認知度、回答に対する満足度がともに高くなっていることがわかる。

その後、「大田区立池上図書館報」の第5号（1957年12月）から第11号（1958年12月）にかけて「図書のじょうずな使い方」を連載して参考図書の利用法などを紹介した。内容は次のとおり。[43]

第5号（1957年12月）「文献目録と記事索引」：「文献目録」には、ウィンチェルの Guide to reference books や主題別文献目録、「記事索引」は『雑誌記事索引』[45]など、計21タイトルを紹介、短い解題を付す。[44]

第6号（1958年2月）「解題書目と年鑑」：「解題書目」は、文献目録に比べ選択的であり、解説を付すと説明、「年鑑」は総合年鑑と専門年鑑を分け、それぞれに代表的な資料を挙げる。計28タイトルに長短さまざまな解題を付す。

第7号（1958年4月）「辞書　その1」：「辞書」について2ページにわたり詳細な解説。

第8号（1958年6月）「辞書　その2　国語の辞書」：『大言海』[46]『言泉』[47]など7タイトルを解題、ほかに中高生向きに3タイトルを紹介。

第9号（1958年8月）「辞書　その3　漢和辞書」：『大字典』[48]『大漢和辞典』[49]など9タイトルを解題。ほかに用字用語辞典3タイトルを紹介。

第10号（1958年10月）「歴史的な基礎資料」：「総括的なもの」として『群書類従』[50]など6タイトルを解題、ほかに3タイトルを紹介。

第11号（1958年12月）「基礎資料　その2」：「部門別のもの」として27タイトルを解題、ほかに2タイトルを紹介。

ここでは数行のものも含めると98タイトルの解題をおこなっている。参考図書の解題は、すでに東京市立図書館時代に先例があり、したがって

これもとりたてて新しいこととはいえない。しかし、区立図書館が発足して間もなく、それも館報によって1年にわたって継続して誌面を費やしたことは前例がないのではないか。

利用調査の実施

池上図書館では、開館1カ月後に早くも利用実態調査を実施している。利用調査を実施すること自体はとりたてて云々するほどのことではないが、閲覧方法、夜間開館、レファレンスサービス、館外貸出といった、サービスの実施を問う内容が目を引く。奉仕計画を掲げ、その効果を検証する意味から調査をおこなったと推察される。図書館の運営に対する姿勢がうかがえる。館報などで確認できる調査は表2のとおり。

表2 大田区立図書館利用実態調査 1956-60

実施時期・場所	調査内容	備考
1956年7月 池上図書館	閲覧者、一般、学生 閲覧方法、夜間	開館1か月後
1957年8月 池上図書館	利用区域分布（館外・館内利用）	開館1年後
1959年2-3月 池上図書館	閲覧者、一般（夜間、レファレンス）	開館3年後
1959年10月 池上図書館	閲覧者、一般、館外貸出、雑誌利用	同年第2回
1960年5月 池上、洗足池、蒲田	閲覧者、一般	3館態勢3か月後
1960年10月 池上、洗足池、蒲田	閲覧者、一般	同年第2回
1962年	出張所管別図書館利用者	3館態勢2年後

注 閲覧者：閲覧者調査（年齢・職業、住所別など）／一般：一般調査（利用回数、時間、目的など）／閲覧方法：開架式など
（出典：「大田区立池上図書館報」第2号、4号（1956—57年）、特集号（1959年）、第17号（1959年）、「大田区立図書館報」改題3号（1960年）、特集号（1960年）、『大田区の社会教育 昭和41年度』（大田区教育委員会、1967年））

さらには、住所別の利用分布の調査を実施している。開館1カ月後の1956年7月の実態調査は、閲覧者の性別、年齢別、職業別、住所別を聞いている。この住所別の調査は、集計上の仮称と断って、第1周辺地区、第2周辺地区、第3周辺地区、区外に区分されている。第1は図書館から自宅までの所要時間が徒歩15分以内、第2は15分以上、第3は、区で最も遠い地域と区分した。ここで注意したいのは、第1と第2を15分、つまり1キロで区切ったことである。

　翌開館1年後の1957年8月の調査では、出張所の所管別に区分して集計、開館3年後の59年以降の調査では丁目まで細分化して集計している（館報には掲載されていないが）。また、『大田区の社会教育　1962』にも「出張所管別図書館利用者調」の結果が掲載されて、ここにも所管内別に利用者の割合が記録されていることから、調査が継続して実施されていることがわかる[51]。

　これらの調査は、図書館と地域住民の利用機会を検討するための方法として重視されることになるが、このことは後述する。

3　大田区立洗足池図書館時代

　1960年3月、大田区立洗足池図書館、蒲田図書館が同時に開館する。洗足池は、池上よりも台地部寄り、一方の蒲田は低地部、つまり海側に位置する。森博は、59年12月から64年6月までの約4年半、洗足池図書館長を務めた。館長として運営を任された洗足池図書館について順を追って見ていこう。洗足池図書館の建設工事は、2期に分けておこなわれた。第1期は59年まで。第2期は62年に工事開始、64年に終了した。

第1期工事

　先に池上図書館の建築について、秋岡が語っていることを紹介したが、この対談が掲載されたのは1959年（昭和34年）3月、このときすでに蒲田図書館と洗足池図書館についても「相談を受けている」[52]と述べていた。

　このとおりだとすると洗足池、蒲田の両館を早期に設置して3館態勢に

する構想は、かなり早くからあったことになる。秋岡の著作集にも「図書館施設関係業績」の1958年に「大田区立洗足池図書館新築昭和37年度第2期計画に参画」（森博氏と共同）とある。これは「昭和37年」、つまり62年実施予定の第2期計画について、58年にスタートしたと解釈できる。[53]

　第1期工事は1959年12月に終了している。鉄筋コンクリート造り1階建て、当初の蔵書は約5,000冊で、収容可能冊数は3万冊。閲覧用目録は、書名、著者名、件名目録を整備していた。[54]図面には、1階に集会・展示室とあるが、そこにかっこ書きで「次期工事」と明記されている。当初から2階建てが計画され、1階部分にしてもすべてが完成しているわけではないことがわかる。[55]さらに説明が付され、第2期工事完成後には、現1階の閲覧室が少年・児童室になり、一般閲覧室は2階になる予定だと記されている。参考室も設けられていて、積層書架室（2層）は安全接架式だったようだ。[56]洗足池図書館は、当初から工事を2期に分けておこなうという異例の措置だったことがわかる。第1期が終了したときの図書館はどんな様子だったのか。福嶋礼子は次のように回想している。

　　本当にアイディアマンでした。洗足池図書館長になって、図書館を一度見に来ないかということで、行ったんです。2階建てなのに、2階が全然ない。建物の外郭はできているんだけれど部屋がない。階段ができているんだけれどそこは壁になっているんです。2階建ての建物を造って、ゆくゆくは2階にいろいろなものをつくる予定ではいたけれど、（初年度は）そのくらいのお金しかなくてできないので、階段だけつくった。玄関から入ると階段が見えて、板壁がありました。（2階は）翌年、つくったのです。[57]

　まさに普請中のような景観を呈していたということのようだ。洗足池図書館が注目を集めるのは、第2期工事が完了してからのことである。
　なお、蒲田図書館は、大田区産業会館の5階におかれた。池上図書館と同様「安全開架式」だったが、積層書架室へは出入り自由だった。[58]

サービス態勢

　新設の両館も、池上図書館と同様に司書有資格者を区の固有職員として採用し、専門職による図書館運営をおこなった。1961年、3館態勢となったときの職員は、次のとおり。

　　池上図書館　　　司書・司書補10人、その他の職員8人、合計18人
　　洗足池図書館　　同7人、同3人、合計10人
　　蒲田図書館　　　同7人、同3人、合計10人[59]

　洗足池図書館の蔵書数と貸出冊数の変遷は表3のとおり。開館数年後、23区内でも1、2を争うほどの貸出を記録している。1位は工業地帯に近接する蒲田図書館で、それに次ぐ。もっとも75万5,000人（1965年）の人口規模をもってすれば、大田区の利用が多いのは当然といえばそれまでだが。

表3　大田区立洗足池図書館蔵書冊数、館外貸出冊数の推移

年度	蔵書数（冊）	内児童	館外貸出冊数（23区内順位）	備考
1960（昭和35）	5,000			
1961（昭和36）	8,664	45	20,051⑧	
1962（昭和37）	14,092	100	42,000②	貸出冊数1位は小石川図書館
1963（昭和38）	17,180	1,064	11,401	1962年増設工事のため開館日数24日
1964（昭和39）	22,032	2,388	57,000②	貸出冊数1位は蒲田図書館
1965（昭和40）	27,604	3,566	63,251②	貸出冊数1位は蒲田図書館
1966（昭和41）	32,165	4,808	45,227⑥	

（出典：前掲『日本の図書館』各年版）
注：館外貸出冊数の丸で囲んだ数字は洗足池図書館の23区内の順位

　洗足池図書館の草創期には、独自の業務体系のもと運営がなされた。それは『業務分担スタッフマニュアル』[60]（以下、『スタッフマニュアル』と略

記）によって確認ができる。

　洗足池は、分野別主題別に収集・整理、必要に応じて参考のいわば縦割りという分担でした。『スタッフマニュアル』として整理したものがあります。[61]

　『スタッフマニュアル』は、1960年に作成に着手、65年に完成している。[62] 優れたサービスを実施するためには、それを支える職員態勢が必要であり、洗足池図書館の場合、一般的な流れ作業によってではなく、1人の図書館員が選書、整理作業、レファレンスサービスなど「縦割り」による業務が課されていることが大きな特徴だった。どういうことかというと、主任司書、少年室の担当者以外は職員全員が資料の収集・整理、閲覧業務（貸出・レファレンスサービス）、庶務のそれぞれを分担する。購入予算も分野別に割り当てられ、担当する分野の蔵書構成が担当者に任されていた。司書は、幅広い教養と深い知識を身につけている必要があり、担当分野について専門的な資料研究が求められるという考えによっていた。他館の司書からも、この方法は図書館の専門性から見て参考になると見られていた。[63]

レファレンスサービスのシステムづくり

　閲覧業務あるいは整理業務というある特定の業務を担当するのではなく、全職員があらゆる業務を縦割り式に分担する方法は、レファレンスサービスでも同様だった。参考資料の収集、整理、回答について、それぞれの館員が特定の分野を担当した。

　レファレンスサービスのデスクは、貸出しデスクの側に設けられ、電話、郵便による相談にも応じた。少しあとになるが、洗足池のレファレンスサービスについて加藤弘は、社会人のサービス要求にどのように応えるか、貸出しサービスと結び付いた読者援助を課題とし、それに取り組む組織づくりがなされていたと報告している。[64] 小野格士も、レファレンスサービスだけが向上していくのではなく、貸出などのサービスの量的拡充と一体となって進められていくべきものだと思うと述べていた。[65]

　自館で対応できないときには国立国会図書館に支援を仰いだ。これはい

つごろからかというと、少なくとも池上図書館が開館した翌年には態勢が整っていたことが確認できる。そのころの館報に、利用者からの相談に回答するため「国会図書館その他の図書館等にも連絡して(66)」対応する旨が明記されている。1964年当時は以下のとおり。

国立国会図書館から借出
容易に入手できない図書で国立国会図書館にあるものは、申し出てくだされば本館がとりよせ、利用いただいています。
質問・相談 お知りになりたいこと、お調べになりたいことがおありのときは、本館へおたずねください。電話でも、郵便でも、ご来館くださっても結構です。(67)

さらには、洗足池図書館は、立正大学図書館と相互協力を始めている。その時期は明らかではないが、少なくとも1961年には実施されていた。立正大学図書館の竹内悊によれば、同館から洗足池図書館に『立正大学図書館文献目録』を寄贈している。この目録は、研究紀要の目次を掲載した資料で、学内にコンテンツシートサービスとして配布していた資料のようである。竹内はこの相互協力について「公共・大学相互援助協定?」であり、「やがては、地域的な図書館協力が館種を超えて確立したら、どんなにすばらしいだろう」といった。これはランガナタンのいう「利用者の生涯を通じての、自己教育の手段(68)」にほかならないとも述べていた。現在では、公共図書館と大学図書館との館種を超えた図書館協力は珍しくはないが、これが一般的におこなわれるようになったのは、かなりあとになってからのことである。

第2期工事

1965年に調布市立図書館を設計することになった建築家の西川馨は、日本図書館協会の菅原峻を訪ね、どこの図書館を見学したらいいか尋ねた。菅原は高知市立図書館と洗足池図書館ぐらいかなと答えたという。そこで西川は、洗足池図書館を見学にいった。後年になって、西川は、同館の従来の図書館建築との違いを整理している。第1、全蔵書を開架（書庫に利

用者が入る）にし、開架の図書を4万冊と一気に増やしたこと。第2、デスク（カウンター）が書庫の入り口ではなく、利用者スペースの入り口におかれたこと。第3、レファレンスのためのスペースがはっきり設けられたこと。[69]

少し整理しておこう。1962年（昭和37年）7月、洗足池図書館は閲覧を中止し、8月に第2期の増築工事が起工、同月には近隣の小学校に分室を設け、工事期間中は約1,000冊の図書によって閲覧業務を継続した。63年3月、工事完了、同月閲覧を再開した。収蔵可能な冊数は8万冊。同館は、秋岡の考案による最下段に傾斜があり図書を取り出しやすいように工夫された書架を公開書架に採用した。多くの蔵書を全面公開した図書館が出現したと当時の館界の話題を集めた。

この増築によって開館当初の安全開架式閲覧が自由開架方式に変更された[70]。それを比べたのが表4である。

表4　大田区立洗足池図書館工期による比較

	第1期	第2期
構造	鉄筋コンクリート造1階建て	同左2階建て
建築面積	432㎡	1,212㎡
主な施設	積層書架室2層	積層書架室4層
閲覧方式	安全開架式	自由開架式
収容冊数	約5,000冊	約80,000冊

（出典：前掲『大田区立図書館二十五年のあゆみ』）

洗足池図書館の第2期工事の計画段階から、秋岡が参画していたことはすでに述べた。秋岡は、関東大震災による図書館の復興計画に際し、京橋図書館を自由開架閲覧にすると主張したといわれる。ところが、当時は時期尚早などの理由から実現せず、安全開架にとどまったと述べる[71]。戦後になり、1948年に秋岡は都立深川図書館（1950年、江東区立深川図書館）で6,500冊だが自由開架を実施、53年には江戸川区立小岩図書館の設計を依頼され、自由開架を取り入れている。大田区でも池上図書館を任されたが、大田区民会館に図書館を増築する変則的な建築からここでも安全開架式への妥協を強いられていた。

第2期の増築部分は2階全部と1階集会展示室だった。これによって参考

室が「人文・社会科学参考室」と「科学技術参考室」の2室になった。⁽⁷²⁾

この当時、秋岡梧郎、清水正三など図書館建築に造詣が深い図書館員がいた。森もその1人である。森が日本図書館協会・施設委員会の委員に選任されたのは、1964年1月になってからのことである。このときの委員長⁽⁷³⁾が吉武泰水（東京大学）で、そのほかの委員に栗原嘉一郎（大阪市）、佐藤仁（横浜国立大学）、古野健雄（国立国会図書館）、船越徹（東京大学）がいた。前年まで委員長を務めたのが、秋岡梧郎である。森は、秋岡の後任として委員に加わったと推察される。

建築に関しては以上のとおりだが、いうなればこれは洗足池図書館1館のことにすぎない。第2期工事が終了、全体の建築が終了したとき、森は、大田区の人口75万人に対し地域の利用者を25万人としても、その人口に比して同館の規模（延べ床面積、約1,200平方メートル）は、「過小」であり、区内の全域に分館などのサービスポイントが早期に整備される必要があると指摘していた。⁽⁷⁴⁾

児童サービス

1963年5月29日に児童図書館研究会が昭和38年度の総会を洗足池図書館で開いている。

この年の11月『児童図書館ハンドブック』が発行され、同年品川区立⁽⁷⁵⁾図書館に児童室ができている。公共図書館の児童室の設置状況は、1962年4月現在で736館のうち259館で全体の35.2%だった。東京23区でも49館のうちの20館、40.8%の設置にとどまった。⁽⁷⁶⁾

大田区立図書館は、発足自体が遅かったうえ、1962年度までは、館内利用は、中学生以上、館外は高校生以上と規定され、児童サービスに対する取り組みは遅れた。

洗足池図書館では、第2期増築工事完成後の1963年3月に閲覧を再開したとき、1階に少年室がおかれた。当初は、中学生にならないと利用できなかったことから、森が苦心して命名したという。64年になると、児童⁽⁷⁷⁾は少年室を利用できるようになった。館外貸出が許されたのは小学生以上であり、また、67年当時、少年室は小学校から中学校2年までの生徒の読⁽⁷⁸⁾書の場だったという。⁽⁷⁹⁾

設立時からの館員である加藤弘が、後年になって当時の洗足池図書館に3つのサービスの柱があったことを明らかにしていて、その3番目に児童サービスが位置づけられている。それを挙げておこう。
　①快適な読書環境づくりを考えること（建物や机、椅子、書架を使いやすいものに）
　②調べ物や本の相談にきちんと答えること
　③子どもたちへのサービス(80)
　児童の利用が開始されたのは、しばらくは洗足池図書館だけだった。1967年5月に蒲田図書館が少年少女室を開設。池上図書館は70年9月に児童室を開室した。スタート時の児童書の数は、洗足池図書館が1,064冊、蒲田図書館は1,337冊だった。ところで児童図書の収集は、蒲田図書館が60年の開館時に662冊から、洗足池図書館は翌61年に45冊から開始している。児童室の開室以前は、母親に対して児童書が貸出されていた。(81)

注　※〔　〕内は著者補記

（1）『大田区社会教育の現況〔昭和28年度〕』大田区教育委員会、1954年、10ページ。なお、東京都大田区立大田図書館編『大田区立図書館二十五年のあゆみ』（大田区教育委員会、1982年）の年表には、大田区立図書館は、1954年4月、「社会教育課文化係内に図書館建設の準備発足」とある（194ページ）。
（2）『大田区政五十年史　通史・事業史』東京都大田区総務部総務課、1997年、403ページ
（3）菅原勲インタビュー記録
（4）菅原勲「秋岡先生と私」「みんなの図書館」第68号、1983年1月号、45―46ページ
（5）「植田秋作」、「都政人」（都政人協会）第142号、31ページ、『都政人名鑑　1959年版』1958年、77ページ。『東京市職員録』各年版（東京市）によれば、植田は1933年に事務員として初めて載り（それまでは臨時雇のために名簿には掲載されなかったと思われる）、1937年まで社会教育課、38年からは麹町区役所庶務課、39年に教育課、40年から42年に庶務係主任、43年に総務係係長。戦後は50年1月現在で大田区蒲田支所支所長（東

京都庁『東京都職員名簿』官界新報社、1950年）が確認できる。
（6）「京橋図書館に於ける登山に関する書目」「東京市立図書館と其事業」第51号、1929年8月、8—11ページ
（7）「東京市立図書館と其事業」第65号、1934年3月、27—30ページ
（8）植田秋作「実業図書室の経験」「東京市立図書館と其事業」第66号、1935年、4—5ページ。および「実業図書室の経験（承前）」「東京市立図書館と其事業」第69号、1937年、5—7ページ
（9）前掲『大田区政五十年史』430—435ページ
（10）秋岡梧郎著作集刊行会編『秋岡梧郎著作集――図書館理念と実践の軌跡』日本図書館協会、1988年
（11）前掲『大田区立図書館二十五年のあゆみ』194ページ。なお、秋岡の著作集には、「図書館施設関係業績」があり、その1955年に「大田区立池上図書館新築・備品の設計ならびに運営指導」という記録がある。前掲『秋岡梧郎著作集』267—268ページ
（12）前掲「図書館に生き図書館に死んだ男森博君」589ページ
（13）「図書館施設関係業績」、前掲『秋岡梧郎著作集』所収、267ページ
（14）秋岡梧郎ほか「図書館建築の問題さまざま　座談会」「図書館雑誌」第53巻第3号、1959年3月、74ページ
（15）大田区役所編『大田区政十年』大田区役所、1957年、137—141ページ
（16）「大田区民会館――東京・池上」「近代建築」9巻6号、1955年6月号、近代建築社、8—12ページ
（17）前掲「図書館に生き図書館に死んだ男森博君」589ページ
（18）同論文
（19）森の気賀時代については第1章を参照のこと。
（20）森博「秋岡先生　お父さんのような人」『加藤宗厚・秋岡梧郎両先生古稀記念誌』加藤宗厚・秋岡梧郎両先生古稀記念会、1965年、42—44ページ。森は、自らを秋岡にとっては「放蕩息子のよう」だと述べている。
（21）『図書館利用法』静岡県立浜松西高等学校図書室、1955年、静岡県立浜松西高校、旧職員所蔵
（22）森の略歴は、鈴木嘉弘作成のメモ、鈴木による関係者への聞き取りおよび「西校新聞」（縮刷版）による。鈴木嘉弘への聞き取りは、筆者と小黒により、2012年2月18日（土）、東京ビジネスホテルロビーで、静岡県立浜松西高校時代を中心におこなわれた。

　鈴木は、1929年静岡県生まれ。森の後任として静岡県立浜松西高校で

教鞭を執り、静岡県立中央図書館館長、静岡県立静岡高校校長、常葉学園大学教授などを歴任。
(23) 森博「図書館の出発」「望洋」（静岡県立浜松西高校生徒会）第1号、1956年3月、鈴木嘉弘所蔵
(24) 菅原勲インタビュー記録
(25) 前掲『都政人名鑑　1959年版』66ページ、「今瀬珣一　都政の顔」「都政人」1950年5月、16―17ページ。『東京市職員録』各年版によれば、1943年芝区振興課課長、『東京都職員名簿』（官界新報社、1950年）から、50年大田区役所総務課長が確認できる。公務員の本来の姿を堅持し、職務に専念する一途な姿勢がうかがえる。
(26) 前掲「今瀬珣一　都政の顔」16ページ
(27) 宮崎〔文責〕「専門職制への道――図書館発展の第1条件としての」「とうきょうのとしょかん」第7号、1960年3月、7ページ。この記事は、森に話を聞いたことをまとめたもの。
(28) 前掲『大田区立図書館二十五年のあゆみ』194ページ。今瀬は1956年9月に大田区立池上図書館館長。次期の館長が就任するのが62年12月1日なので11月までその職にあったと思われる。
(29) 『大田区史』下、大田区、1996年、261―307ページ
(30) 「大田区立池上図書館報」第1号、1956年6月、4ページ
(31) 「大田区立池上図書館報」第3号、1957年8月、2ページ
(32) 菅原勲インタビュー記録
(33) 菅原勲「大田区立図書館25年のあゆみ　補論1」「秋岡梧郎氏と大田区立図書館――「25年のあゆみ補論」改題」、「秋岡梧郎氏と大田区立図書館　連載3」、「秋岡梧郎氏と大田区立図書館　連載4（完結）」、「池上に図書館ができた頃　開始時メンバー菅原勲氏に聞く」「ぱぴるす」（大田区立池上図書館）第15巻第4号―第16巻第3号、第18巻第4号、1983年10月―84年7月、1986年10月
(34) 大田区立図書館プロジェクトチーム編『大田区立図書館近代化のための課題と対策』大田区立図書館プロジェクトチーム事務局、1974年、12ページ。なお、この制度について「池上図書館開館前後の一時期（昭和31―35）にわたり図書館運営を重視する意図から区が固有職員として採用した司書資格を有する職員」が配置されたとする。同書は、時期について同じページには「昭和36年まで採用された」と記す。これは35年度の意味だろう。

(35) 細谷重義「司書職制度について──私はこう思う」「とうきょうのとしょかん」第8号、1960年6月、4ページ
(36) 清水正三「秋岡先生の図書館思想とその実践」「東京支部ニュース」(図書館問題研究会東京支部)第168号、1982年12月、2ページ
(37) 日本図書館協会編『日本の図書館　1959』日本図書館協会、1960年
(38) 「大田区立池上図書館報」第3号、1957年8月
(39) 「とうきょうのとしょかん」(東京都公立図書館長協議会)第1号、1958年6月、3、7ページ
(40) 「大田区立池上図書館報」第2号、1956年7月、1ページ
(41) 『神戸市立図書館60年史』神戸市立図書館、1971年、100ページ
(42) 1959年5月の第45回全国図書館大会(名古屋)での問題別部会のなかで大田区立池上図書館の「ダイヤルの中の図書館」が話題になり、これに志智が反応を示したことについては、拙著『図書館史の書き方・学び方──図書館の現在と明日を考えるために』(「JLA図書館実践シリーズ」24)、日本図書館協会、2014年、141─143ページを参照のこと。
(43) 「図書のじょうずな使い方」「大田区立池上図書館報」第5─11号、1957年12月─58年12月
(44) Constance M. Winchell, *Guide to reference books*, 7th ed., American Library Association, 1951.
(45) 『雑誌記事索引』(国立国会図書館編、紀伊国屋書店)には人文科学編と自然科学編があるとする。
(46) 大槻文彦『大言海』富山房、1956年を所蔵
(47) 落合直文、芳賀矢一改修『言泉』大倉書店、1927─29年6冊を所蔵
(48) 上田万年等編『大字典』啓成社、1941年を所蔵
(49) 諸橋轍次『大漢和辞典』大修館書店、1955年、刊行中で第6巻まで所蔵
(50) 塙保己一編『群書類従』19冊(経済雑誌社)と完成会出版の続編72冊を所蔵
(51) 『大田区の社会教育　昭和41年度』大田区教育委員会、1967年、85ページ
(52) 前掲「図書館建築の問題さまざま　座談会」74ページ
(53) 前掲「秋岡梧郎著作集」267─268ページ
(54) 「大田区立図書館報」改題1号、1960年3月、2─4ページ
(55) 「洗足池図書館」『大田区立図書館あんない〔1960〕』大田区立大田図書館、〔1960年〕、ページ記載なし

(56) 前掲『大田区立図書館二十五年のあゆみ』23ページ
(57) 福嶋礼子インタビュー記録
(58) 「蒲田図書館」『大田区立図書館あんない 〔1962〕』大田区立大田図書館、〔1962年〕、ページ記載なし
(59) 日本図書館協会編『日本の図書館 1961』日本図書館協会、1962年、16ページ
(60) 『業務分担スタッフマニュアル——奉仕担当者用』(「洗足池図書館スタッフマニュアル」1)、大田区立洗足池図書館、1965年
(61) 菅原勲インタビュー記録
(62) 前掲『大田区立図書館二十五年のあゆみ』25ページ。スタッフマニュアルをまとめたのは菅原。
(63) A.M.「図書館みてある記5 洗足池図書館の巻——アンチ・流れ作業の試み」「東京都図書館協会報」(東京都図書館協会)、第32号、1963年5月、36—37ページ
(64) 加藤弘「洗足池図書館における参考業務」「会報」(東京都公立図書館参考事務連絡会)、第1号、1968年7月、3~4ページ
(65) 小野格士「最近感じることの一つ二つ」「会報」第3号、1969年1月、5ページ
(66) 前掲「大田区立池上図書館報」第3号、1957年8月、3ページ
(67) 「洗足池図書館」『大田区立図書館あんない 〔1964〕』大田区立大田図書館、〔1964年〕、ページ記載なし
(68) 竹内悊「ささやかな協力」「ひびや」(東京都立日比谷図書館)第4巻第6号、1961年9月、15ページ
(69) 西川馨『図書館建築発展史——戦後のめざましい発展をもたらしたものは何か』丸善プラネット、2010年、39ページ
(70) 前掲『大田区立図書館二十五年のあゆみ』26ページ
(71) 第3篇「忘れられた図書館員、田所糧助——図書館員として歩んだ道のりをたどって」を参照のこと。
(72) 「大田区立洗足池図書館」「とうきょうのとしょかん」第18号、1963年3月、5ページ。なお、『図書館建築図集』(日本図書館協会、1964年、46—47ページ)でも確認できる。
(73) 「図書館雑誌」第58巻第1号、1964年1月、32ページ
(74) 森博「東京都大田区立洗足池図書館——私たちの新しい図書館」「図書館雑誌」第57巻第11号、1963年11月、512—515ページ

(75) 『児童図書館ハンドブック』日本図書館協会、1963年
(76) 児童図書館研究会編『年鑑こどもの図書館　1963年版』日本図書館協会、1964年、9ページ
(77) 杢沢和子「児童室ができたころ」「洗足池」（大田区立洗足池図書館）第51号、1991年3月、3—4ページ
(78) 『大田区の社会教育　昭和37年度』大田区教育委員会、1964年、52ページ付表（大田区立図書館施設の概要）
(79) 『大田区の社会教育　昭和41年度』大田区教育委員会、1967年、86ページ
(80) 加藤弘「洗足池図書館のむかし」「洗足池」第50号、1992年12月、2—3ページ
(81) 前掲『大田区立図書館二十五年のあゆみ』146—148、152ページ

第3章　公共図書館の基盤整備

　本章からは、森の図書館界での活動について考える。まず本章では、森が図書館サービスのより一層の充実・発展を目指して、図書館員の組織化を計画、それを実現する過程や公共図書館でおこなわれるサービス、なかでも森が重視したレファレンスサービス普及のための態勢づくりに言及する。

1　レファレンスサービス普及のために

組織づくりへの道

　先に当時のレファレンスサービスの全国的な動向についてふれておこう。1948年（昭和23年）7月、神戸市立図書館に読書相談部が設けられた。このときにテレフォンサービスもスタートしている。51年8月レファレンスのための専用電話を設置、10月からレファレンスサービスが重要施策とされた。日本図書館協会（以下、ＪＬＡと略す）公共図書館部会で、52年度の研究集会のテーマの1つにレファレンス・ワークが取り上げられ、53年5月、神戸市立図書館で第1回の参考事務全国研究集会が開催された[1]。
　その5年後の1958年12月、ＪＬＡ公共図書館部会に参考事務分科会が設置される。初代会長には、神戸市立図書館長の志智嘉九郎が選ばれる。翌59年1月、神戸市立図書館が「相談事務規程」を作成。5月には全国図書館大会の調査相談部会で、ＪＬＡの参考事務規程を作成することが決まる。これによって公共図書館部会参考事務分科会で検討が進められることになり、61年3月、「参考事務規程」が制定される。
　ここに1枚の趣意書の写しがある。これは菅原勲が所有するもので、原

本は謄写版印刷。菅原は、このガリ版の筆跡も文章も森のものだとしている。

大意は、現代社会に公共図書館がどのような使命を果たしているのか疑問を呈しており、それは図書館に対する経済的、人的な貧しさとしながら、一方、公共図書館だけでできることもあり、それは例えば図書館員の組織化であり、図書の所在情報提供を可能にする方法や小図書館であっても利用要求に対応できる方法を見いだすことだとしている。そこで手始めに次の提案がなされた。

> 図書館をいっそう発展させ、国民文化の真の向上に協力したい。そのためにはまず各種の問題について検討し、協議し、そして実行する一つの会がほしい。[2]

1959年（昭和34年）3月、発起人たちは日比谷図書館に集まり、都内の公共図書館の総合目録を作成することなどを話し合った、と記されている。発起人の氏名は次のとおり。

石橋幸男（大田区立池上図書館）、小田泰正（国立国会図書館）、北島武彦（図書館職員養成所）、北村泰子（都立日比谷図書館）、黒田一之（同前）、小井沢正雄（江東区立深川図書館）、細谷重義（同前）、森博（大田区立池上図書館）の8人。会の名称は記されていないが、4月に第1回の会合が開かれ、会長に細谷が選ばれ、名称も東京都公立図書館参考事務連絡会（以下、連絡会と略記）に決まる。以降、ほぼ毎月例会が開催されることになる。[3]

連絡会が発足したのは、先述したとおりレファレンスサービスに対する全国的な関心が次第に高まっていった時期と一致する。都内の都区立図書館でも、レファレンスサービスについて、図書館員が相互に協力的な関係をもつ必要があるという機運が高まったと見ていいだろう。菅原は次のように見ていた。

> 〔森が各界の有志と協力して会合を持つとの訴えについて〕この当時は、図書館同士が協力しあうということは、本質的なのですが、そういう発想がありませんでした。都立は都立、区立は区立と孤立した状態で

した。(略)東京都公立図書館長協議会に参考事務連絡会ができたのをきっかけに、貸出でも連絡会ができてくる。これが突破口となり、(略)実務で協力しあう最初でしょう。原点は1959年(昭和34年)3月に森さんなど有志がアピールした「趣意書─参考事務の発展のために」でした。[4]

 組織づくりの意義について、当時、大田区立洗足池図書館の森のもとで、これらの活動に関与した菅原勲は、後年「協力的作業を土台にしてこそ自館のそして全体のレベルの向上が保障される」[5]と述べ、図書館が協力態勢をとることと各館の業務の質的な改善とが密接に関わっていることを事例を挙げて検証した。

 では、連絡会の活動はどうだったのか。何を課題としていたのか。1959年4月、第1回の例会では「新刊図書総合目録」を作成することを決め、6月には作業手順などの検討にかかっている。12月に作業を中断するが[6]、翌60年4月の例会では参考図書の「解題」を実施することになり、5月にはその基準を、6月には細則を決めている。[7]

 なお、森は、1961年3月から63年3月まで連絡会の会長を務めている。

スタッフマニュアルの作成

 1960年10月、国立国会図書館で参考事務についての関東地区研究集会が開かれ、このとき、参考事務の係員のためには、参考事務の「規定」よりも「実務案内」のようなものが必要だという意見が大勢を占めた。この集会には連絡会の会員が多数出席していたこともあり、11月の第19回例会で会員が分担してイノック・プラット図書館の『一般参考部スタッフ・マニュアル』の翻訳にとりかかることに急遽話がまとまる。[8]短期間のうちに翻訳作業を分担、正月休みを返上して有志が執筆した。有志は総勢27人。61年1月には原稿が集まった。そして、3月には『イノック・プラット図書館一般参考部スタッフ・マニュアル』が刊行された。

 このマニュアルは、全10章、330ページからなり、冒頭には「一般参考部の仕事をするに当たって知っておかなければならない方針・手順などを、新しい職員用に記録する必要から生じたものである」[9]と作成の趣旨が述べ

られている。本文は、仕事の範囲と内容について読者の理解が可能なように具体的な記述がなされた。同書には「翻訳の経緯」として、参考事務連絡会のメンバーが「参考事務のよい手引書がないのをつねづね残念に思っていた」という当時の状況が、森によって明らかにされている。

よく知られているのはＪＬＡの「参考事務規程」である。この作成に関わった参考事務分科会の志智嘉九郎は「参考事務規程作成の経緯と趣旨」について『参考事務規程解説』に記している。最後のほうに、規程とは別に係員の心得や回答事務の要項などを要望する声があったことについてふれ、「staff manual の作成はまた別に考えられるべきである」というのが分科会の考えであり、分科会でこれができるかどうかは疑問だとしていた。志智が述べたのは、『イノック・プラット図書館一般参考部スタッフ・マニュアル』の刊行翌年のことで、特にこの翻訳を意識したわけではないと思われるが、マニュアルを望む声に何らかのコメントをする必要を感じてのことだろう。

連絡会としては、マニュアルの必要性を優先したことになる。この作成の成果はそればかりではないようだ。森は、別のところで次のように述べている。図書館法のうえからレファレンスサービスは実施されなければならないが、それが果たされていない。これでは近代生活のなかで、図書館は十分役割を果たしているとはいえない。さらには、会の組織・運営・維持はメンバー1人ひとりの意識のあり方による。それが意識課題解決の道を切り開いていくことにつながる。これはレファレンスマニュアルをまとめた後日談なのだが、特に会の運営について述べているので、もう少しみておきたい。「会の将来なかまづくり」の小見出しのもと「なかまづくり」についてふれているところを個条書きにしてみる。

1　リーダーは、みんなの「なかま」意識のなかにいなければならない。
2　しごとをあせってもむだ。
3　なかまは会の「実力」で増やすこと。
4　なかまは自分の手で「やる」ことによってだけ、本当に強くなる。

連絡会発起人の1人小田泰正も、少しあとになるが『レファレンスワーク』で図書館員の組織化に言及している。小田は、ここで資料の選択、閲覧目録の整備などとともに図書館協力の組織化を「最も急がなければなら

ない」ことであり、これが図書館協力で最も大切な「協力への意志」[13]だとしている。森はスタッフマニュアル作成の経験をふまえ、小田はレファレンスサービスの理念を述べるなかで、この仕事での図書館員の組織化がどれほど重要かを提起していた。

参考図書の解題

1960年4月、連絡会は参考図書の解題の実施を一旦は決定した。ところが急遽スタッフマニュアルを作成することになり、作業は中断。マニュアルが完成した翌61年5月、参考図書の解題を再開することになる。

1962年7月、逐次刊行物総合目録の作成について検討している。

ＪＬＡ資料室に保管されている清水正三関係資料（整理中）のなかに、謄写版印刷によって作成されたB5サイズ1枚の大久保乙彦篇「東京都公立図書館参考事務連絡会年表」[14]があり、作業の経過が記されている。これによると、日比谷図書館の参考図書目録を作成して各館に配布し、このなかから図書を選んで会員が分担して解題をおこない、その原稿を事務局へ送っていた。この資料には「参考図書の解題具体案」（森博）が付され、これには『広辞苑』と『化学総覧　新版』の2点について、それぞれに書誌事項を記し、解題すべき項目が例示されている。沿革、内容、配列、検索法などである。国語辞典と科学系の便覧では解題の方法が異なるためだろう。これをサンプルにして作業が進められていたと推察される。

この作業と関係がありそうな「目録」が2種現存する。1つは、『東京都立日比谷図書館参考図書目録』（謄写版、横浜市中央図書館所蔵）で、1959年版、200ページ。これには各参考図書に書誌事項が記載されている。もう1つは『東京都立日比谷図書館蔵参考図書目録』（活版印刷、都立中央図書館で所蔵）。和書・洋書の2冊本で、1963年版。和書は280ページで約3,000タイトル。洋書は79ページ。これらが連絡会の作業と関係があるかどうか不明だが、資料の内容からすると、このような資料のリストをもとにそれぞれの館に所属する図書館員が分担して解題の作業を進めたと考えられる。

1963年3月、基本参考図書の選定について検討を開始している。68年7月、『中小図書館のための基本参考図書』を出版した。基本参考図書の選

定作業から5年が経過していることになる。これは『日本の参考図書』(1962年)をそのまま中小図書館で収書の基準とするには予算・技術面で無理があるという理由から、区市立図書館に「最低必要な」参考図書を選択したとある。収録タイトル数は約1,300。森は同書には協力者として名を連ねている。

2　『日本の参考図書』の編集

森博は、『イノック・プラット図書館一般参考部スタッフ・マニュアル』とともに『日本の参考図書』の編集にも参加している。それはどのような意味をもっていたのだろうか。

成立の経緯

1959年（昭和34年）10月から12月にかけて、アメリカ図書館研究調査団が、アメリカ図書館協会（ALA）の招聘によってアメリカの図書館参考事務の研究集会（U.S. Field Seminar on Library Reference Services for Japanese Librarians）に参加した。このセミナーは、ロックフェラー財団の財政的な援助のもと、前年から具体化が進められ、59年2月にアメリカ図書館研究調査団が結成されている。メンバーは、天土春樹、後藤純郎、鈴木平八郎、岩猿敏生、沢本孝久、林政雄、小田泰正、清水正三、福田なをみ（団長）だった。帰国後には報告書がまとめられ、報告会も開催されている。

この報告書には、「レファレンス・サービスの発達は、参考図書の発達により左右される」ことが記され、ウィンチェル（Constance Mabel Winchell）が自らレファレンス・トゥール作成事例に言及、それが *Guide to Reference Books* を生む基礎になったことも紹介されている。福田なをみも「この旅行の主目的はレファレンス・サービスを学ぶこと」だったとしている。後年、この視察についての回顧がなされているが、メンバーの1人後藤は、ウィンチェルから *Guide to Reference Books* 作成の経緯について聞き、帰国後福田らによって『日本の参考図書』が編纂されたことに

その影響の大きさを見ている。『国際文化会館50年の歩み』でも、このアメリカ図書館の調査研究の「歴史的に最も顕著な成果は参考図書ガイドの編集と出版」にあったことを挙げている。

　ここで「参考図書ガイドの編集と出版」といっているのが、いうまでもなく『日本の参考図書』である。次に同書の成立の経過を見ておこう。1961年3月、ロックフェラー財団からの助成によって、国際文化会館図書室内に日本の参考図書編集委員会が設置される。編集委員は、小田泰正、北島武彦、河野徳吉、小林胖、庄野新、福田なをみ、藤川正信、森博の8人。このうちアメリカへ研究調査に行ったのは小田と福田の2人であり、その経緯もあって中心になって編集作業を進めたのは福田だった。

　松本重治の「序」には、参考図書の解説書の必要性について述べたあと、「たまたま昨年初頭にこの事態の解決の必要を痛感した図書館界の有志」によって会合がもたれ、企画が進んだことが記されている。松本の執筆は、1962年4月なので「昨年初頭」とは1961年のことである。また、100人を超える協力と援助があったことにも言及している。

　同書の刊行が1962年5月であるから、委員会の設置から出版まで1年3カ月ということになる。この本の内容を考えると、驚異的なスピードだった。それを可能にしたのは何かをみていく。その前に、長沢雅男が『日本の参考図書』の作成経過について述べているので、それをみておこう。長沢は、当時の図書館界の動向を次のようにとらえている。60年ごろから参考図書の解説書の必要性が取り沙汰されるようになったこと、しかし、波多野賢一・弥吉光長共編『研究調査参考文献総覧』があるものの、その後改訂がされず、そこでウィンチェルの *Guide to Reference Books* と同じようなガイドを編集する必要があるとして、同志を募り編集企画したのが国際文化会館の福田なをみだった。長沢のいう「参考図書の解説書」云々というのは、時期的にいうと先に記した連絡会の作業のことではないかと思われる。

『日本の参考図書』と森博

　まずは『日本の参考図書』の変遷をみておこう。

第3章　公共図書館の基盤整備　535

1962年5月　初版　日本の参考図書編集委員会／国際文化会館、353ページ
　1965年9月　改訂版　日本図書館協会、335ページ
　1966年12月　追補リスト '64.9-'66.3　日本図書館協会、52ページ
　1966年　*Guide to Japanese Reference books*　American Library Association, 303p
　1972年9月　補遺版　日本図書館協会、379ページ
　1980年1月　解説総覧　日本図書館協会、907ページ
　2002年9月　第4版　日本図書館協会、1081ページ

　森は、最初から編集委員の1人に名を連ねていた。森が編集委員に加わった経緯については小田泰正が森を追悼する文で次のように述べている。

　　「日本の参考図書」の編集に君の協力をお願いしたのが、君と「日本の参考図書」との切っても切れぬ縁のはじまりであり、初版・改訂版そして補遺版と、その編集の事実上の責任者として、人知れぬ生みの苦しさを君になめさせることになってしまった[24]

　小田は、森を「編集の事実上の責任者」と記すが、初版も改訂版も、全く同じ9人の編集委員がABC順に記されているだけである。ただし、改訂版にはそれとは別に「改訂について」と収録図書の加除、変更などを加えたことが記され、ここには森、福田の2人が表記されている。補訂版では、編集委員会のなかで「森氏を中心に『改訂版』の性格を踏襲する」[25]という企画が長沢によって記されている。また、菅原勲は、『日本の参考図書』を100人を超える人々と分担執筆したことについて、「専門的なところは、ほかの人に頼んだと思いますが。初版の大半は森さんが原稿を書いたのではないか」[26]としている。実際に森はどのように関わったのか。
　藤野幸雄は次のようにいう。

　　わが国で出版する本の書名をわざわざ「日本の」としたのは、「ウィンチェル」の「日本語版」を意図したからで、さらにこの日本語版を

翻訳してアメリカで刊行しようとの発案がすでにあった。『日本の参考図書』は、1962年に初版、1965年に改訂版、1966年に英語版が刊行されるが、改訂版の編集主任に森がなったのは、アメリカで英語版を出版するため。1962年の初版の記録を徹底的に調べ直すとともに解説を書き直すためであった。トゥールの解題はウィンチェルのように、ひとりが中心になって「簡潔で」統一された記述が必要だからとの理由による。そのために森は国際文化会館に毎日のように通って作業をした。[27]

『日本の参考図書』を生んだ中心人物は福田である。福田はそれだけのことを成す経歴と実績をもっていた。[28] そこに森が加わったということなのだろう。それは小田が導いたことによる。では、なぜ森だったのかを考えてみたい。まずは、福嶋礼子の回想からみてみたい。

　『国書総目録』が岩波書店から出ますが〔第1巻が1963年に刊行開始：引用者注〕、森先生はその前に同じようなものを作ろうとしていました。『国書解題』といったようなものです。（私は）そのお手伝いをしました。随分抜き書きをつくりました。大変な量になっていましたが、『国書総目録』が出たため、その後全部捨てました。どこからか、話があったわけではなく、ご自分で時間を見つけてされていた。書誌に関してはもともとかなりの関心をお持ちでした。[29]

福嶋によれば、森は岩波の『国書総目録』のようなものを実際に作成していたという。これは結局日の目を見ることはなかったのだが、このエピソードに『国書解題』という書名がある。この図書は森にとって特別な意味をもっていたようである。

『国書解題』は、佐村八郎（1865—1914）による著作で、1898年から1900年にかけて六合館から刊行された。その後増補・改訂がおこなわれた。『国書解題　増補改版』の「凡例」によると、収録した書物は「上古以来慶応3年まで」の2万5,000部、十万余万巻。本文2,090ページ。索引は著者、分類、字画の3種を付す。[30]

少々あとのことになるが、森は、次章でふれる東京都公立図書館長協議会『東京都公共図書館の現状と問題点　1963』でも「参考相談事務とそのためのコレクションの必要は、はやく明治20年代において紹介されている」とわざわざ佐村八郎の『国書解題』を取り上げている。森が佐村『国書解題』を高く評価していたことがうかがえる。

　しかし、森が知られるようになるのは、秋岡に呼ばれてからのことである。1956年に大田区立池上図書館、60年からは洗足池図書館館長として、貸出とレファレンスサービスを中心にサービスを展開し、これと併行してレファレンスサービスの普及のために東京の公立図書館員を組織化、その連絡会の中心に位置し、スタッフマニュアルの作成、参考図書の解題などを実践していった。

　森という1人の図書館員からレファレンスサービスの動向を見るとき、これら一連の作業によって森のなかにサービスの基盤が形成され、それが小田に導かれ『日本の参考図書』へつながることになった。

　森にとってこれらの一連の活動は、計画的に意図されたものなのだろうか。森はレファレンスサービス普及のための要件を考え、それを現実のものにするためのステップを設定し、それを実現してきたと考えるのであれば、そうなるのかもしれない。しかし、現実の図書館をそう簡単に変えられると考えるほど、森は楽観的ではなかった。いくつかの衝突を繰り返し、進むほかはないと森は考えていたように思われる。

3　『中小レポート』、日野市立図書館との関わり

『中小レポート』委員からの離脱

　1963年3月、『中小都市における公共図書館の運営』(以下、『中小レポート』と略記)が刊行された。この報告書作成のための委員会のスタートは、約2年半前の1960年10月にさかのぼる。正式な名称は、日本図書館協会・中小公共図書館運営基準委員会で、森は当初からの委員だった。この年の11月、森は第1次実地調査の岡谷市立図書館の調査に参加した。この調査は委員全員が参加し、第2次以降は、委員が責任を分担して、現地の図書

館員を地方委員として調査チームを組織することになった。61年2月、綾部市立図書館（第4次）、高砂市立図書館（第5次）の実地調査に、森は調査委員長として参加している。

　森の委員会での役割について、断片的にだがそれを知る手がかりはある。このレポートを作成した委員にインタビューをした記録があり、このなかに森の名前が出てくる。例えば、黒田一之は次のように話している。

　　このあたりまで〔引用者注：『昭和35年度総合報告書』作成にかかる作業〕のイニシアティブを取っていたのは、森博さんなんですね。（略）図書館は社会のひとつの現象だという理論はあの人の理論でしてね。社会の構造の中から生まれるものなので、社会というものを把握しないといけないと(32)

　山口源治郎はこの点について、実地調査もまずは奉仕地域（自治体）の実態把握から開始されていることに着目し、科学的調査に基づく現状把握、基準論、経営的発想、地域的視点が、この報告書の重要な方法的視点だったと指摘している。(33)これらのことから森が調査の特に初期の段階できわめて重要な役割を果たしていたことがわかる。

　ところが、1961年4月28日から30日におこなわれた会議を最後に、正式には5月をもって、森はこの委員を辞めた。その理由については、はっきりしたことは明らかになっていないが、委員辞退の理由についてインタビューでも何人かの委員に聞いている。前川恒雄は、61年4月の『昭和35年度総合報告書』をまとめる合宿で、「森さんはその討論でほとほと愛想がつきたと、（略）委員の中のある人たちとの討論について森さんはサジを投げた(34)」と話している。

　近年、石塚栄二は、森が委員を辞めるときに論争があり、そこで森が、「とてもあんたらとはやっていられない(35)」といったことを伝聞のかたちで紹介しているが、これは前川の証言と同じことを指しているようにも思われる。森の辞任の理由は、委員、関係者が語った言葉のそれぞれの文脈に沿って解釈するしかないが、石山洋は、「読書会を作り団体貸出を増す館外奉仕優先の意見と資料貸出、個人貸出の意見が対立(36)」し、森はその後者

第3章　公共図書館の基盤整備　　539

であり、結局、森が「個人貸出中心説で対立」(37)して辞めたと述べている。これは伝聞かあるいは石山の推察のようである。

別の見方もあった。オーラスヒストリー研究会のインタビュー記録には、当時の記録も収められている。そのなかに「委員会討論資料〔昭和36年5月17日〕」がある。ここで「黒田委員」は「Ⅰ　35年度調査の反省」のなかで、森が辞任した理由の1つに「図問研のあり方に対する不信と見ることもできるのではないだろうか」(38)と指摘している。この「黒田委員」は、黒田一之のことで、彼は、森の「よってたかった話」(注(12)参照)にふれ、これを読めば「仲間づくりの問題をきわめて真けんに考えて」いたことがわかるという。ここで黒田が「図問研」に対する不信といっているのは、この委員会が当初、図書館問題研究会（図問研）の有志によって作られ、そこに会員外から森博が調査委員に招かれたという経緯をふまえてのことだ。なお、これに対して森崎震二は、否定的にとらえていた。(39)

森の行動を見ていて気がつくのは、何ごとに関しても徹底しているところである。『中小レポート』の委員を辞めたが、このレポートを支持すべきだと考えれば、検討会議に出席する。東公図の場合も同じだった。それについてはあとで述べる。

1963年6月11日から13日、関東地区を対象にした第1回の中小公共図書館運営研究会が神奈川県箱根町で開催された。(40)森もこの研究会に出席していた。森がどのような感想をもったのかわからないが、磐田市立図書館司書だった鈴木健市はこのとき同席しており、次のように話している。

> 全国をブロック別に開催されたと思うが、ここ（磐田市）は静岡で、関東ブロックに入っている。箱根の会議に参加した。森さんほとんど発言なんかなかったと思う。会議が終わってから、（私がいた）後ろの方にやってきて、あまりおもしろくないからコーヒーでも飲み行こうと言われた。(41)（要約）

このとき森は、特に発言をしなかったようだ。どちらかというと傍観者的にとらえていたようにも感じられる。

『中小レポート』普及のための努力

　その半年後の1963年11月、森は全国図書館大会（岡山市）、第2日目の総合部会・第1部会「中小公共図書館運営上の問題について」に、パネルディスカッションの発言者の1人として出席し、一転してここでは積極的に発言している。「協議題1：『中小都市における公共図書館の運営』について」では、「その地域社会が、何を要求するかによって、それぞれの図書館の任務がきまるものと思います」(42)と主張している。

　このとき、『中小レポート』作成の際の図書館調査で、森が地域の調査を徹底的に実施したことが明らかにされる。『中小レポート』の序で有山が「地域社会の民衆との直結という点では大いに反省しなくてはならぬ」と述べているが、そこには運動論的な意味合いが含意されている。森も同様に、地域社会と図書館との関係を述べているのだが、森の場合は、その関係は運動論ではなく、中小図書館の本質についての考え方なのであった。

　もう1カ所重要な発言がある。同じ図書館大会の後半に、「協議題2：中小公共図書館と県立図書館の奉仕内容は本質的に異なるかどうか」があった。ここで、石川県立図書館長の市村新が「図書館としてのもっと大きい目標は、日本の民主化」で「この意味では県立図書館も中小図書館もおなじ」だと発言した。それを受けて森は次のように述べた。

> 地域の中小図書館の力だけで地域の住民の要求にこたえることができれば県立図書館はいりません。そういう意味で県立図書館としては中小図書館がまもりきれないところをバックアップするし、また広域にわたって県全般にサービスすること、このふたつが県立図書館としての任務だと思います。(43)

　市村はこれには反対で、理由は時間がないので「図書館雑誌」に書くとした。1963年11月という時期は、東公図が『東京都公共図書館の現状と問題点　1963』を発表した翌月にあたる。この報告で、都（道府県）立図書館の役割について、東公図で検討がなされたことは次章で詳しく述べる。ここで森は何をいいたかったのか。市村が書くといっておいて書かなかっ

第3章　公共図書館の基盤整備　541

たのに対して、森は翌年「図書館雑誌」に、「図書館サービスの全国計画　その1」を載せているので、それをみておこう。

　1963年、日本図書館協会からは『中小レポート』が刊行され、その同じ年に東京大学附属図書館が大学図書館の近代化を実現し『大学図書館の近代化をめざして』[44]を刊行、秋には『東京都公共図書館の現状と問題点1963』が出されていることに森は注目している。それは、仮にそこに示された問題解決の方法に誤りがあるにしても、「意義深い何ごとかが起こっている」「起こりつつある」こと。そして、何よりもこれらの報告が、いずれも「明確な理念を確立し、一応の方法と手順を実践によって現実の中からつかみとろうとしていること」に着目している。そしてその実現のためには、「館界が図書館の連合体制確立の構想を明確にもち、その実現に努力することが非常にたいせつ」[45]だとした。要は、図書館界が大枠で合意できるのであれば、それを先へ進めようというのだ。枝葉末節にこだわるあまりこの機を逃してはならないといっている。

　ここでみたのは、いずれもパネルディスカッションの記録であり、必ずしもこのとおり発言したのか保証の限りではない。したがって、ここで確かめておきたいのは、発言の内容の精度ではない。発言の趣旨である。森が、『中小レポート』作成を離脱してもなお、その直後の報告会で調査・検討にかかる意見を述べていることに留意したい、ということである。

『中小レポート』から日野市立図書館へ

　1964年（昭和39年）5月、森は洗足池図書館を退職、6月に順天堂大学図書館に移った。当時の学校法人順天堂（順天堂大学）の理事長有山登は、日本図書館協会（JLA）事務局長有山崧の叔父にあたる。順天堂大学へはおそらく有山崧の紹介だろう。そして、この年の6月、有山崧が日野市社会教育委員会の議長になり、そのなかに特別委員会を設けたとき、森は同委員会専門委員に呼ばれている。

　では、なぜ森がその特別委員会に呼ばれたのかみていきたい。森は、JLAのほかの委員会にも関係しているが、『中小レポート』作成のための委員会をほぼ半年で辞任したとはいえ、有山はその委員会での森の発言について報告を受けていたはずである。さらに有山は、東公図の『東京都公

共図書館の現状と問題点　1963』の実質的な作成者の清水正三とともに森を高く評価していたのではないか。これは単なる推測にすぎないのだが、次章で詳しく述べるとおり、東公図の報告は、1962年の都立日比谷図書館協議会の答申を批判したものである。有山は、同協議会で唯一の図書館関係者だった。であればその答申に対し、真正面から異議申立てがなされた文書を細大漏らさず目を通すはずである。有山が、そこに記されている革新的な内容を見逃すはずがない。

　1965年6月、日野市立図書館設置条例が公布され、9月21日に移動図書館が走り始めるが、その前に有山は行政担当者や市民などに向けてＪＬＡのパンフレット『市立図書館　その機能とあり方』を書いている。執筆を記す日付は3月10日で、9月10日に発行された。この著作は「誰にでも、いつでも、どこでも」利用できる図書館のあり方を簡潔に記したもので、『中小レポート』の考え方を踏襲しているが、前川恒雄は市民の自立および分館網については「それを超えていた[46]」と評価している。

　資料提供の方法について『中小レポート』が、館外奉仕のなかで貸出文庫、つまり団体貸出を館内奉仕に優先させたのに対し、この小冊子は、開架式によって「本を自由に手にとって選べるよう」にし、個人への貸出しをサービスの基本としている。また、図書館組織網の必要性を強調し、利用の限界を1キロから1.5キロ以内と明記した。これらは『中小レポート』にはなく、次章で述べるとおり東公図の報告書によって強調されたものである。

　そして、有山の主張は、そのまま日野市立図書館の基本方針となる。同館は、「図書館づくりの基本的な姿勢」を「資料の個人貸出」に重点をおき、「自動車文庫による貸出を前提とする以上、これは完全な開架書架[47]」による運営を基本とすることなどが挙げられる。日野市立図書館のスタートがあまりにも鮮やかだっただけに、関係者が相当に苦心したことは見落とされがちになっていたが、初期の段階で、森が重要な役割を果たしたことを、前川恒雄が森の追悼文に述べていたことは序章で触れた。

　そして、当時破格といわれた図書館費についても森は心配していたという。800万円の予算を組んだからにはそれに見合うサービスと市民の支持がなければならないが、それがはたして実現できるのかという心配だった

ようだ。前川によれば、日野市立図書館の資料費についていろいろいわれたが、森は「必要だ」といった数少ない人の1人だったという。[48]

注　※〔　〕内は著者補記

（1）前掲『神戸市立図書館60年史』100—102ページ
（2）「趣旨書——参考業務の発展のために」「会報」（東京都公立図書館参考事務連絡会）第13号、1981年6月、5—6ページ。
（3）「会報」第1号、1968年7月、1ページ。第1回例会は1959年4月7日に開催。
（4）菅原勲インタビュー記録
（5）菅原勲「都市における図書館活動の実際——東京都大田区立洗足池図書館の事例」「社会教育」第24巻第10号、1969年10月、108ページ
（6）前掲「会報」第1号、1ページ
（7）同誌2ページ
（8）同誌2ページ
（9）イノック・プラット図書館編『イノック・プラット図書館一般参考部スタッフ・マニュアル』東京都公立図書館参考事務連絡会訳（「ひびや」別冊）、東京都立日比谷図書館、1961年、本文1ページ
（10）「後記」、同書10ページ
（11）日本図書館協会編『参考事務規程解説』日本図書館協会公共図書館部会参考事務分科会、1962年、4ページ
（12）森博「よってたかったはなし——図書館・参考事務の開拓を求めて」「月刊社会教育」第5巻第5号、1961年5月、34—37ページ
（13）小田泰正編『レファレンス・ワーク』（「図書館の仕事」14）、日本図書館協会、1966年、45—48ページ
（14）大久保乙彦篇「東京都公立図書館参考事務連絡会年表」1961年5月17日、日本図書館協会資料室清水資料。記述の範囲は、1959年3月の結成趣意書発表から61年4月の第24回定例会まで。B5サイズで1枚、謄写版印刷。
（15）清水正三「はしがき」、東京都公立図書館参考事務連絡会編『中小図書館のための基本参考図書』所収、日本図書館協会、1968年
（16）『アメリカの図書館』アメリカ図書館研究調査団、1960年、72—73ページ
（17）福田なをみ「アメリカの図書館みたまま」「国際文化会館会報」第4

号、1960年1月、24—31ページ。福田に関しては、小出いずみ「福田直美とアメリカ図書館研究調査団」、今まど子〔ほか〕編著『現代日本の図書館構想——戦後改革とその展開』(勉誠出版　2013年)が詳しい。なお、福田の表記について、文献によっては直美、なおみとするものも少なくないが、ここでは「なをみ」で統一した。
(18)　「座談会　26年前のアメリカ図書館視察談」「ライブラリアンズ　フォーラム」第2巻第2号、1985年8月、7ページ。調査団のメンバーのうち後藤、鈴木、岩猿、沢本、清水、福田の6人による座談会に小田が誌上参加した。
(19)　加藤幹雄編著『国際文化会館50年の歩み——1952—2002　増補改訂版』国際文化会館、2003年、170ページ
(20)　鈴木平八郎「ひと　福田なをみ——わが図書館界発展の裏方」「ライブラリアンズ　フォーラム」第1巻第1号、1984年4月、24ページ。鈴木は次のように記す。「この間『日本の参考図書』編集委員会を組織し、わが国で発行されている参考図書(各種年鑑、事典、便覧等)の目録を作成し、37年にこれを発行し、41年には Guide to Japanese Reference Books として英文版を発行した。これらはわが国におけるこの種の書目の嚆矢である」
(21)　松本重治「序」、前掲『日本の参考図書』所収、ページ記載なし
(22)　波多野賢一/弥吉光長共編『研究調査参考文献総覧』朝日書房、1934年
(23)　長沢雅男「『日本の参考図書』——初版から『解説総覧』まで」「書誌索引展望」第4巻第3号、1980年8月、5ページ
(24)　小田泰正「森君と『日本の参考図書』」「図書館雑誌」第65巻第11号、1971年11月、30ページ
(25)　長沢雅男「緒言」、『日本の参考図書　補遺版』所収、日本図書館協会、1972年、ページ記載なし
(26)　菅原勲インタビュー記録、および菅原勲「『日本の参考図書』誕生の軌跡——森博氏の関わり」、前掲『白山図書館学研究　岩淵泰郎教授古稀記念論集刊行会』所収、53—55ページ
(27)　藤野幸雄による2012年6月4日付筆者宛ての手紙。なお、すでに公表されている資料に、藤野幸雄『資料・図書館・図書館員——30篇のエッセイ』(〔日外教養選書〕、日外アソシエーツ、1994年、44—50ページ)があり、ここにも『日本の参考図書』についての記述がある。
(28)　キハラ100周年記念誌編集委員会企画・編集『図書館とともに——キハ

ラ100年の歩み』キハラ、2014年。同書に収録されている「戦後の図書館を支えた人々」(座談会)のなかで、竹内悊は、福田と『日本の参考図書』の関係について言及している(161―162ページ)。

(29) 福嶋礼子インタビュー記録
(30) 佐村八郎『国書解題　増補改版』六合館、1926年
(31) 前掲『東京都公共図書館の現状と問題点　1963』11ページ
(32) 「黒田一之氏インタビュー記録」、前掲『『中小都市における公共図書館の運営』の成立とその時代』所収、128―129ページ
(33) 山口源治郎「解説――『中小都市における公共図書館の運営』の成立とその時代」、同書所収、369ページ
(34) 「前川恒雄氏インタビュー」、同書所収、18ページ
(35) 前掲「戦後公共図書館発展の背景」69ページ
(36) 石山洋「源流から辿る近代図書館53　清水正三(中)」「日本古書通信」910号、2005年5月、29ページ
(37) 石山洋「源流から辿る近代図書館54　清水正三(下)」「日本古書通信」911号、2005年6月、27ページ
(38) 委員会討議資料(昭和36年5月17日)のなかの黒田一之「35年度調査の反省」、前掲『『中小都市における公共図書館の運営』の成立とその時代』所収、270ページ
(39) 「森崎震二氏インタビュー記録」、前掲『『中小都市における公共図書館の運営』の成立とその時代』所収、205ページ。「それはちょっと僕はちがうと思いますね」とし「図問研と中小レポートは関わりが薄い」からだと述べている。
(40) 「中小公共図書館運営研究会／報告」「図書館雑誌」第58巻第6号、1964年6月、281―285ページ
(41) 鈴木健市インタビュー記録
(42) 「図書館雑誌」第58巻第5号、1964年5月、228ページ。第49回全国図書館大会、総合部会－第1部会－中小公共図書館運営上の問題点について－協議題1「『中小都市における公共図書館の運営』について」での森の発言。
(43) 同誌231ページ
(44) 『大学図書館の近代化をめざして』東京大学附属図書館、1963年
(45) 森博「図書館サービスの全国計画　その1」「図書館雑誌」第58巻第9号、1964年9月、393―396ページ
(46) 前掲『移動図書館ひまわり号』38ページ

(47)『業務報告　昭和40・41年度』日野市立図書館、1983年（1967年刊の復刻版）
(48)前掲「激しく、やさしい人」593ページ

第4章　東京都の図書館政策をめぐって

　1963年（昭和38年）3月、日本図書館協会から『中小レポート』が刊行された。同じ年の10月、東公図は『東京都公共図書館の現状と問題点1963』（以下、『報告書』と略記）を発表した。『中小レポート』が戦後の公共図書館を大きく改革したのに対し、この報告書はわずか31ページのペーパーにすぎず、一定の評価はされているものの、さほど注目されてこなかった。だが、この報告書は、図書館振興対策プロジェクトチーム「図書館政策の課題と対策：東京都の公共図書館の振興施策」との関係を考えるとき、その起点と見なすことができる。1960年代の初め、当時の図書館界の現実を直視し、施策の方向性を見極め、将来を展望する視座を有していたことを考えると、再評価を試みる価値はあると思われる。森博は、清水正三とともに、この報告書作成の中心的な役割を果たした。本章では、この報告書の作成過程と意義について詳しく述べる。

1　都立日比谷図書館協議会の答申、東公図の対応

　東公図の『報告書』は、都立日比谷図書館協議会の答申に対し、意見をまとめた文書である。まずは、この答申の内容を確認しておこう。

都立日比谷図書館協議会の答申

　1957年10月、東京都立日比谷図書館が新築落成した。58年、同館は創立50周年を迎えたのを記念して「ひびや」誌上で論文を募集した。「都立日比谷図書館はどのようにあったらよいか」がテーマで2,000字以内。同誌第13号には、6人の論文が掲載されている。[1]
　これを機に、1959年1月「図書館はどうあるべきか」[2]という座談会がも

たれ、その前半部分が「ひびや」に掲載されている。出席者は、中島春之（江東区立城東図書館）、原田義信（三菱経済研究所）、藤川正信（慶応義塾大学図書館）、森博（大田区立洗足池図書館）、森崎震二（国立国会図書館）の5人だった。

同じ号にはこれらとは別に、公立図書館の立場から墨田区立緑図書館の青木義雄、都立立川図書館の加藤柳太郎、ほかにも区立図書館の立場からそれぞれ意見が掲載されている。そのなかで清水正三は、「私見」と断りながら日比谷図書館が都の図書館網の中心となるべきであり、協力組織を実現する必要があると述べている。またこのうち、日比谷図書館が都民に奉仕する方法を直接と間接との2つあることを示し、後者は区市町村立の公共図書館を通じておこなう奉仕であるとしたが、これについては未着手か、進展しているとは思えない、と述べている。日比谷の性格をもってすれば、後者の方法が強く打ち出されなければならない。このように清水の主張は、わずか1ページのなかに、明確に都立日比谷図書館の課題が整理されていた。⁽³⁾

一方で、1959年8月、東京都立図書館協議会条例が制定、公布、10月に適用されることになる。⁽⁴⁾ 翌60年2月には同図書館協議会が発足した。⁽⁵⁾ 館長からは、日比谷図書館にとどまらず、東京都の公立図書館の総合的な改善策について諮問があり、約2年をかけて将来構想が論議されることになった。62年2月、協議会は「東京都の公共図書館総合計画」を答申した。⁽⁶⁾ この協議会は、発足したときから定員は20人、2年後の改選で、元日比谷図書館長、全国学校図書館協議会（全国SLA）の会長が加わったが、図書館関係者といえるのは日本図書館協会（JLA）の有山崧1人だけだった。⁽⁷⁾

「東京都の公共図書館総合計画」は、Ⅰ日比谷図書館の将来、Ⅱ近世資料を主体とする図書館、Ⅲ保存を目的とする図書館の設置、Ⅳ青少年図書館、Ⅴ区立図書館の望ましい姿、Ⅵ各種図書館との連携、と6つの章からなっている。ここでは、日比谷図書館を都内公共図書館の中心的な存在と位置づけ、一般成人対象の奉仕、調査研究を第1とし、都内各館に対する奉仕を積極的に考え、具体的な方策が提示されている。ところが都立図書館が果たす役割を明確に示すまでには至らず、司書職制度や多摩地域の状況などについても言及されていない。⁽⁸⁾

第4章　東京都の図書館政策をめぐって　549

1962年7月発行の「ひびや」には、この総合計画に対し19人の意見が掲載されている。このうち区立図書館から5人の意見を載せており、そのなかに、中島春之、清水正三らが含まれていた。日比谷図書館協議会の答申には区立図書館の意見が反映されていない、という声を無視することができなかったからであろう、12月になって日比谷図書館協議会は、東京都の公共図書館総合計画について区立図書館長3人と懇談した。出席者は、中央区立図書館長清水正三、文京区立小石川図書館長井越昌司、目黒区立守屋図書館長山崎新次郎だった。

　また、その翌1963年1月の第30回日比谷図書館協議会でも、この問題について、区立図書館長3人と懇談している。このときの出席者は、大田区立洗足池図書館長森博、前江東区立深川図書館長の細谷重義、墨田区立あづま図書館長佐久間幸雄だった。このとき協議会は、「区立図書館の現状、当館への希望、東京都の公立図書館総合計画への批判などを」聞いている。これと前後して、東公図の対応が活発化していく。

東公図の対応

　1962年12月24日、東公図12月例会では、東京都の公共図書館総合計画について協議している。記録上ではこれが最初の対応のようだ。翌63年1月30日の1月例会でもこの問題が議題にされている。そして、2月22日の2月例会では「東京都公立図書館長協議会総合計画委員会」を組織して検討することが承認されている。

　4月24日に第1回総合計画委員会が開催される。以降第2回—5月15日、第3回—6月7日、第4回—7月12日、第5回—8月9日、第6回—9月6日。そして、臨時に9月26日に開催している。また、9月には「ひびや」に「都立日比谷図書館および島嶼地区図書館の現状と問題点」を公表、10月24日、東公図で報告書が配布される。

　以上が日比谷図書館協議会の報告書に対する東公図の対応の経緯だが、その内容を検討する前に、それまでの歴史的な活動の経過をみておこう。東京都では、1947年4月に日比谷図書館を除く区部所在の都立図書館の管理運営が23区に委任された。ところが、予算の執行や人事などについては実質的に都立日比谷図書館の指揮下にあるという変則的な状態にあった。

50年10月、日比谷、青梅、立川を除く都立図書館が区に委譲された。このときに「都立日比谷図書館の中央図書館的性格は制度的にも実質的にもその基礎を失い、区民にたいする第一次的な図書館サービスの責任は特別区が負うことになった」。

東公図は、都立図書館が区に委任されたのを機に都立と区立図書館の相互の情報交換を図るため、当初自主的な団体として結成されたが、1951年、規約を定め正式に発足する。50年代の初めには、23区のほかにも多摩地区の図書館長が加わり、図書館事業の振興や相互協力の基盤整備のための調査研究、さらには職員の資質向上のための研究団体への援助など、活動の幅を広げていった。

その東公図が活発な活動を展開するようになったのは、結成10年ほどあと。区立図書館に専門職館長が発令され、研究協議に取り組むようになってからで、その中心になったのが清水正三、中島春之、森博の3人の館長であった。

2 『東京都公共図書館の現状と問題点　1963』の作成

この報告書は、東公図によって編集、発行された。誰がどの部分を分担して執筆したのかは表示されていない。清水正三は、清水本人と森が分担して執筆したとし、特定していない。菅原勲は森博の「年譜」に、報告書の作成者として2人の名を挙げ、次のとおり分担部分を明記している。

区市町村立図書館の現状と問題点〔森〕
都立図書館の現状と問題点〔清水〕
相互協力の現状と問題点〔森〕

本稿では、この当否について特にコメントしない。いずれにしても、清水と森によってまとめられていることは確かなようである。

論点整理

さて、話を「報告」に戻そう。まずは先の日比谷図書館協議会の答申と目次を比較してみる。

表5 「東京の公共図書館総合計画」と『東京都公共図書館の現状と問題点 1963』目次の比較

東京の公共図書館総合計画	東京都公共図書館の現状と問題点 1963
1　日比谷図書館の将来	〔1〕区市町村立図書館の現状と問題点
2　近世資料を主体とする図書館	〔2〕都立図書館の現状と問題点
3　保存を目的とする図書館の設置	〔3〕相互協力の現状と問題点
4　青少年図書館	
5　区立図書館の望ましい姿	
6　各種図書館との連携	

注：『東京都公共図書館の現状と問題点　1963』は3つの章からなるが、番号が付されていない。ここでは便宜的に上のように順に〔1〕章〔2〕章〔3〕章とした。

　この報告書について佐藤政孝は次のように整理している。

　　この報告は、「都と区市の図書館の役割分担及相互協力の課題と対策」「区市立図書館の整備充実の課題と対策」についての、処方箋を鮮明にえがいたものであった。[19]

　報告書は、日比谷図書館協議会の答申には、さまざまな問題はあるが、なかでも「東京都全体の図書館の相互協力の弱さと、都立図書館と区市町村立図書館との任務や機能がはっきり分化していない点」について不十分だと指摘、特別区制度を含めた現行の図書館の行政制度を前提とすると断ったうえで、次の3点に問題点を絞っている。[20]
　①区市町村立図書館強化の方法
　②相互協力の必要性
　③都立図書館と区市町村立図書館との機能分化
　さらには、都立図書館が区市町村立図書館と全く同じ性質の活動を実施していることについて、
　①第一線図書館である図書館の強化

②これらの単位図書館の組織化、総合的かつ効率的な運営が課題だと分析した。

では、具体的に、どのような分析がなされていたのか、その特徴的なところをみておこう。この報告書には、「市民」（citizen）のための図書館を目指すという考えが明確に表現されている。それによって図書館は、市民をどのように把握してサービスを展開しようとするのか、その観点がなければならないとしている。東京都での多様な利用ニーズを前提としてサービスを検討し、市町村に図書館を整備する必要性を指摘する。『中小レポート』によれば、人口5万規模の都市に図書館が1館必要だとすると、東京都の市町村部11市4町に図書館がなければならないことになる。『中小レポート』の徹底した調査が、この報告書でも主張の根幹となっている。[21]

しかし、この「報告」には『中小レポート』によらない、独自の視点がいくつかみられる。それは、①都道府県立図書館の役割の明確化、②都市と郡部の格差解消、③区部に関しては、半径1.5キロ圏内に図書館が必要だという見解を示したことである。

また、公共図書館の基本的なサービスを、従来のように館内閲覧と館外貸出とするのではなく、「貸出」のもとに、館内利用と館外貸出を併置、館内では開架による閲覧を挙げ、利用者が自由に読書ができるようなはたらきかけを鮮明にする工夫が凝らされている。そのうえで、貸出と参考相談事務（レファレンスサービス）の2つがサービスの支柱であることが明確にされている。

さらには、都立図書館の役割に第一線図書館を強化する役割があるとし、相互貸借を軌道に乗せ、システムとしての図書館運営を展望している。

区部の図書館強化

23区には、まがりなりにも図書館は整備されていた。問題は、それで十分かという点であり、そこで、サービスエリアに関する議論が持ち込まれる。サービスエリアとは、図書館と図書館利用者の住居との距離において、図書館利用が可能な地域のことだが、この「報告」には、サービスエリアが半径1.5キロと規定されている。その根拠は何か。エリア調査について先行事例をみておこう。

1951年8月から9月にかけて、深川図書館で調査がおこなわれている。1万54人の利用者を対象に、館内閲覧者について地域ごとの分布を調べている。翌52年2月にも同館では館内閲覧者1万2,313人の住所を地図上に落として分布図を作成している。これによって「都電の沿線が多い。遠い所からたびたび来る人は職場の影響だろう。76.7％が江東区内の人であることは寧ろ当然だが、西の方を流れる大きい川が影響していることも見のがせないと思う」と、自宅と図書館との距離だけでなく河川などが遮蔽物となり、利用の妨げになっていることなどを分析していた。

　1953年には、吉武泰水らによる調査がおこなわれている。この調査は、小規模館に世田谷区立世田谷図書館、中規模館に杉並区立杉並図書館、中央区立京橋図書館、大規模館に千葉県立中央図書館、国立国会図書館上野支部を選び、サービスエリアを検討したもので、住宅地域にある図書館では自宅から直接の来館者が多く、分布範囲は狭いこと、図書館の規模が小さい場合には利用者のほとんどが徒歩圏内（約1キロ以内）から来館し、規模が大きくなるにつれて分布が広がると報告している。

　『図書館ハンドブック　改訂版』の「Ⅲ　図書館施設編」には「C　立地条件と敷地の選定」があり、その「1. 立地条件」中央区立京橋図書館の地図には、館内閲覧利用者の住居が記され、それに1キロごとの同心円が3キロまで引かれている。これによって、「extension serviceを除けば、図書館から大体1キロ以内（歩いて10分位で来られる範囲）に住んでいる人が大部分を占めている」としている。これは上の吉武泰水らによる調査に基づいている。

　では、先に示した半径1.5キロの出所はどこか。大田区立図書館でおこなった調査のようだ。池上図書館の調査結果についてはすでに述べた。洗足池図書館の開館後、森が「図書館雑誌」に寄せた記事がある。そこには池上、洗足池、蒲田の3館のそれぞれに同心円が引かれている。これは1957年の池上図書館、そして、1960年の池上、洗足池、蒲田の3館の利用者来館調査の結果を図示したもので、図書館からの距離が1.5キロまでは「利用者の密度が特別に高い範囲」、2キロまでは「利用者の来館する限界線」だと分析している。

　この分析結果が妥当かどうかはともかく、区立図書館網を形成する根拠

としてきわめて高い説得力をもっていたことは確かであろう。

市町村図書館の振興

　多摩地域の図書館の状況についてふれる前に、この地域の社会的な背景についてみておかなければならない。いわゆる三多摩格差についてである。

　敗戦後、349万人だった都の人口は、10年後の1955年（昭和30年）には、800万人と急増した。45年以降の高度経済成長が物的生産の拡大に集中し、都民生活の基盤が全国的に悪化したため少しでも購入可能な土地、住宅を求めて都の中心部から、都の周辺部、または隣接する他府県へと拡散した。[27]

　東京の人口増加率でみると、1960年からの5年間で区部の増加が7.0%にとどまるのに対して、都下は43.8%で多摩地域が急増している。人口の急増によって、三多摩の市町村は道路、上下水道、ガスなどのさまざまな都市施設の整備が追いつかない状況におかれる。[28]人口増加率の高い地域では早くから「学校施設、上下水道、衛生施設、道路、交通施設、文化施設等全く無いか、あっても不備な点が多い」ことが指摘されていた。[29]

　東京大都市圏の都市化について、山鹿誠次が時代区分している。これによれば、1963年以降、東公図が検討を始めた63年の東京は、第4期（1955―65年（昭和30年代））に相当し、団地都市化期（飛地型）とされ、公園、公社、大企業などによる団地の飛地的住宅化が顕著だったという指摘がなされている。[30]

　インフラの整備という行政課題が山積し、教育といっても義務教育の施設整備を優先せざるをえない状況にあった。1960年代の後半になって『都政白書』が出された。[31]第5章第1節で「三多摩の地域格差」が分析されている。ここでは、地域が生まれる社会的背景を「三多摩地区における人口の急増」[32]だとする。このほかにも背景が挙げられているが、いずれにしても根本的な解決の方向としては、全体的な地域計画を策定し、併せて現在の行財政制度の再検討をする以外に方法はないと分析した。[33]

　「報告」には「東京都公立図書館現状調査」（昭和38年4月現在）が付されている。この表で都立八王子、立川、青梅（表には掲載されていないが、このほかに浪江虔による私立南多摩農村図書館がある）を除いた11市5町のうち図書館があるのは、武蔵野、府中、町田の3市と奥多摩町の1町で、三多

摩の市立図書館の設置率は27.3％、町立は20％ということになっていた。開館の経緯は次のとおりである。

　武蔵野市立図書館　1946年7月町立図書館として開館
　府中市立図書館　1961年4月開館
　町田市立図書館　1956年9月町立図書館として開館
　奥多摩町立図書館　1949年6月氷川町立図書館開館、のちに町名が変更

　こうした現状をもたらした1つの要因にBMの不十分さが挙げられる。「報告」には詳しく述べられていないが、1963年度には、都立青梅図書館の移動図書館むらさき号は、1号車から3号車の3台で西多摩郡（青梅）63カ所、北多摩郡（立川）74カ所、南多摩郡（八王子）64カ所の計201カ所、15万7,000冊のサービスをおこなっていた[34]。市町村に図書館をおくことを最終目的としていたが、設置数の増加には結び付いていなかった。

　理由の1つには、東京の図書館計画が未整備だったこと、もう1つは、社会的な背景を考えたとき、それぞれの自治体では解決が困難だったからということになるだろう。

　東京都の図書館計画案は、古くは1946年、中田邦造によってなされている。それほど詳しいものではないが、要約すれば図書館計画の骨組みは図書館網の形成にあるとして、第1に都の中央図書館を独立させ、第2に各区部にそれぞれ中心図書館を設け、第3に分館をおくというものであった[35]。

　この計画案は少なくとも2年後の1948年の時点でも維持されていた。このときは、前年の11月に三多摩の3市63カ町村、150人の「町村当局の中から文化面の関係者」を立川、八王子、青梅の3カ所に集め「座談会」を実施したことが報告されている。しかし当時は、六三制の学校教育の普及に追われ町村財政が四苦八苦していて、ほかの文化生活を問題にする余裕がないという財政状況が報告された。つまり、学校教育への負担を優先せざるをえず、図書館への関心は低かったとしている[36]。

　清水正三は、東公図の設立の経緯にふれつつ、久保七郎が戦前の経験をふまえ、「区所在の図書館を日比谷から独立させ、区に完全に移管」することを主張していたと述べている。また、東公図が発足してしばらくのころであろうか、自身の「日記」を引きながら、予算を区へ分割するよう要

望するなど、都立区営の状況に不満をもつ館長も少なくなかったと回想している。久保の戦前の経験というのは、戦前京橋区民を組織して、小学校に附設されていた施設を地域に役立つ単独の図書館とする運動を実践していたことを意味する。

　1951年10月、区部の都立図書館が正式に特別区へ移管された経緯についてはすでにふれた。しかし、多摩地区については、依然として立川（1946年11月開館）、青梅（1946年12月市から都に移管）、八王子（1955年1月市から都に移管）に都立図書館がおかれサービスを実施していた。これは、戦後すぐに計画された東京都の図書館計画が基本的には大きな変更が加えられず、そのまま受け継がれていたためと考えていいだろう。

　多摩地域の市や町がこのような問題をかかえていたのは、一方で図書館を設置することは何よりも財政的な困難を伴うものであり、だからこそ都立図書館からのバックアップの必要性があるというのが、報告書の主張の真意だった。

　森は、別のところで次のように述べている。

　　東京都でこれが成功しないようなら、いったい地方のどこでまずこれを実現することができるでしょうか。（略）全国計画実現の緒とするためにも、わたくしたちは何年かかろうと絶対に失敗は許されない

　自信と決意、むしろ背水の陣ともいうべき覚悟が感じられる。

3　東京都の図書館政策の実現へ向けて

図書館振興への道筋

　東公図「報告」6年後の1969年1月、フランス文学者杉捷夫が日比谷図書館の館長に就任、9月に新たな計画を策定した。それが「東京都立図書館の整備充実計画」で、東公図が指摘した問題点を整理、図書館政策の具体化を目指すことであった。区部には最低基準などを定め、三多摩地域の格差の解消を緊急課題とした。三多摩には、市に1館、さらに20万人を超

える市はもう1館、人口4万人以上の町に1館設置するとし、具体的な「財政援助」の提示や、職員についても言及した。

この間に都立図書館と区立図書館の職員による座談会が開かれた。この座談会は、1969年3月「週刊とちょう」207号（1969年3月18日）の「声」の欄で、小石川図書館の職員が、図書館職場で「極端な短期異動」が繰り返されることに疑問を呈し、これに対し翌208号（1969年3月31日）で他区の職員からも同様の意見が寄せられたことがきっかけとなったようだ。座談会のテーマは「現場からみた図書館行政」だった。開催日は不明だが、記事の掲載が6月であることから、4月から6月の間ということになる。

ここで司会者が「実際に図書館にいらっしゃる皆さん方が都民のために、区民のためにこうあるべきだというある程度合意に達した点はありますか」という問いに対して、清水は東公図の報告書の存在を披瀝している。

その後の経過を整理すると次のとおりである。

1969年9月1日　都立日比谷図書館「東京都立図書館の整備充実計画」公表

10月24日　美濃部知事、庁議（局長会議）で、都全体の公共図書館の振興を図るためプロジェクトチームで検討させると発言したと報道

11月28日　美濃部知事、東公図例会に出席

11月　美濃部都知事の発意によって図書館振興対策プロジェクトチーム発足

12月3日　図書館振興対策プロジェクトチーム第1回会議

このようにして図書館振興対策プロジェクトチームが発足するが、会議で「報告」の概要が配布されたという記録が残されている。翌1970年1月には、「図書館専門家の意見を聴く会」の意見聴取者の1人に森が呼ばれていることは「図書館政策の課題と対策　東京都の公共図書館の振興施策」に記述がある。これらからも「報告」が重視されていたことが確認できる。

図書館振興のために

1970年4月、図書館振興対策プロジェクトチームは「図書館政策の課題と対策　東京都の公共図書館の振興施策」を公表する。ここでは都内の区

市立図書館のサービスの目標を、貸出しと児童サービスにおき、図書館づくりの目標を、当面の施策と長期施策とに分けている。地区図書館の当面の施策は、半径1キロ圏に1館などと目標を定め、市町村立図書館の未設置地域解消と財政援助を明示している。そのために都が果たすべき行政課題として、設置促進についての行政指導、設置促進についての財政援助などを挙げている。この文書の成立の経緯については、松尾昇治が詳しい。[47]

同年11月、都の中期計画（1970年）に図書館の整備充実計画が発表された。同じ月の「東京の社会教育」には、「特集・スタートする東京の図書館づくり」[48]が組まれた。ここで上記プロジェクトによる計画内容が報じられた。翌1971年3月、同じく「東京の社会教育」に、「特集・スタートした東京の図書館づくり」[49]が掲載された。前号の特集に対し「要望も強く、このたび、その後のうごきを加え」（編集後記）た都の計画を再び報じようというのだが、新たに「特別区公共施設整備計画46～48年」と「市町村公共施設等整備計画46～48年」が策定され、図書館施策上の変更が示された。ここで社会教育施設が区市町村の図書館と総合社会教育施設（公民館など）の2本の柱を中心に整備されることが明らかにされた。

清水と森は秋岡のところへ行き、援助を請い1万円の寄付を受けたという。それで1万部を増刷、多摩地域に配布したというのであるから、この2人がどれほど都の図書館振興策のなかでも、とりわけ多摩地域の図書館振興に期待していたかがわかる。[50]

そのころのこと、1970年12月、森は都立日比谷図書館整理課長となる。73年に予定されていた都立中央図書館の開館準備に向けて、整理体系の抜本的な改善を実施するためだった。翌71年2月、東京都図書館協会（TLA）事務局長にも就いた。その少しあとになるが、森は次のように述べている。

　先日、美濃部知事の都政に関する所信を聞く機会に恵まれた。縁あって新図書館構想の実現に参画することになったが、知事が「あらゆる政策の決定に際して、それが都民のためになる政策であるかどうかを唯一の基準と考え」ると発言したのを聞き「来てよかった」という確信を深める。そしてこの図書館計画が日本最初の画期的な偉業であるとして「その完成を私は見ることができなくても、もう2年、新館完成までを一目標にしてい

きたい」(51)と結んでいる。
　森は、1963年に『中小レポート』に関与し、それに引き続き東公図で清水と『報告書』を作成した。それらは図書館振興のための基盤整備といっていいだろう。それがいよいよ現実の姿となる。そのことを実感したのではないだろうか。

注

（1）「ひびや」第13号、1959年1月、2―9ページ
（2）中島春之ほか「座談会　日比谷図書館はどうあるべきか」、同誌10―16ページ
（3）清水正三「日比谷図書館にのぞむ――区立図書館の立場から」、同誌19ページ
（4）『東京都立日比谷図書館要覧　1959』都立日比谷図書館、1960年
（5）東京都立中央図書館編『東京都立中央図書館20周年記念誌』東京都立中央図書館、1994年、32ページ
（6）都立日比谷図書館協議会「東京都の公共図書館総合計画」「ひびや」第47号、1962年3月、1―4ページ
（7）『東京都立日比谷図書館要覧　1961』都立日比谷図書館、1962年
（8）都立日比谷図書館協議会の委員である有山崧は、この総合計画について「賛否いろいろの批判」があるとしながらも「何と言っても一番問題となる点は職員のことに触れていないということである」と述べ、「図書館は一つの社会的現象であり、社会の現象をそのまま反映する」のであるから「図書館の社会的基盤の薄弱性こそ図書館人事の背景をなす根本問題」（同前）と指摘し、当時の図書館状況、公務員の異動の問題、都区立図書館間の人事交流の問題などについて言及している（「専門職の問題」「ひびや」第52号、1962年8月、2―5、17ページ）。
（9）「東京都の公共図書館総合計画に対する意見」「ひびや」第51号、1962年7月、1―10ページ
（10）「東京都立日比谷図書館協議会のあゆみ」「ひびや」第55号、1962年11月、6ページ
（11）「各館だより」、前掲「とうきょうのとしょかん」第18号、1963年3月、6ページ

(12) 「東京都公立図書館長協議会の歩み」編集委員会編『東京都公立図書館長協議会の歩み』「東京都公立図書館長協議会の歩み」編集委員会、2006年、6—7ページ
(13) 「都立日比谷図書館および島嶼地区図書館の現状と問題点」「とうきょうのとしょかん」第20号、1963年9月、1—4ページ
(14) 東京都立教育研究所編『東京都教育史　通史編4』東京都立教育研究所、1977年、1249—1250ページ
(15) 前掲『東京都公立図書館長協議会の歩み』1ページ
(16) 佐藤政孝『東京の近代図書館史』新風舎、1998年、226ページ
(17) 前掲『清水正三　論文タイトル一覧（稿）』23ページ。注「清水正三年譜」に報告書について「森博さんとの共同執筆」とある。「あとがきにかえて」（松岡要執筆）によれば、年譜は、清水による作成。
(18) 前掲「森博略年譜」38—40ページ
(19) 佐藤政孝「日比谷図書館から中央図書館へ——創設70年のあゆみ」「ひびや」第128号、1979年3月、33ページ
(20) 前掲『東京都公共図書館の現状と問題点　1963』3ページ
(21) 同書5ページ
(22) 「閲覧者の地域別統計について」「深川図書館」（江東区立深川図書館）第9号、1952年2月、4ページ
(23) 「閲覧者分布図」「深川図書館」第26号、1954年4月、1ページ
(24) 吉武泰水〔ほか〕「公共図書館閲覧者の実態」「季刊図書館」（東京大学図書館学会）第2巻第4号、1955年7月、1—13ページ
(25) 『図書館ハンドブック　改訂版』日本図書館協会、1960年、678ページ。執筆者は吉武泰水。なお、改訂版は2月刊で、7月刊の増訂版にも同じ内容で掲載（698ページ）。
(26) 森博「東京都大田区立洗足池図書館——私たちの新しい図書館」「図書館雑誌」第57巻第11号、1963年11月、512ページ
(27) 東京百年史編集委員会編『東京百年史』第6巻、東京都、1972年、1033—1074ページ
(28) 山鹿誠次『東京大都市圏の研究』大明堂、1972年、65—67ページ
(29) 三多摩大観編纂会『三多摩大観』北農新聞社、1951年、358ページ
(30) 山鹿誠次『江戸から東京そして今——地域研究への招待』大明堂、1993年、28ページ
(31) 『三多摩市町村行財政の現状と問題点』東京都企画調整局開発振興部、

1965年、25―29ページ
(32)東京都企画調整局編『東京を考える――都政白書'69』東京都広報室、1969年、309ページ
(33)同書314ページ
(34)「武蔵野原に文化の種を蒔いて走る――移動図書館「むらさき号」40年の歩み」「とりつたま」(東京都立多摩図書館)第7号、1991年3月、7ページ
(35)中田邦造「教養の自治の確立を目指して」「読書」(東京都中央図書館)第1号、1946年5月、4―8ページ
(36)中田邦造「民衆の発動にまつ読書施設拡充の一途」「読書」第5号、1948年4月、3―8ページ
(37)清水正三「館長協議会の思い出――創設のころ」「とうきょうのとしょかん」第47号、1976年3月、6―7ページ
(38)森博「東京都公共図書館の近状――孤立から連合へ―点から面へ」「東京都図書館協会報」第37号、1964年3月、11ページ
(39)「座談会 現場からみた図書館行政」「週刊とちょう」(東京都生活文化局)第216号、1969年6月20日、2ページ
(40)同論文
(41)佐藤眞一「公共図書館の誕生を支える 図書館長清水正三のあゆみ6」「みんなの図書館」第185号、1992年10月、78―79ページ
(42)「美濃部知事との懇談会」「とうきょうのとしょかん」第41号、1970年1月、2―6ページ。東公図によって知事に対して要望していたこの会議には、同会会長で都立日比谷図書館の杉館長も出席している。総括説明(都の公共図書館の現状)を清水正三、個別説明については区立図書館を中央区立京橋図書館・清水、市町村立図書館を日野市立図書館・前川恒雄、江東地区からの要望を江東区立城東図書館・中島春之がおこなっている。清水は、総括説明のなかで東公図の『報告書』を作成したことについてふれ、多摩地域の格差の問題、東京都の図書館の組織的運営などについて述べ、前川も多摩地域の図書館の現状の問題点について言及している。これに対し知事がコメントを述べ、具体的にはプロジェクトのメンバーと東公図などとで合議して進めたいと述べている。

一方、都立図書館でも上記の懇談会の内容を報告するなかで知事から「文化活動の中心的役割を図書館が受けもつべきである。また、住民運動の拠点である」という見解が示されたことに加え、「都の中期計画にも図

書館問題が含まれる模様である」としていた（「知事と館長協議会の懇談会」）。
(43)「『図書館政策の課題と対策』を発表するにあたって」「ひびや」第100号、1970年9月、33ページ
(44)「館内報」第44号、1969年12月15日。12月3日図書館振興対策プロジェクトチーム第1回会議。
(45) 日本図書館協会清水正三文書には、図書館問題プロジェクトチーム・リーダー、東京都教育庁社会教育部長広田宗三、京橋図書館長清水正三宛て文書「図書館問題に関するプロジェクトチームのメンバーの依頼について」がある。同文書には、日付が明記されていないが、別紙1、予定される検討課題、2、課題検討の日程案、3、プロジェクトチームのメンバー、4、検討課題で、参考意見を聴取する者が付され、参考意見聴取予定者に森が挙げられている。また、別紙に続いて「東京都公共図書館の現状と問題点　1963（東京都公立図書館長協議会報告書の概要）」がB4で5枚付されている。
(46) 図書館振興対策プロジェクトチーム編『図書館政策の課題と対策　東京都の公共図書館の振興施策』図書館振興対策プロジェクトチーム、1970年、66ページ。1970年1月23日に「図書館専門家の意見を聴く会」が実施され、意見聴取者として関口隆克（国立国会図書館専門調査委員）、岡田温（東洋大学教授）、小田泰正（国立国会図書館司書監）、森博（流通経済大学司書長）、菅原峻（日本図書館協会）が招聘されている。
(47) 松尾昇治「東京の公共図書館政策の一考察――1970年代における美濃部都政の図書館政策」1・2、「図書館界」57巻6号、58巻1号、2006年3、5月
(48)「特集・スタートする東京の図書館づくり」「東京の社会教育」第18巻第3号、東京都教育庁、1970年11月
(49)「特集・スタートした東京の図書館づくり」「東京の社会教育」第18巻第3号（改訂増補版）、1971年3月
(50) 清水正三「秋岡先生のご逝去を悼む――先生の業績を偲んで」「みんなの図書館」第68号、1983年1月、39―42ページ
(51)「来てよかった」「都政人」第350号、1971年2月、12ページ

おわりに

　森博の図書館人生を、ここでは気賀町立図書館時代と大田区立図書館時代の2つの時期について検討した。気賀町立図書館では一地方の図書館員として地域でのサービスの課題に取り組んだのに対し、大田区立図書館での森の役割は一図書館の業務にとどまらなかった。当時の図書館界のさまざまな課題に直面することになる。

　こうしたことから、本篇では、気賀時代の森については第1章の最後のところで一応のまとめをしておいたが、第2章以下は、それぞれの章で扱ったテーマが重層的になるためにとりたててまとめのようなことをしていない。そこで、まずそのことについて記しておく。

　第2章では、大田区立図書館が設立される経緯とともに、森が同館を牽引するプロセスを追った。ここでは森を過大評価しないことに留意した。森は大田区立図書館という活躍の場を、秋岡梧郎によって与えられた。それは池上図書館が開館する際、大田区立図書館のサービスの先駆性のほとんどが秋岡によるものだったということを意味している。そればかりか秋岡の提案をバックアップするための周到な準備がなされていたことにもふれた。言葉を換えていえば、森は、池上図書館時代を、秋岡によって敷かれたレールの上にスタートを切ったにすぎないともいえる。

　森はそのなかで、奉仕計画を立案し、貸出とレファレンスサービスを中心としたサービスを展開していった。これは現在から見るとごく当たり前のように思われるが、利用者個人に対するサービスを優先させる考えは、当時にあっては斬新だったことを銘記したい。洗足池図書館長時代に森が実現したことは、大規模な開架閲覧の実現である。開架は秋岡が主導し、自身でも八戸市立図書館に自由開架閲覧を実現した。そのことからすれば、洗足池図書館の自由開架の実施は森によるものだが、秋岡の宿願を果たしたともいえる。大田区立図書館が全国に知られるようになるのはこのころである。ただ、先進的なために批判も多かったであろう。だがそれを可能にしたのは、大田区の図書館計画が、当時は行政の優先課題でもあったか

らだ。

　第3章を「公共図書館の基盤整備」としたが、図書館普及のためにといった課題意識に基づいている。ここではまず、東京都でのレファレンスサービスの態勢づくりに焦点を当てた。都内の図書館員を組織化し、レファレンスサービスのためのマニュアル作成、さらには参考図書の解題などサービスのための基盤が整備された。また、森が『日本の参考図書』の編集に尽力したことも特筆されるべきだろう。そこには福田なをみという館界の縁の下の力持ちがいたからなればこそであって、森はおそらくその福田に図書館員としての類いまれな能力を開発されたのではないか。

　その一方で森は、『中小レポート』作成のために委員として活動した。しかし、わずか半年ほどで辞めてしまう。その理由はわからないし、このことについては深追いしなかった。ここで考えたかったのは、委員を離脱してもなお、『中小レポート』の普及のために尽力したことである。

　第4章は、東京都の図書館施策をめぐる動きのなかで、森の果たした役割に光を当てた。1970年、東京の図書館政策は本格実施されることになるが、その実現に至るための道のりは必ずしも平坦ではなかった。都立日比谷図書館協議会の答申に対する東公図の迅速な対応、そして短期間で作成された清水正三と森との協働作業による報告書『東京都公共図書館の現状と問題点　1963』がなければ、都の施策は生まれなかったかもしれない。この報告書は話題になることはほとんどないが、『中小レポート』の限界を補ってあまりあるはたらきをしたといっていい。そして、またここでも森は、清水とともに施策の実現のために尽力している。こういうところからも森の図書館にかける思いが汲み取れるのではないか。

　森を日比谷図書館に呼んだのは杉捷夫館長の執念だった。杉は、都立中央図書館開館準備のために2年をあて、その間森を獲得するために1年半を要した。それほどまでに森を必要としたということだろう。異例の人事だったことがわかる。それが森の死を早めたのではないかと、杉は追悼文で己を責めている[1]。

　森は杉の期待に応えるべく、都立図書館の改善案を至急にまとめる作業に死力を尽くした。4月に「整理課業務検討結果報告の基底をなす考え方

と主な問題」がそれである。森の構想は、当時の整理課職員がのちに諸資料を整理した「収集・整理業務改革についての一構想」⁽²⁾に見ることができる。
　そして、その2カ月後の6月13日、森は胃がんのために死去した。

　ところで森は、『中小レポート』作成のための委員を途中で辞めている。それは何らかの理由があったことが伝えられている。しかし、大田区立洗足池図書館を辞めたことについては、どこにも述べられていない。そこで、その理由を菅原勲に聞いた。

> やることはやった、あとはおまえらに任せると。自分は新しい天地を開いて行くと。（略）それと、後ろ盾だった池上図書館長の今瀬さんが一緒に辞めています。今瀬さんだから森さんのような人を理解できたんで。その後館長になるような行政職の人で、森さんのような人を理解できる人はいない。今瀬さんは図書館の上に図書館をつくらずという秋岡さんの信念を理解していた人ですから。（略）
> 　当時、中央館の館長は課長、地域館の館長は係長。役所のやり方を図書館でもやる。（略）地域の図書館は、少なくとも地域のサービスについては責任を持つ。森さんの考えは当然秋岡さんと同じですから。そこに（中央館に相当する池上図書館に今瀬に代わる）行政の館長が来れば（洗足池図書館を）支配しようとする。おまえのほうが1級下なんだと。森さんぐらいになれば我慢できません。⁽³⁾

　ここには2つのことが述べられている、1つは、森がものごとに固執しない性格だったこと。それは単に性格だけの問題ではなく、いずれ図書館の仕事は誰かが何らかのかたちで引き継いでいくべきものであるという考えによるのだろう。2つ目は、図書館の仕事というのは、行政の理解がなければ成立しない、ということをいっていると思われる。特に森のように個性の強い図書館員には、図書館員としての仕事を発揮できるだけの行政のバックアップが必要であり、森もそれを求めたということだろう。気賀町立図書館、大田区立図書館、そして都立日比谷図書館と、森は請われて

仕事に就いている。森を必要とする人材が組織の上層部に存在したことも確かなことのように思われる。

最後に本篇の冒頭に掲げた石塚栄二からの問題提起について付言しておきたい。石塚は森について、「実証を理念より重視していた」のではないかと述べていることである。『中小レポート』の調査の過程で明らかになった森の言動には理論派のイメージがつきまとうが、本篇では、森の実像を追い求めても、森が依拠した図書館理論にはついに行き当たらなかった。この研究の初期の段階で、静岡県・細江町立図書館（現浜松市立細江図書館）を訪れ気賀町立図書館の図書館関係旧蔵書を見せていただいたが、そこにはわれわれがよく知っているような図書しかなかった。また、森が西欧の図書館学関係の影響を受けたなどということも感じられなかった。

森の図書館思想の淵源は何かを調べるうちに、気賀で青年たちの寄り合いに出かけてはその輪のなかに入り込んだり、大田区立図書館での業務改革など、ありとあらゆることを徹底して実践する姿が浮かび上がってきた。そして、そうした図書館の日常業務と平行して、ときどきの館界の課題解決へと着手していくのだが、そのときにもまずは調査といった方法によって現実を直視するところから作業がスタートしていることが明らかになってきた。さらにはそれに検証を重ね、次なる実践のための根拠とした。森博とは、あくなき実践者だった、というのが本篇の一応の結論である。

これは崇高な図書館理論がどうのこうのということではない。飽くなき図書館実践は、理論を構築するための1つの方法だと考えられるのではないか、ということである。

さて、その森にとっての図書館とは何だったのか。象徴的な文章がある。おそらくは浜松市立図書館から頼まれたのであろう、1957年3月に森は、「図書館──私の夢」という一文を同館の「図書館報」に寄せている。要約してみよう。

十数年前の地方周りの生活では見たい本を見られない、「苦しい淋しさをいやというほど味あわされ」た。どこの村にも、町にも小さいながら図書館ができて、大きな都市の図書館が世話役になり、自分がどんなに田舎に暮らしているようなときでも、遠い図書館の珍しい本に至るまで貸して

おわりに　567

もらえるということになればどんなにありがたいだろうか。

　ここには森の名が記されているだけで、赴任先の図書館名は記されていない。森が上京するのは1956年4月であるから、原稿が書かれたのがこの図書館報の発行日と大きく離れていなければ、静岡を離れた翌年ということになるが、はっきりしたことはわからない。想像をめぐらせることが許されるのならこう考える。森は東京の地にあっても、考え方の軸を地方においていたのではないか。「苦しい淋しさをいやというほど味あわされ」たのは高校教師時代、図書館の利用者だったときのことである。そのときのことを忘れないということはいうまでもないが、自らを図書館員というよりは、地方の図書館利用者とみなし、その彼を満たす図書館サービスというものを常に考えていたのではないか――こう考えると、森の地域サービスに対するこだわり、それこそが図書館の使命である、ということが理解できるように思える。

*

　森博研究を試みはしたものの、関係資料の収集の困難さなどに突き当たり、一度は完全に挫折した。諦めかけたところ、西村彩枝子氏（元江東区立図書館）にインタビューへの道筋をつけていただいた。そして、2009年以降、森を知る関係者から話を聞く機会を得た。また、これまで知られていない資料の提供を受けることができた。福嶋礼子（旧姓土井）、菅原勲、鈴木健市、松田不秋、さらには鈴木嘉弘の諸氏（インタビュー順）からの協力を得ることができた。感謝申し上げる。残念ながら2013年に松田不秋氏が死去された。短時間ではあったが、戦後の混乱期へとタイムマシンで旅をしたようなお話が聞けたことは忘れがたい。

注

（1）杉捷夫「森課長を悼む」「ひびや」第103号、1971年8月、1ページ
（2）東京都立日比谷図書館「研究紀要」第3号、1972年3月、32―122ページ。「整理課業務検討結果報告の基底をなす考え方と主な問題」は「46.4.20　森（原文のまま）」として43―45ページに掲載されている。
（3）菅原勲インタビュー記録

（4）森博「図書館――私の夢」「浜松・図書館報」（浜松市立図書館）第3号、1957年3月、3ページ

森博略年譜

1923年（大正12年）
 2月27日　岡山市に生まれる
1943年（昭和18年）　20歳
 9月　　　東京高等師範学校卒業、中学校・高等女学校国民科国語・修身の免許状を授与される
1948年（昭和23年）　25歳
 3月　　　静岡県立気賀高校勤務、着任早々図書室を作る
 春　　　　杉浦卓朗助役から町立図書館開設を依頼される
1949年（昭和24年）　26歳
 4月　　　気賀町立図書館長
1950年（昭和25年）　27歳
 5月 5日　気賀町立図書館開館式
 7月　　　司書の資格を取得
1951年（昭和26年）　28歳
 2月 5日　関東地区図書館研究集会（ワークショップ・伊東市）に出席、秋岡梧郎に初めて出会う（―2月10日）
 7月23日　慶應義塾大学の図書館専門職員指導者講習（―8月31日）
1953年（昭和28年）　30歳
 4月　　　気賀町立図書館を退き、浜松西高校に勤務
1956年（昭和31年）　33歳
 4月　　　大田区に図書館創設のため顧問になった秋岡梧郎に説得され、大田区立池上図書館に就職
1959年（昭和34年）　36歳
 3月25日　有志とともに「参考業務の発展のために」と題した趣意書を作成
 12月 1日　大田区立洗足池図書館館長に就任（―1964年7月1日）
 　　　　　1960年4月開館予定の洗足池図書館の設計に関与し、自由開

　　　　　架の方針を立てる
1960年（昭和35年）　37歳
　　4月　　　東公図の有志を中心に参考事務連絡会を結成
　　9月14日　JLA・図書館相互貸借委員会委員に委嘱される
　　10月14日　JLA・中小公共図書館運営基準委員会委員に就任
　　11月25日　JLA・中小公共図書館運営基準委員会第1次実地調査に参加
　　　　　　（岡谷市立図書館・―11月27日）
1961年（昭和36年）　38歳
　　2月15日　JLA・中小公共図書館運営基準委員会第4次実地調査に参加
　　　　　　（綾部市立図書館・―2月18日）
　　2月21日　JLA・中小公共図書館運営基準委員会第5次実地調査に参加
　　　　　　（高砂市立図書館・―2月24日）
　　3月　　　日本の参考図書編集委員に就任
　　4月28日　JLA・中小公共図書館運営基準委員会、出席（「総合報告書」
　　　　　　作成のための会議）―4月30日
　　5月30日　JLA・中小公共図書館運営基準委員会、辞任
1962年（昭和37年）　39歳
　　5月1日　国際文化会館『日本の参考図書』刊、編集委員として関わる
1963年（昭和38年）　40歳
　　3月31日　JLA『中小都市における公共図書館の運営』（『中小レポー
　　　　　　ト』）刊
　　6月11日　JLA、第1回中小公共図書館運営研究会に出席（神奈川県箱根
　　　　　　町・―6月13日）
　　7月　　　JLA・図書館雑誌編集委員を委嘱される（―1965年8月）
　　10月24日　東京都公立図書館長協議会『東京都公共図書館の現状と問
　　　　　　題点　1963』を発表（清水正三と共同執筆）
　　11月6日　全国図書館大会、第1部会、総合部会シンポジウム（『中小レポー
　　　　　　ト』）に出席
　　12月14日　JLA・施設委員会委員に就任
1964年（昭和39年）　41歳
　　5月31日　大田区立洗足池図書館を依願退職

6月21日　順天堂大学図書館主任司書
　　6月　　　日野市社会教育委員会専門委員
1965年（昭和40年）　42歳
　　8月　　　順天堂大学図書館を退職し、ミシガン大学アジア図書館に就職のため渡米、アジア図書館で収集・地方資料（日本）の書誌作成などにあたる
1968年（昭和43年）　45歳
　　5月 1日　帰国、流通経済大学図書館に就職するまでの間、臨時に国立国会図書館に勤める
　　　　　　『日本の参考図書』補遺版編集委員に就任
1969年（昭和44年）　46歳
　　4月　　　流通経済大学図書館に司書長として就職、大学の国語学講師も兼任
1970年（昭和45年）　47歳
　11月30日　流通経済大学図書館を依願退職
　12月 1日　都立日比谷図書館整理課長になり、以降急逝までの半年間、整理体系の抜本的改善に取り組む
1971年（昭和46年）　48歳
　　2月　　　東京都図書館協会事務局長に就任
　　6月13日　関東中央病院で胃がんのため死去

前掲「森博略年譜」をもとに作成

第2部　森博と4人の図書館員
―― インタビュー記録

第1章　森先生ノート ―― 福嶋礼子

日時　2009年10月25日
場所　江東区立江東図書館会議室
聞き手　奥泉和久、小黒浩司、西村彩枝子

略歴　1931年（昭和6年）東京市生まれ。50年気賀町立図書館に勤務。54年江東区立深川図書館（臨時職員）、57年準職員、58年主事補。78年江東区立城東図書館館長。92年に退職。

編者注　このノートは、「福嶋礼子に聞く――全般的に、なかでも静岡県気賀町立図書館時代を中心に　インタビュー記録」をもとに、福嶋礼子によって、2010年7月に再構成された。その後のやりとりなどを含め、適宜編者による注記〔　〕を付した。

はじめに

私が森博さんのことを「森先生」とお呼びするのは、単に高校時代の

「先生」であったというばかりではありません（当時先生は、1年生の担任で2年生の私たちとは殆ど交流はなかった）。

図書館という立場で、ご一緒したのは僅か3年にすぎませんが、ただ"本が好き""人が好き"というだけの18歳の女の子に図書館員としての道を開き、以来20年余にわたり、いつも、どこかで、気にかけ見守り続けれくれた師という意味合いからです（などといったら、「礼子さん「先生」は先ず生きている人、生徒は徒らに生きている存在」と、例によってニヤリと洒落とばすことでしょう）。

今にして思えばですが、「薫陶」と呼ぶにふさわしい育てられ方をされたように思います（鈴木さんも、後述する手記の中でいわれていますが、岐路にたったとき「先生なら、こんな時どうするだろうか?」と考えたものです）。

森先生をご存知の方も年々少なくなりました。大田区立図書館創設期の石橋幸男さん〔編者注：1965年6月〜74年日本図書館協会、その後、狛江市立図書館〕、伊藤峻さん（多摩市立図書館）、杢沢秀幸さん（日野市立図書館）、加藤弘さん……いわば、森学校の門下生（生徒）も亡くなり、先生のこと（特に気賀時代のこと）は、私なりに何らかの形で残していかなければと、責任のようなものを感じていたところでもあるのです。

私事については、「私の履歴書——1931—92」に記したとおりです（本章末、資料1）。また、鈴木健市「私の図書館勤務と森博さん」という資料があります（「資料　森博先生の思い出」として第3章623ページに掲載）。鈴木さんは、元磐田市立図書館の方で、私と同年配とお見うけします。生前先生に、私淑し、その思い出の手記を「図書館雑誌」に投稿、ボツになったものに加筆され、それを後日頂戴したものです。

1　気賀町立図書館に入るまで

あい夫人は、戦死された先生の東京高師時代の親友の妹さん。跡継ぎを亡くされ傷心のご両親の面倒を見るため、家族で移住。先生は新制の気賀高校に、夫人は気賀小学校の教師となる（1951年頃、岡山県下の国鉄の駅長

を最後に退職されたご両親と2人の弟さんを気賀によびよせる)。

気賀高校時代

着任早々図書室をつくる

　校長室の片隅にあったガラス戸つき書棚を空き教室に移し、ガラス戸をはずした棚に『羽仁もと子著作集』や『○○修養全集』にかわって、ゴーリキーやツルゲーネフ、バルザック、パール・バックなど150冊程の本が並ぶ開放的な図書室をつくり、全校生徒を講堂に集め、本の並び方〔NDC?〕、利用の仕方について説明する。この学校図書室づくりと後述する気賀図書館準備室設立とほぼ同時進行で着手されたものと思われる。

　授業をさぼり図書室で『猟人日記』(ツルゲーネフ)か『魔の沼』(ジョルジュ・サンド)をひとり読みふけっていた時〔編者注：福嶋のこと〕、たまたま通りかかった先生に、とがめだてする風でもなく「おもしろいですか?」と声をかけられたのが、先生とことばを交わした始めであったように思う。

1年生からは熱血教師として慕われる

　一見、怖い、厳しい先生というイメージを持たれる反面、生徒の側にたって考え、発言し、行動する、これまでにない型破りの教師として、1年の生徒(特に札つきと問題視される生徒)からは絶大な信頼を寄せられていた。

　この進取の気性に富み、おもねりへつらうことを嫌い、是々非々はっきりものをいう新参者の教師は、事なかれ主義の古いタイプの教師が大半を占める中にあっては、異端の存在であったに違いない。そんな時、2つの事件が相次ぎ起きる。

気賀高校を辞めた理由

新聞「デルタ」の発行

　就任半年もたった頃だったろうか?「デルタ」という名のワラ半紙1枚3段組でガリ版刷りの発信元、筆者匿名の新聞(機関誌)が校内に出まわる。一部教師の無気力、無節操な言動や学園農場での収穫物の不明朗な分配な

どについての揶揄的な内部告発書だった。

ストライキ騒動
　1年生を中心にした「白紙事件」（試験のボイコット）、官僚的なS校長のボイコット運動に端を発するストライキ騒動がもち上がる（不穏な空気は感じたものの、2年生は頼りに如かず……と見られたのか？ "蚊帳の外"的存在。従ってそこに至るいきさつ、詳細はよくわからない）。が、直前、担任の森先生他教師、PTAの役員らの説得によりストライキは回避される。

突然の退職
　学年末も押しつまった1949年（昭和24年）3月、森先生と美術の山村誠先生が「一身上の都合」ということで退職する。その実、両事件（騒動）の扇動者と目されてのレッドパージである[1]（先生は、革新主義者ではあったが、一党一派に属し、徒党を組み、行動するような人ではなかった）。

2つの事件の真相
　「デルタ」の発行。筆者は外地（満州）からの引揚者で、見るからに温厚篤実な教師といった事務の柴田弥吉（Y.S）先生であったこと。
　名大の司書講習時、校庭で同僚（学生）とキャッチボールをしていた先生と再会する。
　ストライキは愛知大学（豊橋）学生のオルグによるものと判明する。

山村誠先生のこと
　山村先生（当時40代半ばか？）の退職は森先生の同調者（？）とみなされてのそれか、あるいは自ら思うことあってのことか定かではないが、森先生のよき理解者であった。梅原龍三郎の弟子で、一時、禅宗の寺で修行するという異色の経歴を持つ。奥山の方広寺（現浜松市北区）の石佛、五百羅漢を描いた油絵が浜松市立図書館の館長室にかけられていたのを記憶している。
　当時、高2のたった3人の女生徒を前に『エコール・ド・パリ』（福島繁太郎）をテキストにミレー、シャガール、モディリアーニなどについて、

とうとうと語った姿が印象深い。

　退職後は、朝日新聞浜松支局の記者となり、精力的に取材活動を展開するが、取材中、バイク事故で死亡。地方記者の奮闘振りをドキュメントタッチで描いた『地方記者』（朝日新聞社）のひとりとして「山室記者」の名で登場する。

2　気賀町立図書館発足まで

　気賀町立図書館発足の一年後（1951年）、「一つには文化的な生活の向上をねがう世論の力であり、もう一つには町当局が誠意をもってそれを受けようとしたところに、その一つの手段として図書館が浮かび上がり」、それが「生む力」となった、と（森先生は）記している。

準備室の開設

　続けて、町立図書館の開設を依頼されたのは、1948年春、当時助役だった杉浦卓朗氏からで、「場所は、役場会議室となりの4坪ほどの小部屋、予算は5万円——隔日夜だけ、蔵書100冊の図書館が」開設されたとあり、「2年にわたる準備期間があった」と（森先生は）記されている。つまり、気賀高校着任と重なる〔とすると、気賀高校就職の労をとったのも杉浦卓郎氏であったのかもしれない？〕。

　私がその小さな図書室を利用したのは、先生退職後の1949年、高校3年の時で（「静岡県引佐郡気賀町勢一覧表　昭和24年度」によれば蔵書数335冊）、『覚書と随想』（サント＝ブーブ）、『箴言集』（ラ・ロシェフコー）、『世紀児の告白』（アルフレッド・ミュッセ）、『マルテの手記』（リルケ）や『花ざかりの頃』（アナトール・フランス）など。これらは、背伸び盛りの一女子高生の記憶に残る、偏った読書遍歴の一端にすぎないが、そのコレクションは新旧とりまぜ、かなり良質の本がそろえられていたように思う。

本はどのようにして集められたか？

　（以下は、当時図書館準備委員だった松田不秋氏談）先生に伴われ、神田は神

保町の古本屋街を終日めぐり、本を買い集めた。(予算は5万円?)
　まだ、そこかしこに戦火の爪跡を残す荒涼とした風景とずしりと肩にくいこむリュックの重さを60年後の今も鮮烈に思いおこすという。

先生との出会い

　気賀町連合青年団のリーダー的存在であった松田氏は、「気賀校に熱血教師あり」と聞き、訪ね、青年団の顧問を依頼する(1943年頃)。
　当時は、青年団活動(読書会、弁論会、スクェアダンスなどサークル活動)が盛んな時代で、読書会の講師(オブザーバー)弁論大会の審査員などをつとめた。
　こうした出会いがきっかけとなったようで、青年教育にも力を入れ、社会教育委員会－青年学級研究委員会に所属し、「青年学級」設立に少なからぬ役割を果たす。

3　気賀町立図書館時代

　気賀町立図書館は、2年の準備期間を経て、1950年5月5日開館する。
場所　町の人が"四つ角"と称する商店街の中心、遠州鉄道－遠鉄バス会社の社屋2階21坪(1階はバスの発着所、待合室と店舗1)
開館時間　PM1～9 〈月曜、祝日休〉(48時間勤務)
資料　蔵書数約1,500冊、定期刊行物15誌、新聞6誌
備品　閲覧机(3人がけ)9台、椅子27席、事務用デスク2台、作業台1台
利用　年齢・地域制限無し(他市町村可)
貸出　当面1人1冊1週間(小学生以下の貸出は翌1951年5月5日～開始する)

　1950年4月、気賀町役場で初の職員公募(筆記、面接)があり、応募する。
　就職難の時代で男女40人前後?の応募者があったように記憶する。
　男子5名、女子1名採用。「気賀町役場雇を命ずる」の辞令。男子は役場業務。私は気賀町立図書館勤務となり、5月13日から出勤する。

開館当初の利用状況

　開館当時の様子は、『図書館日誌──1950.5.5─5.20』（本章末資料2）のとおり。また、「新しい町」（創刊号、1950年）には「町立図書館第一回報告」（森記）、「館員日記」（土井記）がある。

　開館を待ちかねやって来るのは、戦死した息子さんが当時、最年少で国会議員になった中曾根康弘と東大で同期生だったというのがご自慢の初老のＡさん。もっぱら、新聞、雑誌の利用。午後3時近くまでは閑散としている。その後デスクで図書のページ調べ（事故本の有無）、蔵書印、かくし印の押印に始まる受け入れ作業など。

　3時頃になると中学、高校生の学習室と化す。特に電車、汽車等乗物通いの生徒〔編者注：通学の乗物の待ち時間を過ごす生徒が多いというの意〕。

　午後6時から9時頃まで　貸出補助員としてアルバイト1名（高校生）。6時頃から閉館までは、近所の商店主、帰宅途中の勤労者、お風呂帰りの親子連れなどでごったがえし、新米の図書館員の私は貸出事務にてんてこ舞いさせられる（夜間の貸出補助として女子高生1名がつく）。

　壁面かぎの手に天井までの作り付けの一坪足らずの空間で、煩雑な庶務、「図書館だより」や「新着図書目録」のガリ版切り、依頼原稿の執筆、来訪者の応対など多忙をきわめる。来訪者といえば、この小さな館長室には地方紙の若い記者、街の郷土史家、町会議員、自称木下恵介の弟子、シナリオライター志望の青年、仏教青年会の僧侶、教師、教え子の父兄、時に袴なりの壮士風な人と実に多彩な人びとが来訪した。

創業期の仕事：開かれた図書館をめざして

　①位置づけ：「この図書館ははじめから図書館を目的として、せまい一本道を進んだのではなく、広い文化活動一般の中から本質的なより深い文化への衝動を原因として（略）えらび出された（略）社会教育の一方法」（前出「草稿」より）として位置づける（翌1952〜、社会教育担当として運営委員の松田不秋を採用）

　②開館当初から図書館運営委員会の設置（メンバーは、青年団関係者、中学校教師、Ｓ銀行女子行員他5名（若手を起用））

③「図書館だより」「新着図書目録」(ガリ版刷り)の発行(町の広報誌「新しい町」の執筆、編集)

④町村内「青年団文庫」の「有機的連関の上にたって」図書の整理業務の実施

⑤下村小学校他学校図書館(室)整備への協力

⑥運営委員の協力により月1回「土曜コンサート」(午後7時〜)開催(電蓄は電気店より借用、レコードも貴重、入手困難な時代で、隣町村から来館する人もいるほど盛況!)

⑦休館日の図書館を開放し、果樹園芸(気賀はみかんの特産)農家の青年を対象にヤロビ農法(ミチューリン、ルイセンコの育種法)の勉強会。また、「日米安全保障条約」(50年安保)や創刊間もない『日本資本主義講座』(岩波書店)をテキストにした勉強会も開催された〔「青年学級」?〕。

⑧整理業務の合理化と目録の整備

・ルーズリーフ式からカード目録へ　1951〜

基本目録カード(著者名主記入)の作成、内容の記述は可能な限り詳細にとる。(全集、叢書、合綴書の場合は1冊につき数枚にわたる)

・閲覧用目録として、「秋岡式ビジュブルカード」を検討、試作をするが実用化には至らず、印刷カード(謄写印刷、ガリ版)を導入(書名、著者名－分出、副分出、配布用(青年団文庫)計、平均1冊につき7〜8枚)

・分類:NDC5版→新訂6版3桁を使用

〔編者注:森は、1951年7月23日から8月31日まで、慶應義塾大学で行われた第2回図書館専門職員指導者講習に出席、司書資格を取得している[2]。〕

マンツーマンの特訓

最初に(森先生に)勧められて読んだのは毛利宮彦『図書館学綜説』(同学社、1949年)、次いで青年図書館員聯盟の実務シリーズ『図書分類法』〔編者注:詳細不明〕、小野則秋『図書目録法入門』(京都出版、1949年)など。

分類表の仕組みやその仕方、自筆のサンプルを示しての目録カードの書き方など、マンツーマンの懇切な特訓を受ける。図書館の仕事もさることながら『春琴抄』(谷崎潤一郎)、『シベリアの旅』(チェーホフ)の簡潔な語

り口、リルケの詩「レース細工」の一部は今も耳に残る。メキシコの貧しい家族3代にわたる生活記録『サンチェスの子供たち』(3)の読後感、はたまた「まるで胸の中に楽器が入っているみたいな」アメリカの名ソプラノ歌手、トローベルのことなどなど、そんな何気ない折々の話が印象ぶかい。

出張、「司書講習」のこと

　受付、窓口事務、男子職員のサポート、来客の接待、お茶汲みといった"職場の花"的存在であった役場の女子職員にとって、出張や研修などもっての外といった風潮が罷り通っていた1950年代の初頭に、県立図書館葵文庫（静岡市）や近接するCIE図書館への見学〔編者注：森に同行して〕。古色蒼然とした県立図書館とは対照的な、電気ストーブが赤々と灯るアットホームな書斎といったCIE図書館のなんと親しみ深く、心地よかったことか！　中年の女性館長からSayersの"*The Children's Library Service*"（抜き刷り？　変型、仮製本、タイプ印刷）(4)を頂戴した。

　「西遠地区図書館連絡会」（浜松市立図書館、1951年7月）にも同行。記録によれば、参加者11名中、女性は1名。

　まして、「職免」とはいえ（当初公費出張を申請したようだが）、在職3年にも満たない女子職員が2か月もの間、職場を留守にし、「昭和27年度図書館専門職員養成講習会」（名古屋大学）の受講など異例のことといえた。

　私は、「私の履歴書――1961―92」のとおり、1950年7月に、「図書館法附則第4項の規程に基き司書補となる資格を有する」。1954年4月、「司書となる資格」を取得した。

気賀町立図書館退職の理由

杉浦卓朗町長と先生の辞職

　杉浦氏が町長選に破れ、引退すると同時に先生も図書館長の職を辞する。いわれない事とはいえ、レッドパージのレッテルを貼られ、教職を追われた身を図書館長に起用し（その仕事に寄せる情熱やたぐい稀な手腕を見込んでのこととはいえ、保守色の強い地方トップとしてはかなり勇気ある決断であったろうと今にして思う）、惜しみないバックアップをしてくれた、その恩義に殉じるといった――先生にはそうした古風な（律儀な）一面もあった。(5)

私の場合

　県立図書館葵文庫の主任司書瀧嘉三郎氏（元、改造社編集者ときく）の尽力で気賀町立図書館依願退職、1954年5月、江東区立深川図書館臨時職員（日給250円）となる（瀧嘉三郎、1953年～1954年、土井礼子あて書簡計3通に、就職の経緯、当時の図書館の採用状況について記されている）。

　館長、細谷重義、職員に小井沢正雄（図書館職員養成所卒、『中小レポート』初期の委員、江東区役所助役を経て退職）、池田孝（同養成所卒、江東区立城東図書館を経て、神奈川県立図書館勤務。定年退職後は金沢文庫、鶴見大学司書講習の講師を勤める）。

4　大田区立図書館時代

池上図書館時代

　森先生の採用の経緯については、秋岡悟郎「図書館に生き図書館に死んだ男　森博君」（故・森博氏追悼特集）「図書館雑誌」（第65巻第11号、1971年11月）を参照のこと。

私の場合

　森先生から1956年3月9日付の手紙が届いた（森博、1956年、土井礼子あて書簡1通）。

　この手紙と履歴書持参の上、秋岡先生宅を尋ねるようとの指示。当時私はまだ臨時職員で、そのことに心を痛め、責任を感じていた細谷重義館長（私自身は結構伸びやかに仕事をしていた）同道のもと、目黒の秋岡先生宅を尋ねる。

　しかし、その年、大田区は女子職員の採用はしないということで、この件は落着。

　翌1957年4月、江東区準職員（事務補助員）を経て、1958年（昭和33年）10月主事補。1963年1月特別区人事事務組合、吏員昇任試験中の図書館司書職の部を選択、「江東区事務吏員」及び「司書に補する」の辞令を受け

る。

　この司書専門試験は、翌1964年度から中止され、1992年3月、私の定年退職を機に、特別区唯一の「司書」の職名は抹消される。「私の履歴書——1961—92」のとおり。

洗足池図書館時代

　開設間もない図書館を尋ねびっくりしたこと。玄関ホール正面に立派な階段が天井に向かってデーンと延びていたのには、一瞬息をのむ。2階増築は先生の面目躍如というべきか、事と次第によっては前代未聞のことを平然とやってのける。有無をいわさぬ、この強引さが時に誤解を招き、反感を買い、敵をつくる。

　大森山王の家で、自称、他称の弟子達が（僕は弟子などとった覚えはありません、と先生は言っていたが）わらわらと押しかけ、飲み、食らいかつケンケンガクガクの図書館論に花を咲かせる。

　そんな時の先生はもっぱら、聴き役、賄方にまわり、酒の肴の追加に小さな台所にたち、腕をふるう（それもその時々、旬の食材を使ったなかなかのもの）。そんな時の若い仲間にむけるまなざしは、当時まだ40歳ぐらいのはずが、好々爺のそれのように優しく、うれしそうだった（当時、同居していた受験生の正男君はさぞ迷惑なことだったろう。その正男くんも今はもういない）。

5　ミシガン大学　アジア図書館時代

ミシガン大学・アジア図書館——ビブリオグラファーとして

　ビブリオグラファーとしては、すでに『日本の参考図書』（日本の参考図書編集委員会　1962）の編集委員、執筆者としての実績を持つが、それ以前の池上図書館時代（1956〜57）に、佐村八郎『国書解題』（六合出版、1900年）、石山徹郎『日本文学書誌』（大倉広文堂、1934年）他、主要な書誌の目録化に着手する（ご自分の時間をさいて……）。私もそのアシスタントを務める。集計用紙（横書きA3判）に転記、切り抜き、書名別にワラ半

紙に貼布——そんな原稿が100枚以上？に及んだと思われる。捨てがたく、かなり長い間保存していたが数年前ついに廃棄した。岩波書店『国書総目録』（1963—70年）刊行前のことである。

ミシガン大学での仕事の様子については書簡「ミシガン便り」のとおり（森博「ミシガン便り」土井礼子あて書簡、封書3通、はがき2通、日付不明）。

「森さんの夢」

同時期ミネソタ大学で働いていらした阿部和子さんは「森さんの夢」（「図書館雑誌」第65巻第12号、1971年12月）の中で、メキシコの貧しい家族の生活記録（『サンチェスの子供たち』?）を森先生にすすめられて読んだといい、「僕の夢は未開部落へ入ってそこに残る言葉と生活の原型を見きわめることだ。その為にメキシコの奥地へ行ってみたい……一生の間に、人間の言葉をその背後にある生活との関係で考えてみたい」という先生の言葉を伝えている。

しかし、その夢「メキシコ行は口の中にはめこみ」（歯の治療のこと）、あえなく消え去る（前出「ミシガン便り」）。 1968年5月、ミシガンより帰国。大田区の図書館員他大挙して羽田空港に出むかえ、近くのレストランで「おかえりなさい会」を開催。

6　都立日比谷図書館時代

都立日比谷図書館整理課長として、森先生は帰って来た。

秋岡先生を始めゆかりのある人たちが、渋谷駅近くのレストランに集まり、ささやかな歓迎の会を開き「都立図書館が近くに見えます」とそのカムバックを喜びあった。

「新設図書館調査報告書」の草案作成（1965年）の委員としてかかわり、東京都内公共図書館のネットワーク化とそのセンターとしての都立図書館構想は先生の積年のもうひとつの夢でもあった。

「都政人」に見る

1971年1月、新任課長研修における美濃部都知事の講話の感想は、短文ではあるが、新館完成に寄せる並々ならぬ思いの程がうかがわれ、今読みかえしても胸をつかれる（森博「きてよかった」「都政人」第350号、1971年2月、12ページ）。それにしても、「もう2年」を待たず、僅か6か月で不帰の人となる。

その早すぎる死
　後日、北村泰子さん（当時日比谷図書館）は、体の不調を訴える先生に、病院ゆきを再三すすめたが、その都度「そんな暇はない」と頑なに拒み続けたという。
　仕事の鬼も病魔には勝てず、1971年6月13日、48年の生涯を終える。翌14日の早朝、広瀬利保さん（江東区立城東図書館、のちに稲城市立図書館）から訃報が入り、大橋の関東中央病院霊安室にかけつける。森先生の奥様のあい先生は覚悟ができていたかのように、気丈にふるまわれていた。
　その日、モーターバイクで箱根の山を越え、ほこりまみれになって、乗りつけた目黒の秋岡先生宅に無言の帰還となる。親しかった人たちによる「お別れの会」（仮葬儀）が営まれ、その後、あい夫人始め、ご家族に見守られ帰郷する（森あい、1971年8月26日付、福嶋礼子あて書簡、はがき1通）。
　紫陽花忌のことについては「はがき」のとおり（紫陽花忌世話人、1972年6月13日付、福嶋礼子あて書簡、はがき1通。紫陽花忌の案内、森の命日に秋岡梧郎宅で森を偲ぶ会が行われた）。

7　ご家族のこと

　森あい夫人。いろいろとご苦労、ご心労も多かったと思われるが、それを少しも感じさせない明るさ。
　小学校長を定年退職後は細江町図書館にほど近い気賀関所（平成2年3月竣工）の初代関守を務める。受付、ガイド、売店の仕事一切をひとりでテキパキとこなされていた。その巧まない名ガイドぶりもさることながら、訪ねてくる教え子や町のお年寄りの茶飲み話の相手もつとめ、その小さな

空間は町の人の憩いの場にもなっていた。

　いまから10年程前になろうか、NHK（浜松支局）のテレビの取材中に倒れられ、その後、娘の春子さんに看取られ亡くなられたと聞く（ちなみに、姉上は元町長、名倉家に嫁ぎ、義兄となる人は、当時、気賀町役場の課長職にあった）。

　森正男さん（長男）は、先生いわく「カウボーイの勉強のため」アメリカに留学。帰国後、北海道で牧場を営む。先生没後、やはり胃癌で亡くなる。その娘さんは「おじいちゃんの跡を継ぎ」図書館司書になったとあい先生から伺った。

　森（旧姓）春子さん（長女）。国立音楽大学卒業。在学中は先生が渡米中で、秋岡先生が親がわりとなり、なにかと面倒を見られる。卒業後は帰郷し、ヤマハ音楽教室の教師となる。あい先生の最期を看取る。

　森純夫さん（次男）　1999年1月死去。奇しくも享年48歳〔編者注：森博と没年齢が同じの意〕。新宿区信濃町の長安寺斎場でご家族、出版関係者参列のもと、告別式が営まれた。
　1999年3月13日、郷里気賀で七七忌法要。（長安寺での葬儀、新聞で見てと、石橋幸男さん杖をついた痛々しい姿で来る。彼と会った最後となる。）
　ペンネーム、森純（「毎日新聞」1999年1月27日付、訃報の記事）。日本大学芸術学部映画学科中退。週刊誌、実用書のライターとして活躍した後、1996年『八月の獲物』（文藝春秋、1996年）で第13回サントリーミステリー大賞受賞。著書に『火曜日の聖餐』（文藝春秋、1998年）。健康、宗教、ビジネス、ニューサイエンス等様々なジャンルの単行本も手掛ける。『墜ちた鷲』（読売新聞社、1999年）が遺作となる。

おわりに

「余生に生きる」

教職を去る1949年3月以降を、先生は「余生」と称していた。弱冠26歳にして、今となってはその真意を知る由もないが、全うしえなかった教師としての夢や理想を紆余曲折の余生＝図書館に託したのではなかったろうか？　私にとって先生は終生先生であり続けた、などとさかしら口をきけば、「どうも、先生根性が抜けなくてねえー」と例によって、さらりとかわされそうな気がするけれど……。

　浜名湖の北岸、引佐細江は気賀の町を一望する（その真ん中あたりに細江町図書館（現浜松市立）の青い大屋根も見える）鈴木家の菩提寺、前徳寺の森家のお墓にご両親、あい夫人、正男さん、純夫さんと静かに眠っている。
　それにしても――「口の中にはめ込み」断念せざるを得なかった「夢」メキシコ行は果たされたのだろうか？　といまだにふと思ったりする。

編集者注

（1）「レッドパージ」という用語が一般的に使われるようになるのは、森が退職してから少しあとになってからである。したがって、森は、静岡県の教育界で「レッドパージ」によって解雇されたわけではないのではないか。秋岡は、森からいろいろなことをじかに聞いていたであろうが、「「戦後パージにひっかかってやむなく教職を去ることになった」という記述は、追悼文という文章の性格も加味して読まないといけないのではないか」と福嶋に確認した。これに対し福嶋は、「レッドパージが本格的に行われたのは、GHQの指令以降だから、奥泉の指摘のとおりだと思う。だから秋岡先生の追悼文は正確ではないかもしれない。ただ、秋岡先生には、森さんはそれまでの経緯は話していると思う。けれど秋岡先生は、戦前の京橋図書館時代、治安維持法が猛威を振るっていた時代にアカ呼ばわりされたことがあるので、秋岡先生は、森さんも同じだ、というような感じで書いたのではないか」と話している（2010年9月15日、電話による聞き取り）。
（2）森博記「ノート」2冊、1951年7月から8月に受講した慶應義塾大学、第

2回図書館専門職員指導者講習に関する記述。

（3）『サンチェスの子供たち』はオスカー・ルイスの著作で、みすず書房から1969年に出版されている。かなりあとの出版になる。後述する阿部和子の「森さんの夢」のなかにも、『サンチェスの子供たち』との書名はないが同書を思わせるエピソードが紹介されている。そこで阿部は「スラング」と表現していることから、この時期に森は、原書で読んでいた可能性がある。原書は、*The children of Sánchez : autobiography of a Mexican family* で、1961年に Random House などから出版されている。

（4）W. C. Berwick Sayers が児童サービスについて記した図書には、*The children's library: a practical manual for public, school, and home libraries* (Routledge, 1900) や *A manual of children's libraries*, (G.Allen & Unwinlid, and the Library Association, 1932) などがあるが、福嶋の記憶によれば本文のとおり。

（5）前掲『細江町史　通史編下』には、1952年10月に町長選挙があり、杉浦町長は、「再選を果たす」（27ページ）とある。ほかの資料も同様で、杉浦は落選はしていない。「インタビュー記録」で、福嶋は、「前の町長が町長選で落選」したことが理由で、そのことは「秋岡先生も鈴木さんも書かれています。でも、森先生は、私にはおっしゃいませんでした」と話している。このことについて福嶋に確認した。福嶋は「杉浦町長は再選されたが、引揚者や疎開していた人たちで気賀町をよくする会といったグループがつくられ、町長に批判的な勢力があった。森さんに対しても議員のなかで誹謗中傷するものもいた。再選のときにそういうような動きがあった。森さんは、そういう反対派がいることについて、自分の存在が影響していると考えたのではないか」と話している（2010年9月15日、電話による聞き取り）。

資料1　福嶋礼子　私の履歴書——1931—92

福嶋礼子本人による履歴。手書き原稿で、A4判2枚。

1931年（昭和6年）
　9月　東京都目黒区中目黒に生まれる。
1944年（昭和19年）
　3月　目黒区田道国民学校卒業。
　4月　日之出高等女学校（以下、高女）入学。
　5月　在籍わずか1か月で浜松市へ縁故疎開し、誠心高女に転校。
　12月　東海大地震。戦意高揚のため被害状況は報道されなかった。豊橋海軍工廠に学徒動員されていた上級生（4年生）は建物の下敷きとなり多数犠牲となる。
1945年（昭和20年）
　3月　空襲激化により父母の郷里、静岡県引佐郡気賀町（現、浜松市北区細江町気賀）に再疎開する。
　4月　気賀高女2年生に再転校する。
1948年（昭和23年）
　4月　静岡県立気賀高校（新制・共学）2年生に編入学。
1950年（昭和25年）
　3月　同校卒業。
　5月　気賀町役場、初の職員公募に応募（筆記、面接）。気賀町（雇）、新設の気賀町立図書館勤務となる（当時は就職難で男子5名、女子1名の採用に対し40〜50人？の応募があった。面接官に森？）。
　7月　図書館法附則第4項の規定に基づき司書補となる資格を有する。
1952年（昭和27年）
　7〜8月　名古屋大学において「昭和27年度図書館専門職員講習」を受講

(15単位)。
1954年（昭和29年）
　4月　「司書」となる資格を取得する。
　5月　気賀町立図書館を依願退職する。
　同月　東京都江東区立深川図書館（館長細谷重義）の臨時職員となる（静岡県立葵文庫の司書瀧嘉三郎の尽力による）。
1956年（昭和31年）
　3月　大田区立池上図書館開設に伴い、森博の紹介状と履歴書を持参、細谷館長と目黒区の秋岡梧郎宅を訪問する（この年、大田区は女子職員は不採用）。
1957年（昭和32年）
　4月　江東区準職員（事務補助員）となる。
1958年（昭和33年）
　10月　同上主事補となる。
1963年（昭和38年）
　1月　特別区人事事務組合、吏員昇任試験中に図書館司書職の部あり、受験。「江東区事務吏員」および「司書に補する」の辞令が交付される（翌年からこの試験は中止され、1992年3月、福嶋の退職を機に特別区唯一の「司書」の職名がなくなる）。
1975年（昭和50年）
　4月　江東区立深川図書館次長となる。
1978年（昭和53年）
　4月　江東区立城東図書館新築移転準備のため、同館館長となる。
1992年（平成4年）
　3月　定年退職。

資料2　森博　図書館日誌──1950.5.5—5.20

森博記、1950年5月5日から5月20日までのノート。手書き・横書きで、一冊。開館から15日間の記録が記されている。

5月5日（金）雨
午後3時、新図書館開館記念式を行う。参会者、町長、助役外約25名。高等学校生徒数名手伝いに来館。
午後8時、レコードコンサート開催。聴衆館内に満つ。気賀中学川崎先生解説。
運営委員松田、山本両氏補助。電蓄は幼稚園から借用。レコードは川崎、松田両氏の尽力により町内より借用。
　曲目　未完成交響曲－シューベルト、芸術家の生涯、碧きドナウ－シュトラウス、民謡4曲、My Old Kentucky Home, Old talks at Home, The Last Rose of Summer, Home Sweet Home　午後10時閉会
5月6日（土）曇
午後1時開館、夜間補助、三浦雅子
館内閲覧、貸出を開始する。来館者200名以上を算したが、繁忙のあまり読者統計できず。貸出数65。
5月7日（日）晴
午後1時開館、夜間補助、三浦雅子
気賀町連合青年団弁論大会（引佐高校講堂）に出席のため、引佐高校3年田村博子、2年中村直美両氏に委任す。午後7時帰館。貸出数25。
5月8日（月）休館
5月9日（火）
午後1時開館、夜間補助、外山依子
貸出数32、来館者数約100。
5月10日（水）
午後1時開館、貸出数35。明解国語辞典1冊紛失？　出納手用設備を早急に整える要あり、来館者数約100。
5月11日（木）
午後1時開館、役場会議室で社会教育委員会開催、出席のため植村氏に事務代行を委嘱する。午後5時より勤務。午後8時30分老ヶ谷青年団の集

会に出席。図書館について話をする。

5月12日（金）

午後1時〜9時

5月13日（土）

専任職員土井礼子決定、本日から勤務してもらう。午後1時より本館で青年学級設立準備会を行う。

5月14日（日）

破損図書の修理を開始する。白菊会より毎週活花奉仕の申込を受ける。

5月15日（月）

休日だが、土井礼子氏と共に破損図書の修理続行。

5月16日（火）

清水青年団文庫を統合す。下村に於いてレコードコンサート開催（下村小学校）。山本、川崎両氏がやってくれる（館職員出席せず）。

5月17日（水）

午後8時より役場の社会教育委員青年学級研究委員会へ出席。

5月18日（木）

異状なし。気賀町便り発刊について町長と相談する。

5月19日（金）

伊目小学校にて午後9時30分より青年学級設立会議に出席。

5月20日（土）　雨

第2章　菅原勲インタビュー記録——大田区立図書館時代を中心に

日時　2009年12月13日
場所　江東区総合区民センター
聞き手　奥泉和久、小黒浩司、西村彩枝子

略歴　1928年（昭和3年）北海道生まれ。56年（昭和31年）大田区立池上図書館に勤務。洗足池図書館で森の部下として図書館業務の指導を受ける。その後、大田、大森南、蒲田の各館に勤務。大森南図書館在勤中に実施した入院患者へのサービスなどでも知られる。

編者注　2010年4月菅原氏による修正原稿。菅原氏が準備された資料を読み上げた個所は、要約し文献名を記した。また、適宜補記〔　〕した（奥泉）。

はじめに

奥泉　先日、福嶋礼子さんから、森さんが図書館に入るまで、気賀高校の図書室、それから気賀図書館でどのような活動をしていたのかを中心にお話をうかがいました。菅原さんには、主に大田区立図書館で森さんとご一緒にお仕事をされていますので、そのあたりのお話を中心にうかがえればと思っています。

1　大田区立池上図書館時代を中心に

菅原　大田区の職場のなかで、最初から最後まで森さんと同じ館で仕事をしていたのは私だけですね。あとの方は、別の場で仕事をされた。その1人が伊藤峻さんです。

　　〔要約〕伊藤峻の追悼文のなかで、大田区立図書館の開設時のことにふれる。秋岡梧郎がコンサルタント、教育長が植田秋作、最初の館長が今瀬珣一であったことが同館の発展の基盤を作ったと評価。[1]

当時の伊藤峻さんは、2年目の1957年（昭和32年）、池上図書館に入られて、森さんとは同じ係で仕事をされました。

森さんといちばん関係が深かったのが石橋さんです。大田区ではまず石橋幸男さん、次に伊藤峻さん、加藤弘さんの順です。石橋さんは、（図書館とは）全然関係なく大学を出て、たまたま就職しましたが、最初は臨時職員のような採用でした。そのときに図書館で森さんと一緒に仕事をするようになりました。翌年あたりに、館長の今瀬珣一さんが、図書館を希望する者で、司書資格がない人は資格を取りにいきなさいと、予算措置をちゃんとするからといった。役所に入ったが、司書の資格がなく図書館に配属された人、石橋さんなど3人を講習に通わせました。東洋大学の講習で資格を取らせました。

今瀬さんは行政職です。一般職から図書館へ転じた方です。まず、司書をかばって、司書の人たちが仕事をしやすいように職場づくりをして、陰で支える、そういう人でした。当時の教育長の植田秋作さんも行政職で、京橋図書館の庶務係長だったときの館長が秋岡梧郎さんです。

植田さんは、図書館人としての秋岡さんに私淑していたものですから、自分が大田区の教育長になって、図書館を開設するという段になって、有無を言わせず秋岡さんにすべてお願いした。しかも、人事までお願いすることは珍しいことです。すっかり信頼しきっていたわけです。森さん、私

など3人を推薦し、区長、助役、教育長、総務課長で一緒の面接がありました。
　教育長、館長がそういう考えでしたから、自分の才能を生かす、能力を生かす環境のなかで仕事ができました。しかも昔のしきたりにとらわれることなく、自主的に考えてやるということになる。そういう雰囲気づくりのなかで、森博さんが司書グループのなかではいちばんの影響力をもっていました。
　森さんは、人見知りをしないし、清濁併せ飲むという気質なんでしょう。和魂洋才という言葉がありますが、ご自分は、高等師範で国語を専攻、卒業後は、実際の職場では、戦争中は「修身」も教えています。英語は専攻なさったわけではありませんが、すごく勉強なさって、力をつけられた。それがのちにも発揮されることになります。
　大田区を退職されて、日野の市長をされた有山崧さんと関わりのある順天堂大学図書館に、有山さんに請われて入りましたが、約1年。そこで満足する方ではなかったので、ミシガン大学のアジア図書館に就職、3年ぐらい。帰ってきて、小田泰正さんと親しかったこともあって、国立国会図書館では書庫のなかでするような、アルバイト的な仕事をされて、国会図書館の空気を味わいました。それから流通経済大学の図書館。そこでは、国語学の教科も受け持ちました。
　それで日比谷図書館。そこが最後の職場になりました。とにかく図書館のあらゆる分野を体験した方です。ほかにはいないんじゃないでしょうか。整理してみると高校では学校図書館、気賀町立図書館の開設、そして館長。その後、大田区立図書館。これは市立図書館です。そのあとに2つの大学図書館を体験なさって、アメリカでのアジア図書館は、専門図書館といっていいでしょう。日本から持ち込まれた相当の資料、例えばアイヌ関係資料などの整理をされたようです。それから都道府県立図書館としての日比谷図書館。ここでは、整理課長、そして参考課の北村泰子さんとも親しくされました。清水正三さんも都立にいかれました。当時日比谷図書館の館長は、フランス文学者の杉捷夫さんでした。そこが最後になりますが。
　見ていて、和洋を併せ飲む。日常の生活のなかでも、パン食が多かったのですが、パンを味噌汁で食べなさる。これが好きでした。これは、人に

は言ってないのですが、森さんと私は同じ部屋を借りて、寝起きを共にしていたことがあります。職場のなかでぼくがそういう立場にあるということを知られるということは、同僚とのお付き合いでよくないと思っていました。一緒に下宿して炊事をやるわけです。少しの間でしたが、そういう生活をした間柄でもあります。ですから、食事も見ているので。私は、パンを味噌汁で食べることはしませんでしたけれど。そういうものかな、と。なるほど和魂洋才ではないが、アメリカに気軽に行ってしまう、そういう方でした。

　ですから森さんは、図書館のあらゆる分野へ気軽に飛び込んでいきました。日本人は、ぼくもそうですが、ごらんのとおり1つの職場にしがみついて、それで終わるというのが理想的なパターンだと思っていましたし。当時もそうでした。森さんは、この辺でいいと思うと次の天地へ飛び込んでいく。ですからその第1の弟子の石橋幸男さんも、森さんが口を利いたんでしょうけれど、日本図書館協会へ行かれました。その後、狛江市で図書館を始めるということで、開設準備をして、館長になられた。そこが最後。この方も60代だったか、いまから見れば早死にでした。伊藤峻さんも、多摩市の図書館へ転じて、豊中へ行って、松任市へ行って、戻ってきて69歳で亡くなられた。加藤弘さんも大田区を退職後、間もなく死去。

2　『日本の参考図書』との関わりなど

菅原　これは頼まれて書いたのですが。この際だから人が書けないものを書いて残しておこうと。それは『日本の参考図書』誕生の一連の経過です。

　　〔要約〕『日本の参考図書館』の編集に携わるまでの森博について、上京後大田区立図書館でのサービス実践、参考事務の普及のために連絡会を組織するなどの活動を紹介。[2]

　それは誰にも知られていないし、書くチャンスはどなたにもないから書く価値があるだろうと思いました。

「何とも惜しい人物を失ってしまった」とありますが、これが、図書館界の偽らざる声でしょう。この人がずっと生きていたらどんなことをやっただろうと、側にいて見ていてすごい方でした。

1960年、蒲田・洗足池の2館開設に伴う司書職採用の新聞広告の件ですが、全国紙3ないし4紙に「司書・補募集」広告はあとにも先にもこれっきりでしょう。確か10人採用に応募者80人ほど。

（サービスについては）普通ならまず貸出に力を入れるのが常道かと思いますが、最初に参考業務というのは、仕事の時間が割けたからです。こういうことも関係してくると思います。池上図書館では最初から「館報」を出していましたが、「図書の上手な探し方」、つまり参考図書をどう使うか、それと参考図書の解題を森さんが連載していました。実際の実務から進めていったわけです。

「池上図書館報」第1号の記事は、誰が書いたのかと。図書館に関わっていない人はこういうことは書きません。編集の基本的な責任者は森さんでしたから。ぼくは森さんが亡くなったあとで気がついたのですが、記事が出たときは素通りでした。ご自分がそうでしたから、「図書に精通した係員」と書けるんで、われわれが就職して、すぐに「図書に精通した」などと言ったら笑われます。森さんのようにいろいろな分野の体験があり、実際の図書館も町立ですけれど体験なさって、実務を通して、参考図書についても勉強してきていますから。

森さんは慶應で図書館学をやっていますから、慶應だと参考業務の分野は強いから、そういうことで、これは森さんが書いたのではないかと思います。

「図書に精通した係員を配置して読書相談に応ずる等」（注：当時はレファレンスを含んでいました）とまず図書館が始まるときに、こういうことをうたうというのは日本の図書館が始まって以来でしょう。

（森が各界の有志と協力して会合をもつという訴えについて）この当時は、図書館同士が協力しあうということは、本質的なのですが、そういう発想がありませんでした。都立は都立、区立は区立と孤立した状態でした。

1960年（昭和35年）4月、東京都公立図書館長協議会の下に参考事務連絡会ができたのをきっかけに、貸出などでも連絡会ができてくる。これが

突破口となり、協力しあう第1段階でした。実務で協力しあう最初でしょう。原点は1959年（昭和34年）3月に森さんなど有志がアピールした「趣意書——参考事務の発展のために」（発起人として森のほか7人がいる）でした。

池上図書館の4、5年間くらいは、森さんは参考業務、貸出が始まると貸出、というように奉仕部門です。ぼくは整理部門でしたから、仕事のうえでの直接的なつながりはありませんでした。洗足池図書館では、森さんの机のすぐ側でした。

『イノックプラット図書館一般参考部スタッフマニュアル』については、ぼくは、翻訳のメンバーではありませんでした。洗足池図書館の職員では翻訳のメンバーは3人くらいいたと思います。下支えのことをしていたので、原稿の管理をしていたのでしょう。北村さんと印刷の校正に出かけたこともありました。

（『日本の参考図書』を100人を超える人々と分担執筆したことについて）専門的なところは、ほかの人に頼んだと思いますが。初版の大半は森さんが原稿を書いたのではないか。当時は、まだお互いに協力しあうのは、初期の段階ですから、みんなで一緒にやりましょうということにはなりません。初版は出版元・国際文化会館の福田なをみさんが支えになったと思います。

3　洗足池図書館へ移る

菅原　洗足池図書館へ移ってからは、名実ともに責任者は森さんです。ですが、（この原稿の執筆者の）A.M. というのは誰かはわかりません。

　　〔要約〕大田区立洗足池図書館で、森が主導した「縦割り」システムによる図書館業務を紹介。流れ作業によらない業務分担によって優れたサービスが提供されていることを指摘している。[3]

利用者に接して、そこで勉強できる。普通のパターンだと、利用者と接触なしに資料収集・整理などをするということが当時も大半はそうでした。

洗足池は、分野別主題別に収集・整理、必要に応じて参考のいわば縦割りという分担でした。「スタッフマニュアル」として整理したものがあります。
　ここも大田区の特徴があるところでしょうね。普通だと、上の職制のところの図書館がセンターライブラリーとして、ある程度分館を統率していく、それが一般的ですが、図書館というのはそうあってはならない。地域の人に奉仕する、図書館法の第3条に書いてあるとおり、土地の事情、利用者の希望に沿ってサービスをしなさいと。センターライブラリーがそこまで監督できるわけがないので、地域の図書館が利用者と接して、利用者の願いを肌で感じて独立してサービスすると。これは図書館のあり方の大事なところです。そこをはじめから大田区では押さえたと。館長、図書館に関わった人たちみんながそうでした。教育長にしても、総務課長から図書館に転じた今瀬さんにしても、みんなそういう立場でした。ほとんど秋岡梧郎さんが発信地でしたが。

　〔要約〕大田区立洗足池図書館と立正大学が協力してサービスをしていること。公立図書館と大学図書館の相互協力の先行実施例[(4)]

「ささやかな協力」は、当時立正大学の竹内悊さんが書かれたものです。竹内さんも立派な方です。秋岡梧郎さんを尊敬されている。ぼくが秋岡さんのところにうかがったところ、たまたま竹内先生がいらしたときがあった。ここには、洗足池図書館と協力したい、大学図書館の新着本の目録を送りたい、洗足池図書館の目録も頂戴したいと、協力についてどっちから発信している。そういうことを理解できる司書の館長さんは少ないです。

　〔要約〕「建物の見学だったら、ここを第1に推すだろう」と、大田区立洗足池図書館の機能を高く評価している。[(5)]

野球のベスト9にあやかっているのでしょう。
　ただ「自分は全部見たわけではない、見聞が限られているから、まだほかにも立派な図書館があるでしょう」と、一応注釈は付けているけれど。

これは文章からすると石井敦さんが書かれたものですね。1番が高知市民図書館、2番が下松市立図書館、3番が日野市立図書館、4番に、意外や意外、大田区立洗足池図書館。
(文中に森氏の言葉が紹介されている)担税者とある。納税者ではない。ここも森さんらしい。当時は、こういう図書館が石井さんの目にとまっていた。

　〔要約〕全国国立大学図書館長会議などの招きで来日したハーバード大学副館長D.W.ブライアントが大田区立洗足池図書館を見学、「地域図書館として非常に整った図書館」だと賞賛したことを紹介。(6)

　普通だと開架式ですが、接架式というのは秋岡さんが好んで使った用語なんです。結局、利用者の立場から見て、接架です。秋岡さんは何でも利用者の立場からを第1に話された。開架は開くですが、経営者の立場。そういう意味では安全接架方式も経営者の立場から。書架と閲覧室との間に関所をおいてチェックする。言葉が適切ではない気がします。

　〔要約〕大田区立洗足池図書館のように数万冊の蔵書を自由開架によって閲覧に供したことは、当時では画期的だったとする。(7)

「児童青少年の読書に関する公開座談会の記録」という資料があります。1960年、洗足池図書館が始まってから間もなくのころ。こういう集会がありました。「いろいろな質問相談に応じる。電話、郵便、来館、どんな方法でも結構です。(略)知りたいことについてあなたと協力したりあなたに代わって資料を調べてお答えする。必要な知識が得られる資料を紹介する。学校の宿題、学習については必要な資料を探すことには協力しますが、館員に回答を求めることはお断りします」。普通だと「宿題はやりません」だけですが。
「身上相談など相談の内容によっては応じないものもありますが、何でもお困りのときは図書館にいらしてください」。まずは何でも受けますよ、というのが先に出て、ですけれども、できないこともあります、と。これ

が森さんの真価が出ているところです。あれもやらないこれもやらないというとお客さんのほうで警戒してしまう。まずは何でも相談してください。そういうところから参考業務を考えていく。

　ぼくも現場でやっていたときに、子どもがナフタリンをなめてしまったけれども大丈夫でしょうか、とお母さんが飛び込んできたことがある。普通だったら、そういうことは図書館では対応できないから病院へ行ってくださいと言う。辞書でナフタリンのことを調べてみて、そこに書かれていることを説明しました。これを読むと大丈夫だとは思うが、念のためにお医者さんにうかがったほうがいいと対応しました。そのようにして図書館というところは、何でも持ち込んでもいいんだなと、ずいぶんいろいろとやりました。法律に関すること、労働問題に関する相談もありました。結局、図書館は相談して悪いものはないということです。もし、医療問題にしても法律問題にしても、医者や看護師、弁護士などそういった専門の分野の人を図書館が必要に応じて招けばいい。役所などでもやるようになりましたが、日時を決めてやればいいので、図書館がやってはいけないということはないのではないか。

　これはぼくの考えで、ほかに動物園を経営してもいいと思う。むしろ、本のことを理解するには動物園があったほうがいい。だからこういうことも書きました。病院と公共図書館を隣り合わせにして、出入り口は両方あって、なかは行き来できる。看護師さんなり、調べることに援助できる人がいるようにする。そんなことを提案したこともありました。

　こちらからの話はこの程度にします。

4　質疑

奥泉　池上図書館時代のことからお聞きします。秋岡さんの当時の正式な役職名は？
菅原　顧問です。
奥泉　森さんを静岡からスカウトしたわけですが、人事に関するウエイトはかなり大きかったのですか？

菅原　そうですね。人です。よく図書館の要素を人が75％、資料が20％建物が5％（いまは建物の比率が多いでしょう）といいますが、職員の要素が大きい。その人を選ぶ責任者の教育長がかつて秋岡さんの部下だった植田さん。それに総務課長の今瀬さん。当時、部長はない時代でしたから、助役に次ぐ実力者です。その方がなぜか図書館を希望して館長になった。図書館の予算を決めるときでも財政課の課長さんが呼び出されていました。あからさまではないが、部下みたいな関係の人でしたから。司書資格を取りにいくときはその予算をとります。

　当時の職員の昇格ですが、役職には主事補があって、試験を受けて主事、と「補」がとれるわけです。それもみんな館長が受けさせて通しました。館長はいちばん先に出勤して手すり、トイレなどを掃除する。普通だと職員が気まずくなるが、そういうことを感じさせないものがありました。

奥泉　植田さんが戦前京橋図書館にお勤めだったということで、図書館に協力的だったのはわかるのですが、今瀬館長の場合、図書館を希望する動機、図書館に一生懸命関わった理由は何でしょうか。

菅原　精神的なもの。何か見えるかたちで役立ちたいという人にとって、図書館というのは格好の場所。条件もそろっている。自分がとにかく支えになってやる、ということだと思います。事務屋さんも大事なんです。専門職だけでなく事務職が支えてくれる。力のある方。予算など。そこに人を得るということ。今瀬さんは都下実務家のなかで「地方自治法」の権威と聞きました。

小黒　植田さんという方は戦前は東京市で、戦後は大田区に移られた。今瀬さんも戦前は東京市ですか。

菅原　昔、つながっていると思います。

奥泉　池上図書館が開館したあとのことですが、秋岡さんの指導力という点に関心があります。実際の運営はどのようにおこなわれていたのでしょうか。秋岡さんは開館後も運営に関与されていたのですか。館長、森さん、それぞれどういう役割だったのか。

菅原　森さんもそうでしたが、始終秋岡さんの家に出入りして、運営上の話をしていました。秋岡さんが図書館の現場におられなくても、僕らが出かけていって、その意を呈すと。例えば、分類では森さんが町立図書館で

実際に分類上の問題点をつかんでいたので、類、綱、目の展開を森さんが秋岡さんの意を呈して具体的にはやりました。NDC をベースにして。
　私が「館報」に連載した記事を見ていただければ、技術的なことをどんなふうに実施していったかがわかる。冊子目録は、一覧性があるけれど加除ができない、カードは、加除はできるけれど一覧性がない、これをどう折衷するか、というのが秋岡さんの課題でした。秋岡式の簿冊にすると一覧性も加除もできるようになる。それは図書館を始める前に実施できるようにお膳立てしておいた。あとは分類し、目録を展開する。秋岡式書架は、下に傾斜がつけてあるので倒れなくて見やすい。両面あるものは固定しなくても、本さえ載せておけば倒れないし、いつでも移動ができる。棚にも固執されていた方だった。ですから「書架のなかに自分は生きている」とおっしゃっていました。

　〔要約〕1986年当時の大田区立図書館には、秋岡梧郎の図書館哲学が消しがたく残っていることを指摘した。[8]

(秋岡が「図書館の目的は人々が図書館の本を利用して、個性の充実・向上を図ることと社会・文化の存続、発展を助長することにある」としていること）いうなればこれは基本です。ここからすべてが発想される。秋岡さんにいわせれば基本カードはお客さんにとってみれば不便だと。
小黒　池上図書館の「館報」のなかの奉仕計画を執筆したのは森さんじゃないかという話でしたが、館則はどなたが作られたのですか。
菅原　事務屋さんです。
小黒　秋岡さんなり森さんが提案したとか。
菅原　雛型は既成の図書館でいくらでも手に入るわけです。団体貸出とか、フィルム貸出ということには森さんも関心をもっていたので関わっているでしょうね。
小黒　まだこの時期、多摩のあたりでは館外貸出もしていないようなところがあったわけで、館外貸出という章を入れるというのもある程度の見識のような気もする。それから資料の買い上げだとか受贈だとか受託とか、珍しいように思うのですが、1つには秋岡さんの戦前の経験があるのかな、

あるいは森さんの気賀時代の経験があるのかなと思ったのですが。
菅原　ぼくは、「館則」作成に関わっていないので想像ですが、やはり事務屋さんと森さんと、秋岡さんも意見を出したでしょうけれど、最後にまとめたのは、ほかの既成の館の規則を手に入れてやったのでしょう。受贈とか受託とかいうことはすでに既成の図書館の「館則」にあることですから。フィルム貸出もそうでしょう。ただ、団体貸出というのはちょっとどうかな、と。
奥泉　どうかな、というのは？
菅原　当時、実際にはやられていないですよね、団体貸出は。
奥泉　池上図書館では？
菅原　ええ、1956年の規則に出ているということ、年表では1960年11月池上図書館開始とあります。規則に団体貸出という用語が出てくるのは、ある意味では先駆的。調べてみる必要があります。
奥泉　接架についてですが、池上図書館で実現できなかったのは、時期尚早というか、そういうことでしょうか？
菅原　自由接架はそうでしょうね。秋岡さんが100％支持したのは自由接架。日本で最初に自由接架をやったのは佐野友三郎さんで、3,000冊とかいわれていますが、熊本の図書館で秋岡さんが最初の司書の講義を受けたときに佐野さんに教わっています。秋岡さんには最初の先生、その方が自由接架を言っている。間もなく東京へ来て、文部省図書館員教習所へ第1回生として入るわけです。そこで日比谷図書館の今沢慈海さんに教わる。でも、東京では現実には秋岡さんが手がけた館はせいぜい安全接架。ただ、1960年（昭和35年）洗足池発足では秋岡さんも自由接架を支持、賛成しました。
奥泉　深川図書館でその前に、戦後全部ではないんですけれどもやってきているんですが、それでも新しく建てたところではそこまでできなかった？『洗足池図書館スタッフマニュアル 1』[9]がありますが、これは菅原さんがおまとめになったのですね。
菅原　そうです。
奥泉　ぼくは、都立中央図書館でこれを見ました。森博さんから寄贈されたものです。先ほど菅原さんから、業務内容について、1つのことだけや

るのではなくて、いろいろな分野をやりながら業務分担をするということをうかがいました。
菅原　それは、いつ受け入れられたもの？
奥泉　日比谷図書館で、1965年3月31日です。
菅原　森さんが大田区を辞したのが、……。
小黒　1964年5月に洗足池図書館を退職しています。
菅原　そうすると、1965年に森さんが寄贈するわけがない。
奥泉　受け入れた日付ですので、寄贈日とはずれている可能性があります。『洗足池図書館スタッフマニュアル』ができたのが、1965年2月ですので、森さんが辞めたあとにマニュアルは作られています。
菅原　森さんに決裁を受けてもらった記憶はないです。森さんがいなくなってから完成したと自分では思っていた。だから森さんが寄贈したのはおかしいと思って。
奥泉　森さんが辞められたあとに菅原さんが作成されたというのはご記憶のとおりですね。実際におこなわれていた内容をまとめられたということですね。
菅原　そうです。用語の定義も全部しました。
奥泉　『洗足池図書館スタッフマニュアル』に「1」とありますが、これ以外に作られたものはありますか？
菅原　はっきりしたスタッフマニュアルはないでしょうね。中身も全部ある？
奥泉　あります。
菅原　そのスタッフマニュアルは、珍しいというので図書館短期大学の先生に差し上げたこともある。
奥泉　森さんが洗足池図書館を辞められた理由というのは、先ほどのお話のとおりだと、この辺でいい、ということなんですか？
菅原　やることはやった、あとはおまえらに任せると。自分は新しい天地を開いていくと。
奥泉　まだ41歳ですよね。
菅原　それと、後ろ盾だった池上図書館長の今瀬さんが一緒に辞めています。今瀬さんだから森さんのような人を理解できたんで。その後館長にな

るような行政職の人で、森さんのような人を理解できる人はいない。

奥泉　今瀬さんがお辞めになったのはいつですか？

菅原　調べなければわかりません。いずれにしても森さんが辞める前です。今瀬さんは図書館の上に図書館をつくらずという秋岡さんの信念を理解していた人ですから。大きな図書館だから、格が上の図書館だから支配するという考えは今瀬さんにはなかった。地域の責任は分館長がもつわけですから。そのへんが普通の行政職の人は理解できないでしょう。地域館は1級下だからと。一口でいって当時のレベルでいくと中央館館長が課長、地域の図書館館長は係長。そこで年功を積んでいく。役所のやり方を図書館でもやる。それでぶつかったこともある。地域の図書館は、少なくとも地域のサービスについては責任をもつ。森さんの考えは当然秋岡さんと同じですから。そこに行政の館長が来れば支配しようとする。おまえのほうが1級下なんだと。森さんぐらいになれば我慢できません。もっともぼくも自由にやってはいましたが、最後は窮屈になりました。普通は60歳までいられるのですが、ぼくは図書館を55歳で辞めました。その理由の半分は健康問題で、早期の「田舎暮らし」を志向。そして可能なら私立農村図書館の経営を内に秘めてのことでした。

　ぼくの話になりますが、公立図書館には28歳で勤めましたので、30年にはならなかった。図書館に勤めた期間が割と少ない。養成所を出て、所長さんが推薦状を書いておまえはあそこへいけと。ところがぼくは所長に楯突いた。自治会をやっていて、羽仁五郎を呼ぼうと思って所長に企画の了解をとろうと思ったらだめだと言われた。当時羽仁五郎さんは野党で、文部省とはうまくいっていなかった。最後は認めさせたけれど。

　ぼくの兄（菅原峻）は2年前に養成所を出ています。優等生だった。あの菅原の弟だからということで面接も通ったようなもの。実際は違うということで最後は就職のときには推薦されなかった。大学図書館でアルバイトを1年くらいしていた。ある事情があって、秋岡さんに拾われて公共図書館に就職できた。ぼくが目をかけられたのは所長のいいなりにならないからということだった。

　それで今度は就職して、図書館に一生懸命でも、職員組合大会での発言などで人事からにらまれる。年がきても昇格させられない。あとの人は菅

原を差し置いて昇格させてもらえない。何人かの後続の連中が菅原を早く係長に昇格させろと半ば抗議なかば要請。おかげで係長に昇格して、その後、新しい図書館ができるときに館長になって、やりたいことができました。365日集会ができる集会室の運営、病院の入院患者に対する図書館サービスをやった。病院のなかにエリアを作って患者さんに来てもらって貸出すのは昭島の図書館が1974年に着手していましたが、病室を回ることはしていませんでした。1978年に病室を巡回するサービスを公共図書館では大森南図書館が日本で初めてやりました。

　こういうことなども秋岡さん、森さんの影響を受けている。信念に基づいてやる。森さんはいろいろなところへ出ていった。ぼくは1つの自治体のなかで、クビにならないかぎりやると。普通だと尻込みする。集会室にしても普通だったら図書館が休みだったら利用できない。けれど入り口を別にして利用できるようにした。そういう新しいことに挑戦していくということでは森さんの存在があった。

　森さんはとにかく医者嫌いだった。医者に行ったとかいう話を聞いたことはなかった。パイプとコーヒーをいつも手元に……。もっと大事にしてほしかった。図書館界のために大事にしてほしかった。

注

（1）菅原勲「司書としての原点をたどる1──峻さん（伊藤峻氏）を偲んで」「みんなの図書館」第326号、2004年6月、72ページ
（2）前掲「『日本の参考図書』誕生への軌跡」53─55ページ
（3）「図書館見てある記5　洗足池図書館の巻──アンチ・流れ作業の試み」「東京都図書館協会報」第32号、1963年5月、前掲「図書館みてある記5」、36─37ページ
（4）前掲「ささやかな協力」15ページ
（5）「大田区立洗足池図書館」、前掲「中小図書館ベスト・9」9ページ
（6）前掲『大田区図書館二十五年のあゆみ』2ページ
（7）菅原勲「秋岡梧郎氏と大田区立図書館　連載4（完結）　池上図書館開設当時の閲覧方式」「ぱぴるす」（大田区立池上図書館）第16巻第3号、1984年7月、7ページ

（8）前掲「池上に図書館ができた頃——開設時メンバー菅原勲氏に聞く」「ぱぴるす」第18巻第4号、1986年10月、4—5ページ
（9）前掲『業務分担スタッフマニュアル——奉仕担当者用』大田区立洗足池図書館、1965年

第3章　鈴木健市インタビュー記録——森博との関わりを中心に

日時　2009年9月18日
場所　静岡県磐田市・鈴木健市宅
聞き手　奥泉和久、小黒浩司

略歴　1930年（昭和5年）、東京市深川生まれ。48年磐田市役所・税務課臨時雇、49年4月正規職員、50年4月教育課、同年5月磐田市立図書館。52年の春に静岡県立図書館葵文庫で図書館職員研修を受講した際、講師だった森と出会い、それを機に交流をもち、図書館業務について教えを受ける。88年に退職。

編者注　話の内容を、テーマに沿って多少前後を入れ替えるなどの編集をした。章末に資料として「森博先生の思い出」を付す。

はじめに

奥泉　鈴木さんは延べにすると10年くらい森さんと関わりがあったようですね。鈴木健市「私の図書館勤務と森博さん」（1988年10月記「未発表原稿」、以下「鈴木資料」と略記）を福嶋礼子さんからいただいて、読ませていただきました。
鈴木　私もあれからいろいろ急に調べてみてね、森さんと関わりがあったのはね、たぶん（静岡）県立図書館で研修会があった1952年（昭和27年）の春から、森さんが大学（順天堂大学図書館）のほうへ移っているのが1964年ですから、そのころまでですね。これはよくお調べになっていますね（菅原勲作成「森博年譜」）。

奥泉　それは森さんの下で働かれていた菅原さんという方が作成されたものです。
鈴木　私は森さんの出身地は全然知らないわけですよ。
奥泉　そうですか。
鈴木　これを見て、なんで森さんが細江にいたのかなってかえって不思議になっちゃってね。なんでいたのかな。
奥泉　1945年の春からのようですね。鈴木さんのお生まれは何年ですか。
鈴木　私は1930年です。生まれたのが東京でしてね、東京の深川なんですよ。福嶋さんが深川図書館ということで、(上京したときに)うかがってね。(清澄)公園のなかだったもんですから、あの公園も行ってみたいと思って。そのコピー(「鈴木資料」)はたまたま行ったときに、深川図書館にお寄りして、たぶんそのときに福嶋さんにお渡ししたんじゃないかと思う、そのときの1回しか深川行ってないですから。
小黒　せっかく書かれたのに「図書館雑誌」でボツになったと聞きましたが？
鈴木　それね、当時の編集委員が浪江虔さんなんですよ。浪江さんから手紙をいただいているんです。たぶん私の原稿がちょっと遅れたわけです。いろいろ忙しくてね、(追悼文が)その前に3つか4つ載っちゃったわけ。それでもうお終いって。そういうことで、浪江さんがわざわざ申し訳ないけれどお返しすると。

1　鈴木、磐田市立図書館に勤める

奥泉　森さんが生まれたのは1923年ですから、鈴木さんとは7つ、8つ違いなんですね。まず鈴木さんのことについておうかがいしますけれど、これ(「鈴木資料」)には48年8月に磐田市の市役所に採用されたことになっています。
鈴木　8月の採用っていうのはおかしなことなんだけれども、1948年4月に(磐田)市になりましてね、それで税務職員募集っていうのがあったんですよ。48年8月31日に採用されました。私、浜松の定時制(高校)に通

っていたものだから。税務職員募集というのがあって、それで応募した。
奥泉　（最初は）税務課臨時雇いですね。
鈴木　1949年4月1日から正規になって、4月17日という半端な時期だけど、このとき教育課になって、それから5月1日から公民館と図書館勤務ということになったんです。だから正式には50年5月からということになりますけどね、図書館は。
小黒　磐田市立図書館の開館に合わせて……。
鈴木　開館は（その）1年前です。1949年の5月。要するに建物がなくて、（静岡県立磐田）南高校の図書室のなかで、本棚だけ置いて、それで開館したっていうわけです。もうそのころから（旧国鉄磐田）駅前の建物（旧中泉町役場）の改修工事はやっていた。……こうやってみると、森さんと会っていた期間が短かったと思う。
小黒　鈴木さんご自身図書館に配属になっていろいろと日常業務なんかで、わからないところなんか……。
鈴木　要するにいきなりおまえ本が好きだから、図書館へいけっていわれて、いっちゃったもんだから、全然素人(しろうと)なんです。当時はまだ何も本もないし参考資料もないし、全然わからなくて、それこそ町の貸本屋みたいな感じでやっていたけれど……。それで（森氏に）お話をうかがってから、これじゃいかんと思っていろいろと、それこそ話をうかがいにいってね……。

　手探りでやるしかないのとたまたま町の本屋に図書館の本が2冊ほどあったんですよ、それを買ってもらって読んで。見よう見まねでした。当時の（磐田市立図書館の）館長が（静岡）県立（図書館）に行っては、こういうふうにやるああいうふうにやるって聞いてきて、そいつをまねしてやっていた。その当時（磐田の）周りに図書館がなかったわけですよ。この辺だと浜松が（空襲で）焼けちゃっていて、まだ開館していませんでしたしね。だからどこへも行くとこないわけ。行くとするとそれこそ気賀しかない。
奥泉　館長さんは柏木さんという方ですね。
鈴木　柏木広吉。
奥泉　その方は磐田市立図書館ができたとき、当初からの館長さんですか。

鈴木　当初からではなくて、(1950年に磐田)駅前へ移ってからです。その人は群馬県の方でね、昔の中学校の校長先生やられた方ですが、図書館のことはそれこそさっぱりわからんものだからね。

奥泉　むしろ鈴木さんにみんな任せると？

鈴木　任せるというか、わからん人ばっかりですからね。要するに本を分類別に並べるなんて話があるんだけれども、しょうがねえなって。柏木館長が、本の一覧表が冊子になっているものを県立（図書館）へもっていってね、書名だけで分類してくれって（頼む）。いい加減なもんだけれど、それで分類別に並べて、そういうふうに始めたわけですよ。

　それに当時は夜9時までやったわけですけれど。5時かどうかわからんですけども、定期的に（電力）会社のほうで停電があるわけですよ。電力不足で。真っ暗になっちゃってね、それこそろうそくを持って本を見るっていう感じで、まあそういう時代だったですけどもね。どっちかっていったら半分、本当に貸本屋みたいなもんですね。当時、はじめの1、2年は。（図書館に図書の整理などを）県立にうかがって、それから磐田も本格的になったのかな。

2　森博との出会い

鈴木　1952年のたぶん新年度になってからすぐの5月か6月になってから（静岡）県立（図書館）で研修会があったんですよ。そのとき初めてお目にかかって。

奥泉　「図書館事務研修会」のことですね。

鈴木　そうですね、要するに図書館ができて、初めての館が多かったものですからね。県立の人も司書講習を受けてきた人がいて、それでやったんだと思いますけれどね。要するに一から教えてくれるわけですよ。

奥泉　これ何日くらいの研修ですか？

鈴木　たぶんね、2日か3日だったかな、どのくらいだったかな。記憶では2日くらい行った覚えがあるんですけどね、午前と午後で。あのとき何人くらい集まったのかな。そういくらもいなかったような気がするな。だ

って図書館があったのが、気賀でしょ、磐田でしょ、掛川にあったんだよな、島田もあったかな、それこそ数えるほどですからね。もちろん細江にあったのが不思議なくらいで、町村には何にもなかったものね。

奥泉 そのときの森さんの印象ってどんなものでしたか？ やはりかなり鈴木さんにとってはインパクトが大きかった？

鈴木 話し方なんかは穏やかで、言ってることがそれこそ知らないことばっかりでしょう。だから全部しっかり聞いておかなきゃいかんって。それまで闇雲にやっていたから、光がぱっと見えたって感じでした。

小黒 「図書館事務研修会」では、NDCの分類方法であるとか、目録の作り方であるとか？

鈴木 いや、分類の仕方とかそういう細かいことでなくて、図書館を運営していくのに必要な大まかなこと。細かいことは県立（図書館）の職員が。2日間の内の午前と午後だから4人講師がいたけれども、森さんはその内の1人だったわけです。あとの3人が全部県立（図書館）の職員だったと思うんですけど。（森さんからは）図書館が開いてから1日の終わりまでの流れというものを追ってお話ししていただいた記憶があります。そこで終わりごろに何がいいか考えて、（閉館の前に）何か音楽でも流すのがいいっていうようなこと。5分前くらいから流したなんて聞いたもんだから、こっちでも早速、真似したような記憶がある。いきなり「終わりだから帰れ」なんて野暮なことは言うなって。

　だけど本当いろいろ教えてもらった。辞書体目録の作り方も教えてもらったような気がする。基本カードを1枚作って、それから分けて作るカードの必要なところの項目に全部赤線引いて、その分だけ全部作って出しておけば、その本を除籍するときには基本カードを見て、何のカードを出したかわかるから、それを全部抜けばいいってこと。たぶん森さんから教わったような気がするんだけどね。いまはカードなんてないから、何言ってるって感じだけれども。あのころはカード作るっていうのがね……。

3 鈴木、気賀町立図書館へ通う

鈴木 1953年には浜松の高校(静岡県立浜松西高校)へ移っちゃったもんですからね。だから細江へはね、たぶん4、5回行ったと思うんだけどね。そのときに土井礼子さんともう1人、やっぱり森っていう女の方お2人と森さんと3人でやってらしたですけどもね。気賀の図書館の跡は、いまはたぶん空き地になっていて、何か記念の……。(気賀町立図書館があったのは)バスの停留所のちょうど角で、下が切符売り場と待合室になっていたんですよ。それで2階に図書館があったもんですからね……。
奥泉 鈴木さんが気賀へ出かけて、森さんに話を聞くっていうのは……。
鈴木 要するに図書館の業務のこと。もっぱらそれに尽きたって感じですけどもね。
小黒 ここから気賀までは案外近そうに思えるんですけど、天竜川……
鈴木 いまでは橋がだいぶできたからいいですけど、昔は国道とあと北のほう(へ行く道)しかなくてね、途中何もなかったもんだから。行くには電車で行って、浜松からバスで行くっていうことしかなかった。当然車もない。
小黒 いつも気軽に行ける場所ではなかった？
鈴木 そうですね。いまならちょっと思い立って行こうっていう気になりますけど、当時としてはやはり心構えをして行くっていう感じでないと行けなかったですね。あの当時は電話なんていうのもなかったし、不便な時代で、この磐田市でさえ北のほうの街道筋の見付という町と駅に沿って中伊豆という町があって、電話局が別々だったわけです。同じ磐田市でも中伊豆から見付へかけるのは市外になっちゃう。そういう時代だった。電話なんて当然思いつかないから、どうしてもわからないなら行って聞くしかないので気賀の図書館へ行った。いままでやってきて、いろいろわからないことを2つ3つためておいてまとめて行って聞いてくる。あの時分休みは一緒で、職員は少ない、あんまり混まない日を狙って行くしかない。そのころのことを思えばいまは天国みたいなもんだ。

それにこっちはそんなに早く（気賀町立）図書館を辞めちゃうとは思ってなかったからね。それでまた東京へ行っちゃったでしょう。うちが細江なら、辞めちゃっても高校の先生だったから行けるんだけども、東京じゃちょっと遠いしと思って。もう少しお会いしとけばよかったと思う。

奥泉　静岡県立図書館の研修会で森さんが講師をされていたときに初めて会って、森さんが辞めるまでというと、ほぼ1年くらいの間ですから、その間に4、5回（気賀まで会いにいく）っていうのは、回数として相当多いのではないですか。

鈴木　多いには多いですね。いま考えるとね。休みが一緒っていうことを考えると、なかなか……。

奥泉　5、6年とかそういう間に4、5回っていうんだったら1年に1回位ですけど。1年の間に4、5回っていうのはかなり多いですね。

鈴木　それこそやっていて、こういうときはどうするのかなっていうときに聞いて……。（気賀へ）行ったときに、森先生がガリ版で、細かい字できれいに書いていて、あのカードを記念にもらっておくんだったなって思うんだけれども。惜しいことしちゃったな。ほんとに小さな字できれいに書いてあったんですよ。ぼくもそのときガリ版やっていたから、これだけの字を書くの大変だなと思って。

奥泉　これを福嶋さんがお持ちで、それをコピーしたものです（森が作成したカード目録）。

鈴木　何しろ細かい字できれいにやってあるんだな、福嶋さんもっていた？

奥泉　もっていました。

鈴木　さすがだ。それでこういう必要なところに線を引いて、作って並べれば辞書体目録できるよって、福嶋さん何年一緒にいたのかな、長かったからな……。

小黒　気賀の読書会とかそういったものには興味があったんですか？

鈴木　気賀でそういうことやったかな。気賀でそういうのをやったっていう話は聞いたことないですけどもね。

小黒　夜……。

奥泉　森さんが青年会の集まりなんかに出かけているっていうことを福嶋

さんがおっしゃっていました。

鈴木　じゃ、やっていたのかな。そういうふうなことは一切うかがってないです。

4　森、気賀町立図書館を辞める

奥泉　鈴木さんが静岡大学の司書講習に通われたのが、1954年ですね。
鈴木　7月の終わりからから9月の初めにかけてです。そのとき森さんは（浜松西）高校へ行っていらしたけど、そのときかなり大勢受講者があった。50人以上かな、半分以上は学校の先生だったですけどもね。森さんが「（司書講習へ）行ったほうがいいぞ、行ったほうがいいぞ」って言ってね。だから「森先生に言われて来たぜ」なんていう人がね、かなりいらっしゃいましたけどね。
奥泉　森さんは気賀町立図書館を辞めて（県立浜松西）高校の先生になります。
鈴木　それが、私もよく聞いたわけでもないし、町長が辞めちゃって一緒に辞めちゃって、どうするのかなってこっちも気になっていたけれども、そのうち（浜松）西校に移ったよって、それこそ風の便りに聞いたくらいで、関係者から直接聞いたわけではないです。
奥泉　辞めた理由は何なのかというのを、福嶋さんにお聞きしました。秋岡さんの追悼文にも書いてありますが、気賀の町長が選挙に負けたので、それに殉じて森さんは辞めたんだと。鈴木さんも「気賀の町長が選挙に敗れると、それとともに館長を辞してしまった」とお書きになっています。信用しない訳じゃないんですけども、事実関係を調べなきゃいけないと思って調べたんです。そうしたらこの杉浦町長は再選されているんです。そのとき選挙はしているんですけれども落選はしてないんですよ。
鈴木　してないの？
奥泉　してないんです。町長に再選されているんです。
鈴木　そうすると合わないわけだね。いま初めてうかがったけれども。
奥泉　でもここ（「鈴木資料」）に「柏木館長がそれまでしなくてもよいも

のをと忠告したようだったが」とあります。「ようだったが」、と間接的な表現ですが。

鈴木 館長がね、ぐずぐず言っているのを聞いたんですよ。「ほんとにまあ、そこまでせんでもよいものに、なんで辞めちゃうんだ」と言ったもんだからね。そうか、町長は落選してないのか。

小黒 柏木さんと森さんとは、県立と気賀の館長ということで知り合いだった？

鈴木 県立では館長会議というのが頻繁にあったんです。だからそのたびに会って話をしていた。

奥泉 この前福嶋さんに、どうも杉浦町長は落選してないようですよ、とお聞きしてみました。当時森さんは、気賀のああいう関所のあるような町のなかで、非常に進歩的な考えをもっていたし、やることなすことが革新的だった。町長という人も革新的なというか、行政一筋の人のようですよね、だからそういうことに対して町のなかでは、町長の反対派のような動きみたいなのがあって、森さんは自分がそこにいることによって、町の勢力関係といったようなものをさらに悪くさせるように感じていた。そういうところが森さんにはあったのではないか、というふうにおっしゃっていました。ちょっと正確ではないかもしれませんけども。

鈴木 そうすると森さんの奥さんがご存命なら聞けたんだけどな。

奥泉 もう1つは、気賀町長の選挙があったのが、1952年10月25日なんですよ。森さんは次の年に辞めているんですけど、その直後の11月1日に気賀町の教育委員会が発足しているんです。それは福嶋さんからもお聞きして、こちらでも資料を調べたのでまちがいないんですけども。

　それまでは町長と図書館というのは直接の関係だったのが、それが教育委員会が発足することになって、間に入ることになります。それによって、森さんは自分の思うような図書館運営ができなくなるだろうということがあったのではないか。〔くわえて〕町内のさまざまな動きというものを感じ取ったのではないかとおっしゃっていました。仮にはっきりした原因がわからなくても、柏木館長は、町長選があったこと、それから察して、そこまですることないっていうのは、何らかのことがあったということなのかもしれませんが。

鈴木　それを言っているのかもしれんな。私は直接聞いた訳じゃないから。いつもは大きな声で話す人が、独り言みたいにね、「ほんとあいつ辞めちまいやがって、あんなことせんでもいいのに」って腹を立てていたものだから。そうか、そういうことか、なるほどと。当時のことは松田さんあたり知っているのかな。松田さん、その時分いたのかな。

奥泉　たぶんおられたと思いますので……。

鈴木　じゃ、うかがえば何かわかるかもしれない。

奥泉　これは『細江町史』の一部をコピーしたものなのですが、これ、町長の杉浦さんのことなんですけれど。1955年に細江町の初代町長になっています。

5　大田区立洗足池図書館時代の森との交流

鈴木　それから東京へ行っちゃったもんだから、なかなか機会がなかった。2、3回、（大田区立）洗足池（図書館）へは行きました。

奥泉　そうですか。

鈴木　ええ、ほかの館（大田区立池上図書館）にもいらしたようですけど、そっちは行った記憶はありません。洗足池（図書館）では隅々まで見せてもらって、上のほうの階でお年寄りの方が、和本の修理をされているのを一生懸命教えていたのを覚えていますけどね。

奥泉　洗足池図書館はそのとき……。

鈴木　洗足池（図書館）はまだあのとき全部できていなかったんじゃないかな。

奥泉　ええ、洗足池（図書館）は未完成ですが、全体の完成図は描いてあります。鈴木さんがお書きになったものに（「鈴木資料」）、森さんは、洗足池図書館をつくるために設計の勉強をした、とあります。鈴木さんに「本当にいい図書館をつくろうと思ったら、自分が全部設計もしなくちゃだめですよ」とおっしゃったと。鈴木さんがいらっしゃったのは、洗足池図書館がオープンしたすぐあとくらいですか？

鈴木　時期がはっきりと記憶がないんですね。洗足池（図書館）はいつご

ろできたんだろう。

奥泉　1960年ですね、3月に開館しています。その年に行かれていると思うんですが。

鈴木　1960年か、そうですね、行ったとするとそこらへんですね。

奥泉　ここ（「鈴木資料」）に書いてありますね。1960年の秋ごろ、と。これは森さんが（磐田に）立ち寄ったときですか。

鈴木　そうですね、うちのほうへ寄ってくれたのは新しい館（1961年、磐田市立図書館が児童文化館内に開館）ができる寸前に1回だけだったかな。図面を見せたら、新しくできる事務室が北側になってるわけですよ。見てすぐに、「なんだ、事務室が寒いところじゃだめじゃないか」と言われて、そういうこともあるんだなって。それで南のほうに変更してもらったんですけどもね。それっきりだったかな。

　洗足池（図書館）へは、1961年以降は行ってないと思う。もうそのへんでお会いするのは終わりになっているかと思う。だから関わったのは9年か10年くらいかな。（奥泉に）ご連絡いただいてから、どのくらい会ったかなと思い出そうとしても全然覚えていない。何しろはっきり覚えているのはいちばん初めに会ったときと、県立（図書館へ）行ったときと、洗足池（図書館へ）行ったときです。

奥泉　（大田区立）池上（図書館）で使われていた貸出方法を磐田で使ってみたというふうに書かれていますが。

鈴木　それはどういうのだったか……あのころはあれやったりこれやったりと……こっちが図書館辞めちゃってからかなりたっているからさっぱりわからなくて……そういうことをやったのかなと思ってね。

奥泉　池上図書館でやったのは、秋岡式という貸出方法で、貸出の記録が残らない方法というのですが。

鈴木　何かそういう覚えはあるんですけどね、どういうものだったかなと思ってね。何かわかる方法はないのかなって思っているんだけれども。ブラウン式をやって、コンピュータに変えてもらったんだけれども、その前はどういうようにやったかなと思ってね。駅前で、いちばん初めは、カードへ本人の名前を書いてもらって、本の名前と、貸した日と返す日を書く欄があった。どこかでいい方法をやっているっていうとそれをやってみた

り、いろいろやり方を変えたけどね。
　箱根で『中小レポート』の研修会（1963年6月11日、JLA/第1回中小公共図書館運営研究会。神奈川県箱根町（6月13日まで））があったときに、司会を確か、（千葉県）興風会図書館の野田さんっていったかな、あの方がやられたと思うんだな。森さん後ろのほうにいたんだけどもやってきて、「おもしろくねえ、どっか外行くか」って言って……。

小黒　研修会で中心的に発言されたとかは？

鈴木　いや、そういうことはなかったですね、後ろのほうでただ見ているという感じでした。前のほうは協会のお偉方が座っていましたからね。まあ、後ろのほうで、みんなの話を聞いているっていうそんな感じでしたけれどね。

奥泉　これは1963年3月に『中小レポート』が出て3カ月後ぐらいたって開かれています。森さんは、最初『中小レポート』作成の委員に入っていたんですが、就任して半年後に、自分がいては議論がまとまらないなどという理由で委員を辞任されています。ということは森さん自身『中小レポート』の最終的なところには関わっていない、それにもかかわらず、こういうような研究会には参加されている。

鈴木　あのときは全国をブロック別に分けてやっていると思いますけれど、ここは静岡で関東地区に入っていますので、それがたまたま箱根であって出された。あれは素案みたいなものがずっとあってね、それについて質疑応答みたいな感じがあったような気がするんですけどね。あのとき座長は誰だったかな。（千葉県）市川図書館の館長をやった人かな、山岡さん、たぶん山岡さんだったと思うんだけどね。何か話がなかなかうまく進まなくて、いらいらしちゃって、みんなしらけちゃったみたいな感じで。

奥泉　いまは『中小レポート』は歴史的にもかなり評価され定着していますけど、出て直後は賛否両論でしたね。

鈴木　そいつの素案を作る会議だから、みんな半分わかって半分わからないっていうのがほとんどでね、森さんは後ろのほうで立って見ていて、何だこれはって感じだったと思う。

奥泉　ちょっと距離をおいた感じですか。

鈴木　そうですね。あんまり目立たないっていうか、ほとんど発言なんか

なかったと思うんですけども。終わってから、あんまりおもしろくないからコーヒーでも飲みいくかって言われました。あのとき、ゆっくりコーヒーでも飲んで話を聞いておけばよかったかなと、いまになって思うけどもね。まあ、考えてることが普通の人より数歩先行っていた。
奥泉　そういうようなことを当時からじかに感じられたということですね。

おわりに

鈴木　森先生のお墓は気賀にあるんですよね。だけどあれ（菅原勲作成の年譜）を見たら郷里はどっか遠くだから、このごろになってなんで細江にお墓があるのかなって気になっちゃってね。
小黒　頼りになる先輩という感じでしたか？
鈴木　先輩じゃない、大先生です。
奥泉　そのあたり、先輩と大先生という鈴木さんにとっての違いというのはどうでしょう？
鈴木　先輩という感じはなかったですよね、もうそれこそ先生っていう感じで。
小黒　厳しい方だったんですか？
鈴木　いやいや全然、そんなことは全然ないですね。それこそざっくばらんで、気さくで、「なあ」「おい」の感じでやっていましたけどね。ただあの人もいろいろと忙しかったからね、東京へ行ってからはなかなかこっちも行く機会なかったし、時間的余裕もなかったし。
小黒　森さんというのは波乱の生涯といいますかね。いろんな仕事をされました。戦前のことは何か話していましたか？　菅原さん作成の年譜ですと、岡山のご出身？
鈴木　戦前？　岡山というのはこれ（年譜）をいただいて、私も初めて知ったぐらいでね。お墓が気賀のお寺にあるくらいだから、私はてっきりあの辺の方だと思ったんですよ。それでこれ見てびっくりしちゃったんです。お葬式には、前川恒雄さんが来られたっていうことをちらっとうかがったんだけども。前川さんあたりにうかがえば何かわかるかもしれませんね。

小黒　昔われわれで『中小レポート』のことを調べたときに、前川さんにうかがいまして。『中小レポート』を作る最初のところで森さんが、非常に大きな役割を果たしたということをうかがったんですよ。

鈴木　それこそ惜しい人が早く死んじゃって、われわれみたいなろくでもないものが長生きしちゃって。

奥泉　この鈴木さんが書かれた文章の最後のところに「磐田市立図書館が一時期静岡県内の公共図書館からある程度認められる存在（略）森さんならこんな時どうするだろうかと考える」というふうにお書きになっています。森さんは早くあの世に行ってしまったわけですけども、その後ずっと鈴木さんは図書館の現役として仕事をされていた。

鈴木　まあいろいろと森さんにそれまでのことをうかがいながら、こっちは想像してやったわけですけど、まあいろいろやってね。

奥泉　鈴木さんはずっと図書館の仕事をされてきた。児童文化館時代も図書館ですよね。ほとんど図書館一筋ということですか。

鈴木　ほかの部署は初めの入ったときの税務課とあと最後の4年間だけです。あとは全部図書館です。だから図書館正味33年か、34年かな。

奥泉　そのスタートの時期に森さんと会った。

鈴木　そうですね、まあ幸いというべきでした、私にとっては。もう1年くらい前に会っていればもっとよかった。

資料　鈴木健市　森博先生の思い出

編者注　鈴木は、「私の図書館勤務と森博さん」（1988年10月）と題する、A4判で11ページの未発表原稿を作成している。これには磐田市に就職してから退職するまでがつづられている。この文書には「森博先生の思い出」が引用されている。その経緯についてはインタビューのなかで紹介されている。作成日は明記されていないが森の死去を知って「図書館雑誌」に投稿した経緯から、1971年8月ごろに記したと推察される。（奥泉）

　いつものように配達された「図書館雑誌」を何気なくめくっていた私は、一つの小さな活字に一瞬釘付けとなり我を忘れてしまいました。森博先生死去を知らせる活字でした。

　私と森先生との出会いは今から20年程も前の1952年（昭和27年）に始まります。当時、税務課からいきなり図書館に回された私は、ただうろうろするばかり、図書館の勉強をしたいにもその頃の事、適当な本も少なく暗闇の中を手探りで歩いているような毎日でした。こんな時、当時の静岡県立図書館葵文庫で3日間に渡って県内図書館職員の研修会があり、その講師の一人、第2回図書館専門職員指導者講習を東京で受けてこられた気賀町立図書館長の森先生にお目にかかったのです。

　先生の独特の淡々とした話し、館長としての経験から自然に滲み出るような内容に深く感動した私はもっと詳しくお話を伺いたいと、休みをもらって（どこの図書館も休館は月曜だった）早速、気賀の図書館を見学に行きました。

　町の中心の、バスの切符発売所兼待合室の2階にあった気賀の図書館は本当に街中の人びとの生活のなかにあったのです。1坪半程の土間はお客の履物で埋まっていました。やっとの思いで2階に上がった私は、そう広くもない館内の一隅で目録カードのガリ版切りをしている森先生と会い、

半日程の時間はまたたく間に終わったのが話し合いの最初です。
　以来、地理的に近かった故もあってしばしばお邪魔をし、その度毎に私の頭のなかは森先生の図書館学で満たされていったのです。何かわからないことがあった時はすぐに相談に行きました。東京の大田区立図書館に移られてからも、上京の度に必ず寄り、また、洗足池図書館の館長でおられた頃は、ちょうど私の館でも新館建設の話があったため、再三お邪魔をして、建物の設計についても森先生独特の論をお聞きしました。
　「鈴木さん、本当によい図書館の建物を造ろうと思ったら、自分が全部設計もしなくちゃあ駄目ですよ。この洗足池図書館はまだ未完成（当時はまだ一部未完成の部分があった）ですが全体の完成図は描いてあるんです。私はこれを造るために設計の勉強をしましたよ。だから設計家との打ち合わせでも、誤魔化されず私の思ったようになったんですよ」と話され、その意気込みにはまったく頭が下がった次第です。
　先生はとてもコーヒーがお好きのようでした。中小レポートの研修会が箱根であったときも「何が辛いって君、旨いコーヒーが飲めないことほど苦痛はないね、どうですちょっと抜け出して飲みに行きませんか」などと言われたものです。先生は話をするときは、時間も忘れ、思っていること、考えていることを全部話してしまおうとされるのでした。現在の私の勤務している館の平面図も、先生の意見が相当加味されています。工事着工も近いある日、郷里へ帰った序でといってわざわざお寄りくださったこともあります。そのとき、お昼は何にしましょうかと伺ったところ「僕は胃が悪いからうどんにしておくよ」と言われたのが、まだついこの間のような気がします。その頃からすでに胃の具合が悪かったのではないでしょうか。「できたら見に来るよ」と言われたのに、その機会も永久になくなってしまいました。本当に残念でなりません。
　洗足池図書館から大学図書館へ、そしてアメリカへと、まったくお目にかかるときもありませんでしたが、この広い空のどこかに森先生がいらっしゃると思っただけで、私は安心して毎日の仕事ができたのです。その後、日比谷の整理課長になられたと伺って、また直接お目にかかって教えをいただける日を楽しみにしていました。いつでもお会いできる、との気持ちから、上京の機会もないままに月日が過ぎているうちに、あの訃報に接し

たのです。なぜもっと早く機会をつくって会っておかなかったのかと悔やまれてなりません。
　森先生の教えは、今までの私の仕事のうえで何ものにも代えがたいものでした。もう先生の口から直接教えを受けることはできなくなりましたが、今までの教えを基本としてこれからの仕事をよりよいものにしてゆくことが私の務めであることを深く心に銘じ、明日からまたがんばってゆこうと思います。

第4章　松田不秋インタビュー記録
——静岡県気賀町立図書館時代を中心に

日時　2010年9月26日（日）
場所　浜松市立細江図書館会議室
聞き手　奥泉和久、小黒浩司

略歴　1929年（昭和4年）長野県生まれ。第二次世界大戦の従軍で病気になり、その療養のため気候の温暖な気賀に移り住み、青年団のリーダーとして活躍。50年気賀町立図書館発足時に運営委員、51年気賀町事務吏員、56年気賀町立図書館。その後12年にわたり、森のあとを引き継ぐかたちで図書館勤務。2013年死去。

はじめに

奥泉　現在、森博さんのことを調べています。深川図書館を退職された西村さんから、福嶋さんを紹介していただき、去年（2009年）の秋に、主に気賀時代の森さんの話をうかがうことができました。森さんは高校に一度戻られますが、そのあとは大田区立図書館で活躍をされます。そのあたりのことは菅原勲さん、当時森さんの下で働いていた方にお話をうかがいました。資料では調べがつかない部分をインタビューというかたちで少しずつ補って、事実を明らかにしようというアプローチをしています。
　福嶋さんにお話をうかがって、内容を一度確認していただきました。福嶋さんは、インタビューで話したことは、いろいろと記憶が定かでないところもあるということで、ご自分でノートを作られました。それを今年（2010年）の5月ごろにいただきました。そのノートに、開館時の気賀図書館の様子が記されていました。そのときに、当時、図書館の運営委員をさ

れていた松田さんの連絡先を教えていただきました。
　森さんの気賀時代については、きちんと調べておかなければいけないことが多いと思い、松田さんにご連絡をさせていただきました。お話を聞かせていただきたい内容というのは、主に森博さんの気賀時代についてです。森さんの調査を進めていて、気賀時代は資料がなく、行き詰まってしまいました。松田さんからこれまでわからなかったことなどについて、何らかの手がかりになることをうかがえるのではないかと思って連絡させていただきました。

松田　お尋ねの趣旨が私に理解できているかどうか……。私が思い出せるかぎりで、心細いですけれど……、森さんの薫陶を得て、いまの私はあるわけです。ですからあの方のおかげだと思っているんです。相当の影響を受けたことにはまちがいありません。

1　森博との出会い

奥泉　福嶋さんから連絡先を教えていただけで……大変失礼なんですが、松田さんに関しての予備知識が、図書館の発足時の運営委員をされていたということだけで、全くありません。そのあたりのところから聞かせていただいてよろしいですか。「図書館日記」という記録（ノート）があります。気賀図書館が開館した5月5日からその月末までの記録です（注：第1章章末資料2（590ページ））。そのなかに松田さんが当時運営委員をされていたという記録があります。気賀図書館がスタートしたときから関わられていたようですが……。

松田　森先生の図書館（人生）というのは、秋岡先生との巡り会いから始まりました。秋岡先生には私もいっぺんお目にかかっているんですが、あの方の人生を変えてしまいました。これは森先生からいただいたものなんですけれど、身辺を探してみましたら出てきました（森による手書きの資料）。

奥泉　この資料は福嶋さんもお持ちでした。私たちは、ほとんど気賀時代の資料があることを知らなかったのですが、福嶋さんがかなり資料を保管

されていて、今日も提供していただいたコピーをもってきましたが、そのなかにこの資料も含まれています。

松田　それに尽きると思いますね。

奥泉　これにまつわるお話はうかがっていませんので、関係するお話がうかがえればと思います。松田さんのお生まれは？

松田　私は長野県人なんです。1929年（昭和4年）、飯田の生まれです。

奥泉　松田さんのお名前の読みですが……。

松田　「ふしゅう」と読みます。本名です。

奥泉　どのようないきさつで。

松田　私は名前のために苦労いたしまして、名前が珍しいというので、学校でいちばん初めに覚えられて、友だちからはいじめられた。生涯いじめられっ子でした。兵隊にいって1週間目にね、上官室に呼び出されていきなりぶん殴られたんです。なんで殴られたのかわからない。そうしたら「お前、名前が生意気だ」って。「それだけは私のせいじゃありません」って言ったら「また口答えするか」って。それから（自分の）名前が大嫌いになって、復員してからずいぶん親父に泣きついたもんです。「名前を変えてくれ」って。変わりませんね。いまになって結構皆さん覚えてくれますね。

奥泉　ペンネームだと思いました。

松田　本名です。親父が「千」の「秋」、「千秋」でした。長野県人でやはり長野県の秋というのは、寂しくて嫌いだったのかな。私は、「秋」がなくなった。それで、父親の仕事の関係で、戦争中は滋賀県の彦根におりました。転勤族の子どもでしたから。あそこで戦争中、旧制ですが中学時代を過ごしました。当時はむちゃくちゃな時代でして、中学の先生の方針ひとつで、生徒が乱暴に扱われた時代です。中学3年のとき、16歳のときに、予科練を出た教師に叩き込まれまして、私は途中で身体を痛めて横須賀の海軍病院に送り込まれました。それでかろうじて命拾いしたんです。

　あのころはもうほとんど人間として扱ってもらえない時代です。もう大変なものでした。病気になったおかげで命拾いしましたが、そのかわり苦労もしました。兵隊で痛めた身体を治すために入院したら、結核になってしまった。その結核を治すために温かい遠州（静岡県西部）を選んだとい

うわけです。ですから遠州にきて身体が治ったら、故郷の長野県へ行かなきゃならないと思っていましたが、ここは住みよいところでして、まあ、全国どこにもこんな住みよいところはありません。絶品です。私は、すっかりここに惚れ込んで、それで居着いてしまいました。

　当時は、ここは疎開の青年たちがたどりついたところなんです。わりに浜松に近いせいもあって、特に都市からの青年たちが大勢来ていました。終戦後に猛烈な反動が起こりまして、何といったらいいか、文化に対する希求力というのでしょうか。それが大変に盛り上がった時代です。女学校のすぐ近くに、本屋さんがありましたが、その本屋さんの裏部屋が当時青年たちのたまり場になりました。文学青年がそこへ集まって、とにかくもう朝っぱらから議論が絶えませんでした。

　そこへちょこちょこと顔をお出しになったのが森先生なんです。森先生って方はおもしろい方で、そういう青年たちがたむろしているところを見つけ出しては、とにかく首を突っ込むということをなさった。あの方と知り合ったのはそこです。本屋の裏部屋でした。青年たちのたまり場があの方との出会いの場でした。

2　気賀町立図書館の発足まで

松田　ちょうどそのときです。(福嶋)礼子からお聞きになったと思いますが、当時レッドパージが吹き荒れた時代でした。気賀高等学校に関根という校長先生がいましたが、生徒たちが一斉にボイコット運動を始めました。有名な白紙事件というのを生徒たちが起こしたんです。「関根校長を追い出せ」って、生徒たちが暴れました。そんな事件があったときに、生徒の側に立った先生が4人ほどいらっしゃった。そのなかで中心になったのが森先生と、もう1人山村誠という美術の先生でした。このお2人が絶えず一緒になって、生徒たちの味方をしました。

　そんなことがあって、あの方たちは生徒の側に立ったことを逆手にとられて、全く筋違いの攻撃を受けました。表向きはレッドパージということで学校を追われました。そのときすでに、気賀町には杉浦卓朗という人

（注：当時は助役）がいらっしゃいましたが、おもしろい人で、「5万円用意するから図書館つくれ」と。

奥泉　当時松田さんは……。

松田　私は運営委員にさせられました。

奥泉　それはいつ？

松田　それは、1949年（昭和24年）かな。

奥泉　開館する前の年になりますね。

松田　そうです。

奥泉　森さんは、その前の年の1948年（昭和23年）から図書館の準備を始めたと書いています。48年に区役所の一室で準備を始めたということは、松田さんはもう当時はご存じでしたか？

松田　はい、それがそもそもの始まりです。1948年に小さな図書室をつくったわけです。役場の裏部屋を提供してもらって、小さな4坪か5坪ぐらいの部屋だったと思います。その1部屋をもらって、本を並べたんです。それが始まりです。町からもらえたのは5万円、図書の購入費だけで、もちろん人を雇う予算というものはなかった。それでとにかくやろうじゃないか、という連中が何となく森先生の周りに集まりました。そうでなければ、運営ができません。そのときに森先生を慕って例の学校で事件を起こした生徒たちが集まってきて、森先生をバックアップしたんです。

　送っていただいた森先生の「図書館日誌」のなかにも、何人かの名前が出てきますが、あれは生徒です。それこそあの白紙事件で大暴れしたとんでもない連中ですけれども、そういう連中が、森先生のもとへ集まったんです。そして、とにかく図書館の貸出事務を教えてもらって、運営を手伝った。

　町長が本を買うお金をくれたから、有効に使おうじゃないかと。まず本集めから始めよう、森先生も「おまえら知ってる人があったら頼んで本をもらってこい」と。私は、当時結核でぶらぶらしていたものですから、あまり無理なことはできなくて、それでも1回だけリュックサックを背負って神田の古本屋へ行った覚えがあります。

　びっくりしましたね。あのときは、東京は焼け野原ですから。荒廃のさなかでしたが古本屋が復活していました。あれだけの本をあの激しい空襲

のなかで、どこへどうやって格納していたのかと、あれには本当に驚きました。あのときの印象は一生忘れませんね。『読史備要』という本がありますが、あれを古本屋で見つけました。当時、東京まで汽車で6時間かかりました。あれは本当に忘れられません。

奥泉　そのときはお1人で？　それとも森さんと一緒ですか？

松田　1人きりです。私は、当時運営委員の1人でした。そのあと気賀図書館に雇われます。このときは結核で身体がもうぼろぼろになって、それで入院して手術を受けました。肺病病みですから、嫁の来てもあるわけない。困っていましたが、そのとき森先生の教え子をもらいました。先年亡くなりましたが、私の妻は森先生の教え子でした。そんなこともあって、図書館が発足するまで、まがりなりにも気賀の町立図書館という看板が上げられるまで、その過程が私には懐かしいですね。

奥泉　その当時、松田さんと同じように運営委員をされた人たちというのは？

松田　それが一生懸命さがしているんですけど……。

奥泉　何人ぐらいでしたか？

松田　名簿がなくて、そのとき5、6人いたと思います。そのなかで、1人私と青年団を代表をしていた人がいたか……。

奥泉　山本さんという方は？

松田　はい、私より3つか4つ上の元気のいい青年でした。

奥泉　図書館がスタートするまでは、市役所の一室で準備をしていたのですか。

松田　そうです。ところが、1つはあの時代は、大変向学心に燃えていた時代でもあります。そういう世論に押されて図書館ができた。一方で、非常に大変な時代でした。第一食糧事情が逼迫していた時代です。文化よりは食うことが先決だ。そういう時代ですから、図書館をつくることには猛反発をくらった。それは大変でした。しかも中心になって図書館づくりを始めた男（森のこと）が、レッドパージにあった男だということですから。それで余計反発が強かった。ちょうど教育委員会が発足したときかな。

奥泉　教育委員会が発足するのはもう少しあとですね（1952年）。

松田　もう少しあとでしたか。

奥泉　森さんが辞める少し前に教育委員会が発足します。この前、福嶋さんから聞いて確かめました。
松田　1952年か。
奥泉　そうですね。ですから図書館がスタートする1948年には、まだ教育委員会は発足していません。そうすると食糧事情が逼迫していたというそのときに、杉浦さんは助役でしたね。
松田　そう、助役だった。
奥泉　図書館をつくった中心人物というのは、杉浦さんだったのですか？
松田　いや、そのあたりの背景についてはよくわからないです。杉浦卓朗という人が、まあとにかく一風変わった人でした。

3　図書館に関わるきっかけ

奥泉　それは革新的な人という意味ですか？
松田　革新的な人、そう。のちには県会議員になります。私もその方から引っ張り込まれました。（私が図書館に関わる）動機からしてめちゃくちゃなんです。そのころ、青年たちの弁論大会がはやった。で、そのなかで私は弁論がうまかったとみえて、とにかく毎回優勝しました。それで当時は、終戦後の荒々しいときで、私どもも気持ちが落ち着いていないときです。ですから、とにかく少々暴れん坊だったということと若さも手伝って、ずいぶんむちゃなことをやりました。
　演壇に立って演説をするのですが、森先生が審査員です。杉浦卓朗さんが来賓でいらして、お聞きになっている。ちょうどそのときに選挙違反事件、町のなかのボス連中が一斉に検挙される大事件が起きます。それで当時はまだ「闇の時代」でしたから、議員でありながら実は闇の世界では親分だったりと、いろいろ物議をかもすようなこともありました。
　私は、それを題材にして、まだ生意気盛りだったものですから、弁論をぶったわけです。そこに来賓がいるわけです、町長が。そこで町長を指して「あなた何やってんだ！」って。そんなことで大会は終わったわけですが、1週間くらいたったときに、森先生だったと思いますが、「松田君、

町長がおまえに会いたいと言っているから会ってみないか」って言われたんです。私はてっきり叱られると思いました。こりゃ、えらいことになったな、ばかなことやっちゃったなと。そうしたら「おまえはおもしろいやつだ」って、「おれの仕事ちょっと手伝わんか」って言うのです。「何をやるんですか」って聞いたら「森君とこれから図書館つくる仕事をやるから、お前ひとつ力を貸せ」と。

　私はてっきり叱られると思っていたら、逆だったんですから、驚きました。たぶん森先生の相当の口添えがあってのことだろうと思いますが、とにかく、そのむちゃくちゃな弁論大会が実は私にとってきっかけになりました。ですからお2人とも、並の人たちじゃないです。

奥泉　その当時、町に図書館をつくろうと杉浦さん（当時助役）が発案したようですが、なぜ町に図書館をつくろうとしたのか、あるいは町の勢いというか、雰囲気というか、流れなどのようなものはどうだったのか。なぜ図書館だったんでしょうか？

松田　確かに元気がいい青年たちが結構集まっていました。当時は地域青年団が盛んなころでして、地域青年団の活動のなかでも気賀町はいつも中心でした。気賀町には元気がいい青年が集まっていたということです。森先生は、世論に押されてと、書いています。

奥泉　気賀のようなケースはあまりないですかね。

松田　ありませんね。

　静岡県でもこのあたりの地域は、公民館が先行しました。その公民館のなかへ図書室をつくる、そういう形態のものが広がったが、だいたいそこらあたりで満足していまに至っているというところが多いです。ところが当時の気賀の青年たちは、知識欲に飢えていました。だから図書館をつくるという話には乗ってきました。それで、世論に押されるかたちで図書館をつくったわけです。

4　気賀町立図書館の開館

松田　この町の真ん中に四つ角があります。その四つ角にはいまは建物が

ありませんが、あそこに外科のお医者さんの大きな建物がありました。診療所です。その診療所がぽっかり空いた。森先生が着目したのがその建物です。町のど真ん中です。2階が診療室。そこを図書館にしたんです。

奥泉　遠州バスの発着所ではないですか？　その2階は？

松田　そうそう。

奥泉　その診療所というのは？

松田　元お医者さんが使っていた建物。

奥泉　それをそのあと遠州バスが？

松田　空き家でしたから。それをそっくり、とにかく図書館にしようと、変えた。その下にバスの停留所があった。

奥泉　もともとは診療所だったのですか？

松田　もともとは診療所。ほかの場所にお医者さんが家をお移しになったものですから、建物が空いたんです。四つ角のど真ん中です。ですが、町のど真ん中へ図書館を据えるということ自体にも猛反発がありました。そのときに私は運営委員でした。そのいざこざのなかへ否応なしに引き込まれました。ですから私は、運営委員から図書館員の第一歩が始まるんです。大変でした。外へ向かっては、油断も隙も見せられない。苦しかったです。まあ血の気が多かったからあんなこともできたんでしょうけど。そのころはえらいところに入ってしまったと思わなくもなかったですね。それほど、とにかく議会、あとからは教育委員会から反発が強かった。だいたい図書館を町のど真ん中にもってくるなんて何事だと、そんなことで反発を受けるくらいの時代でしたから、大変でした。

奥泉　開館のときからレコードコンサートをやっていたそうですが、松田さんはその運営委員をされていたと「日誌」にありました。そのあたりのことは福嶋さんから少し聞きましたけれども、電蓄やレコードを借りてきたそうですね。図書館にはそれだけの設備はなかったわけですね。

松田　そうです。結構音楽好きの中学校の先生のお力をお借りしました。蓋を開けてみたら学生ばっかりで、これじゃどう考えても自分たちのもくろみとは違っているからと、とにかく何とかして一般の人を図書館に引き付けなきゃいけないと、それでレコードコンサートをやった。あれは受けましたね、一時私もレコードコンサート係にさせられたくらい。

奥泉　バスの待合室の上で。
松田　そう、そこでやったの。大きな電蓄でね。それで結構人集まりましたよ。とにかく当時の文化活動、あんなものいまやったってね、集まる人いないですよね。不思議に人が集まったんです。ああいう文化的刺激にあうチャンスってなかなかなかったからかもしれませんね。
奥泉　発足当時から図書館協議会があったと記録にはあるんですが、それは運営委員会とは別ですね。記憶にありますか？
松田　ちょっとそのへんは私の記憶があいまいです。

5　サービスの開始

松田　そのころ（気賀町立図書館開館後）、礼子たちは、朝から来て整理をします。午後からいよいよ貸出事務が始まるわけです、私はその貸出事務が始まる1時に出ていきます。私の仕事は夜です。青年たちが集まってきますから。図書館をしながらその一方で図書館が社会教育の根城にならなければいけないわけです。その変則的な勤務状態を森さんがお作りになった。
　それができたのも先生の号令で喜んで手伝いにくる生徒たちがいたからです。教え子たちがいたことが支えになったと思います。第一、十分な予算がある訳じゃありません。
奥泉　「新しい町」という町の広報が気賀の図書館にもありまして、以前、一度（細江町立図書館のころ）来たときに見せていただきました。それによると1950年に創刊号が出ているだけのようです。よくわかりませんが。杉浦町長も書かれている。この記事を書いた人が山村さんですか。
松田　この山村誠という人は、森先生と気賀高校で教師をやっていた人です。
奥泉　そのあと辞めて、朝日新聞にいったという。
松田　そうそう。この方と森先生はいつもつるんでいた。この方、美術の先生です。
奥泉　それで「新しい町」には図書館の記事がありまして、開館時の様子

が報告されています。最後のところに編集担当として森さんの名前があります。それからこの「図書館だより」（福嶋所蔵資料）は記憶がありますか。1951年の発行です。

松田　ああ、このガリ（謄写版を作成するために原紙を切ること、筆跡）はぼくの字だ。

奥泉　ええ、そうですか？

松田　森先生はガリがうまかった。私も、一生懸命森先生のようにうまくなろうとした。

奥泉　これ（「図書館だより」）が2号まで確認できています。

松田　これは森先生のガリですね。

奥泉　これも図書館が発行したものなのですが「図書館実務紹介シリーズ」（福嶋所蔵資料）というプリントがあります。児童用の分類を何種類か比較説明してる資料です。

松田　これは初めて見る。礼子がもっていました？

奥泉　そうなんです。これは「旧蔵目録」（1951）と記されています。それから「新着目録」もあります。それから「引佐郡下町村比率表」という資料。これは「参考資料　軍備　軍備縮少〔小〕　戦争　自衛」という雑誌の文献リストです（いずれも福嶋所蔵資料）。ほかにも「イギリス技術史略年表」などの資料があります。こうしたものは記憶にありますか？

松田　これについては、私は全くわかりません。

奥泉　これはたぶん森さんが青年たちの集まるところへ行って話をするために作った資料じゃないかなって、福嶋さんはおっしゃっていたんですが。

松田　私が森先生からいただいたものとしては、秋岡先生のお仕事のお手伝いをなさった、これ、1冊もらった（『図書分類表』太田区立図書館、1950年）。

奥泉　これ秋岡式の分類ですよね。

松田　秋岡式の分類に森先生が手を加えている。それとこの「ノート」（松田所蔵資料）は森先生の研究メモだと思いますけど、出てきましたのでこれはお貸しします。なんでそれが私の手元にあるのかよくわからないんですけど。これは森先生から、私、いただいたものだと思います。秋岡式に森先生が手を加えてお作りになったものですね。

6　青年たちと図書館

奥泉　図書館運営について、森さんはどのように考えられていたのでしょうか。

松田　当時の状況はこうです。議会、のちには教育委員会、これらはいずれも、ものを食うのに四苦八苦の時代に図書館とは何事だと、そういう圧力が非常に強かったのです。ところが蓋を開けてみたら、青年たちどころか、集まるのはとにかく学生ばかりだった。何だこれは、というわけです。これではだめだと。一般市民に公開するための図書館をつくるために、この姿から脱皮しなければだめだと。図書館を青年たちのたまり場にするとか、つまりは社会教育と連帯を組んだりしてその一貫した計画のなかで図書館をやっていかないとだめだ。そうじゃないと世論に応えたことにはならないと。それが始まりです。

　それで、1つはとにもかくにも図書館というのは、大衆のなかへ足を踏み込んでいくような図書館でなければだめだと。地域図書館というのはそれでなければ成立しないと。それはもう信念みたいなものでした。

　地域青年団が活発なころですから、疎開していた青年たちであふれていました。とにかく夜ごと、集会所、公民館へ集まって、わいわいがやがややっている時代でしたから、そこへ私はよく引っ張られて、そうして入り込んでいって、地域の図書館の必要性を青年たちに一生懸命説得するわけです。毎晩やらされました。

奥泉　森さんから今日はあそこ行けって言われるのですか？

松田　そうそう、とにかく図書館を開いてみたはいいけれども、利用するのは学生たちが多いわけです。青年たちの姿が全くなかったわけですから。相当悲観なさったでしょうね。やはり自分が思い描く姿とはちょっと違っていたということです。

奥泉　森さんは一度そこで大きなショックを経験されているわけですね。

松田　そうです。

奥泉　最初から、順風満帆っていうわけではなかったと。

松田　ですからあの方は、図書館の貸出事務のほうは女の子にやらせておけばいいと。われわれはとにかく地域のなかに飛び込んでいくんだと。それで毎晩あちこちへ行かされた。

奥泉　そのあたりの森さんの考え方の根本になっているものは、何だったんでしょうか。それが、森さんの図書館観として根づいていくのでしょうが。

松田　やっぱり図書館というのは、大衆のなかへ一歩足を踏み込んでいく、そういうことでなければいけないということなのではないでしょうか。いわゆる図書室から脱皮して図書館らしい図書館へという考え方です。

奥泉　気賀は青年団の活動が活発だったからそれができた？

松田　活発なところでした。

奥泉　長野県あたりとは関係しますか？

松田　全国青年団協議会といって、それで関係がある程度で、それほどではあまりありませんでした。

奥泉　特に地域性ということで関係があるわけではない？

松田　はい。日常的な交流というのはほとんどありませんでした。1年に一度全国青年団協議会の大会があります。静岡はその大会のなかで目立つ存在でした。長野県もその1つでした。あのころ僕は森先生のおかげで花形になった。というのは、青年学級の法制化というのが上から下りてきたのですが、そのときに青年学級法制化の反対運動をしました。反対したのは静岡県で、その提案者が私です。森先生に後押しされてそうなったのですが。青年学級の法制化というのは軍国主義の復活を目指すものだ、教育の中央集権は絶対にいけないと。

奥泉　そのころ青年学級自体は地域のなかで活動をしていましたね。

松田　そうです。これを見ていただくと（青年団の関係資料）、このとき私は引佐郡の青年団の団長になったのかな。私は、とにかくいつもそういう位置に、何となくいた。それだけ気賀の図書館の社会教育は目立っていた。というよりは気賀の図書館が青年のたまり場でしたから。ですからほかの町の青年団の役員たちが図書館を訪ねたり、常時私たちと接触がありました。それと当時ガリ切りの技術が結構役に立ちました。

　森先生は、ガリ版がうまかった。当時はガリ版の時代ですから。あの人

の薫陶を受けて僕もガリを切れるようになりましたが、ガリを切れるというのも、1つの技術でした。ですから私どもはそういう意味で関わりがもてた。ガリ切りの指導をしながら、「文集」(「団報」などのこと)づくりをしました。それで、青年の連中から相談を受けることが多かった。

奥泉　福嶋さんも青年団に頼まれて「団報」に文章を書いたことがあるっておっしゃっていました。どこか(の「団報」)に出てくるかもしれませんね。各村の青年団では本をもっていたのですか。

松田　小さな青年団文庫っていうのをもっていた。

奥泉　どのくらいですか？　何百冊もあるわけではない？

松田　そんなにあるわけではない。

奥泉　何十冊程度ですか？

松田　そうそう、そこから本館、つまり気賀の図書館から、例えば10冊なら10冊、期間を定めてそこへ据え替えるとか、そういうふうなことをしながら、青年の活動を助けたんですよね。だから図書を通じて気賀の図書館との連絡をさせることによって、青年たちの図書館への認識がたぶん変わるだろうと、そういうことも含めてなるべく青年を使ったのです。(森さんは)ああいうのはうまかったな。

奥泉　じゃ気賀町立図書館は小さい図書館でありながらも、そういう青年たちの文庫へ本を送り届けるような仕事をした。

松田　それも青年たちにやらせた。

奥泉　取りにこいとか。

松田　そうそう。それがうまかったですね。そこまでは私は踏襲できませんでした。私は、先ほどお話ししましたが、長野の上郷(現在の飯田市)の出身です。長野県というところは小さな村でも図書館を必ずもっていた。ちっぽけなところでも、どこにでも文庫があった。そしてそこへ青年たちが必ず集まるんです。長野県の図書館はすごい、どんな小さな村にも必ずあった。

奥泉　長野の上郷のご出身というのは、松田さんが気賀で活動されるうえで何か関係していますか？

松田　どうでしょう。当時、私が信州人だということは、確かにいつもつきまといましたが。信州人だから理屈っぽいとか。ちっと理屈をこねると、

ああ、あいつは信州人だ、とよく言われたもんです。それくらいです。だからといって、あまり自分からは口に出したこともありませんでした。上郷にいましたのは、旧制中学の2年までです。それから親父の仕事で滋賀県の彦根に移って、それからあとは兵役でしたから。だから長野県の飯田中学に残れば、兵隊にいかなくてすんだのにとずいぶん後悔したものですけど。

7　森との関わり

奥泉　スタートから大変だったということでしたが。
松田　そうです。私自身は、軍隊で結核をうつされて、えらい目にあった。あの敗戦という瀬戸際で当時の青年たちはみなそうでしたけれども、一種の歴史への不信感に陥った。私もそうでした。神国ニッポンでしたから。ついこの間まで、天皇陛下は神様だと信じていた。それが一転して民主主義でしょう。日本の歴史のすべてをとにかく否定しました。その歴史への不信感を背負って、私は図書館へ引っ張り込まれた。

　森先生にとって、(私にたいして)いちばん腹が立ったのはそれだったと思いますよ。おそらく私をそれほどだとは思わなかったのではないかな。森先生からは「歴史への不信感を背負っていて、それで図書館員ができるか」って。本当に私やられました。「郷土史なんかを、地域の文化をこれから高めていこうという仕事をするのに、地域の歴史に目を背けるようなことで、何ができるか」って。私の根本的な作り替えですかね。根本からこいつを作り直さなきゃものにならないと思われたのではないでしょうか。

　振り返って思うのは、礼子なんかもそうだったと思いますけれど、本が好きな人たちがいる。これからそういう本が好きな多くの市民を相手に、徹底的にサービスしなければならない。だけれども、図書館には本がない。それで市民にサービスするにはどうしたらいいか。私たちに対して、森先生は、それならてめえの知識と素養でもって補えというわけです。とにかく私はえらいところに入ってしまったと思いました。

　そうこうしているうちに、そのときに文化庁から歴史に関する調査報告

書をまとめなさいという事業が下ろされてきました。そういうふうな情報のキャッチがあの方は早かった。全く私どもの耳にふれない時代でしたが、とにかく街道の「調査報告書」をまとめる仕事が文化庁から図書館まできた。ここは姫街道（見付宿（現・磐田市）から御油宿（豊川市）を結ぶ東海道脇街道の一）がありますからね。（私は）こんなやつらとやるのはまっぴらごめんだと思ってね、それで諦めちゃうところだったんです。そうしたら「おまえ信州へお里帰りだ」と。それで図書館でその仕事をする道を結局は選択したわけです。それがいまの私を助けた。ですから私はいい職員ではありませんでした。森先生がいらっしゃるうちは、私は不信感から脱皮できなかったのです。それほど敗戦という不信は青年たちに大きな傷を与えたのだと思います。いま思うと申し訳なかったと思うのはそれです。

奥泉　いま松田さんの戦前から戦後への精神的な転換についてお聞きしましたけれど、森さんは戦前から戦後をどのように過ごされたかわかりますか？

松田　それがわからないのです。

奥泉　年齢的には10歳違わないわけですね。

松田　5つか6つ上でした。

奥泉　大きな年齢差とみるか、あまり違わないと見るか。微妙なところですが。

松田　そうです。

奥泉　僕はそう違わないのではないかと思うのですが。

松田　あの方は高等師範を出ていましたから、学徒動員とかそういった経験はおありでしょうけれど、あんまりおっしゃらなかった。

奥泉　戦前の1943年に東京高等師範を卒業されて、中学、高等女学校の国民科国語・修身の免許を授与されたと、菅原勲さんが「年譜」にまとめられています。栃木の高校に勤務してそのあと岡山に行かれるわけですが、国語・修身といいますと戦時中は戦争に肯定的にならざるをえなかったのではないか、そういう考えを子どもたちに教えることがあったのでは？

松田　とにかくあのころ（戦後直後）はお互いに当時のことをしゃべりたくない時代でしたから、あまり話をしなかったのです。あの当時（戦時中）、軍部は学生たちを2つに分けまして、どちらかというと文化系の学生

というのはどんどん戦争へ放り出されました。工学、理科関係の学生は兵役から免れられた。ですから教育者もある程度残さなければいけないという政策があったのでしょう。けれどもあの方からはあまりそういった話は聞かなかったですね。そりゃときどき私どももあの時代をどんなふうに過ごしてこられたのか、と思うことはありました。思うことはありましたけれど聞きませんでしたね。お互いにそういうのはタブーでした。自分でも語るのはいやな時代でしたから。思い返したくもないという時代でしたから。お互いにあまりそういう話はしませんでした。礼子あたりにもあまり話はしてないんじゃないか。

奥泉 もともとこの気賀という町は関所を構えていたということもあって、精神風土というのはどちらかといえば保守的ですか。

松田 保守的な傾向が強いですね。

奥泉 疎開で都会の青年たちがやってきて新しい風が入ってきたということですか。

松田 そうです、とにかく疎開者がわーっと入ってきて、引佐(いなさ)3町のなかでもいちばん人口が多かったのかな。逆に疎開者が都市へ帰るようになると一斉に過疎化が進むんです。ところがいちばん早く過疎化が止まって人口が上昇したのがここです。あと引佐町、三ヶ日町はだめでしたね。いろいろな意味で気賀町は引佐郡の中心地でした。

　そのような時代に、天竜川で戦後初の国土開発が始まった。国土総合開発法が制定されたのが1950年。これにのっとって全国的に国土の復興を早急に成し遂げようという計画です。全国一斉に沸き立つわけです。開発単位はまず県であり、そして市町村、自治体であり、もう1つは全くの僻地で、そこを特定地域と名付けて、3つの開発単位を国が示したわけです。特定地域指定というのはだいたい県西から県と県との間に挟まったいわゆる僻地。僻地はまあどういう名称をつけることもできないからだろうと思うんですが特定地域。その特定地域をめぐって全国がものすごい争奪戦を演じたんです。で、ここの場合には戦後復興を目指すためには、まずエネルギー開発を先行させなければならないと、エネルギー資源の枯渇がいちばん問題だった。そこでエネルギー資源を復活させるために、(国は)全国へとにかく指令を発するわけです。発した指令が特定地域ということで

すね。特定地域の指令を受けて、大きな河川をもっているところはそれをせき止めて、多目的ダムをつくり、そして、アメリカのテネシー川開発機構、それを呼び込んでとにかく開発していきましょう、それがとにかく全国国土開発というやつだったんですが、それのいちばんが天竜川だったんです。佐久間ダムです。

　そのときです。森先生は、あの工事は世紀の工事だから、とにもかくにもあれだけは見ておけって言うんですよ。これはもう生涯松田君の糧になるはずだから、必ず見ておけって。とんでもない山のなかなんですよ、佐久間町っていうところは。当時佐久間町へ行くとしたら、飯田線に乗ってどえらい苦労しながら行かなきゃならない。いやでいやで、でも森先生に叱られて、それで佐久間ダムの建設現場を見た。で、そのときにとんでもない大発破をかける場面にぶち当たったんです。私は空襲に何度もあっていますから、さほど驚かなかったんですが、たまげたのは私どもの背丈を超えるタイヤ、重機、ダンプカーとショベルカーといった化け物みたいのが、どうしてこんなところに持ち込むことができたんだろうということです。化け物の機械がクルクルとこまねずみのように谷底を走っているわけです。あれを見たときに、なるほど日本が戦争に負けるのは当たり前だなと初めて実感が湧きました。あの方は私をけしかけながら、自分ではご覧にはならなかったんじゃないかと思うけれども、そういう指導をする方でした。私は一生忘れられない思い出として、いまでも残っていますものね。これにはもう、びっくりしました。

奥泉　それはアメリカからもってきたものですね。

松田　そうです。当時私どもは、「もっこ」（四隅に吊り網をつけるなどしてそこに棒を通して担ぐ運搬用具）とトロッコしか見たことがなかった。ところが、まあダンプカーなんてね、べらぼうな化け物みたいなもんでしょう。こりゃ驚きましたね。発破よりそのほうに驚きました。これじゃ日本はとても勝てないと。つまり、あの方はそういう職員の育て方をする方でした。私は社会教育のほうを担当したおかげで、そういうふうな得をさせてもらったわけです。叱られることも叱られましたけれども。それは本当にむちゃと言えばむちゃかな。そういう意味では私は森先生の前ではいい職員じゃなかったな。とうとういい職員にはなれなかったですね。

8 森が図書館を辞めた理由

小黒　秋岡さんは森さんが気賀を辞めた理由として、町長が落選したことを挙げていますが、実際には当選しています。森さんは図書館に反発している議会や教育委員会などとの軋轢から、自ら去ったというあたりが実情なんでしょうか。

松田　それは、やはりそのとおりだと思います。あのときに議会とか教育委員会とかから受ける圧力というのは、そりゃ並大抵なものではなかったんです。私もとばっちりを受けたもんですから。いずれにしても、教育委員会の選挙（1946年11月1日）のときは、とにかく森攻撃でものすごかった。そのとき何とかしなきゃいけないというので、私の親父が教育委員の選挙に立候補したのですが、落選してしまいました。本当に気の毒なことをしてしまった。（父が）負けたことも、森先生に迷惑をかけた一因です。なんとかして森先生を守ろうとして教育委員選挙に立候補したけれど負けた。

奥泉　そのあたりは町の人たちはわかっているわけですか？

松田　そうですね、私どもは県外からの外来者ですから。ですから、知名度が低かったってこともあります。教育委員会のなかでも森先生を支持する方がいないわけではなかったのですが、それも1人か2人で、大部分の方は敵に回った。それが反町長派にもなったわけです。それでも、一方では図書館をどういじめても、どうにもならないというところまでつくっていたわけですから。ですから図書館を潰してしまえという方向へは議論はいかなかった。それは確かに実績が認められたんだと私は思いました。つまり、もはや潰してはもったいないというようなところまで図書館が押し上げられていたことは事実です。だからそこらあたりを見定めて森先生も職を変わったのではないでしょうか。

奥泉　町のなかでは、スタート時から図書館に対する反発が強かった。ところが教育委員会ができて、さらにそういう圧力が強くなった。それで杉浦町長にこれ以上迷惑をかけるわけにはいかない、というところで森さん

は図書館から身を引いたという、そういうことなのでしょうか。
松田 背景としてはそうですね、結局あの方に気賀町がついていけなかった。一言で言えばそういうことですね。おそらくその一言に尽きるんじゃないかな。

9 森の図書館への思い

松田 さすがの町長も森先生をかばいきれなくなったのかもしれません。そうこうしているうちに、浜松西高からお呼びがかかって復職なさった。あれほど熱っぽく図書館をおやりになられた方がね、突然とにかく西高の先生になった。ところが西高の先生になって間もなく、高等学校へ復職すると同時に秋岡先生から誘いの電話がかかったと思います。私はまだ当時は（入院加療中のため）病院にいたわけですけれど、西校へいく早々来られて「おれは秋岡さんのところへ行かざるをえなくなるかもしれない」とおっしゃっておられた。だからもはや図書館から離れられなくなったのかな。あとになってそういうふうに見るんですけど。
奥泉 最終的に森さんが東京に出てくるときには秋岡さんから相当の説得があったというふうにうかがっていますが。
松田 私が病院に入院してるときも、ときどきお見えになって、秋岡先生のお話をよく聞かされました。俺はどうも西高を辞めて東京行くことになりそうだなと（西高に）入る早々そうおっしゃっていました。だからよほど図書館に対してある種のものをお持ちだったのかなと。
奥泉 それはもう西高に移る時点で東京に行くかもしれないということをおっしゃっていたということですか？
松田 東京というよりは、とにかく図書館から俺は離れられない。そうおっしゃっておられました。秋岡先生に引っ張られて、大田区立図書館へいらっしゃったときは、あのころでは珍しいオートバイでした。山村誠という、朝日新聞の記者になった先生の影響を受けて、オートバイに乗り始めました。で、そのオートバイで東京まで行った。
奥泉 秋岡さんの追悼文のなかに、真っ黒になって来たって、それでその

ままで図書館の話をし始めたって書いてありますね。
松田 当時は砂利道ですからね、ほこりももうもうとかぶってね、それでおそらくやっと着いたんだと思いますけどね。

10　松田、休職の経緯

奥泉 森さんは1953年（昭和28年）に図書館を辞めて、浜松西高校に行きます。
松田 私は病気になってしまいました。
奥泉 松田さんが図書館に入ったのが、1951年ですか？
松田 事務吏員です。まだ社会教育法が成立してなかったころです。私は事務吏員で雇われました。そして、これが結核で倒れたときの休職辞令です。2年間休職しました。休職中に手術をして治ったものですから、大急ぎで戻りました。そのあと、私は、司書補になった。
奥泉 休職中というのは、この「辞令」によると「昭和28年2月1日から30年1月31日」の期間ですね。森さんが図書館を辞めたのが、1953年（昭和28年）で、たぶん3月だと思いますので、そうすると松田さんが休職してすぐあとに森さんが辞めたことになります。
松田 あの方が退職したことには、私に原因があるのではないかとものすごく気に病んだ。私はもともと結核で気賀へ来たわけですから。治すために。当時はまあのんきな時代でした。肺病病みでも雇ってくれた。それだけ人材がいなかったということでしょうが。あの時代は、考えてみると、よくまあ、とにかくのんきな時代だったのです。

　おまけに当時の社会教育というのはめちゃくちゃですから、それこそ夜青年たちと2時、3時まで、激論を交わすとか、そんなことが続きました。そういったなかで私が喀血して、びっくりしたのは森先生でした。私の親の前に来て、森先生がひれ伏して、謝っておられたのをいまでも忘れません。申し訳ないことをしたと。このときに森先生はものすごく責任を感じられて。それだけ早く治して、とにかく森先生のあとを何とかしなければならないと思ったことは事実です。本当に苦しかったです。あのときの

森先生の姿は忘れられません。それが私にとって、1つのバネになったかもしれません。

11　森が去ったあとに

奥泉　松田さんは休職して、そのあと図書館へ復職されますが、図書館にはいつまでいらっしゃったのですか。
松田　長かったです。私は教育委員会のもとで13、4年くらいいたのではないか。あまり話したくない部分のひとつではありますが、余談だと思って聞いてください。図書館のなかが青年たちのたまり場になっていました。私は、青年たちに影響力をもっていたわけです。ああいう姿になったのも森先生のおかげだと思います。そういうなかで、当時は職員組合づくりが全国に広がった。そのころの静岡県の自治労は共産党でした。気賀にも職員組合づくりの話が下りてきました。図書館の裏部屋というのは青年のたまり場で、そこは役場から隔離された場所でした。そこがいつの間にか組合づくりの場所になった。私は職員組合をつくった張本人なのですが、それで睨まれて、とうとう一般事務に配置転換をくらった。それでも私の公務員生活の約半分は、図書館に何らかの関わりをもっていた。あとはとにかく森先生が残されたこの図書館を守っていく、それだけでした。一時期はあんなものは潰してしまえとかずいぶん言われた。役場の事務吏員のなかにもなかなかうるさいのがいて、図書館っていうのはあんな汚い古めかしいものを、なんであんなに大事にしているのか、あんなものは処分してしまえ、と。とにかくいろいろなものを運動場へ運び出して、石油かけて燃やしてしまうだとか、そういうふうなことが続いたんです。
奥泉　どういうものですか？
松田　いちばん多いのは新聞類かな？　それと雑誌。私はそのときに慌てて走っていって、うず高く積まれて、焼かれる寸前の資料を運び出した。
奥泉　こういうものを校庭に集めて焼いてしまえというのは、何かを特定して？　それとも何でもかんでもですか？
松田　とにかく古い資料です。

奥泉　特別に何かを目の敵にしてるわけじゃなかった？

松田　そうじゃないです。

奥泉　資料をわかる人ではない？

松田　そうそう、そんな判断力はありません。一般事務員です。とにかく図書館に対する一種の生理的な反発を感じていたやつらです。それで焼かれる寸前のところを運び出して、トラックへ積んでうちへ持ち帰った。

奥泉　こういうもの（青年団関係の発行物）がないかと思っていたんです。なかなかこういうものをきちんと残しているところは非常に少ないです。われわれは少し前になりますけれど飯田市立図書館へ行ったりしました。飯田市立上郷図書館では書庫のなかを見せてもらって調査したことがあります。上郷や飯田はきちんと資料をもっていますが、なかなかこういうものはないのです。

松田　これは森先生の指導を受けて当時の青年たちが作った文集です。実際の指導は私が担当したわけですから、それだけに一種の郷愁もありました。焼かれてたまるかって。持って帰ったのはそれでもほんの一部です。悔しくて。

奥泉　蔵書印が押してあります。

松田　そのころの図書館というのは一般事務吏員が、一種の左遷で配属される。そういう連中がいて、もう判断力も何もない。そいつらにとったらこのような資料はゴミくず同然ですから。運動場へ放り出して、そして焼いてしまった。いちばん乱暴だったのが税務課長をしていた人で、それがたまたま教育委員会の庶務課長か何かに配置転換になって、そのときに図書館を見て「何だこんなもの」って。図書館の前で煙が出ていたものですから慌てて走っていった。ここの図書館は、そういう時代をかいくぐって、何とか生き延びた。

奥泉　1955年に小学校の校舎内に移転しています。

松田　そうです。もうとにかく図書館に対する反発ムードが吹き荒れたのです。私の手に余るほど。ですからあとはもう祈るばかりです。そういうなかで県下でも注目される図書館になった。状況が変わった。1つの町のなかに図書館をもつ町は珍しかった。図書館のあるところは目立った。目立つ時代を迎えた。それがここの図書館の存続を守ったのではないかと思

います。でも、何せ私は図書館というのは片手間だったものですから、この程度のものしか受け継いでいません。あとは社会教育のかたわらお手伝い。森先生がいなくなってから困った。一時期、司書補の私が図書館の面倒見なきゃならないというときがあって。

奥泉　福嶋さんも疎開されてたわけだから東京へ帰った？

松田　帰っちゃった。あれは苦労した。そのときは図書館が残されるということだけしか考えませんでした。発展させるとか充実させるとかとても私の手に負えるもんじゃありませんでしたから、とにもかくにも守ることしか考えていませんでした。だから社会教育の拠点をとにかくしっかり前へ進めていけば、あわせて図書館は何とかもつだろうと、そう期待を寄せた時代でしたからね。第一私は森先生のいなくなったあとに図書館を受け持つだけの、図書館員としての素養をもってなかった。それから慌てて司書の資格を取りに鶴見女子短大にいかされたり、まあ苦労しました。司書の資格をもってなかったらどうにもなりませんでしたからね。もうとにかく図書館を守るには司書の資格をとらなければいけないっていうんで……。

おわりに

小黒　レッドパージではなかったようですが、森さんは気賀高校を退任されます。その影響で浜松西に長くいられなかったということではない？

松田　それもね、ことごとにそれは話には出ました。レッドパージにあった職員はね、これは町長に対する反発、「なんだ、あんなの入れやがって」ってね、それはかなりあとまで尾を引きましたよ。

小黒　いわゆるレッドパージではないですよね。だけど、そういうふうに町の人には伝わっていたと。

松田　そういうふうに見ていたと思う。だんだんわかるに従って、青年たちはほとんど森先生を支持しましたもの。うん、あの連中は早かった。それほどね、あとに残った気賀高校の校長が悪かった。ですから比較しますよね。当時生徒の白紙事件というテストをボイコットした事件がありましてね。校長排斥運動です。森先生がそれをとにかく生徒側に立ってはたら

かれたということは、一般に知れ渡りましたから。だからそういう意味で知る人はもう本当のレッドパージではなくて、運悪く引っかけられたというふうに、そういう見方をする人たちが結構出てきました。私どももそういうかたちで弁護しましたしね。ついついあちらこちらでね。私なんか側で仕えていた人間ですから、本当のところはどうなんだなんてね、聞かれる方でしたから。だんだん聞かれる頻度が少なくなっていったことは事実です。それだけ理解されてきたのだと私はとらえましたけどね。

小黒　青年たちが非常に慕っていたということなんでしょうね。

松田　そうですね、それだけの指導力があった。

小黒　その指導力が図書館づくりにも発揮されたということですね。

松田　気賀町特有だと思いますよ。森先生の指導がなかったらできなかったんじゃないかなと思いますけどね。のちのちとにかく世相だけは、だんだんと記憶からおぼろげになっていくから、当時は「中央公論」(中央公論社)とか「改造」(改造社)なんかもあり、何でもいいから世相が振り返られるものを1冊とっておくといいと言われてね。私は、1955年から「世界」(岩波書店)をとり始めた。みんなびっくりなさいますけど。

奥泉　とにかく世の中の動きをキャッチしておけというわけですね、常に。

松田　これだけはいまでも私とっています。

おわりに

小黒浩司

　本書が生まれるまでの経緯については、奥泉が「刊行にあたって」で縷々述べているが、小黒には『図書館人物伝──図書館を育てた20人の功績と生涯』(日本図書館文化史研究会編、日外アソシエーツ、2007年)刊行の際に感じた三人三様の「腹ふくるる」思いが最も直接的な契機になったように思う。

　この『人物伝』に小川徹は秋田時代の佐野友三郎(「覚え書 秋田県立秋田図書館長佐野友三郎のこと」)を書いているが、これは本書第1篇第2章の一部に相当する。しかし本書第1篇を見れば、『人物伝』に掲載された小川の佐野論は、その研究のほんの一角にすぎないことがわかる。

　『人物伝』の刊行は、日本図書館文化史研究会創立25周年事業の一環としておこなわれたものであり、400字詰め原稿用紙換算で各人50枚前後という字数制限があった。加えて、2007年の創立25周年に間に合うよう出版しなければならず、資料調査や執筆にも著しい時間的な制約があった。『人物伝』の佐野論は、小川にとって決して満足できるものではなかった。むしろ『人物伝』に秋田時代の佐野を執筆したことで、彼の一生を貫く評伝をまとめるという目標が明確になったのではないだろうか。

　また奥泉和久は、森博について書く予定だったが、これを果たすことができなかった。同書編集の中心となっていたため、自身は調べたいことも調べられず書きたいことも書けず、心ならずも執筆を辞退したのである。奥泉もまた、『人物伝』編集のなかから、次の研究課題が定まってきたのではないだろうか。

　一方、小黒の場合は、『人物伝』に大西伍一について書いたのだが、ずいぶん原稿を削った。自身も編集に関わっていた手前、字数制限を守ることを優先した。それゆえやはり物足りなさを感じていた。そこでお二人の探究心に乗って、三人で本を出そうということになった。

　こうして三人それぞれが「この人」と考えた人物について存分に書くという通称「論集」の刊行に向けての準備が始まった。2007年の後半だっ

たと思う。

　その後各自が調査・執筆を進め、その経過を時折集まって報告する状態で数年が経過した。小黒の場合、お二人のような人物研究に対する強烈な「執念」が希薄なせいか、2011年ころには2編の論考をほぼ書き上げた。続いて奥泉も13年ころには骨格が定まり、あとは小川の完成を待つ状態になった。

　ところが、小川の佐野論がなかなか出来上がらない。それは筆が進まないからではなく、書きたいことが次々と溢れ出てくるからであった。そのひたむきな研究姿勢には圧倒された。しかし半面、はたして内容的に、あるいは分量的に1冊の本にまとめうるのだろうか、一抹の不安を覚えるようになった。そこで小川にはできるかぎり早期に原稿を取りまとめようお願いし、並行して出版を引き受けてくれる出版社を探すことにした。周知のような出版事情ゆえ、ぶ厚い学術的な図書の刊行はそう簡単ではないからだ。

　さらに小川は、かつて自身の退職記念で小冊子を自費出版したが、フランス装の活版印刷で、用紙にも気を配った冊子であった。今回も、組み方や装丁について、それなりのこだわりを持っていた。こうして出版社探しにも少々時間を要した。

　さいわい青弓社・矢野恵二氏が本書の刊行にご理解を示してくださった。三人が書きたいことを書くという、考えてみればわがまま放題の「論集」に辛抱強くお付き合いいただき、どうにか刊行にこぎ着けたのも、矢野氏をはじめ青弓社のみなさまのおかげである。あらためてお礼申し上げる。

　またこの間、内池友里氏（日本図書館協会）に三人の原稿を見ていただき、表現や構成などについてご意見を頂戴した。本書がある程度の統一性を保っているとすれば、それは内池氏のご助力の賜物である。

　さて、ゲラが出て、本書の刊行がいよいよ秒読みの状態になったことから、「前祝い」と称して飯田橋の呑み屋で春宵の一刻を過ごした。酒席での話題は、いつしか「次に何を出そうか」ということになった。小川は前近代の図書館史をまとめるといい、すでに目次を作り上げていた。奥泉も

近代の図書館を理解するための参考図書を編むと怪気炎をあげた。この二人はじつに執念深い。その情熱をお手本に、自分もまた図書館の歴史をたどる旅を続けようと思う。

2016年5月

人名索引

索引凡例
本著作は5名の人物についての評伝だが、索引は一括した。各論考に関する主要な人物を採録したが、被伝者と研究者などは含めなかった。

あ

青木義雄　549
秋岡梧郎　372, 374, 377, 378, 381−385, 389−395, 401, 420, 426−428, 431−435, 478, 482, 485, 489, 490, 494, 496, 502−507, 509, 511, 512, 516, 517, 521, 522, 538, 559, 564, 566, 580, 582, 584−586, 594, 599−604, 606, 607, 616, 619, 627, 636, 644, 645
秋山雅之介　33, 235−237
朝倉茂　354
阿部和子　584
天晶寿　235, 238
天土春樹　534
有山崧　336, 438, 440, 461, 472, 478, 542, 549, 595
有山登　542
井川恭→恒藤恭
池田孝　582
井越昌司　550
石井敦　38, 39, 52, 68, 113, 114, 134, 141, 191, 193, 195, 214, 230, 243, 310, 346, 347, 600
石津太助　145−149, 160
石橋幸男　530, 574, 586, 594, 596
磯崎道雄　233
市川正一　232
市村新　541
伊藤峻　574, 594, 596
伊東平蔵　156, 175, 290, 291, 349, 351
伊東祐穀　144, 145, 271
今井貫一　156, 163, 172, 364, 365
今沢慈海→今澤慈海
今澤慈海　155, 163, 184, 344, 384, 389, 391, 393, 394, 400, 411, 604
今瀬珣一　508, 509, 566, 594, 599, 602, 605, 606

人名索引　655

岩猿敏生　534
岩根又重　81, 85, 89, 96
上田万年　32, 33, 132, 297
植田秋作　501－503, 506, 508, 509, 512, 594, 602
太田為三郎　31, 53, 126
岡嶋輝夫　321
岡田首相　417
岡田文次　35, 91, 181, 183, 234, 236
沖野岩三郎　304, 305, 307, 308, 310, 316－318, 320
小田泰正　530, 532－538, 595
小野格士　519

か

柏木広吉　611, 612, 616, 617
片岡律蔵　49, 61
片山信太郎　172, 365
加藤弘　519, 523, 574, 594, 596
加藤万作　235
加藤柳太郎　549
金森徳次郎　463
カーネギー（Carnegie, Andrew）　106, 107, 138, 139, 265, 281
叶沢清介　462
蒲池正夫　466, 467
神田香巌　168
岸本能武太　90
北島武彦　530, 535
ギトラー（Gitler, Robert L.）　472, 490
キーニー（Keeney, Philip O.）　463
木村藤吉　319－321, 325, 326, 330, 331, 335
北村泰子　530, 585, 595
草野正名　438, 472
久保七郎　373, 374, 384, 393, 428, 502, 556
隈本繁吉　62, 132, 133
栗原嘉一郎　522
厨川肇　185, 229

黒金泰信　181, 299
黒田一之　278, 530, 539, 540, 546
小井沢正雄　530, 582
小泉弘　400, 411
幸徳秋水　120, 145, 147, 148, 304, 309, 315, 318, 320, 334
河野徳吉　535
小河内芳子　347, 416, 428
後藤純郎　534
小林胖　535
近藤清石　85, 86, 89, 161, 168, 275
近藤良薫　133

さ

榊田清兵衛　46, 51
佐久間幸雄　550
佐藤仁　490, 522
佐藤忠恕　438, 439
佐藤春夫　306, 309, 312, 317, 332, 339
佐野きみ　35, 90-92, 133, 174, 182, 185, 186, 234, 301
佐野孝夫　91, 209, 284, 299, 300
佐野武夫　91, 143, 185, 284
佐野てる　25, 92, 230, 231, 233, 234, 238
佐野ふみ　25
佐野文夫　25, 33, 91, 92, 131-133, 143, 174, 181, 193, 194, 210, 221-223, 230-234, 236-240, 284, 296-299, 301
ザビエル（Xavier, Francisco）　74, 160-163, 275
沢本孝久　534
沢柳政太郎　31-33, 136, 173-175, 183, 290, 291, 298
志智嘉九郎　513, 529, 532
島田邦平　383, 385
島村久　38
清水正三　482, 489, 512, 522, 533, 534, 543, 548-551, 556, 560, 565, 595
庄野新　535
城山三郎　363
菅原峻　193, 520, 606

杉捷夫　479, 557, 565, 595
杉浦卓朗　485－487, 494, 577, 581, 616－618, 629, 632, 633, 635, 644
鈴木禎次　360
鈴木平八郎　534
住友吉左衛門友純　364

た

平貞蔵　235－238
高木顕明　316
瀧嘉三郎　490, 582
竹内愿　520, 599
武田千代三郎　24, 31, 33－35, 46, 49, 51－55, 62, 63, 66, 69, 70, 75, 79－81, 83, 84, 91, 92, 124, 172, 190, 272
竹林熊彦　68
立川昇蔵　457, 458
田所美治　360
田中稲城　33, 35, 53, 86, 89, 118, 119, 138, 163, 164, 172－179, 181, 285, 288, 290, 292, 293, 298
田村盛一　85, 92, 94, 96, 106, 113, 114, 121, 172, 173, 182, 191, 219, 221
長延連　191
恒藤恭　132
坪内逍遥　29, 33, 34, 89
坪内雄蔵→坪内逍遥
坪谷善四郎　144
ディクソン（Dixon, James Main）　32－34, 58, 194, 204－206, 208－210
ティッコム（Titcomb, Mary Lemist）　136, 138, 139
ディナ（Dana, John Cotton）　136, 137, 142, 214
デェナ→ディナ
デューイ（Dewey, Melvil）　111, 118, 136, 137, 142, 224
寺沢精一　27, 28, 30, 134, 181, 182
富樫精一→寺沢精一
土岐善麿　465
富永為三郎→太田為三郎

な

内藤耻叟　27, 32, 33, 38
中川望　153－155, 158, 165, 173, 174, 180－183, 189, 190, 271, 284
長沢雅男　535, 536
中島春之　490, 549－551
仲原清　322, 326, 327, 330, 332, 334－336, 339
楢崎浅太郎　449, 457, 458
西川馨　479, 520
西野忠次郎　35, 174, 180, 181

は

林靖一　394
林政雄　534
原田義信　549
ハント（Hant, Hannah）　472, 490
広瀬利保　585
広谷宣布　400, 412
福沢諭吉　28, 107, 358
福田なをみ　534, 535, 565, 598
藤川正信　535, 549
船越徹　522
ブラウン（Brown, James Duff）　214
古野健雄　522
ボストイック（Bostwick, Arthur）　139, 142, 214
細谷重義　406, 512, 530, 550, 582
本間俊平　89－91, 131, 132, 134, 142, 143, 181, 183, 185, 190, 192, 231, 294－299, 301

ま

前川恒雄　479, 539, 543, 544, 621, 622
杢沢秀幸　574
松本重治　535
三浦盛徳　51
水平三治　49, 52, 54－56, 61, 70, 134

美濃部達吉　240, 417
美濃部亮吉　558, 559, 585
村上俊江　112, 154
村山茂眞　59, 61, 63
盛城礼蔵　372, 383－389, 392－394
森崎震二　540, 549

や

矢田績　358－361, 363
山口きみ→佐野きみ
山口義三（孤剣）　147
山崎新次郎　550
山村誠　486, 493, 576, 629, 635, 645
弥吉光長　468
吉武泰水　522, 554

わ

和田万吉　31－35, 39, 52, 53, 132, 133, 144, 145, 155, 156, 172, 181, 184
渡辺世祐　161, 162, 276, 279

[著者略歴]
小川 徹（おがわ・とおる）
1933年、京都府生まれ
元法政大学図書館司書、のち同大学文学部教員（司書資格課程担当）
日本図書館文化史研究会、としょかん文庫・友の会、小金井市の図書館を考える会などの会員
共編著に『図書館史』（教育史料出版会）、共著に『公共図書館サービス・運動の歴史』（日本図書館協会）など

奥泉和久（おくいずみ・かずひさ）
1950年、東京都生まれ
元横浜女子短期大学図書館司書、現在、法政大学兼任講師
日本図書館文化史研究会、日本図書館研究会、としょかん文庫・友の会などの会員
著書に『図書館史の書き方・学び方』、編著に『近代日本公共図書館年表』（いずれも日本図書館協会）など

小黒浩司（おぐろ・こうじ）
1957年、東京都生まれ
作新学院大学教員
日本図書館文化史研究会、日本図書館情報学会、日本図書館研究会などの会員
著書に『図書館をめぐる日中の近代』（青弓社）、編著に『図書・図書館史』（日本図書館協会）、『図書館資料論』（東京書籍）など

人物でたどる日本の図書館の歴史

発行	2016年6月30日　第1刷 2017年2月20日　第3刷
定価	8000円＋税
著者	小川 徹／奥泉和久／小黒浩司
発行者	矢野恵二
発行所	株式会社青弓社 〒101-0061 東京都千代田区三崎町3-3-4 電話 03-3265-8548（代） http://www.seikyusha.co.jp
印刷所	三松堂
製本所	三松堂

©2016
ISBN978-4-7872-0060-0 C0000

小黒浩司
図書館をめぐる日中の近代
友好と対立のはざまで

満鉄図書館や大連図書館などの設立過程をたどり、日本の図書館関係者が果たした役割を友好親善と、表裏の関係としての文化侵略という両面から問い直して、日中間の政治に翻弄された図書館の近代期を解明する。　定価3600円＋税

大串夏身
挑戦する図書館

知的な創造と仕事・生活に役立つ社会的なインフラとしての図書館——本・知識・情報がもつ内容を提供し、住民福祉を増進するための読書の推進と役割、などを理論と実践の両面から検討して、施策を提起する。　定価2000円＋税

岡本 真／森 旭彦
未来の図書館、はじめませんか?

図書館にいま必要な「拡張」とはなにか。市民と行政、図書館員が図書館の魅力を引き出す方法や発信型図書館をつくるためのアイデアを示し、地域を変えて人を育てる「未来の図書館」への道を照射する提言の書。　定価2000円＋税

宮下明彦／牛山圭吾／大串夏身／西入幸代／茅野充代 ほか
明日をひらく図書館
長野の実践と挑戦

公共図書館と学校図書館の意欲的な取り組みや地域の読書運動などが人を支え育てている長野県の生き生きとした活動の成果をレポートし、県を超えた普遍的な経験・教訓として、図書館の豊かな可能性を指し示す。　定価2000円＋税

渡邊重夫
学校図書館の対話力
子ども・本・自由

子どもの創造性と自主性を培い、批判的精神を育てる学校図書館。その教育的意義や歴史を再確認し、外部の力学からの独立を訴え、特定の図書の閉架や「焚書」の検証を通して、対話力を備えたあり方を提言する。　定価2000円＋税